dtv

*Reihe Hanser*

»Anja Tuckermann hat Höllenreiners Geschichte aufgeschrieben, ohne sich kommentierend einzumischen, sie hat distanzierend in die dritte Person versetzt und in ihre literarisierende Lebensnacherzählung Bruchstücke von Erinnerungen und Reflexionen als Originalzitate einmontiert. In diesen wird fühlbar, wie quälend es für Höllenreiner war, die Erinnerungen zuzulassen und mitzuteilen. Entstanden ist ein authentisches Zeitzeugnis, schonungslos und beeindruckend, ein tief berührender Text über ein lange beschwiegenes Thema.« (Aus der Laudatio zum Deutschen Jugendliteraturpreis)

*Anja Tuckermann*, 1961 geboren, lebt als freie Schriftstellerin und Journalistin in Berlin. Sie schreibt Romane, Theaterstücke und Libretti sowohl für Kinder und Jugendliche als auch für Erwachsene. Für ihre Arbeit erhielt sie zahlreiche Auszeichnungen, unter anderem den Deutschen Jugendliteraturpreis 2006, den Hans-im-Glück-Preis und den Kurt-Magnus-Preis der ARD.

Anja Tuckermann

# »Denk nicht, wir bleiben hier!«

## Die Lebensgeschichte des Sinto Hugo Höllenreiner

Deutscher Taschenbuch Verlag

Das gesamte lieferbare Programm der *Reihe Hanser*
und viele andere Informationen finden Sie unter
www.reihehanser.de

In neuer Rechtschreibung
Januar 2008
Deutscher Taschenbuch Verlag GmbH & Co. KG,
München

Umschlagbild: Stefanie Schelleis unter Verwendung
eines Hintergrundbildes des Imperial War Museums London
sowie zweier Privatfotos der Autorin.
Satz und Litho: Greiner & Reichel, Köln
Druck und Bindung: Druckerei C.H. Beck, Nördlingen
Gedruckt auf säurefreiem, chlorfrei gebleichtem Papier
Printed in Germany · ISBN: 978-3-62336-0

**»Die Verfolgung war schon 1933 da, wo der Hitler ans Ruder kam. Da bin ich geboren und meine Mama hat mir den Namen Adolf gegeben. Ich heiße Hugo Adolf Höllenreiner. Warum sie mich Adolf genannt hat, ist leicht zu erklären. Dass uns vielleicht nichts passieren kann, wenn ich den Namen habe wie der Hitler.«**

Hugo wachte auf, weil er Schreie und Krachen und Weinen hörte. Erschrocken kletterte er aus dem warmen Bett und rannte in die Novemberkälte hinaus. Draußen dämmerte es, der Himmel war grau. Ziellos und panisch liefen die Pferde herum, galoppierten aus dem Hof, auf die Straße. Der Pferdestall war weg, abgebrannt, schwelte und rauchte, die Pferde hatten sich losgerissen und flüchteten, die Fuhrwerke standen noch da, aber verrußt oder vom Feuer verkohlt. Im Hof die Mama, mit einer Bürste in der Hand, sie schluchzte und schrubbte einen Leiterwagen. Was wollen die Leute von uns? Was machen die mit uns? Wir haben doch nichts getan. Dachte Hugo. Auf den Wiesen, auf der Straße irrten die Pferde, weißer Dampf stieg aus ihren Nüstern. Der Dada, Hugos Vater, und Dadas Bruder, Onkel Konrad, fingen eines nach dem anderen ein, sie brachten alle Pferde zurück. Und die Mama weinte.

**»Das ist meine erste Erinnerung – dass die Mama so geweint hat. Da war ich fünf. Mama, warum weinst du denn? Mir hat die Mama so leid getan. Und die Traurigkeit von ihr. Haben wir erst später gemerkt, dass sie schon ungefähr gewusst hat, was uns bevorsteht.«**

Die Eltern, Hugo und seine fünf Geschwister wohnten in der Deisenhofener Straße 64 in München-Giesing. Damals war Frieda, die Älteste, neun Jahre alt, Manfred sechs, dann kam Hugo, Rosi war drei,

Rigo eineinhalb und Januschek war noch nicht auf der Welt. Der Dada hatte das kleine Haus mit Stall und Scheune nach Hugos Geburt gekauft. Er war Fuhrunternehmer und handelte mit Pferden, besaß vier Leiterwagen und sieben Pferde. Wenn Leute umziehen wollten, transportierte Dada ihre Sachen. Onkel Konrad wohnte mit Tante Notschga und fünf Kindern gegenüber in der Nummer 79. Auch er handelte mit Pferden. Um die Ecke in der Unterbergstraße lebten die Großeltern. Babo, der Großvater, betrieb ein Kasperltheater. In München-Giesing erstreckten sich kilometerweit Wiesen und Äcker. Die meisten von Dadas Brüdern und Schwestern lebten inzwischen mit ihren Familien auch in München.

**»In München war es nicht so wie heute. Heute sind da nur Straßen, Autos und Häuser, man erkennt nichts mehr. Damals hast du mit den Pferden hinfahren können, wo du gewollt hast. Da hat keiner was gesagt, außer es war eingezäunt, aber die meisten Wiesen waren frei. Das war eine schöne Zeit, die herrlichste Zeit.«**

Bevor Dada, seine Eltern und Geschwister sich mit ihren Familien in München niederließen, hatten manche ihren Wohnsitz in Arnstadt in Thüringen und manche in Kassel in Hessen. Aber ihre Staatsangehörigkeit war bayerisch. Sie stammten aus Burgpfarrnbach bei Fürth. Einen festen Wohnsitz und eine Staatsangehörigkeit brauchten sie lebensnotwendig, weil sie jedes Jahr einen Wandergewerbeschein beantragen mussten, den nur die Heimatgemeinde ausstellen durfte. Und nur mit dem Wandergewerbeschein konnten sie ihren Lebensunterhalt verdienen. Darauf mussten auch die Wohnwagen und das Pferd oder die Pferde eingetragen sein. Babo, Onkel Peter, Onkel Friedla, Onkel Babist und Dada musizierten mit Geige, Gitarre und Drehorgel, Mami, die Großmutter, und Mama gingen mit Spitzen und Kurzwaren hausieren. Mami flickte auch Schirme. Außerdem handelten die Männer mit Anzugstoffen und Wolle, auch mit Geigen, mit Pferden – was sich ergab. Früher hatte Babo erst als Seiltänzer und Turner,

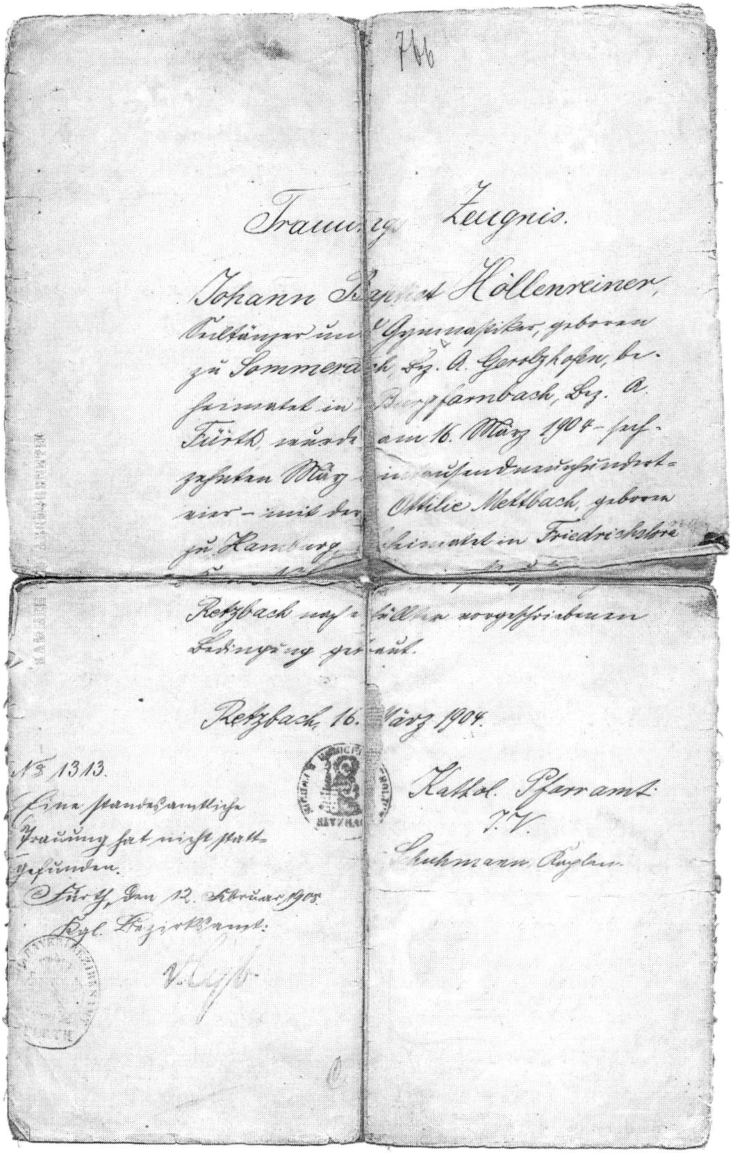

Trauungs Zeugnis.

Johann Baptist Höllenreiner, Seiltänzer und Gymnastiker, geboren zu Sommerach, Bz. A. Gerolzhofen, beheimatet in Burgpfarrnbach, Bz. A. Fürth wurde am 16. März 1904 – sechzehnten März eintausendneunhundertvier – mit der Ottilie Mettbach, geboren zu Hamburg, heimatl. in Friedrichsbrü [illegible] Retzbach nach erfüllten vorgeschriebenen Bedingungen getraut.

Retzbach, 16. März 1904.

Kathol. Pfarramt
I.V.
Stuhmann Kaplan

No 1313.
Eine standesamtliche Trauung hat nicht stattgefunden.
Fürth, den 12. Februar 1905.
Kgl. Bezirksamt.
V. [illegible]

Hugos Großvater Johann Baptist Höllenreiner, Seiltänzer und Gymnastiker, beheimatet in Burgpfarrnbach, wurde am 16. März 1904 mit Hugos Großmutter Ottilie Mettbach kirchlich getraut.

später mehr als zehn Jahre lang als Scherenschleifer seine Familie miternährt. Onkel Eduard war in der Jugendzeit auch als Seiltänzer und Turner auf Jahrmärkten aufgetreten, zu ihren Nummern gehörte auch Hantelwerfen und Kettensprengen. An jedem Ort mussten sie sich anmelden, wenn sie ankamen, und um Genehmigung bitten, bleiben zu dürfen. Und sie mussten sich wieder abmelden, auch wenn sie ohnehin nur für einen Tag bleiben durften. Fast jeder Ort wollte die Familien so schnell wie möglich wieder loswerden. Manche Leute meinten, die Zigeuner würden stehlen und betteln, dabei wollten sie handeln und tauschen. Und leben. Manchmal, wenn sie nichts verdient hatten, bettelten sie auch. Um Essen für sich und Heu für die Pferde. Oft wurden sie von Gendarmen kontrolliert, dann musste Babo Geburtsurkunden, Heiratsurkunden, Steuernachweis, Wandergewerbeschein, eine polizeiliche Bescheinigung, dass keine Vorstrafen vorliegen, und die Anmeldung mit der festen Adresse vorzeigen können. Sie mussten nachweisen, woher sie kamen und sagen, wohin sie wollten. Deshalb ließ Babo die Aufenthaltsgenehmigungen in Schulhefte schreiben und stempeln und hatte immer alles beisammen. Er verwahrte alle Papiere in einem Lederköfferchen so groß wie eine Keksdose, darauf achtete er sehr. Auch alte Papiere hob er auf.

Früher mussten auch die Kinder ein Heft haben, in dem sie sich in den verschiedenen Orten ihre Schulbesuche bescheinigen ließen. Aber solange die Kinder schulpflichtig waren, wohnte die Familie meistens in Fürth.

Schon als Babo noch jung war, kontrollierten die Gendarmen die Reisenden und schrieben Berichte über sie. Aber damals brauchten sie noch nicht so viele Papiere und es wurden ihnen keine Fingerabdrücke abgenommen. Und sie konnten sich manchmal gegen die Kontrollen oder sogar Festnahmen wehren. So wie Babos Onkel, Georg Duka, der Bruders seines Dadas. Über ihn schrieb ein Gendarm einen Bericht, weil es ihm nicht gelungen war, Georg Duka wegen eines ungültigen Wandergewerbescheins festzunehmen. Babos Onkel versuchte, mit den Pferdewagen zu fliehen, der Gendarm stellte sich den Pferden in den Weg. Später schrieb er seinen Bericht: »Ich griff nun schnell den Pferden in die Zügel, um den Wagen zum Stehen zu bringen, worauf mir Georg Duka die Zügel zu entreißen suchte. Als ihm dies nicht gelang, rief er in seinen Wagen: ›Waffen her!‹ und nun schlugen seine Söhne mit Peitschen und Stecken auf mich und die Pferde ein, wobei ich mit einem Stecken auf die linke Hand einen derartigen Schlag erhielt, so daß mir die Hand aufschwoll und ich genöthigt war, die Zügel der Pferde fallenzulassen.«

Unterwegs war Babo mit der großen Familie weniger in Bayern, da hatten sie zu viele Schwierigkeiten mit der Polizei. Ihnen wurden Fingerabdrücke abgenommen, als wären sie Verbrecher, auch den Kindern.

Als Hugos Dada 15 war, durfte in Württemberg niemand mehr auf der Reise leben. Die Regierung verbot das zigeunermäßige Umherziehen und Lagern, so nannte sie das Leben in Wohnwagen oder Planwagen. Das war nach dem Ersten Weltkrieg. Also blieb Babo meistens doch in Bayern. Bis es dort ein neues Gesetz gab. Es wurde verboten, mit mehr als einer Familie zu reisen. Reisen in Horden nannten die Behörden das. Inzwischen waren aber manche von Mamis und Babos Kindern verheiratet. Sollten sie jetzt getrennt von ihren Kindern leben? Sie hielten sich fast nur noch in Hessen auf. Bis Hessen das bayerische Gesetz übernahm. Jetzt durfte die Polizei auch dort die Reiseroute vorschreiben und die Erwachsenen in Arbeitsanstalten stecken, wenn sie nicht eine regelmäßige Arbeit nachweisen konnten. Babo und Mami wichen nach Thüringen aus. Die Geschäfte wurden immer schwieriger, die Leute hatten kein Geld für neue Pferde, Anzüge, Stoffe, und Babo kaufte sich hundert Jahre alte geschnitzte Kasperlepuppen, dachte sich Geschichten aus und trat mit seinem Theater auf. Ein, zwei seiner Söhne oder Enkel spielten mit oder sie halfen. Wenn sie ihm nicht schnell genug die Puppen reichten, haute er ihnen mit der freien Hand die Puppe auf den Kopf, während er mit der anderen oben Kasperle hüpfen und singen ließ. Außerdem handelte Babo weiter mit Pferden. Anfang der Dreißigerjahre beschloss er, sich in München nie-

In jedem Ort musste Babo beim Bürgermeister eine Aufenthaltsgenehmigung und die Spielerlaubnis für sein Kasperltheater einholen.

derzulassen und pachtete Wiesen. Da war er 75 Jahre alt.

Onkel Konrad übernahm sein Fuhrgeschäft, das große Grundstück und das Haus mit Scheune und Land in der Deisenhofener Straße 79 in Giesing. Und nach und nach folgten alle Familienmitglieder nach München. Als Letzter verließ Onkel Eduard 1939 mit seiner Familie Arnstadt in Thüringen. Dort, sagte sein Sohn Schuka später, waren die Nazis zu schlimm. Die Familie besaß dort noch Land, auf dem die Pferde geweidet und die Wohnwagen gestanden hatten. Fast alle Brüder handelten mit Pferden. Onkel Konrad hatte Platz für sie. Nur Dada und Onkel Babist stellten ihre Pferde selbst ein. Dada in seinem Stall und Onkel Babist in dem Pferdestall einer Brauerei in der Au.

Wenn Hugo morgens gefrühstückt hatte, sprang er sofort aus dem Haus und schaute nach den Pferden. Oft lief er zu Onkel Konrad und sah dem Knecht bei der Arbeit zu, half beim Striegeln und Ausmisten, beobachtete die Hühner, den Hahn und die Ziegen. Jeden Tag brachten die Kinder die Pferde auf die Beppelwiese. Dada hatte am Ende der Wiese einen hohlen halben Baumstamm aufgestellt, der mit Wasser für die Pferde gefüllt war. Hugo ritt ohne Sattel, manchmal waren er und die anderen Kinder zu ungeduldig und ließen die Pferde nicht austrinken, sie trieben sie an, ritten kreuz und quer über die Wiesen. Manchmal brachten sie die Pferde nur hin, tränkten sie, ließen sie grasen, legten sich ins Gras und schauten in die Wolken. Oder sie spielten.

Hugo war fast immer mit seinen Geschwistern zusammen und mit

Hugos Großmutter mit neun ihrer elf Kinder, den Schwiegerkindern und Enkeln 1932. V. l. n. r.: Mami, Hansi, Tante Notschga, Pettel, Tante Bunda, Mama mit Frieda auf dem Arm, Tante Dina, Tante Kerscha, Onkel Eduard mit Sohn Fabo, Buba, Luki, Säckel, Adolf, Onkel Friedla, Onkel Babist, Dada, Onkel Peter, Willi, Onkel Konrad.

Musla, Weichsla, Luki und Lolitschai von Onkel Konrad, mit Mano, dem Sohn von Onkel Babist, und dessen kleiner Schwester Lili. Oft war der blauäugige Schuka noch dabei und die Mädchen von Tante Lona – immer waren genug Kinder beisammen zum Rennen, Spielen, Ärgern, Streiten und Versöhnen. Manfred und Hugo hatten einen eigenen Ball, mit dem sie oft Fußball spielten. Das taten sie am liebsten.

Hugo und die anderen Kinder bastelten sich aus Latten und Strick Hockeyschläger. Sie banden an jede Latte unten ein kürzeres Stück Holz, knoteten es fest, bauten Tore aus Latten und spielten mit leeren Milchbüchsen auf der Wiese Hockey.

Die Wiese voller Blumen und Insekten erschien Hugo riesig. Jedes Kind riss die Kräuter oder Blumen aus, die sein Pferd gern fraß. Hugo pflückte Milchdisteln und hielt den Strauß bis nach Hause fest, das war eine Leckerei für die Pferde. Mit jedem alten Stück Brot rannte

Hugo aus dem Haus, hielt es seinem Pferd auf der flachen Hand hin und beobachtete die weichen vorgestülpten Lippen, die es sanft von seiner Hand nahmen. Dann hörte Hugo noch zu, wie das Pferd krachend das Brot kaute. Dada hatte drei, vier Pferde zum Handeln und die anderen drei, vier waren sanfte Arbeitspferde, die sich ruhig anspannen ließen. Manchmal ließen die Kinder die Pferde auch auf der Weide und gingen zu Fuß nach Hause. Und abends, bei Sonnenuntergang, mussten sie sie zurückholen.

Vorn an der Deisenhofener Straße stand eine winzige Bude, in der zu jeder Tageszeit ein altes mageres Weiblein mit Brille saß, ihre grauen Haare zu einem Knoten gebunden. Sie konnte nur gebückt in die Bude hineintreten, aber im Sitzen erreichte sie alles, was sie zu verkaufen hatte, ohne dass sie sich recken musste. Wenn Mama oder Dada Hugo fünf Pfennige gaben, lief er zur alten Frau Söllner und kaufte Süßigkeiten. Einen kleinen Lutscher, ein Himbeerbonbon, für fünf Pfennig bekam er fünf kleine Süßigkeiten. Frau Söllner steckte sie in eine Papiertüte und reichte sie hinaus, Hugo gab ihr das Geldstück. Am liebsten kaufte er sich Brausepulver. Das streute er auf seine Zunge und da kribbelte, kitzelte und schäumte es. Wenn er den Mund offen ließ, hörte er es prickeln. Oder er ließ das Pulver in ein Glas Wasser rieseln und hatte eine sprudelnde gelbe oder rote Brauselimonade.

Fand der Pferdemarkt, der Battelmarkt, statt, nahm der Vater drei oder vier Pferde und bot sie zum Tausch oder Kauf an. Er tauschte Pferd gegen Pferd und versuchte Geld dazuzubekommen, und wenn er eines verkaufte und einen guten Preis bekam, versuchte er günstig ein anderes gutes Pferd zu kaufen. Meistens waren es Oberländer, bayrische Kaltblüter, die eigneten sich gut für die Fuhrwerke und die Bauern brauchten sie für die Arbeit auf den Feldern. Auf den Märkten nahm Dada auch Aufträge für Umzüge an.

Hugo bewunderte seinen Dada, der sich vor niemandem fürchtete. Sein Dada konnte scheue Pferde halten. Und er machte gute Geschäfte. Wenn jemand einen Rat brauchte, kam er zu Dada.

Einmal spazierte die ganze Familie zum Festplatz, zur Auer Dult. Onkel Hugo, Hugos Pate, schenkte ihm einen Luftballon. Er hielt ihn und rannte damit, zog ihn hinab und beobachtete, wie er wieder hochschnellte, immer die Schnur fest in der Hand. Einmal passte Hugo nicht auf, da entglitt die Schnur seiner Hand und der Luftballon flog in den Himmel hinauf.

Dada! Dada! Mein Luftballon!, rief Hugo. Flieg doch nach, bitte! Dada lachte. Bitte hol ihn, Dada! Bitte flieg doch rauf, Dada.

Aber Dada lachte, er konnte ja nicht fliegen. Und so blieb Hugo nichts übrig, als in den Himmel zu schauen, bis der Luftballon nur noch ein kleiner Punkt und schließlich nicht mehr zu sehen war.

Hugos Eltern am Tag ihrer Hochzeit im Sommer 1933 mit Manfred und Frieda, kurz bevor Hugo auf die Welt kam.

**»Ich dachte, der Dada kann alles. Alles, was es gibt. Man lacht heut drüber.«**

Hugo half bei allen Arbeiten mit – ausmisten und den Mist mit der Schubkarre draußen auf den Haufen bringen, Geschirre und Zaumzeug fetten und putzen, striegeln. Wenn die Pferde zur Arbeit mussten, Fuhrwerke ziehen, durfte Hugo manchmal mit. Dada transportierte Möbel oder er fuhr Milch und Butter für die Fabrik Sanella. Manchmal spannten die Kinder auch ein Pferd vor ein Fuhrwerk, weil sie den Wagen zu Leuten bringen sollten, die ihn mieten wollten. Oder sie brachten ans Fuhrwerk hinten angebunden ein verkauftes Pferd zu den Käufern. Aber nur wenn der Weg nicht gar so weit war. Und wenn ein größeres Kind mitfuhr. Frieda oder Luki, Onkel Konrads Sohn.

Hugo und die anderen Kinder hörten gern der Mami und dem Babo zu, wenn sie von früher erzählten. Manchmal erzählte auch Dada etwas, wenn er mit seinen Brüdern und Schwestern zusammensaß und Hugo saß still dabei und lauschte.

Babo, genannt Hanni, und seine Brüder Rudel, Huppert und Buckel waren früher sehr arm gewesen. Aber sie waren stark. Deshalb forderten sie auf Dorfplätzen und Märkten Männer zum Ringen auf. Alle ihre Habseligkeiten transportierten sie in einem Kinderwagen. Eine Zeltplane, ein, zwei Töpfe, Decken. Das Zelt stellten sie auf dem Jahrmarkt auf, davor bauten sie aus Strohbündeln einen Ring. Wer wagt es, gegen die stärksten Männer Bayerns anzutreten? Die Männer

Um 1900. Hugos Großvater mit seinen Brüdern unterwegs, als sie noch keine Pferde hatten und die Wagen selbst zogen. Links Rudels Wagen, rechts Babos Wagen. Zwischen den Wagen v. l. n. r.: Mami, Onkel Eduard (mit Gitarre), Rudel, Babo. Ganz rechts: der starke Huppert mit seiner Frau Papi.

der Ortschaften standen herum, traten von einem Bein aufs andere und schauten. Babo und Rudel traten mit nacktem Oberkörper an, zeigten ihre Muskeln. Sie ölten sich ihre Körper, damit die Gegner sie nicht leicht packen konnten. Wer einen von uns schmeißen kann, bekommt zwanzig Reichsmark. Nur fünfzig Pfennig Einsatz. Wer kann uns besiegen? Meistens kamen die Leute am Abend und brachten einen Starken in ihrer Mitte eingehakt. Aber Hanni oder Rudel konnte niemand besiegen. Rudel ließ sich auch festketten und wenn die Leute ihre Einsatz gezahlt hatten und darauf wetteten, dass er nicht mehr loskam, sprengte er die Ketten.

Der stärkste der vier Brüder war Huppert. Als seine Frau Papi starb, sie waren gerade in Westfalen, ging er in seinem Schmerz in den Wald, hackte zwei Birken ab, nagelte sie zu einem Kreuz zusammen und trug sie aus dem Wald fünf Kilometer weit bis zum Friedhof, bis zum Grab. Dort schaufelte er einen Schacht und stellte das riesige Kreuz auf.

Alle Vorfahren von Hugo waren stark.

Hugo stellte sich vor, wie der Großonkel die Bäume getragen hatte – bis jetzt reichte seine Kraft noch nicht, um allein den Stall auszumisten. Und er war noch zu klein, um mit der Sense das Gras zu mähen. Dada schnitt es, und wenn es getrocknet war, rechten es die Kinder zu Haufen. Zusammen machten sie das ganze Heu für den Winter.

Einmal in der Schweiz, da war Babo noch nicht mit Mami zusammen, kam ein Mann zu Rudel, gab ihm die Hand und fragte: Wer von euch ist der Ringer? Rudel war der bessere Ringer, er war stärker, aber Babo war wendiger. Rudel betrachtete den Mann, er spürte noch seinen Händedruck, und sagte: Mein Bruder ist der Ringer. Also musste Hanni antreten. Er schmierte sich mit Bratfett ein. Der Mann war der Schweizer Meister im Ringen und er hatte ein paar Leute seines Vereins als Zuschauer dabei. Hanni rang mit ihm und gewann. Da wurden die Leute wütend, warfen mit Steinen und schimpften. Bei Einbruch der Nacht flüchteten Hanni und Rudel überstürzt. Der Verein der Ringer war hinter ihnen her. Hanni und Rudel hielten nicht eher an, als bis sie über die Schweizer Grenze waren.

Sie gingen in Richtung Osten, immer wieder wurden sie verjagt. Wenn sie kein Geld hatten und wegen Bettelns oder Hausierens erwischt wurden, wurden sie eingesperrt. Mit Ringen konnten sie kaum noch Geld verdienen, also berieten sie. Fahren wir mal ins Ausland.

Wir haben uns durchgerungen, sagte Babo, als er den Enkelkindern von früher erzählte. Sobald sie irgendwo stehen bleiben wollten, kam die Polizei und wollte sie vertreiben. Nein, nein, sagten sie, wir sind keine Bettler, wir machen hier Ringkämpfe. Wieder bauten sie mit Strohballen einen Ring, schrieben und verteilten Zettel: Wer uns besiegt, gewinnt soundso viel Taler. Abends zündeten sie das Stroh an den vier Ecken des Kampfplatzes an, dann kamen meistens schon die Ringer, zehn manchmal oder zwanzig. Meistens gewannen Hanni und Rudel die Kämpfe. Und so konnten sie mal einen Tag lang zu einem Halt kommen, mal mit den Wagen stehen bleiben. Wenn sie verloren, zogen sie nachts noch weiter, ebenso, wenn die Dorfbewohner keine guten Verlierer waren und wütend wurden.

Sie zogen von Dorf zu Dorf, nirgends konnten sie bleiben, immer weiter ging es nach Südosten, bis in die Türkei.

Die stärksten Männer, sagte Babo, von all diesen Ländern gab es in der Türkei.

Aus der Türkei kamen Hanni und Rudel nur schwer wieder fort. Sie wollten umdrehen, zurück nach Bayern. Aber immer wieder wurden sie von der Polizei kontrolliert, und wenn sie dann nicht zwei, drei Taler bezahlen konnten, wurden sie ins Gefängnis gesperrt und mussten ein paar Wochen sitzen. Sie brauchten monatelang, um aus der Türkei wieder rauszukommen.

Hugo und seine Geschwister verstanden nicht, warum Babo und sein Bruder damals etwas zahlen sollten und wofür überhaupt. Aber sie waren schließlich doch zurückgekommen.

Danach blieben Babo und Rudel meistens in Deutschland, und beide heirateten.

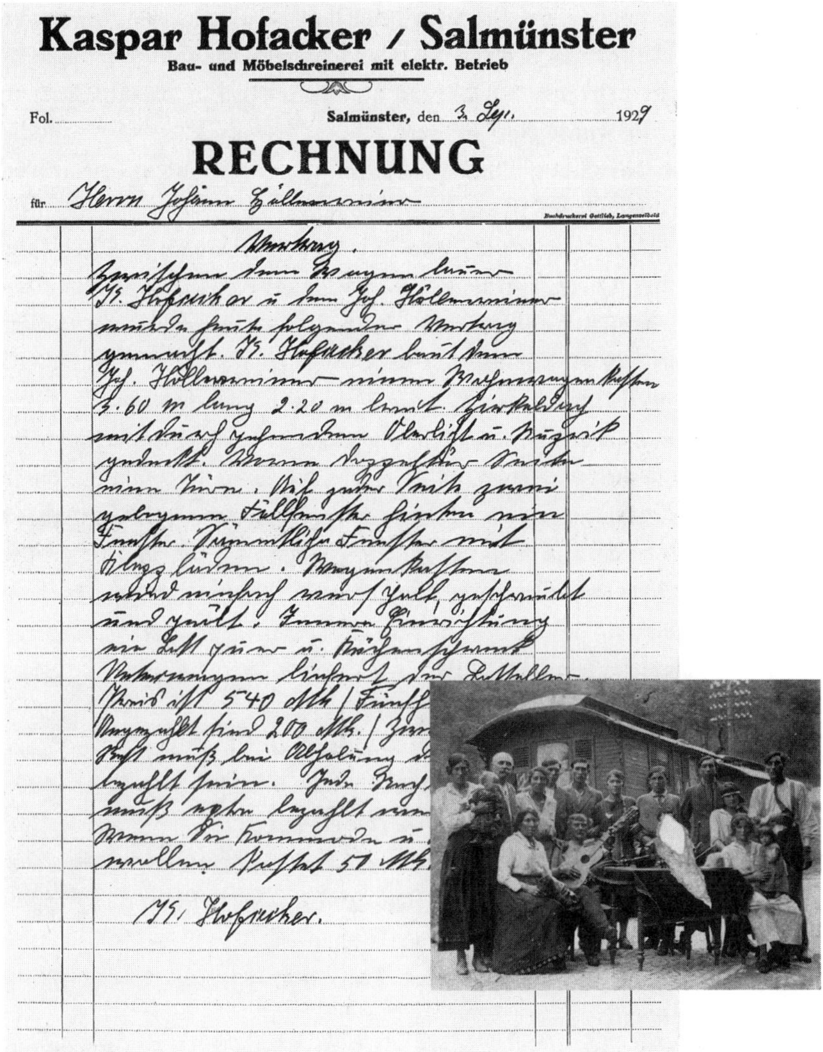

**Kaspar Hofacker / Salmünster**

Bau- und Möbelschreinerei mit elektr. Betrieb

Fol. ............ Salmünster, den 3. Sep. 1929

# RECHNUNG

für ............

Buchdruckerei Gottlieb, Langenselbold

Vertrag über den Bau eines 3,60 Meter langen Wohnwagens mit zwei Türen und fünf gebogenen Fenstern mit Klappläden, Oberlicht und Zirkeldach für 540 Mark. In dem Wagen lebten und reisten Mami und Babo bis zu ihrem Tod, oft auch in Begleitung ihrer Kinder und Enkel.

V. l. n. r. mit Instrumenten: Tante Bunda, Babo, Tante Kerbe, Onkel Friedla, Dada, Tante Anni, Babist, Onkel Peter, Onkel Konrad. Sitzend: Mami, Buckel.

Babo heiratete Mami, Schirmmacherin und -flickerin. Unterwegs bot sie den Leuten Schirme an oder reparierte die Schirme, die es im Haus gab. Bald hatten Babo und Mami Kinder. Das älteste war Tante Kerscha, sie wurde 1893 geboren.

Babo bestimmte alles, Hugo hörte ihn oft befehlen. Er war sehr streng. Aber alle taten, was Mami wollte.

Als Babo, seine Brüder und ihre Frauen zu einem bisschen Geld gekommen waren, konnten sie sich je einen Planwagen leisten. Aber kein Pferd. Babo und sein Bruder Rudel zogen, mit Gurten um die Schultern, die Wagen übers Land.

Bis nach Ungarn zogen sie die Planwagen.

In dem Wagen konnte nicht die ganze Familie schlafen. Wer nicht mehr hineinpasste, schlief unter dem Wagen, zwischen den Rädern. In jedem Ort brauchten sie Stroh, um Betten zu bauen, Heu und Wasser für die Pferde, Lebensmittel zum Kochen, Milch für die Kinder. Die Frauen liefen zu den Bauern und fragten nach Brot, Milch, Gemüse und Heu und boten ihre Waren an. Die meisten Geschäfte waren Tauschgeschäfte ohne Geld.

Babo und Mami hatten viele Kinder. Tante Kerscha, Tante Maria, Onkel Eduard, Tante Bunda, Tante Lona, Onkel Konrad, Onkel Peter, Dada, Onkel Friedla, Tante Kerbe, Onkel Babist.

Nach und nach gingen die Geschäfte besser und sie konnten sich mehr leisten. Irgendwann kauften sie ein mageres Pferd und päppelten es auf, bis es gesund und stark war.

1929 ließ der Babo einen richtigen Wohnwagen nach seinen Wünschen bauen.

Oft sprachen die Onkel und Tanten von der Polizei. Wie schwierig es mit den Papieren war und dass es alle paar Jahre neue Gesetze gab. Plötzlich sollte man keinen Wandergewerbeschein bekommen, wenn man nicht verheiratet war. Mami und Babo waren nach Sintiart verheiratet, ohne Unterschriften und Verträge. Am Tag von Dadas Geburt hatten sie sich in der Kirche von Retzbach trauen lassen. Aber nach der nächsten Verordnung reichte das nicht, und so gingen sie mitten im Ersten Weltkrieg zum Standesamt in Fürth und heirateten auf staatliche Art. Da war der jüngste Sohn, Onkel Babist, das elfte Kind, sieben Jahre alt.

Es gab aber auch Polizisten, die es darauf abgesehen hatten, Sinti zu schikanieren. An einem Ort in Thüringen war einer dafür bekannt. Er ritt auf seinem Polizeipferd auf den Lagerplatz und genau durch das Feuer, wo gerade gekocht wurde, über die Töpfe, so dass jedes Mal das mühsam erworbene Essen ausgeschüttet war.

Das erzählten die Erwachsenen nicht den Kindern, über die Erfahrungen mit der Polizei sprachen sie unter sich, und die Kinder blieben ganz still sitzen, damit sie nicht weggeschickt wurden, und lauschten. Es gab Warnzeichen, zum Beispiel, wenn auf einem Platz bei einer Feuerstelle die Asche noch ganz warm war, oder wenn das Feuer sogar noch knisterte oder im Wind aufflammte, der Platz aber verlassen war, dann wussten sie, dass die Menschen schnell abgehauen waren, dass etwas geschehen sein musste, dass eine Gefahr drohte.

Babo, die Onkel und Großonkel hauten nicht ab, sie ließen sich nicht alles gefallen. Wenn sie sich wehren konnten, dann taten sie es.

Mami trug einen Säbel unter ihrem Rock. Sie konnte auch damit umgehen.

Dada und seine Geschwister waren stolz auf ihren Vater und dass es hieß, Hanni und Rudel seien die stärksten Männer Bayerns. Als Dada zwölf war, kamen sie einmal zu einem Platz in Württemberg. Oberhalb, auf einer Anhöhe, standen sieben Wagen, die gehörten zu einer Großfamilie von Mamis Verwandtschaft. Sie hießen die Sieben-Wagen-Leute. Mit denen gab es immer Streit und diese Leute redeten nicht gut über Babos Familie. Sie standen oben und schimpften herab. Babo überlegte, sagte weiter nichts. Am Abend befahl er allen ganz ruhig zu bleiben, er schlich sich im Dunkeln die Anhöhe hinauf. Hugos Dada schlich hinterher. Als Babo oben war, ließ er einen Schrei los und zog die Deichseln auf die Seite, so dass ein Wagen nach dem anderen krachend umfiel. Dann verschwand er wieder nach unten in die Dunkelheit. Die Männer oben aber wollten sich mit den Männern unten nicht anlegen. Oben war Geschrei von den Frauen und Kindern. Alles wurde gerichtet und aufgeräumt, dann fuhren alle sieben Wagen davon.

Die Tanten und Onkel sprachen auch über die Tiere, die sie gehabt hatten. Sie erzählten von einem blinden Pferd. Das ließ sich leicht einspannen und lenken, es war aufmerksam und klug. Wenn sie irgendwo an einem Platz lagerten, graste es im Wald oder am Rand, es entfernte sich nie außer Hörweite, man musste es nicht anbinden. Wenn es das Wort Polizei hörte, trabte es heran, es wusste ganz genau, wo der Wagen stand und fand mit seinem Hinterteil von allein die Deichsel. Es ging ein paar Schritte zurück, so dass es blitzschnell angespannt werden konnte und sie sofort verschwinden konnten. Polizei hieß für das Pferd schneller Aufbruch.

In Thüringen gefiel es allen. Wenn sie feierten und Musik machten, kamen manches Mal die Dorfbewohner, setzten sich dazu und feierten mit. Onkel Babist und Onkel Peter erzählten oft von einer Gutsbesitzerin. Sie kam regelmäßig zu Besuch und ritt ihnen auch zwanzig Kilometer hinterher, denn sie wollte Onkel Babist sehen. Er war zwanzig Jahre alt und gefiel ihr. Sie wollte mit mir anbändeln, sagte Onkel Babist. Sie wollte mit ihm poussieren, sagte Onkel Peter und sie lachten.

Und, hat sie?, fragte jedes Mal jemand. Aber dann lachten sie nur und antworteten nicht.

In Thüringen verdienten Babo und Mami gut, die Kinder waren erwachsen, hatten fast alle schon eigene Kinder, handelten mit Pferden, machten Musik auf Geigen, Gitarren und mit der Drehorgel und spielten Puppentheater.

Ihnen wurde ein Zwanzigfamilienhaus angeboten. Onkel Eduard und Onkel Konrad wollten es kaufen, aber Mami war dagegen.

Also wurde es nicht gekauft.

Einmal wollten sie auch alle nach Ungarn umziehen. Babo und seine Geschwister hatten von ihrem Vater, dem Musiker Josef Duka, viel Geld, Land und Häuser in Ungarn geerbt. Sie wollten alle zusammen dort leben. Aber Onkel Eduards Schwiegermutter war dagegen, sie wollte nicht, dass ihre Tochter so weit wegging. Deshalb zerriss sie die Papiere, zerriss die Erbschaft, und alle blieben in Deutschland.

Wenig später zogen dann alle nach München.

Hugo kannte das Leben auf der Reise nicht, doch durch die vielen Erzählungen schien es ihm vertraut. Trotzdem wollte er niemals aus der Deisenhofener Straße weg. Er mochte den Hof, wo er spielen und basteln konnte, er mochte den kleinen Gemüsegarten von Mama, wo er ab und zu nachschaute, was gewachsen war. Er mochte die Blumen und den Zaun, die Wiesen und die Pferde, den Pferdemarkt. Er mochte die Pusteblumen und Gänseblümchen. Und Frau Söllners Bude und das Brausepulver. Er konnte sich kein anderes Leben vorstellen. Bald würde er in die Schule kommen, Frieda und Manfred gingen schon jeden Tag hin.

Nachdem in der Nacht, als Hugo gerade fünf war, Männer Feuer gelegt hatten, baute Dada mit Hilfe seiner Brüder die Scheune mit dem Pferdestall wieder auf. Hugo erinnerte sich noch genau daran, wie die Scheune abgebrannt war und die Pferde panisch hin und her liefen, die Angst in ihren Augen, die Ohren unruhig.

In diesem Winter starb die Mami nach ihrem 71. Geburtstag. Es waren viele traurige Tage. Babo zog mit seinem Wohnwagen auf Onkel Konrads Hof.

Zwei Wochen später kam Hugos jüngster Bruder Januschek auf die Welt.

Dann wurde es Sommer.

Für die Kinder war es ein schöner Sommer. Die Erwachsenen aber fürchteten die Zukunft und machten sich Sorgen. Sie wurden zur Polizei zitiert, zur Zigeunerzentrale in der Königinstraße. Dort wurden sie vermessen, der Augenabstand, die Nasenlänge, die Arm- und Beinlänge, der Schädelumfang, der Hüftumfang. Die Haar- und Augenfarbe wurden bestimmt, sie wurden fotografiert, es wurden ihnen Fingerabdrücke abgenommen und sie wurden nach ihrer Familie ausgefragt. Die Frau dort, Eva Justin, und ihre Assistenten erstellten Stammbäume der Sintifamilien. Wer das nicht über sich ergehen lassen wollte, dem wurde mit dem Konzentrationslager gedroht.

**»Warum sind sie fotografiert und trotzdem ermordet worden? Das verstehe ich nicht. Die Kinder sind gemessen und fotografiert worden und trotzdem ins KZ zum Vergasen gekommen. Warum wollten sie die Bilder haben? Wenn ich heute Bilder von dir mache, brauche ich sie doch wieder. Die haben die Menschen alle weggebracht und alles von ihnen geholt, Blutgruppe, Maße, Fingerabdrücke, Bilder.«**

Onkel Eduard und Tante Dina mit den Kindern, die als Letzte nach München gekommen waren, wohnten in einer Wohnung, aber bei Onkel Konrad war genug Platz für ihre Pferde.

Im Sommer machten sie wieder Heu, Dada mähte mit der Sense, sie rechten und bündelten das getrocknete Gras und ließen es so lange draußen, wie es nicht regnete. Hugo ging mit Futter holen, tränkte die Pferde. Er konnte es nicht wie die Großen, aber bei jeder Arbeit begleitete er seinen Dada und seine Mama.

Die Erwachsenen schimpften darüber, dass sie die doppelte Lohnsteuer zahlen mussten, die Rassensondersteuer. Von der Zigeunerzentrale kamen Beamte unangemeldet und wollten sehen, wie sie lebten.

Die Erwachsenen redeten oft ernst miteinander, aber Hugo achtete nicht darauf.

Er war meistens draußen und spielte. Mit allen Geschwistern, Cousins und Cousinen zusammen waren sie mehr als fünfundzwanzig Kinder.

Die Großfamilie lebte nah beisammen und Hugo hatte immer jemanden zum Spielen. V. l. n. r. unten: Hugo, Mano, Gita, Manfred, Frieda. Oben: Tante Kerscha, Mami, Mama mit Rigo. Ca. 1937.

Im Spätsommer bekamen Dada und seine Brüder einen Gestellungsbefehl. Sie wurden zur Wehrmacht eingezogen. Sogar Onkel Eduard, der schon über vierzig war. Mit neunzehn war er schon als Soldat in den Ersten Weltkrieg gegangen. Mami und Babo waren damals froh, dass die anderen Söhne zu jung und Babo zu alt für den Krieg waren. Über Onkel Eduard erzählte man sich in der Familie von seiner Tapferkeit. Er machte die Schlacht bei Verdun mit, bei der tausende Menschen starben. Einmal war Onkel Eduard an der Somme vermisst, die ganze Kompanie von fast dreihundert Männern niedergemetzelt. Da war Onkel Eduard zwanzig Jahre alt.

Nach Wochen tauchten beim Regiment drei Männer auf, schmutzig und abgerissen, mit Bart, die Haare gewachsen. Gespenster kommen, dachten die Leute. Onkel Eduard und die anderen beiden waren die einzigen Überlebenden der Kompanie. Sie hatten noch die gesamte verbliebene Munition verschossen, bevor sie sich hinter die deutsche Linie zurückschleppten.

Onkel Eduard erhielt das Eiserne Kreuz 2. Klasse und die Bayerische Tapferkeitsmedaille. Danach beförderte man ihn zum Unteroffizier.

Der Krieg war noch nicht zu Ende, Onkel Eduard vergiftete sich im Jahr darauf am Gas, das die Deutschen gegen die französischen und belgischen Soldaten einsetzten, und wurde in ein Lazarett geschickt. Als endlich der Krieg aus war, waren seine Brüder stolz auf Onkel Eduards Tapferkeit und glücklich, ihn wiederzuhaben.

Die Orden und das ihm später von den Nationalsozialisten verliehene Ehrenkreuz für Frontkämpfer retteten in den folgenden Jahren seine Frau, seine Kinder und ihn selbst.

Aber auch Onkel Eduard wurde nun, 1939, wieder eingezogen. Morgens um vier Uhr kam ein Motorrad, der Fahrer brachte den Befehl, sich zu melden. Jetzt sollten alle Söhne von Mami und Babo als Soldaten zur Wehrmacht. Hugo sah, wie traurig Mamas Augen waren, als Dada zur Musterung ging und später mit einer Uniform zurückkam. In allen Familien waren die Frauen traurig und machten sich Sorgen. Die Kinder weniger. Die Cousins und Cousinen tauschten sich darüber aus, zu welcher Gattung ihre Väter kamen. Aber was macht die Mama ohne den Dada? Wovon sollen wir Essen kaufen?

Es kamen Polizisten und schauten in Dadas und Onkel Konrads Pferdeställe. Sie sagten: Das wird alles beschlagnahmt.

Aber die Pferde ernähren uns, die können Sie uns nicht nehmen.

Dada und Onkel Konrad konnten nichts tun. Männer nahmen alle sieben Pferde, die Dada gehörten, alle Fuhrwerke und Geschirre mit, auch bei Onkel Konrad wurde alles leer geräumt. Beschlagnahmt für die Wehrmacht.

Bevor Dada fort musste, schärfte er den Kindern ein, dass sie ab sofort draußen kein Wort Romanes mehr sprechen dürften. Auch unter euch nur Deutsch, ist das klar? Auf der Straße, in der Schule, kein Wort Romanes.

Ja, Dada. Aber warum?

Keiner muss wissen, was ihr könnt, was wir sind.

Hugo verstand es nicht, aber er und seine Geschwister befolgten Dadas Wunsch, und wenn sie es nicht vergaßen, sprachen sie auch miteinander nur noch Deutsch.

Dann mussten Dada und die Onkel fort, Dada am weitesten weg, zum Luftwaffen-Baubataillon in Ergenzingen bei Tübingen. Onkel Eduard wurde nach Böhmen geschickt. Wenige Tage später marschierte die Wehrmacht in Polen ein und es war Krieg. Onkel Eduard musste bei der Besetzung Polens dabei sein. Onkel Babist wurde zu den Landesschützen in die Kaserne von Lenggries kommandiert.

Das Leben war nicht mehr so froh. Hugo ging oft in den Pferdestall und meinte, ein Pferd schnauben zu hören, aber es war beklemmend still, nur ein paar Fliegen summten. Meine armen Pferde. Meine armen Pferde müssen in den Krieg ziehen und werden vielleicht sterben. Tante Notschga hatte noch die Hühner und Ziegen. Der Sold, den die Soldaten bekamen, war knapp. Die Lebensmittel waren rationiert, auf ihre Lebensmittelkarten war ein Z gedruckt, das heißt, sie bekamen pro Abschnitt weniger Brot, Butter, Nudeln als die anderen Leute, die nicht als Zigeuner oder Juden abgestempelt waren.

Mama ging zum Bahnhof und fuhr mit dem Zug aus der Stadt. Sie tauschte Spitzen, Bänder, Knöpfe gegen Lebensmittel, manchmal bettelte sie auch um Essen für ihre Kinder. Manchmal wurde sie von Tante Derndl oder einer anderen Tante begleitet. Wer beim Betteln erwischt wurde, war für die Polizei ein arbeitsscheues Element, das in ein Konzentrationslager eingewiesen werden sollte.

Mama wurde nie kontrolliert und nicht denunziert. Und sie konnte die Kinder versorgen.

**»Wir haben überlebt. Wir haben keinen großen Hunger gehabt. Wenn man frei ist und man kriegt alle Tage was zum Essen, da ist alles gut. Das ist nicht das Schlimmste. Das Schlimmste ist, wenn man weiß, man muss verhungern, man muss verdursten, wenn man nicht richtig Acht gibt, wird man vergast, wird man erschossen, das ist das Schlimmste, was es gibt.«**

Kurz nachdem Dada fort war, kam eine Anordnung der Polizei, die Festschreibung: Die Sinti durften ihren Aufenthaltsort nicht mehr verlassen. Nicht für einen Verwandtenbesuch, nicht für einen Ausflug, nicht um zu handeln. Es war strikt verboten, den Wohnort zu verlassen. Wenn sie außerhalb ihres Wohnortes von der Polizei angetroffen wurden, konnten sie verhaftet werden. Dada wollte schon zuvor nicht, dass Mama mit dem Zug aufs Land fuhr, sie sollte nichts riskieren, er war nicht da, und wer sollte für die Kinder sorgen, wenn nicht Mama. Hin und wieder ging sie doch los, weil das Essen nicht reichte.

Onkel Babist hatte Sehnsucht nach seiner Familie und wollte sie nach Lenggries holen. Dada beschloss mit Mama, dass auch sie mit den Kindern nach Lenggries umziehen sollte. Da wäre sie mit Tante Derndl zusammen, es gab dort weniger Polizei, Onkel Babist könnte ihnen helfen, falls es Schwierigkeiten gäbe, auf dem Land könnten die Frauen die Kinder besser ernähren, die Bauern hatten immer etwas übrig. Und ihnen allen erschien es sicherer, ein bisschen abseits zu leben. Onkel Babist fand für Tante Derndl, Mano und Lili, und für Tante Derndls Mama und ihre Schwester Tante Peksla eine Unterkunft bei einem alten Ehepaar, dem Forstmakler Maurus, der nach einem Fahrradunfall am Stock ging. Das Haus stand direkt am Marktplatz und sie durften darin zwei Dachkammern bewohnen. Mama und die sechs Kinder zogen in ein winziges Haus mit Garten gegenüber dem Bahnhof. Im Dorf wurde es Pechhüttel genannt und schon bald waren Hugo und seine Geschwister die Pechhüttla. Vorn in der kleinen Stube mit einem Holzofen kochte Mama, da wohnten und aßen sie und Mama schlief auch dort. Hinten dran war ein kleiner Raum, darin standen zwei Doppelstockbetten für die Kinder. Die Kleinen mussten sich ein Bett teilen. Das Wasser holten sie aus einem Brunnen im Garten. Und hinten im Garten befand sich das Plumpsklo in einem Holzverschlag.

Hugo gefiel es in Lenggries.

Wenn er aus dem Häuschen kam, sah er schneebedeckte Berge. Dahinter, sagte Mama, ist Österreich und dann kommt Italien.

Hugo, seine Geschwister, Mano und Lili erkundeten das Dorf. Wenn Hugo zu Mano beim alten Herrn Maurus wollte, musste er zwischen den Häusern durch, quer über Wiesen, auf einer schmalen Brücke über einen kleinen Bach, dann stand er davor. Der Bach floss direkt vor Manos Haus entlang, und oft spielten sie darin, versuchten mit Steinen und Stöcken und Erde das Wasser zu stauen oder Mano ließ seine Schuhe schwimmen.

Manfred und Frieda gingen in die Schule zu den armen Schulschwestern, die gegenüber der Schule in einem Kloster lebten. Nach Ostern wurden Hugo und Mano auch dort eingeschult. Die Schwestern unterrichteten Mädchen und Jungen zusammen. Hugo freute sich, lesen zu lernen, mit anderen Kindern zu spielen, ein Schulkind zu sein. Nur der Schulweg, der war ihm morgens manchmal lang.

Mittags gab es eine Pause für die Schulspeisung. Alle Kinder gingen zum Essen außer Hugo, Manfred, Frieda und Mano. Sie standen hungrig herum und warteten, bis es mit dem Unterricht weiterging. Mama konnte für die Schulspeisung nicht bezahlen und für Pausenbrot reichte das Essen und das Geld auch nicht.

Kommt ihr nicht?, fragte ein Mädchen, sie hieß Sophie und hatte zwei lange hellbraune Zöpfe.

Nein, sagte Hugo. Sie war ihm schon lange aufgefallen, er schaute sie an, wenn sie es nicht merkte. Schön fand er sie, richtig schön. Wie sie sprach, wie sie lachte, alles gefiel ihm an ihr und nachmittags brachte er sie nicht aus seinen Gedanken. Die meisten Kinder hielten Abstand von ihnen, manche Erwachsene traten furchtsam zur Seite, wenn Hugo mit seinen Geschwistern die Straße entlangkam. Aber Sophie fragte, ob sie spielen wollten. Und weshalb sie nicht mitaßen. Hugo sprach mit Manfred und Mano über Sophie. Nach der Schule begleitete Hugo sie ein Stück. Und noch ein Stück. Begleitete sie bis zu ihrer Haustür. Ihren Eltern gehörten die Bäckerei und das Café Raßhofer.

**»Oh, sie war ein schönes Mädchen. Sie war unser Idol, weißt du? Jeder wollte Sophie haben, weil sie sich ja mit uns abgegeben hat.«**

Fast jeden Tag brachte Sophie Kuchen oder Plätzchen oder Brot aus der Bäckerei für Hugo, Manfred, Frieda und Mano und gab es ihnen in der Pause. Und jeden Nachmittag brachten Hugo, Manfred und Mano sie nach der Schule heim. Hugo fand den Schulweg nicht mehr so weit. Jeden Morgen lief er mit seinem Bruder zu Sophies Haus, sie trafen dort mit Mano zusammen und warteten auf Sophie. Sobald sie aus dem Haus kam, nahmen sie sie in ihre Mitte und gingen gemeinsam zur Schule. Jeder wollte neben Sophie gehen, doch einer war immer der Dritte. Aber nicht Hugo.

Mano mochte sie auch, aber da sie schon zwei Verehrer hatte, verehrte er Sophies Freundin Elfriede.

Einmal wanderte die Klasse nach Brauneck, einmal hoch zur Denkalm. Das erste Mal stand Hugo auf so einem hohen Berg, so nah an den Wolken. Er meinte sie berühren zu können. Und nicht weit entfernt sah er eine Wolke tiefer als die Stelle, an der sie standen. Wenn er spränge, könnte die Wolke ihn tragen?

Er schaute auf die Felsen. Hinter jedem Berg sah er einen höheren, er beobachtete die Wolken, die an Bergspitzen hängen blieben, die Sonne schien. Wenn der Wind kommt, können die Wolken jeden Berg überwinden. Hugo sah die kantigen scharfzackigen Felsen und wunderte sich, wie Menschen über die Alpen gekommen waren. Nie könnte ich da hochgelangen. Aber am meisten faszinierten ihn die Wolken, die er nie zuvor so nah gesehen hatte.

Immerzu, jeden Tag, marschierten Menschen durch Lenggries. Mittwochs und samstags nachmittags die Mädchen und Jungen in ihren Hitlerjugend- oder Bund-Deutscher-Mädel-Kluften.

Und frühmorgens die Soldaten. Sie mussten fast täglich lange Märsche machen, bis nach Jachenau und zurück. Wenn Mano sie kommen hörte, sprang er aus dem Bett, aus der Kammer, die Treppen hinab und stellte sich an den Straßenrand, den rechten Arm erhoben, um seinen Dada zu sehen und ihm zuzuwinken. Kamen die Soldaten am Nachmittag zurück, sah auch Hugo Onkel Babist. Er durfte sich nicht umschauen, aber wenn sie winkten, lächelte er leicht.

Manchmal gingen Tante Derndl und Mama mit den Kindern den Berg hinauf zur Kaserne und warteten dort, bis Onkel Babist ans Tor kam. Mano und Lili standen bei ihm, wenn Tante Derndl mit ihm sprach und seine Hand hielt. Sie hatte einen Korb dabei mit ein paar guten Sachen für ihn. Hugo wollte seinen Dada bei sich haben. Er fehlte ihm. Wann kommt Dada wieder, Mama?

Wenn er Urlaub kriegt. Hoffentlich bald. Mama vermisste ihn auch.

Als Dada auf Urlaub kam, war die Freude groß. Er kam in einer schönen Uniform mit Fliegerabzeichen. Er gehörte zum Bodenpersonal der Luftwaffe. Für Hugo und Manfred brachte er Anstecknadeln mit. Sie befestigten die Fliegerabzeichen an ihren Jacken und waren so stolz darauf, dass sie sie überall mit hintrugen. Nur nicht in die Schule, damit sie ihnen nicht abgerissen und gestohlen wurden. Immer wieder schaute Hugo auf sein Abzeichen, es glänzte im Licht.

Komm, gehen wir doch spazieren, sagten Hugo und seine Geschwister am Abend. Also nahm Dada sie alle mit und sie spazierten mit ihm und Mama durch das Dorf. Hugo war stolz auf seinen Dada in der schönen Uniform.

Bevor Dada wieder abreisen musste, wollte er zum Fotografen gehen, damit er ein Bild von seiner Familie hatte. Und damit Mama ein Bild von ihm hatte. Unsere Einheit wird verlegt, sagte Dada. Ich weiß nicht, wohin. Sie zogen ihre besten Sachen an, Hugo und Manfred

1941. Bevor Dada wieder in den Krieg musste, ließ er sich mit Mama in Lenggries fotografieren.

steckten die Fliegerabzeichen an ihre Jackenrevers und so gingen sie zum Lenggrieser Fotografen.

**»Man hat halt gemerkt von Dada und meiner Mama, dass sie betrübt waren. Man sieht es auf dem Bild, ich hab es lange, lange angeschaut. Man sieht, irgendwas stimmt mit ihnen nicht. Mama hat schöne Haare gehabt. Er war 39 und sie 34. Man sieht an der Mama ihre Augen, dass was nicht stimmt. Das haben sie aber für sich behalten, haben uns nichts gesagt.«**

Bald darauf schickte Dada einen Brief, und sie erfuhren, dass er beim Einmarsch und der Besetzung Frankreichs dabei war. Hoffentlich passiert ihm nichts.

Manchmal sehnte Hugo sich auch nach den Pferden. Um Lenggries war so viel Platz, Wiesen, Wald, meine armen Pferde. Die wären hier das Größte.

Mit seinen Geschwistern erkundete er die Gegend, warf Steine in die Isar. Er schaute oft auf den hellen, klaren Fluss, das türkise Wasser, er beobachtete Fische und versuchte sie mit den Hände zu erwischen. Als es wärmer wurde, sprangen die Leute hinein und badeten.

Oft streiften sie durch das Dorf, besuchten Mano. Der hatte sich mit den Zwillingssöhnen eines Schusters, Peter und Hans, und ein paar Bauernjungen aus seiner Klasse zusammengetan. Das war seine Bande und er war der Häuptling. Gemeinsam mit den Jungen stand er vor dem Pechhüttel und schimpfte sie Zigeuner. Hugo und Manfred hatten manchmal noch ein, zwei andere Jungen dabei, sonst kämpften sie allein.

Einmal entführten sie Mano, zogen ihn in den Garten hinter das Haus, die anderen Jungen verschwanden. Hugo und Manfred überwältigten Mano, fesselten ihn und überlegten. Dann hängten sie ihn in die Bretterbude über das Klo. Und dann gingen sie fort. Viel später, als sie gemütlich in der Stube saßen, fiel er ihnen wieder ein. Mensch, der hängt ja noch da draußen. Mit Hilfe Friedas banden sie ihn lachend los und befreiten ihn. Er lief gleich nach Hause.

Kurz darauf türmte er Steine vor der Eingangstür auf, ganz leise mauerte er sie zu. Als Mama hinauswollte, konnte sie die Tür nicht öffnen. Sie musste warten, bis jemand kam und sie befreite. Dafür wurde Mano fest ausgeschimpft von Onkel Babist. Aber er hatte sich gerächt.

Mama saß oft mit Tante Derndl und deren Mutter zusammen, sie redeten und lachten. Tante Peksla war dabei, sie konnte nicht sprechen, sie war taubstumm. Aber lebenslustig. Meistens rauchte sie und trank Kaffee, sie war sehr dünn und schien fast nichts zu essen. Wenn Mama Bohnenkaffee hatte, füllte sie die Bohnen in ein Säckchen, schlug mit einem dicken Stück Holz immer wieder darauf, drehte das Säckchen um, schlug wieder darauf, so lange, bis die Kaffeebohnen zu feinem Pulver zerkleinert waren. Dann kochte sie sich den Kaffee. Zu Ostern hatte sie welchen, da legte sie die Eier für die Kinder hinein, um sie braun zu färben.

Ein paar Kaffeebohnen hob Mama auf, damit sie mit Dada zusammen echten Kaffee trinken konnte. Oder mit Tante Derndl. Sonst trank sie Ersatzkaffee, der war rot, aus Zichorien gemacht. Innen in der Packung war rotes Papier. Hugo sah Mama oft dabei zu, wie sie das Papier anfeuchtete, damit ihre Lippen rot färbte und sich vor dem Spiegel schminkte. In Lenggries kannte niemand ihren Namen. Sie war bekannt als die schöne Frau, die am Bahnhof wohnte.

1941. Ein Familienfoto, das Dada mit an die Front nehmen konnte. V. l. n. r.: Frieda, Rosi, Rigo, Manfred, Mama mit Januschek, Hugo.

Die Sommerferien verbrachte die Enkelin von Herrn Maurus bei ihrem Großvater. Sie ging mit Tante Peksla und den Kindern mit Decken und Picknickkorb an die Isar zum Baden. Abends spazierte sie manchmal am Bahnhof auf und ab, weil sie die schöne Frau in ihrem langen blauen Samtmantel sehen wollte. Niemand sonst im Dorf hatte so einen eleganten schimmernden Mantel.

Besonders freute sich Hugo, als der Babo mit einem Enkel mit dem Kasperltheater nach Lenggries kam. Babo hatte in allen Dörfern ringsum die Tage verabredet, eine Rundreise über zwanzig Dörfer. Auch in Lenggries ging Hugos Cousin mit einer Klingel durch alle Straßen und zu allen Höfen und rief die Vorstellungen aus, am Tag für Kinder und am Abend für Erwachsene.

Einmal führte Babo sein Stück »Heinrich, Gaugraf von Thüringen, der Wilde genannt« auch in der Schule auf. Vorn auf dem Kasperltheater waren Ritter aufgemalt, die Bühne war so hoch, dass der Babo im Stehen spielen konnte. Der Cousin zog den kleinen Vor-

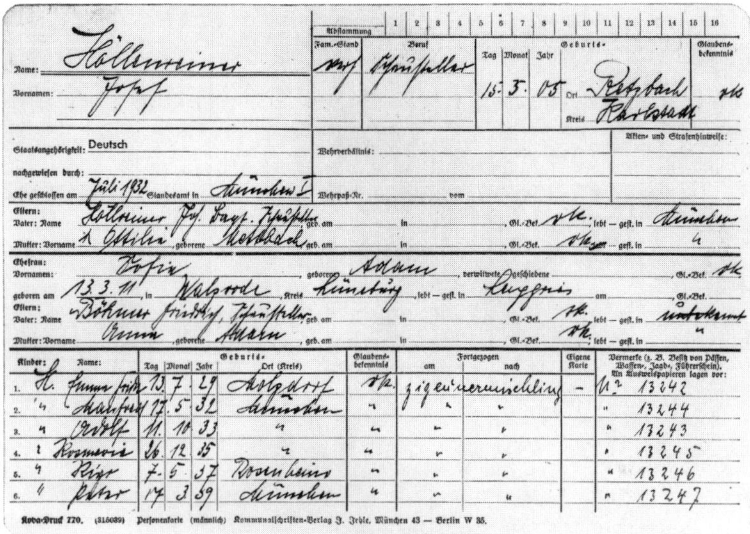

Name: Höllenreiner
Vornamen: Josef
Abstammung: 1 2 3 4 5 6 7 8 9 10 11 12 13 14 15 16
Fam.-Stand: verh. — Beruf: Schausteller — Geburts-Tag: 15. Monat: 5. Jahr: 05 — Ort: Ketzbach, Kreis: Karlstadt — Glaubensbekenntnis: rk.
Staatsangehörigkeit: Deutsch
nachgewiesen durch:
Ehe geschlossen am Juli 1932 Standesamt in München I
Wehrverhältnis:
Wehrpaß-Nr. vom
Akten- und Strafenhinweise:
Eltern: Vater: Name Höllreiner Jos. Bapt. Schausteller, geb. am in, Gl.-Bek. rk., lebt — gest. in München
Mutter: Vorname u. Ottilie, geborene Metzbach, geb. am in, Gl.-Bek. rk., lebt — gest. in "
Ehefrau: Vornamen: Sofie, geborene Adam, verwitwete geschiedene, Gl.-Bek. rk.
geboren am 13. 3. 11 in Walsrode, Kreis Lüneburg, lebt — gest. in Lenggries am
Eltern: Vater: Name Böhmer Friedr. Schausteller, geb. am in, Gl.-Bek. rk., lebt — gest. in unbekannt
Mutter: Vorname Emma, geborene Adam, geb. am in, Gl.-Bek. rk., lebt — gest. in "

| Kinder: | Name: | Tag | Monat | Jahr | Geburts- Ort (Kreis) | Glaubensbekenntnis | Fortgezogen am | nach | Eigene Karte | Vermerke (z. B. Besitz von Pässen, Waffen-, Jagd-, Führerschein). An Ausweispapieren lagen vor: |
|---|---|---|---|---|---|---|---|---|---|---|
| 1. H. | Emma Sofie | 13. | 7. | 29 | Holzdorf | rk. | Zigeunermischling | | – | Nr. 13242 |
| 2. " | Manfred | 17. | 5. | 32 | München | " | " | " | | " 13244 |
| 3. " | Adolf | 11. | 10. | 33 | " | " | " | " | | " 13243 |
| 4. " | Rosmarie | 26. | 12. | 35 | " | " | " | " | | " 13245 |
| 5. " | Rigo | 7. | 5. | 37 | Rosenheim | " | " | " | | " 13246 |
| 6. " | Peter | 14. | 3. | 39 | München | " | " | " | | " 13247 |

Nova-Druck 770. (316039) Personenkarte (männlich) Kommunalschriften-Verlag J. Jehle, München 43 — Berlin W 35.

Polizeiliche Anmeldung in Lenggries 1940. Die Eltern und Kinder waren als »Zigeunermischlinge« registriert, die Akten über sie lagen in Berlin in der »Rassenhygienischen Forschungsstelle« des Reichsgesundheitsamtes und sind heute nicht mehr auffindbar.

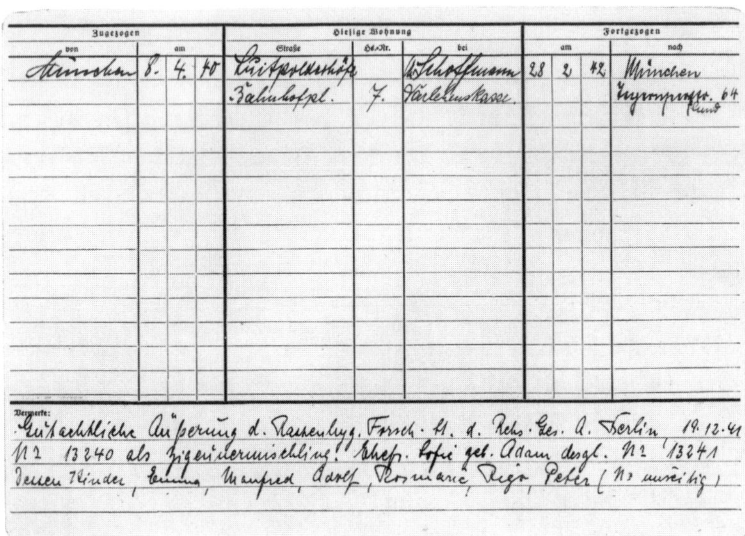

| Zugezogen von | am | | | Hiesige Wohnung Straße | Hs.-Nr. | bei | Fortgezogen am | | | nach |
|---|---|---|---|---|---|---|---|---|---|---|
| München | 8. | 4. | 40 | Luitpoldschule | | Schoßmann | 28 | 2 | 42 | München |
| | | | | Bahnhofpl. | 7. | Krankenkasse | | | | Zigeunerplatz 64 Lund |

Vermerke:
Gutachtliche Äußerung d. Rassenhyg. Forsch. St. d. Rchs. Ges. A. Berlin, 19.12.41 Nr. 13240 als Zigeunermischling! Ehefr. Sofie geb. Adam desgl. Nr. 13241 dessen Kinder, Emma, Manfred, Adolf, Rosmarie, Rigo, Peter (Nr. umseitig)

In jedem Dorf hängte Babo sein Plakat aus und ließ seinen Enkel mit einer Klingel die Vorstellungen ausrufen.

hang auf und es ging los: Tri tra tralala … Allen Kindern gefiel das Theater und Hugo dachte: Das ist mein Großvater, der so etwas Gutes kann. Ein anderes Stück hieß »Der Hunnenkönig«. Eines für Erwachsene »Alte-Weiber-Mühle«. Wenn eine Prinzessin vorkam, hieß sie immer Genoveva. Hugo mochte besonders das Krokodil. Wenn der Polizist den Kasper verhaften wollte und das Krokodil den Polizisten biss.

Vormittags ging Babo manchmal über die Wiesen und Felder, suchte und fand Meerrettich und grub die Wurzeln aus. Lange konnten Babo und sein Enkel nicht bleiben, sie mussten weiter, sie waren ja in anderen Dörfern angekündigt.

Hugo, Manfred, Frieda und Mano spielten und kämpften mit anderen Kindern. Manchmal hatten sie etwas in der Hand, Grasbüschel oder Holzstücke. Wir werfen Bomben auf England. Und sie bewarfen die anderen. Mano war manchmal auch auf ihrer Seite und auf jeden Fall waren sie immer die Deutschen und die anderen die Engländer. Mano, Manfred und Hugo sangen lauthals:

I bin Soldat fallera
und hab nen Bart fallera
und hab nen Sabel und an G'wehr.
Was wird mei Mutterl sagn,
wenn i vom Feld hoam komma tua
und tua a Bart hoam tragn.

Ja, du bist doch net mei Jockele mei Bua.
Hei jo, i bin dei Bua,
i bin dei Jockele dei Bua
und hab nen Bart dazua
fallera.

Frieda wurde nach den Sommerferien in den BDM aufgenommen, den Bund Deutscher Mädel. Wenn sie zum Dienst ging, trug sie ihre Kluft: einen schwarzen Rock, eine weiße Bluse, eine braune Jacke mit geflochtener Kordel am Ärmel. Die Mädchen mussten jede Woche exerzieren. Sie marschierten durch das Dorf, Hugo stand oft mit seinen Geschwistern am Straßenrand und beobachtete seine Schwester, die im Gleichschritt in Fünferreihen Lieder singend vorbeikam. Sie durfte nicht nach links oder rechts schauen, nur geradeaus. Seine große Schwester gehörte jetzt dazu. Hugo wollte auch gern eine Uniform tragen. Und links zwei, drei, rechts zwei, drei. Und singen:

Wenn die Soldaten durch die Stadt marschieren,
öffnen die Mädchen die Fenster und die Türen,
hei warum hei darum
hei nur wegen tschinderassa bumerassasa
hei warum hei darum
hei nur wegen tschinderassa bumerassabum …

Niemand durfte Friedas Kostüm anfassen. Nach dem Dienst hängte sie es in den Schrank, sie passte sehr darauf auf. War ein Teil davon dreckig, wusch sie es sofort. Das wird kontrolliert, sagte sie. Es gab sogar Fingernägel-Appell. Da mussten alle ihre Hände ausstrecken, und die Führerin kontrollierte, ob die Fingernägel sauber waren.

Nur wenn Frieda zum Dienst musste, nahm sie die Kluft aus dem Schrank und zog sie an. Sie hatte einen dicken langen schwarzen Zopf. Hugo ging manchmal ein Stückchen mit ihr mit.

Mit dem Bund Deutscher Mädel und der Hitlerjugend wurde es für Frieda schwierig in der Klasse. Dass sie und ihre Geschwister Sinti waren, wusste jeder im Dorf. Sie waren für alle die Zigeuner. Aber nun hörten die Kinder von den HJ-Führern, Zigeuner seien arbeitsscheu und Arbeitsscheue seien Schmarotzer und der Niedergang des deutschen Volkes.

Die Jungen fingen an, Frieda zu hänseln und zu schlagen. Frieda ließ sich nichts gefallen, sie haute zurück, sie wehrte sich, so gut sie konnte. Aber nicht immer konnte sie gegen die Übermacht etwas ausrichten. Manche Kinder vergriffen sich auch an Manfred und Hugo. Die drei Geschwister flüchteten sich immer wieder zum Herrn Geheimrat, der die Schule leitete. Er war ein älterer Mann, viel älter als Dada. Er wohnte mit seiner Frau bei der Schule. Mit ihm arbeitete Marille dort, ein Mädchen mit langen schwarzen Zöpfen, sie half bei allem, was die Kinder betraf, bei der Verwaltung, bei der Schulspeisung, mit den Pausenaufsichten. Hugo, Manfred und Frieda klagten dem Herrn Geheimrat all ihr Leid. Er schritt gegen die schlagenden Jungen ein, die sich stark fühlten, seit sie zum Jungvolk gehörten. Er wies sie immer wieder zurecht und schrieb ihre Namen auf.

Auf dem Schulhof waren Hugo und seine Geschwister seitdem sicher. Aber sie durften nur zusammen die Schule verlassen. Trotzdem lauerten da oft schon die Jungen und prügelten sich mit Frieda. Und Frieda schlug retour. Hugo hatte immer Angst um sie.

An einem Nachmittag, als sie hinauskamen, sah Hugo seinen Dada in einiger Entfernung von der Schule stehen. Er wollte hinlaufen, aber Dada hielt den Finger an die Lippen. Und schon begann das Hänseln und Schubsen wieder. Zwei, drei Jungen griffen in Friedas Haare und zogen daran. Hugo traute sich sonst nicht an die großen Jungen heran, aber in dem Moment, als er seinen Dada gesehen hatte, fühlte er sich so stark, dass er sofort auf die Jungen losging, zusammen mit Manfred. Dada stürzte zu den Jungen und schrie: Was wollt ihr von Frieda? Rührt mein Mädchen nicht an!, und rannte ihnen nach.

Hugo stand am Schultor und lächelte, es war so schön zu sehen, wie die Jungen rannten, was für eine Angst sie vor seinem Dada hatten. Mein Dada ist stark und schnell. Er erwischte einen Jungen und drohte ihm Schreckliches an, wenn er noch einmal Frieda anrührte, wenn er sie nur einmal schief ansah. Dem Jungen war das Lachen vergangen, er wollte nur fort, und als ihn Dada losließ, rannte er wie ein Hase. Danach nahm Dada seine Kinder und sie gingen fröhlich zusammen nach Hause.

Dada war am Morgen gekommen und konnte zwei Tage bleiben. Mama hatte ihm gleich erzählt, wie oft Frieda in den vergangenen Wochen geschlagen worden war. Er musste danach nicht ins besetzte Frankreich zurück, sondern in die Kaserne nach Bad Tölz. Das war die nächste Stadt, gar nicht weit von Lenggries. Hugo freute sich, er wusste sofort, dass er von nun an seinen Dada öfter sehen könnte. Onkel Babist hatte auch manchmal einen Tag Ausgang und konnte dann bei seiner Familie sein.

Bei Herrn Maurus unterm Dach waren zwei Sinti aus München zu Besuch, die abends und nachts oben im Berghof Musik spielten. Viele Leute gingen dorthin tanzen, auch Mama und Dada blieben nachts lange weg. Die Kinder mussten zu Hause bleiben. Es waren die letzten durchtanzten Nächte, bald danach wurden das Tanzen und die Tanzmusik verboten, weil Krieg war und sehr viele Menschen starben.

An einem Morgen kam Mama zu Hugo, umarmte ihn fest und gab ihm ein kleines Päckchen Bahlsenkekse, sechs Stück waren darin.

Mama, gehört es mir?

Ja.

Warum, Mama?

Weil du heute Geburtstag hast.

Oh, danke schön.

Hugo war sieben.

Das Essen war immer knapp. Manchmal brachten Dorfbewohner Salat, Körbe mit Bohnen oder Obst, was sie in ihren Gärten gerade ernteten. Manchmal gaben sie Mama auch Speck, gekochtes Essen, Brot oder Kuchen.

Mamas Dada mit Söhnen, Töchtern und Familien kamen in Wohnwagen mit Pferden nach Lenggries. Sie stellten sich auf den freien Platz neben dem Bahnhof, gegenüber dem Pechhüttel. Die Erwachsenen sprachen oft sehr lange miteinander. Mamas Dada wollte mit seinen Leuten nach Italien. Kommt mit, hier wird es zu gefährlich. Mama wollte mit, aber Dada sagte: Nein, ich bin hier beim Militär, uns kann nichts passieren. Immer wieder sagte Mamas Dada: Seppl, komm. Geh mit. Drüben ist es sicherer.

Seppl, lass uns mit, sagte Mama.

Aber Dada wollte nicht. Wir sind Deutsche, uns kann hier nichts passieren. Die Kinder sind hier in der Schule, jeder kennt uns.

Mamas Dada und alle Verwandten ließen Wagen und Pferde auf einen Zug verladen. Es war ein tränenreicher Abschied, wer weiß wo und wann und ob sie sich wiedersehen würden. Dann stiegen sie in den Zug und fuhren weg. Mama war traurig.

Danach sprachen Mama und Dada oft sehr lange und leise vorn in der Stube, wenn die Kinder in den Betten lagen. Sie beschlossen, dass Mama in eine Organisation der Nazis eintreten sollte. Vielleicht würde sie das doch besser schützen. Sie beantragte die Mitgliedschaft in der NS-Frauenschaft und wurde aufgenommen. Danach musste sie manchmal zu Versammlungen gehen. Und sie trug ein kleines Abzeichen am Mantel.

Ihr wurde das Mutterkreuz in Silber verliehen, das arische Mütter für sechs Kinder bekamen. Sie trug es zu besonderen Gelegenheiten an einem Band um den Hals. Es war ein blausilbernes Kreuz mit einem Hakenkreuz in der Mitte, um das im Kreis stand: *Der deutschen Mutter.*

Im Winter nach Hugos achtem Geburtstag kam Dada ohne Uniform nach Hause. Er war aus der Wehrmacht entlassen worden, weil er ein Sinto war. Er sei es nicht wert, das deutsche Ehrenkleid zu tragen. Onkel Babist kam kurz darauf auch ohne Uniform zurück, auch entlassen.

Die Erwachsenen waren ratlos, wie es weitergehen sollte. Die Kinder freuten sich auf Weihnachten, über den ersten Schnee und dass ihre Dadas nicht mehr wegmussten.

Zu Weihnachten stellte Mama einen kleinen Christbaum in die Stube und machte aus Zucker Bonbons für die Kinder.

Wieder sprachen Mama und Dada abends miteinander, sie sprachen auch mit Onkel Babist, Tante Derndl und Herrn Maurus. Als es taute, packten sie alles zusammen, meldeten sich bei der Polizei ab und zogen zurück nach München in die Deisenhofener Straße. Hugo tat es Leid um Sophie, die Berge, die Wolken, die Isar und den Bach, die Schulschwestern, Marille und den Herrn Geheimrat. Und wieder um Sophie.

Onkel Babist und Tante Derndl gingen zwei Wochen später mit Mano und Lili ebenfalls nach München zurück. Hugo und Mano sehnten sich nach Lenggries. Das Gute an München aber war, dass alle Cousins und Cousinen wieder nah beieinander lebten und sich fast jeden Tag sehen konnten. Und dass sie nach zwei Jahren wieder in ihrem Haus leben konnten. Frau Söllner verkaufte noch Süßigkeiten in ihrer winzigen Bude und erkannte die Kinder alle wieder.

Sie mussten wieder in die Schule. Hugo kam in die dritte Klasse der Schule in der Icho-Straße. Wieder hatten Hugo, Manfred und Frieda kein Pausenbrot. Sie standen auf dem Schulhof herum, sahen die anderen essen und waren hungrig. Hugo befreundete sich in den ersten Schultagen mit einem Bauernjungen von einem Münchner Hof. Der Junge teilte die Schulbank und seine Vesper mit ihm. Auf dem Schulhof spielten sie, den Schulweg gingen sie ein Stück zusammen. Er hieß Hans und hatte einen runden Kopf und ganz runde, pralle Backen.

Das erste Mal mussten sie sich trennen, als der Lehrer sagte: Höllenreiner! Du hast hier nichts zu suchen. Setz dich dahinten hin. Fortan musste Hugo allein hinten an der Wand in der letzten Bank sitzen.

Schade, sagte Hans auf dem Schulhof, dass wir nicht mehr zusammensitzen dürfen. Blöd.

Jeden Tag brachte Hans für Hugo einen Apfel mit. Manchmal auch etwas anderes zum Essen.

Hugo machte sorgfältig seine Hausaufgaben, bevor er spielen ging. Aber der Lehrer schaute kein einziges Mal Hugos Aufgaben nach, rief ihn auch nie auf. Hugo wollte lernen, er wollte lesen, schreiben, rechnen, er passte im Unterricht genau auf. Sein Lieblingsfach war Erdkunde. Davon wusste er etwas. Und wenn der Lehrer eine Frage stellte, hob Hugo die Hand, weil er gern die Antwort geben wollte. Obwohl kein anderes Kind sich meldete, schaute der Lehrer weiter in die Runde. Die Kinder drehten sich nach Hugo um und warteten darauf, was er zu sagen hatte, aber der Lehrer ignorierte ihn. Hugo bekam im Unterricht nie die Erlaubnis zu sprechen. An der Tafel hing eine Weltkarte, Hugo zuckten die Füße – wie gern wäre er nach vorn gelaufen und hätte allen Kindern gezeigt, da rechts liegt Asien und hier ist Afrika. Er wusste es, niemand sonst in der Klasse, aber der Lehrer schaute Hugo nicht einmal an. Als wäre Hugo durchsichtig oder gar nicht da. Dann sagte er:

Da es niemand von euch weiß, werde ich euch jetzt einmal zeigen, wo die Kontinente liegen. Also passt gut auf.

Und er zeigte mit seinem Stock die verschiedenfarbigen Erdteile auf der großen Karte.

Welche Länder liegen denn am weitesten von Deutschland entfernt? Was glaubt ihr? Wer weiß es?

Hugo wusste es. Wieder hob er die Hand, wollte seinen Klassenkameraden Neuseeland und Chile zeigen. Er konnte noch nicht gut lesen, aber er kannte die Länder auf der Karte.

Niemand?, fragte der Lehrer.

Wieder wandten sich die Kinder nach Hugo um.

Hugo weiß es, rief Hans.

Also niemand.

Der Lehrer zeigte selbst die Länder. Neuseeland und Chile. Hugo machte seine Aufgaben nicht mehr.

**»Ich war nicht der Schlechteste, ich war nicht der Beste. Aber vom Lehrer aus muss ich der Schlechteste gewesen sein. Die Lehrer haben nichts mit uns getan. Ich wollte gern – wenn ich was gehört habe von Sternkunde oder Erdkunde – da wollte ich richtig loslernen. Ich wollte einmal zur Tafel vor und wollte sagen, da ist Amerika. Aber nein. Nie. Niemals.«**

Die Kinder, die der Lehrer gut behandelte, mit denen er sprach und die er manchmal lobte, taten es dem Lehrer nach. Ebenso die Kinder, die dem Lehrer schmeicheln und gefallen wollten. Sie sprachen nicht mehr mit Hugo, sie mieden ihn. Aber Hans blieb sein Freund. Und mit ein paar anderen Kindern konnte er noch spielen.

**»Meine schönste Erinnerung wäre die Kommunion gewesen. Ich habe mich so verfressen darauf, wirklich wahr.«**

Hugo hatte einmal auf der Straße gesehen, wie die Kinder in einer Prozession gelaufen waren, die Mädchen in weißen Kleidern, die Jungen in schwarzen Anzügen mit dem Schriftzug »Marine« auf der Mütze, in der Hand eine dicke weiße Kerze mit einem Kreuz. Sie waren in die Kirche gezogen, Hugo ihnen nach, hatten sich in der feierlichen Messe vor den Altar gekniet, der Pfarrer hatte mit jedem Kind gesprochen und ihnen eine Hostie in den Mund gegeben, der Messdiener ihnen einen großen verzierten Kelch gereicht, aus dem sie einen Schluck getrunken hatten. Hugo wollte unbedingt auch zur Kommunion. In der Schule besuchte er den Religionsunterricht beim Pfarrer, der war nicht böse zu ihm. Mama sagte, sie hätte nichts gegen die Kommunion, aber sie könne ihm keinen Anzug kaufen, das Geld reiche nicht dafür.

Hugo fragte den Pfarrer: Herr Pfarrer, ich möchte so gern die Kommunion machen. Aber ich habe nichts zum Anziehen dafür.

Hugo, weißt du was? Du machst die Kommunion und du kriegst von mir was zum Anziehen.

Dada, Onkel Babist, Onkel Friedla, Onkel Konrad, sie alle waren aus der Wehrmacht entlassen worden und wurden nun zwangsverpflichtet, für die Stadt zu arbeiten. Sie mussten den Giesinger Berg pflastern. Der Lohn wurde ihnen nur zur Hälfte gezahlt und reichte kaum zum Leben. Dada und die Onkel versuchten, wieder in den Pferdehandel einzusteigen. Die Frauen verkauften Spitzen, Klöppeldecken und Knöpfe wie in Lenggries. Und Babo spielte seine Kasperlstücke für Kinder und Erwachsene.

Manfred wurde in die Hitlerjugend aufgenommen und ging nun auch zweimal in der Woche in brauner Kluft zum Exerzieren und Marschieren mit Liedersingen.

Im Frühjahr konnte Hans keinen zweiten Apfel mehr mitbringen und er teilte seinen mit Hugo. Oder er biss nur einmal ab und sagte: Da, Hugo, nimm du ihn.

Auf dem Schulhof standen Frieda, Manfred und Hugo immer öfter ganz allein. Viele Kinder beschimpften sie im Vorbeigehen oder schubsten sie aus dem Weg. Die drei Geschwister ließen sich nie etwas gefallen, sie schimpften und schubsten wieder und so kam es immer häufiger zu Schlägereien.

An der Schulhofmauer außen wurden die Reliefbilder abgenommen, eine Baustelle begann. Aus Stein wurde Stück für Stück etwas Hohes aufgebaut, eine Figur. Man konnte sie nicht erkennen, weil sie verdeckt wurde. Als sie dann in Anwesenheit vieler hoher Nazis in Uniformen und Hitlerjungen enthüllt wurde, war es ein riesiger nackter Mann.

**»Ich habe mich richtig geschämt, den anzuschauen, der war ganz nackt da. Wir haben unsere Eltern ja nie nackt gesehen. Wie wir dann vom KZ rauskamen, haben sie ihn abgebaut. Wir waren erstaunt – warum haben sie den nackten Mann erst dahin gebaut? Also hat doch der Hitler damit zu tun gehabt?«**

Wochenlang mussten anschließend die Kinder auf dem Schulhof immer wieder proben, in Reih und Glied stramm zu stehen, die Jüngeren, die noch keine Uniformen besaßen, hinten an der Mauer. Stramm stehen und den rechten Arm heben. Aber nicht kreuz und quer wie Äste an einem Baumstamm, sondern alle im gleichen schrägen Winkel. Immer wieder korrigierten die Lehrer die Haltung. Dann mussten die Kinder dreimal Heil schreien, laut und deutlich und wie mit einer Stimme, nicht durcheinander, als gebe es zig Echos. Vorn stand ein Lehrer und brüllte SIEG und ein anderer Lehrer dirigierte und gab den Kindern den Einsatz: HEIL. Die deutschen Kinder stehen mit einer Stimme hinter dem Führer, ist das klar?

Dann standen sie vor ihm. Wie geprobt aufgereiht, alle in Uniformen, die Kleinen ohne Kluft verdeckt hinten. Alle rechten Arme im selben Winkel hoch. Hitler kam inmitten einer Horde von Männern in fast bodenlangen grauen Mänteln, mit schwarzen Mützen auf den Köpfen. Es war ein Heer von Menschen. Hitler stellte sich auf das Podest, das für ihn vor dem Schulhaus aufgebaut worden war, und redete.

Hugo dachte, gleich fällt mein Arm runter. Abstützen durften sie ihn nicht. Wenn sie es heimlich taten oder wenn der Arm ein wenig niedersank, zischte der Lehrer und schaute bös. Hugo wurde der Arm immer schwerer, immer wieder sah er die Jungen schnell den linken Arm zur Stütze nehmen und tat es ihnen nach.

Eine Ewigkeit mussten sie die Rede anhören und die Arme hochhalten. Sie konnten nicht mehr. Aber die Lehrer schauten, ob sie alles genau richtig machten. Irgendwann klatschten alle, dann kamen die Sieg-Rufe und alle Kinder schrien auf Kommando Heil, Heil, Heil.

Und sie waren erlöst, durften die Arme senken. Nachher klagten alle Kinder über ihre lahmen Arme.

Dada rief seine Kinder zu sich: Passt mal auf. Ab jetzt dürft ihr euch mit keinem mehr rumschlagen. Nicht mehr rumhauen. Lasst euch alles gefallen, nichts tun. Ihr müsst euch alles bieten lassen.

Manfred war entsetzt. Warum denn? Wenn die anderen uns schlagen?

Dann dürft ihr nicht zurückschlagen.

Wir sollen uns alles gefallen lassen?

Ja. Versucht es durchzustehen, ihr dürft euch nicht mehr wehren. Es soll keinen Ärger mehr geben. Ich will nichts hören.

Wie immer gehorchten sie Dada. Obwohl Hugo es nicht verstand. Sein starker Dada, der sich nie eine Ungerechtigkeit gefallen ließ, der nie zurückwich, wenn er jemand gegen sich hatte. Und Hugo bekam Angst vor der Schule.

Hans hielt Hugo einen Apfel hin, Hugo griff danach, Hans zog schnell seine Hand zurück und lachte.

Willst du mal beißen?, fragte er, und als Hugo nickte, biss er selbst in seinen Apfel, kaute, schluckte und aß vor Hugos Augen den ganzen Apfel auf. Dann warf er den Butzen in den Dreck und ging weg. Hugo lief hin und her, sein Magen knurrte. Er wartete, bis er glaubte, niemand würde ihn beobachten, dann griff er pfeilschnell nach dem Apfelbutzen und steckte ihn in den Mund. Er hatte ihn nicht einmal sauber gemacht, aus Angst, die anderen könnten sehen, dass er Weggeworfenes aß. Aber Hugo hatte immer Hunger.

Hans gab Hugo nie wieder etwas ab, aber Hugo war so hungrig, dass er jeden Tag auf den weggeworfenen Apfelbutzen lauerte. Das hatte Hans bald bemerkt. Als er wieder einen Butzen auf die Erde warf, beobachtete er Hugo unentwegt. Er drehte sich nicht um, er wollte einfach nicht wegschauen.

Hähä, schaut mal den da, rief er anderen Kindern zu. Wartet mal, was der gleich macht.

Und so schauten auch die anderen Kinder. Gleich würde die Pause zu Ende sein. Hugo wollte es, aber er konnte nicht verzichten und er konnte nicht mehr warten. Er bückte sich, griff nach dem Apfelbutzen, aber Hans war schneller, trat mit dem Fuß darauf und zerquetschte ihn, drehte seinen Schuh und drückte den Butzen so tief in den Dreck, dass nur noch der Stängel herausschaute. Dabei lachte er laut, die anderen Kinder lachten hämisch mit ihm, dann gingen sie alle weg.

Von da an stürzten sie sich in jeder Pause auf Hugo und seine Geschwister. Hans war einer der Schlimmsten, als müsste er den anderen immer aufs Neue beweisen, wie sehr er Hugo verachtete und dass er mit dem nicht mehr befreundet war.

Hugo wollte nicht mehr in die Schule gehen, er hatte große Angst, besonders vor den Pausen. Aber Dada schickte sie alle hin, niemand durfte zu Hause bleiben. Und sie mussten raus auf den Hof und wurden jedes Mal beschimpft, geschlagen, getreten und angespuckt. Die Lehrer griffen niemals ein, sie verteidigten Hugo, Manfred und Frieda nicht, es schien sogar, dass sie guthießen, was die Kinder taten. Denn auch die anderen Kinder schauten manchmal prüfend auf die Lehrer, und wenn keiner der Erwachsenen sich rührte, machten sie weiter.

Wenn Hugo sich schon nicht wehren durfte, so wollte er wenigstens seine Geschwister beschützen. Auf dem Icho-Schulhof gab es ein kleines Eck, dahinein schob er Manfred und Frieda und stellte sich vor sie, die Arme ausgebreitet von einer roten Ziegelwand zur anderen. Er stand breitbeinig, die Hände fest an die Mauern gepresst. Schon rannten die anderen Kinder wie eine gefährliche Meute herüber, Hans war dabei, schubsten, traten, schlugen und bespuckten ihn, wollten ihn zur Seite drängen und die Geschwister schlagen. Es war, als reizte Hugos Widerstand sie umso mehr. Sie wollten an ihm vorbeischlagen und -treten. Aber niemand, niemand konnte an Hugo vorbei, niemand konnte seine großen Geschwister auch nur berühren. Hugos

Körper war übersät mit blauen Flecken. Und nie war ein Lehrer in Sicht. Und wenn, dann schaute er weg.

**»Man hat zuletzt gemerkt in der Schule, wo wir uns nicht mehr gewehrt haben, wo wir ruhig waren, wie böse auch die Kinder sein können, bitter-, bitterböse. Ich war der Jüngste von uns, aber ich habe meinen Geschwistern geholfen. Da bin ich heute noch stolz darauf. Kinder können so grausam sein. Wie mit meinem Freund – wenn die Kinder sich gegen dich zusammentun, bist du verloren. Den Butzen wegschmeißen vor den anderen, um zu zeigen, was er alles kann. Ich habe ihm gar nichts getan. Das war ja mein Freund.**

**Dada hat gesagt, nicht mehr rumhauen, nichts mehr. Als die Kinder gemerkt haben, dass wir gar nichts mehr machen, ist die ganze Schule zu einem Knäuel zusammengewachsen. Und du bist hergeschenkt. Ich erzähl das hunderttausendmal und frage mich immer wieder: Wir waren doch gute Freunde, wieso war der so schlecht zu mir?«**

Hugo spielte nachmittags nur noch mit seinen Geschwistern und Cousins. Bis auf den Ball hatten sie keine Spielsachen und der Pferdestall war leer. Hugo schnitzte sich ein Holzstück zurecht und befestigte einen Lederriemen daran. Das hängte er sich wie ein Gewehr über die Schulter und spielte Soldat. Er trug eine kurze Hose und rannte damit auf die Straße. Als weit oben am Himmel ein Flugzeug vorbeiflog, nahm er sein Holzgewehr und tat so, als würde er darauf schießen, bumm, bumm, bumm. Ein Mann ging gerade die Straße entlang. Er gab Hugo eine schallende Ohrfeige. Durch die Wucht fiel Hugo um.

**»Warum? Ich habe bloß gespielt. Weil ich mit dem Holzgewehr auf den Flieger geschossen habe? Aber war nichts dran, war nur ein Stückel Holz. Ich war bewusstlos dagelegen, ich weiß es noch, wie ich aufgewacht bin. Der ist weitergelaufen, der Mann.«**

Dada erzählte, in der Zigeunerzentrale hätten die Leute einen Gipsabdruck von seinem Gesicht gemacht. Und wie es gezogen und geziept habe, als der getrocknete Gips abgenommen wurde. Dada wusste nicht, wozu die den Abdruck brauchten.

Wenig später sagte Dada abends zu den Kindern, morgen nach der Schule trefft ihr euch mit Mama. Wir verreisen, sagt es niemandem. Wohin?, fragte Hugo. Aber Dada antwortete nicht darauf. Direkt nach Schulschluss fuhren sie alle zusammen mit einem Fuhrwerk zum Bahnhof, dann ging es mit zwei Koffern in einen Zug, die Eltern sagten auch jetzt nicht, wohin. Hugo stellte keine Frage, ihm gefiel das Zugfahren, die dampfende, zischende Lokomotive. Er schaute auf die winterliche Landschaft, auf Dörfer und Felder mit dunkler, gepflügter Erde.

Onkel Konrad und Tante Notschga mit ihren Kindern und Onkel Babist und Tante Derndl mit ihren Kindern waren schon gestern mit den Pferdewagen, die sie wiederhatten, fort gefahren. Mano musste vorn bei Onkel Babist sitzen, weil er blond war, und Tante Derndl saß mit Lili hinten drin.

Bestimmt fünf Stunden dauerte die Zugfahrt. An der Grenze hieß es, alles aussteigen, der Zug stand auf einem Schweizer Bahnhof. Wir möchten in die Schweiz einreisen, in Deutschland sind wir nicht sicher, sagte Dada. Die Schweizer Polizisten versammelten sie alle in einer großen Halle, kontrollierten alle Ausweise und Dokumente, verteilten Decken und bewachten sie. Es waren viele Menschen in der Halle, vielleicht zweihundert, auch Juden. Onkel Konrad und Onkel Babist mit Familien waren auch schon da. Die Polizisten ließen sie in dem Saal auf dem Boden übernachten und brachten sie am nächsten Morgen in den Zug nach München, begleiteten die Wagen wieder auf die Landstraße, zurück nach Deutschland.

Dada und Mama, Dadas Brüder und die Tanten waren besorgt und niedergeschlagen. Sie sprachen viel mit Babo, wenn er gerade in München war. Als Einziger der Familie hatte er noch einen Wandergewerbeschein.

Hugo und seine Geschwister gingen wieder in die Schule.

**»Dada hat uns erst nach dem KZ, wie alles rum war, gesagt, dass sich nach dem Gipsabdruck die Brüder unterhalten haben. So geht es nicht weiter, die haben was mit uns vor. Wir schauen, dass wir von hier wegkommen.«**

Der Pfarrer besorgte für Hugo einen Anzug mit einer kurzen Hose, Leibchen, einer Mütze mit der Aufschrift »Marine« und eine weiße Kerze. Hugo war glücklich, er konnte den Tag kaum erwarten, da er mit den anderen Kindern in die Kirche einziehen würde, nach vorne zum Pfarrer und dort niederknien, der Pfarrer würde mit ihm sprechen, ihn segnen und ihm eine Hostie in den Mund geben. Zu Hause hängte er den Anzug und das weiße Hemd an den Schrank, so dass er die Sachen immer sehen konnte, beim Einschlafen und beim Aufwachen. Die Kerze lag an seinem Bett bereit.

Kurz vor der Kommunion schlug es nachts an die Tür. Um fünf Uhr, am 8. März 1943, Rosenmontag. Dada öffnete. Das Haus war von Polizisten umstellt.

Was wollt ihr von uns?, fragte er und versuchte vergeblich, sich ihnen in den Weg zu stellen. Sechs Männer traten sofort ein und sie waren bewaffnet.

Kriminalpolizei. Stehen Sie auf, machen Sie sich fertig! Nehmen Sie nur das Notwendigste mit! Sie werden verlegt!, sagte einer.

Hugo, seine Geschwister, die Mama, alle standen in der Diele, hellwach die Größeren, noch halb im Schlaf die Kleinen.

Wohin?, fragte Dada.

Ihr werdet nach Polen umgesiedelt. Ihr fahrt mit dem Zug dorthin.

Oh fein, mit dem Zug fahren … das wäre eine gute Sache. Hugo freute sich und zog sich an. Er wollte gern einmal wieder mit dem Zug fahren. In einem Waggon mit roten Sitzen aus dem Fenster schauen und von einer zischenden dampfenden Lokomotive gezogen werden.

Dada rührte sich nicht. Wir haben euch nichts getan. Ich bin Deutscher, was wollt ihr von mir?

Fertig machen. Los! Schnell! Der Polizist blähte sich auf, er sah aus, als wollte er Dada stoßen, aber hielt inne und tat es nicht.

Aber meine Kinder müssen in die Schule, sagte Mama.

Ja, das können sie wahrscheinlich in Polen machen.

Hugo lief in sein Zimmer und holte seinen Schulranzen. Als die Polizisten ihn sahen, sagte einer: Nichts mitnehmen, gar nichts, nur einmal Kleidung, das reicht. Alles andere kriegt ihr dort.

Die Polizisten wurden ungeduldig, sie riefen: Beeilt euch! Macht schneller!

Sie trieben alle nach draußen. Auf der Treppe lag Hugos Schulranzen, als Dada die Tür abschloss und den Schlüssel einsteckte. Der Kommunionsanzug blieb am Schrank zurück.

Sie mussten auf die Ladefläche eines Lastwagens steigen, die war hoch. Weil es nicht schnell genug ging, packten die Männer auch nach den Kindern, aber Dada ließ sie nicht. Er hob ein Kind nach dem anderen hinauf, half Mama und stieg selbst hoch. Die Plane wurde heruntergelassen und festgemacht, sie saßen im Dunkeln. Aber nicht allein. Onkel Konrad und Tante Notschga mit ihren fünf Kindern waren auch da, Onkel Babist mit Tante Derndl und den zwei Kindern Mano und Lili. Tante Kerscha, Dadas älteste Schwester, und Tante Lona mit Mann und fünf Kindern, Onkel Thomas mit Frau und drei Kindern, Onkel Friedla, Tante Derndls Eltern und ihr Bruder mit Familie. Der Lastwagen fuhr los und hielt wenig später wieder, die Plane wurde aufgeklappt und die Oma von zwei Männern hineingeschmissen, weil sie nicht schnell genug hinaufgekommen war. Sie blieb liegen und jammerte, ihr Bein war gebrochen und alle waren entsetzt. Hugo wurde misstrauisch – und er hatte Angst. Plane runter, der Lastwagen fuhr, und niemand von den Erwachsenen wusste, wohin. Man konnte nicht hinausschauen, aber die vielen Kurven mussten bedeuten, dass es quer durch die morgendliche Stadt ging. Die meisten Leute schlafen noch und merken nicht, was mit uns geschieht, dachte Hugo. Er hätte es besser gefunden, wenn Leute gesehen hätten, wie sie aufgela-

Das Wappen erhielt die Familie 1438 unter Kaiser Albrecht II.: »Die Höllenreiner, aus Regensburg stammend, sind eines alten Geschlechts und führen im silbernen Feld einen Auerochsen an, der das Alter der Familie bedeutet. Einen offenen Helm mit einer Krone sowie abermals ein Auerochs, der die Stärke des Stammes anzeigt.«

den wurden. Als der Lastwagen hielt, der Motor abgestellt wurde und die Männer die Plane öffneten, waren sie noch in München, in der Ettstraße auf dem Hof. Raus, hieß es, da lang. Die Erwachsenen erkannten das Polizeipräsidium. Als Hugo am Haus hinaufschaute, sah er die dichten Eisengitter vor den Fenstern. Durch ein Spalier von Polizisten: Schnell! Weiter, weiter!, eine kurze Treppe hinauf, durch eine Gittertür, über Gänge. Sie wurden in eine Sammelzelle gesperrt. Die Erwachsenen klagten und berieten, was die Polizisten mit ihnen tun würden, was mit ihnen geschehen würde. Mama fragte einen Beamten.

Ihr werdet irgendwo zur Arbeit eingesetzt, hieß es.

Dada, warum sind wir hier gefangen?, fragte Hugo. Was haben wir denn getan?

Nichts, mein Sohn. Wir sind hier, weil wir Sinti sind.

Hugo verstand das nicht. Sie hatten nichts verbrochen, er und seine Geschwister, seine Cousinen und Cousins waren noch Kinder und saßen nun im Gefängnis, dreißig Leute in einer Zelle.

**»Der Dada hatte nie gedacht, dass er wegkommt, er hat die deutsche Staatsbürgerschaft, hat den Krieg mitgemacht, sein ältester Bruder hat den Vierzehn-achtzehn-Krieg mitgemacht, der Großvater ist wieder in einem Krieg dabei gewesen. Wir sind seit sechshundert Jahren in Deutschland, wir haben sogar ein Familienwappen mit Urkunde.«**

Die Erwachsenen überlegten dauernd, wie sie wieder freikommen könnten. Und was die Polizei, die Nazis, mit ihnen vorhatten. Die verfluchten Hunde, sagten manche. Die machen uns noch alle tot.

Tante Kerbe war vielleicht noch draußen. Jedenfalls war sie nicht in der Zelle. Auch Onkel Peter und Onkel Eduard nicht. Und auch nicht der Babo. Vor wenigen Tagen hatte Babo seinen Wohnwagen und sein Kasperltheater auf dem Giesinger Bahnhof verladen und nach Holzkirchen zum Volksfest transportieren lassen. Dorthin war er jetzt unterwegs.

Dada und seine Geschwister wussten nicht, was mit ihnen im Gefängnis geschehen würde. Und dass Tante Kerbe sie suchte, Onkel Eduard und Onkel Peter benachrichtigte und ein Telegramm nach Holzkirchen schickte:

Als sechs ihrer Geschwister mit Familien und Verwandten verhaftet werden, schickt die jüngste Tochter einen Hilferuf an den Vater.

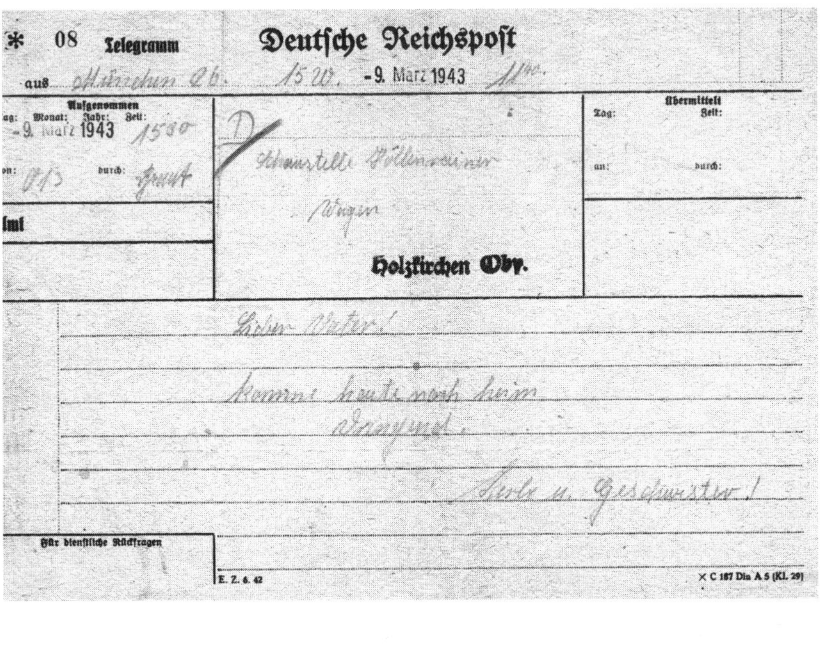

08 Telegramm Deutsche Reichspost

aus ... -9. Marz 1943

Aufgenommen Tag: Monat: Jahr: Zeit: -9. Marz 1943 1530

von: ... durch: ...

Übermittelt Tag: Zeit:

an: durch:

Holzkirchen Obb.

Lieber Vater!

Komme heute noch heim

dringend.

... u. Geschwister!

Für dienstliche Rückfragen

E. Z. 6. 42

× C 187 Din A 5 (Kl. 29)

*Deutsche Reichspost – Telegramm aus München 26 – 9. März 1943 – 11.40 Uhr*
*Schaustelle Höllenreiner Wagen*
*Lieber Vater! Komme heute noch heim dringend. Kerbe u. Geschwister!*

Um 15.30 Uhr wurde es in der Holzkirchener Post aufgenommen.

Nichts wussten sie in der Zelle von draußen und ob jemand versuchte, sie zu besuchen. Draußen tönten die Sirenen, Bombenangriff auf München, Krach, Explosionen, die Polizei nahm niemanden mit in einen Keller oder Bunker. Die Sinti waren schon fünf Tage im Polizeipräsidium eingesperrt, als am 13. März 1943 Polizisten mitten in der Nacht riefen: Fertig machen! Jetzt geht es zum Bahnhof!

Jede Familie bekam Proviant, mit Wurst belegte Brote. Hugo freute sich. Endlich raus aus dem Gefängnis, der Enge, jetzt fahren wir zum Bahnhof und dann mit dem Zug nach Polen. Wieder mussten alle in der Dunkelheit auf die Lastwagen hinauf, die Fahrt dauerte nicht lange. Die Lastwagen fuhren rückwärts, und als die Planen geöffnet wurden, sah Hugo, dass sie direkt vor den Waggons standen. Aber was für ein Bahnhof war das? Es gab keine Reisenden, keine Bahnhofshalle, keine Züge, keine Bahnsteige, nur vier Waggons standen auf einem Gleis, ohne Fenster, ohne Sitze.

Das ist doch kein richtiger Zug, sagte Hugo. Es standen viele Menschen herum und wurden von uniformierten Männern bewacht. Alle, auch Hugo, seine Eltern und Geschwister, mussten in einen Waggon klettern. Schnell, schnell!, riefen die Polizisten. Und die Wachsoldaten. Sie waren bewaffnet und drückten die Leute mit Gewalt in die Waggons hinein. Die Türen wurden zugeschoben und von außen verriegelt, nun standen die Menschen im Dunkeln. Ein junger Mann in Uniform und mit einem Gewehr in den Händen dabei. Er postierte sich an der Tür und sprach kein Wort.

Hugo stand zwischen seinen Geschwistern, die Menschen im Waggon waren eng aneinander gepresst. Der Zug ruckte und fuhr los. Niemand wusste, wohin. Ging es wirklich nach Polen? Zuerst fand Hugo

[Anh...: An. 16.3.43

A b s c h r i f t

Liste über die bei der Aktion am 8.3.1943 in München festgenommenen zigeunerischen Personen.

| | | | |
|---|---|---|---|
| 6o. | Höllenreiner Johann Baptist, | geb.27. 5. 19o9 | in Schönau, |
| 61. | Höllenreiner Margarete geb. Fischer, | geb.23. 2. 1912 | in Pohlitz, |
| 62. | Höllenreiner Hermann Josef, | geb.19. 1. 1933 | in Hagen/Westf., |
| 63. | Höllenreiner Josefine, | geb.16. 7. 1936 | in Düsseldorf, |
| 64. | Höllenreiner Josef, | geb.15. 3. 19o4 | in Retzbach, |
| 65. | Höllenreiner Sofie geb. Adam, | geb.23. 4. 1911 | in Walsrode, |
| 66. | Höllenreiner Emma, | geb.13. 7. 1929 | in Wolsdorf, |
| 67. | Höllenreiner Manfred, | geb.17. 5. 1932 | in München, |
| 68. | Höllenreiner Adolf, | geb.15. 9. 1933 | in München, |
| 69. | Höllenreiner Rosemaria, | geb.26.12. 1935 | in München, |
| 'o. | Höllenreiner Rigo, | geb. 7. 5. 1935 | in Rosenheim, |
| '1, | Höllenreiner Peter, | geb.17. 3. 1939 | in München, |
| 72 | Höllenreiner Konrad, | geb.28. 3. 19o1 | in Kitzingen, |
| 73. | Höllenreiner Alma geb.Hanstein, | geb.21. 3. 19o2 | in Scheeßel, |
| 74. | ..llenreiner Ludwig, | geb.13. 8. 1929 | in Pößneck, |
| 75. | ..lenreiner Maria, | g eb.29.8. 1931 | in Oberweid, |
| 76. | H..enreiner Anna, | geb.29.12.1932 | in München, |
| 77. | Hö..reiner Werna. | geb.31.12. 1934 | in München, |
| 78. | Höllenreiner Johann Baptist, | geb.25.12. 1938 | in München, |
| 79. | Höllenreiner Friedrich, | geb.17. 9. 19o5 | in Memmelsd |

Staatliche Kriminalpolizei
Kriminalpolizeileitstelle München

IC - Zigeunerfragen. (W) München,den 5.4.1943

Die Übereinstimmung mit der hier aufliegenden Erstschrift wird hiermit beglaubigt.

g ez. W u t z

Kriminal-Obersekr.

136 Münchner Sinti wurden am selben Morgen festgenommen und im Polizeipräsidium in Sammelzellen gesperrt. Hugo wurde mit dem Vornamen Adolf registriert. An anderer Stelle auf der Liste finden sich auch die Familien Petermann (Tante Kerscha und Mann), Sattler (Tante Lona mit Mann und fünf Kindern) und Thomas Höllenreiner.

das Stehen nicht so schlimm, aber nach einer Weile taten ihm die Füße weh, dann die Beine, dann tat alles weh, auch der Kopf. Ach, Mama, was machen die mit uns?, sagte jemand. Es war ein leises Stöhnen und Seufzen im Waggon.

Ein Geheul erhob sich draußen. Sirenen, Fliegeralarm. Hugo kam es vor, als seien sie schon Ewigkeiten gefahren. Der Zug wurde langsamer. Nürnberg, sagte Dada. Durch die Lüftungsritzen konnte er hinausschauen, wenn er sich an einer Eisenstange hochzog. Der Zug hielt, die Tür wurde entriegelt, geöffnet, der Wachsoldat sprang hinaus, die Tür wurde wieder zugeschoben, der Riegel wieder quietschend in die Halterung gebracht. Im Waggon hörten sie das Rauschen der näher kommenden Flugzeuge, das Sirren der auf Nürnberg fallenden Bomben. Maria Mutter Gottes, sagten welche, wenn sie nur nicht den Zug bombardieren. Ewig dauerte es bis zur Entwarnung, Stunden. Dann wurde rangiert, die hängen Waggons an, vermutete jemand. Noch mehr arme Menschen. Die Luft zum Atmen wurde knapp. Der Zug fuhr wieder, dudong, dudong, dudong. Ewig dieses Geräusch und das Weinen von Kindern, die Durst und Hunger hatten, von Frauen, von Männern, das Wimmern der Menschen. Im Waggon wurde es immer heißer, so heiß wie in einer Sauna, obwohl draußen die Seen zugefroren waren und Schnee lag. Mama hielt den dreijährigen Januschek auf dem Arm, die ganze Zeit über, sie ließ ihn nie los. Wenn sie nicht mehr konnte, nahm der Dada ihn. Denn die Luft zum Atmen war knapp, und unten, zwischen den Beinen der Erwachsenen, wäre er verloren. Es stank fürchterlich im Waggon, denn der Zug fuhr unaufhörlich und alle mussten mal. Hugo schämte sich, genauso wie die Erwachsenen. Wenn eine Frau sich hinhockte, weil sie es nicht mehr aushielt, stellten sich die anderen Frauen in einer Ecke vor sie, die Männer taten das Gleiche unter sich in einer anderen Ecke. Die Erwachsenen weinten, weil sie sich so schämten. Viele schämten sich so sehr, dass sie stehen blieben und die Hosen nicht runterzogen. Draußen wurde es dunkel, und nicht nur in den Ecken, überall zwischen den Füßen war der Unrat. Der Zug rollte dudong, dudong, dudong durch die Nacht.

Dada zog sich ab und zu an der Eisenstange zur Decke hoch, um an der Ritze oben nach Luft zu schnappen und hinauszuschauen. Manchmal hob er die Kinder und die Mama hoch, damit auch sie einmal tief einatmen konnten. Andere Leute drängten ihn und Mama weg, sie wollten auch Luft holen, aber Dada eroberte den Platz unter den Ritzen immer wieder zurück. Hugo schwitzte, es war so heiß. Er schaute zu seinem Dada hoch und sah die Perlen auf seinem Gesicht.

Wenn er an der Ritze nach Luft schnappte, fiel ein schmaler Lichtstreifen auf sein Gesicht. Im Waggon war es immer dunkel. Aber draußen brach der zweite Tag an. Die Kinder schliefen, nickten ein, an die Mama gelehnt, manchmal sackten sie einfach zusammen. Mama oder Dada zogen sie wieder hoch.

Es gab nichts zu trinken, Mama beruhigte die Kinder, bald sind wir da, dann bekommt ihr was. Sie hatte noch Brot, das ihnen die Polizisten gegeben hatten, in der Hitze war jedoch die Wurst verdorben, die musste sie wegwerfen. Alle paar Stunden gab sie jedem Kind ein Stückchen Brot in den Mund. Und ein Stückchen vom Speck, den sie von zu Hause mitgenommen hatte. Zwei Mädchen sangen leise für sich ein Lied, immer wieder von vorn, immer das gleiche Lied. Und niemand schimpfte, niemand verlangte von ihnen, still zu sein. Es war angenehm, das Lied beruhigte: Schwarze Natascha, du gehörst zu mir. Na-Na-Natascha, du gehörst zu mir.

**»Dada hat später gesagt, wir waren sechzig Personen im Viehwaggon, davon zweiundzwanzig Kinder, wo höchstens fünfundzwanzig Personen Platz gehabt haben. Man ist da drei oder vier Tage und Nächte drin, kein Stroh, nichts zum Liegen, die Leute haben gestanden, keine sanitäre Anlage. Man muss sich vorstellen, was für ein Chaos in diesem engen Raum war, es war zu eng zum Liegen.«**

Stunde um Stunde dudong, dudong, dudong dudong. Draußen wurde es wieder dunkel. Viele jammerten und weinten leise, der Unrat, der Gestank, die Hitze, nichts zu trinken, müde, schmutzig, die Beine, alles schwach. Schwarze Natascha, du gehörst zu mir. Vielleicht vierzig Stunden standen sie schon. Und kein Ende des Dudong-dudong.

Hugos Oma kippte um und blieb im Schmutz liegen. Andere fielen auf sie, erhoben sich wieder, stiegen über sie, traten sie aus Versehen. Sie rappelte sich mühsam und schwankend auf, aber wenig später sackte sie wieder zusammen.

**»Die Mama hat uns festgehalten, gibst gar nicht Obacht, wie das alles passiert. Man wird abgebrüht mit der Zeit. Nur du und deine Geschwister, die willst du lebend haben.«**

Am nächsten Tag war Dadas Geburtstag.

Mitten auf der Strecke bremste der Zug, hielt schließlich, die Türen wurden aufgerissen. Aufgereiht, an der ganzen Länge des Zuges standen SS-Männer mit Gewehren im Anschlag, mehrere vor jedem Waggon.

ALLES RAUS!

Die Menschen drängten hinaus an die Luft, sprangen mit steifen Gliedern hinab, die Größeren hoben die Kleineren herunter. Erst wollte Hugo auch springen, aber es war zu hoch. Höher, als er groß war. In dem Augenblick knallten Schüsse, drei hintereinander. Alle schrien auf, vor Schreck, vor Angst, vor Entsetzen. Neben dem nächsten Waggon fiel ein junger Mann blutend zu Boden und stand nicht mehr auf.

**»Der Mann konnte wahrscheinlich nicht mehr, der wollte raus, die Türen sind aufgemacht worden und er ist gleich raus. Er hätte warten müssen, bis der SS-Mann gesagt hat, jetzt raustreten! Und dann baff, baff, baff ist er erschossen worden. Wahrscheinlich haben sie es auch gern gemacht, dass nicht andere gleich abhauen, weißt du, es ist alles schlau gewesen von denen. Dass sie sagen, oh, jetzt müssen wir warten, sonst werden wir auch erschossen. Der ist als Erster rausgesprungen, ein junger Mann mit siebzehn oder achtzehn Jahren. Dann hast du die Frauen gehört, wie sie geschrien haben, und dann ist alles wieder**

**verstummt, ganz ruhig. Und dann das Schreien, das Schreien von den Menschen, den SS, die haben eine Stimme gehabt, die ist einem durch Mark und Bein gegangen. Raus, raus, raus. Damit haben sie die Leute gefügig gemacht, mit dem Schreien.«**

Draußen herrschte eisiger Frost, aber die Kälte empfanden sie als Erleichterung nach der Hitze im Waggon, wo sie fast ohnmächtig waren. Sie atmeten tief die frische kalte Luft ein. Die SS-Männer waren dick angezogen mit Handschuhen und Mützen.

Mit dicken Schläuchen spritzten die Männer die Waggons aus, spülten den Unrat hinaus. Hugo sprang in den Wasserstrahl, so heiß war ihm, er wollte sich abkühlen und trinken, einen Schluck, zwei Schlucke, drei, noch mehr. Der Wasserstrahl war so hart, dass es Hugo auf der Brust wehtat.

Die Oma lag noch drin, sie war tot.

**»Die Oma, das war die Stiefmutter von meiner Mama. Mein Opa war verheiratet und die Zeit hat er zum Militär müssen, das war aber schon lange vorher, der Vierzehn-achtzehn-Krieg. Und seine Frau ist dann zu den Höchsten, es muss eine schöne Frau gewesen sein, und hat dort gebettelt, dass ihr Mann nicht zum Militär kommt. Sie hat es auch vollbracht, aber hat sich wahrscheinlich mit einem eingelassen, die Frau ist nie mehr gesehen worden. Ist nie mehr gekommen, keiner hat gewusst, wo sie hingeht, vielleicht haben dazumal die hohen Leute gesagt, das ist eine Sintizza, dass sie sie umgebracht haben.**

**Mama hatte noch eine Schwester, die haben andere Leute großgezogen und sie ist bei ihrer Oma groß geworden. Und dann hat der Opa wieder eine Frau genommen. Das ist die Oma, von Großpapa die Frau.«**

Das kleine Kind einer anderen Familie war tot. Die Leute mussten es zurücklassen, die Mutter weinte sehr. Hugo sah, wie die Männer in Uniform die Oma an den Rand zogen und sie hinabwarfen. Ihr

Kopf schlug an der Kante an. Sie legten die Leichen neben die Geleise. An fast jedem Waggon lagen Tote. Hugo bibberte vor Kälte. Es sind minus 17 Grad, hatte Dada unterwegs irgendwo gesagt. Er hatte es beim Hinausspähen gelesen, als der Zug durch einen Ort gefahren war. Die Kleidung klebte Hugo tropfend auf der Haut, als die Männer ALLES REIN! schrien und die Menschen wieder in die nassen Waggons klettern mussten. Hugo stand an der Tür und schaute noch mal zur Oma hinab. Nicht dass sie mitgeschleift wird. Er sah, dass nichts passieren konnte. Dass sie nicht auch noch überfahren wird. Die SS-Männer rissen sie noch weiter vom Zug weg. Und dann wurde sie weggetragen. Hugo konnte nicht mehr hinschauen, er drehte sich um.

Diesmal stieg kein Wachposten ein, die Tür wurde wieder zugeschoben und mit lautem Krachen verriegelt. Der Zug setzte sich in Bewegung, wieder dieses Geräusch, dudong, dudong, dudong. Die Toten blieben zurück. Wir fahren nach Auschwitz, sagte Dada. Als der Zug durch einen Bahnhof gefahren war, hatte er die Richtungsanzeige auf einem Schild an einem Bahnhof gesehen. Schwarze Natascha, du gehörst zu mir. Die beiden Mädchen sangen ihre Beschwörung und beruhigten damit die Menschen. Was blieb ihnen übrig als stehen zu bleiben, wenn sie nicht sterben wollten. Dada hielt sich wieder in der Ecke an der Eisenstange fest und zog sich alle paar Minuten zum Luftholen hinauf oder hob die Mama oder die Kinder hoch. Und wieder war so viel Unrat da und die Menschen jammerten vor Angst und Scham. Im Waggon war ein stetes Wimmern der Menschen, niemand weinte, niemand schrie, es war nur ein Wimmern von Kindern und Frauen und Männern. Keiner sprach. Wenn jemand weinte, weinten alle zusammen.

Auch Hugo, er blieb dicht bei Mama. Auch Januschek, Rosi, Rigo, Manfred, Frieda. Manchmal wurden sie von Mama oder Dada weggedrängt, weil Leute sich zu den Ritzen durchkämpften, um Luft zu holen. Wenn ein Kind allein stand, rief es, und die Mama antwortete: Bleib da! Oder: Komm her!

Diesen Tag und die Nacht wieder stehen, ohne Trinken, ohne Sauerstoff, nur stehen. An Mama gelehnt schlafen. Und kein Brot mehr, es war verschimmelt.

»Der Wachposten, wo der mit drin war, stand nur da. Die Nazis haben das alles schon probiert. Da hat sich von unseren Leuten keiner gerührt. Heute tät ich kämpfen, ich tät mir nichts gefallen lassen. Die haben alle gedacht, wir können sowieso nicht raus hier. Wenn wir den umbringen, schießen die rein, dann sind wir alle tot. Aber die hätten weiterdenken müssen. So sterben wir, aber wir sterben auch dort drüben im KZ-Lager. Die wussten nicht, wohin es geht. Aber wenn die schon gesehen haben, es sind keine Sanitäranlagen da, die Leute machen alles in die Hosen, das Stinken darin und tagelang darin, also müssen sie ja wissen, das ist kein gutes Zeichen, die bringen uns alle um. Da hätten sie gegen arbeiten müssen. Den Wachposten, ich hätte ihn doch sofort am Hals, Pistole her. Schauen, dass wir oben rauskommen. Man kann raus. Immer wieder habe ich darüber nachgedacht. Man kann raus. Wenn ich jetzt zwanzig oder achtzehn Jahre alt gewesen wäre, man kann raus. Irgendwie kann man raus. Mit so vielen Männern, irgendwie kann man was verbiegen. Wir sind ja nicht alleine. Wir sind doch zwanzig, dreißig Männer. Die können ein Haus abreißen, zwanzig, dreißig Männer, wenn sie alle anlangen. Und dann da raus. Nur einer, wenn er rausgekommen wäre, dann oben rüberlaufen, bis zum Lokführer vor. Den Lokführer gleich hernehmen. Unterwegs muss der stehen bleiben. Und die paar Hansel dort, die wären alle abgehauen. Die hätten ein bisschen geschossen, dann wären die alle abgehauen. Wenn alle zusammengeholfen hätten. Beim Stehenbleiben, wo die Wasserspritzen kamen, wo sie das alles rausgewischt haben. Alle Waggons sind aufgemacht worden. Das war alles kurz, höchstens zehn Minuten lang. Aufgemacht und reingespritzt und dann zu und schon wieder weitergefahren. Auch da hätten wir was tun müssen. Von den Wachposten war nur in jedem Waggon einer. Wenn wir was ausgemacht hätten, jeden packen von denen, jeden packen.

Hätten wir was auf Romanes gesprochen. Oder beim Einsteigen, hopp, den einen gleich nehmen, der hat ja alles dabei, der kann doch aufmachen, der kann doch alles machen. Auf, einer muss dann vor, einer, der flink ist, der wo obendrauf läuft, vor zum Lokführer, rein. Man kann doch rein. Man sieht doch alles. Das Messer nimmst du in die Hand und hältst es dem an, dann sagst du: Raus, sofort langsam machen! Raus und ab. Wenn es geht, ein paar gleich umbringen dort. Pistolen hast du dann von denen allen.

Aber die Kinder. Die Kinder und die Frauen. Das war denen ihre Stärke.

Ja, es hat alles nichts genützt.

Ich habe mir immer gedacht, Vater, was ist mit dir los? Du lässt dir alles so bieten. Da wo ich heraußen war, immer noch, was hat der sich alles bieten lassen. Dann später, wenn du Familie hast, kommst du drauf. Mein Sohn zum Beispiel, der ist jetzt vierzig Jahre alt, wo der so fünf, sechs Jahre alt war, ich hätte ihn doch nicht gelassen, nicht um alle Welt, ich hätte doch meinen Sohn mit mir genommen. Wenn du weißt, wenn ich weg bin, stirbt dein Sohn, dann lässt du alles, alles über dich ergehen. Das war die Stärke von den SS.«

Es war in der Nacht, als der Zug wieder bremste, anhielt. Die Schiebetüren wurden aufgerissen. Im selben Augenblick brach wieder das Brüllen los: ALLES RAUS!

Draußen wimmelte es von SS-Männern. Meter für Meter standen sie mit Gewehren im Anschlag, an der ganze Länge des Zuges, mit Totenköpfen auf ihren Mützen. Mit Hunden. Erschrocken, steif und langsam stiegen die Menschen aus. SCHNELLER! AUFGEHEN! AUFGEHEN!

Hugo ängstigte das Geschrei, er duckte sich. Das war also die Zugfahrt. Und ich habe mir gewünscht, mit dem Zug zu fahren. SCHNELLER! AUFGEHEN! AUFGEHEN! IN FÜNFERREIHEN AUFSTELLEN! Die SS-Männer schlugen die Menschen beim Aussteigen mit den Gewehrkolben, sie sollten rennen, wie Vieh, wie eine Rinderherde, die sich nicht schnell genug bewegt. Jetzt rannten auch alle, mit eingezogenen Köpfen aus Angst vor einem Schlag. Onkel Friedla stolperte beim Aussteigen. Mit voller Wucht haute ihm einer den Gewehrkolben über den Kopf, er stürzte, blutete. Konnte sich nicht sofort aufrappeln, der junge SS-Mann schlug auf ihn ein. Dada sprang zu seinem Bruder, zog ihn hoch, der SS-Mann haute ihm den Gewehrkolben ins Kreuz. Dada ließ sich nichts anmerken und zog Onkel Friedla in eine Fünferreihe. Allein in ihrem Waggon blieben zwei Kinder, eine ältere Frau und ein vierzehnjähriger Junge tot zurück.

Manche Frauen mit kleinen Kindern und das Gepäck wurden auf Lastwagen gebracht. Mama? Sie war auf der Ladefläche zusammengesackt. Die Lastwagen fuhren los. Hugo stand mit Manfred und Dada, mit Onkel Konrad, Onkel Babist, Mano und Luki, den Cousins, Cousinen, Tanten und Onkeln in Reihen zu fünft nebeneinander, niemand durfte sprechen. Die Luft war so kalt, dass die Haut schmerzte, der Atem dampfte, es lag Schnee, die SS-Männer trugen dicke Jacken, Mützen, Handschuhe. ABMARSCH! Vor ihnen, hinter ihnen, neben ihnen SS, zu schnell für Hugo, fast schon Laufschritt, nachdem sie drei Tage und drei Nächte gestanden waren, die Kinder jammerten: Ich kann nicht mehr. Ich kann nicht mehr. Aber Hugo wusste, er würde weiterlaufen, ihm blieb nichts übrig, es war ihm, als würden die Tränen die Haut verbrennen und anschließend gefrieren. Es blieb ihm nichts übrig, denn er wollte nicht aus der Reihe und den SS-Männern in die Hände fallen. Schon beim Aussteigen hatte Hugo das grelle Licht in einiger Entfernung gesehen, wie ein Feuerball, eine Sonne, so hell. Darauf liefen sie nun zu. Wir sind gleich da, sagte Dada. Das Licht kam näher, ein Tageslicht mitten in der schwarzen Nacht. Nicht mehr lange, lauft weiter, sagten die Onkel. Aber es dauerte noch einmal so lang, bis sie wirklich nah waren. Zwischen zwei Häusern aus rotem Backstein marschierten sie durch ein eisernes Tor.

Hugo konnte schon lesen, noch nicht so gut, aber was oben ins Tor geschmiedet stand, entzifferte er stolz: »Arbeit macht frei«.

**»Also dachte ich mir, hier muss man arbeiten. Ich bin neun Jahre, ich kann auch arbeiten. Ich helfe meinem Dada, der ist ein guter Arbeiter, und dann kommen wir schon wieder frei.«**

Sie wurden in eine Holzbaracke geschickt, da zweifelte Hugo schon, ob das stimmte, was da geschrieben stand. In der Baracke wimmelte es von Menschen, Sinti, Juden, mehr als tausend. Kinder schrien und weinten, Erwachsene riefen nach ihren Kindern, stritten um Platz auf dem gefrorenen Erdboden. Mama? Hugo entdeckte sie in der Menge. Sie winkte und rief: Kommt her! Kommt alle hierher!

Über Gepäck, manche Kinder waren mit ihren Schulmappen gekommen, sich zwischen Menschen hindurchkämpfen zu ihr, die Onkel und Tanten, Cousinen und Cousins waren auch in der Nähe. Über hundert Verwandte. Januschek und Rigo weinten leise, Rosi sagte, was alle Kinder in der Baracke sagten: Ich habe Hunger. Ich will was trinken. Mama gab jedem ein winziges Stück von dem Speck, den sie bei sich trug. Sonst gab es nichts. Auf dem Lastwagen, sagte Mama zu Dada, sei sie ohnmächtig geworden und erst wieder zu sich gekommen, als sie vor der Baracke runter mussten. Männer in längs gestreifter Häftlingskleidung öffneten mit langen Stangen die Luken unter dem Dach.

Hugo und seine fünf Geschwister kauerten sich eng an Mama und Dada, dennoch zitterten sie vor Kälte und konnten nicht schlafen.

Als wenige Stunden später eine Klingel durch die Baracke schrillte, schreckten alle hoch, und erneut brach das Chaos aus, an die tausendfünfhundert Menschen sprachen und riefen, weinten und stritten. Der Erdboden war angetaut und matschig geworden. ALLES RAUS! AUFSTELLEN! Wieder Fünferreihen. Wieder Männer in Sträflingskleidung und Männer in SS-Uniformen. VORWÄRTS! Die Juden und die Sinti wurden voneinander getrennt, die Sinti marschierten zwischen zwei Stacheldrahtzäunen hindurch, über unwegsames Gelände wieder durch ein Stacheldrahttor, zwischen Stacheldrahtzäunen gingen sie lange, weit, wieder durch ein Stacheldrahttor. Da liegt ein Toter, sagte Mano. Neben einer Baracke sahen sie die Leiche. Da liegt ein totes Kind. Sie schauderten. Und gingen weiter. Bis es hieß: DA VORN ANSTELLEN! FAMILIEN BLEIBEN ZUSAMMEN!

Bald waren die Füße gefühllos vor Kälte. Jemand spuckte auf den Boden, die Spucke gefror sofort zu Eis. Irgendwann rückten sie in die Baracke ein, von SS bewacht.

An einem Tisch saßen zwei Häftlinge mit Papierstapeln. Familie für Familie musste vortreten, dem Alter nach wurden die Familienmitglieder aufgeschrieben. Name, Geburtsdatum, Geburtsort, Adresse, Beruf. Bei den Frauen erst Mama, dann Frieda, dann Rosi, bei den Männern Dada, Manfred, Hugo, Rigo und zuletzt Januschek. Mama sollte Januschek loslassen. DER JUNGE DA RÜBER! Aber sie schüttelte den Kopf, ließ ihn nicht los, auch als ein SS-Mann näher kam. Januschek klammerte sich an sie. Der SS-Mann sagte nichts mehr, tat nichts. Als Mama registriert war, ging sie mit Januschek zum Männertisch hinüber, sagte Januscheks Namen, Peter, und sein Geburtsdatum. Morgen war sein vierter Geburtstag. Von da an verloren sie das Zeitgefühl. Wussten nichts mehr von Tagen und Daten, wussten nur noch kalt oder warm, dunkel oder hell, hungrig und durstig. Der polnische Häftling namens Bogdan schrieb also Namen und Herkunft auf, davor eine Nummer. Anschließend musste Hugo ihm, so wie alle anderen zuvor, seinen linken Arm hinhalten. Mit einer Nadel stach er Punkt für Punkt die Nummer hinein, rieb in die Stiche schwarze Tinte, jetzt war die Zahl auf die Haut tätowiert.

Merk dir die Nummer, sagte Bogdan. So heißt du jetzt.

Ab jetzt war Hugo nicht mehr Hugo, neun Jahre alt, aus München, ab jetzt war er eine Nummer, die mit Z für Zigeuner begann: Z-3529. Manfred war Z-3528, Dada Z-2527, Rigo Z-3530, Januschek Z-3531, die Mama hatte Z-3971, Frieda Z-3972 und Rosi Z-3973. Bis hierhin hatte die Prozedur der Registrierung schon stundenlang gedauert, vor und hinter ihnen standen hunderte Männer, Frauen und Kinder in der Schlange. Immer wieder starrte Hugo auf die Nummer und las die Zahlen einzeln. Aber es war eine ganze Zahl: Dreitausendfünfhundertachtundzwanzig, sagte Manfred. Frieda rechnete später die Zahlen zusammen, es mussten schon über 7500 Sinti und Roma mit ihnen an diesem Ort sein. Und es kamen noch viel mehr, einen Zug hatten sie schon ankommen sehen. Stehen bleiben und reden war nicht möglich. WEITER, WEITER! So wurden sie an den nächsten Tisch getrieben. Oben frei machen, ihr werdet gegen Fleckfieber geimpft. Dada, Mama, Hugo, alle Geschwister und Verwandten öffneten der Reihe nach ihre Hemden ein Stück, dann wurde ihnen links und rechts oberhalb der Brust eine Flüssigkeit in den Körper gespritzt. WEITER! SCHNELLER! Nur ein paar Sekunden für die Spritzen. WEITER! Sie wurden gehetzt, getrieben von diesen schreienden Männern.

**»Man ist da mitgelaufen. Es kommt Angst, die Angst wird immer schlimmer. Das nimmst du alles in Kauf, wenn du siehst, was alles passiert, da liegt ein Toter, da liegt einer, dann lässt du alles über dich ergehen.«**

Im nächsten Raum standen Stühle, darauf mussten die Neuankömmlinge sich setzen und ihnen wurden von Häftlingen die Haare erst abgeschnitten, dann der Kopf kahl geschoren. Haufenweise lag das Haar auf dem Boden. Auch Hugo hatte bald einen kahlen Kopf. Er schaute seine Geschwister an, einmal, zweimal, um sie wiederzuerkennen. In ein paar Monaten sind sie nachgewachsen, flüsterte Manfred. Als Mamas Haare fielen, liefen ihr erst die Tränen die Wangen hinab, dann schluchzte sie so, dass sie kaum Luft holen konnte. Und Hugo schaute, ihm rollten die Tränen, wie er sie so sah, er konnte die Mama nicht trösten, nicht beruhigen, sie durften nicht hin. Nur der Kleine war bei ihr und weinte mit.

Von dort aus jagte die SS sie in eine andere Baracke zum Waschen in einen großen Raum.

**»Als ich meine Mama so hab weinen sehen dort. Wie sie geweint hat, da habe ich dann gesehen, was los war. Und alle haben sich nackt**

**ausziehen müssen, egal, ob vor den Kindern, vor Frauen, vor Männern, die Mama habe ich doch in meinem Leben nie nackt gesehen. Oder meinen Dada. Die haben sich alle geschämt. Ob es Onkel, Tante oder Enkelkind war – es war alles zusammen. Da wusste ich, oh, das wird schlimm. Man steht kurz vor der Hölle.«**

Ausziehen und die SS-Männer sahen zu, begafften besonders die Frauen. Die Männer zogen sich aus, blieben auf einer Seite und wendeten den Frauen den Rücken zu, die Frauen schauten weg, blieben nackt ausgezogen auf der anderen Seite. Sie drängten sich zusammen, schämten sich schrecklich voreinander, zur Freude der SS-Männer. Die Kleidung wurde von Häftlingen weggeräumt. BEEILUNG! SCHNELLER! WEITERGEHEN! Von den Seitenwänden lief Wasser aus Brauseköpfen, sie mussten durchlaufen und waren ein bisschen nass, da schrie es wieder: WEITER!

Entlausung. Häftlinge hielten einen Schlauch, der aus einem Behälter kam, mit einer Pumpe vorne dran. Die Männer wurden zwischen den Beinen mit einem weißen Pulver eingestäubt. Hände hoch, unter die Arme, über den Kopf. Das Gleiche bei den Frauen, den Kindern wurde nur der Kopf eingestäubt. Das weiße Pulver schwebte überall im Raum. RAUS! ANTRETEN! LOS! LOS!

Um eine Ecke herum standen Häftlinge an Tischen mit Bergen von Kleidung. Die Häftlinge schauten, ob etwas größer oder kleiner war und der Person ungefähr passen könnte, und gaben die Sachen aus. Warfen sie zu. Von jedem Haufen durfte jeder ein Stück nehmen. Hugo nahm an einem Haufen zwei und hielt die Sachen fest im Arm. Und jeder griff schnell etwas, schnell waren sie jetzt selbst, alle wollten sich bedecken, nicht mehr voreinander nackt stehen. SCHNELL! SCHNELL! SCHNELL! In einiger Entfernung sah Hugo seine Mama stehen, verkrampft, in eine Ecke gedrückt, einen Arm über die Brüste, den anderen über den Bauch und ihre Mitte. Es gab Hugo einen Stich. Warum quälen sie meine Mama? Sie schämt sich doch.

Irgendwelche Schuhe greifen. Onkel Konrad war ein Riese, er konnte die Hose, die er erwischt hatte, nicht zuknöpfen und musste eine andere nehmen.

Essgeschirr wurde ausgeteilt, für jeden einen kleinen Emailletopf mit Henkel. Hugos war rot.

Hugo und seine Geschwister und hunderte andere glatzköpfige, verängstigte Menschen mussten über die Lagerstraße durch den Schnee durch das Barackenlager, bis es hieß: HIER REIN!

HIER REIN! JEDE FAMILIE EINE BUCHSE. Rechts und links entlang der Bretterwände standen dreistöckige nummerierte Holzgestelle. Die Baracke war leer. Darin gab es keine Fenster und keine Lampen. Unter dem Dach verliefen in der ganzen Länge der Baracke rechts und links schmale Oberlichter, durch die das Tageslicht schimmerte. Sie warteten, und als Mama und Dada kamen, suchten sie sich eine Schlafbuchse. Das waren mal Pferdeställe, sagte Dada.

Es kamen immer mehr hinein. Alles war voll mit Menschen. Jede Buchse diente als Schlafstätte für fünf, sechs, manchmal sieben, acht Menschen. Die von Hugo, seinen Eltern und Geschwistern befand sich ganz am Ende der Baracke, da waren sie fast wieder draußen, am hinteren Tor. Sie legten ihre Sachen in diese unterste Buchse. Manche Familien blieb nur noch eine freie Stelle am Boden. In der Mitte der Baracke erstreckte sich ein langer Ofen, fast die ganze Länge von einem Tor zum anderen, der war kalt. Man konnte sich kaum bewegen, ohne jemanden anzustoßen. Hugo hatte Hunger. Seitdem sie hier waren, hatten sie nichts zu essen und zu trinken bekommen.

Zwei Männer schleppten einen Kübel hinein, und sofort hatten sich alle angestellt, um ihre Ration zu bekommen. Jetzt wusste Hugo, wozu er das rote Emailletöpfchen mit dem Henkel brauchte. Dahinein wurde ihm eine braune Brühe geschöpft. Es war Wasser, in dem zwei, drei Bröckchen von irgendwas schwammen, und schmeckte ekelhaft. Hugo kippte es draußen weg. Zum Glück hatte Mama noch ein bisschen Speck, noch von zu Hause aus München. Zu Hause … das war

Eine Holzbaracke in Birkenau, wie es sie im »Zigeunerlager« gab, ursprünglich als Stall für 57 Pferde gebaut. Auf den dreistöckigen Buchsen waren bis zu 900 Menschen zusammengepfercht. Der lange Ofen in der Mitte wurde nie geschürt.

weit weg, Hugo konnte sich kaum noch vorstellen, wie das Haus in der Deisenhofener Straße aussah. Es war so weit weg wie eine verblassende Fotografie.

Draußen wurde es dunkel, drinnen war es schon finster. Sie rückten eng zusammen auf der Buchse. Nach dem Abpfiff war Blocksperre, da durfte niemand mehr die Baracke verlassen. Hugo hörte viele neue Wörter: Blocksperre hieß Nachtruhe, Blocksperre am Tag hieß Gefahr, die Baracke hieß Block, jeder Block hatten einen SS-Mann als Blockführer, der jederzeit hereinkommen konnte, tags und nachts, das braune Wasser hieß Suppe, Essen Ration, die Buchse hieß Bett. Sechs mal drei Buchsen zusammen waren eine Stube, da gab es einen Stubendienst, der für Sauberkeit und Ordnung sorgen sollte, und für alle sechs Stubendienste einen Stubenältesten, der für die Verteilung der Rationen verantwortlich war. Es gab einen Blockältesten mit grünem

Winkel an der Kleidung, der nicht so abgemagert war wie andere Menschen, die Hugo draußen gesehen hatte. Der Blockälteste hatte eine eigene Stube, das war ein Holzverschlag mit Bett, Tisch und Stuhl und einer Tür, die er hinter sich schließen konnte, vorn am Eingang. Grün hieß kriminell. Auf der schwarzen Binde an seinem Arm stand mit weißer Schrift »Blockältester«. Toilette hieß Latrine, eine lang gestreckte Grube mit einer Stange darüber, auf die sich alle hockten, Männer und Frauen, ohne noch darauf achten zu können, ob sie allein waren. Den Weg zwischen den beiden Barackenreihen, in dem tiefe hart gefrorene Spurrinnen von Lastwagen waren, hieß Lagerstraße. Und wer eine bestimmte Arbeit machen musste, war in einem Arbeitskommando.

Mensch an Mensch lag in den Buchsen und auf der Erde, auch Fremde drückten sich eng aneinander, weil sie froren. Der Wind pfiff durch die Ritzen der Bretterwände. Im Dunkeln war viel Seufzen und Weinen und das Jammern der Kinder nach Essen und Trinken, die Stimmen der Mütter, die die Kinder beruhigten, dann war es eine Weile still, bis die Kinder vor Hunger wieder aufwachten.

Hugo schreckte in der Nacht immer wieder hoch, weil Leute über andere hinwegstiegen, austreten.

Durch einen Alarmton wurde er hellwach.

ALLES RAUS ZUM APPELL!, schrie der Blockälteste. Alle sprangen auf, auch die kleinen Kinder mussten raus in den Schnee und sich neben der Baracke aufstellen. Der Blockälteste schlug alle, die nicht schnell genug liefen.

Es war noch dunkel. Hugo taumelte, er wurde hin und her gestoßen, aber er tat wie die anderen. Fünferreihen. Der Blockälteste zählte ab: Fünf, zehn, fünfzehn … Niemand durfte sprechen, sonst schlug er zu, sie mussten gerade stehen, nach vorn schauen wie eine Armee Soldaten. Vielleicht zehn Minuten dauerte es, bis der Blockälteste die genaue Zahl hatte. Aus den Augenwinkeln sah Hugo die Blöcke gegenüber. Überall innerhalb des Zaunes standen die Leute neben den Baracken stramm. Hugo zitterte vor Kälte. Der Blockälteste war fertig mit dem Zählen, war zur Schreibstube vorgelaufen, zurückgekehrt, jetzt stand er vorn und wartete. Worauf? Hugo spürte, wie die Kälte seine Beine lähmte. Er sah, wie der dampfende Atem der Menschen zusammenschwebte. Dass der Himmel allmählich heller wurde. Die Wachtürme und die bewaffneten SS-Männer darin. Als er dachte, Mama, gleich falle ich um, da hörte er zackige Stimmen, ACHTUNG!, dann knirschende feste Schritte, Stiefelschritte. Plötzlich hatte er Angst, Herzklopfen. Drei SS-Männer erschienen, der Lagerführer war dabei, und blieben vor dem Blockältesten stehen, der mit der Mütze in der Hand rief: BLOCK 17 VOLLZÄHLIG ANGETRETEN MIT 821 MANN!

Der SS-Lagerführer sah einen anderen SS-Mann an, sie nickten und gingen weiter, die anderen folgten ihm. Das Geräusch der hohen schwarzen Stiefel entfernte sich. Hugo wollte sich am liebsten fallen lassen, er machte eine Bewegung, wollte sich umdrehen und in den Block gehen, aber ein Mann hielt ihn fest. Sie mussten so lange stehen, bis die SS das Lager verlassen hatten und die Glocke zum Ende des Appells läutete. Alle eilten in die Baracke zurück, dort war es ein wenig wärmer.

Draußen dämmerte es.

Zwei Frauen schleppten einen Kübel mit Tee herein. Eine Kelle davon in Hugos Topf. Hugo kostete, es schmeckte nach muffigem lauwarmen Wasser. Aber er trank. Der Stubendienst gab jedem eine eckige Scheibe schwarzes Brot.

Hugo, Frieda und Manfred gingen damit hinaus, das Tor war geöffnet, sie wollten draußen essen, drinnen war es zu eng. Hugo hatte gerade das Brot am Mund, kurz vor dem Hineinbeißen, batsch, grabschte es ihm ein Junge aus der Hand und stopfte es sich noch beim Wegrennen in den Mund. Bevor Hugo überhaupt etwas sagen oder hinterherlaufen konnte, war der kleine Junge schon zehn Meter davon. Drei weitere Jungen mit ihm. Sie wollten etwas abhaben. Komisch. Habt ihr das gesehen? Der hat mir das Brot geklaut.

Mir der andere, sagte Frieda.

Mir auch einer, sagte Manfred.

Was machen denn die?

Was soll denn jetzt das? Ich hätte es ihm doch gegeben, warum hat er nicht gefragt.

Wir bekommen ja später wieder was.

Sie gingen in den Block, suchten Mama. Sie saß mit Januschek und den anderen auf dem Ofen.

Mama, ein Junge hat mir das Brot weggerissen.

Was? Mama schüttelte den Kopf, holte den Speck aus der Innentasche ihres Rocks und schnitt ihren Kindern je ein winziges Stück ab.

Am Abend trank Hugo die Wasserbrühe aus seinem Topf. Er war hungrig. Wie hatte Mama eigentlich den Speck bis hierher gerettet? Der schrumpfte allmählich und sie behielt ihn immer in der Tasche an der Innenseite ihres Rocks. Wenn sie ihn hervorholte, um kleine Stücke abzuschneiden, ließ sie niemand, selbst die Kinder nicht, den Speck auch nur berühren.

Am nächsten Morgen schlug wieder die Glocke am Lagereingang: Ling, ling, ling, ling, ling. Dann die Glocke in der Baracke. Neben der Baracke war ein weißer Strich auf dem Boden gezogen, dahinter musste die erste Fünferreihe stehen, dann die nächste und immer so weiter.

**»Die Glocke höre ich heute noch. Man springt auf und stellt sich draußen auf. Ich glaube, dass es Soldaten nicht besser machen als Kinder. In zwei, drei Minuten haben die 700, 800 Menschen in Reih und Glied gestanden.«**

Wieder Appell. Der wird jetzt jeden Tag sein. Hugo lernte. Nacht hieß Frieren, Tag hieß Frieren, Appell hieß Frieren. Appell hieß Angst vor dem Umfallen, vor Schlägen des Blockältesten. Eine alte Frau war umgekippt und von ihm fast totgeschlagen worden, bis andere sie wieder auf die Beine ziehen konnten. Appell bedeutete auch, jeden Tag eine andere Zahl von Häftlingen. In der Nacht war jemand gestorben. Hugo sah den Toten mit Schrecken. Also stirbt man hier auch. Der

Tote wurde hinter die Baracke gelegt, der Blockälteste musste mit der Karte, auf der die Nummer des Toten stand, zur Schreibstube vorlaufen zum Rapport. Rapport hieß Bericht. Die Zahl der Häftlinge war der Stand. Und der Stand musste stimmen, bevor die SS-Männer kamen. Und so lange dauerte der Appell. Bis alle den Rapport korrekt fertig hatten und der Stand stimmte. Von allen Blöcken. Schon am zweiten Tag dauerte der Appell vier Stunden, weil irgendwo anders der Stand nicht stimmte. Weil sie sich verzählt hatten oder jemand fehlte.

Nach dem Appell warten auf die Ration. Ein Stück Brot. Hugo war schlauer als am Vortag. Die Hälfte der Scheibe aß er. Mit der anderen Hälfte in der Hand gingen er und Manfred hinaus – komm, Mama, ich zeig dir, was gestern geschehen ist. Die ganze Familie stand vor dem Block und schaute. Ja, es strichen Kinder in kleinen Gruppen um die Baracken. Schlenderten zwischen den Menschen hindurch, als gingen sie nur zufällig gerade jetzt dort entlang. Hugo sagte zu Mama hin: Gib Acht, was jetzt passiert. Er hob sein Stückchen Brot zum Mund und bevor er beißen konnte, batsch, da grabschte ein Junge es, und ehe er nur zwei Schritte getan hatte, war es schon in seinem Mund verschwunden. Am Barackentor standen die Eltern und schauten stumm dem Jungen nach. Er hat es im Laufen schon gegessen, sagte Mama, so dass es ihm keiner mehr wegnehmen kann. Hugos Geschwister, Cousins, Cousinen lachten.

Am nächsten Tag gab es kein Brot, nur diese braune Flüssigkeit, die sich heute Kaffee nannte.

Nach einer Woche war Mamas Speck aufgebraucht.

Und das Leid ging los.

Sie hatten nur morgens die braune Brühe, Kaffee oder Tee genannt, manchmal eine Scheibe Brot dazu, abends die Wassersuppe. Nur anfangs gab es für die ganz kleinen Kinder noch Milchsuppe. Hugo lernte, auf seinen Topf aufzupassen. Einem Jungen war seiner gestohlen worden. Und er konnte nicht essen – nur was er mit den Händen aus dem Kübel schöpfen und schnell hinunterschlingen konnte oder was seine Familie mit ihm teilte. Von da an bewachte Hugo seinen kleinen Topf, ließ ihn nie aus den Augen, schlief nachts mit dem Kopf darauf. Zum Zählappell durfte er ihn nicht mitnehmen, aber er legte ihn immer so auf den Boden an die Barackenwand, daß er ihn im Blick behalten konnte. Denn eins war klar – der Junge würde versuchen, sich einen Topf zu organisieren. Und wenn er wieder einen hatte, würde jemand anderem einer fehlen.

Mama, ich habe Hunger. Ich auch. Ich auch. Mama, hast du was zu essen? Die Kleinen weinten und jammerten. Hugo weinte auch vor Hunger.

Wenn wir rauskommen, dann koche ich euch, so viel ihr wollt.

Wann kommen wir raus? Wann gehen wir wieder nach Haus?

Bald. Lange kann es nicht dauern. Bald kommen wir raus.

Alle Mütter suchten Antworten für ihre Kinder. Hugo reute es, dass er zu Anfang die Wassersuppe ausgeschüttet hatte. Jetzt würde er sie gern schlucken. Ach, wenn ich gewusst hätte. Jetzt würde sie mir schmecken.

Täglich kamen tausende Menschen. Wenn sie vorn durch das Tor gingen, saß eine Kapelle dort vor ihrer Bretterbude auf Stühlen und spielte fröhliche und leichte Musik. Daramdarada. Auch wenn SS angekündigt war, musste die Sintikapelle ihnen mit Geigen, Gitarren und anderen Instrumenten zum Empfang aufspielen. Jetzt standen Hugo und seine Geschwister manchmal beim Zugangsblock für die Neuen, die noch nicht wussten, wie es hier war, und belauerten die Kinder. Denn Hugo war immer hungrig. Er, Manfred und Frieda, Cousin Mano und die Cousinen strichen um die Baracken der Neuankömmlinge und beobachteten die Kinder, wenn Brot ausgegeben wurde. Sie schlichen sich an. In der Baracke war es viel zu voll und eng, da konnten 800, 900 oder 1000 Menschen nicht essen. Also hielten fast alle sich draußen auf und schlangen ihr Essen hinunter. Wenn ein Kind nichts ahnend mit dem Brot in der Hand herumstand und schaute, schlich Hugo sich an, schnappte das Brot weg und stopfte es sich sofort in den Mund. Die Neuen hatten noch nicht gelernt, schnell zu essen oder das Essen festzuhalten. Manche Kinder rannten hinterher, die größeren erwischten Hugo manchmal, dann gab es Prügel. Aber das war ihm egal, dann hatte er das Brot schon geschluckt, das konnte ihm keiner mehr nehmen. Einen Tag, höchstens zwei Tage klappte es, dann passten die Neuen auf, dann wussten sie schon, dass das Essen zum Leben nicht reichte. Sie brauchten sich bloß die Menschen anzuschauen, die schon länger im Lager waren, wie ausgemergelt die aussahen. Und auch die Neuen bemerkten sofort die Toten.

Aber es kamen ja fast jeden Tag Neue, die verängstigt herumstanden. Sooft es im Zugangsblock Brot gab, war Hugos Schnappkommando in der Nähe. Doch auch die Schnappkommandos wurden immer mehr.

Seine Cousinen, die Töchter von Onkel Konrad und Tante Notschga, konnten gut schnappen und gut rennen. Von klein an kannte Hugo Musla, ihre Schwestern Weichsla und Lolichai, ihre Brüder Luki und den kleinen Baptist. Fast jeden Tag hatten sie sich draußen gesehen und miteinander gespielt, waren zusammen geritten und in die Schule gegangen. Mit dabei waren auch Mano und Lili, die Kinder von Tante Derndl und Dadas Lieblingsbruder Onkel Babist und noch viele andere. Am liebsten mochte Hugo eine Cousine von Mano. Sie war acht Jahre alt und Hugo fand sie wunderschön und bildhübsch, am liebsten verbrachte er alle Zeit mit ihr. Sie hieß Malla.

Morgens beim Appell, wenn Hugo aufgesprungen und sich stramm und gerade in eine Reihe gestellt hatte, suchte er, ohne den Kopf zu bewegen, nur mit den Augen zuerst nach Mama. Aha, da steht sie, Dada ist dort, Januschek bei Mama. Eines nach dem anderen suchte er die Geschwister, alle da. Hugo durfte den Kopf nicht wenden, die Hände musste er an der Hosennaht halten. Malla? Da, schräg vor ihm. Malla war mutig. Sie drehte ihm ihren Kopf zu, lächelte ihn an und stand schon wieder gerade. Zum Glück hatte der Blockälteste nichts gemerkt. Es galt Sprechverbot beim Appell. Der Blockälteste hatte gestern Leute blutig zu Boden geschlagen, weil er sie beim Flüstern erwischt hatte.

Wenn Hugo morgens aufwachte, schaute er nach Malla. Und sie schaute aus der Buchse raus nach ihm.

Manchmal, nach dem Appell, nach der Ration, setzten sie sich draußen an die Barackenwand und redeten über Wenn-wir-rauskommen.

Wenn wir rauskommen, ziehen wir uns die schönsten Sachen an, du ganz in Weiß, ich in Schwarz.

Mit Lackschuhen, sagte Malla.

Und mit weißen Handschuhen.

Wir tragen jeder eine ganz neue dicke weiße Kerze mit Tüll und grünen Blättern. Die Sonne scheint und es wird Frühling.

Die Vögel zwitschern.

Und dann gehen wir zusammen zur Kommunion.

Und dann gibt es ein Fest, unsere Dadas haben schon eine Kapelle besorgt.

Hugo und Malla bekamen die besten Kuchen.

So lecker mit Nüssen und Schokolade.

In meinem Stück sind Rosinen.

Ach halt, ich hab was vergessen. Wir gehen nicht zu Fuß zur Kirche. Mein Dada und meine Mama haben das Fuhrwerk mit Girlanden geschmückt und da sitzen wir hinten auf einem blauen Plüschsofa. Die besten Geschirre haben die Pferde um, das Leder ist geputzt und die Metallteile blitzen, die Pferde sind mit Blumen geschmückt.

Jetzt erzähl noch vom Kuchen.

Sie träumten sich fort, sie träumten in Farbe. Sie froren nicht, sie hungerten nicht, sie waren gar nicht da.

Nicht an diesem Ort mit der abgetretenen schlammigen braungelben Erde, auf der nichts wuchs, weil zehntausende Menschen jeden Tag darüber gingen, mit den braunen Holzbaracken, den grauen Betonpfeilern, an denen der graue Stacheldraht befestigt war.

Lagersperre! Drei junge tschechische Rom waren geflüchtet. Mit Scheinwerfern und Hunden suchten die SS-Männer sie und fingen sie wieder ein. Die Parolen flogen durch das Lager wie eine Bö. Zwei wurden am Lagertor mit Stockhieben bestraft und die Häftlinge mussten zuschauen. Auf einer Pritsche lag der dritte junge Mensch tot und wurde von vier Häftlingen durch jeden Block getragen, begleitet von SS-Männern. In den ersten Block hinein, hinten hinaus, in den nächsten hinten hinein, vorn hinaus, in Schlangenlinien durch das ganze Lager. In jedem Block setzten die Häftlinge die Pritsche ab und ein SS-Mann hielt eine kurze Ansprache. Nach einer Stunde kamen die Häftlinge mit der Pritsche und den SS-Männern durch den Block von Hugo. Er musste aufstehen, Mano stand neben ihm, sie durften nicht wegschauen, sie mussten Haltung annehmen, weil die SS im Block war. Der junge Mann war splitternackt, vielleicht 16 Jahre alt, sein Körper zerschossen, durchlöchert die Stirn. Das Blut tropfte unten aus der Pritsche heraus. Der SS-Mann rief mit schneidender Stimme: Denkt nicht, ihr kommt hier je heraus. Niemand kann von hier flüchten. Wer es versucht, dem ergeht es wie dem da. Merkt euch das. Auf jeden Fluchtversuch steht die Todesstrafe.

Durch das ganze Lager ging die Spur seiner Blutstropfen, in jedem Block blieb ein größerer Fleck dort, wo die Häftlinge die Pritsche abgesetzt hatten. Wenn sie sie wieder aufnahmen, lag der Tote noch am Boden, einen Moment, bevor er gehoben wurde, der Stoff der Pritsche hing durch, weil er durchnässt war.

Noch eine Stunde, bis der Tote durch alle Blocks getragen war und zum Krematorium geschafft wurde. Ende der Lagersperre.

Wenn wir rauskommen, sagte Malla, Hugo saß ganz dicht bei ihr und sie wärmten sich aneinander. Wollen wir dann zusammen in einem Haus wohnen?

Ja, aber wahrscheinlich haben wir kein Geld für ein Haus.

Ich finde einen Wagen sowieso schöner, sagte Malla. Da können wir wegfahren, wenn es uns irgendwo nicht gefällt.

Ich lasse uns einen schönen Ofen einbauen, sagte Hugo. Mit Kacheln. Welche Farbe möchtest du?

Rosa.

Gut, dann rosa.

Und morgens, wenn das Feuer ausgegangen ist, nehme ich die Asche raus und mache ein neues Feuer. Es wird herrlich warm und wir frühstücken Bratkartoffeln und schauen aus dem Fenster über die Felder bis zum Dorf und sehen die Leute in dicken Mänteln.

Aber Malla, wir haben auch warme Bettdecken, ganz dicke, mit Federn drin und da drunter ist es wie ein warmes gemütliches Nest.

Dada sagte, wir sind hier bestimmt schon fünfzehntausend. Tagsüber taute es. Die Lagerstraße verwandelte sich in ein Schlammfeld, in dem die Schuhe stecken blieben. Hugos Beine und die seiner Geschwister waren bis zu den Knien mit Erde verkrustet. Es gab kein Wasser. Dada und Mama beschlossen, die hintere untere Buchse aufzugeben, weil sie zu nah an der Latrine war. Sie tauschten mit einer Familie, die weiter vorn in der Baracke am Boden schlief.

Überall starben den Familien die kleinen Kinder an Krankheiten oder sie verhungerten. Tag und Nacht lag Weinen und Klagen in der Luft. Aber die Menschen sahen täglich so viele Tote, sie stumpften ab. Hugo erschrak bei dem Anblick nicht mehr.

Nachts so kalt. Wenn Hugo hinaus musste und zurückkam, war sein Platz weg. Die Menschen rückten sofort zusammen, sobald eine Lücke entstand, der Wind zischte durch die Baracke. Überall zog er durch Ritzen und Spalten. Hugo musste sich außen hinlegen und versuchen, sich wieder zwischen die Menschen zu wühlen, wo es wärmer war.

Aber manchmal breitete sich an einer Seite die Kälte aus, da war der Mensch tot. Hugo drehte sich andersherum, den Rücken dahin, wo es noch warm war. Oder er stand auf und zwängte sich woanders zwischen zwei lebende, warme Menschen. Manche schliefen auch auf dem kalten Ofen in der Mitte.

**»Spielt alles keine Rolle, wo du haust, wo du bist. Nur das Frieren tut sehr weh, der Hunger tut weh und die Gedanken machen dich kaputt.«**

Mit Malla sang Hugo das Lied, das gerade im Lager kursierte:

Ach du lieber guter Staatsanwalt,
warum hast du uns hier reingebracht?
Gib uns unsere Freiheit,
unseren Entlassungsschein,
mit dem nächsten D-Zug
fahr'n wir wieder heim.

Lagersperre! Alle Menschen mussten in den Blöcken bleiben, die Tore verschlossen sein, eine Wache aufgestellt werden.

Frieda hatte sich in der Holzwand eine kleine Ritze aufgemacht, wo sie hindurchschaute, wann immer Blocksperre war. Das war verboten. Wenn ein SS-Mann in den Block gekommen wäre und sie dabei erwischt hätte, hätte er sie sofort erschossen. Ob Kind oder Erwachsener, wenn ein SS-Mann jemanden beim Durchschauen erwischte, legte er sein Gewehr an und löschte ein Leben aus. Frieda schaute trotzdem durch die Ritze, und ihretwegen erfuhren Mama und Dada, was hinten am Krematorium geschah.

Lastwagen fuhren ins Lager, fünf, sechs. In der Baracke hörte Hugo das Brummen der Dieselmotoren. Die Lastautos fuhren bis nach hinten durch, wendeten, hielten vor der Baracke der polnischen Familien, die ihre Haare und ihre Kleidung hatten behalten dürfen. ALLES RAUS! ANTRETEN! AUFSITZEN! SCHNELLER!

Frieda schaute durch die Ritze. Die Menschen mussten aufsteigen und wurden weggefahren aus dem Lager, nach links, weiter nach links bis zu einem der neuen Gebäude mit den Schornsteinen. Nach einer Weile kamen die Lastwagen leer zurück und die SS-Männer räumten den Block ganz. Wieder kamen die Lastwagen leer zurück, der nächste Block war dran. Tausende Menschen verschwanden und wurden nie wieder gesehen. Frieda berichtete Dada, wie sie die Menschen ins Gebäude hatte gehen sehen, von den Lastwagen runter und hinein, weg. Kein Einziger sei wieder herausgekommen. Eine Stunde später schlugen Flammen aus den Schornsteinen und ein widerlich süßlicher Geruch kam mit dem Wind.

Vielleicht hast du Recht, mein Mädchen, sagte Dada und sah sehr erschrocken aus. Angstvoll, mit aufgerissenen Augen besprachen die Leute den Geruch. Und lauschten, ob die Lastwagen wiederkämen. Sie kamen nicht. Heute nicht.

Seitdem wussten alle, dass diese Gebäude mit den Schornsteinen keine Fabriken, sondern Krematorien waren. Aber sie hatten nichts gehört. Keine Schüsse. Und es war so schnell gegangen. Hatten die SS die Menschen lebendig verbrannt?

Die Menschen, sagte Frieda, müssen sich nackt ausziehen, an der Tür bekommen sie eine Seife, damit gehen sie hinein und kommen nicht mehr hinaus. Ihre Kleidung wird weggeschafft.

Und kurz darauf schießen die Flammen und der Rauch oben aus dem Schornstein. Sie bringen die Menschen um, die sie von hier wegholen.

Dada erkundigte sich. Und wenig später wussten es auch andere, bald wussten es alle. Es gab in den Gebäuden mit den Schornsteinen Räume, in denen Menschen durch Gas ermordet wurden. Die SS hatte verboten, darüber zu sprechen. Das Wort *vergasen* war bei Strafe verboten. DAS WERDEN WIR EUCH AUSTREIBEN, HIER LÜGEN ZU VERBREITEN! Aber manchmal sagte ein SS-Mann: HIER KOMMT IHR NUR DURCH DEN SCHORNSTEIN RAUS!

**»Der Gestank alleine, wenn Menschen verbrannt werden, das riecht man Jahre. Jahre hat man den in der Nase drin. Den vergesse ich nie.«**

Der Junge hatte wieder einen Topf für die Suppe. Es gab jede Nacht Tote, die konnten nicht mehr essen. Die Toten wurden hinter der Baracke aufeinandergelegt. Hinter jeder Baracke lagen morgens drei, vier. Überall starben die Kinder, die kleinen zuerst.

Hugo hatte Angst, dass er einmal dabei sein würde. Oder seine Geschwister, sein Dada. Oder noch schlimmer: seine Mama. Er weinte oft.

**»Ich war neun Jahre, aber noch habe ich manchmal in ihrem Arm sein müssen, abends. Habe ich dann gesagt: Mama, nimm mich doch ein bisschen, Mama. Sie hat mich dann genommen und hat mich so gehätschelt. Im siebten Himmel war ich, wo sie mich gehätschelt hat.«**

Nach dem Appell zogen Häftlinge einen Pritschenwagen mit zwei großen Holzrädern durch das Lager. Von Baracke zu Baracke gingen sie, warfen die Toten auf den Wagen, dann am Lagereingang auf einen Lastwagen, der sie zum Verbrennen fuhr. Hier kommen wir nur als Leichen raus, sagten manche.

Nein, nicht einmal als Leichen. Nur als Rauch durch den Schornstein. Ihr habt's doch gerochen.

Paul, der Mann von Tante Kerscha, war bei den Toten.

Mama, hier kommen wir nie wieder raus, sagte Hugo. Seine Geschwister glaubten das auch, sie alle hatten die Leute so reden hören.

Nein, Kinder. Denkt nicht, wir bleiben hier. Wir kommen wieder raus, wir kommen wieder heim, sagte Mama und wiederholte viele Male diesen Satz. Wir kommen wieder heim, ich weiß es. Ich weiß es. Alle Kinder hielten sich an ihr, an ihren Worten, fest. Denkt nicht, wir bleiben hier.

Hugo hoffte, dass Malla auch mit rauskommen würde. Wenn er groß war, wollte er sie heiraten. Und sie wollte ihn heiraten. Sie hielten sich an den Händen. Sie hatten es fest verabredet. Ihre Hochzeit, ihr Wohnwagen. Und Kinder wollten sie. Sie würden mit Pferden handeln und das Leben würde schön werden wie ein Paradies. In ihren Gedanken war es schon ein Paradies. Hugo war jeden Tag mit Malla zusammen und konnte sich das Dasein ohne sie nicht mehr vorstellen.

Zum Appell kam jemand aus der Schreibstube und las die Anordnung vor. Einteilung in Arbeitskommandos! Dada musste nun jeden Morgen weg. Das Lager war noch nicht fertig gebaut. Kurz darauf mussten alle ab zehn Jahren arbeiten, auch Manfred und Frieda. Männer und Frauen schaufelten eine Grube für die Grundmauern einer Baracke, die für die Entlausung vorgesehen war, Sauna genannt. Andere Frauen und Kinder mussten dafür Ziegel und Steine tragen, mit bloßen Händen. Ein Kommando musste die Steine im Laufschritt tragen. Nebenher fuhr ein SS-Blockführer mit dem Fahrrad. Stürzte eine Frau, hielt er und prügelte mit einem Stock auf sie ein, bis sie wieder aufstand. Und mit bloßen Füßen mussten Frauen eine schwere Straßenwalze ziehen, um das Gelände zu ebnen. Ihre Füße bluteten. Männer ebneten die Lagerstraße, Kinder schleppten dafür Ziegel und Steine heran, die Lagerstraße wurde befestigt und zum Teil betoniert.

Von den Gefangenen wurden die Entwässerungsgräben erweitert und vertieft. Um manche Baracken mussten gestochener Rasen gelegt und Blumen gepflanzt werden, je nach Geschmack des jeweiligen Blockführers. Der Rasen war bald wieder niedergetrampelt.

Alle Kinder bis sechs Jahren mussten in den Kindergarten in die letzten zwei Baracken. Die Kinder von sechs bis neun mussten täglich in den Kinderhort, auch Hugo und sein Cousin Mano. Der Kinderhort war ein Drahtkäfig im Freien, von dort aus sah Hugo die Erwachsenen, wie sie sich beim Bau der Sauna unter scharfer Bewachung abmühten. Auf der anderen Seite schauten sie durch den Lagerstacheldraht auf Baracken und Zäune der anderen Lagerteile, bis zum Horizont.

Malla verlor ihre Eltern. Erst starb ihr Vater, Tante Derndls Bruder, dann ihre Mutter. Malla blieb, wann immer möglich, dicht bei Hugo.

Nach einem Monat starb Onkel Friedla. Er ist an dem Schlag gestorben, sagte Dada. Aber vielleicht war es auch das Fleckfieber, das sich überall ausbreitete. Durch die Spritzen, die wir bekamen.

Und wenn als Nächstes wir sterben? Das fragten sich Hugo und Manfred. Was macht die Mama ohne uns?

Wer krank war, hatte großen Durst. Es gab keine Wasserleitungen, aber einmal am Tag wurden Fässer mit Wasser hereingebracht. Wer Fieber hatte, den quälte der Durst besonders. Manche Kinder verkauften ihr Brot für Wasser. Manche tranken das schmutzige Wasser aus den Gräben. Vor allem die Kinder. Und es wurden noch mehr Menschen krank. Sie bekamen Durchfall, die Latrinen waren weit und viele schafften es nicht bis dahin. Es gab auch kein Wasser zum Waschen.

Wenn wir überleben und rauskommen, sagte Malla, esse ich, bis mein Rock reißt.

Ich esse, bis ich durch keine Tür mehr passe.

Wenn wir überleben und rauskommen, sagte Malla, bleibe ich immer mit dir zusammen.

Ja, sagte Hugo. Wir machen alles zusammen.

Jeden Tag.

Ja, jeden Tag und jede Nacht. Und unsere Kinder sind immer bei uns und wir beschützen sie. Und sie richteten sich in Gedanken ihren Wohnwagen ein, hängten Bilder an die Wände und bekamen Besuch von ihren Geschwistern. Nur mit Malla hatte Hugo keine Angst.

Die Kinder mussten in den Kinderhort, egal wie das Wetter war, ob es stürmte oder regnete. Sechs Stunden täglich waren sie dort eingesperrt, auf einem Stückchen Erde mit Zaun drum herum, jeden Tag um die gleiche Zeit. Früh mussten sie dort sein, das Tor wurde verschlossen, am Nachmittag durften sie wieder hinaus und gingen zu ihrem Block zurück. Jeden Morgen beim Aufwachen hatte Hugo Angst aufzustehen, weil er in den Kinderhort würde gehen müssen.

Dort machten alle, was sie wollten – herumstehen, sitzen, warten, reden, auch spielen –, und einmal am Tag gab es Essen. Aber nicht für Hugo. Wenn in einem großen Kübel die Suppe gebracht und auf den Holzblock gestellt wurde, läuteten die Frauen die kleine Glocke. Manchmal war es sogar Milchsuppe. Alle Kinder stürmten dorthin, drängten und schubsten sich vor zum Kübel und stießen dabei Hugo weg. Auch wenn Hugo als Erster dagestanden hatte, wurde er jeden Tag von den anderen Kindern abgedrängt und war schließlich der Letzte in der Schlange. Bis er an die Reihe kam, war der Kübel leer und er bekam nichts mehr zu essen. Zum Umfallen hungrig war er. Jeden Tag drückte er sich in der Nähe der Glocke herum, manchmal stand er Ewigkeiten dort und wartete auf die Suppe. Immerzu dachte er, jetzt kann gleich die Glocke läuten, ich gehe hier nicht weg, jetzt stehe ich ganz vorn, heute kriege ich was zu essen, heute schubst mich keiner beiseite. Stundenlang wartete er so. Fest entschlossen, seine Stellung zu verteidigen, den kleinen Topf in der Hand. Als die Frauen kamen, den Kübel auf den Holzblock hievten und die Glocke schlugen, rannten alle Kinder herbei, kämpften um die besten Plätze, schlugen mit Fäusten, stießen mit Ellenbogen, warfen Kinder um. Hugo wollte sich vordrängen, aber ehe er etwas in seinen Topf bekommen hatte, konnte er den Kübel vor den Kindern schon nicht mehr sehen. Hugo hielt den roten Topf wie angeschweißt in der Hand, den konnte ihm niemand entreißen. Aber er bekam nie etwas hineingeschöpft. Die Kinder schlugen sich um das Essen, versuchten es sich gegenseitig zu entreißen. Die meisten Kinder ließen sich ruhig schlagen, aber ihre Suppe konnte ihnen niemand nehmen, die schluckten sie schnell hinunter.

**»Da war ich zu feige dafür. Ich war immer ein Mensch, der sich hat bald alles gefallen lassen. Kleine waren auch vor mir. Ich hab dann den vorgelassen und den. Bis ich geschaut habe, war ich wieder der Letzte hinten. Wenn ich daran denke. Ich habe geheult vor Hunger.«**

Wieder war der Kübel schon leer, bis Hugo ihn erreichte. Und nachmittags ging er in die Baracke und weinte, kaum dass er Mama erblickte. Sie nahm ihn in den Arm: Hast du wieder nichts gekriegt?

Nein, Mama, ich habe wieder nichts gekriegt.

Nach zwei Wochen war er so schwach, dass er kaum noch laufen konnte, nur taumelte und alles verschwommen sah. Und obwohl er nur unter größter Kraftanstrengung überhaupt den Weg dorthin schaffte, musste er weiter in den Hort. Mama weinte vor Angst, Hugo könnte verhungern. Sie hatte nichts zu essen für ihn. Auch wenn sie sich ein Stückchen Brot absparte und es ihm gab, es reichte nicht. Hugo war kurz vor dem Tod. Warum habe ich am ersten Tag die Suppe weggeschüttet? Ach, könnte ich sie jetzt trinken. Hätte ich sie jetzt.

Es gab um sie herum Kinder, deren Haut sich wie Leder um die Knochen spannte. Wenn sie die Augen zumachen, dachte Hugo, sehen sie aus wie tot. Hoffentlich sterbe ich nicht. Vielleicht sehe ich auch so aus.

Vorn am Tor gab es eine Verkaufsstelle, die Kantine hieß. Dort erhielt man Zigaretten, Bier, Seife, Sodawasser, Zwiebeln und Kuchen. Alles war mindestens hundertmal so teuer wie draußen. An allem verdiente die SS. Seife brauchte man nicht, es gab kein Wasser. Wer Geld hatte, konnte sich eine Zwiebel kaufen. Oder Kuchen. Wer viel Geld hatte, kaufte sich Zigaretten, die er zum Tauschen gegen Essbares verwenden konnte, wenn er sie nicht selbst rauchte. Ein alter Mann aus der Familie von Manos Mama stand mit Dada zusammen. Hugo sah, wie er dem Dada zwei Goldstücke gab. Vielleicht hatte Dada ihm dafür etwas anderes gegeben. Mit den Goldstücken ging Dada vor in die Kantine und kaufte einen Kanister Wasser.

Mama ging sehr sparsam damit um. Vormittags, nachmittags, abends für alle Kinder je einen Schluck.

Das Wasser war nach zwei Tagen alle, die Goldstücke ausgegeben. Dada hatte kein Geld und kein Gold mehr.

Dada wollte etwas tun, sonst würden sie alle untergehen – eingehen und eines Vormittags ins Krematorium gefahren werden.

Er musste etwas werden, er wollte etwas zu sagen haben.

Als ein Mann starb, der Stubendienst war, meldete Dada sich sofort beim Blockältesten und bot sich als Ersatz an.

Der Blockälteste war einverstanden und Dada ab sofort für die Ordnung seiner Stube verantwortlich. Jeden Morgen zog er die Verhungerten oder an Krankheiten Gestorbenen aus den Buchsen und stapelte sie hinter der Baracke auf. Es wurden täglich mehr. Jeden Morgen lag ein Haufen Leichen dort, der manchmal so hoch war wie Hugo. Und manchmal waren Freunde oder Verwandte dabei. Kleine Kinder gab es fast nicht mehr.

Die meisten starben am Fleckfieber. Dada schrieb die Nummern der Gestorbenen von den Armen ab, meldete sie dem Blockältesten und der meldete sie in der Registratur. Der Blockälteste war ein deutscher Strafgefangener, er trug einen grünen Winkel an seiner Kleidung. Die SS hatte ihn als Kriminellen geholt und im Lager als Aufseher für einen Block eingesetzt. Für das Schneiden von Brot im Block war er auch zuständig.

Wenn es Brot gab, schnitt der Blockälteste es an einem Tisch, der vorn gegen den Ofen stand. Alle stellten sich an und bekamen ihre Ration. Natürlich sahen alle, dass die Brotscheibe nicht für jeden gleich groß war. Und dass sein eigener Anteil der größte war. Es blieb wochenlang dabei. Aber einmal gingen die letzten fünfzehn Leute in der Schlange leer aus.

Seppl, Seppl, komm doch her, rief eine alte Frau auf Romanes, eine Ungarin. Ihr Gesicht war runzlig und sie trug ein buntes Kopftuch. Der Dada ging zu ihr nach hinten. Wir haben nichts zu essen gekriegt. Schau doch her, jeder hat.

Darauf ging Dada vor zu dem Blockältesten und sagte: Was machst du für Rationen? Da sind fünfzehn oder sechzehn Leute, die nichts mehr zum Essen gekriegt haben.

Weg, du. Verschwinde!

Du betrügst uns um die Essensration für die armen Leute. Dada sprach weiter: Das kannst du nicht machen. Morgen fängst du von hinten an, dann kriegen die Ersten nichts.

Der Blockälteste redete nicht weiter mit Dada.

Dada untersuchte den Tisch genauer. In der Mitte war ein Spalt, durch den der Blockälteste beim Schneiden unauffällig Brotscheiben hineinfallen und so verschwinden lassen hatte. Das Brot war in einen Eimer gefallen. Dada warf den Tisch um, holte das Brot heraus und gab es der alten Frau und den Menschen, die nichts abbekommen hatten. Da schlug der Blockwart Dada ins Gesicht.

**»Und Dada hat retour geschlagen. Mein Dada war Sieger, der Dada hat ihn richtig blutig geschlagen.«**

Blutverschmiert rappelte der Blockälteste sich auf, rannte auf die Lagerstraße und schrie, er sei geschlagen worden. Er lief vor und meldete bei der Kommandantur, Nummer 3527 habe ihn angegriffen. Kurz darauf trat ein Häftling, ein Läufer, in den Block und rief: Nummer 3527 zur Kommandantur vorkommen!

Dada ging.

Und alle warteten.

Mehr als eine Stunde später taumelte ein Mann in die Baracke. Er blutete von Kopf bis Fuß, hielt eine Hand an seine Rippen und bedeckte mit der Jacke seinen Kopf. Wer ist das? Sein Gesicht war so aufgeschwollen, dass er die Augen nicht mehr öffnen konnte. Hugo starrte ihn an und erkannte Dada erst, als Mama schon bei ihm war.

**»Das war das Erste, was wir mitgemacht haben. Das Gesicht und die Augen waren blutig. Ich sehe alles heute noch vor mir, das ist jetzt über sechzig Jahre her. Man sieht dann alles. Ich habe schon gewusst, das kann nicht stimmen, was oben am Tor stand. Am Anfang dachte ich, wenn das da so steht ... Wir sind ja vorher nicht belogen worden. Es kommt dann die Angst, die Angst wird mit der Zeit immer schlimmer. Die Hoffnung wurde immer weniger, dass wir wieder freikommen.«**

Leute, die gesehen hatten, was geschehen war, sagten später, Dada kam in der Kommandantur vor zum Lagerältesten, auch einem Grünwinkler, und einem SS-Mann, die wissen wollten, was geschehen war. Dada sagte: Ich bin Deutscher, ich lasse mich nicht von einem Zuchthäusler ums Brot betrügen, die Leute haben nichts zu essen gekriegt. Und ich lasse mich nicht schlagen.

Da wurde er vom Lagerältesten zusammengeschlagen. Sieben- oder achtmal schlug er Dada nieder. Sieben- oder achtmal rappelte er sich wieder auf und blieb stehen. Das Blut lief ihm über das Gesicht, die Augen waren zugeschwollen, aber er stand.

Ihr schlagt mich nicht tot, sagte er. Er stand so oft wieder auf, bis der Grünwinkler und der SS-Mann nicht mehr wollten, aufhörten und Dada gehen ließen.

**»Die meisten Leute, wenn sie einen Schlag gekriegt haben, haben sich hingeschmissen und den Toten markiert. Die sind dann gestorben. Da haben sie so lange reingetreten, bis sie wirklich tot waren. Oder sie sind liegen geblieben und haben gestöhnt, au, au, au. Die sind dann totgetreten worden. Weil sie feige waren, haben sie dann gesagt.«**

In der Baracke legte Dada sich hin und sprach kein Wort. Er konnte nicht mehr. Der Blockälteste kam nicht wieder. Die alte ungarische Frau ging zum Dada und zur Mama hin und sagte: Seppl, ich bete für dich und deine Familie. Ich bete und ich wünsche, dass du mit deiner Familie überlebst und rauskommst vom Lager.

In der Nacht hörte Hugo ihre Stimme: Latscho Seppl me rakarau mit mu debel da wes du mit diri familia dran go Lagra sasto bale wri.

Ich bete zu meinem Gott, dass du mit deiner Familie gesund aus dem Lager rauskommst. Als Hugo einschlief, betete sie noch.

Ein paar Tage darauf nach dem Appell rief der SS-Blockführer: 3527 VORTRETEN!

Hugos Herz raste vor Angst. Dada hatte noch ein blau geschlagenes, geschwollenes Gesicht.

Dada trat vor und legte seine Hand militärisch an die Stirn. Ab heute leitest du den Block als Blockältester. Abtreten!

Die dritte, die obere Buchse am Eingang, die bekam der Dada jetzt. Hugo, seine Geschwister, hatten große Freude. Auch Mama freute sich. Nicht mehr am Boden schlafen. Nachts würde keiner mehr über sie hinwegsteigen, sie würden nicht mehr in den eiskalten Nächten am Boden liegen.

Als Blockältester bekam Dada ein bisschen mehr zu essen. Es war nicht genug zum Leben, aber nun würden sie vielleicht nicht so leicht sterben wie viele andere.

Aber Hugo konnte nicht vergessen, wie Dada zerschlagen zurückgehumpelt kam, blutig von Kopf bis Fuß. Warum hat der Dada nicht ein, zwei von denen umgebracht? Warum hat er nicht retour geschlagen?

**»Aber jetzt weiß ich, warum. Ich weiß, warum. Weil, wenn er retour geschlagen hätte, wären wir alle nicht mehr da gewesen. Der hat es für seine Familie gemacht, dass der Familie nichts passiert.«**

Wenig später wurde der Kinderhort abgeschafft. Das rettete Hugo, jetzt konnte er bei der Mama in der Baracke sein, wenn einmal am Tag die Wassersuppe und das Brot, falls es welches gab, ausgeteilt wurden. Er würde seine Ration dort bekommen, ohne sich dafür schlagen zu müssen.

Oft hielt Hugo sich an der Mama fest und die Mama hielt Hugo und Manfred und auch Frieda fest im Arm. Oft weinte Hugo dicke Tränen und Mama sagte: Wir kommen raus, Junge. Wirst schon sehen, wir kommen raus.

Fast nie wichen die kleinen Geschwister von Mamas Seite. Besonders Januschek nicht.

**»Ich versteh das heut noch nicht. Die Mama hat uns so viel Kraft gegeben. Im KZ hat sie uns so viel Kraft gegeben. Eines Tages sehen wir uns alle wieder draußen, hat sie gesagt. Vielleicht hat sie es anders gedacht. Das war die beste Mutter, die beste Mutter. Sie hat sich nichts anmerken lassen da drin.**

**Ich hatte dann mal vor Jahren das Lied White Christmas von Bing Crosby. Das hat sie zu Weihnachten meist spielen lassen. Wir waren alle zusammen, haben alle noch zu Hause gewohnt. Einmal ist sie dann**

**weg von mir. Und ich habe gesehen, wie sie hinten heimlich geweint hat. Ich bin hin zu ihr: Warum weinst denn du, Mama? Wir sind doch alle da. Hat sie gesagt: Ich habe auch einen Vater gehabt, ich habe auch einen Bruder gehabt mit Familie, die im Lager geblieben sind. Da kam ich drauf, ich Dummer. Hab ich sie gefragt, warum sie weint.«**

Hugo hatte solche Kopfschmerzen, dass er den Appell kaum aushielt. Das Geschrei der SS-Männer war ihm egal, er wollte sich nur hinlegen. Die Beine, die Arme, der ganze Körper schmerzte, als wollten die Knochen sich umdrehen. Hugo durfte nicht einmal die Hände an den Kopf legen, die mussten an der Hosennaht bleiben. Er zitterte. Weil er nicht mehr konnte. Vor Kälte. Vor Angst. Der SS-Mann holte Leute raus zum Frühsport. Jeden Dritten. Das waren Männer und Frauen. Das Herzklopfen legte sich etwas, als nicht Mama und nicht Dada drankamen.

Die Schmerzen hörten nicht auf. Mama, mir tut alles weh. Hugo fühlte sich brennend heiß. Er legte sich auf die Erde. Alles verschwamm vor seinen Augen, der Himmel, die Krähen, die Wachtürme. Vielleicht nahm ihn jemand hoch. Er brannte und konnte nichts mehr erkennen, nichts mehr denken. War Tag, war Nacht? Und wo war er? Drinnen, draußen, im Krankenbau, bei Mama? Fieber. Und am ganzen Körper breiteten sich Flecken aus. Ewige Zeit verging. Und doch schleppte er sich morgens um vier hinaus zum Appell und stand stundenlang, danach fiel er wieder um und: ja, die Ration noch – sonst wusste er nichts.

Auch nicht, wie lange er weg war, als das Fieber abklang und er seine Familie wieder sah, erkannte. Ich war krank. Ja. Und die anderen sagten: Ich auch. Dada ist noch krank. Und der Januschek. Alle hatten das Fleckfieber und sie lebten noch. Alle waren noch da, auch Mano und Lili. Sonst waren aus jeder Familie welche weggestorben. Tante Notschga lag im Krankenbau. Dort durfte niemand zu Besuch hinein und niemand die Baracke verlassen. Es gab Häftlinge, die als Wachen eingesetzt wurden und das zu verhindern wussten.

Die Leichen der Nacht hinter den Baracken wurden täglich mehr, zu Bergen aufeinander gelegt. Mano und Onkel Babist mussten sie auf einen Pritschenwagen schichten und zum Tor bringen.

Im Kinderblock, wo die Waisenkinder waren, war ein ewiges Weinen und Wimmern.

Alles fiel Hugo überdeutlich auf, als sei er weit fort oder selbst schon tot gewesen.

Dada wurde gesund. Januschek kam zu sich.

An den Baracken wurden von Häftlingen Plakate mit großer Schrift befestigt. Hugo entzifferte sie: Eine Laus dein Tod! Dabei die Zeichnung einer großen Laus. Da müsste ich schon hundertmal tot sein. Wenn Hugo den Streifen über der Knopfleiste seines Hemds zurückschlug, wimmelte es von Läusen und Nissen. Fuhr er mit dem Daumennagel darüber, waren viele Läuse tot und der Daumen blutig. Aber die Läuse wurde er nicht los. Man musste sie einzeln knacken. Nichts half, alle hatten Läuse. Es gab tausende mehr Läuse als Menschen im Lager. Kratzte er sich irgendwo, hatte er zwei, drei Läuse unter den Nägeln.

Sie war auch krank. Malla. Hugo schaute jeden Tag nach ihr. Und an einem Morgen war sie fort.

Wo ist Malla?, fragte er ihre Schwestern. Sie weinten. Tante, wo ist Malla?, fragte er Tante Derndl.

Sie ist diese Nacht für immer eingeschlafen.

**»Ich hab gedacht, mein Herz bricht raus.**

**Jeden Tag hieß es, der, die, jeden Tag sind welche gestorben. Wir hatten so viele Tote. Manchmal waren sie morgens einfach nicht mehr da.**

**So war es bei ihr.**

**Wir waren immer zusammen.**

**Wie sie nicht mehr da war, war ich wochenlang traurig.**

**Unsere ganzen Illusionen waren weg, weißt du, was wir uns aufgebaut haben.«**

Es wurde kein Wasser mehr ins Lager gebracht. Und besonders die Kinder hatten Durst, immerzu Durst. Es gab keine Wasserleitungen, keinen Brunnen, keine Wasserzuteilung. Die Kinder legten sich auf die Erde und tranken aus den Entwässerungsgräben. Trinkt nicht das schmutzige Wasser, sagten die Erwachsenen immer wieder. Sie schimpften, drohten: Trinkt das nicht. Aber die Kinder tranken auch das Wasser aus den Pfützen, aus den Fahrspuren der Lastwagen, die Kinder hatten Durst. Es gab keine Wasserleitungen, es gab nichts zum Waschen, wo sie bei der Gelegenheit hätten trinken können, die Kinder hatten schrecklichen Durst und in den Gräben sahen sie Wasser. Auch Hugo legte sich hin und trank.

Die Krankheit, das Fleckfieber, breitete sich rasend schnell aus. Eine Laus dein Tod! Und die Erklärung, die sich alle anhören mussten: Im Kot der Läuse sind die Krankheitserreger. Wenn man sich kratzt, weil es furchtbar juckt, und sich dabei verletzt, was immer wieder geschieht, dringen die Erreger in die Blutbahn und man ist infiziert. Mehr als die Hälfte der Erkrankten stirbt. Hugo lebte noch, aber Malla fehlte. Ihm war, als sei in seinem Innern ein Loch, eine Leere. Er vermisste Malla, ein schöneres Mädchen konnte er sich nicht vorstellen. Wir hatten doch noch so viel vor.

Hugo dachte nicht mehr vor. Nur noch zurück. An das Haus in der Deisenhofener Straße. Wie schön es dort war. Mama hatte einen Garten. Hugo konnte sich an Mohrrüben erinnern. Und an die Tomatenpflanzen entlang der Hauswand. Hugo hatte oft nachgeschaut, ob sie schon gewachsen waren. Manchmal pflückten sie eine Tomate grün und aßen sie. Wartet, sagte Mama. Nächste Woche werden sie rot.

Hugo beobachtete die Wolken und die Vögel. Ach. Sonst gab es nur die Kamine der Krematorien und die Wachtürme. Er mochte ohne Malla kein Singen mehr hören.

Es kam wieder Neuzugang. Wie die meisten ging auch Mama schauen, gespannt, furchtsam, ob sie bei den Neuen jemanden kannte. Sie entdeckte ihren Dada, Perschko, und ihren jüngsten Bruder Pischeli bei der Zugangsbaracke. Mama stürzte hin und umarmte ihren Dada. Er war entsetzt, als er sah, wie abgemagert seine Dutscha und ihre Kinder waren. Ja, die Oma ist tot, schon bei der Fahrt. Mama und Dada wollten wissen, woher Perschko und Pischeli kamen, wie alles gewesen war. Hugo stand dabei, er und seine Geschwister hörten zu. Und wo waren die anderen? Sie hatten es alle bis Italien geschafft, ein paar Monate lebten sie dort. An einem Morgen, sehr früh, sie schliefen draußen auf einer Wiese, hatten Carabinieri sie entdeckt. Die Männer müssen mitkommen, sagten sie.

Sie nahmen den Opa und Pischeli mit, die Tochter legte sich über ihren Mann, zog die Decke hoch. Hier ist niemand mehr, sagte sie. Die Carabinieri ließen sie und die Kinder zurück und nahmen nur die beiden Männer mit, übergaben sie der Gestapo und die steckte sie in einen Zug nach Auschwitz.

**»Mein anderer Onkel hat überlebt. Er hat dann eine Stelle als Dolmetscher gekriegt, er war nur drei Jahre in Italien, und er war ein sehr schlauer Mann, ein Sprachengenie. Er hat ein eigenes Büro betrieben in Italien. Unter anderem Namen natürlich. Nach dem Krieg kam er mit Frau und Kindern wieder rüber.«**

Pischeli war verstört. Er war fünfzehn. Er sprach fast nichts. Seine Mama war tot. Nach zwei Wochen auch er.

Gleich darauf wurde Perschko krank, er hatte bei der Registrierung auch Spritzen bekommen, er konnte kaum stehen, zu sitzen gab es nichts. Dada war Stubenältester, er gab Perschko den Posten als Torwache und stellte ihm einen Stuhl an den Eingang. Perschko sollte zählen, wie viele rein-, wie viele rausgehen. Die Zahlen wollte keiner wissen, Perschko sollte aufpassen, dass nicht mehr hineingingen, als in der Baracke wohnten, und niemand aus einer anderen Baracke. Und er konnte sitzen. Nur beim Appell musste er stehen, wie alle, stundenlang. Nach zwei Wochen starb auch er.

In den nächsten Wochen verhungerten Mamas Cousins und Cousinen und deren Kinder.

Wer Geld für Porto hatte, durfte auf einem Formular einen kurzen Brief schreiben. Tante Kerscha schrieb an Onkel Eduard, wie die Zensur der SS es verlangte, dass es ihnen allen gut ging. Zu schreiben, dass sie etwas zu essen schicken sollten, war verboten, erst recht, dass Menschen gequält und ermordet wurden und an Krankheiten starben. Sie schrieb als letzten Satz: Grüß mir den Onkel Bock. Bok bedeutet Hunger auf Romanes.

Fast allen Leuten war das Geld ausgegangen. Als so gut wie niemand mehr in die Kantine ging, befahl der SS-Lagerführer, alle Wertsachen abzugeben.

Niemand befolgte die Anweisung. Mama gab Acht, dass ihr Medaillon mit dem Kreuz immer unter der Kleidung verborgen war und nie außen hing. Als ihr Dada, Perschko, gestorben war, hatte sie es an sich genommen. Jeden Abend betete Mama und berührte dabei das Medaillon. Heilige Maria, Mutter Gottes, lass uns leiden und hungern, so viel du willst, aber bitte bring uns noch mal hier raus. Oft hörte Hugo sie beten und manchmal heimlich weinen. Hugo hielt ihren Arm. Mama, wein doch nicht.

Sobald die Essenskübel vor den Blocks abgestellt wurden, umlagerten Menschen sie. Die Stubendienste mussten die Kübel bewachen, bis sie in die Baracken getragen wurden. Mussten aufpassen, wenn der Deckel gehoben wurde, und austeilen.

Denn wenn jemand den Kübel öffnete, versuchte jeder schnell mit seinem Topf hineinzulangen. Auch Hugo schaute nicht mehr, ob ein SS-Mann dabei war oder nicht, seinen Topf hatte er immer in der Hand, und wenn der SS-Mann sich umdrehte, schnappte er was und rannte weg. Noch im Rennen verschlang er, was er erbeuten konnte.

Tante Notschga war tot, sie war im Krankenrevier am Fleckfieber gestorben.

Luki, Lolitschai, Weichsla, Musla, Baptist, alle Kinder von Tante Notschga weinten. Onkel Konrad schaute wie wahnsinnig auf seine Kinder.

SS-Männer kamen. Achtung!, rief ein Stubendienst. Hugo bekam immer Herzrasen, wenn SS sich näherte. Die SS schlenderte zur Inspektion der Ordnung in den Block. Es durfte tagsüber nichts auf dem langen Ziegelofen liegen, der Boden musste penibel sauber sein, die Buchsen ordentlich. Irgendetwas passte dem SS-Blockführer nicht. ALLE STUBENDIENSTE RAUS! Fünf traten vor. Jawoll! Man musste immer Jawoll! sagen, wenn man mit der SS zu tun hatte. Der sechste Stubendienst war verschwunden. Dem SS-Mann war es egal. Dann der Blockführer! Herkommen!

Zwei vom Stubendienst mussten den hölzernen Bock von vorn holen und auf die Lagerstraße vor die Baracke stellen. ALLES RAUS! AUFSTELLEN!

Der ganze Block musste antreten und zuschauen, wie ein Mann nach dem anderen mit dem Oberkörper auf dem Bock festgeschnallt wurde. Jeder, der geschlagen wurde, musste die fünfundzwanzig Stockschläge auf sein Hinterteil mitzählen.

Manchen versagte die Stimme schon beim fünften oder sechsten Schlag. Verzählte sich einer, wurde von vorn begonnen. Nach den ersten paar Schlägen platzte die Haut und blutete.

Manchmal schlugen die SS-Männer selbst, aber meistens zwangen sie Häftlinge dazu, ihre Mithäftlinge zu schlagen.

Hugo wollte am liebsten weglaufen und sich verstecken oder in

Luft auflösen. Oder wenigstens den Kopf abwenden oder die Augen schließen. Aber das war verboten. Er musste hinschauen. Und er war voller Angst, spürte das Herzklopfen im ganzen Leib.

Jetzt war Dada dran.

Er musste sich über den Bock legen, wurde festgeschnallt, sein Kopf hing vorn, die Beine hinten runter. Die Stockschläge begannen, auch Dada musste mitzählen. Eins! Zwei! Drei! Der Mann hieb mit aller Kraft. Vier! Und obwohl Dada schon blutete: FÜNF! Er schrie die Zahlen heraus: SECHS! Hugo schloss die Augen. SIEBEN! ACHT! Hoffentlich verzählt mein Dada sich nicht. NEUN! ZEHN! ELF! ZWÖLF! Alles war rot. DREIZEHN! Dadas Gesicht zuckte, aber er zählte und zwischen den Schlägen biss er die Zähne aufeinander. Bei jedem Schlag zuckte Hugo zusammen.

**»Oft habe ich drüber nachgedacht. Dada war doch ein Mann, der sich nicht gefürchtet hat, nicht vor hundert Stück. Und da drin war er für mich nur noch so klein. Ich dachte, warum lässt der sich so viel bieten? Ich habe richtig Angst gehabt.«**

Auf der Lagerstraße bemerkte Hugo einen Jungen aus einem anderen Block, den er noch nicht gesehen hatte. Hugo schaute ihn an. Der Junge blieb stehen. Wo kommst du her?, fragte er.

Ich bin von München.

Wir aus Nürnberg. Wie heißt du?

Hugo.

Wie alt bist du?

Neun.

Genau wie ich.

**»Ich weiß seinen Namen nicht mehr ... Ich hatte ihn noch lange in meinem Kopf drin ... so lange. Wir waren auf einmal zusammen und haben uns unterhalten. Wir haben uns gefunden und sind nicht mehr auseinander. Der war für mich mehr wie meine Brüder.«**

Hugo und der Junge trafen sich jeden Tag und fragten sich nach ihrem Leben früher, nach draußen. Zusammen erinnerten sie sich, dass jenseits des Stacheldrahts noch eine andere Welt existierte. Sie machten »draußen« lebendig.

Sie erzählten sich von ihren Eltern und Geschwistern. Wenn sie sich am Abend trennen mussten, drehten sich beide noch mehrmals um und winkten sich zu. Es war verboten, andere Baracken zu betreten, und bei Blocksperre durfte niemand sich auf der Lagerstraße aufhalten. Wer das trotzdem tat, wurde von den Wachposten sofort erschossen. Blocksperre war manchmal plötzlich, tagsüber, und jede Nacht – von sechs oder sieben oder acht bis zum Ende des Morgenappells. Nachts streiften die Suchscheinwerfer über das Lager. Hugo wartete sehnsüchtig auf den Morgen und den Moment, da der Appell vorüber und die Blocksperre aufgehoben war. Kaum ertönte das Signal, trafen Hugo und sein Freund schon wieder auf der Lagerstraße zusammen.

Wenn ich rauskomme und erwachsen werde, lerne ich einen Beruf, sagte sein Freund.

Ich auch.

Ich will, wenn ich erwachsen werde, bei der Bank arbeiten, sagte er.

Wenn ich rauskomme, will ich später mal Lokführer werden.

Lokführer? Da kannst du weiter nichts werden mit Lokführer.

Aber du, ich komme in der Welt rum. Ich fahre Zug von früh bis nachts.

Ich will was Hohes werden im Leben. Viel Geld verdienen. Ich werde ein Bankmann.

Hugo verbrachte alle Zeit nur mit seinem neuen Freund. Seine Geschwister, seine Cousins waren vergessen. Am nächsten Tag sagte Hugo: Eigentlich wollte ich früher Lokführer werden. Aber jetzt nicht mehr. Nach den fünf Tagen im Zug will ich nie mehr Zug fahren.

**»Wenn wir uns gesehen haben – ich weiß nicht, was das war, wir haben andere Gedanken gekriegt: was wir machen möchten, was wir tun werden. Ich glaube, zuletzt haben wir uns geeinigt, dass wir Pferdehändler werden.«**

Plötzlich war es nicht mehr nur Angst, es war wieder ein Leben. Der Verlust von Malla tat nicht mehr so weh.

**»Wir waren ja wie – ich kann das gar nicht sagen, ich habe seitdem nie mehr so einen Menschen gehabt, glaubst du das?«**

Appell stehen – mit der morgendlichen Quälerei begann der Tag. Ling, ling, ling, ling, wurde die Glocke am Lagertor geschlagen und drinnen die Glocke des Blockältesten. Tausende Menschen sprangen aus dem Schlaf heraus auf und rannten nach draußen, sie hatten nur die Kleidung, die sie am Körper trugen. Raus und immer fünf nebeneinander.

Stimmte beim Appell die Zahl der Menschen nicht, musste so lange gezählt werden, bis sie stimmte. So lange mussten die Menschen stehen. Und wenn es fünf oder sechs Stunden dauerte. Fehlte jemand, konnte es noch länger dauern, sogar den ganzen Tag. Dann waren sie den Schikanen der SS-Männer besonders ausgeliefert. JEDER hat auf den Nachbarn zu achten. Flieht dein Nachbar, dann bist du verantwortlich, hieß es. Fehlte wirklich jemand und fand sich nicht krank oder noch schlafend in einer Baracke, wurden SS-Wachmannschaften mit Hunden losgeschickt, die Umgebung absuchen. Bis jetzt war nur einer Frau die Flucht gelungen. Alle anderen, die eine Flucht versucht hatten, waren geschnappt und erschossen worden. Manchmal schreckte Hugo auf, da war er im Stehen eingeschlafen und auf denjenigen neben ihm gesunken. Oft war er so müde, dass er die Angst vergaß. Wenn Manfred oder Frieda oder Mama neben ihm stand, konnten sie sich aneinander lehnen. Oder Hugo hielt Mamas Hand. Wenn es lange dauerte, bis die SS kam, fingen die Menschen an, miteinander zu flüstern. Der Blockälteste gab ein Signal, sobald die SS das Lager betrat, dann wurden die tausende Menschen so still, dass Hugo den Atem der Nachbarn hörte. Manchmal standen sie schon Stunden, dann wurde der Appell abgeblasen, weil die SS absagte.

Den SS-Männern war zu Ohren gekommen, dass die Menschen in Dadas Block gestern überhaupt keine Suppe bekommen hatten. Der Kübel war vor der Baracke abgestellt worden, aber dann verschwunden und bis heute nicht aufgetaucht. Ein paar Leute, so dachte Hugo, hatten ihn wahrscheinlich leer getrunken und verschwinden lassen. DAS STEHLEN WERDEN WIR EUCH SCHON NOCH AUSTREIBEN!

Die aufgereihten Menschen wurden abgezählt. JEDER DRITTE RAUS! Plagge, König und Palitzsch waren dabei. Alle zitterten vor Angst. Eins, zwei, drei, eins, zwei, drei. Dada erwischte es, er war der Dritte, musste mit vor auf die Lagerstraße. Und alle anderen mussten zuschauen. Auch Hugo. Die Ausgesuchten, vielleicht zwanzig, mussten sich auf den Boden legen. Die SS-Männer lachten und traten manche in die Seite. Dann sprangen sie mit ihren schwarzen Stiefeln den Menschen auf den Rücken, jeder Fuß auf einem anderen, und brüllten: LOS! HÜ HOTT! ROBBEN! VORWÄRTS!

Mit Knüppeln und Ochsenziemern schlugen sie den Menschen über den Rücken und den Kopf und befahlen ihnen, über die Lagerstraße zu robben. Die Stiefel hatten Eisen an den Sohlen, Hugo sah die Nagelköpfe, und er sah, wie das Blut durch die dünne Kleidung den Menschen den Rücken hinunterlief. Die SS-Männer lachten, sie konnten nicht genug bekommen. Wer nicht mehr robben konnte, wurde totgeschlagen. Wie Stunden kam es Hugo vor, bis sie endlich aufhörten zu schlagen und zu lachen und das Lager verließen. Sieben Tote blieben liegen. Dada war durchgekommen.

**»Die SS waren meistens junge Männer. Die haben nur probiert, Leute umzubringen, egal wie, nur schikanieren bis zum Tode. Dada war doch bei den Soldaten und hat sich nichts gefallen lassen, von**

**keinem Menschen. Und da drin dachte ich mir, warum schlägt er nicht so einen SS zusammen, was lässt er sich da bieten. Ich war richtig enttäuscht. Ich dachte immer, der kann alles. Ich kann mich erinnern, als ich fünf war. Wir waren auf dem Dultplatz, ich habe einen Luftballon gehabt und der ist mir weggeflogen. Ich hab gesagt: Dada, Dada, flieg doch nach, bitte. Als wie: der Dada kann alles, was es gibt. Später, wenn du selbst Vater wirst, kommst du drauf. Der hätte sich auch rumhauen können da drin. Aber er hat gedacht, wenn er was macht, bringen sie ihn um. Und seine Familie ist weg. Drum hat er es sich bieten lassen. Ich wäre heute genauso. Wenn ich allein wäre, könnten sie mich keinen Meter wegbringen. Ich tät zuschlagen, dass alles aus wäre. Aber wenn ich denke, meine Frau, meine Kinder, wenn ich weg bin, werden sie umgebracht ... Dann musst du dir das gefallen lassen. Darum muss man Respekt vor solchen Leuten wie dem Dada haben.«**

Onkel Babist arbeitete in der Küche. Mit ausgebeulten Hosenbeinen ging er vorsichtig über die Lagerstraße. Zwei SS-Männer wurden auf ihn aufmerksam, hielten ihn an und schnitten ihm mit einem Messer die Hosenbeine unten auf, die gekochten Kartoffeln kullerten auf die Lagerstraße. Die SS-Männer zertraten sie und Onkel Babist wurde zusammengeschlagen.

Von den heißen Kartoffeln hatte er Brandblasen an den Schienbeinen. Aber manchmal gelang es ihm doch, etwas zu essen für seine Familie mitzunehmen.

Ein Häftling kam aus der Schreibstube. Nummer 3964 vorkommen! Tante Kerscha fasste sich ans Herz vor Schreck. Weshalb wurde sie vorgerufen? Sie wurde blass, ging und kam wenig später erleichtert zurück. Ein Päckchen war angekommen, es war geöffnet, aufgerissen durch die SS-Männer. Darin lag ein ganzes Brot. Völlig verschimmelt. Ach.

Wie hätte es wunderbar sein können, wenn Onkel Eduards Frau ein altes hartes Brot eingepackt hätte. Gewiss wollte sie ihnen etwas

SS-Standortarzt
Auschwitz
Der 1.Lagerarzt d.K.L.
Auschwitz II-Zig.Lag.-

13 MRZ 1944

Auschwitz II-BIIe, den 13.März 1944

Betreff : Männliches Küchenpersonals - Sputum Proben.-

16.3

An die
Hyg.-bakt. Untersuchungsstelle der Waffen SS - Südost
Auschwitz.

13765-14020 | III 8242-8413 | VI 2880-2965

Gleichzeitig erhalten Sie 86 Sputum - Proben mit dem Ersuchen dieselben auf Koch-Bazillen zu untersuchen:

| | | | | | | | |
|---|---|---|---|---|---|---|---|
| 1. | Z | 25/2334 | Hartmann Robert | 40. | Z | 6527/2373 | Baranyai Rudolf |
| 2. | Z | 26/2335 | Harmann Robert | 41. | Z | 6537/ 4 | Baranyai Josef |
| 3. | Z | 27/ 6 | Hartmann Karl | 42. | Z | 6695/ 5 | Kreis Ludwig |
| 4. | Z | 378/ 7 | Janson Josef | 43. | Z | 6706/ 6 | Horvath Josef |
| 5. | Z | 519/ 8 | Ernst Anton | 44. | Z | 6708/ 7 | Horvath Eduard |
| 6. | Z | 634/ 9 | Blum Franz | 45. | Z | 6759/ 8 | Nikitsch Johann |
| 7. | Z | 705/2340 | Deusing Adolf | 46. | Z | 6758/ 9 | Horvath Franz |
| 8. | Z | 813/ 1 | Dolyhal Wenzel | 47. | Z | 6760/ 80 | Sarka Georg |
| 9. | Z | 830/ 2 | Daniel Wenzel | 48. | Z | 6807/ 1 | Horvath Johann |
| 10. | Z | 886/ 3 | Holomek Stefan | 49. | Z | 6890/ 2 | Karoly Alois |
| 11. | Z | 1600/ 4 | Wachter Hermann | 50. | Z | 6899/ 3 | Karoly Georg |
| 12. | Z | 2081/ 5 | Trollmann Hermann | 51. | Z | 6909/ 4 | Karoly Alois |
| 13. | Z | 2623/ 6 | Steinberger Georg | 52. | Z | 6940/ 5 | Horvath Stefan |
| 14. | Z | 2987/ 7 | Schröder Waldemar | 53. | Z | 7007/ 6 | Adlersberg Josef |
| 15. | Z | 2986/ 8 | Schröder Max | 54. | Z | 7025/ 7 | Weiss Alfred |
| 16. | Z | 2989 9 | Herzberg Siegfried | 55. | Z | 7103/ 8 | Brandt Hugo |
| 17. | Z | 2998/2350 | Wappler Eichwald | 56. | Z | 7131/ 9 | Papai Raymund |
| 18. | Z | 3256/ 1 | Rosenbach Ewald | 57. | Z | 7135/2390 | Wagentrest Franz |
| 19. | Z | 3354/ 2 | Weiss Julius | 58. | Z | 7132/ 1 | Papai Georg |
| 20. | Z | 3355/ 3 | Weiss Waldemar | 59. | Z | 7139/ 2 | Horvath Georg |
| 21. | Z | 3356/ 4 | Weiss Gustav | 60. | Z | 7141/ 3 | Horvath Rudolf |
| 22. | Z | 3487/ 5 | Blum Anton | 61. | Z | 7142/ 4 | Horvath Sylvester |
| 23. | Z | 3500/ 6 | Klibisch Edmund | 62. | Z | 7454/ 5 | Krystof Alfred |
| 24. | Z | 3998/ 7 | Rzeznicki Ignatz | 63. | Z | 7531/ 6 | Daniel Miroslaus |
| 25. | Z | 4931/ 8 | Franz Konrad | 64. | Z | 7592/ 7 | Klauder Franz |
| 26. | Z | 5281/ 9 | Dewis Heinrich | 65. | Z | 7610/ 8 | Kubik Franz |
| 27. | Z | 5343/2360 | Strauss Adam | 66. | Z | 8188/ 9 | Larsche Oskar |
| 28. | Z | 5371/ 1 | Witisch Albin | 67. | Z | 8354/2400 | Bongilai Johann |
| 29. | Z | 5477/ 2 | Hoff Alfred | 68. | Z | 8761/ 1 | Daniel Ladislaus |
| 30. | Z | 5564/ 3 | Pawlowski Johann | 69. | Z | 8847/ 2 | Laubinger Willi |
| 31. | Z | 5716/ 4 | Ujvary Gregor | 70. | Z | 8990/ 3 | Baranyai Franz |
| 32. | Z | 5742/ 5 | Stojka Karl | 71. | Z | 1208/ 4 | Holomek Franz |
| 33. | Z | 6055/ 6 | Burianski Anton | 72. | Z | 9260/ 5 | Pohl August |
| 34. | Z | 6137/ 7 | Horvath Eugen | 73. | Z | 9032/ 6 | Weindlich Andreas |
| 35. | Z | 6419/ 8 | Scharkösi Emanuel | 74. | Z | 47/ 7 | Pazdro Josef |
| 36. | Z | 6489/ 9 | Horvath Franz | 75. | | 231/ 8 | Sichrawa Kazimir |
| 37. | Z | ~~6590/2370~~ | | 76. | | 1040/ 9 | Bronilowsko Jan |
| | Z | 6503/2370 | Scharkösi Ludwig | 77. | | 3629/2410 | Urbanski Anton |
| 38. | Z | 6508/ 1 | Scharkösi Josef | 78. | | 6643/ 1 | Salski Jan |
| 39. | Z | 6509/ 2 | Scharkösi Emmerich | 79. | | 24233/ 2 | Pasek Wladyslaw |
| | | | | 80. | | 88164/ 3 | Marcysiak Adam |
| 81. | Z | 2348/2414 | Hettich Josef | | | | |
| 82. | Z | 3567/ 5 | Köhler Josef | | | | |
| 83. | Z | 3525/ 6 | Höllenreiner | | | | |
| 84. | Z | 6538/ 7 | Baranyai Josef | | | | |
| 85. | Z | 7626/ 8 | Brandt Erwin | | | | |
| 86. | Z | 8867/ 9 | Bürkenfelder | | | | |

Der 1.Lagerarzt
d.K.L. Auschwitz II
SS-Untersturmführer

382/30

Onkel Babist mit der Nummer 3525 arbeitete in der Küche. Alle dort Beschäftigten wurden auf ihre Gesundheit untersucht, weil die Häftlinge auch für die SS kochten.

Gutes tun und hatte, nachdem sie im Brief vom Hunger gelesen hatte, ein frisches Brot losgeschickt. Und weil die Post so lange ging, war es nun verdorben. Vielleicht hatte noch mehr im Päckchen gelegen und die SS-Männer hatten es gestohlen?

Die SS-Männer und die Blockältesten stahlen alles, was sie bekommen konnten, auch die Sonderzuteilungen Margarine und Milch, die es anfangs für die Waisenkinder gab. Und Gemüse aus den Küchen, das für die Häftlinge gedacht war. Und wenn tatsächlich zusätzliche Nahrung für die Kinder ankam, ging es durch die Hände der Betreuer, die auch hungrig waren. So wie alle im Lager. Wer von den Kindern keine Eltern und keine Familie mehr hatte, war todgeweiht. Und immer mehr Kinder verloren ihre Eltern, täglich starben mehr Menschen. Durch das Fleckfieber, den Hunger, vor Schwäche beim Appellstehen oder weil die SS-Männer sie totschlugen. Oder sie erschossen. Oder sie ins Gas schickten.

An einem Abend wurde ein Kübel aus der Latrine gezogen, ausgekippt und für Hugos Block mit Suppe gefüllt. Es war der verschwundene Kübel. Sie waren alle zu hungrig, um genau hinzusehen. Und wenn sie den Unrat auch sahen, sie aßen trotzdem.

Dann war Dadas Schwester Lona tot.

Sie hatte fünf Kinder. Die großen Mädchen mussten ihre kleinen Schwestern mitversorgen.

Was auch geschah, Hugo hatte seinen Freund.

Jeden Morgen freute er sich, ihn wiederzusehen.

Über die Lagerstraße gingen sie meistens Hand in Hand oder die Arme einander um die Schultern gelegt. Wochenlang von früh bis spät, außer wenn Appell oder Blocksperre war.

Wenn wir rauskommen, bleiben wir zusammen.

Wir gehen nie mehr auseinander.

Wo wohnen wir dann?

Ihr könnt zu uns nach München kommen.

Au ja, ich spreche mit meinen Eltern, dass wir nach München runterziehen. Vielleicht macht mein Dada auch mit Pferden.

Er kann vielleicht mit meinem Dada zusammenarbeiten. Dann wohnen wir zusammen.

Und auch, wenn wir erwachsen werden und schon arbeiten, bleiben wir zusammen.

Wir bleiben immer Freunde.

Wir besuchen uns gegenseitig, jeden Tag.

Du kommst zu mir, ich komme zu dir.

Wir verdienen viel Geld.

Wenn ich erst mal ein Bankmann bin, dann, boah, haben wir viel Geld.

**»Wir haben uns große, viele, schöne Pläne gemacht, ganz schöne Pläne. Das Gefühl von Hunger hat man immer, bloß man denkt halt dann weniger daran. Wenn es mir heute ganz mies geht, manchmal kriege ich Depressionen, dann denke ich, Moment mal, mach dich jetzt nicht fertig. Das war schon oft da, das vergeht schon wieder. Ich mache das so. Pläne kann man so viel machen und an was anderes denken, und irgendwie geht es mir dann wieder besser.«**

Manchmal rannten Hugo und sein Freund los, er kam aus dem einen, sein Freund aus dem anderen Block, und in der Mitte trafen sie sich.

Stundenlang besprachen sie die Zukunft, die beginnen würde, sobald sie rauskämen. Sie redeten auch über die Gegenwart, wer gestorben war, aber nur kurz – dann sprachen sie wieder darüber, wie es werden würde, sollten sie leben und rauskommen.

Sie fanden eine leere Konservenbüchse und hockten sich damit gegen die Barackenwand. Mit dem scharfen Deckelrand schnitten sie sich jeder ins Handgelenk und pressten die Arme aneinander, so dass ihr Blut sich mischte.

Jetzt sind wir Blutsbrüder, sagte erst Hugo, dann sein Freund.

Mama hatte die beiden entdeckt und schimpfte: Was macht ihr da, Kinder? Sie kam näher. Was soll das überhaupt?

Mama, sagte Hugo. Wir haben noch mal einen Bruder gekriegt.

Da schwieg Mama, aber sie nahm ihnen die Büchse weg.

Von da an gingen Hugo und sein Freund nur noch Hand in Hand, einzeln bloß, wenn sie zueinander wollten. Morgens rannten sie aufeinander zu. Und das Leben war weniger Angst und Schrecken als ein Warten auf bessere Zeiten, die gewiss kommen würden. Das Leben war schon besser. Der Freund brachte Hugo auch zu seinen Eltern, um ihnen seinen neuen Bruder vorzustellen.

Hugo und er freuten sich auf draußen, in ihren Gedanken wurde es täglich wundervoller. Erst zusammen zur Schule gehen, dann einen Beruf lernen oder beginnen, mit Pferden zu handeln. Jeder wollte sich ein Haus bauen, eines neben dem anderen. Sie würden beide heiraten und eine Familie gründen. Und ihre Kinder spielten jeden Tag miteinander. In Gedanken hatten sie viele Kinder, die in Freiheit miteinander spielten. In Gedanken waren sie selbst ihre Kinder. Sie würden das glücklichste, schönste Leben haben, und Hugo sah sein Haus, seine Kinder und vor allem seinen Freund im Grünen auf einer blühenden Wiese unter grünen Bäumen. Sonnenschein war dabei und ein frohes, leichtes Gefühl.

Die Kinder hatten keine gestreifte Kleidung, und von den Erwachsenen nur die, die in Außenkommandos arbeiteten. So wie Dada, der vor den Krematorien die Sachen wegräumen musste, die von den jeden Tag ankommenden Menschen dort zurückgelassen werden mussten. Wenn Dada mit seinen Kollegen die Sachen aufhob, waren die Besitzer meistens schon tot oder schon Asche. Als die Lagerstraße glatt gefroren war, musste Asche gestreut werden. Und alle ahnten, woher sie stammte.

Die anderen Erwachsenen trugen Zivilkleidung mit einem schwarzen Dreieck mit einem weißen Z darin.

Jemand fehlte beim Appell und konnte nicht gefunden werden. Es war klar, dass eine schreckliche Strafe bevorstand. Der Plagge ließ abzählen, jeder Dritte, es waren fast vierzig Menschen, bis er genug für den Sport hatte. Dada als Blockältester musste auch raustreten. Er hatte einen Zebraanzug an und musste sich auf der Lagerstraße auf den Bauch legen. Neben ihm vier andere, dahinter wieder fünf. In Fünferreihen, so wie man bei Appell stand, mussten sie sich hinlegen. Und dann sprangen die sechs SS-Männer wieder auf die Rücken. Die Männer und Frauen mussten vorwärts robben, während die SS-Männer von Mensch zu Mensch sprangen und mit den Ochsenziemern über die Köpfe peitschten. Als die Ersten zusammenbrachen, fiel Mama in Ohnmacht. Hugo und Frieda hievten sie schnell wieder hoch, auch die Frauen hinter ihnen halfen, Mama zu halten. Mama, bleib doch stehen. Sie kam wieder zu sich und atmete tief durch, versuchte sich zusammenzureißen. Wenn ein Mensch zu Boden ging, trat ihn der SS-Mann, bis er wieder hochkam. War er tot, stellte der SS-Mann den Fuß auf einen anderen Rücken und die Stubendienste mussten die Toten herausziehen und zur Seite legen. Plagge, Palitzsch und König versuchten lachend auf den kriechenden Menschen ihr Gleichgewicht zu halten. Als einer auf Dada sprang und er zusammenbrach, wurde Mama wieder bewusstlos, und wieder hoben die Umstehenden sie auf. Hugo sah, wie Dada die Zähne zusammenbiss, wie die Kiefermuskeln arbeiteten, wie der Schweiß ihm über das Gesicht lief. Und Blut. Als die SS-Männer endlich genug hatten, abstiegen und lachend fortgingen, waren acht Menschen tot. Es erschallte eine Trillerpfeife. ABTRETEN! Der Stubendienst räumte die Leichen fort. Die anderen halfen den noch Lebenden auf. Dada erhob sich unter Mühen, langsam, aber er wollte sich nicht helfen lassen. Im Gesicht war er nicht verletzt, aber am Rücken. Und er atmete schwer. Manche Frauen lebten noch, doch ihr Rücken war kaputt. Sie mussten fortgetragen werden und wurden nicht wiedergesehen.

Mano weinte. Ein Hund, ein kleiner Hund.

Wo?

Auf der Lagerstraße.

Wie ist er hier reingekommen? Hugo hatte nichts gemerkt, Mano erzählte es ihm. Wie plötzlich das Stimmengewirr der zigtausend Menschen verstummte. Sie hatten sich zurückgezogen, sich in den Eingängen der Baracken oder daneben verdrückt. Die Lagerstraße war menschenleer. Alle schauten auf den winzigen Hund. Die feinen zarten Beinchen, das braune Fell, der kleine Kopf mit den großen Augen. Ein Rehpinscher. Ein friedliches Wesen von draußen. Der kleine Hund war nervös von rechts nach links getrippelt, hatte nie angehalten, außer um zu schnuppern, Spuren zu folgen, er war kreuz und quer gelaufen, hatte gesucht.

Der hat seine Leute gesucht, sagte Hugo.

Er hat sie verloren, er ist ganz allein, sagte Mano mit Tränen in den Augen. Vielleicht zwanzigtausend Menschen in völliger Stille hatten zugeschaut, wie der kleine Hund verlassen über die ganze lange Lagerstraße gelaufen war, durch das ganze Lager bis nach hinten zum Zaun. Und sich dann auf den Rückweg gemacht hatte, schnuppernd, suchend. Dann ein Knall, ein SS-Mann, der kleine Hund umgefallen, erschossen, ein Aufheulen der Menschen im Lager. Diejenigen aus dem Block, der dem toten Hund am nächsten war, stürzten auf den kleinen Hund.

Hätten wir ihn doch, dann hätten wir ihn …

**»Wir haben die Eltern nicht gefragt, wann wir rauskommen. Ich wusste ja, dass es nur eine Vernichtung gewesen ist. Man weiß, nur mit großem Glück kommt man raus, sonst nicht. Der Dada hat keine Schuld, die Mama hat keine Schuld. Das sind andere, die Schuld haben, dass wir da drin sind, dass wir hier sterben müssen. Man hat ja täglich gesehen, wie viel ermordet worden sind. Die Kinder denken genau wie Erwachsene. Das ist kein Kinderspiel da drin. Es ist nur Mord. Hoffentlich werde ich nicht ermordet. Man hat ja gewusst, fragst du die**

**Eltern, wann wir rauskommen, die können dir keine Antwort geben. Also hat man nicht mehr gefragt.«**

Hugo und sein Freund knoteten sich aus einem Lumpen einen Ball und spielten damit. Manchmal machten die Geschwister und Cousins mit. Der Ball war nicht rund, aber fest genug, um ihn hin und her zu kicken. Bis zur Blocksperre spielten sie damit. Die Mama sagte: Jungs, lasst doch das Fußballspielen, ihr habt doch nichts in den Därmen, ihr fallt noch um.

Aber sie hörten nicht auf Mama. Sie tollten mit dem Ball herum, und alle wunderten sich, woher die Jungen die Kraft hatten.

Wenn wir rauskommen, essen wir Krapfen, Braten, Kartoffeln, Äpfel, Weißwurst, Kuchen, Rouladen …

Keine Suppe mehr.

Doch, Suppe auch, dicke Erbsensuppe, Kartoffelsuppe, Bohnensuppe, Linsensuppe. So dick, dass der Löffel ganz langsam hineinsinkt.

Und Brot. Brot mit Marmelade.

Brot mit Leberwurst. Brot mit Käse. Oh, und Leberkäs.

Wenn er mit seinem Freund zusammen war, konnte Hugo für Momente alles um sich herum vergessen.

Einmal nahmen sie den Ball an der Schnur, die heraushing, und warfen ihn zwischen sich hin und her.

Wenn wir rauskommen, spielen wir mit einem richtigen Ball.

Wenn wir rauskommen, gehen wir auf die Wiese spielen.

Und wenn wir Pause machen, essen wir.

Hugo schleuderte den Ball, er flog hoch, beide schauten, der flog weit. Sein Freund konnte ihn nicht fangen, der Ball eierte ein paar Meter weiter in Richtung Zaun. Es passiert was. Oben auf dem Wachturm unterhielten sich drei SS-Männer in langen schwarzen Mänteln, die Gewehre in den Händen. Ich geh da nicht hin, dachte Hugo. Hugos Gedanken rasten durcheinander, so schnell wie sein Freund dem Ball hinterherrannte und sich danach bückte. Die Männer legten die Gewehre an.

Paff, paff, paff!

Moment mal, dir ist ja nichts passiert. Sein Freund hatte den Ball schon und nahm ihn hoch. Ist ja nichts passiert. Vielleicht haben sie nur Warnschüsse abgegeben. Wenn du kommst, muss ich mit dir schimpfen, wir dürfen nicht mehr da in die Nähe hin.

Hugos Freund richtete sich auf, schaute Hugo an, schaute. Oh, es ist … Dann rannte der Freund auf ihn zu. Aber er läuft ja her. Neun, zehn Schritte. Ich bin froh, dass nichts passiert ist. Ach, ich bin ja so froh, ich dachte schon … Kurz bevor er bei Hugo anlangte, schwappte Blut aus seinem Mund, aus den Augen, aus der Nase, schubweise, er brach zusammen. Hugo schlang seine Arme um ihn und versuchte ihn hochzuheben. Der Bauch war offen, voller Blut und alles quoll heraus. Sein Freund schaute ihn an, als wollte er noch etwas sagen. Hugo legte ihn vorsichtig hin.

Mama, Mama! Hugo rannte. In die Baracke hinein. Mama, er blutet, sie haben geschossen, der Ball ist weggerollt, wir haben gespielt. Hugo wurde vom Schluchzen geschüttelt.

Mama hielt Hugo fest in den Armen und streichelte ihn. Man kann jetzt nichts tun, sagte sie. Bleib hier. Andere kamen und sagten, der Junge habe drei Schüsse. Jeder SS-Mann habe ihm in den Rücken geschossen, als er sich nach dem Ball gebückt hatte. Man kann jetzt nichts machen.

Am Tor hat ein kleiner Lastwagen gehalten. Jetzt holen sie ihn, sagte Mama. Hugo flossen die Tränen aus den Augen, er hielt sich an Mama fest, krampfte sich in ihren Rock. Jetzt bringen sie ihn gerade weg.

Mama, ich kann nicht, ich kann ihn nicht anschauen.

Jetzt kamen die Cousins: Sie haben ihn zum Haupttor vorgebracht und auf den Wagen raufgeschmissen.

Ein neuer Weinkrampf schüttelte Hugo. Mama. Was soll ich ohne ihn machen?

Du kannst nichts machen. Wir können nichts tun. Bleib, bleib hier.

Später, als Mama Hugo losließ, suchte er seinen Freund. Er war weg. Wo er gelegen hatte, war das Blut in die Erde gesickert.

Wo ist er? Obwohl er es wusste, fragte er.
Er ist tot, sagten die anderen. Er ist weg.

**»Das hat mir so wehgetan. Glaub mir, es tut mir so weh. Ich war neun Jahre alt und er auch. Wir waren Blutsbrüder. Wir waren täglich von früh bis spät zusammen, bis er erschossen wurde. Es tut mir so weh. Da habe ich einen richtigen Alptraum drüber. Ich will es nie erzählen, aber immer wieder muss ich es erzählen. Ich habe sogar gewusst, es passiert was. Ich mache mir auch noch Vorwürfe, weil ich den Ball geschmissen habe …«**

Hugo wusste, dass sein Freund nicht mehr da war. Doch morgens aufwachen, Appell stehen, die Stunden. Und die stundenlangen Gedanken. Nach dem Signal lief er hinüber zum anderen Block. Es war ihm, als würde sein Freund ihm entgegenlaufen, das warme Gefühl der Freude. Aber nichts. Was suche ich denn hier? Er ist ja gar nicht da. An dem anderen Block ging Hugo vorüber, dann wieder zurück, vorbei, zu seinem Block. Schon musste er sich wieder umschauen und wieder hinlaufen. Als könnte sein Freund eines Tages wieder auftauchen. Hugo rufen. Hugo, wir kommen zu euch nach München runter. Ich war nie da, aber ich weiß, München ist schön. Die Mama des Jungen schaute Hugo an, von weitem schon, schüttelte den Kopf und brach in Tränen aus. Du bist sein Freund. Du warst sein Freund.

**»Die Frau hat Gott gesehen, wo sie mich gesehen hat. Sein Papa kam zu mir, ich sehe den Mann heute noch vor mir mit seiner Glatze. Er hat mich immer gestreichelt. Und ich hab geweint und geweint und geweint und die Frau auch, das war schlimm.«**

Hugo drehte um und rannte zu Mama. Junge, vergiss das. Vergiss das, Kind. Man kann nichts ändern. Vergiss das, es geht nicht anders.

**»Wenn man heute so Filme sieht, wird einer erschossen. Gut, ist er erschossen worden, aber wenn du weißt, es war dein guter Freund. Dann schaut er mich noch an und schaut mich an. Ich mache mir immer noch Vorwürfe. Ich sehe seine Augen noch. Wie er mich angeschaut hat, als wollte er sagen, wir sehen uns nicht mehr. Die ängstlichen Augen. Und wie das Blut aus sämtlichen Öffnungen kam und die ängstlichen Augen.**

**Wie der weg war, da ging das Leiden wieder los in mir. Da habe ich die Angst wieder in mir gekriegt, wie ich sie am Anfang gehabt habe. Der ganze Alltag dort war wieder da. Es war ganz schlimm mit mir, ich dachte, ich habe alles schon gewusst, wie es läuft. Als Malla gestorben ist, das war schlimm für mich, aber für den war es mir hundertmal schlimmer.«**

Die Zukunft war einmal mehr verschwunden, die Welt draußen wieder fort.

**»Ich habe seitdem tausend Freunde gehabt, aber nie so einen wie ihn. Dass ein junges Leben ausgelöscht wird, nur weil er seinen Ball holen will, darüber komme ich nicht weg. Das kann ich nicht begreifen.«**

Hugo wurde wieder heiß. Er bekam hohes Fieber, Bauchschmerzen, er konnte nichts mehr in sich halten. Tagelang war er halb bewusstlos. Bauchtyphus, sagte Mama. Sie brachte ihre Kinder nicht in den Krankenbau. Dort sterben die Menschen schneller, so redete man im Lager, von dort kommt man nur auf dem Leichenwagen wieder raus. Oder wird lebend ins Gas gefahren. Wie viele hatten sich im Krankenbau Hilfe erhofft und waren nie wieder gesehen worden.

**»Ich habe nie darüber gesprochen, was da drin war. Ich habe auch nie darüber gesprochen, dass ich Alpträume habe.**

**Ich dachte, wenn ich das sage, vielleicht hat derjenige auch Alpträume, und ich weiß, wie schlimm das ist.**

**Es ist so schlimm, dass ich dann drei, vier Tage richtig weg bin.**

Dann geht es überhaupt nicht mehr zum Schlafen. Hypernervös innen drin. Ich sehe meinen Dada, wie sie ihn so geschlagen haben, dann sehe ich meinen Freund. Ich sehe alles genau wieder vor mir, wie es war. Wenn ich aufgeregt bin und schlaf dann ein, oder wenn ich was Schlimmes lese oder im Fernsehen sehe, dann wacht es wieder auf. Es ist mir so schlimm, ich kriege dann einen Schweißanfall, ich muss mich umziehen, frisch machen, so einen Schweißausbruch kriege ich dann. Und die Angst, die Angst. Denke ich mir, Hugo, du brauchst keine Angst zu haben, was hast du überhaupt Angst? Aber das ist so schlimm, das ist unwahrscheinlich.

Ich brauche dann zwei, drei Monate richtige Ruhe, und dann lässt es langsam wieder nach. Wenn ich im Urlaub bin, ist bald gar nichts.

Ich habe manchmal fünf-, sechsmal, manchmal zehnmal im Jahr Alpträume. Ich denke manchmal, jetzt wird es weniger, und dann kriege ich es zwei-, dreimal hintereinander.

Das hört nicht auf.«

Manchmal gingen SS-Männer durch das Lager und suchten sich Frauen aus. Die mussten dann mitgehen. In der SS-Blockstube war ein abgeteilter Raum, da übernachteten die Frauen, drei, vier zusammen. Und wenn die SS-Männer Zeit hatten, kamen sie abends rein, legten die Mützen ab, tranken Schnaps, schlossen sich ein und benutzten die Frauen. Essen und Schokolade bekamen sie dafür, sie waren nicht so abgemagert wie alle anderen.

Gingen SS-Männer nachts durch das Lager, waren sie oft betrunken. Manche SS-Männer wollten immer dieselben Frauen.

Es gab Frauen, die ließen alles geschehen, die bereiteten sich auf den Abend vor, kämmten sich die Haare, zogen sich gut an. Sie hatten etwas Besseres zum Anziehen, nicht nur Lumpen. Und etwas Besseres zum Essen, nicht nur Wassersuppe. Diese Frauen ließen sich ein, weil sie von den SS-Männern zu essen bekamen. Und manche Väter oder Ehemänner hatten nichts dagegen, weil die Kinder von dem Essen überlebten. Die Frauen, die die SS-Männer für sich haben wollten, durften sich waschen. Es gab Frauen, die sich weigerten mitzugehen. Die SS zwangen sie und sie wurden nie wieder gesehen.

Auch manche Blockälteste kauften sich mit Nahrung Frauen.

Neben dem Zigeunerlager befand sich auf einer Seite das Männerkrankenbaulager und das SK, das Sonderkommando. Auf der anderen Seite das Männerlager. Manche Frauen standen am Zaun zum Männerlager herum. Dort waren auch Kapos, Häftlinge, die Aufseher von Arbeitskommandos waren. Sie mussten selbst nicht arbeiten, aber die anderen dazu antreiben. Sie bekamen mehr zu essen. Sie standen in Kontakt zu SS-Männern, weil sie ihnen Bericht erstatten mussten und von ihnen die Befehle erhielten.

Die Frauen standen am Zaun und schauten hinüber. Drüben guckten Kapos und andere reiche Häftlinge und machten Zeichen. Die Frauen drehten sich um, dass keiner sie beobachtete, dann hoben sie schnell den Rock hoch, die Kapos zeigten auf einzelne Frauen – auf eine. Die Frau machte Zeichen für die Blocknummer. Der Mann machte Zeichen für Ja oder Nein oder zeigte, was er ihr geben konnte. Eine Konservendose mit Fleisch zum Beispiel. Manche Frauen sprachen auch Kapos oder sogar SS-Männer an. Hallo, sagten sie und mehr. Das Weitere hatte Hugo nie genau gehört. Aber Hugo konnte auch das Lied singen, das im Lager überall gesungen wurde:

Man kennt sie am Gang und an den Haaren,
was Lubije sind und Lubije waren,
für ein Stück Weißbrot geben sie alles hin,
und wenn's drauf ankommt, für latscho kil.
Sie stehen am Zaun mit ihren Figuren,
die Hose runter, die Minsch gezeigt,
dann hat der Kapo alles erreicht.

Die Häftlinge bestachen die SS-Wachen am Tor mit Geld, Wertsachen oder Zigaretten und kamen nachts ins Lager zu den Frauen. Gegen Zigaretten, Brot, Butter oder andere gute Dinge.

**»Lubije sind Huren und latscho kil heißt gute Butter. Das Lied war nicht gut gemeint für sie. Wir kennen viele Frauen, die sich mit der SS haben abgegeben. Die sich gesagt haben, egal, ich lebe, vielleicht komme ich aus dem KZ raus. Die es nur aus Not gemacht haben. Oder denen alles egal war. Ich kann sie nicht verurteilen. Die sind aber trotzdem von den Sinti verurteilt worden, weil sie sich haben eingelassen. Die mussten ein Leben lang drunter leiden. Aber man muss so ein Mädchen auch wieder verstehen. Die Mutter vielleicht noch todkrank da oder der Dada oder ihr Bruder. Die wo einen Kopf haben, die haben es gemacht. Die haben sich gesagt, egal, Hauptsache, ich komme wieder raus und ich lebe weiter. Kann auch sein, die SS kommt und nimmt sie. Hat sie es nicht gemacht, dann ist sie weggekommen.«**

SS-Männer kamen ins Lager. Alle Menschen rannten in die Baracken, oder wenn sie überrascht wurden, standen sie stramm und schauten geradeaus. DU DA, HERKOMMEN! Es wurden alle Dudas, die zufällig in der Nähe standen, zusammengerufen. Und alle mussten aus den Baracken kommen, antreten und zuschauen. Wieder Sport. Mama war nicht schnell genug weggerannt, diesmal musste sie auf den Boden. Nur wer sich an der Barackenwand hinter den Buchsen verstecken konnte, entkam. Mama!

Der Plagge und der Palitzsch holten sich die Menschen für Sport zusammen. Mama und die anderen mussten auf alle viere. Die SS-Männer stiegen auf ihre Rücken. ROBBEN! Wie können wir ohne Mama sein. Hugo hatte schreckliche Angst um sie. Hinterher waren Mamas Knie kaputt. Sie konnte nur ganz vorsichtig laufen. Aber sie lebte.

Hugo saß nur herum, er konnte den Verlust seines Freundes nicht verwinden. Täglich starben Menschen, Hugo erschrak darüber nicht mehr, wenn es auch Verwandte waren. Aber um seinen Freund trauerte er noch.

Lolitschai, Onkel Konrads Tochter, hatte Schläge bekommen. Sie wand sich, klagte, schrie, Blut sprudelte ihr aus dem Mund. Sie verbiss sich in den Pfosten der Buchse vor Schmerzen, verkrampfte sich. Die Frauen versuchten sie zu halten, zu beruhigen. Sie biss sich am Holz fest.

Dann starb sie.

Sie wurde weggeräumt und zum Krematorium geschafft wie alle Toten, die spurlos verschwanden. Aber jeden Tag sah Hugo die Abdrücke ihrer Zähne im Holz des Balkens.

Immer wieder gab es Gerüchte im Lager, Parolen. Wir kommen bald raus, sagten die Leute. Es kann nicht mehr lange dauern, vielleicht einen Monat noch. Wir müssen durchhalten, bald ist hier alles zu Ende. Die Parolen ließen manche wieder hoffen, die sich nur jeden Morgen zur Arbeit schleppten, denen alles egal war. Jedes Gerücht gab ein bisschen Kraft. Es brauchte nur jemand zu sagen: Ich habe gehört, morgen kommen wir alle raus – sofort sprach es sich herum, und alle, die schon lieber sterben wollten, wollten doch noch weiterleben.

ENTLAUSUNG! ALLES AUSZIEHEN! KLEIDUNG KOMPLETT ABGEBEN!

Es lag Schnee. IN FÜNFERREIHEN ANTRETEN! VORWÄRTS MARSCH! Der SS-Blockführer begaffte die Frauen. Es war bitterkalt, Hugo zitterte vor Kälte und schlug die Arme um den mageren Körper. Die kleineren Kinder weinten. Eine Kompanie Gerippe mit Haut marschierte zur Sauna. Dort wurden alle von bekleideten Häftlingen eingesprüht mit weißem Pulver. Kopf, vorn, hinten, unter den Armen. Und raus. Mama!, riefen die Kinder. Mama! Aber sie wurden wieder still, sie sahen ja, dass ihre Mamas und Dadas nichts tun konnten. Männer, Frauen, Kinder, Alte, Junge, alle mussten nackt im Schnee warten. An der Saunabaracke hingen Eiszapfen.

Die Kleidung war noch nicht fertig, also mussten sie nackt im Schnee stehen und warten. Der Atem dampfte, die Menschen kauerten sich eng zusammen, drückten sich aneinander. Bei jedem eisigen Windstoß, der in die Haut schnitt, heulten sie auf. Hugo sah, dass der Schnee um seine Füße schmolz. Er war also doch noch wärmer als der Schnee. Wie beim Transport ließ die Mama den Januschek nicht vom Arm, sie hielt ihn fest. Ebenso wie Tante Derndl die Lili. Manche Mütter waren zu schwach, um die Kleinen zu halten.

Die SS-Männer lachten. Sie brachten die Menschen aus dem nächsten Block. Ist ein bisschen kalt? Dann bewegt euch, faules Pack.

Die Angst, Hugo hatte immer die Angst in sich, und in solchen Momenten kam ein tödlicher Schrecken dazu. Aber die SS-Männer gingen weiter.

Irgendwann brachten Häftlinge aus der Wäscherei die Kleidung aus dem Entlausungsbad. Sie war noch nass, aber auch Hugo zog seine Sachen an.

Das Hemd legte sich kalt wie die Hand des Todes auf seinen Oberkörper. Abmarsch in den Block. Dort legten die Menschen sich in die Buchsen und auf ihre Plätze am Boden. Sie mussten die eiskalten Sachen mit ihrer Körperwärme trocknen. Hugo lag die ganze Nacht in feuchten Sachen. Auch als sie am nächsten Morgen Appell standen, waren die Sachen noch klamm. Einige aus dem Block starben an Unterkühlung und Lungenentzündung.

Das Frieren blieb den ganzen langen polnischen Winter. Nachts fror Hugo, beim Appell fror Hugo, tags. Er hatte keine Schuhe, nur Tappiche, so nannten sie die um die Füße gewickelten und gebundenen Lumpen. Oder er musste barfuß gehen. Seine Füße und die Fußsohlen waren schwarz und hatten eine dicke Hornhaut. Wenn er nachts auf dem Boden zwischen Menschen lag, ging es, dann kam die Eiseskälte nur von zwei Seiten, von oben und unten.

**»In meiner Erinnerung war es immer kalt. Etwas anderes weiß ich nicht, nur dass ich immer gefroren habe. Daher habe ich meine Kreuzschmerzen. Im September geht's los, und im April, Mai geht's erst wieder weg.«**

Sie hatten nicht nur mit Läusen zu kämpfen, die immer wiederkamen. Auch Ratten lebten mit ihnen im Lager und suchten zu fressen, sie nagten die Toten an. Kleine Käfer mit einem Punkt auf dem runden Körper bissen sie in der Nacht. Diese Stellen brannten sehr.

SS kam in die Baracke. MÄNNER VON SECHZEHN BIS FÜNFUNDZWANZIG VORTRETEN!

Manos Cousin Schlimmi war dabei. AUSZIEHEN!

Die jungen Männer mussten sich nackt ausziehen und einzeln vor den SS-Mann treten. Dann wurden die Abgezehrten nach links, die Kräftigeren nach rechts geschickt. Irgendwann hatte die SS genug. ABTRETEN! – die auf der linken Seite. MITKOMMEN! – die auf der rechten Seite. Schlimmi sah sich noch um, aber er konnte nichts sagen, er zog sich an und ging mit.

Die Menschen diskutierten, die haben die Kräftigeren mitgenommen. Bestimmt zum Arbeiten. Wenn es ins Gas ginge, hätten sie die Schwächeren mitgenommen.

Schlimmi kam am Abend wieder. Von nun an musste er drüben im Sonderkommando arbeiten. Mit einem Pferdewagen brachte er täglich die Leichen vom Lagertor ins Krematorium. Es gab Berge, hundert, zweihundert Tote jeden Tag.

Wer nicht an der SS, dem Hunger und dem Fleckfieber starb, den erwischte Bauchtyphus oder Malaria – oder Doktor Mengele. Es gab Parolen, dass er Experimente an Menschen machte, die diese nicht überlebten.

Die meisten glaubten es nicht, weil Doktor Mengele freundlich mit den Kindern sprach. Manchmal verteilte er Bonbons an sie.

Dadas Cousin arbeitete im Waschraum. Wenn die Frauen aus dem Zugangsblock in die Sauna kamen, mussten sie sich nackt ausziehen. Und Dadas Cousin musste mit dem Schlauch die vierzig oder fünfzig Frauen mit kaltem Wasser abspritzen. Er schämte sich vor den Frauen und sie schämten sich vor ihm.

**»Die SS wussten, dass sich die Sinti furchtbar schämen. Eine Demütigung ist das. Keine Frau, nein, ihn haben sie nackt ausgezogen und er hat das machen müssen.«**

Tante Kerscha holte jeden Tag mit einer anderen Frau zusammen die Wassersuppe für ihren Block. Sie schleppten den 50-Liter-Kübel von der Lagerstraße in die Baracke. Im Gehen drehten sie den Deckel des Kübels auf, Tante Kerscha schaute sich um, ob ein SS-Mann in der Nähe war, löste eine Hand vom Griff, verschob den Deckel und schöpfte mit ihrem Topf schnell hinein, goss sich die Flüssigkeit in den Mund, ließ den kleinen Topf los, er baumelte an einer Schnur von ihrer Hüfte. Die andere Frau hatte das Gleiche getan. Schon war der Deckel wieder auf dem Kübel. Es hatte vielleicht dreißig Sekunden gedauert. Da zeigte ein SS-Blockführer auf Tante Kerscha. Nummer? 3964! Er ließ die Frauen vorbei. Kaum war der Kübel im Block abgesetzt, kam ein SS-Mann: 3964 VORTRETEN! ACHT TAGE STEHBUNKER WEGEN DIEBSTAHLS! DA WIRD DIR DER APPETIT SCHON VERGEHEN!

Oh Gott, murmelte Mama, als Tante Kerscha vom SS-Mann abgeführt wurde. Nach fünf Tagen im Stehbunker und ohne Essen und Trinken waren die meisten Menschen tot. Nun musste Tante Kerscha Tag und Nacht bis zum Kinn im Wasser stehen. Wer zusammenbrach, ertrank.

Hugo wachte in der übernächsten Nacht auf, Dada war nicht da.

Mama?, wisperte er. Wo ist Dada?

Psst, mein Junge.

Hugo konnte nicht mehr schlafen. Wo war sein Dada? Das nächste Mal wachte er auf, als Dada in die Buchse kroch. Hugo hörte ihn mit Mama flüstern und verstand, dass Dada im Schutze der Baracken zum Stehbunker gerobbt war und seiner Schwester Trinkwasser und ein Stückchen Brot hineingegeben hatte.

Jede Nacht bangte Hugo um seinen Dada, es war ja verboten, nachts die Baracken zu verlassen, außer zur Latrine. Und was, wenn die in der

Nacht suchenden Scheinwerfer sich auf ihn richteten? Als nach acht Tagen der Stehbunker geöffnet wurde, fiel Tante Kerscha um. Sie musste auf einer Pritsche in den Block getragen werden. Aber sie lebte.

Hugo hatte zuerst rote Stellen an den Fingern und Handgelenken. In der Nacht juckten sie so furchtbar, dass er sie aufkratzte. Er bekam überall schuppige Stellen, sein ganzer Körper war wie mit Fischhaut bedeckt. Und nicht nur er, alle bekamen sie, nicht nur im Block, im ganzen Lager hatte sich die Krätze ausgebreitet. Wenn man kratzte, kratzte man ins Fleisch hinein, die Fingernägel waren voller Blut. Aber Hugo musste kratzen, das Jucken war nicht auszuhalten, nachts jammerten die Menschen im Block, nachts war es am schlimmsten. Und es gab keine Linderung und nichts, was die Häftlingsärzte tun konnten. Als schließlich das gesamte Lager befallen zu sein schien, wurde im Krankenrevier eine Lösung aus Wasser und Salzsäure in Becken gefüllt. Block für Block musste antreten, die Kleidung abgeben und durch dieses Wasserbad gehen. Die Kleineren wie Rosi und Rigo schrien vor Angst, denn das Wasser reichte ihnen bis zum Hals, manchmal bis über das Kinn, obwohl sie auf Zehenspitzen standen. Wären sie in der Brühe gestolpert, gefallen, wären sie tot gewesen. Und weil Rigo solche Angst hatte, musste er noch einmal durch und noch einmal und noch einmal. So bestimmte es der SS-Mann. Bis Rigo nicht mehr schrie und weinte, sondern die Zähne zusammenbiss. Dann hieß es wieder, nackt im Frost stehen und auf die Kleidung warten. Die Kälte schmerzte wie Schläge. Wie bei allem, was die SS unternahm, starben auch diesmal viele Menschen. Und wie jedes Mal, wenn jemand krank wurde, war es ein großes Unglück, denn meistens wurde man nicht oder zu Tode behandelt.

Tage später erhielt das Krankenrevier eine neue Salbe. Mitigal hieß sie, die wurde ausgegeben, damit rieb Hugo sich ein. Sie linderte den Juckreiz.

Onkel Konrad fragte im Revier nach Mitigal. Der SS-Arzt sagte, das Mitigal sei ausgegangen. Aber er würde etwas anderes mit ihm probieren. Ein Onkel von Mama war dabei. Die beiden wurden mit unverdünnter Salzsäure übergossen. Ein Mädchen, die mit Mama verwandt war, hatte sie schreien hören. Sie war verstört, als sie es erzählte. Solche Schreie habe ich nie gehört. Am nächsten Tag war der Onkel tot. Onkel Konrads Körper war nur noch rohes Fleisch, er konnte kein Wort mehr sprechen. Aber er überlebte und kam aus dem Krankenbau wieder raus.

Hugo hatte fast alle Krankheiten durchgemacht, die es im Lager gab. Und er lebte noch. Seine Geschwister, seine Eltern lebten noch. Vielleicht, weil die alte Ungarin für sie gebetet hatte.

Über ein Jahr waren sie schon gefangen. Hugo war zehn. Es hatte keinen Geburtstag, kein Weihnachten, kein Sylvester, keinen besonderen Tag gegeben. Nur besonders schlimme. Und Frühling, Sommer, Herbst, Winter, allmählich wurde es wieder Frühling. Plötzlich sollten alle arbeiten, auch in Außenkommandos. Auch Hugo, Manfred und Frieda. Auch Mama. Bisher arbeiteten nur die Männer und die Frauen ohne Kleinkinder und hauptsächlich in Innenkommandos, die Zigeuner ließ man nicht häufig aus ihrem Stacheldrahtkäfig hinaus.

Der Lagerführer ließ ansagen, wer bei der Wehrmacht war und für Deutschland an der Front kämpfen möchte, solle sich in der Schreibstube melden. Diejenigen würden dann eingekleidet, einer Kompanie zugeordnet und später, nach dem Sieg, freigelassen werden. Dada und seine beiden Brüder, Onkel Babist und Onkel Konrad, besprachen sich. Was wird dann mit unseren Familien?

Sie beschlossen, sich erst einmal für den Krieg zu melden, vielleicht wäre das für alle ein Weg hinaus aus dem Lager. Und sie hörten Parolen, der Krieg sei bald aus, die Russen kämen näher, von Westen marschierten die Engländer und Franzosen, von Süden die Amerikaner nach Deutschland. Aber wann würden sie da sein? Aber wann würden sie die Gefangenen befreien können?

Und könnten die Menschen so lange überleben?

Vielleicht hundertfünfzig Männer meldeten sich in der Schreibstube.

Doch anschließend geschah nichts.

**»Es gab viele Parolen, weißt du: Wir werden morgen freigelassen. Parolen sind sehr gut, die Menschen wieder aufzumuntern.«**

Oft schaute Hugo in den Himmel, schaute, wie die Wolken zogen und nichts und niemand sie aufhielt. Auch schießen konnte man nicht auf sie. Die Wolken – grüßt mir mein Zuhause! Er würde zur kleinen Holzbude von Frau Söllner vorgehen und für drei Pfennig Brausepulver kaufen. Wie schön war es auf der Denkalm. Er sah die schneebedeckten Bergspitzen vor sich, die Wolken hingen daran. Wolke, bring mich fort! Wie schön war das Leben. Hugo sah die Wiese und wie er hinter Luki auf dem Pferd zur Beppelwiese ritt. Und wie schlecht kann das Leben sein mit der Angst im Nacken und der Hetzerei.

Es wurden Schaufeln ausgegeben, Männer und Frauen hoben Gräben für Wasserleitungen aus, die gelegt werden sollten. Jetzt, da die meisten schon gestorben waren, auch an Bauchtyphus, weil viele, vor allem die Kinder, vor Durst das schmutzige Wasser aus den Gräben getrunken hatten. Hugo auch. Was für eine Erleichterung das war. Aber hinterher die Bauchschmerzen, das Fieber, der Durchfall.

Nun gab es im Zigeunerlager viel mehr Kapos, Häftlinge, die die Menschen beim Arbeiten beaufsichtigen und antreiben mussten. Die Kapos waren der SS Rechenschaft schuldig für ihr Arbeitskommando. Machte jemand Fehler, schlug ihn der Kapo und der Kapo bekam Schläge von dem SS-Mann. Gräben für die Wasserleitungen mussten auch draußen ausgehoben werden. Viele Frauen wurden auf die andere Seite von Birkenau kommandiert, dort mussten sie Erde in Schubkarren schaufeln und woanders wieder auskippen. Der Boden sollte für neue Baracken und Lagerstraßen geebnet werden, das Lager sollte vergrößert werden. Mama musste auch Erde schaufeln. Ihre Hände

Oft schaute Hugo in den weiten Himmel, aber die Wolken konnten ihn nicht aus dem Lager tragen. Hugo am 2. August 2004 am Tor zum »Zigeunerlager« in Auschwitz-Birkenau, anläßlich des 60. Jahrestags der Ermordung aller noch im Lager befindlichen Sinti und Roma.

waren voller Blasen, manchmal wankten die Frauen vor Erschöpfung und Schwäche, wenn sie aus dem neuen Lagerabschnitt nach zehn Stunden Arbeit zurückkamen. Am Tor saß die Sinti-Kapelle und spielte bei der Rückkehr der Arbeitskommandos fröhliche Musik oder Märsche. Die Schaufeln mussten geputzt werden, sie mussten glänzen und durften nicht verbogen sein, sonst gab es Schläge oder Sport oder andere Strafen für das ganze Kommando. Und es war wie immer: Jede

Strafe konnte den Tod bedeuten. Also polierten alle die Schaufeln, und wenn sie es an der eigenen Kleidung taten, bevor sie sie abgaben. Am nächsten Morgen wurden die Schaufeln wieder ausgegeben.

Bevor Hugo und Manfred irgendwo hinbefohlen werden konnten, nahm Dada sie mit. Am Tor sagte er: Nummer 3527 mit drei Mann. Der Dritte war ein fünfzehnjähriger Junge. Hugo und Manfred waren die einzigen Kinder, die an der Rampe arbeiteten, aber die SS am Tor ließ Dada mit drei Mann passieren. Vor dem Lagertor standen dreißig, vierzig Loren. Hugo und Manfred gingen vorn an der Lore und zogen, Dada und der Junge, Schmidt hieß er mit Nachnamen, schoben. Die Schienen führten durch mehrere Stacheldrahtzäune und zwischen den Lagern entlang zur Rampe und zum Krematorium. Mit den Spaten mussten sie Rasen stechen, die Stücke in die Lore laden, vor das Krematorium bringen, dort auf die Erde legen und zu einem Rasen zusammensetzen. Dada kontrollierte es und sagte, da muss es höher sein, also nahmen sie den Rasen an der Stelle wieder ab und schütteten Erde auf, um die Fläche auszugleichen, und legten die Rasenstücke auf. Dada fügte die Nähte zusammen und schloss sie, so dass die Fläche aussah wie ein einziges Stück Rasen.

Hugo war stolz auf ihre Arbeit. So schön schaut es aus, flüsterte er Manfred zu. Ja, das haben wir spitze gemacht. Hugo traute sich nicht, noch etwas zu erwidern, es war unter Strafandrohung verboten, bei der Arbeit zu sprechen.

Manchmal fand Dada einen goldenen Ring. Aber er behielt ihn nicht, er gab ihn einem der SS-Männer. Denn wenn sie abends zurück ins Lager kamen, wurden sie abgetastet und durchsucht. Wäre da bei jemandem etwas gefunden worden, wäre er sofort erschossen worden.

Später unterhielten Manfred und Hugo sich darüber, erzählten auch Mama, Dada und Frieda von ihrer Arbeit. Die Menschen, die ankommen, sollen denken, hier sieht es schön aus, es ist kein schlechter Ort. Hier passiert uns nichts. Die sagen sich, das kann doch nie eine Mordstätte sein.

Dass es doch eine war, wussten ja alle im Lager. Sie sahen die Menschen zu tausenden von Lastwagen steigen und in den Gebäuden verschwinden. Angezogen. Das Gepäck blieb draußen stehen. Sie sahen die Flammen, die aus den Schornsteinen drei, vier Meter hoch in den Himmel schossen, Tag und Nacht. Sie rochen den Geruch nach Menschenfleisch. Tag und Nacht wurden Menschen verbrannt. Sie wussten, wie die Menschen im Gebäude umgebracht wurden. Sie wussten von den riesigen Gruben, die mit der Asche der Toten aufgefüllt wurden. Manches wussten sie von Manos Cousin im Sonderkommando. Manches von einem anderen Sinto, Dadas Freund, der direkt im Krematorium arbeitete.

Die drei Schienenstränge, die von Häftlingen fast bis ans Krematorium verlegt wurden, waren kurz vor der Fertigstellung. Das Herrichten und Verschönern mit Rasen und Blumen gehörte auch dazu.

Bald waren die Bauarbeiten beendet und die todgeweihten Menschen wurden nicht mehr in Lastwagen herangeschafft. Ab sofort fuhren die Züge rückwärts direkt nach Birkenau hinein und hielten kurz vor den Krematorien. Die Lok wurde abgekoppelt und fuhr wieder hinaus. Die Wachmannschaft des Transports öffnete die Türen und die Menschen schauten auf die Postenkette von SS-Männern. AUSSTEIGEN! DAS GEPÄCK KÖNNT IHR LIEGEN LASSEN.

Frieda hatte schon davon berichtet, in den Nächten schaute sie manchmal immer noch durch die Ritzen zwischen zwei Brettern. An einem Abend, als schon Blocksperre war, rief sie: Komm mit, Hugo, komm! Sie stiegen auf die Buchse und schauten hinüber zur Rampe, wo gerade ein Zug einfuhr. Dieses Mal war es in der Dämmerung, sonst kamen die Züge meistens in der Nacht an, wenn alles schlief. Gingen dann drüben die Scheinwerfer an, wachte Hugo auf oder Frieda weckte ihn, dann schauten sie wieder. Die Scheinwerfer waren auch jetzt eingeschaltet und legten die Rampe in gleißendes Licht, Hugo und Frieda konnten alles genau erkennen, jedes Brett der Waggons, die Hände an den Türriegeln, die Hinterköpfe der SS-Männer, die ihre Gewehre anlegten, während andere brüllten: ALLES RAUS! SCHNELL! SCHNELLER!

Die Menschen waren, nach Tagen in den dunklen Waggons, vom grellen Licht geblendet. Sie bewegten sich steif und kraftlos und hatten Mühe beim Aussteigen, denn die Waggons standen sehr hoch. Fast immer schwiegen sie. Manchmal stiegen mehr als tausend aus den fensterlosen Waggons und man hörte fast nichts von ihnen. Nur wenn ein Kind seine Mutter verloren hatte, schrie es. Oder eine Mutter rief ihr Kind. Oder ein SS-Mann erschoss ein schreiendes Kind, dann schrie auch die Mutter und paff, paff. Stille.

Reiche Leute mit Schmuck und in Pelzmänteln, arme Leute in Lumpen und mit Bündeln, ganze Familien mussten sich auf der Rampe in langen Reihen aufstellen, nach Männern und Frauen getrennt, die Kinder zu den Frauen. Wollte ein Mann zu seiner Frau, schlug ihm ein SS-Mann das Gewehr oder einen Knüppel über den Kopf, dass er blutete und nicht wagte, noch einmal aus der Reihe zu treten. Oder die Frau machte ihm Zeichen, dort zu bleiben, weil sie nicht wollte, dass ihm Leid angetan wurde. Die Ersten mussten ihr Gepäck ablegen und weitergehen. Ihre Jacken und Mäntel ausziehen, auf einen Haufen legen und weitergehen. Die Nachfolgenden hatten unter dem Gebrüll der SS-Männer das Gleiche zu tun. GEPÄCK ABSTELLEN, DIE SCHUHE ZUSAMMENBINDEN, DAMIT IHR SIE SPÄTER WIEDERFINDET! Alle Schuhe auf einen Haufen, so dass alles schon sortiert war. Wer bei den Schuhen war, sah die Menschen vorn in der Reihe schon halb nackt, ganz vorn standen sie völlig nackt.

Weiterlaufen, Hose oder Rock ausziehen, weiterlaufen. Kurz vor dem Gebäude waren alle nackt, Männer, Frauen, Kinder. Ihnen wurde am Eingang ein Stück Seife in die Hand gedrückt, dann gingen sie hinein.

**»Da haben die Leute gesehen, oh, Seife gibt's, da ist da drin bestimmt das zum Waschen. Das war eine Totenfabrik, wo die Leute alle hineingehen und keiner kommt mehr, man sieht bloß noch Flammen oben aus dem Kamin. Ich verstehe heute noch nicht, warum da alles so ruhig war. Andere würden schreien: Was wollt ihr, ihr Mörder, wollt ihr**

**uns umbringen oder was? Die haben alles über sich ergehen lassen, die Leute.«**

Hugo und Frieda wussten, was mit den Menschen weiter geschah, alle im Lager, bis auf die Neuankömmlinge, wussten es schon lange. Denn als Frieda die Prozedur an der Rampe zum ersten Mal gesehen und Dada und Mama davon erzählt hatte, hatte Dada es weitergesagt und Dadas Freund, der Sinto, der im Krematorium arbeitete, hatte berichtet, was weiter geschah.

Kaum waren die nackten Menschen innen um die Ecke gegangen und konnten von draußen nicht mehr gesehen werden, nahm ihnen ein anderer Häftling die Seife wieder ab. Dann wurden sie in die Duschräume geschickt. Sobald einer mit achthundert oder tausend Menschen voll war, schoben Häftlinge sie weiter hinein, schlossen die Eisentüren und verriegelten sie. Die Duschen wurden angestellt, aber aus den Duschköpfen kam kein Wasser, sondern Giftgas, an dem die in den Kammern Eingesperrten erstickten.

Manchmal wurden die Menschen vorher aussortiert, das nannte die SS Selektion. Manche mussten nach links treten, manche nach rechts. Auch Doktor Mengele bestimmte links und rechts. Die Kräftigen wurden ins Männer- oder Frauenlager gefahren oder getrieben und die anderen bekamen Seife.

Dadas Freund war für Aufräumarbeiten eingeteilt. Nachdem die Menschen am Gas erstickt waren, musste er die Eisentüren aufmachen. Die toten Menschen waren ineinander verkeilt. Die Mutter mit den Kindern, der Vater mit der Frau, sie waren fest aneinander geklammert, als hätten sie sich im letzten Moment noch helfen wollen. Der Sinto und ein Jude mussten die Toten auseinander nehmen, damit sie in die Verbrennungsöfen passten. Aber zuvor mussten sie mit einem Montiereisen die Münder aufbrechen und hineinschauen, ob da Goldzähne waren. Die Goldzähne zogen sie mit einer Zange heraus und warfen sie in einen Bottich. Manchmal rissen sie zugleich das ganze Gebiss mit heraus und schmissen es in den Kübel. Dann lagen darin eine Reihe normaler Zähne mit einem Goldzahn dazwischen. Der Jude sagte zu dem Sinto: Hast du gerade was gehört?

Nein, warum?

Sie waren allein in der Gaskammer und standen einen Moment still. Da hörten sie ein schwaches Wimmern. Der Sinto schaute hoch – oben auf dem Balken lag ein Bündel. Er nahm es: ein kleines Baby, das noch atmete. Der Jude nahm es dem Sinto aus dem Arm und sagte: Sieh mal, es hat überlebt.

Das Baby war fest in Stoff eingewickelt.

Ach, ist noch was übrig geblieben?, sagte eine Stimme.

Hinter ihnen stand ein SS-Mann, blickte über die Schulter des Juden auf das Baby, zog seine Waffe. Paff. Schoss. Durch das Baby und durch die Hand, die das Baby hielt. Der SS-Mann ging und der Jude legte das Baby zu den Toten. Dann mussten der Jude und der Sinto weiterarbeiten.

Der Sinto sagte zu Dada: Sepp, wenn du so was siehst, du schreist, du fängst an zu weinen, so was hast du noch nicht gesehn, die verkrampften Leute, die sich gegenseitig festhalten.

Dada gelang es, in ein Arbeitskommando an der Rampe befohlen zu werden. Dort sammelten sie die zurückgelassenen Habseligkeiten auf, sortierten sie und brachten sie zur Effektenkammer, dem Magazin, Kanada genannt. In Kanada standen mehrere große Baracken, die bis unter die Decke gefüllt waren mit dem Besitz der Ermordeten. Und weil fast nichts mehr hineinpasste, lagen die Sachen auch draußen, zwischen den Baracken, überall häuften sich Koffer, Schuhe, Kleidung an. Oft war die Kleidung blutig und verschmutzt. Dada und sein Kommando durften Kanada nicht betreten. Sie musste die Aufräumarbeiten machen und die Sachen den Häftlingen von Kanada übergeben.

Sooft es möglich war, nahm Dada Hugo und Manfred dorthin mit. Für die Rasenflächen hatten sie eine Woche gebraucht, die waren fertig. Immer wenn nachts ein Zug angekommen war, sagte Dada am nächsten Tag: Kommt, wir müssen wieder rüber. Und bald kamen Tag und Nacht Züge an. Irgendwann, davon waren alle überzeugt, sind wir an der Reihe. Dann gehen wir durch den Schornstein. Es gab für die Loren einen Schienenstrang vom Lagertor bis zum Krematorium. Die Arbeit an der Rampe konnte für den Tag ihr Überleben bedeuten. Denn manchmal fand Dada in den am Boden liegenden Sachen etwas zu essen und steckte es seinen Söhnen schnell in den Mund. Mal ein Butterbrot, mal ein Stück Apfel, mal ein Stück Speck. Sie sortierten die hinterlassenen Dinge, Koffer, Taschen, Schuhe, Strümpfe, Hosen, Röcke, Hemden, Blusen, Jacken, Mäntel. Es waren tausende Kleidungsstücke und die Lore wurde schnell voll. Auch Brillen, Haarspangen, Kämme, Fotos, Schmuck, Puppen, Spielsachen sammelten sie ein, aber es war streng verboten, etwas zu nehmen. Und strengstes Sprechverbot. Immer bewachten und beobachteten SS-Männer mit Gewehren sie bei der Arbeit und hätten nicht gezögert, sie zu erschießen. Wenn bei der nächtlichen Ankunft eines Zuges Leute misstrauisch wurden, sich nicht ausziehen wollten und fragten: Was macht ihr mit uns? Peng, peng, peng. Hugo sah durch die Ritze, wie die Leute zusammenbrachen. Andere schrien verzweifelt, besonders Kinder, wenn sie ihre Mutter stürzen sahen, die SS-Männer erschossen weiter, bis alle vor Angst verstummten. Dann war die Rampe voller Blut, wenn sie am Morgen dort zum Aufräumen hinkamen. Bald arbeiteten sie auch dort, während Menschen ankamen. Sie hinterließen Berge von persönlichen Sachen.

**»Das laute Schreien der SS ist einem durch Mark und Bein gegangen. Die Leute haben vom Zug rausmüssen, Männer auf eine Seite, die Frauen auf die andere.**

**Die SS haben das schlau angepackt. Die haben gesagt, erst müssen die Männer baden, da haben sie die Männer erst umgebracht. Und dann war es leichter mit den Frauen und Kindern.**

**Die SS haben sich alles erlauben können. Wir haben doch zugeschaut, wie die Leute ausgestiegen sind, tausende und tausende von Menschen. Ein Zug kam an, fuhr raus, der nächste Zug kam, weiter.**

**Menschen, Menschen, Menschen. Ich habe nicht einmal richtig einen Schrei gehört, Was wollt ihr von uns? Oder: Ihr wollt uns umbringen! Mörder! Gar nichts. Wie Schafe sind sie gelaufen. Weil jeder nach seiner Familie, seiner Mama oder seinem Papa oder den Kindern geschaut hat, dass nichts passiert. Drum haben sie alles über sich ergehen lassen. Die SS haben das studiert, wie sie es am besten machen.**

**Wenn ich jetzt noch einmal, toi, toi, toi, bei irgend so was dabei wäre, ich hätte ein, zwei Mann bei mir, ich würde mir den nächsten SS-Mann greifen. Und die anderen täten dann auch mithelfen, wenn sie sehen, der und der liegt dort tot, und dann täte wahrscheinlich jeder kämpfen. Die zwei, drei Mann, bevor die zum Schießen kommen, liegen sie alle.«**

Einmal fand Dada einen Schuh und dachte, die Sohle könnte er nehmen und auf seinen Schuh binden oder nageln. Und vielleicht das Leder noch brauchen. Weil es nur ein Schuh war und der zweite sich nicht fand, durfte er ihn mitnehmen. Im Block riss er den Absatz ab. Hugo und die Geschwister schauten zu – ein Goldstück lag darin.

Der Mann hat vorher gedacht, ich mache es da rein. Wenn wir in Not sind, habe ich noch was, das ich für Essen tauschen kann, sagte Hugo.

Ja, und jetzt ist er tot. Und wir können es für Essen tauschen.

Ein anderes Mal fand Dada drei Feigen. Zwei aß er auf, eine tauschte er an der Rampe gegen Brot für die Kinder. Der Mann, der sie erstanden hatte, sah sich um und steckte sie in den Mund. Es gab ein Knirschen. Er hatte auf ein Goldstück gebissen. Das gehörte nun dem Mann, und er wusste nicht, wie er es ins Lager schmuggeln sollte. Es gab Leute im Lager, die mit dem Gold oder anderen Wertsachen mit der SS Geschäfte machen konnten.

Tag und Nacht kamen Züge an, abertausende von Menschen wurden ermordet. War an der Rampe jemand laut, wurde er von einem der jungen SS-Männer sofort erschossen. Brach jemand zusammen, mit einem Schuss war er erledigt. Einmal sangen Menschen etwas auf Hebräisch. Einmal erzählte man sich im Lager, wie ein zwölfjähriger Junge ohne Eltern nicht lockergelassen hatte und Doktor Mengele überzeugen wollte, dass er gut arbeiten könne. Aber er musste dennoch ins Gas.

Hugo sah die Selektionen, während er an der Rampe arbeitete und Sachen auflud. Sah sie aus dem Augenwinkel oder wenn er wie zufällig den Kopf hob, denn natürlich durfte er nicht hinschauen. Er sah, dass Doktor Mengele nicht brüllte wie die anderen SS-Männer. Ruhig stand er, betrachtete die Menschen, die einzeln zu ihm vortraten, und zeigte mit dem Stiel der Reitpeitsche nach links oder rechts. Wenn ein Kind links und die Mutter rechts stand und die Mutter ihn bat, ihr Kind zu sich auf die Seite zu holen, schickte er die Mutter nach links zu ihrem Kind. Manchmal ließ er Kinder zur Seite treten, meistens Zwillinge, aber auch andere. Er ging in die Hocke und sprach mit ihnen. Hugo konnte nicht verstehen, was er sagte, aber oh, der ist freundlich, nicht wie die anderen SS-Männer, der ist nicht verkehrt, dachte Hugo.

Die Kinder, die Doktor Mengele ausgesucht hatte, wurden von einem SS-Mann auf einen Lastwagen gehoben und zum Krankenbau gefahren. Sie wurden auch nie mehr gesehen.

Ein neues Lied kursierte, Hugo sang es mit:

Auschwitz, deine Kamine,
die brennen bei Tag und in der Nacht,
tausende Menschen gingen in die Kabine,
und die Leute sind nie mehr aufgewacht.

Auschwitz, deine Kamine,
die brennen bei Tag und in der Nacht,
tausend Sterne stehen in weiter Ferne,
und der Stubendienst hält seine Wacht.

Zu den Krematorien gehörten sechs Schornsteine. Die Flammen, die meterhoch herausschossen, erhellten nachts den Himmel. Einmal gab es einen Krach, ein lautes Knacken, das im ganzen Lager zu hören war, aus der Richtung der Krematorien 4 und 5. Was war geschehen? Alle hofften. Und es kam auch alsbald die Parole durch. Krematorium 5 ist ausgefallen, weil der Schornstein wegen zu großer Hitze gerissen ist. Mit Bulldozern wurden Gräben ausgehoben, Frauen und Kinder hineingetrieben und von SS-Männern mit Maschinengewehren erschossen.

Als Hugo und Manfred kurz darauf wieder mit Dada die Lore in Richtung Krematorium schoben, auf zwei SS-Männer zu, wisperte Dada: Schaut bitte nicht nach rechts. Hugo und Manfred wendeten nicht ihre Köpfe. Aber aus den Augenwinkeln sah Hugo trotzdem, weshalb Dada das gesagt hatte. Und später sagte Manfred, er habe es auch gesehen. Es war eine breite, mit frischer Erde aufgeschüttete Grube. Aus der Erde ragten vereinzelt ein Knie, ein Fuß, eine Hand oder ein Kinderarm, der sich noch bewegte. Und Hugo sah, dass sich an manchen Stellen die Erde hob. Manche waren lebendig begraben worden. Die SS brachte mehr Menschen um, als in den übrigen drei Krematorien verbrannt werden konnten. Der Rest kam in Gruben. Auch noch lebendig. Dada musste Erde darüber schaufeln, damit die Fläche eben und nichts zu sehen war. Hugo, Manfred und andere mussten wieder Rasen stechen, um die Gruben abzudecken. Solange der eine Kamin ausgefallen war, schickten die SS die Starken in die Gaskammern und die Wehrlosen, Frauen mit kleinen Kindern und Alte, erschossen sie vor den Gruben.

Ein Zug kam nach dem anderen, die Rampe wurde gar nicht mehr leer. Menschen aus Ungarn wurden gebracht.

**»Hätten die Jungen gesehen, dass die Alten erschossen werden, hätte es bestimmt einen Aufstand gegeben. Hätten sie sich aufgeregt oder Mörder geschrien oder sich zusammengetan. Dann wären auch ein paar SS tot gewesen. Die Nazis haben es so schlau gemacht.«**

Es waren zwei ungarische Jungen mit roten Gummistiefeln da. Hugo sah sie tanzen. Einer war vielleicht wie Januschek vier oder fünf Jahre alt, einer ein bisschen größer, vielleicht sieben.

Sie steppten mit den roten Gummistiefeln. Hugo stand und schaute. Von den Gummistiefeln hörte man nichts, aber die Jungen bewegten ihre Beine so schnell, dass man kaum sah, wie sie den Boden berührten. Das beobachtete ein SS-Mann und ließ sich ihre Nummern nennen. Später kam er mit einem anderen SS-Mann. Eine Glocke wurde geschlagen, links am Tor die Stühle aufgestellt, die Sintikapelle musste kommen, die beiden Jungen wurden geholt und mussten für die SS tanzen. Hugo stand direkt daneben.

Noch mehrmals kamen SS-Männer ins Lager, um die beiden Jungen in den roten Gummistiefeln tanzen zu lassen.

**»Ich hab den Tanz bestimmt schon zehn- oder fünfzehnmal nachgeträumt. Das werde ich nie im Leben vergessen. Wie eine Maschine sind die Füße gegangen. Und nach so einem Takt. Ich habe solche Tänze seitdem nie mehr gesehen.«**

In einer Nacht wurden viele ungarische Roma gebracht und in die drei leeren Baracken für die Neuzugänge eingewiesen. Am Morgen sah Hugo sie, den Schrecken in ihren Augen, als sie die Abgemagerten bemerkten, die ersten Toten sahen. Sie blieben und lebten nur ein paar Tage.

LAGERSPERRE! Alle aufstellen zur Selektion. Ein Schaudern, ein Aufschrei, die Menschen wussten, dass Selektion für einen Teil von ihnen den Tod bedeutete. Arbeitskräfte, so hieß es, würden selektiert und auf Transport geschickt. Wenn sie Arbeitskräfte herausziehen, was geschieht dann mit allen anderen? Der großen Mehrheit, die nicht arbeiten konnte, den Kindern? Doktor Mengele wählte aus – mit dem Griff der Reitpeitsche in der rechten Hand zeigte er auf diejenigen, die auf die rechte Seite treten sollten. Von Tante Lonas fünf Mädchen schickte er die drei großen nach rechts, die zwei kleinen nach links. Ihre Eltern waren tot, die Kleinen weinten, die Großen weinten. Eine der Großen, die Zweitälteste, verabschiedete sich von ihren Schwestern und ging nach links zu den Kleinen hinüber. Tante Kerscha kam nach rechts, sie würde mit den beiden Großen auf Transport gehen.

Alle, die weg mussten, und alle, die blieben, dachten, sie würden einander nie wiedersehen.

Dada und Mama blieben bei den Kindern, so wie die meisten Eltern. Jetzt sind wir dran, da war Hugo sicher. Gleich schreien sie: SCHUHE AUSZIEHEN UND ZUSAMMENBINDEN! VORTRETEN! AUFGEHEN! HOSEN AUSZIEHEN! Und so weiter. Seine Knie zitterten, er hielt sich wie die kleinen Geschwister an Mama fest, Manfred hielt Dadas Hand.

Nein. Nichts geschah. Ein paar hundert Menschen kamen auf Transport. Mit ihnen Tante Kerscha und Tante Lonas Töchter, Traubela und ihre Schwester. Und die anderen weinten schon, aber sie wurden nicht umgebracht. Noch nicht.

Hugo war froh, seinen hässlichen, engen, stickigen Block wiederzusehen. Im Block sein hieß, nicht in der Gaskammer sein. Appell stehen war kein Anstehen vor dem Krematorium. Noch nicht.

Es war eine normale Nacht mit Menschen, die schliefen, stöhnten, starben. Kindern, die jammerten, schrien. Am schlimmsten klang Hugo das Weinen und Wimmern aus dem Waisenkinderblock nebenan in den Ohren. Sie weinten die ganze Nacht vor Hunger, vor Durst, und niemals war jemand da, um sie zu trösten.

**»Ich kann heute das Laute von den Kindern nicht vertragen, das kann ich nicht in meinen Kopf reinbringen, weil ich das so viel in den Lagern drin gehört habe. Die Todesschreie, die ich gehört habe. Wenn ich heute Kinder laut höre – lasst, geht weiter weg, Kinder, es geht mir auf die Nerven.«**

Am nächsten Tag merkte Hugo etwas. Die Blockältesten waren unterwegs. Sie hatten etwas zu besprechen.

Dada sprach mit Onkel Babist und ein paar anderen Männern.

Am Abend war wieder Lagersperre. Kamen da leere Lastwagen? Gewöhnlich fuhren sie voll mit Menschen hinein und leer hinaus. Jetzt ist unser Ende nah. Leere Lastwagen kamen durch das Haupttor ins Lager, einer nach dem anderen, acht Stück. Sie wendeten hinten vor der Sauna und hielten am letzten Zugangsblock, in dem die Neuankömmlinge aus Ungarn untergebracht waren. Diese Menschen wurden alle aufgeladen und weggefahren. Sie wussten nicht, wohin, aber Hugo wusste es. Frieda, Manfred, Hugo, Rigo, Rosi, Januschek, alle unter die Decke. Über alle Kinder hielt die Mama oben auf der dritten Buchse, direkt am Eingangstor, ihren Arm. Bleibt alle da, sagte sie, bleibt alle da. Die Lastwagen kamen zurück, wendeten, wurden mit Menschen voll geladen. Der letzte Block war leer. Ihr müsst euch vor nichts fürchten, Mamas Stimme klang nicht beruhigend. Sie zitterte. Wenn wir jetzt hier rauskommen, dann braucht ihr keine Angst nicht haben. Wir kommen in einen großen Raum und von da geht es weiter bis nach Hause. Die Lastwagen kamen zurück, die SS räumte den nächsten Block. Braucht ihr keine Angst nicht haben, es passiert uns gar nichts. Ihr müsst nur dicht bei mir bleiben. Dada stand unten. Hugo kroch ein Stück vor und schaute auf seinen Dada hinab. Er redete laut mit Onkel Babist und anderen. Jetzt ist es so weit. Kommt her, wir lassen uns nicht einfach umbringen. Es kamen aber nur wenige Männer, die Angst war zu groß. Draußen war es noch dämmrig. Sie machen den dritten Block leer, sagte jemand, der durch eine Ritze die SS beobachtete. Alle werden rübergefahren, sagte Frieda ganz leise. Durch ihre Ritze blickte sie in die andere Richtung. Jetzt kam der leere Lastwagen wieder ins Lager, wendete hinten, jetzt kommen sie zu uns. Die Bremsen quietschten. Der Motor wurde ausgeschaltet und stotterte noch zwei-, dreimal. Stille. Bleibt alle hier, flüsterte Mama. Hugo bibberte und zitterte vor Angst am ganzen Körper. Er wusste ja, was geschah, wenn die Züge ankamen. Wusste, was ihnen bevorstand.

Schritte von Stiefeln kamen zum Tor. AUFMACHEN! ALLES RAUSTRETEN! Hugo sah seinen Dada sehr gerade stehen vor der geschlossenen Eingangstür, in der Hand einen Pickel. Neben ihm der Sinto Ernst Steinbach mit einem Stock und am anderen Türflügel Onkel Babist mit einem Schaufelstiel. Ein vierter Mann war dabei. Wie hatte Dada den Pickel und die Schaufel ins Lager gebracht? Drei Sinti kamen dazu, alle hatten etwas in der Hand, das sie als Waffe gebrauchen konnten. Die meisten blieben nah bei ihren Familien, viele hatten zu viel Angst, sich da vorn dem Unheil entgegenzustemmen und gleich zu sterben.

**»Mir läuft es kalt über, ich weiß es noch genau, ich sehe ihn heute noch dastehen.«**

Alles geschah in einem Augenblick. Die Stiefelschritte, Schritte von vielen Männern, das Kommando eines SS-Mannes. Und Dadas Schrei, dass die ganze Baracke zitterte und die Leute zusammenfuhren. Von unten herauf mit der Kraft seines Lebens schrie Dada: KOMMT IHR REIN! WIR KOMMEN NICHT RAUS! WENN IHR WAS WOLLT, MÜSST IHR REINKOMMEN. HOLT UNS RAUS! WIR WARTEN HIER! DANN PASSIERT WAS GROSSES!

Draußen hielten die Schritte an, kein Laut, kein Befehl. Im Block sprangen andere Männer von den Buchsen und gingen langsam nach vorn zu Dada, Onkel Babist und den beiden anderen. Jetzt riefen viele durch die Tür, es war fast ein Tumult. WIR KOMMEN NICHT RAUS! Dann verstummten sie. Draußen sprachen die SS-Männer miteinander. Minutenlang. Im Block Stille, kein Kind weinte. Schießen sie jetzt alles zusammen? Metzeln sie uns alle nieder?

**»Hätten die SS-Männer das Eingangstor geöffnet, könnten sie nicht eintreten, ohne sich selbst zu gefährden. Hätten sie höchstens reinschießen können, hätten sie Arbeit gehabt. Die Toten nehmen, alle Leute sehen zu, wegbringen.«**

Ein Motorrad fuhr über die Lagerstraße und hielt vor dem Block. Wieder sprachen die SS-Männer miteinander. Dann Schritte, die Tür des Lastwagens wurde geöffnet und zugeschlagen. Der Motor angelassen. Das Motorrad fuhr weg, der Lastwagen hinterher, aus dem Lager hinaus.

Und kam nicht zurück. Ein Jubel brach los, im Block lachten und weinten alle vor Freude und Erleichterung. Hugo kletterte schnell aus der Buchse zu seinem Dada. Hugo machte Freudensprünge. Sie hörten auch die Schreie vom Krematorium. Immer wieder Schüsse, dann war Stille. Dann war Stille. Und Hugo lebte. Sie alle lebten noch. Viele kamen von den Buchsen runter und sagten: Ich hätte auch gekämpft. Ich auch.

**»Die SS haben gedacht, wenn sie reinkommen, vielleicht schießen sie ein paar zusammen, aber dass unsere von denen auch ein paar umbringen. Die haben sich erhalten wollen. Und so muss es in den anderen Blöcken auch gewesen sein. Und wenn es auf die anderen Lagerabschnitte übergreift. Vielleicht waren sie in dem Glauben, dass alle Männer der Baracke dastehen und zuschlagen werden.**

**Da bin ich heute noch stolz drauf, das hat es selten gegeben. Und ich höre heute noch Dadas Schrei, wie ein Todesschrei, glaubst du das?«**

Später unterhielt sich Dada mit Onkel Konrad und seinen Cousins. Alle Leute wollten wissen, was in den anderen Blocks vor sich gegangen war. Überall auf der Lagerstraße standen am nächsten Abend die Menschen zusammen und tauschten Neuigkeiten aus. Viele hatten Dadas Schrei bis in ihre Baracken gehört. Onkel Konrad hatte auch so geschrien: So leicht machen wir es euch nicht! Kommt nur rein! Aber zuvor hatte er im Block alle aufgescheucht, war die ganze Länge bis nach hinten gegangen: Was ist hier los? Unsere Familien werden umgebracht. Lasst ihr euch das jetzt gefallen? Ich kämpfe auf alle Fälle, ich kämpfe.

Die Menschen sprachen am nächsten Tag über Onkel Konrad. Oh, wie der im Block geschrien hat. Raus! Alles raus. Seid ihr Männer? Wir müssen unsere Familien verteidigen. Wir müssen es probieren!

In seinem Block sind dann viele zum Eingangstor vorgekommen, bereit, sich gegen die SS zu stellen. Jeder hatte etwas in der Hand, Werkzeug, Latten, Steine, Gabeln, Messer, die sie sich aus Löffelstielen geschliffen hatten. Manche hatten aber nur die bloßen Hände.

In keinem Block, von dem sie an dem Abend hörten, hätten die Menschen sich ohne Widerstand zu den Gaskammern transportieren lassen. Überall waren zumindest einige Männer bewaffnet.

**»Wir haben gewusst, als die abgezogen sind, vielleicht machen sie was Neues, aber so leicht machen sie es nicht. Das hast du als Kind schon gewusst, jetzt merken die, halt mal, die Leute kämpfen diesmal und von uns gehen ein paar drauf. Die können wir nicht ohne Probleme vergasen.«**

Aber Hugo wusste nicht, dass in allen Baracken der Widerstand geplant war, während er seinen Dada mit dem Pickel in den Händen unten vor dem verschlossenen Tor stehen sah. Als er es am nächsten Abend erfuhr, da keimte eine Hoffnung in ihm auf. Sein Dada würde vielleicht noch etwas erreichen, er ließ sich doch nicht alles gefallen.

Zwei, drei Tage waren vergangen.

Ein SS-Mann kam. Plötzlich stand er vor Hugo, es gab kein Verstecken mehr, nur still stehen, geradeaus schauen.

Wer bist du?

3529!

Und der? Der SS-Mann zeigte auf Manfred.

3528!, sagte Hugo und spürte schon sein Herz schlagen.

Seid ihr Brüder?

Jawoll!

Wie alt seid ihr?

Ich zehn und er zwölf.

Der SS-Mann nickte und ging fort. Zwei Tage später stand er im Eingang des Blocks und rief: 3528 und 3529!

Hugo erschrak, er und Manfred schauten sich an. Hugo sah seine Angst in Manfreds Augen. Sie beide und Mama kletterten von der Buchse und traten vor den SS-Mann.

Mitkommen!, sagte er. Ihr werdet untersucht.

Mama brach in Tränen aus. Sie lief schluchzend zum SS-Mann, legte ihre Hände zusammen.

Meine Kinder, lasst bitte bitte meine Kinder bei mir. Lasst sie doch bei mir, bitte. Bitte lasst sie, bitte bitte.

Die Tränen liefen ihr über das Gesicht. Wein doch nicht, Mama, sagte Hugo.

RUHE!, schrie der SS-Mann zu Mama hin und noch ein paar Schimpfwörter dazu. Hugo umarmte sie fest. Manfred sah traurig aus, aber er sagte keinen Ton.

Mama, wir kommen doch wieder, Mama, du brauchst doch nichts zu denken.

Der SS-Mann riss Hugo von ihr los.

Vorwärts!

Hugo und Manfred mussten raus, die Lagerstraße entlang, Mama stand weinend und schaute ihnen nach. Hugo drehte sich noch einmal um und versuchte zu lächeln. Wir kommen nie mehr zu dir zurück, dachte er. Wir müssen jetzt sterben. Aber er sagte nichts, Manfred war bleich und wie versteinert.

Du brauchst nicht traurig schauen, wir kommen wieder her, sagte Hugo. Den ganzen Weg über fragte Manfred: Was machen wir jetzt, Hugo? Was machen wir jetzt?

Komm, ist nicht so schlimm. Wir gehen mit.

Der SS-Mann brachte sie am Lagereingang zu einem Lastwagen und fuhr sie in den Krankenbau zu Doktor Mengele. Hugo erschrak bis ins Mark, als er richtig begriff, wohin. Doktor Mengele spazierte manchmal durch das Lager und sprach mit den Frauen und Kindern. Er war sehr freundlich und hatte sogar manchmal Bonbons für die

Kleinen. Aber wen er mitnahm, wurde nie wieder gesehen, der kehrte nie mehr ins Lager zurück. Einmal hatte Doktor Mengele Mano bemerkt, Hugos Cousin. Er war auch zehn Jahre alt.

Du bist blond, bist du auch ein Zigeuner?

Ja, sagte Mano.

Doktor Mengele nahm Mano mit und gab ihm seine Stiefel zum Putzen. Mano polierte die langen schwarzen Stiefel, die zur SS-Uniform gehörten, bis sie glänzten. Doktor Mengele kontrollierte die Stiefel und sagte: Morgen kommst du wieder. Von da an putzte Mano jeden Tag die Stiefel und musste bald auch andere Aufgaben übernehmen. Zum Beispiel Gläser aus der Krankenbaracke in eine andere tragen. In den Gläsern schwammen Organe von Menschen in einer durchsichtigen Flüssigkeit. Mano sah auch Kisten mit Armen und Beinen. Er sah, wie Kinder vom Dach der Baracke springen mussten. Weil sie davor Angst hatten und nicht wollten, gab ihnen Doktor Mengele Regenschirme in die Hand und sagte, sie könnten damit fliegen. Dann befahl er ihnen zu springen. Die Kinder sprangen und brachen sich die Beine. Doktor Mengele und seine Mitarbeiter wollten untersuchen, wie die Knochen ohne Behandlung zusammenwachsen. All das hatte Mano im Block erzählt, seinen Eltern und seinen Cousins. Vielleicht sechs Wochen war er jeden Tag bei Mengele zum Arbeiten, dann brauchte er nicht mehr hinzugehen.

Es gab viele Berichte und Gerüchte, und Hugo und Manfred konnten sich vor Angst kaum bewegen, als sie nun die Krankenstation betraten, ihr Herz spürten sie bis in den Kopf. In einem grau gestrichenen Raum mit grauen Vorhängen standen graue Liegen in zwei langen Reihen von je zehn, zwei waren frei für Hugo und Manfred, die nun graue Kittel trugen. Auf den anderen Liegen lagen graue Kinder, still, manche stöhnten leise, es war verboten zu sprechen. Ein Junge war auf dem Weg irgendwohin, doch er konnte sich kaum auf den Beinen halten. An dem langen Tisch mit der angeschraubten Bank, der in der Mitte zwischen den Liegen stand, stützte der Junge sich ab, aus seinem Mund rann Blut.

Tag um Tag lagen Hugo und Manfred auf den Liegen, Manfred links von Hugo. Sie flüsterten vorsichtig miteinander, ganz langsam, damit es nicht auffiel.

Manchmal setzten sie sich wie die anderen Kinder auf die Bank oder sie gingen am Tisch entlang hin und her. Es gab auch hier fast nichts zu essen, nichts zu trinken. Jeden Tag trat ein Mann in weißem Kittel ein, darunter trug er die SS-Uniform, zeigte auf ein Kind und sagte: Komm. Durch die Tür hindurch und weg. Manchmal kam das Kind wieder, manchmal nicht mehr. Die, die wiederkamen, bluteten, sie waren schwach und konnten nicht aufstehen.

**»Ich kann nicht sagen, wie lange wir da waren. Es können zwei Monate gewesen sein oder nur drei, vier Wochen. Man hat kein Zeitgefühl da drin. Man denkt nur jede Minute, jetzt habe ich überlebt. Jetzt habe ich wieder überlebt. Wenn die Nacht kam, kurz bevor du eingeschlafen bist – jetzt habe ich überlebt. Hoffentlich morgen noch. So laufen die Gedanken.«**

Einmal unterhielten sich Hugo und Manfred wieder ganz leise, da kam wacklig und langsam ein Junge zu ihnen. Tschawo hieß er und war zehn. Ich darf nichts sagen, aber schaut her, sagte er und hob seinen Kittel hoch. Was die mit mir gemacht haben. Ich bin ein Mädchen geworden.

Sein Geschlechtsteil war nicht mehr da. Er begann heftig zu schluchzen.

Ich will doch gar kein Mädchen sein. Ich will kein Mädchen sein, warum machen die das mit mir?

Ein Mädchen kam und hob seinen Kittel. Ich war ein Mädchen, schau, was ich jetzt habe. Ein zweites Mädchen näherte sich. Die Kinder konnten sich nur mühsam bewegen und leise sprechen, sie waren so schwach, dass Hugo ihre Stimmen kaum hören konnte. Das Mädchen erzählte alles, was schon geschehen war. Mädchen werden zu Jungen und Jungen zu Mädchen umgewandelt, manchen werde der

Bauch aufgeschnitten und etwas genommen, manchen etwas hineinoperiert. Als ein Kind nicht bald wieder aufstehen konnte, sei es geholt und nicht zurückgebracht worden. Wo die hinkommen, wissen wir nicht, die kommen nicht mehr.

Hugo und Manfred blickten sich an, sie wussten es ja.

Das Mädchen sagte: Aber sprecht bitte nicht darüber, ihr dürft nicht sprechen. Einer hat schon gesprochen, der ist nicht mehr da, den sehen wir nicht mehr.

Verratet mich bitte nicht, sagte der Junge.

Nein, nein, wir verraten dich nicht, um Gottes willen.

Die Kinder legten sich wieder auf ihre Liegen. Hugo und Manfred sahen sich an, wieder erkannte Hugo sein Entsetzen und seine Angst in Manfreds weiten Augen. Sie schwiegen. Alles, was Hugo vor dem Lager erlebt hatte, spielte sich vor seinem inneren Auge ab. Was er gespielt hatte, als er noch ganz klein war, die Auer Dult, Lenggries, Sophie vom Café, wie der Dada die Fliegerabzeichen gebracht hatte, wie gern er Zug fahren wollte, die Pferde, die Schule. Sein Freund. Wie schön das Leben war. Sogar die Schule, wo er bespuckt und geschlagen wurde, sogar die Schule war schön. Sogar die Disteln sah er, die er für sein Pferd gepflückt hatte, weil es die so gern mochte.

**»Immer wieder, kurz bevor du am Tod warst, ist dein Leben wieder vorgekommen. Es war ein richtiger Film, was du alles erlebt hast. Und die Gedanken. Was macht meine Mama, was macht mein Dada, was machen die, wenn ich nicht mehr da bin? So geht es dann immer im Kreis. Du siehst deine Mama, du siehst deinen Dada, du siehst deine anderen Geschwister. Wenn Dada stirbt oder die Mama stirbt, was ist dann? Dann müssen die Kinder sterben, die werden vergast. Wir haben ja den ganzen Lauf gewusst.«**

Manfred war sicher, dass sie aus diesem Gebäude nicht lebend hinauskommen würden. Gib auf, lass alles, sagte er. Was soll schon werden mit uns.

NEIN, sagte Hugo da. Wirst schon sehen, wir kommen wieder raus.

Er dachte an Mama, wie sie ihm den Kopf streichelte, den kleinen Januschek und Rosi an der Seite, und sagte: Denk nicht, wir bleiben hier. Wir kommen wieder raus.

Und Hugo wollte ihr immer glauben, er glaubte ihr, er wollte nicht weinen, und so wie Mama flüsterte er zu Manfred hin: Halte durch. Wirst schon sehen, wir kommen bald raus.

Nein, sagte Manfred. Nein, schau doch, was sie da machen. Schau doch den Buben, haben sie dem Buben was weggemacht. Was denkst du denn, was machen sie mit uns? Genauso machen sie es mit uns.

Nein, sagte Hugo. Mit uns machen sie es nicht. Nein. Wir sind doch Deutsche, Dada war bei den Soldaten. Wir werden untersucht und dann kommen wir raus.

So lange flüsterte Hugo, bis Manfred nur noch schaute und nichts mehr erwiderte. Hugo legte sich auf den Rücken und konnte von den Gedanken nicht los, wenn die mir jetzt das abschneiden und mich zu einem Mädchen machen, dann möchte ich vorher lieber sterben. Und wieder hatte er den ganzen Film seines Lebens vor Augen, wie er draußen spielte, wie sie mit Mano und seinen Freunden rauften, das Leben war so schön. Und wenn ich doch weiterlebe und rauskommen sollte? Werde ich heiraten und eine eigene Familie haben? Die Gedanken an die Zukunft waren nur wie kurz aufzuckende Blitze, dann sah er wieder die Vergangenheit.

**»Ich wollte nie in die Schule gehen. Aber wenn man dann in eine Enge getrieben ist, dann denkt man zurück. Da war sogar die Schule eine herrliche schöne Zeit. Da hat man solche Gedanken, die gehen nicht mehr aus dem Kopf.«**

Schließlich wurden sie beide geholt und warteten in einem Gang. Vor ihnen wurde ein Junge herausgetragen. Als Hugo ihn anschaute, schüttelte er mit dem Kopf. Manfreds Nummer wurde aufgerufen, aber Hugo sah Manfreds Gesicht und ging als Erster. Er wollte ihm zeigen, dass es bestimmt nicht so schlimm sein würde. In einem kleinen Raum stand ein Tisch, zwei Häftlinge erwarteten Hugo. Er musste sich auf den Tisch legen. Ein Häftling spreizte seine Beine und befestigte einen Holzstab zwischen den Fußgelenken, so dass Hugo die Beine nicht mehr schließen konnte. Sie beugten seine Knie und machten das Holz fest, so dass Hugo die Beine aufgestellt lassen musste und nicht mehr strecken konnte. Ein anderer Häftling schraubte Hugos Kopf fest, um seine Ohren schlossen sich vor Schmutz fast schwarze Polster so fest, dass es schmerzte. Hugo konnte in dem Schraubstock seinen Kopf weder senken noch heben. Seine Arme wurden festgeschnallt. Dann kam Mengele. Erst schaute er freundlich. Der tut mir nichts Schlimmes. Mengele trug wieder einen weißen Kittel über der SS-Uniform. Er schaute Hugo an und setzte sich vor seinen Unterleib auf den Hocker.

**»Mama hat Mengele in Auschwitz ein paarmal gesehen. Das muss ein schöner Mann gewesen sein. Mama hat nur gesagt, ich hätte nie gedacht, dass er so was tut. Er muss freundlich geschaut haben, aber wo wir ihn dann kennen gelernt haben, hat er ein anderes Gesicht gehabt. Der war richtig ... Ich sehe seine Augen heute noch, der hat durch und durch mich geschaut. Ich dachte, der durchsticht mich mit den Augen.**

**Als ich dann später gehört habe, was er alles getan hat, wusste ich, dass er schon bei der Operation war, wo er uns gesehen hat. Dass er verfallen war in Aufschneiden.«**

Mengele verlangte nach einem Instrument, und Hugo sah, wie der eine Häftling ihm einen glänzenden Metallstab reichte, lang wie ein Lineal, vorn spitz, dann gewellt mit einer Krümmung darin wie ein Haken. Mengeles Blick war kalt und stier geworden. Hugo versuchte mit aller Kraft seinen Kopf zu heben, er hatte Angst, er wollte sehen, was mit ihm getrieben würde. Es gelang ihm nicht, an seinem Körper hinabzuschauen, nur so weit, dass er Mengeles Gesicht deutlich vor Augen hatte, als er sich Hugos Unterleib zuwendete. Mit dem langen

Metallinstrument drückte er von unten in Hugos Bauchhöhle. Dabei brauchte er alle Gewalt, schnaufte heftig und hatte Schweißperlen auf der Stirn. Es gab einen Ruck und er hatte das Instrument in Hugos Körper hineingestoßen. Nun bohrte er hinein.

**»Ich war ohne Narkose. Ich sah nicht seine Hände, aber sein Gesicht, und hatte furchtbare Angst. Ich wusste ja, der tut etwas, dass ich sterbe. Oder er macht mich zu einem Mädchen. Lieber wollte ich sterben als das.«**

Mengele murmelte die ganze Zeit über etwas vor sich hin, während er mit dem Gerät etwas in Hugos Leib tat. Hugo hatte sich den Zipfel seines Kittels in den Mund gesteckt und biss jetzt fest darauf. Hugo spürte den Schmerz bis zum Herzen hinauf. Je mehr er schreien wollte, desto fester biss er auf den Stoff. Der Häftling neben Mengele riss die ganze Zeit über Papier von einer Rolle und saugte das Blut auf, wischte es weg. Und Hugo sah die starren Augen von Mengele.

**»Der hat mir den Haken zwischen die Beine gestoßen, so hoch, so weit, dass ich bald nichts mehr gesehen habe, mir war schwarz vor Augen. Der hat da rumgefummelt und rumgemacht, ich wusste nicht, was er da macht, aber war im Glauben, dass ich sterilisiert worden bin.«**

Hugo glaubte zu sterben, aber er wollte nicht schreien. Er hatte andere Kinder schreien hören: Au, au, hört auf, hört auf, au! Hugo wollte durchhalten, denn sein Bruder saß draußen und sollte ihn nicht hören und noch mehr Angst bekommen. Und er dachte, wenn ich schreie, dann ist der Tod da, dann bringen sie uns gleich um. Ich sterbe nicht, sagte er sich immer wieder, komm, ich sterbe nicht, ich lebe weiter.

**»Ich habe nie erzählt, was der Mengele mit uns getan hat. Das weiß noch keiner. Auch meine Leute wissen nichts von dem. Ich habe eine Scham in mir, ich habe es nicht meiner Mama erzählt. Mama hat ja**

**gemerkt, was mit uns los war, aber ich habe nie drüber gesprochen. Auch nicht der KZ-Stelle. Und jetzt, vielleicht vor drei oder vier Jahren habe ich wieder Schmerzen bekommen, bin zu meinem Hausarzt gegangen und habe ihm das gesagt. Da hat er es angeschaut, sagt er, au, ist das schlecht gemacht worden. Die haben gerissen da drin. Die Narben allein sind so schlimm. Ich habe dann einen Antrag gemacht für eine Entschädigung, da hieß es, das ist vorher nicht gesagt worden, das kann vorher oder später geschehen sein. Die warten nur, dass sie absagen können.«**

Sobald Mengele mit Hugo fertig war, ging er hinaus. Der Häftling stopfte viel Papier zwischen Hugos Beine. Hugo wurde losgeschraubt, auf eine Bahre gelegt und an Manfred vorbeigetragen. Er hatte solche Schmerzen, dass er sich am ganzen Körper verkrampfte. Aber er versuchte die Blutflecken auf seinem Kittel in den Falten zu verbergen, damit Manfred sie nicht sehen konnte.

Es hat gar nicht wehgetan, sagte Hugo noch zu ihm. Manfred musste hinein. Nach einer Stunde wurde er gebracht. Voller Blut, der Kittel durchtränkt.

Es hat doch wehgetan, sagte er.

Bei mir hat es nicht wehgetan.

Doch, doch, erwiderte Manfred schwach.

**»Man ist da mit zehn, elf Jahren wie einer mit zwanzig, fünfundzwanzig Jahren. Das geht schon, wir halten durch. Man ist da so. Und wir haben auch durchgehalten.«**

Jetzt lagen Hugo und Manfred auf den Pritschen und waren sogar zum Sprechen zu schwach, so wie sie es zuvor bei anderen Kindern gesehen hatten. Der Film im Kopf hielt nicht mehr an, die Gedanken drehten sich im Kreis, Tag um Tag. Und jedes Mal, wenn die Tür sich öffnete, die Angst, sie könnten wieder zu Mengele gerufen werden. Hugo und Manfred berichteten einander, was mit ihnen geschehen war. Bei beiden war es gleich. Nur dass der Metallstab, den Mengele bei Manfred verwendete, rot von Blut war.

**»Wir wussten schon, dass wir Sinti waren, aber dass wir, unsere Familien deswegen vergast und verbrannt, gedemütigt, angespuckt, gequält werden, das begreife ich nicht. Das tut mir weh, wenn ich heute einen sehe, der aus einem anderen Land hierher kommt und hier sein Brot verdienen oder studieren will, dass der angegriffen wird. Dahin reicht mein Horizont nicht.«**

Ein Mann in weißem Kittel rief: Nummer achtundzwanzig und neunundzwanzig bei Doktor Mengele melden!

Die Jungen schauten sich an – Hugo war die neunundzwanzig, Manfred die achtundzwanzig. Jetzt ist es so weit, dachte Hugo, wahrscheinlich bringen sie uns jetzt um. Manfred flüsterte: Vielleicht bringen sie uns jetzt rüber. Da wusste Hugo, dass Manfred dasselbe dachte.

Hugo sagte: Wahrscheinlich konnten sie mit uns nicht viel machen, weil wir zwei Brüder sind.

Wenn einer von uns ein Mädchen gewesen wäre, sagte Manfred.

Aber die haben schon was mit uns gemacht.

Und jetzt? Er konnte wieder laufen, langsam, und erhob sich mit Mühe, Manfred konnte noch nicht laufen. Komm, sagte Hugo, komm. Er hakte seinen Bruder unter, stützte ihn und sie gingen durch die Tür.

Achtundzwanzig? Neunundzwanzig?, fragte Doktor Mengele.

Jawohl.

Ihr kommt raus.

Jawohl!

Das ist nicht wahr, dachte Hugo. Draußen stand ein Lastwagen, da kletterten sie hinauf, Hugo half Manfred auf die Ladefläche, Manfred legte sich hin, seinen Kopf auf Hugos Beine. Hugo hielt ihn fest, jedes Ruckeln des Lastwagens verursachte ihm Schmerzen. Nichts sprachen sie, sie schauten sich nur an, sie wussten, wenn der Lastwagen nach links fahren würde, ging es zum Krematorium, nach rechts zurück ins

Lager. Manfred nahm Hugos Hand und hielt sie mit aller Kraft, mit der Kraft seiner Angst. Wirst sehen, sagte Manfred.

Hugo dachte, das ist unser letzter Weg, wir sehen Mama nie wieder, Dada nie wieder, das Leben war doch schön, was hätte ich noch alles werden können.

Nein, sagte Hugo, du wirst sehen, wir kommen wieder zu Mama.

Der Lastwagen fuhr ein Stück, auf das Tor zu, hindurch, Manfred umklammerte Hugos Hand, der Lastwagen fuhr zur Straße vor und bog rechts ab.

Siehst du, ich habe Recht gehabt.

Manfred lag und weinte und schluchzte. Wir kommen doch noch zur Mama heim. Er hielt Hugos Hände, schaute zum Lager hinüber und sagte: Da kommen wir jetzt wieder rein.

Und sogar das Lager war für diesen Augenblick eine Rettung. Auch Hugo weinte.

**»Ich war der Jüngere, aber ich war wie der Vater von ihm. Er hatte meine Hände ganz fest, ich spüre heute noch seine Hand. Wo hatte er die Kraft her?«**

Der Lastwagen fuhr ans Tor des Zigeunerlagers und hielt. RAUS! Hugo und Manfred mussten absteigen und durch das Tor laufen. Manfred konnte nicht allein stehen.

**»Und dass es nicht auffällt, habe ich ihn genommen, habe ihn auf meiner Schulter gehabt und bin mit ihm gelaufen, ich habe ihn halb getragen. Ich war ja selber schwach, ich war zehn und er war zwölf. Ich habe ihm die eine Hand gegeben, dass die nicht merken, dass er vielleicht zu krank ist, dass er vielleicht wegkommt von mir. Ich hab so festgehalten.«**

Und während die beiden Jungen das Tor und die Baracke am Eingang passierten, wurden sie erkannt und die Leute im Lager schrien:

Dutscha, deine Söhne kommen! Langsam gingen die Jungen, mussten Schritt für Schritt fast die ganze Länge des Lagers queren, rechts und links die Blöcke, jeden Schritt aufs Neue mit der letzten Kraft, und ihnen voraus sprangen die Stimmen wie Feuerzungen im Wind: Dutscha, deine Söhne kommen! Als sie den Block erreichten, rannte Mama auf die Lagerstraße, die Augen geweitet, als sehe sie Gespenster.

**»Ich sehe der Mama ihre Augen noch, wo sie uns gesehen hat. Die hat zu Gott gebetet, die hat die Hände zusammengefaltet. Die hat geweint, die Mama. Dann hat sie uns in den Arm genommen.«**

Hugo hielt nur mit Mühe das Appellstehen durch. Noch schlimmer war es für Manfred, der noch nicht ohne Hilfe gehen konnte.

Die erste Nachricht, die Hugo von den anderen Kindern, den Cousinen und Cousins hörte, war: Wir kommen heim. In ein paar Tagen kommen wir heim. Und unsere Dadas gehen zum Krieg. Tante Lonas Töchter hatten keine Eltern mehr, niemand konnte sie mit rausnehmen.

Hugo und Manfred erfuhren, weshalb sie aus dem Krankenrevier von Doktor Mengele geholt worden waren.

Es hieß: Wer von den ehemaligen Wehrmachtssoldaten sich zum Fronteinsatz für das Deutsche Reich meldet, dessen Familie kommt raus. Viele meldeten sich, alle in der Hoffnung, ihre Frauen, Kinder, Geschwister würden freigelassen werden. Das war die Bedingung der SS. Die nahmen Dada und die anderen Familienväter an.

Am Tag bei der Arbeit konnte sich niemand unterhalten. Danach war Appell, dann Blocksperre. Dada, seine Brüder und andere Männer verabredeten sich für die Nacht, elf Uhr. Sie konnten das Tor nicht aufmachen, weil es knarrte. Sie schlichen hinten hinaus und robbten im Schatten der Baracken zum vereinbarten Treffpunkt. Vierzig Männer kamen und besprachen sich leise im Liegen. Sie verabredeten, sich erst dann für die Wehrmacht einkleiden zu lassen, erst dann das Lager zu verlassen, wenn ihre Familien rauskämen. Das wollten sie sehen, es sollte vor ihren Augen geschehen, sonst würden sie lieber bei ihren Familien bleiben und mit ihnen in den Tod gehen.

Hugo sah Dadas aufgerissene Ellenbogen. Meterweit war Dada gerobbt.

Wenn ihr an der Front kämpft, kommen eure Familien raus.

Deshalb waren kurz vor dem Abtransport Hugo und Manfred aus dem Krankenrevier von Doktor Mengele geholt worden.

Am 8. März 2005 wurde in Günzburg, der Geburtsstadt des KZ-Arztes Mengele, eine Gedenktafel zum Andenken an dessen Opfer enthüllt. Schülerinnen und Schüler der Stadt hatten sie entworfen und im Stadtrat vorgestellt. Die Stadt ließ die Tafel mit den 130 Augen in Bronze gießen. Hugo berichtete, was Mengele ihm und seinem Bruder Manfred angetan hatte.

Eine junge ungarische Frau kam mit ihrem kleinen Jungen in den Block. Ein Neuzugang. Schön fand Hugo den Jungen, er hatte runde Wangen und runde Hände, runde Arme, er hatte schwarze Locken und die rosige Farbe eines Menschen. Schön. Irgendwo draußen, jenseits des Stacheldrahts, hatten die Deutschen die beiden aufgelesen. Hugo sah sie an, alle schauten sie an. Die Frau hatte glänzende schwarze Haare bis zur Hüfte.

Die hast du nicht mehr lang, dachte Hugo. Ihr Junge hieß Maimo, er ging wackelig und mit den Armen von sich gestreckt, um das Gleichgewicht zu halten, er hatte gerade laufen gelernt und freute sich daran. Sprechen konnte er noch nicht. Kaum waren die beiden eine Stunde im Block, kam der Friseur, ein Häftling mit einer gezackten

Schere. Die Ungarin musste sich in die Mitte auf den Ofen setzen, Maimo wich nicht von ihrer Seite und Hugo schaute zu, wie ihre prächtigen langen Haare zu Boden fielen.

Darauf tropften ihre Tränen.

Am nächsten Morgen um vier Uhr früh die Glocke. Raus! Schnell aufspringen, hinausrennen, sechs-, siebenhundert Menschen. Fünferreihen. Es musste schnell gehen, weil die SS-Männer manchmal früher als angekündigt kamen. Hugo reihte sich weit hinten ein, gerade, die Hände an die Seiten. Sobald er einen Platz hatte und still stand, schauten seine Augen wieder, nur seine Augen, ohne den Kopf zu bewegen – wo ist Mama? Aha, da vorn rechts steht sie, Januschek neben ihr, der Dada da. Frieda, Manfred, Rosi, Rigo ... Hugo hörte erst auf, mit dem Blick zu suchen, wenn er wusste, wo jeder einzelne seiner Familie war. Manchmal entdeckte er auch Onkel Babist, Mano, Tante Derndl, Lili. Sprechen war verboten. Es dämmerte, der Himmel war weit über den Baracken, die sich Zaun nach Zaun bis zum Horizont zu erstrecken schienen.

Hugo konnte über die Erwachsenen nicht hinwegschauen und sah die Lagerstraße nicht. Aber er hörte tack, tack, tack die Stiefel kommen, anhalten, näher kommen. Und spürte, wie immer bei dem Geräusch der Stiefel, die Panik, spürte poch, poch, poch sein Herz bis in den Hals hinauf schlagen. Neben Hugo stand die Ungarin, mit Maimo an der Hand. Plötzlich riss sich der kleine Junge los und rannte. Nach vorn, zur Lagerstraße. Seine Mutter rief ihn, wollte hinterher, aber sie konnte nicht, denn die Frauen um sie herum hielten sie fest.

Bleib hier, bleib hier, sagten sie. Sonst erschießen die dich gleich. Die machen dich tot.

Das war Erfahrung.

Dann Stille. Hugo konnte nicht sehen, was vorn geschah. Er war zu klein, es standen zu viele Menschen vor ihm. Die Stiefel blieben stehen. Ein Luftanhalten in den Reihen. Tausende Menschen bewegungslos. Dann ein Krachen. Maimos Mutter schrie. Ein Schrei, der das ganze Lager durchgellte.

Fest im Griff hatten sie die anderen Frauen, dass sie nicht zu Boden fiel oder nach vorn lief.

Es dauerte noch lange, bis der Appell zu Ende war, noch lange stehen, die Sonne ging auf. Die SS-Männer gingen, tack, tack, tack, tack, die Frau schrie und weinte. Irgendwann ertönte die Glocke zum Ende des Appells. Alle drängten sich nach vorn, im Gedränge ließ sich auch Hugo zur Lagerstraße treiben. Maimo war fort. Wahrscheinlich lag er schon bei den anderen Toten der Nacht und des Appells. Die Leute sagten, der Kleine sei den SS auf der Lagerstraße vor die Füße gelaufen. Der SS-Mann habe das Kind am Bein genommen, mit dem Kopf gegen die Mauer geschleudert, es fallen lassen und sei dann weitergegangen, gefolgt von den anderen SS-Männern. An der Mauer klebte noch das Innere von Maimos Kopf. Mama und Dada hatten alles mit angesehen.

**»Den Schrei von der Frau werd ich nie vergessen, den Schrei habe ich heute noch in mir. Ich höre ihn noch in mir.«**

Maimos Mutter schrie und weinte den ganzen Tag, noch in der Nacht. Am nächsten Morgen fehlte sie beim Appell und Dada suchte nach ihr. Der ganze Block wurde durchsucht, sie war weg. Die Leute suchten draußen und meinten, einer der verkohlten Leiber im elektrisch geladenen Stacheldrahtzaun sei von der schönen jungen Frau. Sie war selbst noch nicht erwachsen. Wahrscheinlich, vermuteten die Leute, sei sie in der Nacht hinausgeschlichen, an den Zaun gegangen und habe sich so das Leben genommen.

Nachts, sobald es dunkel wurde, streifte grelles Scheinwerferlicht über das Lager, der Zaun selbst war hell beleuchtet, auf den Wachtürmen standen die jungen Männer der SS. Es war auch verboten, dem Zaun nahe zu kommen. Ob der schwarze Klumpen, der in den Drähten hing, wirklich Maimos Mutter war, konnte keiner sicher sagen. Es kam öfter vor, dass Menschen hineinsprangen. Hugo hatte es auch schon gesehen.

Kam jemand dem Zaun zu nahe, wurde er durch die Kraft der dreitausend Volt angezogen und war im selben Moment verschmort.

Es tut doch weh, warum tun sie das?, fragten die Kinder. Die Erwachsenen unterhielten sich darüber und die Kinder hörten zu.

**»Die, wo keinen Ausweg mehr gewusst haben, die, wo der Dada oder die Mama tot war oder die Mutter hat das Kind verloren. Egal wer – wenn keiner mehr da war, Essen gab's nicht –, die haben dann meistens den Freitod gesucht. Die sind auf den Zaun zugelaufen. Bevor sie hin sind, ist noch geschossen worden. Die SS haben extra Acht gegeben, dass keiner zum Zaun hingeht. Das war für sie Arbeit. Ist ein paarmal geschossen worden. Sind sie trotzdem durchgelaufen bis zum Zaun hin. Und dann müssen sie nichts gespürt haben. Das ist da so gesagt worden, man ist nur momentan heiß und dann gleich weg. Bei tausenden Volt. Die SS müssen alles wegmachen, weil sonst wäre überall so ein Klumpen dort, Asche. Das alles wegräumen und wieder neu machen. Ich schätze, dass es für sie eine Arbeit war.«**

Wie kommt ihr denn jetzt heim?, fragten Hugo und Mano die beiden Mädchen von Tante Lona. Ihr braucht um uns keine Angst haben, sagte eine. Ihr könnt ruhig fahren, wir wissen, wo wir hingehören. Wir wissen ja, wir wohnen in München in der Deisenhofener Straße.

Dada ging noch einmal zu ihnen hin: Was ist jetzt mit euch Kindern?

Fahrt nur, Onkel Sepp. Wir wissen, wo wir wohnen, wir finden schon wieder heim.

Alle, die in der Wehrmacht waren, mussten antreten, sie wurden gezählt und die Männer mussten etwas unterschreiben. Tante Lonas Mädchen hielten sich an den Händen, als fast alle Verwandten gingen, heim, wie sie dachten. Oder in den Krieg. Mama drehte sich noch mal um und umarmte die drei. Die beiden Kleinen hielten sich an den Händen und winkten. Wir sehen uns in der Deisenhofener Straße. Bis bald!

Hugo sah sie nie wieder.

Als dann die Lastwagen ans Tor kamen: AUFSITZEN! Junge, Alte, Kinder. Die Lastwagen fuhren los und Hugo, alle waren in großer Angst. Hat die SS wieder gelogen und sie kommen nicht raus, nicht heim?

Sie wurden bis zum Stammlager gefahren.

Eine Zeit lang mussten sie dort bleiben, Frauen von Männern und Jungen ab zwölf getrennt, Mano war jünger, blieb aber bei Onkel Babist. Onkel Konrad musste mit Luki zu den Männern. Seine Kinder Weichsla, Musla und Baptist blieben bei Tante Derndl, die vorgab, es seien ihre Kinder. Nach einigen Tagen hieß es: Auf Transport!

Wieder war niemand sicher, ob die SS-Männer nicht gelogen hatten mit dem Versprechen, die Frauen und Kinder kämen heim.

**»Ich werde oft gefragt in den Schulen, ob ich das vergessen kann. Vergessen, was uns angetan worden ist? Kann man nicht.**

**Wenn man auch will, man kann es nicht vergessen. Man muss sich vorstellen, das waren über zwei Jahre: wenn man täglich bangt, dass man nicht stirbt, dass man nicht umgebracht wird. Jede Minute denkt man, oh, ich hab überlebt. Ein Kollege oder Verwandter von dir, den du eben noch gesehen hast – in einer Stunde hat es geheißen, der ist gestorben.**

**Wenn man das über zwei Jahre mitmacht, täglich, das kann man nicht vergessen. Wir haben 500 000 Tote.**

**Man kann auch nicht verzeihen. Weil, was da passiert ist ... man kann nicht verzeihen. Verzeihen, vielleicht einem, wo es der Großvater war und er selbst sagt: Gut, ich kann ja nichts dafür. Dem kann man verzeihen. Man kann ja nicht die ganze Menschheit damit belasten. Aber es gibt heute noch welche, die den Hitlerglauben noch ganz, ganz gerne in sich haben.**

**Wahrscheinlich wollen manche vergessen, was passiert ist, und dass nicht mehr drüber gesprochen wird. Weil, vielleicht war's der Opa oder der Uropa, der da mitgemacht hat. Und die Familie, die wollen,**

**dass da Gras drüber wächst. Aber das geht nicht, das kann man nicht. Da kann man noch so gut sein, da kann man Liebe deinen Nächsten denken, das geht nicht. Nur aus meinem Vater seiner direkten Familie fehlen 36 Leute. Leute, die in der Blüte gestanden sind, die zu ihrer Arbeit gingen. Kinder. Die sind grausam ermordet worden. Und warum? Was haben sie getan? Nur wegen ihrem Dasein. Weil es mal geheißen hat, die Leute kommen von Indien her. Man müsste dann jeden Ausländer heute köpfen oder vergasen. Ich versteh's heute noch nicht, warum uns das angetan wurde. Man kann nicht verzeihen, man kann es nicht.«**

SCHNELLER, IHR MISTVIECHER! Die Mama saß schon im Waggon mit Januschek und Rigo hinten in der Ecke. Hugo beugte sich hinab zu Rosi, reichte ihr die Hand, um ihr hochzuhelfen. Da brüllte ein SS-Mann SCHNELLER!, und trat ihm mit dem Stiefel gegen das Knie. Hugo fiel. Aber er rappelte sich auf, zog Rosi hinauf und brachte sie hinein in den dunklen Waggon, zu Mama. Im Waggon saßen oder lagen die Menschen am Boden halb übereinander, keiner hatte noch die Kraft, tagelang zu stehen. Wohin werden wir gebracht? Kommen wir jetzt heim?

Ich weiß es nicht, mein Sohn, sagte Mama.

Der Zug fuhr an, aber was war das? Rückwärts. In die falsche Richtung. Nach Birkenau, hinein zur Rampe. Alle sprangen auf, begannen zu schreien und weinten laut, Gott im Himmel, rette uns. Heilige Mutter Gottes, steh uns bei. Die Kinder, die Erwachsenen weinten und klagten laut – jetzt gehen wir durch den Schornstein. Der Zug blieb stehen, es gab einen Ruck. Und noch einen Ruck. Die Türen wurden nicht geöffnet. Dann fuhr der Zug wieder an, vorwärts, hinaus aus dem Lager. Und abermals brachen viele in Tränen aus, wegen der ausgestandenen Angst, weil sie doch einmal mehr überlebt hatten, weil der Zug sie fortbrachte aus der Mordfabrik. Viele sprachen laute Dankgebete. Wieder fuhr ein Wachsoldat im Waggon mit.

Mehrmals hielt der Zug auf der Strecke und wartete Bombenangriffe ab. Die Wachsoldaten stiegen aus, verriegelten die Türen wieder und rannten in den Wald, um sicherer zu sein. Wenn auf uns eine Bombe fällt? Auf uns fällt keine Bombe.

Wir müssen einen Schutzengel haben. Auschwitz sind wir schon entronnen.

Werden wir die Freiheit noch erleben? Englische Bomber sind das. Jemand hatte durch die Ritze ein Flugzeug erkennen können.

Nach einer langen Zeit, ein paar Tagen, wurden die Türen aufgerissen. RAUS! Hugo wollte Mama aus dem Waggon hinabhelfen, da spürte er den Schmerz im Knie wieder. AUFSTELLEN!

**»Das war nur ein Gemetzel. Ich glaube, Vieh kann man nicht so treiben und schlagen wie die SS uns.«**

Hugo las *Fürstenberg* auf einem Schild. Wo lag diese Stadt? VORWÄRTS! MARSCH!

Was hinkst denn du?, fragte Mama.

Mama, ich weiß nicht. Ich habe mir wehgetan. Der SS hat mir einen Tritt gegeben.

AUFSITZEN!

Wieder auf Lastwagen hinauf und alle waren schwach. Die Ladefläche konnte Hugo mit den Händen erreichen, doch bevor er sich hochgezogen hatte, wurde er gepackt und hinaufgeworfen. Zwei SS-Männer standen unten, und wer zu langsam hinaufkletterte, den nahmen sie rechts und links und warfen ihn wie einen Sack, vor allem Kinder und alte Leute. Sobald ein Lastwagen voll war, wurde die Lade hochgeklappt und er fuhr ab.

Wo geht es jetzt hin?

Geht es jetzt heim?

Ich weiß nicht, mein Sohn.

Sie haben uns versprochen, dass wir heimkommen.

Ja, Junge, aber ich glaube es nicht.

Mama hatte Recht. Der Lastwagen fuhr eine Weile, nicht sehr lange.

RAUS!

AUFREIHEN!

Es war der 3. August 1944. SS registrierte sie in Ravensbrück und niemand wurde freigelassen. Mano und sein Vater Onkel Babist, Onkel Konrad und sein Sohn Luki sowie Dada mussten ins Männerlager. Hugo und Manfred gingen mit Mama und den Geschwistern ins Frauenlager, jetzt hatten sie noch Musla, Weichsla und den kleinen Baptist dabei, die Kinder von Onkel Konrad. Tante Derndl gab sich auch hier als ihre Mutter aus. Es waren noch mehr Verwandte in Ravensbrück dabei. Hugo war erleichtert, den Gaskammern und Krematorien entkommen zu sein.

Sie wurden einem Block zugewiesen, einer Baracke mit Fenstern. Als sie hineinkamen, lagen in allen Buchsen Frauen, alle schauten heraus, schauten, was für Neue kamen. Zigeuner. Woher? Aus Auschwitz? Mehr als tausend Blicke lagen auf ihnen. Sechs Kinder mit der Mama, Tante Derndl mit vier Kindern, wieder mussten sie suchen, bis sie einen Platz fanden für ihre Bündel, denn sie wollten nicht auseinander, nicht getrennt schlafen. Und so blieb ihnen nur ein Fleck in der Barackenmitte, am Boden unter einem Fenster, wo keine Buchsen standen.

**»Hast gelegen und gemerkt, es wird kalt im Rücken, dann hast du dich umgedreht. Manchmal waren alle beide tot. Hast wieder einen Fleck gesucht, hast probiert, dich reinzumogeln. Wenn ich allein gewesen wäre, hätte ich mir schon einen Fleck oben gesucht, da gehst du einfach drauf. Die können dich zehnmal runterschmeißen, gehst du zehnmal hoch, und irgendwie hast du dann deinen Platz, wo du schlafen kannst.«**

Zum Appell musste man sich in Ravensbrück nicht neben den Baracken aufstellen, sondern das ganze Lager nach Blöcken geordnet auf dem großen Appellplatz vor der Kommandantur. Eine für Hugo unüberschaubare Menge von Menschen, von Frauen, stand aufgereiht. Und soweit er sehen konnte, gab es außer bei den Sinti und Roma fast keine Kinder. Manche Frauen sagten zu Mama, die werden euch die Kinder auch noch wegnehmen.

Zum ersten Mal sah Hugo Frauen in SS-Uniform, Aufseherinnen mit Röcken, schwarzen Stiefeln, Peitschen. Manche mit Hunden. Und auch die SS-Frauen brüllten. Zu den Schlimmsten gehörten die Koch und die Raabe.

**»Die KZ-Aufseherinnen haben geherrscht wie Männer. Die Stimmen auch, das Laute. Wenn zehn Gefangene zusammenstanden und eine SS-Frau hat gesprochen, dann hat man gewusst, aha, das muss eine SS-Frau sein. So streng, so herrisch.«**

Sie fanden in der Menschenmenge Traubela, die Tochter von Tante Lona. Ihre Schwester war vor kurzem gestorben. Hugo und Frieda erzählten, wie ihre kleinen Schwestern in Auschwitz gewinkt und gerufen hatten: Wir sehen uns in München wieder. Traubela sagte: Tante Kerscha war auch in Ravensbrück. Aber sie ist wieder auf Transport gekommen. Traubela weinte, weil sie nicht mehr ganz alleine ohne Verwandte war.

Sie waren schon mehrere Wochen von Auschwitz weg. Und von Dada getrennt. Hugo vermisste seinen Dada, er fürchtete für ihn.

Was macht der Dada im Männerlager?

Wie geht es ihm? Hugo und Manfred sprachen oft von ihm, sie hatten Sehnsucht und Mitleid. Im Frauenlager waren sie zu sechst und Mama. Und er drüben wusste nicht, ob sie alle noch lebten und ob sie zurechtkamen. Er war drüben mit seinen Brüdern, zwei Neffen, einem Cousin. Aber bestimmt, dachten Hugo und Manfred, denkt er immer an uns und macht sich Sorgen.

Ich muss mich um meinen Dada kümmern, sagte Manfred.

Wann kommt unser Dada wieder?, fragte Januschek.

Bald, sagte Mama. Nicht mehr lange.

Ich will zum Dada rüber, sagte Manfred zu Hugo.

Nach ein paar Tagen sagte er: Weißt du, bleib du bei der Mama, ich schaue nach dem Dada.

Wie? Wie willst du das machen?

Morgen, wenn Appell ist, melde ich mich und sage, dass ich zum Dada rüber möchte. Hugo, du bleibst bei der Mama.

Hugo schwieg. Und wenn dir was passiert?

Mir passiert nichts. Kümmerst du dich um die Mama?

Ist gut. Hugo schluckte. Wahrscheinlich hatte sein Bruder Recht. Der Dada war ganz allein. Einer von ihnen beiden musste sich um ihn kümmern.

Wir treffen uns in München wieder, sagte Manfred.

Ja, sagte Hugo. Und er glaubte an das, was Manfred sagte.

Beim großen Appell, als mehr als zehntausend Frauen und ein paar Kinder standen und schwiegen und neben den SS-Frauen ein hoher SS-Mann zum Rapport kam, stand Manfred neben Hugo. Dann trat er plötzlich aus der Reihe, ging den ganzen Weg an den Fünferreihen entlang. Hugo hatte nicht mehr an Manfreds Plan gedacht, und jetzt zitterte er vor Angst, hielt den Atem an und dachte an Maimo und an den Schrei von Maimos Mutter. Hoffentlich tun sie meinem Bruder nichts. Er folgte Manfred mit seinem Blick. Wie er humpelnd auf die Lagerstraße vorging, ein magerer kleiner Junge. Die Wunde, die ihm der Mengele zugefügt hatte, war noch immer nicht verheilt, er hatte Papier mit Stoffstreifen um den Leib gebunden und ging noch immer breitbeinig, weil sonst jeder Schritt noch mehr schmerzte. In der Nacht, wenn es keiner sehen konnte, nahm Manfred den Verband ab, zog das Papier raus und versuchte, die Wunde zu reinigen. Bei Hugo war die Wunde besser verheilt, vielleicht war sie kleiner gewesen als bei Manfred. Aber wenn sie Appell stehen mussten oder bei der Arbeit hatte auch Hugo noch Schmerzen.

Manfred langte bei dem SS-Mann und den SS-Frauen an. Sie schauten erstaunt. Hoffentlich wird er nicht erschossen. Vor den SS-Leuten blieb Manfred stehen, hob die rechte Hand an die Stirn und sprach. Hugo konnte ihn nicht hören, aber er wusste, was Manfred sagen wollte, sie hatten es gestern besprochen: Ich bin Manfred Höllenreiner, mein Papa ist drüben im Männerlager, ich möchte auch noch für das Deutsche Reich in den Krieg ziehen wie mein Vater, ich möchte auch gegen den Feind kämpfen. Ich war auch beim Jungvolk. Und ich war dort ein Führer. Kann ich bitte rüber ins Männerlager und mitkämpfen? Zitternde Angst ergriff Hugo wieder, als er den SS-Mann auf Manfred schauen sah. Gleich schlägt er ihn, gleich erschießt er ihn … Hugo sah ihn schon tot liegen. Wahrscheinlich zitterten tausende mit Hugo mit. Der SS-Mann schmunzelte, sprach mit der Frau und sagte etwas zu Manfred. Die Frau schrieb etwas auf, wahrscheinlich Manfreds Nummer. Vor all den schweigenden Menschen ging Manfred den ganzen Weg zu Hugo zurück, stellte sich wieder an seinen Platz neben ihn. Vorsichtig, ohne den Kopf zu wenden, flüsterte er: Ich darf. Ich gehe heute zu Dada rüber.

Sobald die Glocke zum Appellende schlug, umarmte Manfred weinend seinen Bruder. Gib auf die Mama Acht, sagte er. Ich gebe auf meinen Dada Acht. Hugo konnte nur nicken, er weinte ebenfalls. Manfred sagte, wir sehen uns wahrscheinlich draußen wieder.

Ja. Bestimmt.

Jetzt spreche ich genauso wie du. Er verabschiedete sich von den Geschwistern, von Mama. Mama liefen die Tränen. Geh doch nicht, mein Junge. Bleib doch da.

Nein, Mama, wir haben es schon ausgemacht. Ich gehe zum Dada rüber und Hugo bleibt bei dir. Wir sehen uns dann in München wieder.

Alle weinten. Sie wussten nicht, ob sie sich je wiedersehen würden. Mama streckte beide Arme nach ihm aus, aber der SS-Mann war schon da, ihn zu holen.

Und Manfred ging mit. Mama ließ ihre Hände sinken. Hugo

schaute ihm nach, seinem kleinen großen zwölfjährigen Bruder, der mit seinem Dada in den Krieg ziehen wollte und nicht ohne Schmerzen gehen konnte. Schaute, bis er ihn nicht mehr sehen konnte. Dann war er weg.

Jeden Tag dachte Hugo an Manfred und hatte Bange um ihn. Die Gedanken marterten Hugo. Sein Bruder, sein Dada, und wie lange noch müssten sie alle im Lager bleiben? Wahrscheinlich kommen wir nie mehr raus, dachte Hugo und weinend sagte er es Mama. Doch, doch, Junge. Ganz gewiss kommen wir raus, glaub es mir.

Und sie zog Hugo an sich. Gern wollte Hugo Mama glauben, aber er sah doch, dass auch Mama nichts tun, sich nicht verteidigen konnte. Hugo dachte an die beiden Mädchen. Wir sehen uns draußen wieder, hatten sie fröhlich gesagt, in München. Aber Emmi, ihre große Schwester, hatte traurig geschaut, als die Menschen alle zu den Lastwagen gingen. Alle wussten, wer bleibt, geht früher oder später ins Gas.

Wenn Hugo nicht arbeitete, verbrachte er die meiste Zeit mit drei Sintijungen, die auch aus Auschwitz gekommen waren. Ihre Väter und älteren Brüder waren ebenfalls im Männerlager drüben.

Ein Junge hatte einen Ball, einen echten Lederball. Und obwohl sie alle wie Gerippe aussahen, spielten sie Fußball. Hugo nicht, er schaute zu, ihn schmerzte die Erinnerung an seinen Freund.

Oft saßen die Kinder zusammen, Hugo, Musla, Lili und andere und sprachen über ihre Brüder und Väter. Wo sind sie?, fragte Lili. Ich möcht wissen, wo der Mano und der Dada sind.

Alle Kinder bangten und sehnten sich. Wo könnten sie sein?

Vielleicht finden wir einen Zaun zum Durchgucken? Dahinten vielleicht.

Sie täuschten ein Fußballspiel vor und näherten sich vorsichtig der Mauer, die vor dem Zaun stand. Dann schauten sie vorsichtig darüber, stiegen darauf und entdeckten, dass hinter dem Zaun, vielleicht fünfzehn Meter entfernt, Jungen herumgingen. Das ist mein Bruder, sagte ein Kleiner aus Hugos Gruppe. Und er rief ihn. Die Jungen drüben bemerkten sie, kamen näher und winkten. Sie waren alle älter als Hugo. Ist mein Dada drüben?, rief Lili. Und Mano? Ja, antwortete der Junge. Die sind alle hier. Hugo schrie rüber: Ist Manfred bei euch? Ja, der ist hier. Wo ist er denn? Manfred liegt. Der ist sterilisiert worden, er liegt noch. Jetzt fragten die anderen auch nach ihren Vätern und Brüdern. Die Jungen antworteten.

Noch mal, dachte Hugo. Warum noch mal? Der Mengele hat das bei uns doch schon gemacht.

Ihr habt ja einen Ball, rief ein Junge. Schenkt ihr uns den?

Der kleine Junge wollte seinem Bruder den Lederball hinüberwerfen. Weil er drüben allein war, ohne Dada. Hugo nahm den Ball in beide Hände. Seid ihr damit einverstanden? Ja, sagten alle. Sie schauten sich um, dann schoss Hugo den Ball über den Zaun, alle Furcht war umsonst, er traf gut und der Bruder des Kleinen fing ihn. Danke. Danke. Sie freuten sich.

Sagt meiner Mama einen schönen Gruß.

Hugo erschrak.

Wir sagen ihm gar nichts, murmelte der kleine Bruder. Und er rief hinüber: Ja, ist gut. Ich sage Bescheid.

Sie winkten sich noch zu, dann gingen die Jungen und die Kinder auf ihre Lagerseiten zurück, es war zu gefährlich, lange dort zu stehen.

Beim Zurücklaufen sagte der Kleine, mein Bruder weiß nicht, dass die Mama erschossen ist.

Später wurde auch der Kleine umgebracht. Hugo wagte sich nicht noch einmal an den Zaun, von Manfred hörten sie nichts mehr.

**»Dass wir überhaupt Fußball gespielt haben, verstehe ich nicht, wo die große Not war. Aber man sieht ja in armen Ländern, die haben bald keine Hose mehr am Hintern, die spielen trotzdem und freuen sich und laufen hin und her. Auch wenn sie Hunger haben, wenn sie arm sind. Das sind Kinder, so war es.«**

Hugo marterten die Gedanken. Wie ergeht es meinem Bruder da drüben bei der SS? Er muss kämpfen, dass er überleben kann.

Mama, Frieda und Hugo wurden jeden Tag einem Arbeitskommando zugeteilt. Hugo musste wieder zum Rasenstechen. Ein Stück mit dem Spaten herausstechen, vierzig Zentimeter breit, sechzig lang, es mit den Händen in einem herausnehmen, dass die Wurzeln ganz bleiben, es auf den Armen sechzig Meter weit tragen zu der Fläche, wo der neue Rasen angelegt werden sollte, nah am Eingangstor. Der Vorarbeiter musste die Rasenstücke zusammensetzen und die Fugen schließen. Ein SS-Mann sprengte dann mit einem Schlauch Wasser darüber. Wenn Hugo und die anderen Jungen abends fertig waren, sagten sie: Das haben wir gemacht, das kann ja kein Meister machen, was wir heute getan haben. Auf dem Rückweg schauten sie sich noch einmal um: Ein richtig gepflegter Rasen, was wir da gemacht haben.

So wollte die SS es haben.

In einem anderen Arbeitskommando musste Hugo bei der Errichtung von Dämmen mitarbeiten, auf denen Schienen für Loren verlegt wurden.

Manchmal wurden mittags Essenskübel zur Arbeitsstelle gebracht und es gab ein bisschen was zu schlucken.

Abends gab es eine Kelle Wassersuppe und zwei, drei kalte Pellkartoffeln. Wenigstens etwas zu kauen und nicht nur Flüssiges.

Im Winter, als schon hoch der Schnee lag und die Temperaturen bis minus 20 Grad absanken, blieben die Abendsuppe und die Kartoffeln aus. Von einer dicken Scheibe Brot, einem Becher Kaffee und einer Kelle Wassersuppe mittags versuchten sie zu existieren.

Tante Derndl und Mama sahen von weitem die Männer in ihrem Arbeitskommando mit Schubkarren und Schaufeln. Tante Derndl rannte hin, gab Onkel Babist einen Kuss und rannte schnell zurück. Aber die SS-Frau Koch hatte es gesehen und notierte die Nummer. Am nächsten Prügeltag musste Tante Derndl über den Bock und bekam zur Strafe für den Kuss 25 Stockschläge.

Jeden Tag war Appell. Erst wurden alle gezählt, oft lagen auch die Toten der Nacht in Reih und Glied, oder die Toten des Arbeitstages, damit sie mitgezählt werden konnten. Dann kam die Parade. Die SS-Aufseherinnen schritten an den Frauen entlang und schauten, ob irgendeine muckste oder anders auffiel. Es konnte einen schlimm erwischen, stand man in der ersten Reihe. Die brutalste war die älteste, die Raabe, die blieb vor Mama stehen und fragte sie etwas. Mama musste antworten. Jawoll! Hugo stand neben ihr und sah aus den Augenwinkeln, wie die alte Raabe der Mama die Jacke zurückschlug. Na, mein Mädchen, was hast du denn da vorne hängen?

Das ist von meinem verstorbenen Papa, sagte Mama. Die alte Raabe griff Mama an den Hals und zog die dünne Kette mit dem kleinen Kreuz unter ihrer Kleidung hervor. Mama hatte das Medaillon immer unter der Kleidung versteckt, aber die Raabe hatte das Glitzern erspäht.

So? Hier gibt's so was nicht! Und die Raabe riss es Mama vom Hals und warf es weg. Mama wollte es aufheben, und im Moment, da sie sich bückte, schlug die Raabe ihr mit der Peitsche quer über Kopf und Schultern. Mama hatte einen roten Striemen am Hals, sie blieb bewegungslos stehen, die Aufseherin lachte hämisch und ging weiter.

Erst nach dem Appell, als sie im Block war, fing Mama heftig zu weinen an und konnte nicht mehr aufhören. Es war doch von meinem Dada. Warum hat sie mir das weggenommen? Ich tue doch nichts mit dem Kettchen. Es war doch nicht wertvoll. Sie weinte und weinte, Hugo und Frieda und auch die Geschwister konnten sie nicht trösten. Ich habe doch sonst nichts mehr von meinem Dada.

Als der Appellplatz vollkommen leer war, ging Mama noch einmal zurück und suchte nach der Kette, aber fand sie nicht. Sie war untröstlich. Als ihr Dada in Auschwitz schon fast verhungert und dann noch geschlagen worden war, starb er. Bevor er weggetragen wurde, hatte Mama ihm das Kettchen abgenommen und sich umgehängt. Jetzt hatte sie anstelle des Medaillons Kratzer von den Fingernägeln der Aufseherin.

Die Raabe ist der Teufel in Gestalt, sagte Mama.

Die Raabe trug meistens einen weit geschwungenen langen Rock. Die alte Raabe wurde sie genannt. Sie war klein und dick. Sie marschierte in ihren hohen Stiefeln wie ein SS-Mann durch das Lager, immer die Reitpeitsche in der Hand oder gut sichtbar im Stiefelschaft. Damit hatte sie Mama schon zuvor einmal quer über das Gesicht geschlagen. Abends sangen die Sinti heimlich ein Lied.

Wenn die alte Raabe kommt,
bumm bumm,
wenn die alte Raabe kommt,
bumm bumm,
dann weinen die Zigeuner
mit ihren Jungen.

Wenn die alte Raabe durch den Block ging, hielten alle den Atem an, niemand wagte sich zu rühren. Wenn sie eine Frau anschaute, dann war schon sicher, dass es ihr schlecht ergehen und sie Schläge mit der Peitsche bekommen würde. Hugo hatte ihr Gesicht von nahem gesehen, als sie Mama die Kette abriss. So ein Gesicht konnte er sich beim Teufel vorstellen, bitterbitterböse.

Abends saß Mama mit drei, vier Frauen in ihrem Winkel auf dem Boden und sie redeten miteinander. Hugo dachte meistens an die Geschwister und an Manfred. Wie geht es meinem Bruder? Er hatte Bange. Wo kann er sein bei tausenden von Leuten? Er muss jetzt kämpfen, dass er überleben kann. Und nun war Hugo verantwortlich für die kleinen Geschwister. Er wollte für sie sorgen, und er zerbrach sich den Kopf, wie er ihnen mehr zu essen beschaffen könnte, er war ja selbst erst elf Jahre alt.

Die Frauen drehten sich mit Packpapierstückchen eine Zigarette, zündeten sie sich an, pusteten auf die Glut, zogen an der Zigarette und reichten sie weiter. Es war dunkel im Block. Hugo lag bei seinen Geschwistern und sah die rote Glut. Wenn eine Frau an der Zigarette zog, entstand eine kleine Flamme, die gleich darauf wieder erlosch. Er hörte die leisen Stimmen der Frauen, verstand aber ihre Worte nicht, die Glut wanderte weiter. Leise stimmten sie ein Lied an. Irgendwann schlief Hugo ein.

Es gab Parolen im Lager, die Zigeunerinnen dürften ihre Kinder behalten, mit ihnen habe die SS noch was vor. Bald kämen die Ärzte aus Berlin.

Die Frauen wurden zur Schreibstube zitiert. Auch Mama und Tante Derndl mussten hin. Ihnen und ihren Kindern wurde die Freiheit versprochen, wenn sie sich freiwillig sterilisieren ließen. Sie sollten eine Erklärung unterschreiben, die Mütter auch für ihre Töchter. Eine Häftlingsärztin und einige andere Gefangene sprachen mit ihnen und beschworen sie, nicht zu unterschreiben, die SS werde ihr Versprechen nicht halten.

Aber Onkel Peter, Dadas Vater, war nicht ins Lager gekommen, weil er dem Druck nachgegeben und sich in München hatte sterilisieren lassen. Vielleicht kämen sie doch frei. Sie mussten alles versuchen rauszukommen, ihren Kindern zuliebe.

Irgendwann war der Tag da. Da hieß es, die Ärzte sind gekommen. Und: Alle Zigeunerinnen raus! Die Nummern wurden aufgerufen. Mama, Frieda, Tante Derndl und viele andere, fast zweihundert, mussten zum Krankenbau. Auch wer nicht unterschrieben hatte. Rosi und Lili blieben in der Baracke. Sie waren noch unter zwölf. Aber Weichsla musste mit, sie war gerade zwölf geworden.

Erst am Abend kamen sie zurück. Ein Lastwagen fuhr rückwärts vor die Baracke und hielt. Darauf lagen fünfzig, sechzig Frauen, alle bluteten. Sie mussten von der Ladefläche klettern und springen und in den Block gehen. Hugo, die Kinder, niemand sagte ein Wort, alle schauten entsetzt auf die Elendsgestalten, die Frauen, die sich in die Baracke zu ihren Kindern schleppten und bluteten, eine Blutspur vom Lastwagen bis zum Schlafplatz auf dem Boden, wo Mama, Frieda, Tante

Derndl und Weichsla nun lagen. Wenig später kam eine SS-Frau. IHR DRECKSCHWEINE! SOFORT SAUBER MACHEN!

Die Frauen mussten alle wieder aufstehen, bekamen Schrubber und Putzlappen in die Hand gedrückt und mussten den Mittelgang, den Eingang der Baracke und die Straße putzen, bis kein Blutstropfen mehr zu sehen war.

Die ganze Nacht jammerte, heulte und stöhnte jede einzelne Frau vor Schmerzen. Für ein paar Tage erhielten sie Blockschonung und durften in der Baracke bleiben, danach mussten sie wieder zum Appell und zur Arbeit. Hugo wusste nicht, was mit ihnen gemacht worden war. Er traute sich nicht zu fragen, er schämte sich. Er hatte Mama ja auch nicht erzählt, was der Mengele mit ihm gemacht hatte. Er sah, dass sie außen am Körper keine Wunde hatte. Weichsla starb daran.

In der Baracke hielten alle Nationalitäten zusammen. Die Polinnen waren zusammen, die Russinnen, die Französinnen, die Deutschen. Aber wenn es Streit gab oder etwas fehlte, dann schimpften alle auf die Zigeunerinnen.

Einmal schubste eine Frau Hugo grob aus dem Weg. Hugo schimpfte und ging auf sie zu, wollte sie auch schubsen, da stürzte die Frau auf ihn los, prügelte ihn, und als er schon auf dem Boden lag, trat sie in ihn hinein, bis ihm schwarz vor Augen wurde. Alles hatte innerhalb von Sekunden begonnen. Und genauso schnell war Tante Derndl aufgesprungen, sie griff der Frau in die Haare, zog sie von Hugo weg und warf sie zu Boden. Mama nahm Hugo auf und brachte ihn in ihre Ecke. Hugo schnappte nach Luft, als er wieder zu sich kam.

Ein anderes Mal war Blocksperre, und Frieda war nicht schnell genug in der Baracke, sie war die Letzte draußen. Eine SS-Frau schrie: DIR WIRD DAS TRÖDELN NOCH VERGEHEN. STILLGESTANDEN! Frieda musste vor ihr stehen bleiben. Was hast du mit deinen Haaren getan? Die sind doch in Auschwitz abrasiert worden.

Sie sind wieder nachgewachsen, sagte Frieda.

Hast du Haarwuchsmittel genommen?

Nein.

In den anderthalb Jahren seit dem Rasieren waren ihre Haare ein paar Zentimeter gewachsen und standen nach allen Seiten ab.

Wann bist du nach Auschwitz eingeliefert worden?

Im März 1943.

SO WAS GIBT ES DOCH NICHT. DU HAST HAARWUCHSMITTEL GENOMMEN. Die alte Raabe griff in Friedas Haare und schüttelte sie, dass Frieda wie eine Puppe hin und her flog. Die zweite SS-Frau drosch auf sie ein. Die alte Raabe ließ los, Frieda stürzte. DIR WERDEN WIR DAS LÜGEN AUSTREIBEN.

Frieda wollte auf, aber sie stürzte wieder. Hugo sah es durch das Fenster. Mama auch. Lieber Gott. Mama schrie. Die alte Raabe in ihrem langen Rock trat Frieda. Noch mal rappelte Frieda sich hoch und lief mit letzter Kraft in Richtung Baracke. Die alte Raabe ließ sie, die SS-Frauen gingen weg.

Frieda war vor der Baracke bewusstlos zusammengebrochen. Mama sprang hinaus und nahm sie auf die Arme, trug sie zu ihrer Ecke. Als sie zu sich kam, schnappte sie nach Luft. Sie konnte nicht atmen. Mama hielt Frieda aufrecht und ihre Arme hoch, es dauerte eine Weile, bis Frieda wieder Luft holen konnte. Tagelang noch hatte sie Kopfschmerzen.

Wie die SS-Männer, so hörte man auch die SS-Frauen nie sprechen, sondern nur schreien. Schreien mit verzerrten Gesichtern, als müssten ihnen beim Schreien die Zähne rausspringen. IHR SCHWEINE, DRECKVOLK, IHR PACK! DU NUTTE, DRECKSAU! Auch Kinder schrien sie so an. Schon in Auschwitz hatte Hugo in unbemerkten Momenten manchmal die SS-Männer beobachtet. Wenn sie auch zu zweit durch das Lager gingen, verzogen sie nie eine Miene, schauten nur stur, ernst und unbewegt, Hugo sah sie nie miteinander locker sprechen, wie es andere Menschen tun, die dann auch mal lächeln. Immer stur ernst gingen sie die Lagerstraße entlang, mit den Metallbeschlägen an den Lederstiefeln und mit Handschuhen. Die alte Raabe war ein lebender Alptraum. Wie Mama gesagt hatte, der Teufel in Gestalt.

In Auschwitz kam selten ein SS-Mann in die Baracke. In Ravensbrück konnte jederzeit die Tür aufgehen und eine SS-Frau durch die Menge der erstarrten Frauen stiefeln.

Aber auch in Ravensbrück gab es keine Zweier- oder Dreierreihen, nur Fünferreihen. Hugo wunderte sich, was die Nazis mit der Fünf hatten. Einmal marschierten sie irgendwohin, Hugo am Rand geriet einen Moment aus der Reihe. Eine SS-Frau schlug ihn ins Genick, er ging zu Boden. Jemand zog ihn hoch und er reihte sich wieder ein.

Frühmorgens stand eine SS-Frau in der Baracke: Wer ist die Dutscha? Vorkommen!

Mama erschrak, stand auf und ging vor zu der SS-Aufseherin.

MITKOMMEN!

Was ist denn? Warum?

MITKOMMEN!

Mama ging mit der SS-Frau weg.

In größtem Schrecken warteten die Kinder auf ihre Mama. Hugo wusste, dass Häftlinge an der Mauer erschossen wurden, die alle nur Klagemauer nannten. Oft hörten sie das Schießen, tags und nachts.

Wird unsere Mama jetzt umgebracht?

Hugo und Frieda mussten zur Arbeit, Rosi, Rigo und Januschek durften tagsüber die Baracke nicht verlassen.

Als Hugo von der Arbeit zurückkam, war Mama immer noch nicht da. Die Kinder warteten, bangten wieder, schauten zur Tür.

Hugo sah Frieda an, sie hatte ihm von der Klagemauer erzählt. Nicht Mama, hoffentlich nicht Mama. Sie kommt bestimmt zurück, sagte Tante Derndl. Hugo wartete, Frieda, alle Kinder warteten, schauten zur Tür, gingen vor und schauten hinaus, gingen zurück in ihre Ecke, Hugo konnte sich nicht setzen, ohne sogleich wieder aufzustehen. Ob sie Mama jemals wiedersehen würden?

Spät kam Mama, weiß wie ein Laken. Alle Kinder stürzten zu ihr.

Mama, was war denn? Was war denn?

Gar nichts. Sie ging zur Schlafecke, alle kauerten sich eng beisammen auf den Boden. Als Mama sicher war, dass keine Fremden zuhörte, erzählte sie es Frieda und Tante Derndl, Hugo hörte zu. Die Anna muss gesagt haben, dass wir alle erschossen werden, und das soll ich gehört haben. Weil andere gesagt haben, die Nummer soundso hat es auch gehört.

Also wurde Mama mitgenommen in die Politische Abteilung.

Die Anna stand im Gebäude vor dem Büro, als Mama hinkam. Sie hielt sich den Bauch, als hätte sie Bauchschmerzen, und sagte ganz schnell: Ma penschi – sag nichts. Me chau damare minscher. Ich fress eure … Ma pukawenn tschi. Verrat mich bitte nicht. Ich habe doch gar nichts gesagt. Sie stieß es leise hervor, als hätte sie »Au mein Magen« gestöhnt. Mama musste in das Büro hinein, ein SS-Mann war dort, eine SS-Frau schrieb mit.

Der SS-Mann sprach. Was haben Sie gehört von der Nummer soundso?

Ich weiß von nichts, sagte Mama.

Es soll jemand gesagt haben, dass ihr alle erschossen werdet, stimmt das?

Warum sollen wir erschossen werden? Wir haben doch gar nichts getan, wer will uns denn erschießen?

Sie haben es also gehört?

Nein, ich habe nichts gehört.

Mama saß vor den SS-Leuten und sagte immer wieder: Ich weiß davon nichts. Davon habe ich nichts gehört. Wieder, wieder und wieder fragte der SS-Mann das Gleiche und stundenlang, immer wieder sagte Mama, sie wisse gar nichts davon.

Ob sie die Frau draußen kenne?

Ja, sagte Mama, die ist bei uns im Block mit drin. Aber ich habe davon nichts gehört. Um Gottes willen, ich weiß nichts davon.

Schließlich ließen sie Mama gehen.

Hugo sah sich im Block um, sah die Hunderte von Frauen. Weil eine der SS etwas erzählt hatte, hätte er beinah seine Mama verloren.

Spitzel gab es überall, auch unter Sinti. Davon hatte Hugo schon in Auschwitz gehört, aber nie geglaubt, dass es seine Familie treffen könnte.

Am übernächsten Tag hörten sie, dass Anna mit ihrer Schwester Reschen erschossen worden war. Vielleicht hatte sie nur ohne zu überlegen oder im Schreck gefragt: Stimmt es, dass wir alle erschossen werden? Manchmal antworteten auch SS-Leute. Anna und Reschen waren Mamas Cousinen.

Immer öfter hörten sie Sirenen, es gab auch im Lager Bombenalarm. Hugo hatte keine Angst, er freute sich. Zusammen hofften sie. Eine Bombe soll auf die SS-Blockstube fallen, eine ans Tor, dann sind alle SS-Leute tot und wir sind frei. Wir könnten hinauslaufen, einfach hinauslaufen.

Bei Alarm verschwanden alle SS-Leute. Sie hockten irgendwo in ihren bombensicheren Bunkern, während dieser Zeit war das Lager SS-sicher. Hugo lief mit anderen Kindern herum, aber nicht zu weit weg von ihrer Baracke. Frauen aus verschiedenen Baracken trafen sich, die kleinen Kinder mit den Müttern, viele Menschen waren draußen. Es fiel auch mal eine Bombe und es gab eine Explosion, aber das machte Hugo nichts aus. Sobald die Sirene Entwarnung signalisierte, eilten alle in ihre Baracken zurück, und wenn die SS-Leute aus ihren Bunkern kamen, waren die Lagerstraßen menschenleer.

Ihr kommt weg. Auf Transport. So hieß es.

Vielleicht kommen wir doch heim, was denkst du, Mama?

Ich weiß es nicht, mein Junge. Aber eines Tages sind wir alle wieder zusammen. Wir sehen uns alle draußen wieder.

Glaubst du, Mama?

Ich weiß es. Ich weiß es genau.

Hugo sah seine Geschwister an. Ich muss aufpassen, dass ihnen nichts passiert. Dada ist nicht da, mein Bruder ist nicht da. Kommt alle her, damit wir zusammenbleiben.

**»Ich war wie ein Aufpasser. Auch für meine große Schwester und meine Mama. Ich habe mich auch gefühlt, als wie ich der Papa von allen gewesen wäre, trotzdem wo ich erst elf Jahre alt war.«**

Das eine oder andere der kleinen Geschwister sagte oft: Hugo, ich habe Hunger. Ich auch. Ich auch.

Es geht schon noch, sagte Hugo. Wir können noch warten. Wir kriegen später noch was.

Und er dachte, wie gern er etwas in seinem Mund hätte – egal was, wie schön wäre es, etwas zu kauen. Überhaupt mal wieder zu kauen.

Kommen wir jetzt heim? Das fragten die Geschwister. Vorher hatte die SS ja schon gelogen. Was macht Manfred jetzt? Wer sagt ihm, dass wir wegkommen? Wenn er noch lebt. Die Gedanken kreisten ständig, die Gedanken ließen Hugo nicht los. Auf Transport. Es war Anfang März 1945.

Wo waren die Befreier, von denen sie schon reden gehört hatten, die Russen oder Amerikaner, die Franzosen, Engländer, irgendwer? Schon zu Anfang vor zwei Jahren auf dem Weg von München nach Auschwitz hatte der Zug wegen Bombenangriffen halten müssen.

In Fünferreihen mussten sie in der Nacht durch die verdunkelte, stockfinstere Stadt Fürstenberg marschieren. Vorneweg und nebenher, alle zwei Meter, marschierten SS-Männer mit.

Hugo gruselte es in dieser Nacht besonders vor ihnen, denn sie waren von Scheinwerfern angestrahlt. Das Licht ließ die Gewehre funkeln und warf unheimliche Schatten in ihre Gesichter. Alle Knöpfe und Metallteile ihrer schwarzen Uniform glänzten, ebenso die langen Stiefel. Die SS-Männer, die hinter der Kolonne gingen, hielten die Scheinwerfer, so dass die Kolonne von grellen Lichtstreifen eingeschlossen war und niemand ungesehen flüchten konnte.

Am Bahnhof mussten die Menschen vor den bereitstehenden Waggons warten, bis sie krachend und quietschend geöffnet wurden. REIN! SCHNELLER, IHR DRECKSCHWEINE! Rechts und links der Tür standen die SS-Männer der Wachmannschaften und halfen beim Einsteigen. Alle beeilten sich, um nur von ihnen nicht berührt zu werden. Einer packte Frieda beim Fuß, als sie dabei war sich hochzuziehen, und warf sie hinein. Vor Hugo griffen sie zu zweit eine Frau und schleuderten sie in den Waggon. Sie flog einen Meter hoch und krachte mit einem dumpfen Aufprall auf den Bretterboden des Waggons. Hugo zog sich hoch und sprang schnell hinein. Dann half er, Januschek und Rosi hochzuziehen.

Die Tür wurde zugeschoben, verriegelt. Draußen erloschen die Scheinwerfer, es war finster im Waggon, Hugo hielt sich an Mamas Arm. Als der Zug losfuhr, fielen sie gegeneinander, aber es konnte niemand umfallen, weil der Waggon wieder so voll mit Menschen war. Diringdingding, diringdingding, dieses Geräusch machte Hugo fertig.

Und wenn sie nun zurück nach Birkenau gefahren wurden, direkt an die Rampe zu den Gaskammern?

Hugo war besonders müde und hungrig und die Gedanken an Manfred und Dada machten ihn fertig. Er ließ sich treiben, gab nur Acht, dass er die Mama nicht aus den Augen verlor.

Unterwegs immer wieder Sirenen, Flugzeuge, Bomben. Keine fiel auf den Zug. Manchmal hielt er stundenlang auf einem Bahnhofsgleis. Kein Dudong-dudong-dudong, kein Auf- oder Zuriegeln draußen, richtige Ruhe. Ein anderer Zug brauste auf dem Nebengleis vorbei. Dudong, dudong, dudong. Fünf Tage später, nachts um drei, wurden Hugo, seine Mama, Frieda, Rigo, Rosi und Januschek, Tante Derndl mit Lili, Baptist und Musla und andere Verwandte an einer Bahnstation wieder ausgeladen. Alle die hungrigen, abgemagerten, schwachen Menschen, die noch lebten. Grelles Licht, SS-Männer mit

Waffen. RAAAUS! SCHNELLER! SCHNELL, IHR MISTVOLK! Schläge. Hugo war jedes Mal starr vor Angst, wenn die brüllten, dass ihre Stimmen sich überschlugen. Und manchmal schaute er sie an, junge Männer mit beim Brüllen verzerrten Gesichtern. Wieder Fünferreihen. Hugo sah, wie SS-Männer ihre Pistolen und andere ihre langen Gewehre luden. Sobald alle Waggons leer waren: VORWÄRTS, ABMARSCH! Rechts und links von ihnen schossen die SS-Männer mit den Gewehren in die Luft. Ewig und ewig, Kilometer nach Kilometer laufen, ununterbrochen bergauf. Wer nicht mehr konnte und zurückblieb oder stürzte, wurde sofort per Genickschuss von einem SS-Mann erschossen. Von Mama eine Schwester, von Mama eine Cousine, von Dada eine Schwester, die konnten nicht mehr. Unterwegs fielen sie und kamen nicht mehr auf. Wenn die gesamte Kolonne über sie hinweggestiegen war, gerieten die Liegenden vor die Gewehre der SS hinter ihnen. Hugo hörte die Schüsse.

Die Mama war drei Reihen vor Hugo. Sie trug den Januschek, mal vorn im Arm, mal an der einen, dann an der anderen Seite, mal legte sie ihn quer über ihre Schultern, mal hatte sie ihn huckepack. Jedes Mal, wenn sie nicht mehr konnte, wechselte sie seine Position, aber sie ließ ihn kein einziges Mal auf den Boden. Er hätte das mörderische Tempo nicht durchgehalten. Mit einer Hand hielt Mama Rosi, zog sie mit, sprach ihr gut zu. Rosi war neun. Hugo behielt Mama fest im Blick. Wenn sie stürzt, kann ich sie wieder aufheben. Dann liegt auch der Januschek, dann muss ich ihnen hochhelfen, und zwar blitzschnell. Er schleppte den kleinen Rigo halb auf seiner Schulter. Wenn seine Kraft nachließ, musste Rigo wieder ein Stück laufen. Sobald Rigo strauchelte und weinte, weil er nicht mehr konnte, legte Hugo wieder den Arm um ihn, die Schulter unter seine Achsel, und schleppte ihn wieder ein Stück. Rigo war sechs. Frieda ging neben ihm, Tante Derndl trug Baptist den Berg hinauf, Lili und Musla gingen rechts und links neben ihr. Tante Derndl gab Baptist und Musla, die Jüngsten von Onkel Konrad, wieder als ihre Kinder aus. Sie hatten sonst niemand mehr. Ob ihr Bruder Luki und ihr Vater noch lebten, wussten sie nicht. Hugo strauchelte und fing sich, seine Beine gingen automatisch, nur weiter, weiter und auf Mama achten. Ein junger Mann, der nur mal aus der Fünferreihe getreten war, peng. Dann hörten sie den Schrei der Mutter, sofort hielten andere Frauen ihr den Mund zu. Ruhig, bleib ruhig, sonst bist du auch dran.

Der Schweiß lief, Hugo weinte vor Angst, dass seine Kraft nicht reichen könnte. Ihr schafft es, sagte Mama. Haltet durch. Nicht mehr lange. Dabei wusste sie selbst nicht, wohin es ging. Immer bergauf und zügig. Es lag Schnee und die Straße war glatt. Wer langsamer wurde, den überholten die anderen, von Angst getrieben, und manche nahmen noch einmal ihre Kraft zusammen, um der SS-Nachhut nicht vor die Waffen zu fallen. Dada hatte einen Neffen, der während des Transports von Auschwitz nach Ravensbrück von der SS erschossen worden war. Seine Frau war in Auschwitz vergast worden. Seine Mutter, sie war eine Tante von Mama, und sein Kind lebten noch. Sie gingen vor der Mama. Die Großmutter trug das Kind. Sie ächzte und sagte immer wieder: Ich kann nicht mehr. Mädel, ich kann nicht mehr.

Doch, sagte Mama. Schau vor, schau vor. Das Licht ist schon da.

Oh, dachte Hugo. Die Mama sieht schon Licht, jetzt sind wir bald da.

Ich kann nicht mehr.

Bleib hier, sagte Mama. Du schaffst es noch. Weiter, es geht, du weißt doch, hinten werden alle erschossen. Lauf noch. Die Frau taumelte vorwärts, versuchte es, dann stolperte sie. Stolperte und fiel.

Nimm mein Mädel, sagte sie zu Mama, als Mama über sie hinwegsteigen musste. Mama rief Hugo zu: Halt das Mädel, ich habe schon die zwei. Er nahm es, doch es rief: Nein, lass mich, lass mich!, riss sich los und stürzte zur Großmutter: Ich will zu meiner Mami! Mami! Hugo konnte das kleine Mädchen nicht halten, stehen bleiben konnte er auch nicht. Mama, Hugo, Frieda, niemand konnte stehen bleiben. Sie gingen über die Liegende hinweg – auch wer stehen blieb, wurde sofort erschossen. Dauernd hörten sie das Paff-paff-paff. Von hinten, vom Ende des Menschenzuges, peng, hörte Hugo – das war die Mutter, peng, das Kind, jetzt ist die ganze Familie ausgelöscht. Er lief wie in Trance, schweißnass, schwankend, er stützte Rigo, damit er blieb.

Dann erreichten sie grelles Licht, eine monströse Mauer, es kam Hugo vor wie ein noch schlimmeres KZ-Lager. Als würden sie jetzt in eine Festung gesperrt, eine mittelalterliche Burg mit Verliesen und Folterkellern. Aber lieber im Lager, als auf Transport gehen. Einen Transport zu überleben war schwerer. Da konnte Hugo abends nicht die Augen zumachen und denken: Wieder einen Tag überlebt und wenigstens zwei Stunden schlafen. Auf Transport dachte er alle paar Momente: Wieder ein paar Minuten überlebt.

Sie waren in Mauthausen. Hugo und Frieda verloren Mama und Tante Derndl mit den Kindern aus den Augen. Sie mussten ewig stehen. Hugo wusste nicht, wie er und Frieda von Mama weggeraten waren. Sie bekamen eine neue Häftlingsnummer, neue Kleidung und sogar Essen. Hugo dachte einen Moment, hier wird es vielleicht nicht so schwer, vielleicht besser, hier kriegen wir zu essen. Aber es war gleich schlechter. Der SS-Mann, der seinen Namen aufschrieb, fragte ihn, was er bei den Frauen mache? Wo der Vater sei? Der ist mit meinem Bruder im Männerlager. Warum bist du nicht mit deinem Bruder ins Männerlager rüber? Ich weiß nicht. Ich bin erst elf.

Sie mussten alle ins Quarantänelager, vier Baracken ummauert und auf der hohen Mauer Stacheldraht. Es war kein Blick auf andere Lagerteile und die Landschaft möglich, es war wie ein Gefängnishof.

Frieda sagte am Abend nach dem ersten Tag: Hugo. Ich hab wieder was gesehen. Ich habe durch die Ritzen geschaut.

Was denn?

Ich kann es dir nicht erzählen, ich schäme mich vor dir.

Was war es denn?

Nein, ich kann es nicht sagen.

In der Früh rief sie: Hugo, schnell komm her, los, schau her. Jetzt ist das wieder. Hugo beeilte sich, zu ihr auf die oberste Buchse zu steigen. Da hatte sie an der Schmalseite der Baracke eine Ritze, die auf die Ziegelmauer schaute.

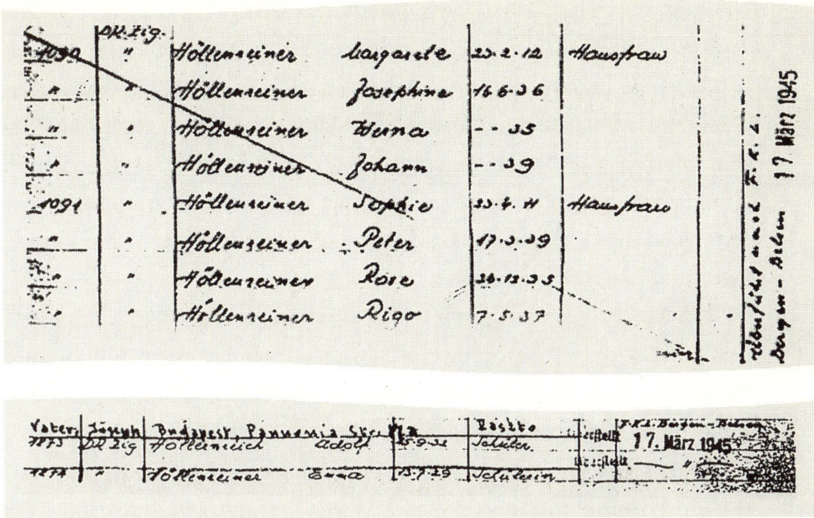

| | | | | | |
|---|---|---|---|---|---|
| 1090 | DR Zig. | Höllenreiner | Margarete | 23.2.12 | Hausfrau |
| " | " | Höllenreiner | Josephine | 16.6.36 | |
| " | " | Höllenreiner | [illegible] | --35 | |
| " | " | Höllenreiner | Johann | --39 | |
| 1091 | " | Höllenreiner | Sophie | [illegible] | Hausfrau |
| " | " | Höllenreiner | Peter | [illegible] | |
| " | " | Höllenreiner | Rose | [illegible] | |
| " | " | Höllenreiner | Rigo | 7.5.37 | |

17 März 1945

| | | | | | |
|---|---|---|---|---|---|
| 1873 | DR Zig | Höllenreiner | Adolf | [illegible] | Schüler |
| 1874 | " | Höllenreiner | [illegible] | [illegible] | Schülerin |

17. März 1945

Die penible Buchführung funktionierte bis zum Kriegsende. Am 6./7. März 1945 wurden Hugo, seine Mutter, Geschwister und Verwandten in das Frauenzugangsbuch Mauthausen eingetragen. Zehn Tage später wieder gestrichen, weil sie zum »F. K. L. Bergen-Belsen überführt« wurden.

**»Und das vergesse ich mein Leben nie, nie. Wenn ich nachts aufwache und kann nicht schlafen, ist der Mann vor mir. Es tut mir so weh, was ich da gesehen habe. Das werde ich auch nie vergessen. Viele sagen verzeihen. Das kann man nicht verzeihen.«**

Hugo schaute mit Frieda durch die Ritze in eine Art Manege. An die Mauer anschließend war ein Halbkreis aus Brettern aufgestellt, gerade so hoch, dass sie den SS-Leuten bis zum Bauchnabel gingen. Drei SS-Frauen mit langen dicken Röcken bis zu den Knöcheln standen mit zwei SS-Männern drum herum, alle in warmen langen Mänteln, unterhielten sich, lachten und rauchten Zigaretten. Eine Tür wurde geöffnet und fünf splitternackte, abgemagerte Männer wurden in den Frost herausgeführt. Sie mussten die Hände an den Hinterkopf legen und im Holzkreis laufen, rundherum. Hugo schämte sich für die

Männer, er stellte sich vor, wie peinlich es ihm wäre, vor den Leuten nackt zu laufen. Die Frauen lachten und rauchten. Eine der Frauen öffnete eine andere Tür, heraus kamen Hunde gestürmt und rasten direkt auf die nackten Männer los. Sie schnappten nach den Geschlechtsteilen und verbissen sich darin. Darauf waren sie abgerichtet. Die SS-Frauen schauten zu und lachten laut. Und die Männer mussten weiter im Kreis laufen, die Hände hinter dem Kopf, die Hunde zwischen den Beinen.

Ein Mann war bärtig, seine Haare waren seit Auschwitz schon etwas gewachsen, er hatte buschige braune Augenbrauen. Hugo hatte ihn schon mal gesehen. Der Hund zerrte und zog an seinem Geschlecht. Sieben Schritte von Hugo hinter der Barackenwand entfernt. Die Augen des Mannes waren starr wie Glas, er weinte nicht, er schaute zum Himmel hinauf. Er sprach etwas für sich, Hugo hörte nichts von den Worten, sah aber, wie sich die Lippen des Mannes bewegten, während er in den Himmel schaute. Und dann schnellten plötzlich die Hände hinab, er packte den Hund am Kopf und versuchte ihn loszureißen. Dabei riss er das Geschlecht ab, oder es war schon abgebissen, und zog mit dem Hund ein Geschlinge aus sich heraus. Der Hund lockerte sein Gebiss nicht. Die SS-Frauen und Männer sprachen und lachten noch. In dem Moment aber, als der Mann den Hund packte, zog eine SS-Frau die Pistole, mit der Zigarette im Mundwinkel ging sie zu dem Mann, drückte ihm die Pistole an den Kopf, der Mann hielt still, peng, schoss das Blut hoch heraus. Und als hätte jemand ein Lasso um seine Beine geschlungen, riss es ihm im Moment des Schusses die Füße hoch, der Mann fiel flach auf den Boden. Er war tot, die Augen offen. Die Hunde wurden zurückgepfiffen und eingesperrt, die anderen Männer, alle verletzt, humpelten in ihre Baracken zurück, die SS-Frauen lachten und redeten weiter mit den SS-Männern. Aus der Schläfe des Toten rann Blut das Gesicht entlang auf den Boden wie ein Bach.

Es kamen Häftlinge mit einer Tragbahre und legten den Toten darauf. Etwas aus seinem Leib hing noch hinab. Er wurde fortgetragen, durch die Tür zu ihrem Gefängnis hinaus auf die Lagerstraße.

Hugo schaute Frieda an. Sie schaute Hugo an. Hugo konnte nichts sagen. Nichts. Auch Frieda schwieg.

**»Ich sehe den Mann heute noch vor mir, der war auch von Auschwitz. Dass ein Mensch das mitmachen muss. Es ist doch ein Leben, er lebt doch. Das tut doch weh.**

**Ich vergess das nie im Leben, dem Mann seine Mimik, sein Gesicht, wie er gelitten hat. Wie er zum Himmel geschaut hat, als wie der Herrgott soll ihm helfen. Das werde ich nie vergessen. Ich habe erst vor einer Woche wieder den ganzen Alptraum gehabt. Ich habe die Frieda erst vor ein paar Wochen gefragt, vielleicht kannst du dich entsinnen. Hat sie gesagt, hör auf, ich kann das nicht. Immer wieder denkt sie daran. Das ist auch ihr Alptraum.«**

An dem Tag kamen SS-Männer in die Baracke. Da drüben ist auch noch einer, nimmst du ihn mit, sagte einer zum anderen. Der kam zur Buchse. Junge, komm da raus. Hugo zitterte sofort am ganzen Körper. Sie meinten ihn. Jawoll! Er kletterte aus der Buchse. Stramm stehen und Jawoll! bellen. So wollte es die SS. Mach dich fertig, du kommst woanders hin.

Wohin? Ich möchte gern bei meiner Familie in der Nähe bleiben.

Die kommen schon mit dir mit. Der SS-Mann brachte ihn von Mama weg auf die Lagerstraße, in eine Baracke. In einem Raum musste Hugo warten. Draußen liefen Massen von Männern vorbei. Jetzt raus!, sagte der SS-Mann. Da mit! Er schubste Hugo in die Reihe und da lief Hugo mit. In Tränen. In Fünferreihen unter SS-Bewachung.

**»Allein gibst du auf. Allein nimmt man das Leid wahrscheinlich leichter, als wenn die Familie dabei ist, auch eingesperrt ist. Siehst du deine Familie um dich jammern, dann kämpfst du. Du kämpfst.«**

Hugo schluchzte. Woandershin, wo nur Männer waren. Manche Männer steckten in Uniformen, von denen die Schulterklappen weggerissen waren, andere in gestreifter Sträflingskleidung. Sie mussten fast rennen, im Laufschritt, er kam kaum mit, fiel ein paarmal, die Männer waren zu schnell, Hugo kriegte fast keine Luft mehr. Bei einem Mann verwickelte sich der lange Mantel zwischen den Beinen, er durfte nicht stehen bleiben und kam ins Stolpern, fiel, ein anderer zog ihn hoch, weiter. Hugos Atem kam stoßweise in kleinen Dampfwolken, der Schnee bedeckte alles und machte den eiskalten sonnenklaren Tag noch heller. Wie immer durften sie beim Marschieren nicht zur Seite, sondern nur geradeaus schauen. Aber Hugo sah es trotzdem. Das rote Blut im weißen Schnee leuchtete grell. Links, ein wenig abschüssig, lagen unendlich viele tote Kinder. Babys und kleine Kinder, Sinti-Kinder. Die Kleidung und der Schnee waren voller Blut. Nichts rührte sich mehr. Hugo erstarrte. Wie in einem Taumel lief er weiter, mit 500, 600 Männern in eine Baracke ohne Buchsen. Er konnte nichts mehr denken, nichts mehr fühlen.

Als er aufwachte, es kam Hugo vor, als seien Tage vergangen, lag die warme Hand eines Mannes auf seinem Kopf.

**»Ich habe nichts mehr davon gewusst, bis heute nicht. Heute Nacht habe ich plötzlich alles wieder vor mir gesehen. Die Kinder müssen schon eine Weile da gelegen haben, starr. Ich hatte so einen Druck im Kopf und jetzt weiß ich es wieder. Ich bin jetzt so frei im Kopf, ich könnte heulen vor Freude.«**

Hugo war untröstlich. Meine Familie, ich sehe sie nie mehr wieder. Hugo weinte den ganzen Abend. Manfred war alleine, Dada allein. Jetzt ich. Ich bin doch noch ein Kind. Um ihn nur erwachsene Männer verschiedenen Alters.

Sie sprachen eine fremde Sprache und so war Hugo noch mehr allein, konnte niemanden verstehen, nicht fragen, wo er war. In einem großen, hallenartigen Raum schliefen alle am Boden, dicht an dicht, fast übereinander. Hugo legte sich dazwischen, er wollte nicht am Rand schlafen, außen, er wollte zwischendrin sein, auch wenn er Füße am Gesicht hatte, auch wenn sein Körper auf einem anderen lag. Er wollte zwischendrin liegen, denn es war bitterkalt, draußen lag Schnee, und es war so kalt, dass Hugo dachte, das Blut müsse in den Adern gefrieren. Hugo wühlte sich zwischen den Männern in die Mitte hinein und weinte. Irgendwann schlief er ein wenig. Wer irgendwo drunter lag, krabbelte hoch. Bald war Hugo wieder wach, weil die Kälte schmerzte. Er war aus der Mitte verdrängt worden, drehte sich um und grub sich wieder hinein in die Masse von Körpern. Und immer, wenn er still lag, fiel ihm seine Familie ein, die Mama. Und er weinte. Wie geht es jetzt weiter? Bringen die meine Familie um? Was wird aus mir? Was mache ich, wenn nur ich allein übrig bleibe? Wann bringen sie mich um? Hetzen sie die Hunde auf mich? Die Gedanken drehten sich, wiederholten sich in der Nacht. Hugo weinte. Ich sehe die Mama nie wieder. Was soll ich da rumkämpfen, was soll ich da noch arbeiten? Wenn sie mich erschießen, erschießen sie mich. Egal. Ich sehe die Mama sowieso nicht mehr. Das ganze Leben zog vor seinem inneren Auge vorüber, jetzt war es gewiss aus, vorüber. Wieder legte sich die Hand auf seine Schulter, warm, beruhigend. Und ebenso klang die Stimme des Mannes, der jetzt sprach, lange, viel. Hugo schaute zu ihm hin, konnte ihn aber nicht sehen. Es war finster in der Baracke. Dann weinte er wieder. Der Mann sprach weiter, seine sanfte Stimme beruhigte Hugo etwas. Nach dem Wecken, im fahlen Schein der von Scheinwerfern durchbrochenen Nacht, saßen sie nebeneinander und schütteten das trübe Wasser namens Kaffee in sich hinein. Der Mann war dürr, mit einem Stoppelbart und Stoppeln auf dem Kopf. Er zeigte Schießen und Marschieren mit seinen Fingern und Gefangen-genommen-Werden. Die Männer in der Baracke waren Kriegsgefangene. Russen?, fragte Hugo. Der Mann nickte. Er zeigte auf sich und sagte immer wieder Igor. Hugo wusste nicht, ob er selbst Igor hieß oder ob er vielleicht einen Sohn Igor hatte. Weil er auch immer wieder ein Kind zeigte. Aber Hugo nannte ihn ab jetzt Igor und Igor nannte ihn Hugo. Sie wurden losgetrieben. Igor fuhr mit seiner Hand über Hugos Gesicht und wischte ihm die Tränen ab. Dann nahm er Hugos

Hand und ging mit ihm in die Dunkelheit hinaus. Der eisige Wind pfiff durch die dünne Kleidung, Hugo zitterte vor Kälte, nur seine Hand war warm. Die Männer waren alle schwach und schlotterten vor Kälte. Sie mussten zum Tor hinaus, am Kommandanturgebäude hingen dicke Eiszapfen. Einen abschüssigen Weg entlang, vorbei an den Unterkünften der SS. Hugo war schon erschöpft und merkte, wie Igor ihn hielt, als sie zu einer langen steilen Treppe gelangten. Dort mussten sie hinab, in Fünferreihen. Die Treppe war aber zu schmal für fünf nebeneinander. Igor zog Hugo dicht an sich heran. Wer außen ging, war gefährdet. Wer mit dem Fuß die Stufe verpasste, rutschte aus und fiel hin. Ein Mann konnte sich nicht geschwind wieder aufrappeln, er purzelte hinab bis an den Fuß der Treppe vor die SS. Das war sein Ende.

Unten erblickte Hugo die halbrunde Felswand, von der sie eingeschlossen waren. Es gab nur einen Ausgang aus dem Kessel zu einem schmalen Weg. Durch diesen Ausgang sah Hugo über die weite, schneebedeckte Landschaft hin. Oben an der Wand waren Gefangene angebunden, die mit Pickeln Felsbrocken herausschlugen. Das Gestein stürzte mit Getöse herab. Unten schleppten es Männer zur Seite und klopften es in Quaderform zurecht. Hugo und Igor mussten die Steine mit bloßen Händen auf Loren aufladen und stapeln. Anfangs dachte Hugo, er könnte den Block gar nicht bewegen, aber er nahm alle seine Kraft zusammen und hievte ihn doch mit hinauf. Manche Steine klopfte Igor zurecht oder machte sie kleiner und Hugo trug sie fort.

Er wollte nicht den SS-Männern auffallen, die im Steinbruch herumstanden, warm gekleidet, mit je einem Stock im rechten Stiefel. Blieb ein Gefangener nur für einen Augenblick stehen, zog ein SS-Mann den Stock aus dem Stiefelschaft und schlug den Mann. Hugos Hände waren bald abgestorben vor Kälte. Umso mehr schmerzte es, den scharfkantigen eisigen Stein anzufassen. Bald waren Hugos Hände aufgerissen. Man durfte nicht stehen bleiben und nicht hochschauen. Hugo schaute doch. Der Mann da oben muss doch mal schlappmachen. Nein, der darf nicht, sonst bringt der SS ihn um. Manche Männer brachen bei der Arbeit zusammen. Aber es gab keine

Pause, bis mittags eine Trillerpfeife schrillte. Hugos Arme und Beine zitterten vor Erschöpfung. Mit seinem Topf stellte er sich hinter Igor in die Schlange vor den zwei Suppenkübeln am Fuß der Treppe. Als er an der Reihe war, bekam er wieder nur eine halbe Kelle. Er wollte sagen, ich habe doch genauso viel gearbeitet, aber er wurde schon beiseite geschoben und Igor nahm ihn an der Hand. Sie setzten sich auf einen Stein, schlürften die laue Brühe und schon ging wieder die Trillerpfeife.

Bis vor Einbruch der Dunkelheit arbeiteten sie. In Fünferreihen die Treppe hinaufzusteigen, überstieg schon fast die Kräfte aller. Dann noch der Weg aufwärts ins Lager zurück. Igor hielt Hugo fest an der Hand. In der Baracke warfen sich alle schwer atmend auf den Boden, alle, die den Tag überstanden hatten.

Am Abend gab eine Frau die Suppe aus. Jeder Mann bekam eine ganze Kelle, Hugo wieder nur eine halbe. Ein Mann wollte ihm den Topf wegnehmen, aber den hielt Hugo fest, er ließ sich nichts mehr entreißen, das hatte er in zwei Jahren im Lager gelernt. Wie schon in Auschwitz begann er im Gehen die Suppe zu trinken, damit sie ihm niemand nehmen konnte. Er setzte sich in die Baracke auf den Boden, Igor setzte sich neben ihn. Er hatte einen Löffel. Hugo wischte mit den Fingern seinen Topf aus, kein Tropfen, kein Rand blieb darin. Igor beobachtete ihn dabei. Hugos Topf hätte nicht sauberer gewaschen werden können. Igor lachte. Als er seine Suppe gelöffelt hatte, stellte er seinen Topf auf den Boden neben sich. Es waren noch Ränder von der Suppe darin. Hugo schaute den Topf an, dann Igor. Igor lächelte, nickte, Hugo nahm den Topf und wischte ihn mit den Fingern aus, leckte die Finger ab, bis keine Spur von Suppe mehr zu sehen war. Immer wenn ausgeteilt wurde, bekam Hugo nur halb so viel wie die Männer. Jeden Abend stellte Igor Hugo nun seinen Topf mit dem Löffel und den Suppenrändern hin und Hugo leckte alles sauber. Igor sprach und zeigte auf Hugo. Zeigte seine Finger – neun, zehn, elf oder zwölf? Hugo verstand: Er zeigte seine zehn Finger und dann den Daumen. Igor zeigte dreimal zehn Finger und noch acht. Er war genauso alt wie

Dada. Mein Vater, mein Papa, mein Dada – Hugo zeigte die gleiche Zahl. Igor deutete auf sich, dann so, als stünde ein kleiner Mensch neben ihm. Zehn war sein Sohn. Hugo überkam wieder die Hoffnungslosigkeit, er würde seine Mama und seinen Dada nie wiedersehen, es fühlte sich an, als würde er in Stücke brechen vor Schmerz. Igor streichelte ihm über den Kopf und hielt ihn fest, bis er sich wieder ein bisschen beruhigte. In der Nacht war die Kälte nicht so schlimm, Igor deckte ihn zu, sie lagen Rücken an Rücken und wärmten sich gegenseitig. Hugo weinte jede Nacht und Igor legte seine Hand auf Hugos Schulter, klopfte darauf, wischte mit seiner Hand über Hugos Gesicht und sprach leise russische Worte. Igor sprach viel mit Hugo. Sie verständigten sich mit Zeichen. Bald wusste Igor, wie viele Geschwister Hugo hatte, dass er schon in zwei Lagern war. Igor schaute ihn oft mit liebevollem Blick an. Wenn Hugo nachts weinte und Igor ihn tröstete, wenn er ihm abends den Topf hinüberschob und noch ein paar Tropfen Suppe darin waren, wenn er mit ihm sprach und ihm lange etwas auf Russisch erzählte, vergaß Hugo für Momente den Schmerz des Alleinseins. Igor war wie ein Vater für ihn. Und Hugo blieb immer an seiner Seite. Wenn er seine Familie nie wiedersehen würde und überlebte, wollte er bei Igor bleiben. Bei dem Gedanken weinte er wieder. Und er weinte dann vor Angst, er könnte auch Igor verlieren. Vielleicht wäre es besser, nicht zu überleben. Igor hatte traurige Augen.

Jeden Morgen gingen sie im Stockdunkeln zur Arbeit im Steinbruch. Obwohl Hugo morgens manchmal dachte, er könnte nicht mehr laufen und nichts mehr heben. Sie waren beide gebückt, als Igor Hugo anstieß und mit den Augen nach oben deutete. Der Mann oben arbeitete langsam, er konnte nicht mehr. Obwohl ein SS-Mann ihn anbrüllte, er konnte nicht schneller. Da trat der SS-Mann ihn über den Abgrund.

Der Mann stürzte von Fels zu Fels, bis er zerschmettert unten aufschlug. Eine Glocke wurde geschlagen: ALLES HERKOMMEN! Hugo und Igor mussten hin zu dem Mann, der jetzt am Grund des

Steinbruchs lag, er war verdreht, ein Arm stak nach hinten und auch der Kopf war verkehrt. Der SS-Mann zog die Pistole, beugte sich leicht zu dem Mann hinab und schoss ihm in den Kopf. Nicht einmal, er schoss das ganze Magazin leer, bis die Pistole klick machte und die Patronen verbraucht waren. Dem Liegenden schoss Blut aus allen Gesichtsöffnungen, aus Augen, Ohren, Nase, Mund. WER HIER NICHT RICHTIG ARBEITET, DEM ERGEHT ES WIE DEM DA!

Der Satz wurde in anderen Sprachen wiederholt. Zwei Häftlinge mussten den Toten wegräumen. Sie kamen mit einer Stoffbahre, legten ihn darauf und trugen ihn fort.

**»Noch vor fünfzehn Jahren habe ich nachts laut gezählt. Ich wollte nicht dran denken. Ich habe die Erinnerung weggedrückt, ich wollte sie verdrängen. Ich habe gezählt bis hundert oder hundertfünfzig, bis ich wieder eingeschlafen bin.**

**Wenn ich jetzt nachts aufwache, will ich es raushaben aus meinem Kopf. Ich habe mit aller Gewalt verdrängt, und jetzt versuche ich mich zu erinnern, um es loszuwerden. Gestern um halb zwei war ich wach und habe nachgedacht. Und batsch – war alles wieder da, einen richtigen Film habe ich vor mir gehabt und alles wieder gesehen. Stimmt genau, so war es doch.**

**Der SS-Mann oben hat zugeschaut, wie der SS-Mann unten dem das ganze Magazin in den Kopf reingeschossen hat. Danach haben wir gearbeitet wie die Wilden, viel besser, viel schneller, wir haben gearbeitet wie die Idioten.«**

Ein Russe wurde von Kapos geschlagen, ein SS-Mann sah zu. Dann nahmen sie den Mann mit. Als er viel später in die Baracke wankte, schrie und weinte er. Seine Arme und Hände baumelten von den Schultern, nach vorn, nach hinten, als gehörten sie nicht mehr zum Körper. Hugo starrte ihn an, und Igor erklärte, wie es dem Mann ergangen war. Igor zeigte: mit den Händen auf dem Rücken, die Handgelenke zusammengebunden. An den Handgelenken aufgehängt, knacks in jeder Schulter, die Arme ausgekugelt, sobald der Mann keine Kraft mehr hatte sich gegen das Gewicht seines Körpers zu stemmen. Er hing stundenlang, dann wurde er losgemacht und in die Baracke geschickt. Hugo sah, dass die Arme noch nach hinten verdreht waren. Der wird sterben, der kann nicht arbeiten.

Wenn nur Igor nichts passiert. Die anderen Männer nahmen den Verletzten und legten ihn vorsichtig hin. Igor legte Hugo den Arm um die Schultern.

In einer Nacht erwachte Hugo, weil es so ruhig war. Kein Schnarchen, kein Stöhnen. Die riesige Halle war menschenleer. Nur Igor lag neben ihm und schlief. Hier und da sah Hugo verlorene Sachen, einen Strumpf, eine Decke. Wo waren die Männer? Hugo schlief wieder. Als er das nächste Mal aufwachte, setzte er sich. Igor neben ihm war wach, sprach nicht. Sie schauten zum Ausgang, nichts geschah. Stunden saßen sie so, vielleicht kam es Hugo auch nur vor wie Stunden, wie eine Ewigkeit. Hugo dachte, vielleicht sind sie geflüchtet. Er hatte reden hören von der Hasenjagd, als hunderte Gefangene geflohen waren und die SS drei Wochen Jagd auf sie gemacht hatte, zusammen mit Bauern der Umgebung. Die SS hatte es Hasenjagd genannt. Das musste kurz vor ihrer Ankunft in Mauthausen geschehen sein.

Als Erstes hörte Hugo die Stiefel. Klack, klack – langsame Schritte, klack. Wenn hunderte Häftlinge über den Boden gingen, hörte man nichts. Igor legte sich hin und deckte sich mit seiner Jacke zu, stellte sich schlafend. Ein junger SS-Mann betrat die Baracke, ging langsam hindurch, in der Hand eine Pistole, er schaute herum, rechts, links, stieß etwas mit dem Stiefel an, ging weiter, klack, klack, die Schritte hallten laut in der leeren Baracke, Hugo saß und hielt still. Der SS-Mann ging an ihm vorbei, die fünf Meter bis ganz zum Ende der Baracke, schaute herum, dann kam er ebenso langsam zurück. Blieb vor Hugo stehen. Mit dem blank geputzten Stiefel schob er die Jacke von Igor beiseite, er stand über ihm. Hob ein wenig die Pistole, drückte ab. Paff. Igor zuckte zusammen, die Augen waren offen, schauten starr und leer nach oben. Der Knall zitterte Hugo noch in den Ohren. Jetzt erschießt er mich. Hugo hatte keine Angst zu sterben, er schaute Igor an. Mama ist fort, der ist weg, er wollte nicht mehr leben, es war ihm egal. Gleichgültig. Er wartete auf den Schuss. Der SS-Mann drehte sich um und ging gemächlich hinaus, jeder Stiefelschritt hallte in der Baracke, klack, klack, die Metallbeschläge. Hugo blieb sitzen, er war versteinert, er rührte sich nicht. Dann hörte er Schritte von zwei Häftlingen, Kapos. Einer nahm Igor am Fuß, einer am Arm, so schleiften sie ihn hinaus, der Kopf holperte über den Boden. Da weinte und schluchzte Hugo, konnte gar nicht mehr aufhören. Stundenlang saß er auf dem Fleck, neben ihm kein Igor. Sollen sie mich erschießen, ich gehe von hier nicht weg. Er hielt Igors Jacke und weinte. Es kam niemand mehr in die Baracke und Hugo stand nicht auf.

Irgendwann, am Abend oder am Nachmittag oder am nächsten Tag, Hugo saß noch immer auf demselben Fleck, wurden fünfzig, sechzig zerschlagene, zerrupfte Männer hineingetrieben. Die anderen tauchten nicht mehr auf. Es war Hugo alles gleichgültig. Er wollte nicht mehr.

**»Als der erschossen wurde, da war die ganze Welt wieder kaputt.«**

Ein paar Tage später hieß es: ANTRETEN! Es waren vielleicht zehn, fünfzehn Reihen. Sie wurden auf Lastwagen verladen, die Lastwagen fuhren los. Hugo trottete mit ohne einen Gedanken, er würde ohnehin sterben. Vielleicht bringen sie uns jetzt um. Er hing nicht mehr am Leben. RUNTER, IHR MISTVIECHER! Sie marschierten zum Bahnhof, Hugo war in die zweite Fünferreihe an den Rand geraten, sonst hatte er immer versucht, hinten zu sein und nicht am Rand. Rund um sie, Meter für Meter, bewachten sie SS-Männer.

Am Bahnhof stand der Zug mit der dampfenden Lok schon, an den offenen Waggons standen unzählige Menschen beisammen. Hugo entdeckte Frauen, Familien. Er spähte hinüber und sah Frieda. Und Mama, wo ist meine Mama? Er blickte sich um und trat langsam aus der Fünferreihe, ohne einen Blick zurück. Jetzt kommt der Schuss. Schritt für Schritt erwartete er einen Schuss. Jetzt knallt es. Noch einen Schritt. Jetzt sterbe ich. Sollen sie mich erschießen, ich will zu meiner Mama. Dann sterbe ich eben. Bei den Menschen angekommen, schlängelte sich Hugo flink hindurch. Im Nu stand er bei Frieda. Wo ist Mama?

Dahinten. Frieda gab ihm schnell einen Schubs in die Menge, zu Mama hin. Eine Sekunde später war er bei ihr. Sie erblickte ihn, schrie auf, riss ihn an sich, sah sich um, deutete auf den offenen Waggon und stellte sich vor ihn. Hugo sprang sofort in den noch leeren Waggon und verkroch sich rechts in die dunkle Ecke, duckte sich in den Schatten, so klein wie möglich. Ihm war heiß und kalt. Gleich kommt ein SS-Mann und erschießt mich. Bei jedem Geräusch am Waggon meinte er, sein Herz müsse stehen bleiben. EINSTEIGEN! Mama und Januschek waren als Erste drin und hockten sich vor Hugo in die Ecke. Mama verdeckte ihn mit ihrem Rock und ihrem Körper, legte ihre Decken vor ihn. Als die Türen verschlossen waren, atmete Hugo auf. Es fuhr kein Wachsoldat mit. Als der Zug anrollte, langte Hugo vor und umarmte seine Mama, hielt sich an ihr fest. Ich lasse sie nie mehr los, nie mehr. Und Mama hielt ihn fest. Fest. Nie mehr gehe ich von dir fort. Über Mamas Gesicht liefen die Tränen, sie küsste Hugo, deine Hände, was ist mit deinen Händen. Hugo konnte vor Schluchzen nichts sagen. Mama küsste seine verletzten, geschwollenen Hände. Die Geschwister hockten und standen vor Mama. Niemand im Waggon konnte Hugo sehen. Die Angst, die SS würde ihn wieder einfangen und von Mama wegholen, wich nicht mehr von Hugo. Er hielt sich an Mama fest, manchmal schlief er ein, wachte wieder auf, schlief wieder ein. Dieser Transport hörte nicht auf.

Diringdingding. Tag und Nacht und Tag und Nacht und Tag und Nacht und Tag und … Zwischendurch stand der Zug. Flugzeuge, Bomben, Schießen, Sirenen waren zu hören. Die Menschen waren schwach, viele brachen in der Hitze zusammen, es gab keine Luft zum Atmen, viele blieben für immer liegen. Der Geruch der Verwesung stieg auf. In jeder zweiten Nacht hielt der Zug, die Türen wurden aufgerissen und Hugo versteckte sich. Die Frauen schoben die toten Frauen und Kinder selbst hinaus, es waren viele und der Leichengeruch stieg schon bald nach dem Tod auf, die SS-Männer warfen sie auf den Boden. Dann schmissen sie ein paar Runkelrüben in den Waggon, die Menschen stürzten darauf, kämpften darum. Die Türen wurden zugedonnert, der Zug fuhr an. Wer keine Rübe hatte, klagte laut. Und diesmal, im stickigen, dunklen Waggon, gaben die Frauen denen etwas, die nichts bekommen hatten. Anders als im Lager wurde hier geteilt. Oft stand der Zug auf der Strecke, oft wurde er hin und her rangiert, jedes Mal stürzten alle übereinander. Bei jedem Halt verringerte sich ihre Zahl und die Lebenden hatten mehr Platz. Acht Tage waren sie im stickigen Waggon eingesperrt. Wie viele Menschen hielten diese Tage nicht mehr durch. Und immer noch lebten Januschek, Rosi, Rigo, Frieda, Mama und Hugo, Tante Derndl, Lili, Baptist und Musla.

Der Zug bremste quietschend, hielt. Sofort wurden die Türen aufgerissen, das grelle gelbe Licht blendete die Augen und das Gebrüll der SS-Männer dröhnte Hugo in den Ohren. Diese Schreie, diese Schimpfworte: DRECKSÄUE, PACK, SCHNELLER, das kannte er nun schon, aber die Angst war immer wieder da, sein Herz flatterte. Er kannte ja auch die tödlichen Folgen, wenn jemand nicht spurte, rannte, sich einreihte, wenn jemand sprach oder schwach wurde. Und er hatte Angst, einer könnte ihn von Mauthausen her erkennen und abknallen. Wenn ich aussteige, bin ich dran. Sie alle funktionierten, es war das vierte Mal, dass sie ausgeladen wurden wie Vieh. Hugo glaubte nicht mehr, dass die SS-Männer sie freilassen würden. Alles was er von ihnen gesehen hatte, war Lüge und Betrug. Von zu Hause waren sie weggeholt worden mit der Lüge, sie bekämen in Polen alles, was sie bräuchten, dann kamen sie nach Ravensbrück, obwohl die SS gesagt hatte, sie kämen heim. Den Menschen in Auschwitz sagten sie, es ginge ins Bad, dabei ging es in den Tod. Was die Deutschen auch sagten, war Lüge und Betrug.

Schnell aus dem Waggon springen, den Geschwistern, der Mama helfen, ich geh nie mehr von ihr weg, aufreihen. Hugo merkte, dass die SS nicht nach jemand schaute, denen war es egal, wen sie vor sich hatten. Viele Menschen stiegen nicht mehr aus, SS-Männer warfen und schleiften sie. Sie lagen nebeneinander aufgereiht auf der Rampe, der Zählappell der Toten. Mehr als zehn Kinder waren dabei. Hugo sah nichts als Wald – dies war kein Bahnhof, sondern nur eine Rampe inmitten von Bäumen. Eine verlassene Straße entdeckte er etwas weiter entfernt entlang der Geleise. Aber kein Fuhrwerk, kein Auto darauf. In einem Spalier von SS-Männern – VORWÄRTS! MARSCH! – in den Wald, und wieder schien der Weg kein Ende zu nehmen. IM LAUFSCHRITT! Hugo war beunruhigt wegen der Bäume, hier können sie uns verstecken, hier sind wir mit der SS allein in einem Wald. Niemand wird uns je finden. Es dämmerte, als sie an einen hell beleuchteten Stacheldrahtzaun kamen, durch ein Drahtgittertor ins Lager gingen und sofort in einen Block gedrängt wurden. Aber Hugo hatte schon genug gesehen, damit sich das Gefühl verstärkte, hier für immer verloren zu sein. Überall lagen ausgemergelte Leichen herum.

**»In Ravensbrück dachten wir, in Auschwitz sind alle vergast worden, hier gibt es das nicht. Man hat Hoffnung. Dann Mauthausen, man kriegt was zum Essen, man kriegt neue Kleider. Warum neue Kleider, warum zum Essen? Also haben sie nicht vor, uns umzubringen. So geht es in so einem kleinen Kopf. Aber dann Bergen-Belsen.«**

Hier wird nur noch gestorben, dachte Hugo. Es war kein SS-Schreien zu hören, es war bedrohlich still. Hugo schaute aus der Baracke – und sah Menschen gehen. Mit beiden Händen hielten sie sich an der Barackenwand fest und setzten nur mit Mühe einen Fuß vor den anderen. Nach jedem zweiten Schritt brauchten sie eine Pause. So werde ich nie werden. Überall auf den Wegen, neben und zwischen den Baracken lagen die Toten, fast alle nackt. Manche übereinander geworfen, manche der Länge nach aufgestapelt.

Hier kommen wir nicht lebend raus. Hugo sagte es nicht zu Mama. Er wollte nicht sterben. Ich wollte doch noch erwachsen werden. Ein giftiger Geruch von Tod und Verwesung hing in der Luft. Manche Leichen waren aufgeschnitten. Viele, die herumlagen, lebten noch, konnten aber nicht mehr aufstehen. Sie blieben Tag und Nacht dort liegen, wo sie zusammengebrochen waren, bis sie starben.

In der Baracke wurden die Menschen wieder in eine Liste geschrieben. Nacheinander mussten alle einzeln an einen Tisch treten, einem glatzköpfigen Häftling den Namen und das Geburtsdatum ansagen. Natürlich standen SS-Männer dabei und die Menschen waren ruhig. Hugo fürchtete sich. Wenn sie mich erkennen und wegbringen. Ich geh da nicht hin, sagte er zu Mama. Die nehmen mich mit. Lieber wollte er sterben, als ohne Mama zu sein. Du kannst ruhig hingehen, sagte Mama. Nein. Ist egal, hier sterben wir sowieso. Hugo stand immer hinter ihr, kein SS-Mann sollte ihn sehen. Ich geh nicht. Doch, Junge, geh ruhig hin. Es passiert nichts. Geh nur, es ist besser.

Mit zitternden Knien trat Hugo an den Tisch und sagte seinen Namen. Mama hatte Recht. Es passierte nichts, niemand kümmerte sich um ihn. Sein Name wurde aufgeschrieben und Hugo ging zu Mama zurück. Aber er stellte sich wieder hinter sie. Und er lehnte seinen Kopf an ihren Rücken. Die vielen Menschen, die beim Transport gestorben waren, kamen in keiner Liste mehr vor.

Niemand musste arbeiten, nur einige Frauen in der Küche, und das war eine Arbeit, die sich jede wünschte, jede träumte davon, sich ein Stückchen Kartoffel in den Mund zu stecken, in eine Rübe zu beißen. Einmal am Tag trugen Frauen ein Fass mit halb gekochten Roten Beten in Wasser in die Blöcke. Davon bekam jede Person eine Kelle. Hugo hatte immer noch seinen kleinen Topf von Auschwitz. Die rote Farbe war nach drei Lagern und Transporten völlig abgeschlagen, aber der Topf war Hugos wertvollstes Stück, das er nie aus der Hand legte, wenn er es nicht Mama anvertrauen konnte. Die wenigen Rote-Bete-Stücke hatten sich unten im Fass abgesetzt, so dass die meisten nur rotes Wasser bekamen. Brot gab es keines und die Wassersuppe blieb nach einigen Tagen auch aus. Von da an gab es gar nichts mehr. Keine Suppe, kein Wasser, kein Brot. Nichts. Seit es nichts mehr zu essen gab, passte Hugo nicht mehr so streng auf den Topf auf.

Es dauerte nicht lange, und Hugo hatte eine kleine Gruppe von Jungen gefunden, die sich zusammengetan hatten und durch das Lager streiften auf der Suche nach etwas Essbarem. Hugo war mit elf Jahren der älteste und größte von ihnen.

Aber meistens war Hugo mit Willi zusammen. Der hatte immer ein Stück Eisen dabei, es sah aus wie der Teil eines abgeknickten Werkzeugs. Mit diesem Eisen ging er und schlief er. Wenn er irgendwo auf dem Boden saß, legte er es in seinen Schoß oder unter seine Beine.

Willi hatte entdeckt, dass manche Menschen beim Sterben eine Hand fest zusammenpressten. Er hatte dann bemerkt, dass einige der Leichen eine geschlossene Hand hatten. Bei einer eben Gestorbenen öffnete er sofort die Hand und fand ein winziges Stück Brotrinde. Wahrscheinlich hat sie gedacht, das hebe ich mir für morgen auf, dann kann ich morgen auch noch leben, aber sie ist zuvor gestorben. Es war verboten, die Leichen zu berühren und ihnen etwas zu nehmen. Und trotzdem trugen die Lebenden die Kleidung der Toten und an einigen Toten fehlten Stücke von Fleisch. Willi war auch schwach, aber er schaute sich um und dachte immerzu nach, wie er an etwas Essbares kommen könnte. Guck mal, was ich kann, sagte er, begab sich auf alle viere und stieß die Füße ab. Willi konnte auf den Händen laufen und Hugo bewunderte ihn. Ich kann nicht mehr auf den Beinen stehen, aber er kann noch auf die Hände. Als ein SS-Mann mit zwei SS-Frauen an der Lagerstraße stand, sagte Hugo: Lauf doch mal auf den Händen.

Warum soll ich es machen?

Bitte tu es doch.

Willi tat es, und Hugo sah, wie die SS-Leute zu Willi schauten.

**»Und ich war richtig stolz darauf, den Leuten zu zeigen, dass wir Sinti-Kinder auf den Händen laufen können. Ich wollte ihnen zeigen, dass wir nicht so schlecht sind, dass sie uns umbringen. Bei uns können Kinder sogar auf den Händen laufen. Ich war richtig stolz auf ihn. Zu zeigen, was mein Freund alles kann.«**

Im selben Augenblick durchschoss Hugo die Angst, er habe einen Fehler gemacht, die SS würde sie wegholen und umbringen. Innerhalb von Sekunden sah er die Bilder: Sein Freund, Dada wird geschlagen, Frieda wird getreten, Maimo, Igor. Aber nichts geschah, die SS-Leute gingen weiter. Hugo war erleichtert. Willi setzte sich wieder, er stieß Hugo an. Ich habe eine Idee. Hugo sollte die Leichen nach Essen untersuchen und er Wache halten und, falls SS sich näherte oder vom Wachturm jemand schaute, sie ablenken, indem er auf den Händen lief. Sie verabredeten genau, wie sie es machen würden. Hugo entfernte sich ein paar Meter von Willi in Richtung eines Leichenhaufens. Willi stellte sich auf die Hände, und im selben Augenblick legte Hugo sich zu den Leichen, als sei er einer der Toten. Ganz langsam untersuchte er ihre Hände, und als er eine geschlossen fand, zog er den Arm zu sich. Die ganze Leiche drehte sich mit, wegen der Totenstarre waren sie alle eisenhart. Er versuchte, die Hand aufzubrechen. Das war unmöglich. Sie war wie zusammengeschweißt. Er versuchte einen Finger in die Hand zu bohren. Das gelang und tatsächlich spürte er etwas Weiches darin.

Ein Pfiff von Willi und Hugo lag still. Er sah Willi aus den Augenwinkeln auf den Händen. Sobald er wieder auf dem Boden saß, bohrte Hugo weiter. Es gelang ihm, ein Stückchen Rübe herauszubekommen, winzig und faulig, aber etwas zu essen. Danach war er völlig erschöpft, wenn ich hier liegen bleibe, muss mich keiner mehr wegräumen.

Er ging zu Willi und teilte das Stückchen mit ihm. Willi stieg wieder auf die Hände, Hugo legte sich zu anderen Toten. Solange die Kraft reichte, durchsuchten sie die Hände der Leichen. Immer ganz langsam und im Liegen. Im Schatten der Baracken suchte Willi mit. Hugo kroch in Leichenberge hinein, lag zwischen und unter Toten und untersuchte ihre Hände. Manche konnte er aufbrechen, es war ein furchtbares trockenes Geräusch. Manchmal war nur ein Zettel darin, auf dem etwas geschrieben stand, aber die Schrift war immer verlaufen, unleserlich, manchmal konnte er eine Zahl erkennen. Die Menschen wussten, dass sie sterben würden, und wollten den Lebenden noch etwas mitteilen. Aber für Hugo waren die Zettel enttäuschend, weil sie trotz der Mühe, sie herauszubekommen, nicht essbar waren. Einer Hand konnte Hugo ein Stückchen schimmliges Brot entringen. Das teilte er später zwischen Mama und den Geschwistern auf. Jedem gab er ein paar Krümel in den Mund. In der Nacht schlichen Hugo und Willi hinaus und von Leiche zu Leiche, aber bald hatten sie keine Kraft mehr, und sie drängten sich in der Baracke zwischen die Schlafenden am Boden.

Zwanzig, dreißig Tote am Tag untersuchten sie. Manchmal hatten sie Glück und fanden etwas. Es konnte eine Stunde dauern, bis sie es herausgepult hatten. Hoffentlich kein Zettel.

Wenn eine Leiche etwas Warmes anhatte, versuchte Hugo, es ihr auszuziehen. Für die Geschwister. Und er fand eine Jacke für sich. Es war höllisch schwer und dauerte Ewigkeiten, sie der Leiche auszuziehen. Wie bekommt man einen Ärmel über einen nach hinten verdrehten Arm, wenn der andere Arm nicht nachgibt? Wie sie lagen, als sie starben, so waren sie erstarrt. Hugos und Willis Kräfte ließen bald nach. Hugo erging es wie den Menschen, die er anfangs gesehen hatte, die sich an den Barackenwänden abstützten. Sogar schlimmer, er hatte keine Kraft mehr zu stehen. Er konnte nur auf allen vieren kriechen, wenn er mal aus der Baracke hinaus musste. Und dann nur bis kurz dahinter.

Meist lag Hugo in der Baracke und oft schaute er Mama an. Immer waren Januschek, Rosi und Rigo bei ihr oder in ihrer Nähe. Frieda konnte nicht mehr aufstehen. Hugo wurde durch den Ausdruck in Mamas Augen aufgerüttelt.

**»Ihre Augen sehe ich heute noch, als wie: Hier verhungern wir, hier muss man sterben.«**

Ich muss etwas tun, dachte Hugo. Sonst sterben meine Geschwister, meine Kinder, und die Mama. Ich muss was tun, ich habe es Manfred versprochen. Wo ist wohl Manfred jetzt? Was macht er? Hugo krampfte es das Herz zusammen. Ganz allein ist mein Bruder, ohne Dada, ohne Mama. Was macht denn mein armer Bruder bei der SS, was macht er denn? Die Gedanken an Manfred marterten Hugo stundenlang, und obwohl er erschöpft war, konnte er deswegen manchmal nachts nicht schlafen. An diesem Abend legte er sich neben Willi, ein paar Meter von Mama entfernt, damit sie nichts merkte. Sonst ließe sie Hugo nicht gehen, denn niemand durfte nachts die Baracke verlassen. Als die meisten schliefen, krochen Hugo und Willi aus der Baracke. Es lagen gerade Gestorbene im Weg. Hugo zeigte auf einen, Willi kontrollierte die Hände, nichts. Sie robbten nach draußen, zogen die Toten, die auf Haufen lagen, auseinander, suchten, nichts Essbares. Lange suchten sie die Leichen ab, umsonst. Schließlich gaben sie auf, sie waren zu schwach und zu müde.

In der Nacht musste Hugo noch mal raus, und als er wiederkam, war sein warmer Fleck nicht mehr da. Die Menschen lagen eng zusammengerückt. Hugo legte sich außen hin, es war so kalt im Rücken, dass er nicht schlafen konnte. Er kroch über den Menschen vor ihm und zwängte sich zwischen die nächsten beiden. Das nächste Mal wachte er auf, weil es wieder in seinem Rücken eiskalt wurde. Der Mensch war tot. Derjenige vor ihm wurde auch kalt. Also krabbelte Hugo über die Schlafenden und quetschte sich zwischen zwei andere Personen. Aber eine davon war auch schon tot. Also suchte Hugo weiter, schmuggelte sich woanders hinein.

**»Was ich heute nicht verstehen kann, dass Leute das aushalten können. Ich könnte es nicht noch einmal. Und dann über zwei Jahre kein Waschen und man lebt weiter. Und die Läuse, die waren sogar in den Augenbrauen drin. Manchmal sieht man da Urwaldmenschen, man sieht, die sind dreckig, die Fliegen um sie herum. Wie können die so leben?**

**Waschen ist das Unwichtigste, wenn nichts zu essen da ist, aber für mich heute ist es das Wichtigste.**

**Man wird abgebrüht. Heute könnte ich das wahrscheinlich nicht mehr, könnte nicht bei einem Toten liegen. Aber wenn man in der Situation drin ist, tut man alles. Da hat man keine andere Wahl.«**

Nicht nur außen, auch innen war ihm kalt. Als fröstelten seine Knochen, Hugo erinnerte sich, wenn er an die vergangenen zwei Jahre dachte, nur ans Frieren. Appellstehen in Auschwitz bei 30 Grad Frost im Schnee, und wie die Knochen schmerzten, bis erst die Füße, dann die Beine vollkommen gefühllos waren. Wie er nach dem Abpfiff nur noch humpeln konnte, weil er nicht spürte, wie seine Füße den Boden berührten. In Ravensbrück musste eine Gruppe von Sinti-Frauen und -Kindern Strafe stehen, von morgens um vier bis in den späten Nachmittag. Viele froren mit den Füßen am Boden fest. In Bergen-Belsen mussten alle auf dem blanken gefrorenen Erdboden schlafen, es gab in den Baracken nichts.

Von früh bis nachts streiften Hugo und Willi ziellos um die Baracken herum und suchten alles ab. Sie entdeckten die Küche, in der für die SS-Leute gekocht wurde, und beobachteten von weitem, wer ein und aus ging. Sie legten sich in den Graben und warteten, ob vielleicht jemand Abfälle hinausbringen würde. Stunde um Stunde lagen sie dort und warteten und froren. Erst tat vor Kälte alles weh, dann spürte Hugo seinen Körper nicht mehr. Aber er harrte aus. Wenn dort gekocht wurde, vielleicht könnte er ein paar Kartoffelschalen erwischen. Es war schon Abend, als jemand herauskam und Reste in eine Tonne schüttete. Hugo und Willi wagten sich nicht heran. Außerdem waren sie zu steif, um im Notfall schnell rennen zu können. In der Nacht aber standen sie auf, als alle schliefen, schlichen zur SS-Küche und holten sich aus der Tonne, was sie in der Eile greifen konnten, tatsächlich Kartoffelschalen.

Mama und die Geschwister freuten sich darüber.

Bauern brachten mit ihren Pferdefuhrwerken faulige Rüben ins Lager. Auch sie durch SS bewacht, schauten sie nicht nach links, wo die Leichen lagen. Hugo saß manches Mal in der Nähe und beobachtete sie. Und hoffte, eine Rübe würde vom Wagen fallen. Die Bauern blickten stur geradeaus.

Hugo stand auf, und wenn keiner aufpasste, schnappten er und Willi jeder eine Rübe und hauten ab. Jedes Kind, jede Frau, die noch Kraft zu rennen hatte, versuchte es.

Plötzlich stand Tante Kerscha vor ihnen. Seid ihr alle hier?, sagte sie und weinte. Mama und Tante Derndl weinten auch, und sie freuten sich aneinander, dass sie noch lebten. Tante Kerscha war in Buchenwald und Altenburg gewesen und dann mit anderen nach Bergen-Belsen transportiert worden.

Meistens war der Himmel klar und nachts stürzte die ganze Kälte des Universums auf sie herab. Hugo hatte keine Schuhe.

Oft schaute er in den Himmel. Er konnte nicht mehr denken: wenn wir rauskommen. Auch mit Willi und den anderen Jungen machte er keine Pläne für das Wenn-wir-rauskommen. Wenn wir morgen noch leben, wenn wir bis morgen überleben, so begannen die Sätze. Vielleicht erleben wir das Kriegsende noch, vielleicht werden wir befreit. Wenn ich mich nur noch einmal satt essen könnte, dann halten wir vielleicht durch, bis der Krieg aus ist. Dass der Krieg mit der Befreiung ausgehen würde, dass ausländische Truppen in Deutschland kämpften, wussten alle. Aber ob sie noch leben würden, bis das im Wald verborgene Lager gefunden würde? Die Engländer oder Franzosen wissen bestimmt nicht, dass es uns gibt. Vielleicht bringt die SS uns alle um, damit wir nicht erzählen können, was geschehen ist. Manchmal war doch eine Wolke am Himmel und Hugo schaute ihr voller Sehnsucht nach. Könnte ich mit meiner Familie fortfliegen. Wolke, wohin willst du, wohin schwebst du? Wir sterben hier alle. Vielleicht käme der Regen woanders den Menschen wie Tränen von Unglücklichen vor. Die Tränen der Sterbenden. Das Leben war so schön. Vor dem Haus blühten Blumen. Nach dem Frühstück lief Hugo gleich hinaus, die Bäume, blühende duftende Linden voller Vogelgezwitscher, alles grün. Sein erster Gang war zu den Pferden, er half den Stall auszumisten. Oft war er mit Manfred bei Onkel Konrad drüben. Da gab es auch Hühner und einen Hahn. Und Ziegen. Er spielte mit den Mädchen von Onkel Konrad und Tante Notschga. Jetzt lebte nur noch Musla, sie lag in der Baracke und sah aus wie ein Strich. Und der kleine Baptist hatte seit Mauthausen Tuberkulose und konnte gar nicht mehr aufstehen. Aber er lebte und Tante Derndl kümmerte sich um ihn. Wolke? Wolke, sag den Menschen da draußen, dass wir hier verhungern.

Hugo verlor den Mut zu hoffen.

Eine Frau aus Wittenberg konnte gut lesen und schreiben. Sie arbeitete bei einer SS-Aufseherin im Büro.

Wenn die SS-Leute etwas wollten, schickten sie diese Frau in die Blocks. Sie musste die Frauen holen, die wegen Vergehen gemeldet worden waren oder die zu einer Arbeit kommandiert werden sollten. Einmal kam sie in Hugos Block. Die Frauen fragten: Wie ist es? Wann kriegen wir zu essen?

Da sagte sie: Ach. Hier kommen wir nicht mehr raus.

Die Frauen fingen laut an zu klagen und zu weinen. Mama saß weiter hinten und rief: Was ist denn los? Was schreit ihr denn so?

Sie sagt, hier kommen wir nicht mehr raus, sie weiß es, sie kann in die Papiere reinsehen, die aus Berlin kommen.

Ach, sagte Mama, Leute, hört doch gar nicht hin, was die da erzählen.

Mama gelang es, die Frauen wieder zu beruhigen. Ewig war Blocksperre. Tagelang, kam es Hugo vor. Die meisten Leute lagen jammernd und wimmernd in der Baracke, halb nackt, frierend, schwach.

Jeden Tag hieß es: Morgen gibt es Brot. Brot und Wurst. Jeden zweiten Tag fragten die Frauen die Blockältesten: Wann denn?

Das muss heute oder morgen kommen. Immer wieder wartete Hugo, morgen kriegen wir Brot, so hofften und lebten sie immer noch einen Tag weiter. Aber trotzdem wachten viele morgens nicht mehr auf. Und die Lebenden machten sich Gedanken, wie sie sich von den Toten unbemerkt etwas wegnehmen könnten. Wenn jemand starb, fielen sie über ihn her und nahmen ihm die Jacke oder die Hose ab und zogen sie gleich an.

**»Man muss sich vorstellen, man lebt dort wochenlang ohne Brot, ohne Wasser. Man hört manchmal, wenn Leute verschüttet sind, nach fünf Tagen leben sie noch. Wir haben nach zwei, drei Wochen noch gelebt. Natürlich, wir haben uns bald nicht mehr wiedererkannt. Wir haben nur gewusst, wir konnten nicht mehr.«**

Hugo fragte seit der Ankunft hier nicht mehr, so wie in Auschwitz oder Ravensbrück: Was meinst du, Mama, kommen wir wieder heim? Er wusste, dass auch Mama den Kindern keine Hoffnung mehr machen konnte. Sie schauten sich nur an, und auch Hugo schaute Mama, Frieda und die anderen Geschwister immer wieder an, als müsste er sich ihre Gesichter einprägen und für immer merken, denn bald wären sie nicht mehr da.

Oder er selbst nicht.

Oft legte Mama ihre Hand über Hugos Kopf und zog ihn zu sich her, drückte ihn an sich. Etwas anderes als einander festhalten konnten sie nicht tun. Es gab keine Worte mehr.

**»Man muss sich vorstellen, eine Mutter, die sechs Kinder hat und sie über alles liebt. Wann stirbt mein erstes Kind, wann sterbe ich, wann ist das? Dann lässt man alles über sich ergehen, alles, was kommt, wird getan.«**

Eine Verwandte, Mauli, sagte zu Mama: Da hat eine Brot zum Tauschen. Du hast eine Schürze, gib mir die, vielleicht kriege ich das Brot.

Mama gab ihr die Schürze, Mauli ging damit fort. Am nächsten Nachmittag kam sie, mein Gott, lieber Gott.

Was war, was ist?

Das war der liebe Gott, sagte Mauli. Und sie zog ein Stück Brot aus der Tasche, groß, wie eine Hand so lang, so ein Stück Brot hatten sie schon lange nicht mehr gesehen. Mehr, hat die Frau gesagt, hat sie nicht. Das Brot war in Papier eingewickelt, Mama steckte es in die tiefe Tasche ihres Rocks. Das reicht noch bis morgen fürs Überleben.

Januschek war fast immer an Mamas Hand oder er hielt sich an ihrem Rock fest. Hugo sah, wie Januschek seinen Kopf an Mamas Bein legte, an die Rocktasche. Wie Mama ihn anschaute und erschrak, als sie Januscheks Gesicht sah. Januscheks Augen waren wie erloschen, halb geschlossen, er war vollkommen auf den Duft konzentriert, er hatte das Brot gerochen. Sofort fasste Mama in die Tasche, rief die Kinder zusammen. Januschek hatte das Brot gerochen. Sie sah immer wieder auf Januschek und weinte beim Aufteilen des Brotes.

Hugo konnte nur noch liegen, er war so matt, sogar das Kriechen fiel ihm schwer. Vielleicht lebe ich heute noch, aber dann sterbe ich. Den nächsten Tag schaffe ich nicht mehr. Hugo hatte Stimmen in sich, seine eigenen Stimmen. Was ist denn, wenn du stirbst, Hugo? Was macht denn dann mein Mamale? Was machen meine armen Geschwister? Die haben keine Hilfe mehr. Ich darf nicht sterben. Dieser Gedanke gab ihm wieder ein bisschen Kraft, und er dachte, vielleicht schaffe ich es doch, noch ein paar Tage am Leben zu bleiben. Nachts, beim Schlafen, hielt er Mamas Rockzipfel oder einen Ärmel.

Es wurde angesagt, wer arbeitet, bekommt zu essen!

Wer stehen kann, zur Arbeit melden!

Mama und Frieda rafften sich auf, und es gelang ihnen, sich am nächsten Morgen um sechs langsam dorthin zu schleppen. Hugo ging mit. Frieda half ihm, er wollte unbedingt arbeiten, er wollte zu essen bekommen.

Aber man musste aufrecht stehen können, in Fünferreihen. Damit er nicht umkippte, stellte er sich breitbeinig hin. Ich muss mich ganz stark machen, dass ich auch was zum Essen kriege. Frieda hinter ihm stützte ihn, hielt ihn fest. Die SS-Männer sollten sehen, dass er in der Lage war zu arbeiten. Wenn es etwas zum Essen gibt, könnten wir weiterleben. Nicht dass sie denken, ich bin zu schwach, und sagen: Du kannst nicht arbeiten. Einzeln mussten sie vor die SS-Leute hintreten, da wurde entschieden. Sie sortierten manche aus: Du nicht, du nicht. Solche, die zitterten. Hugo streckte sich, versuchte gerade zu stehen. Frieda ließ los, als der SS-Mann ihn heranwinkte. Hugo taumelte nach vorn, da sagte ein SS-Mann: Die Schwachen brauchen sich nicht erst anzustellen!

Ich kann arbeiten, Herr Unterscharführer.

Dabei hätte ein Windstoß ihn umgeblasen. Hugo fiel nicht um und der SS-Mann sortierte ihn nicht als zu schwach wieder aus. Er sah die SS-Männer doppelt und dreifach. Alles verschwamm ihm vor Augen, auch seine Mama sah er doppelt. Hugo bekam das Zeichen, sich den Arbeitsfähigen anzuschließen. IHR BEKOMMT SCHAUFELN UND HEBT HINTER DEN BARACKEN GRUBEN AUS. WER EINE SCHAUFEL BESCHÄDIGT, WIRD BESTRAFT. Die Frauen und Kinder mussten nach rechts wegtreten und Schaufeln nehmen. Langsam taumelte Hugo vorwärts, nahm eine Schaufel und folgte Frieda. Er hatte keine Kraft, die Schaufel zu tragen, er zog sie hinter sich her.

**»Wenn man hungert, ist man in einer anderen Welt. Man schwebt. Man kann sich an nichts erinnern. Wie bist du jetzt bis dahin gelaufen, ich weiß es gar nicht mehr, bin ich die letzten zehn Meter gelaufen oder bin ich dahin geflogen. Man ist leicht, man hat nur Angst, dass man umfällt und man ist tot.«**

Unter Aufsicht von SS-Männern sollte eine riesige Grube ausgehoben werden, siebzig Frauen und Kinder schaufelten dort. Und alle waren sicher, das sie hinterher darin liegen würden, dass es ihr Grab werden würde.

Bis zum Einbruch der Dunkelheit mussten sie arbeiten, dann die Schaufeln so reinigen, dass kein Körnchen Sand mehr daran war, und sie abgeben. Ein SS-Mann kontrollierte alle Schaufeln. Niemand wurde bestraft, sie wussten schon von den anderen Lagern her, was eine schmutzige oder beschädigte Schaufel für Folgen haben konnte. Dann mussten sich alle vor der Küchenbaracke aufstellen. Fünferreihen. Nun warteten sie auf das versprochene Essen. Die Hoffnung auf Essen hatte Hugo den Tag aufrecht durchhalten lassen. Niemand durfte sich rühren. Ein Fuhrwerk stand vorn, auf dem halb verfaulte Rüben lagen. Unten tropfte der Rübensaft heraus. Zwei Pferde waren eingespannt. Hugo sah, wie mager sie waren. Wenn die Pferde hinfallen und sterben würden. Wenn sie an die Oberschenkel herankämen. Willi und Hugo schauten die Pferde an und stellten sich vor, sie zu essen. Dann kam die Enttäuschung. Ein SS-Mann zählte immer sieben ab, und sieben zusammen erhielten eine Zuckerrübe. Jeder konnte nur einmal abbeißen, dann war sie schon weg. Warum plötzlich sieben, warum nicht wenigstens fünf? Das war doch die Zahl der SS. Aber wenigstens einen Bissen zum Überleben. Etwas Flüssigkeit war in den Rüben. Mama teilte ihren Bissen mit den drei Kleinen.

**»Hätten sie das nicht gemacht mit der Steckrübe, wären wir vielleicht schon tot gewesen. Das hat uns grad noch mal geholfen, die paar Tage noch. Da haben sie falsch gedacht, da sind wir noch mal entronnen.«**

Am nächsten Morgen schleppte Hugo sich wieder zum Schaufeln. Lieber einen Biss von einer Rübe als überhaupt nichts zum Essen. Mama war so schwach, dass sie nicht aufstehen konnte. Halb half Hugo ihr, halb hob er sie auf die Beine und brachte sie zum Arbeitsantritt. Dort sackte sie wieder zusammen. Hugo und Frieda halfen ihr wieder auf, Hugo trug ihr die Schaufel zur Grube. Irgendwie schaffte Mama es, hielt durch, sie arbeitete langsam und hielt sich an der Schaufel fest, auch Frieda und Hugo standen noch auf ihren Beinen, als in der Dämmerung abgepfiffen wurde. Wieder hieß es still stehen, den vollen Rübenwagen neben sich aushalten, ohne zuzugreifen, und sich dann zu siebt eine Rübe teilen.

**»Manchmal, wenn du Pech gehabt hast, hast du alles voll Dreck im Mund gehabt. Da hast du nicht mal den Dreck weggemacht. Man hat das so gegessen. Das war dann unser Essen.«**

Am Abend des dritten Arbeitstages stellten sich wieder alle, die gearbeitet hatten, vor der Küche an. Mama und Frieda standen ganz vorn in der ersten Reihe, Hugo blieb im hinteren Viertel, er hatte nicht die Kraft, weiter vorzulaufen. Nun warteten sie in Fünferreihen, siebzig, achtzig Frauen und Kinder, vielleicht mehr, vielleicht hundert oder zweihundert. Hugo brauchte seine ganze Aufmerksamkeit, um stehen zu bleiben, um den Wagen mit verfaulten Roten Beten nicht mehrfach zu sehen, um nicht das Bewusstsein zu verlieren. Neben den aufgereihten Menschen lag ein schlammiger Teich mit einer grünen Schicht über dem Wasser. Davor der Wagen mit den eingespannten mageren Pferden. Um sie herum strichen andere Häftlinge, die zu schwach zum Arbeiten waren. Sie näherten sich dem Wagen, erst grabschte eine Frau nach einer Rübe, biss hinein und rannte weg. Es entstand ein Tumult. Noch eine Frau nahm eine Rübe, dann noch eine, in einem Augenblick stürzten die ausgehungerten Frauen alle zum Wagen und fielen über die Rüben her. Hugo auch.

Er wusste nicht, wie er hingelangt war, doch er hielt eine Rübe in der Hand, wollte schnell wieder weg, drehte sich um und ein SS-Mann stand vor ihm. Er nahm das Gewehr runter, das sah Hugo aus den Augenwinkeln noch. Aber der SS-Mann schoss nicht, er schlug Hugo den Gewehrkolben auf den Rücken. Hugo brach zusammen, stemmte sich schnell auf, ich muss weiter, sonst schießt er mich tot. Hugo ließ die Rübe liegen und lief, rannte. Dann hörte er einen Schuss, einen zweiten Schuss, stolperte und fiel. Ich bin ja nicht getroffen. Auf und weiter, hüpfte in die Menschenmenge der Fünferreihen hinein und durch, dann fiel er, blieb liegen und schnappte nach Luft.

Aber er hörte noch Schüsse.

Hinterher erzählte Mama: Als der Rübenwagen überfallen wurde, nahm der SS-Mann aus der Küche ein Gewehr, beugte sich aus dem Fenster, legte das Gewehr auf Mamas linker Schulter ab und schoss zwischen Mama und Frieda hindurch die Frauen in der Nähe des Wagens nieder. Mama und Frieda hielten ihren Blick starr geradeaus, die Hände wie festgeschmiedet an der Seite. Dann und wann blickte der SS-Mann Mama an, dann schoss er weiter. Stundenlang kam es Mama und Frieda vor, so sagten sie später, erschoss der SS-Mann Frauen. Irgendwann ging er hinaus zum Wagen und packte diejenigen, die noch lebten oder die am Boden lagen, schmiss und trat sie in die brackige Wassergrube und sagte: Jetzt sauft euch satt!

Hinterher war Mamas Schulter blutig aufgescheuert von den Rückschlägen des Gewehrs und sie hörte auf dem linken Ohr nichts mehr. Ihre Nichte war ins Knie geschossen worden und etliche Frauen lagen tot neben dem Rübenwagen.

**»Die Mama war seither auf dem Ohr taub und noch Jahre war sie da an der Schulter verkratzt und hatte eine offene Stelle. Sie trug immer hochgeschlossene Kleider, aber einmal habe ich die Stelle gesehen. Mama, was ist denn das? Ja, weißt du noch, als der Küchenchef sein Gewehr da abgelegt hat?«**

Hugo erzählte der Mama nichts von dem Schlag auf die Nieren, aber er blutete sehr und viele Tage lang.

Wenn es regnete, öffneten alle Menschen den Mund und sammelten ein paar Tropfen. Das war das sauberste Wasser, das sie bekommen konnten. Das einzige Wasser ohne Gefahr, umgebracht zu werden. Hugo sah, wie eine Frau sich zu dem Teich schleppte, niederbeugte, die Algen beiseite schob und trank. Ein SS-Mann kam vorbei, trat sie ins Wasser.

Jetzt kannst du trinken, so viel du willst.

Die Frau tauchte wieder auf, der SS-Mann trat sie wieder, die Frau ging unter und war weg.

Nach einigen Tagen war die Grube tief genug, die Schaufeln wurden weggenommen, und nun mussten Hugo und Willi, Mama und Frieda, Tante Kerscha und Tante Derndl und alle anderen die auf den Wegen herumliegenden Leichen holen und in die Grube werfen. Manche Frauen benutzten eine Decke, legten eine Leiche da hinein, dann nahm jede Frau einen Zipfel und zu viert trugen sie die Leiche zur Grube. Andere Leichen wurden vorübergehend in einem Zelt aufgestapelt. Tausende lagen herum. Wer keine Extradecke fand, musste die Toten zur Grube schleifen. Zu zweit, jeder griff einen Fuß, dann zogen sie die Leiche zum Rand und schmissen sie hinab. Die Jungen mussten allein die Leichen holen. Hugo vermied alle längeren Wege, nur im Schneckentempo konnte er gehen. Manchmal krabbelte er auf allen vieren. Immer wenn die Hand einer Leiche geschlossen war, schaute er nach einem SS-Mann, aber die standen überall herum und passten auf, also konnte er die Hand nicht untersuchen. In der Nähe seines Blocks lag eine Leiche schon seit Wochen, die wollte er nicht berühren, sie war schon grün. Lieber ging er fünfzig Meter weiter, obwohl jeder Schritt ihn Kraft kostete, als da überhaupt nur hinzuschauen. Die Leiche war schon verfault, bloß an den Umrissen konnte man erkennen, dass dies einmal ein Mensch gewesen war. Jedes Mal, wenn Hugo vorbeimusste, sagte er sich, die nehme ich nie. Aber ein SS-Mann stand an seinem Weg, zeigte auf die Leiche und sagte zu Hugo: Die auch. Hugo ahnte, was geschehen würde, und genau das geschah. Er hielt den Atem an, griff den Fuß und wollte los, da hielt er den Fuß in der Hand. Also brachte er erst einmal den Fuß zur Grube. Und auch der Fuß lag halb aufgelöst in seinen Händen. Dann den anderen Fuß. Den ganzen toten Menschen musste er Stück für Stück zur Grube bringen, die Teile waren schon wie Matsch.

Die ganze Zeit über, während sie die Leichen zur Grube zerrten, spielte eine Häftlingskapelle Tanzmusik.

**»Wir wussten, hier gibt es kein Entrinnen mehr, hier wird nur noch gestorben. Und dort später noch mal aufzutauchen und zu sprechen, dachte ich mir, nein, das geht niemals. Aber ich habe dann mit einundsechzig auch dort gesprochen, fünfzehn-, sechzehnjährige Kinder aus Rostock waren da. Ich hab mehr geweint, als ich gesprochen habe. Wir haben uns dann verabschiedet, ich bin ins Hotel gegangen. Wollte mich hinlegen, weil ich immer fix und fertig bin, wenn ich gesprochen habe. Da ist ein Telefonanruf gekommen. Einer der Rostocker Jungen war dran: Bitte, Herr Höllenreiner, kommen Sie, wir werden hier geschlagen. Von wem? Da sind welche da mit Baseballschlägern. Ich habe den Schrank aufgemacht, die Kleiderstange rausgerissen und bin gelaufen. War nicht weit, vielleicht sechshundert Meter. Als ich dort war, saßen die Jugendlichen alle rum, voll Blut. Wer war das? Welche mit Glatze und Baseballschlägern haben uns geschlagen. Habt ihr die Polizei gerufen?**

**Ja. Wir haben sie vor Ihnen angerufen. Vielleicht noch zehn Minuten später kam die Polizei. Ich habe mit denen so geschimpft.**

**Ja, wir haben andere Sachen auch zu tun.**

**Sie haben alles aufgenommen, aber dann kam später ein Brief, die Schläger sind unauffindbar, man kann nichts tun.**

**Die haben mit Baseballschlägern die Kinder geschlagen. Stell dir das mal vor. Die haben wahrscheinlich gehört, dass da einer erzählt, dann sind sie dort rein in das Jugendgästehaus. Lass mich jetzt da mit drin sein, die schlagen mich tot.«**

Hugo redete oft mit einem elfjährigen Mädchen. Sie hieß Gisela und hatte nur noch ihre Mutter. Hugo und Gisela sprachen manchmal darüber, wie lange sie noch überleben würden. Oder ob sie doch noch mal rauskämen. Eines Nachts stand Gisela vor Hugo und schrie: Hugo! Hugo! Bitte komm!

Was hast du, Gisela? Was ist denn los?

Meine Mama ist tot! Hugo, meine Mama ist tot!

Sie weinte, dass es sie schüttelte. Hugo erhob sich und ging mit ihr über die Leiber der erschöpften Menschen hinweg, suchte die Stelle, wo Gisela bei ihrer Mama gelegen hatte, wo die tote Mama lag. Sie war schon ganz kalt. Zusammen schleiften sie die Mama hinaus und ließen sie vor der Baracke liegen. Hugo legte sich wieder zum Schlafen hinein, aber Gisela saß noch lange bei ihrer Mama. Irgendwann kam sie doch hinein, weil es draußen zu kalt war, und kauerte sich neben Hugo. Wo sie zuvor geschlafen hatte, war kein Platz mehr. Gisela weinte, Hugo hielt ihre Hand und irgendwann schliefen sie beide ein. In der Früh wurden sie geweckt. An die Arbeit!

Komm, sagte Gisela, wir bringen die Mama weg. Sie ging voraus. Hugo hörte zuerst ihren Schrei, dann sah er draußen ihre tote Mama halb zerfleischt, angenagt. Ratten waren vielleicht an ihr, aber auch Menschen. Wo sie noch Fleisch hatte, war es weggebissen oder abgeschnitten. Der Körper war aufgeschnitten, der Bauch ein Loch.

**»Unter den Haaren ... waren es die Ratzen, sind die da rein ... Am Kopf haben sie rausgefressen. Die Frau war dagelegen, als wenn Elefanten über sie getreten sind. So war die Frau dagelegen.«**

Gisela hörte auf zu schreien, sie konnte nicht mehr, sie sackte zusammen, hockte neben ihrer Mutter und wimmerte. Komm, sagte Hugo, komm, du kannst nichts tun.

SS-Männer gingen vorbei. Nehmt die Frau und bringt sie weg!, befahl einer. Hugo war froh, dass der ihn nicht gesehen hatte. Zwei Frauen nahmen die Tote und schleiften sie weg. Gisela folgte ihnen bis zur Grube und schaute, wie ihre Mama hinabfiel.

Von da an blieb Gisela bei Hugo und seiner Familie. Sie arbeitete auch mit, holte mit Hugo zusammen die Toten. Sie war so alt wie Hugo und hatte keinen Menschen mehr auf der Welt.

Abends lag sie neben Hugo und plötzlich waren die Pläne wieder da. Wenn wir überleben und rauskommen, machst du mit Pferden und ich pflanze die besten Gemüse im Garten an, Blumenkohl, Rosenkohl, Salat, Tomaten, Gurken, Bohnen, Erbsen, Radieschen, Mohrrüben. Und wir werden Kirsch-, Apfel- und Birnbäume haben. Ich ernte, dann koche ich alles ein, was wir nicht gleich essen können. Unsere Vorräte werden riesengroß, der ganze Keller wird voll mit Gläsern und Töpfen, und immer, wenn kein Geld da ist, sage ich: Macht nichts, und hole etwas aus den Vorratskammern.

Und ich tausche mir die schönsten Pferde ein und gebe sie nie mehr her, sagte Hugo. Wenn wir überleben und rauskommen, werden wir die glücklichsten Menschen. Wir gehen manchmal in die Berge, ganz hoch hinauf, und ich zeige unseren Kindern die Wolken.

**»Wo das Mädchen hin ist, weiß ich nicht mehr. Kam die raus? Ich glaube, die kam sogar mit raus.**

**Weißt du, das Leichte ist dann aus dem Gedächtnis wieder weg. Aber das Schwere weiß ich alles.**

**Als alles rum war, jetzt, werden manchmal Fragen gestellt. Weißt du noch, wie dir der Ball auf den Kopf gefallen ist oder wie du mit dem Pferd geritten und runtergefallen bist? Nein. Ich weiß vorher wenig und nachher wenig, aber vom KZ weiß ich alles. Ich weiß bald täglich, was passiert ist. Wahrscheinlich durch die große Angst da drin.«**

Es wurde Hugo befohlen, in die Grube zu steigen und die Toten in Reihen gerade nebeneinander zu schichten, damit mehr hineinpassen. Während die anderen die Leichen brachten und hinunterschmissen, musste er auf den toten Menschen stehen und die Herabgeworfenen zurechtzerren, so dass alle parallel lagen. Morgens, bei Arbeitsbeginn, war Frost und die Leichen waren gefroren. Mama hatte Hugo abends Streifen einer alten Decke um die Füße gewickelt und mit Stricken festgebunden, damit er nicht allzu sehr fror.

Als er dann am folgenden Tag auf den Leichen hin und her laufen musste und es gegen Mittag im Sonnenschein wärmer wurde, tauten die Leichen und wurden matschig. Hugo sank ein und stand bis zu den Knien im Matsch der Toten. Wenn er abrutschte, riss er sich die Haut an deren Zähnen, Zehen- oder Fingernägeln auf. Die Schienbeine waren verletzt, überall hatte er Wunden. Manchmal versank er bis zu den Oberschenkeln. Oben liefen SS-Männer hin und her und unterhielten sich. Wenn sie schauten: WEITER! NICHT STEHEN BLEIBEN! WEITERARBEITEN! Hugo konnte nicht langsam und vorsichtig gehen. SCHNELLER! Und wenn er abrutschte, ah, merkte er, jetzt bin ich weit drin. Er musste seinen Fuß herausziehen und verlor die Bandage, die ihm Mama gemacht hatte, in den Toten. Er konnte nicht stehen bleiben und sein Stück Decke wieder an den Fuß ziehen. Also musste er barfuß in den Leichen stehen und weiterarbeiten. Über jede Schicht von Toten musste er ungelöschten Kalk schütten, damit die Menschen keine Vergiftung bekamen. Der Kalk griff Hugos Beine an, ätzte in den Wunden. Es gab keine Salbe, keine Linderung. Am Abend verband Mama ihm die Beine mit Stoff. Wickelte wieder Deckenstücke darum. Doch am nächsten Tag verlor er die Bandage wieder in den Leichen. Und bald war an seinen Beinen keine Haut mehr zu erkennen, nur noch geschwollene Wunden voller Eiter. Auch an den Zehennägeln und Fersen entzündeten sich die Wunden.

**»Das ist jetzt sechzig Jahre her. Ja, solange der Tod nicht eintritt, erträgt man alles. Man erträgt alles. Ich habe heute noch die Narben an den Beinen. Wenn ich heute eine Spritze kriege, denke ich, au, will ich gar nicht haben. Und dort machst du alles, nur dass du weiterleben darfst.«**

Es gab keine Arbeit und also nichts zum Essen mehr.

Hugo hatte es schon bemerkt, aber erst als Willi es sagte, fiel ihm richtig auf, dass kaum noch SS-Leute zu sehen waren.

Nicht mehr viele bewachten sie und abends sahen sie überhaupt keinen mehr. Der Wachturm in der Nähe der Baracke war leer.

Auf den Wegen waren die großen Leichenhaufen inzwischen weggeräumt, aber es starben täglich viele Menschen. Sie wurden nur noch bis zum Blockausgang gezogen. Für mehr hatte niemand die Kraft. Alle stiegen über die Leichen hinweg, traten auch darauf. Anders gelangten sie in die Baracken nicht mehr hinein und hinaus.

Ein paar Frauen entzündeten ein kleines Feuer ganz nah hinter der Baracke, so dass sie schnell hinein entwischen konnten, falls ein SS-Mann auftauchte. Nachts und morgens war es noch bitterkalt und sie drängten sich alle dicht um das Feuer und wärmten sich.

Hugo entdeckte an der Baracke ein Stück Fleisch. Er schaute sich schnell um und schnappte es. Ein kleines Stück, das er nicht mehr hergeben wollte. Er hielt es fest, ging zwischen den Baracken herum und fand ein Stückchen Blech, den Deckel einer Konservenbüchse. Einen Moment überlegte er, dann hockte er sich mit dem Rücken ans Feuer zu den Frauen. Es war herrlich warm. Keinen Moment ließ er das Fleisch los und hielt es so, dass niemand es sehen konnte. Hätte jemand es in seiner Hand entdeckt, wäre es ihm längst entrissen worden. Die Leute kämpften um alles Essbare, schlugen sich um jeden Tropfen Wasser. Mit einem Zipfel seiner Jacke als Topflappen wandte er sich um und hielt das Blechstück ins Feuer. Sobald es heiß war, drehte er allen wieder den Rücken zu, hielt das Blech nah an seinen Körper, verbarg es mit der Jacke und legte das Fleisch auf das Blech. Dann nahm er das Fleisch, hielt wieder das Blech in die Flamme, dann wieder in seine Jacke, legte für niemand sichtbar das Fleisch darauf. Diesen Vorgang wiederholte er zigmal. Er verbrannte sich die Finger, aber er fuhr fort. Leute kamen vorbei und schauten, was macht denn der da? Die Frauen wunderten sich, aber es war kein Essen zu sehen, das sie ihm rauben konnten. Als er schließlich ein leises Brutzeln hörte und er das Fleisch schon riechen konnte, hörte er aus Vorsicht auf, ging zu Mama und den Geschwistern, riss jedem ein Stückchen Fleisch ab, steckte es ihnen in den Mund und aß selbst eines. Sie fragten nicht, woher er es hatte und was es war. Sie waren froh, dass sie etwas schlucken konnten.

**»Ich dachte, wenn ich die Augen zumache, bin ich weg. Ich habe mir schon Gedanken gemacht: Was macht meine Mama? Was machen meine Geschwister? Die sterben nach mir. Dann hast du wieder die Gewalt über dich, nach mir dürfen die nicht sterben. Ich kann vielleicht doch**

**noch helfen. Und ich hab auch geholfen. Aber ich war schon so, dass ich gedacht habe, jetzt geht es nicht mehr. Wenn dann die Todesangst kommt, dann gehts noch mal in deinen Kopf rein: Das darf nicht wahr sein, nein, ich darf nicht sterben, nein. Wenn ich alleine wäre, vielleicht wäre ich schon tot. Aber ich lebe weiter wegen meiner Familie. Was macht meine Familie ohne mich? Kein großer Junge da, bloß die zwei Frauen und die drei Kinder noch. Ich darf nicht sterben, ich darf nicht. Ich muss stark sein. Und ich war dann voll wieder da.«**

Ziehen die SS ab und lassen uns hier sterben?, fragte Hugo.

Komm mal mit, sagte Willi. Hugo schaute, ob im Wachturm jemand war. Der war leer. Hugo folgte Willi bis fünf Meter an den Stacheldrahtzaun und blieb stehen. Achtung Lebensgefahr!, stand auf dem Schild. Willi ging noch einen Schritt weiter.

Bleib stehen, sonst wirst du angezogen.

Willi blieb stehen, nahm sein Eisenstück und warf es gegen den Draht. Kein Funke blitzte auf. Vorher hatte er es schon mal getestet. War Strom drin, funkte und knirschte es. Er nahm sein Eisending und warf es noch einmal. Kein Funken. Willi sagte, die haben abgeschaltet. Er lächelte, er hatte wieder eine Idee. Hugo war einverstanden. Willi ging vor und berührte den Stacheldraht. Es ist kein Strom drin. Er bückte sich nach seinem Eisen und fing sofort an, damit zu graben. Hugo staunte über Willis Kraft. Dann half er mit den Händen. Die Freude über die Idee und die Hoffnung – worauf? Nur an Essen dachten sie. Wir finden einen Bauernhof, eine Scheune und dort was zu essen. Egal was, irgendwas zu essen finden wir hinter dem Stacheldraht. Im Wald etwas, Kräuter, Beeren. Wir finden was. Und obwohl sie schwach waren, reichte die Kraft der Vorfreude und sie gruben sich unter dem Stacheldraht hindurch. Dann standen sie auf der anderen Seite. Ängstlich. Doch zurück? Für Willi gab es nur vorwärts. Auch unter dem nächsten Zaun durch, vor dem sie wenige Meter weiter standen. Zuerst dachten sie, sie hätten es geschafft, als sie dahinter waren. Aber es kam noch ein Zaun. Nach fünf Zäunen hatten sie keine Kraft mehr und sie waren sich einig. Sie schlichen zurück ins Lager und warteten auf den nächsten Tag. Am nächsten Tag schauten sie sich sorgfältig um, nicht nur kein SS-Mann, auch sonst durfte niemand sie sehen, sonst wäre ihr Geheimnis vielleicht aufgeflogen. Wieder warf Willi sein Eisenstück an den Zaun. Kein Strom drauf. Unter den Zäunen krochen sie durch und arbeiteten ein paar Stunden, bis sie merkten, ah, der siebte, das war der letzte. Hier ist die Freiheit. Sie freuten sich. Aber noch einmal robbten sie ins Lager zurück und berieten. Was machen wir jetzt? Mama lag in der Baracke, die Geschwister lagen in der Baracke, auch Musla, Baptist, Lili, Tante Derndl, Tante Kerscha, Traubela, sie konnten nicht mehr aufstehen, sie öffneten kaum noch die Augen. Sie hatten nicht mal mehr Kraft, um einen ganzen Satz zu sprechen. Willi und Hugo verabredeten sich für den Abend. Heute im Dunkeln verschwinden wir.

Sie legten sich fern von ihren Mamas zum Schlafen und standen in der Nacht wieder auf. Unter den sieben Zäunen krochen sie durch, dann standen sie im Freien. Hugo, jetzt sind wir draußen. Frei!

Im Wald hatten sie keine Kraft mehr. Komm, wir müssen was finden, sagte Hugo. Und sie gingen los, langsam und eisern setzten sie einen Fuß vor den anderen quer durch den Wald, einen Weg entlang. Äste schlugen ihnen ins Gesicht, manchmal stolperten sie über Wurzeln oder Sträucher. Hugo konnte nicht mehr, er wunderte sich, dass ihm die Beine noch gehorchten. Sie sprangen über einen Bach. Eine oder zwei oder drei Stunden mussten sie gelaufen sein, als sie ein grelles Licht bemerkten und einen Zug hörten. Sie legten sich auf den Waldboden und spähten hinüber. Es war die Bahnstation, das bekannte Gebrüll der SS-Männer, die hunderte Menschen aus Waggons trieben, Schüsse fielen, Menschen brachen zusammen. Hugo hatte rasendes Herzklopfen. Wo die SS war, dahin hatte er nicht gewollt. Wenn er das gewusst hätte, wäre er nicht rausgegangen. Die noch Lebenden wurden sofort losgetrieben. ALLES LIEGEN LASSEN, SCHNELL, IM LAUFSCHRITT MARSCH, durch den Wald zum Lager hin, über den schmalen Weg. Die SS-Männer mit Gewehren und Lampen. An der Bahnrampe gingen die Scheinwerfer aus. Hugo und Willi blieben liegen. Warteten. Hugo war erschöpft, er dachte, er würde nicht mehr hochkommen. Wollen wir jetzt?, fragte Willi. Los. Sie krochen langsam bis zum Waldrand. Lauschten. Dann robbten sie zur Rampe, schnappten sich jeder eine Tasche, ein Bündel, was sie greifen konnten, und robbten in den Wald zurück. Hugo hielt die Tasche fest, da ist bestimmt was drin, ein Glücksgefühl durchflutete ihn, sie trudelten zwischen den Bäumen weiter, bis sie wieder versteckt waren, dann setzten sie sich und öffneten ihre Beute. Hugo war enttäuscht, er fand nichts als ein Nachthemd, nichts Essbares. Willi hatte mehr Glück. In seinem Bündel war ein richtiges Butterbrot, eine zusammengeklappte Scheibe Brot. Er teilte sie und gab Hugo die Hälfte. Und sie aßen. Hugo aber aß nur die Hälfte der Hälfte. Den Rest behielt er in der Hand. Und jetzt?, fragte Willi. Was machen wir jetzt?

Zurück, sagte Hugo.

Zurück? Willi war fassungslos. Wir sind frei, wir können gehen, wohin wir wollen. Jetzt gehen wir nicht zurück.

Hugo dachte an Mama. An Manfred. Er musste sich um Mama kümmern und um die Geschwister. Es geht nicht. Ich muss zurück. Meine Mama, meine Geschwister sind drin.

Wir sind doch jetzt draußen. Willi war enttäuscht.

Ich kann die Mama nicht alleine lassen. Ich kann nicht weg. Meine Familie stirbt. Hugo war entschlossen, er hatte versprochen, sich um Mama zu kümmern, und also ging er los. Willi blieb zurück. Hugo hielt nur immer das Brot fest, er konnte nicht mehr, aber ich muss Mama Essen bringen. Ich muss stark sein. Der Gedanke hielt ihn auf den Füßen. Hinter sich hörte er Schritte, es war Willi. Also gut, Hugo, ich geh wieder mit. Er war zehn Jahre alt. Allein wollte Willi nicht draußen bleiben. Er war erst zehn und seine Mama lebte auch noch. Also gingen sie gemeinsam zurück.

**»Ich glaube, wenn man allein ist, stirbt man leichter. Man hat keinen mehr, man denkt, wenn es sein muss, muss es sein. Ich habe schon**

**oft darüber nachgedacht. Aber hast du die Mama, die voll für dich da ist, die Geschwister, die an dir hängen und du hängst an ihnen, denkst du, wenn du stirbst, was macht dann meine Familie?**

**Hast du aber keine Beziehung zu der Familie, es gibt ja heute Familien, da zieht der Sohn weg nach Amerika, bleibt drüben, schreibt nach einem Jahr wieder, und dann schreibt er gar nicht mehr, bleibt er weg.**

**Das würde mir nie passieren. Meine Familie ist mein Heiligtum. Was meine Familie mitgemacht hat mit uns Kindern ... Trotzdem waren wir Kinder jeder für sich in punkto Leben. Wir haben versucht, alles selbst herzubringen. Aber ich habe schon beim Weglaufen in meinem Kopf gehabt, als wir stundenlang durch den Wald gelaufen sind, ich geh wieder heim, ich hole nur was zum Essen, ich muss meiner Familie was zum Essen bringen.«**

Zigmal fiel Hugo und wäre er auch nur einen Moment liegen geblieben, hätte er nie mehr aufstehen können. Er schwankte nur noch, aber diesmal retteten ihn die Gedanken. Ich muss zurück sein, bevor sie aufwacht, sonst macht sie sich Sorgen. Ich darf nicht anhalten. Als er das Licht am Stacheldraht sah, war der Himmel schon grau. Auch außen hing am Zaun ein Schild: Achtung Lebensgefahr! Willi warf wieder sein Eisen, es gab keine Funken.

Sie fanden das Loch unter dem Zaun, krochen unter allen sieben Zäunen hindurch in das Lager zurück, robbten das letzte Stück und vom letzten Zaun in die Baracke zurück, damit sie nicht gesehen werden konnten. Hugos Ellenbogen und Knie waren aufgerissen und bluteten. Als er in die Baracke kam, war er kurz vorm Zusammenbrechen und wusste nicht mehr, wo er war. Bis er Mama sah. Sie hatte sich aufgerichtet, sie stand das erste Mal seit Tagen wieder auf den Füßen, stützte sich an der Barackenwand ab. Hugo, sagte sie, als sie ihren Sohn erblickte, griff sich ans Herz und sank zu Boden.

Was ist denn los, Mama?

Wo warst du denn? Wo kommst du her, Junge? Hugo umarmte sie.

Ich dachte, du kommst nicht mehr, sagte sie.

Mama, ich habe ein bisschen was. Hugo gab ihr ein Stückchen Brot in den Mund. Sie kaute nicht, hast du noch was für deine Geschwister?, fragte sie. Die Geschwister waren auch schon wach. Ja, Mama. Da kaute und schluckte sie den Bissen. Hugo gab seinen Geschwistern etwas in den Mund. Dann konnte er nicht mehr, legte sich zwischen die Menschen und schlief ein paar Stunden. Später erzählte er Mama, wo er gewesen war. Draußen, Mama. Der Strom ist abgeschaltet. Ich geh wieder.

Bleib doch hier. Junge, geh doch nicht mehr fort.

Ich muss, Mama. Ich muss was tun, sonst müssen wir sterben.

Am Nachmittag schlichen sich Hugo und Willi wieder fort, machten sich auf den weiten Weg, er schien ihnen endlos.

Und wieder warteten sie im Wald, bis es dunkel wurde. An der Rampe blieben die Toten liegen, niemand räumte sie mehr weg. Die SS-Männer ließen die Menschen gar nicht mehr bis ins Lager laufen, sie erschossen sie im Wald. Als die Schüsse verklungen, die Scheinwerfer ausgeschaltet waren und nichts mehr sich rührte, robbten Willi und Hugo abermals über einen Graben hinweg bis zur Bahnrampe. Hugo griff nach einer Tasche, da meinte er, sein Herz bliebe stehen vor Entsetzen. Vor ihm stand ein SS-Mann. Hugo drehte sich um und rannte in Panik auf den Wald zu, floh ins Gebüsch hinein, der SS-Mann hinter ihm her. Hugo erwartete den Schuss. Er hörte den SS-Mann stolpern und fluchen, dann streckte ein heftiger Schlag Hugo nieder, gefolgt von einem durchdringenden Schmerz. Der SS-Mann hatte ihm das Gewehr ins Kreuz geschleudert. Hugo sprang sofort wieder auf und hastete ins Dunkel, irgendwann brach er zusammen, blieb liegen und wand sich vor Schmerzen. Der SS-Mann war ihm nicht mehr gefolgt. Willi fand Hugo, er hatte ungesehen entkommen können. Hugo meinte, er könne es nicht zurück schaffen. Alles war umsonst. Er lag und krümmte sich, während Willi die Taschen untersuchte. Sie hatten Glück, sie hatten ein ganzes Brot erbeutet. Es war schon grün, verschimmelt, aber Hugo und Willi schlangen es mit

Schimmel hinunter. Eine Hälfte aßen sie, eine Hälfte behielten sie für ihre Familien. Komm, Hugo, du musst aufstehen, du schaffst es. Willi hob Hugo auf, stützte ihn. Der Rückweg war unendlich viel weiter als das letzte Mal. Von Schritt zu Schritt schien seine Kraft nachzulassen, er schwankte und taumelte, einen Teil der Strecke kroch er auf allen vieren. Willi blieb immer bei ihm und half ihm ab und zu für ein paar Schritte wieder hoch. Schließlich, nach Stunden, erreichten sie den Zaun und robbten zurück ins Lager.

**»Der Willi war noch schlauer als ich. Komm, wir machen das, wir machen das. Ich habe alles mitgemacht. Aber als wir draußen waren, konnte er mich nicht überzeugen, dass wir weitergehen sollen.**

**Er hat auch überlebt und später, nach dem Lager, eine Karateschule gehabt. Der war ein ganz bekannter Mann bei den Sinti. Das war ein Mann, der hat sich von keinem was gefallen lassen. Ist ein Raufbold auch gewesen, hat auch getrunken, das war dann sein Verhängnis. Er ist vor neun oder zehn Jahren gestorben.«**

Am nächsten Tag wollte Willi wieder los, aber Hugo sagte gleich, noch am Abend: Das schaffe ich nicht. Es ist zu weit, ich kann nicht mehr. Für ein weiteres Mal hatte er keine Kraft. Er konnte nicht mehr aufstehen, er konnte nicht mehr arbeiten, er dachte nur noch an Essen. Und er hatte Schmerzen in der Niere. Er verlor viel Blut, lange noch.

**»Ich habe heute noch Schmerzen in der Niere, aber meiner Freundin sage ich es nicht. Ich sage, ich habe Magenschmerzen. Ich habe so geblutet und dann hat sich das wahrscheinlich verwachsen da drin. Wie wir dann befreit worden sind, hatte ich immer noch Schmerzen in der Gegend dahinten.**

**Daheim in München bin ich dann zum Arzt gegangen. Der hat dann festgestellt, dass die Niere gerissen ist. Die hat sich irgendwie regeneriert und weiter funktioniert. Vier Zentimeter muss der Riss sein. Aber**

**der hat sich mit dem anderen Stück wieder verbunden. Das eine Stück ist dunkel, aber der Rest funktioniert.**

**Man musste dann Anträge zur Entschädigung stellen, dass du deine Niere bald verloren hast. Das hätte ja vorher auch schon sein können. Oder nach dem KZ, so heißt es dann.**

**Auch was da zwischen den Beinen ist, das hätte ja vorher schon sein können. Das muss nicht der Mengele gewesen sein.**

**Das haben sie abgelehnt.**

**Fertig aus.**

**Vielleicht bist du woanders reingefallen, so heißt es dann. Die bringen dir ein paar Paragraphen, dann stehst du da und weißt nicht, was du sagen sollst.**

**Vielleicht war es doch anders, so reden sie dir das ein. Wieder neue Anträge machen, wieder ein, zwei Jahre warten, dann wird es wieder abgelehnt. Zuletzt wollten wir nicht mehr. Mein Bruder zum Beispiel, der lässt sich doch nicht heraußen sterilisieren.«**

Die Parole war, es gebe ein großes gefülltes Lager mit Brot, aber das Brot sei von der SS vergiftet worden. Alle redeten davon, niemand wusste, ob es stimmte. Aber Hugo war es egal, ob es vergiftet war oder nicht. Er hatte nur den einen Gedanken, sich noch einmal richtig satt essen und dann glücklich sterben. Er sah kaum noch etwas, zwischendurch gar nichts mehr, nur Schwarz. Seinen Geschwistern ging es genauso: Ich sehe dich nicht, sagte Rigo. Ich sehe gar nichts mehr, sagte Hugo. Manchmal kam die Sehkraft zurück. Hugo blieb liegen, er konnte nicht mehr aufstehen. Er dachte, vielleicht lebe ich noch ein paar Stunden oder, wenn ich Glück habe, einen Tag.

Es gab keine Blocksperre mehr. Um sechs waren noch Menschen draußen, um acht, um neun. Hugo und Willi schleppten sich dahin und krochen herum und suchten die Hände der Toten ab. Kein SS-Mann, keine SS-Aufseherin war mehr zu sehen, niemand auf den Wachtürmen. Eigentlich wollte Hugo mit Willi noch einmal hinaus

aus dem Lager und nach Essbarem suchen. Aber sie konnten nicht. Irgendwann in der Nacht legten sie sich in die Baracke.

**»Wir waren kurz vor dem Hungertod. Und eines sage ich dir, man denkt immer, man stirbt lieber, bevor man hungert. Nein. Du lebst und du willst leben, du machst dir sogar Gedanken, wie komme ich an dem Mann seinen Schenkel oder wie komme ich an den Finger hin? Du isst. Es gibt einen Film, wo welche in den Anden abgestürzt sind und sich gegenseitig gegessen haben. Und so ist es. So ist es. Man macht sich Gedanken – wenn der schläft und wenn ich das Stückel Fleisch hätt', tät ich es essen. Es ist unglaublich. Aber wenn es noch zwei Tage länger gedauert hätte, wäre ich weg gewesen.«**

Hugo wachte auf und lag mitten im Lager. Wieso bin ich jetzt hier? Seine letzte Erinnerung war, dass er bei Mama an der Baracke war. Er versuchte auf die Hände und die Knie zu kommen und vielleicht doch noch mal hoch, auf die Füße, zurück zur Baracke. Irgendwann wachte er woanders wieder auf. Wo bin ich? Er sah nichts mehr, fühlte nur die Erde unter sich. Als er wieder zu sich kam, fiel ihm ein, dass er zu Mama möchte. Die Sonne ging unter. Was tue ich jetzt? Es geht nichts mehr. Wieder woanders kam er zu sich und konnte sich an nichts erinnern. Der Junge bei ihm, wer war das? Es schien ihm wie Stunden später, als ihm einfiel, dass der Junge Willi hieß.

Warum konnte Willi eigentlich laufen? Hugo wachte auf, da lag er bei seinen Geschwistern und Mama in der Baracke. Sie konnten nicht mehr aufstehen und Hugo schloss die Augen.

**»Hunger ist unbeschreiblich. Man denkt nicht, gut, ich verhungere halt dann, es ist nicht wahr. Deine Seele, dein Körper, der arbeitet, der kämpft ... um zu überleben.«**

Hugo wusste nicht, ob er ein paar Stunden oder ein paar Tage so gelegen hatte. Irgendwann wachte er auf und dachte, nun sei er gestorben. Er hatte eine laute Stimme gehört, lauter als von einem SS-Mann gebrüllt, eine Stimme, die irgendwo in der Luft hing. IHR SEID FREI! YOU ARE FREE! Was war das? Hat der Herrgott geschrien? Oder was war es? Ist das jetzt schon der Tod? IHR SEID FREI. DIE DEUTSCHEN HABEN NICHTS MEHR IN DIESEM LAGER ZU SAGEN. DAS LAGER UNTERSTEHT JETZT DER AUFSICHT DER BRITISCHEN ARMEE. LEBENSMITTEL UND MEDIKAMENTE WERDEN SOFORT HERBEIGESCHAFFT. BLEIBT IN EUREN BARACKEN. GEHORCHT UNSEREN BEFEHLEN UND ANORDNUNGEN. DADURCH HELFT IHR UNS, UND DAS IST DIE BESTE ART, EUCH SELBST ZU HELFEN. Drei-, viermal hörte Hugo es. Bin ich schon im Himmel? Bin ich schon tot? Was ist da los? Willi kam in die Baracke: Hugo, es sind Engländer. Hugo, komm. Und Hugo konnte plötzlich wieder aufstehen. Er konnte laufen! Was ist denn mit mir los? Ich habe Kraft, laufe, was ist? Er schleppte sich vor die Baracke, sah niemand außer den Häftlingen. Alle schrien: Hast du gehört, was los ist?

Wir sind frei, wir sind frei!

Nein, wo?

Aber da war diese laute Stimme gewesen. Wer hatte da gesprochen? Jetzt war alles ruhig.

Und plötzlich sprach die Stimme wieder.

Von weitem sah er einen Panzer durch das Tor hereinfahren, verschwommen wie durch einen Nebel. Nein, das stimmt doch gar nicht. Doch, doch, sagten die anderen Kinder. Die sind alle Engländer. Und sie riefen: Hallo, hallo! Und winkten. Die Panzer kamen näher, Soldaten waren darauf, Hugo sah sie alle mehrfach. Die Soldaten warfen ihnen Kaugummis zu.

Hugo glaubte, er träume. Es war sein glücklichster Traum.

War er wach? Lebte er? Es stimmt nicht, sagte er noch am zweiten Tag zu Willi. Doch, Hugo. Es ist wahr, es stimmt. Wir sind frei. Wir leben noch. Wir haben es geschafft. Hugo glaubte es nicht.

**»Bis ich dann doch gesagt habe, ja, jetzt sind wir frei. Und ich konnte auch wieder laufen, du, ich konnte gehen. Trotz dem, wo ich gar nicht gegessen habe, weißt du? Da siehst du, was die Psyche auch ausmacht.«**

Und dann wurden vor jeder Baracke von Lastwagen herunter Essensrationen verteilt. Jeder bekam Konservenbüchsen mit Fleisch, Milch und Kekse. Die meisten Leute verschlangen sofort alles, was sie bekommen hatten. Kippten es sich hastig in den Mund, so dass es ihnen über die Brust und auf die Erde lief.

Mama öffnete eine kleine Büchse Milch. Sie tauchte einen Finger hinein und gab jedem ihrer Kinder einen Tropfen in den Mund.

Mama, gib doch her, sagte Hugo. Wir haben doch genug. Wir haben doch Hunger.

Nein, sagte sie und nahm selbst auch nur einen Tropfen. In einer Stunde wieder. Und sie zeigte Hugo, wie Menschen am Boden lagen und sich in Krämpfen wanden. Mama päppelte die Kinder ganz langsam auf.

**»Die Mama und der Dada, die haben uns das Leben gerettet. Zwei Jahre nichts gehabt und jetzt auf einmal alles reinhauen, das ist Tod, das ist Gift. So war es dann, wo die Leute alle gestorben sind. Am nächsten Tag waren wieder, wo wir alle aufgeräumt haben, waren wieder tausende von Leuten dagelegen, alle tot.«**

Von den Menschen in der Baracke, die aus Mauthausen gekommen waren, lebten noch zwanzig. Onkel Konrads Kinder, Baptist und Musla, waren sehr schwer krank. Als Ärzte und Krankenschwestern durchkamen, nahmen sie die beiden mit ins Krankenhaus. Baptist hatte einen dick aufgeblähten Bauch, Beine wie Stöckchen und dicke Beulen am Hals. Schilddrüsentuberkulose, sagte ihnen jemand. Musla war so schwach, dass sie nicht mal mehr den Kopf heben konnte.

Es wurden Tankwagen mit Trinkwasser gebracht.

Nach zwei Tagen gab es Wasser aus den Leitungen.

Bei der Befreiung Bergen-Belsens im April 1945 fotografierten britische Soldaten die Zustände im Lager. Auf dem Foto ist nur etwa die Hälfte der Menschen zu sehen, die dort in einer Baracke hausen mussten. Lächelnd, mit aufgestelltem Knie, Hugo. Hinter ihm sitzend Rosi, liegend Frieda. 2. r. v. Hugo: Mama. 4. v. l. Tante Derndl, am Fenster stehend Lili.

Allmählich glaubte es Hugo. Es gab Essen und Trinken, das konnte nur die Freiheit sein. Alle Engländer waren Engel für ihn.

Wegen der Krankheiten, wegen Seuchengefahr, durfte niemand das Lager verlassen. Bitte habt Verständnis, ihr kriegt Essen, ihr kriegt Trinken, wir besorgen euch Schlafstellen. Es konnte ohnehin niemand das Lager verlassen. Die Menschen waren zu schwach dazu. Engländer kamen in die Baracke und fotografierten. Hugo hätte jeden Engländer abküssen können, so glücklich war er.

**»Als ich 1993 in Bergen-Belsen gesprochen habe, war meine Freundin dabei. In der Ausstellung habe ich ihr das Foto gezeigt: Da schau**

**her, sieht aus wie unser Block. Guck mal, wem sieht die ähnlich?, sagte sie. Wie deine Schwester.**

**Das ist meine Mama. Sie hat sie auf dem Foto entdeckt. Nach dem habe ich auch gesucht, Moment mal. Oh ja, da ist meine Schwester, da bin ich, meine Mama – das war unser Block.**

**Man sieht an den Wänden hängen, was halt da war. Man hat irgendeine Decke für die Kinder, irgendeinen Fetzen, der warm ist, den die Mama um das Kind gewickelt hat. Der ist natürlich heilig, so ein Ding ist dem Kind sein Bett, da geben sie Acht, die Mamas.«**

Tagsüber saßen Hugo und Willi, Gisela und die Geschwister vor der Baracke in der Sonne und warteten auf das nächste Essen. Hugo konnte schon wieder besser sehen, und wenn er ein paar Schritte ging, wusste er, woher und wohin.

Hugo streifte wieder mit Willi und anderen durch das Lager. Sie sahen zu, wie die SS-Männer und SS-Frauen mit bloßen Händen die Leichen nehmen, zur Grube tragen und hineinwerfen mussten, von bewaffneten englischen Soldaten bewacht. Die Menschen aus dem Lager schrien sie an, beschimpften und bespuckten sie. Aber die englischen Soldaten ließen niemand an die SS-Leute heran. Hugo schimpfte nicht mit, er hatte Angst vor den Soldaten. Aber er sah gern, dass die SS-Männer jeden Tag schlechter aussahen, sie bekamen die gleichen Rationen, die sie früher den Häftlingen zugestanden hatten – als sie den Häftlingen überhaupt noch etwas austeilten. Und dass der Lagerkommandant Kramer in der Grube stand und die Leichen schichten musste, freute Hugo auch. Genau das, was ein paar Tage zuvor er machen musste. Aber der Mann hatte lange Schaftstiefel an. Hugos Beine waren noch längst nicht geheilt.

**»Wenn ich alleine gewesen wäre, ich hätte Bergen-Belsen nicht überlebt. Ich wäre nie für mich so weit gelaufen. Kilometer um Kilometer, manchmal auf allen vieren, weil ich nicht mehr die Kraft gehabt hab. Und nur um den Kindern, meiner Mama ein bisschen was in den**

**Mund zu stecken. Da bin ich heut so stolz drauf, was ich geleistet hab. Aber ich kann nicht sagen, dass ich meine Familie gerettet habe. Unsere Rettung waren die Engländer, die uns befreit haben.«**

Die Engländer räumten eine nach der anderen die Baracken leer und brachten alle Menschen in ein anderes Lager. Aber plötzlich konnten Hugo und seine Geschwister Mama nirgends finden, sie war wie vom Erdboden verschluckt. In jedem Winkel suchte Hugo, schaute sich die Herumliegenden an, von Mama keine Spur. Am Abend nicht, am nächsten Morgen nicht. Hugo und die Geschwister weinten alle, zwei Jahre hatten sie durchgehalten und gerade bei der Befreiung war Mama verloren. Vielleicht ist Mama schon drüben.

Hugo zog mit seinen Geschwistern, Tante Derndl, Lili, Tante Kerscha, Traubela und den anderen Sinti auch ins neue Lager um. Die Engländer führten sie in einen großen Pferdestall, darin waren große Boxen. Hugo fand es wunderschön. Strohsäcke waren darin, er und Frieda legten für alle die Decken darüber, die sie bekommen hatten, machten die Betten. Es war herrlich weich und hell. Jetzt haben wir es geschafft, sagte Tante Kerscha. Aber ohne die Mama.

Ohne die Mama war die Freiheit ein großer Schmerz. Hugo und Frieda fragten alle Engländer, die sie sahen, suchten im Lager herum. Nichts. Am nächsten Morgen ließen sie die Geschwister bei den Tanten zurück, sie hatten ja zu essen, und gingen zu den Krankenstationen. Fast alle Häuser waren für die Kranken. Hinein durften Hugo und Frieda nicht, aber am Eingang fragten sie die Pflegerinnen: Liegt hier eine Sofie Höllenreiner? Wir suchen unsere Mama. Ich schaue nach, sagte jede Pflegerin. Sie holte eine Liste und ging die Namen durch.

Jedes Mal hoffte Hugo, jedes Mal sagte die Pflegerin: Nein, sie ist leider nicht hier. Fragt morgen noch mal nach.

Zur Essenszeit gingen sie zu den Kindern zurück und nach dem Essen gleich wieder los. Am ersten Tag schafften sie längst nicht alle Krankenstationen. Am Abend legten Hugo und Frieda sich traurig in ihre Himmelbetten im Pferdestall und verabredeten, gleich am nächsten Morgen wieder loszugehen. Nun hatten sie es zum ersten Mal seit zwei Jahren weich und warm und konnten sich im Schlaf umdrehen, waren nicht eingezwängt, lagen nicht auf anderen Menschen, nicht neben oder über Toten. Aber ohne Mama.

Erst nach drei Tagen hatten sie alle Krankenstationen durchgefragt und begannen wieder bei der ersten.

Nach sechs Tagen gaben sie verzweifelt auf. Wahrscheinlich ist sie schon in der Grube gelandet. Hugo wollte nicht mal mehr essen. Dann aber dachte er an die kleinen Geschwister. Die haben keine Mama mehr, vielleicht keinen Dada mehr, und wer weiß, ob Manfred lebte. Er musste sich zusammennehmen und seine Geschwister nach Hause bringen. Baptist und Musla lagen im Krankenhaus. Tante Derndl, Lili, Traubela, Tante Kerscha und Peksla und andere Verwandte von Tante Derndl waren noch da. Hugo war mutlos. Er lief überall im Lager herum, aber es zog ihn immer wieder zur Küche, wo für alle im neuen Lager gekocht wurde. Lange stand er dort herum, schaute, wer da beschäftigt war, entdeckte, wo die Engländer Essensreste hinausbrachten. Da schlich er hin, suchte herum und schnappte sich alles Essbare. Alle Menschen bekamen jetzt regelmäßig zu essen, aber Hugo konnte nicht anders. Die Engländer warfen weg, wovon er noch überleben könnte. Und er nahm und aß es, brachte auch seinen Geschwistern davon. Er war nicht sicher, ob es am nächsten oder übernächsten Tag etwas zum Überleben geben würde. Einmal warfen die Engländer ein ganzes Huhn auf den Abfall. Hugo rupfte es und nahm es aus, brachte es zu seinen Geschwistern und kochte es auf einem Feuer vor dem Pferdestall für sie und sich. Er wusste, die Mama ist fort, er würde sie von nun an versorgen müssen.

Die meiste Zeit aber lagen sie alle auf den Strohsäcken und ruhten sich aus. Alle waren nach jedem Weg und nach jedem Essen schon erschöpft.

Die Tür zum Stall öffnete sich ganz langsam und herein wankte Mama.

Hilfe!, schrie Rosi, als sehe sie ein Gespenst. Mama! Mama! Alle Kinder sprangen zu ihr, weinten, umarmten sie. Lieber Gott, sagte Mama und küsste sie alle ab. Frieda und Hugo führten sie zum Bett und halfen ihr, sich hinzulegen. Sie war sehr schwach.

Mama, wo warst du?

Ich war drüben im alten Lager, ich hatte Kopftyphus. Sie erzählte, wie sie nach vielen besinnungslosen Tagen allein in einer Baracke aufgewacht war, auf dem Boden ein Stück Brot hatte liegen sehen und dort hingekrochen war. Wie ein Engländer sie gefunden und woanders hingetragen hatte, wie ein Arzt ihr Medizin in den Mund gesteckt hatte. Sie sagte zu ihm: Ich habe sechs Kinder, die suchen mich. Der Arzt glaubte ihr nicht. Er wollte ihr keinen Schein geben, dass sie gesund sei, mit dem sie durch die Kontrollsperre hätte gehen können. Stehen Sie mal auf, ob Sie gehen können. Also stand Mama langsam auf, das hatte sie zuvor schon probiert. Sie taumelte rückwärts, aber dann kam sie ein paar Schritte voran und sah zwei Säulen, es war aber nur eine da. Glücklicherweise erwischte sie die echte und hielt sich daran fest. Sie wusch sich, der Arzt gab ihr ein Kleid und sagte, an der Sperre sitzt jemand, der aufpasst und den Schein kontrollieren will. Ich habe Sie nicht rausgelassen.

Mama hatte Glück, als sie dort lauerte. Der Mann an der Sperre stand auf und ging weg. So konnte sie unter der Sperre durchkriechen. Aber dahinter, bei den Büschen, musste sie sich erst ausruhen, da blieb sie liegen. Irgendwann wachte sie wieder auf und schleppte sich weiter, fragte nach ihren Kindern, schleppte sich dorthin …

In Hugo kehrte das glückliche Gefühl der Freiheit wieder. Abends lag er auf dem herrlich gemütlichen Strohsack, da liefen die Gedanken. Ich will nicht mehr im Lager sein. Wegen der Seuchengefahr sollen wir noch bleiben, ich muss aber nach München, vielleicht ist mein Bruder schon da, vielleicht ist mein Dada schon da. Und was denken sie, wenn wir dann nicht da sind? Ich muss meine Mama rausbringen von hier. Tante Kerscha und Tante Derndl sprachen auch darüber. Ihnen ging es genauso. Sie wollten raus, nach Hause. Wissen, wie es ihren Leuten ergangen ist. Mano und Onkel Babist, den Kindern von Tante Kerscha, ihr Sohn Willi war im Lager Dachau. Viel Kraft hatte Hugo nicht und die Mama war zu krank zum Aufstehen. Ich will nach Haus, sagte Hugo. Wir hauen ab, sagte Tante Kerscha.

Wie sollen wir das schaffen?, fragte Hugo.

Junge, wir gehen einfach los. So wie unsere Leute früher, als sie arm waren. Da gingen sie zu Fuß mit dem Kinderwagen, in dem alle Sachen drin waren. Wir laufen nach München.

Aber zu essen?

Wir machen uns schön Feuer draußen. Vorher gehen wir zu Bauern hin, und wo ihre Pferde trinken, nehmen wir den Eimer, den Tränkeimer. Darin kochen wir uns Kartoffeln.

Und die Kartoffeln?

Wir nehmen uns welche mit. Oder die Bauern geben uns ein paar. Wir gehen immer zu zweit und fragen, ihr dürft nur nicht alle zusammen gehen. Das wird den Bauern sonst zu viel. Und ein Huhn werden wir auch kriegen. Wirst schon sehen, mein Junge. Nicht mehr als zwei, drei Wochen, dann sind wir zu Hause.

Tante Derndl war auch der Meinung. Hugo lag und träumte. Er freute sich schon, wie sie abends zusammen am Feuer sitzen und im Tränkeimer Hühnchen mit Kartoffeln kochen würden. Er konnte es schon riechen, und es wäre warm, es würde sehr schön werden. Er freute sich darauf, unterwegs zu sein. Nur so lange laufen, da zweifelte er. Seine Beine waren noch nicht geheilt. Aber Tante Kerscha zerstreute jeden Zweifel, und Hugo wusste, dass sie draußen leben konnte. Oft hatten die Tanten und Onkel erzählt, wie sie früher im Wald und zu Fuß unterwegs überlebt hatten.

Acht Tage blieben sie noch im Lager. Ging Hugo aus dem Stall hinaus, zog es ihn immer nur zur Küche. Egal, wo er hinwollte, schließlich gelangte er zur Küche und musste schauen, ob er etwas Essbares finden konnte. Manchmal schenkten ihm die Engländer eine warme gekochte Kartoffel. Wenn er hineinbiss, fühlte Hugo sich wunderbar.

Einmal sah er hinter der Küche einen kleinen Leiterwagen stehen. Zweimal strich er drum herum, dann legte er seine Decke darauf, als gehörte er ihm, nahm die Deichsel und zog. Und drehte sich nicht um. Er hatte ein Kribbeln im Nacken, aber die Engländer schossen ja nicht.

Es hielt ihn auch niemand an. Er hatte einen Plan.

Die Verwandten waren alle dafür.

In der Nacht standen sie auf, Frieda und Hugo legten die Decken in den kleinen Leiterwagen.

Mama, hopp, komm!

Betteten die Mama hinein, Januschek, Rosi und Rigo. Dann zog Hugo und plötzlich hatte er Kraft. Frieda schob. Tante Derndl, Lili, Tante Kerscha, Traubela und die anderen Verwandten gingen vorneweg oder hinterher. Tante Kerscha hatte die Stelle schon ausgekundschaftet, wo sie jetzt im Dunkeln den Draht durchschnitten und aus dem Lager in die Nacht hinausschlüpften. Hugo zog den Wagen zur Straße und immer weiter. Frieda konnte nicht weiter, sie hatte noch Schmerzen von Ravensbrück. Hugo wollte nicht anhalten, also quetschte auch Frieda sich zwischen die Geschwister in den schmalen Wagen. Alle wunderten sich, und Hugo wunderte sich selbst, woher seine Kraft kam. Aber es zog ihn, er wollte schnell nach München. Und manchmal halfen die Tanten.

Hugo wollte in die Deisenhofener Straße. Wenn mein Bruder noch lebt und nach Hause kommt. Und wenn wir dann nicht da sind, denkt er, wir sind alle tot. Bei dem Gedanken an Manfreds Verzweiflung bekam Hugo wieder Kraft, zog weiter.

Fahren wir mit dem Zug nach Hause?, fragte Rosi.

Hugo schüttelte den Kopf, sah Mama und Frieda an. Nein, sagte Frieda. Mit den Deutschen, sagte Mama, fahren wir nicht mehr Zug. Und wenn wir bis zu Hause laufen.

Nie wieder steige ich in einen Zug, sagte Hugo. Und ich will sowieso nicht mehr Lokführer werden, dachte er.

Wir laufen, sagte Tante Kerscha.

Ist es weit bis zu Hause?, fragte Rigo.

Ja, es ist weit, aber nicht zu weit. Vielleicht vierzehn Tage, sagte sie.

Als sie lange gelaufen waren, beschlossen die Tanten, hier bleiben wir, und sie legten sich alle neben der Straße unter Bäumen und hinter Büschen mit ihren Decken schlafen.

Von der Sonne wurden sie geweckt. Alle waren gewohnt, in der Früh aufzuspringen, und Hugo schreckte mit rasendem Herzen hoch, als auf der Straße ein Lastwagen fuhr. Jetzt holen sie uns. Er stand schon, da erinnerte er sich und sah die weite flache Heidelandschaft, ohne Stacheldraht, keinen Wachturm, und setzte sich wieder. Sie waren draußen! Es war der erste Sonnenaufgang draußen. Er fühlte sich, als sei Licht auch in ihm. Alle waren zu rastlos, um noch zu ruhen, sie wollten weiter, heim. Herausfinden, wer von ihren Leuten noch lebte.

Hugo zog den Leiterwagen wieder auf die Straße, ein Stück aber gingen alle zu Fuß. Wir können gehen, wohin wir wollen.

Denkt nur, wir können langsam gehen, wenn wir wollen. Ach du lieber Himmel, nach Mauthausen, wir konnten nicht mehr.

Aber die Traurigkeit blieb nicht lange. Jetzt gehen wir ohne die verfluchten Hunde. Ohne SS-Posten an jeder Seite.

In einem Graben sah Hugo etwas liegen, halb verdeckt. Es war eine verschnürte Ledertasche. Etwas war darin. Hugo löste die Knoten und Schnallen, schaute hinein. Geldscheine bündelweise. Und nur große Scheine. Das mussten tausende von Reichsmark sein.

Ein entfernter Cousin fragte: Was hast du denn da gefunden?

Ganz viel Geld. Bestimmt hat es ein SS-Mann versteckt.

Zeig mal. Ein Bündel war eine ganze Hand voll.

Das ist nichts mehr wert.

Bist du sicher?

Ja, jetzt ist der Krieg aus, da ist es ungültig.

Hugo hatte über zwei Jahre kein Geld mehr in der Hand gehabt. Er wusste nicht, ob es stimmte. Der Cousin sagte: Ist doch klar, jetzt kann das alte Geld nichts mehr wert sein. Jetzt kommen Dollars. Was du da hast, ist nur Papier. Gibst du es mir?

Hugo schenkte es ihm. Um die schöne Ledertasche tat es ihm Leid.

Ein Lastwagen mit Soldaten näherte sich. Hugo wollte schon in den Straßengraben springen, für einen Moment war der tödliche Schreck wieder in ihm, die Angst bis in jede Faser seines Lebens. Aber im nächsten Moment erkannte er, dass es Engländer waren. Januschek stand stramm und hob den rechten Arm, so wie er es in den letzten zwei Jahren gelernt hatte und beim Anblick einer Person in Uniform tun musste. Nein, nicht den Hitlergruß, Januschek, sagten alle und lachten. Mama drückte sanft seinen Arm hinab. Hugo schaute, aber die Engländer waren nicht böse, sie lachten.

Concentration camp?

Ja, yes. Tante Derndl zeigte ihre Nummer, Frieda und Hugo taten es ihr nach.

Nach Hannover? Da lang?

Yes. This way to Hannover.

Bevor die Soldaten weiterfuhren, warfen sie ihnen Schokolade und Kaugummis zu.

Die Heidelandschaft mit dem Erikakraut, das sie im Lager als Kopfkissen benutzt hatten, war kein Gefängnis mehr.

Sie waren fünfzehn Menschen, sie gingen, sie redeten, sie lachten. Und sie weinten, weil Tante Notschga und Tante Lona, Onkel Friedla und die vielen Kinder nicht dabei waren. Hugo dachte an Malla und seinen Freund aus Auschwitz und an Igor.

Sie rasteten, sie aßen, tranken, ruhten, sie sangen. Jedes Mal, wenn ein Auto mit englischen Soldaten vorbeikam, blieb Januschek stramm stehen und hob den rechten Arm. Bestimmt schon zehnmal hatten die anderen darüber gelacht und gesagt: Nein, Januschek, mach keinen Hitlergruß nicht. Bald sagten sie es fast schon im Voraus. Januschek war sechs und seit seinem vierten Lebensjahr kannte er nichts anderes.

Mama lag wieder im Leiterwagen, mit ihr saßen die Kinder und

Frieda darin, wenn sie nicht mehr konnten, und sie konnten bald nicht mehr. Lieber zog Hugo sie alle, als anzuhalten und zu warten. Sie waren alle noch schwach. Hugo konnte nicht fassen, dass er überhaupt noch lebte und mit ihm seine Familie. Und er dachte, wenn er sich setzen und beginnen würde, sich wirklich auszuruhen, dann könnte er bestimmt nicht mehr aufstehen.

Als es Abend wurde, erreichte ihr Tross wieder ein Dorf. Sie trennten sich und gingen zu den Bauernhöfen. Jede Familie zu einem anderen. Hugo zog den Leiterwagen auf eine kleine Anhöhe in einen Hof. Die Bäuerin kam heraus, schaute und sagte: Kommt alle rein. Wir haben Essen. In der Scheune könnt ihr schlafen.

Die Frau zeigte ihnen die Scheune. Mit Stroh und den Decken machten sie sich ein weiches Bett und legten sich hin. Die Frau brachte Brot, Wurst und Milch. Hugo fühlte sich leicht und glücklich in einem Moment, dann wieder stieg die Angst in ihm hoch, sein Dada, sein Bruder, ob sie lebten. Und wer alles tot war. Oder ob sie wieder eingesperrt würden. Später kam der Bauer und holte sie alle ins Haus. Draußen prasselte mit Getöse ein mächtiger Regen nieder, da fiel ihnen auf, dass Rigo weg war. Hugo lief hinaus, es war, als liefe er durch einen Wasserfall, der ganze Hof schien zu schwimmen. Rigo schlief in der Scheune. Hugo nahm ihn auf die Arme und brachte ihn ins Haus. Das Wasser floss an ihnen herab. Auch der Regen war schön. Sie saßen im Warmen, das Wasser lief nicht durch das Dach, sie konnten sich abtrocknen, sie mussten nicht Appell stehen und frieren, nicht den ganzen Tag in der nassen Kleidung bleiben, sie mussten nicht den Regen und auch nicht aus Pfützen trinken. Und sie mussten nicht unter einem Loch im Dach schlafen so wie in Auschwitz, wo sie in der engen Buchse bei Regen nur an einer bestimmten Stelle liegen konnten, weil das Wasser durchpladderte. Der Bauer und die Bäuerin waren gute Leute.

Früh am nächsten Morgen standen sie auf, verabschiedeten sich und zogen weiter. Wieder fuhren auf der Landstraße viele englische

Lastwagen vorbei, Hugo und die Geschwister winkten. Die Soldaten warfen ihnen Kaugummis zu und hupten. Mama, wir können langsam laufen, wenn wir wollen. Kein SCHNELLER. Wir können stehen bleiben. Wir können ausruhen. Wir können austreten. Und wir werden nicht erschossen deshalb. Wir können miteinander sprechen und werden nicht geschlagen. Wir können rechts oder links abbiegen. Wir können aus dem Bach trinken. Wir können tun, was wir möchten. Dann fiel ihm wieder ein, er würde niemals mehr Appell stehen müssen.

Nach drei Tagen, sie waren kurz vor Hannover, fuhr ein Auto neben ihnen her. Tuut, tuut, tuut tut, die Fenster auf. Tschawe! Es waren Hugos Cousins Willi und Didi. Sie weinten und lachten, als sie ihre Verwandten sahen, lebendig, aber so schwach, abgemagert. Willi hatte gehört, dass ihre Leute in Bergen-Belsen sein mussten, und war mit seinem Opel B4 von München gekommen, um sie zu suchen und zu holen. Willi war überglücklich, seine Mama, Tante Kerscha, wiederzufinden. Sie umarmten sich und weinten sehr. Alle weinten.

Wo sind die Tschawe?

Onkel Friedla ist in Auschwitz geblieben. Tante Lona auch, ihr Mann und vier Kinder auch. Nur ich lebe noch, sagte Traubela.

Alle weinten.

Onkel Konrad, Onkel Sepp, Onkel Babist haben sich zum Krieg gemeldet.

Und Manfred, Mano, Luki?

Die waren in Ravensbrück drüben.

Und dem Onkel Konrad seine Familie?

Tante Notschga, Lolitschai, Weichsla … sind geblieben.

Und wo sind der Bub und das Mädel?

Die sind in Bergen-Belsen im Krankenhaus.

Willi öffnete die Autotüren.

Also hopp rein! Ich fahre euch nach Hause.

Hugo stellte den Leiterwagen an den Straßenrand. Die Decken legten sie in den Kofferraum. Tante Derndls Verwandte waren schon nicht mehr dabei, sie stammten aus der Gegend von Hannover. Hugo, seine vier Geschwister, Mama, Tante Derndl und Lili, Tante Kerscha und Traubela, sie quetschten sich ins Auto, fest zusammengepresst und übereinander saßen sie darin. Willi schlug die Türen zu und die Cousins fuhren los, brachten sie durch alle Straßenkontrollen mit Passierscheinen von englischen, französischen und amerikanischen Soldaten nach München in die Deisenhofener Straße. Dann kehrten sie gleich wieder um, zurück nach Bergen-Belsen, Musla und Baptist holen.

Zuerst gingen Hugo, Mama und die Geschwister in die Deisenhofener Straße 79, wo Onkel Konrad gewohnt hatte. Onkel Peter und seine Frau und Onkel Eduard wohnten jetzt mit Tante Dina und Kindern dort. Ihr Sohn Schuka sah Hugo zuerst und holte alle ins Haus. Die Verwandten waren schockiert, wie ausgezehrt sie waren. Hugo merkte es an ihren Gesichtern, sie guckten still und ernst von einem zum anderen. Und wer fehlte. Was wer von wem wusste. Der Babo war da, sein Wagen stand im Hof. Tante Kerbe und Hans wurden benachrichtigt. Babo erfuhr, dass mindestens drei seiner erwachsenen Kinder nicht mehr lebten. Von den anderen, vom Dada, vom Manfred, war keine Nachricht. In eurem Haus sind Leute, sagte Schuka.

Mama und Hugo gingen hinüber zur Nummer 64. Mama klingelte, eine Frau öffnete.

Ja?

Wir sind jetzt zurückgekehrt. Das ist unser Haus, Sie müssen hier ausziehen.

Nein, nein, das ist jetzt unser Haus. Und sie knallte die Tür zu.

Mama und Hugo gingen zur Polizeimeldestelle. Wir waren im KZ und jetzt sind wir zurück. Wir wollen wieder in unser Haus ziehen, aber da wohnen andere Leute drin.

Da kann ich nichts machen, wenn andere Leute drin wohnen.

Es gehört uns, wir möchten da einziehen.

Nein, da kann ich nichts machen.

Und wo sollen wir wohnen mit sechs Kindern?

Da müssen sie sich was anderes suchen.

Ja, und wo?

Da kann ich Ihnen nicht weiterhelfen.

Hugo verstand das alles nicht. Weshalb überhaupt Leute in ihr Haus hineingezogen waren. Es gehörte ihnen ja nicht.

Vorn an der Straße stand noch die kleine Bude mit den Süßigkeiten und Frau Söllner saß noch drin.

Mama und die Kinder zogen bei Onkel Eduard in die Scheune. In einer Ecke machten sie sich mit Decken und Stroh ihre Betten und legten sich erst einmal hin, schliefen sofort ein und wachten nur auf, wenn ihnen jemand zu essen brachte. Sie waren nur noch müde. Jeden Tag ging Mama zu irgendeinem Amt. Hugo fielen immer wieder die Augen zu, er wusste kaum von Tag und Nacht. Wenn Mama zu essen brachte, aß er und schlief wieder ein. Mittendrin, nach vielen Tagen, noch im Taumel des Schlafes und der Angstträume, plötzlich Aufregung: Manfred, Luki und noch ein Cousin kamen mit Fahrrädern in die Deisenhofener Straße.

Manfred war abgezehrt, er konnte kaum laufen. Er wusste nichts von Dada. Unterwegs auf einer Landstraße hatten sie Mano verloren. Er sei bei befreiten französischen Häftlingen auf einem Traktor mitgefahren, weil er zu schwach zum Laufen war, und sie seien mit den Rädern nicht so schnell mitgekommen. Vor ihnen an einer Kontrollstelle sei der Traktor mit Mano in die französische Zone weggefahren. Das war ein Schock für Tante Derndl. Warum habt ihr ihn da raufgelassen? Er konnte doch nicht Fahrrad fahren, sagte Manfred. Es sei zu schwer für ihn gewesen mit Mano auf dem Gepäckträger. Sie hatten nichts, sie wollten nach Hause. Ihr habt euern Cousin im Stich gelassen. Tante Derndl weinte.

Aber Mama war glücklich, dass sie alle ihre Kinder beisammen hatte. Und Dada? Niemand wusste etwas, außer dass er und seine Brüder vom Lager Sachsenhausen zur Einheit Dirlewanger gekommen seien. Auch Manfred, Mano und Luki waren von Ravensbrück nach

Sachsenhausen gekommen. Und von dort wurden sie auf den Todesmarsch geschickt. Mit vielleicht zwanzig Jungen mussten sie den ganzen Tag marschieren, nebenher fuhr ein Lastwagen mit SS-Männern. Am Abend kreisten sie die Jungen mit ausgerolltem Stacheldraht ein, hielten rundherum Wache, am Morgen wurde der Stacheldraht eingerollt und sie mussten weitermarschieren. Viele blieben liegen, sie konnten nicht mehr. Die SS-Männer erschossen sie. Als Manfred, Mano und Luki merkten, dass immer mehr SS-Männer verschwanden, bis schließlich nachts keiner mehr Wache stand, einer noch im Lastwagen schlief, da gruben sie sich mit den Fingern unter dem Stacheldraht durch. Wer die Kraft hatte, haute ab. Fünf Jungen waren es. Die anderen wollten liegen bleiben. Die fünf gingen den russischen Soldaten entgegen. Einmal schauten sie sich um, da hörten sie eine Explosion. Der letzte SS-Mann hatte eine Handgranate auf die Kinder innerhalb des Stacheldrahts geworfen und war abgehauen. Überall lagen ihre Arme und Beine.

**»Mein Bruder, was der mitgemacht hat, ich bin klein gegen ihn. Ich kann gar nicht sagen, wie sie den hergerichtet haben.**

**Drüben in Ravensbrück hat es geheißen, alle, die über zwölf Jahre sind, werden sterilisiert. Manfred hat sich unter der Buchse versteckt, er wollte nicht. Da haben die anderen gesagt, komm, das hat keinen Wert, du musst, sonst bringen sie dich um. Also ist er mit schlagendem Herzen hin. Hat gesagt, er war ja schon beim Doktor Mengele, das haben sie ihm nicht abgenommen. Haben aber gesehen, dass er noch verbunden war, und dann haben sie ihn noch mal operiert.«**

Über sechzig Personen wurden mit einem Messer geschnitten. Die Ärzte schnitten in die Leiste, zogen etwas hinaus, schnitten es durch, nähten zu. Manfreds Wunde infizierte sich, er trug wochenlang einen Verband. Er konnte vor Schmerzen nicht mehr reden.

**»Und dann auf dem Fußmarsch, er hat nie darüber geredet, nur meine Cousins, die haben alles gesagt. Er muss geschrien haben vor Schmerzen, und dann laufen. Lasst mich doch bitte liegen. Nein, du gehst mit. Lasst mich bitte, ich kann nicht mehr. Dann haben sie ihn untergehakt, haben ihn Kilometer und Kilometer weit geschleppt. Und wie er so geblutet hat.«**

Nach und nach kamen Menschen zurück. Und jedes Mal gab es große Wiedersehensfreude und viele Tränen. Mamas Leute aus Italien kamen, Verwandte aus Berlin, Verwandte von Tante Dina, von Tante Derndl. In jeder Familie fehlten etliche Menschen, manche Familien waren komplett ausgelöscht. Alle Rückkehrer zogen in die Scheune ein. Sie war riesig, jede Familie hatte ihre Ecke, ihren Platz.

Mama und Tante Derndl mussten sich jeden Tag aufraffen und etwas organisieren. Tante Dina half ihnen mit den Ämtern. Anmelden, Lebensmittelkarten erhalten, mit den Marken versuchen, in den Geschäften etwas zu bekommen, die Stellen herausfinden, die ehemaligen Häftlingen halfen und sie unterstützten. Es waren viele Wege zu gehen. Manchmal ging Hugo mit. Und dabei entdeckte er, dass sie dasselbe Geld hatten wie das, das er im Graben in der Ledertasche gefunden hatte. Und er hatte es dem Mann geschenkt. Damit hätten sie sich jetzt ein neues Haus kaufen können. Hugo ärgerte sich, aber er hatte nur an die Freiheit und nicht daran gedacht, wie sie in der Freiheit überleben könnten.

Die Kinder sollten Onkel Eduard mit den Pferden helfen. Steht mal auf, tut was. Hugo fand es zu anstrengend, auch nur die Hand zu heben.

Jeden Morgen scheuchte Onkel Eduard sie hoch. In der Scheune musste gehäckselt, das Futter für die Pferde gemischt, Stroh und Heu für die Pferde geholt werden, der Platz wurde gebraucht. Onkel Eduard schimpfte über ihre Untätigkeit. Hugo und seine Geschwister trieben sich tagsüber im Hof herum und warteten, dass sie sich wieder hinlegen konnten.

Immer noch schliefen sie alle, die zurückgekehrt waren, viel. Immer noch waren sie tiefmüde. Wenn Hugo zwei Stunden auf war, fielen ihm schon wieder die Augen zu.

Alle im Stall schliefen viel. Nur den Leuten, die sich nach Italien hatten retten können, ging es besser.

Im Sommer stürzten Verwandte in den Stall: Euer Dada kommt! Euer Dada ist da! Hugo und seine Familie waren ganz hinten drin in ihrem Eck.

Dann stand Dada im Eingang, unter dem rechten Arm eine hölzerne Krücke mit einem Wurzelholz unter der Achsel und Verbänden um den Leib und den Arm.

Dada!

Hugo, seine Geschwister und Mama rannten vor zu ihm, umarmten ihn. Er stützte sich auf die Krücke und sagte kein Wort. Eines nach dem anderen umarmte er seine Kinder, dann seine Frau, hielt sie alle fest, und die ganze Zeit liefen ihm still die Tränen über das Gesicht und tropften auf die Kinder.

Hugo hatte ihn noch nie weinen sehen.

Was hast du denn da?, fragte schließlich Hugo und zeigte auf die Verbände.

Ach, das ist nichts.

Warum seid ihr denn hier?, fragte Dada.

Es wohnen welche bei uns drin, die gehen nicht raus, sagte Mama. Die lassen uns nicht rein.

Hugo sah, wie Dadas Augen sich veränderten. Er wischte sich die Tränen ab, drehte sich um und humpelte langsam hinaus, zur Straße vor und rüber zu ihrem Haus.

Hugo folgte ihm.

Dada klopfte an.

Es machte niemand auf, aber Hugo sah, dass eine Gardine sich bewegte. Dada hatte es auch bemerkt.

Er ließ einen Schrei los.

RAUS! RAUS VON MEINEM HAUS!

Mit der Krücke schlug er eine Fensterscheibe ein.

Die Tür öffnete sich und Dada stand schon drin, die Frau konnte die Tür nicht zuschlagen.

RAUS! DAS IST MEIN HAUS!

ICH SCHLAG EUCH TOT, IHR NAZIS!

IHR NAZIVERBRECHER!

Er humpelte hinein, niemand stellte sich ihm in den Weg.

RAUS, IHR HUNDE!

Dada bebte. Während die Frau, ihr Mann und eine große Tochter ein paar Sachen zusammenrafften, waren Dada und Hugo oben und Dada warf Tisch und Stühle durch die Fensterscheiben in den Hof. NEHMT EUER ZEUG UND RAUS! WO SIND UNSERE SACHEN? Er wütete, bis die Leute verschwunden waren. Sie hatten nichts mehr gesagt und waren innerhalb einer halben Stunde weg. Sie nahmen fast nichts mit, nichts von dem, was Dada in den Hof geschleudert hatte. Weder kamen sie noch die Polizei, niemand kam zurück, niemand holte etwas.

Mama und die Geschwister hatten die Möbel fliegen sehen und wie die Leute abgehauen waren. Sie kamen näher.

Kommt rein!, rief Dada. Kommt rein!

Das Zimmer oben war verwüstet und überall war Chaos.

Hugo war so stolz auf seinen Dada, er war glücklich, dass sie ihr Zuhause wiederhatten, von dem er zwei Jahre geträumt hatte, besonders wenn er in die Wolken geschaut hatte.

Später ging Dada auf den Hof, sah sich die kaputten Sachen an, er lachte und sagte: Aber wir brauchen ja einen Tisch und Stühle. Dann nagelte er die Stühle und den Tisch wieder zusammen.

Hugo half ihm und sie trugen alles ins Haus.

Sie verhängten die Fenster, später ließen sie neue Fensterscheiben einsetzen.

Von ihren Sachen war nichts mehr da. Hugo erinnerte sich an die Nacht, als sie aus dem Schlaf gerissen worden waren. Auch der Kommunionsanzug war verschwunden. Alle Papiere, alle Fotos, alle Möbel, die Schultaschen. Als hätten sie nie an diesem Ort gelebt.

Immer wieder hatten Hugo und die Familie sich gefragt, was mit den Menschen geschehen sein mochte, die in Auschwitz-Birkenau zurückgeblieben waren. Sie hatten es sich gedacht, aber als sie dann die Nachricht von Dada hörten, war es sehr schlimm. Alle, die noch im Zigeunerlager bleiben mussten, waren in einer Nacht vergast worden. Die drei Mädchen von Tante Lona, die noch gewinkt hatten. Hugo saß dabei, wie Dada es Tante Kerscha sagte und dabei weinte. Tante Kerscha schlug die Hände über den Kopf und schluchzte laut.

Ihre Schwester Lona, die Kinder alle, so hatte Hugo seinen Dada nie weinen sehen, die Kinder haben sie alle umgebracht, meine Schwester, zusammen mit Tante Kerscha schluchzte er. Also auch die und der und die Kinder, ihnen fielen immer mehr Menschen ein, die fehlten, die nicht zurückgekehrt waren und von denen es keine Nachricht gab. Alle weinten, die Erwachsenen und die Kinder. Weil so viele fehlten, weil sie überlebt hatten, weil sie zuvor nicht weinen konnten, weil es so schrecklich war, dass sie es selbst nicht glauben konnten, weil sie immer noch so viel Angst hatten, und immer wieder sah Hugo die Mädchen vor sich. Fahrt ruhig schon heim, wir kommen später. Wir sehen uns in München. Und wie Mama und Dada sie alle drei umarmt hatten. Wahrscheinlich wusste Mama schon, dass sie sie nie wiedersehen würde. Auch Hugo hatte ja gemerkt, dass nur Kinder und ihre Mütter und Alte zurückblieben, nur Menschen, die nicht arbeiten konnten und die keine kräftigen Verwandten mehr hatten, die sie hätten mit rausnehmen können. Hugo hörte, am 2. August soll abends Blocksperre gewesen sein. Und dann kamen die SS-Männer in Massen und brachten alle ins Krematorium. Und dass am nächsten Tag noch zwei Kinder da waren, die in der Nacht geschlafen hatten und übersehen worden waren. Die fuhr der Mengele zum Krematorium und erschoss sie dort selbst.

Dada konnte nicht viel tun, meistens lag er. Mehr als ein Jahr nach der Befreiung lag er noch viel im Bett.

Dada 1947.

Er hatte einen Lungendurchschuss, einen Oberschenkelschuss, einen Kopfstreifschuss und einen Schuss am Arm.

Manfred lag noch lange mit Schmerzen im Bett, es dauerte Jahre, bis er kräftiger wurde. Und auch Frieda lag noch lange.

Hugo ließ seine Niere untersuchen, die gerissen war. Er musste viel liegen, er war ohnehin wacklig auf den Beinen. Er fühlte sich wie ein alter Mann, dabei war er erst elf. Am schnellsten erholten sich die Kleinen. Tante Kerscha erholte sich gar nicht mehr, sie starb zwei Monate nach ihrer Rückkehr.

Onkel Konrad und Onkel Babist waren zusammen mit Dada wiedergekommen. Auch die beiden hatten Schusswunden. Willi und Didi hatten den kleinen Baptist aus dem Krankenhaus in Bergen-Belsen gestohlen und in ein Krankenhaus in München gebracht, wo er gerettet wurde. Musla war einen Tag vor Willis und Didis Ankunft in Bergen-Belsen im englischen Krankenhaus gestorben. Onkel Konrad hatte auch sein letztes Mädchen verloren und wollte sich rächen. Ich bringe um, was ich erwisch. Da lebt keiner mehr von denen Nazis.

Bitte, Konrad, das kannst du nicht machen. Die Brüder flehten ihn an.

Doch, ich habe einen Zorn, sie haben meine Frau und meine Kinder unschuldig umgebracht. Ich bringe von denen welche um.

Immer wieder kam das Gespräch darauf, bis alle Verwandten weinten. Bitte, Konrad, mach das nicht, wir kommen alle ins Unglück.

Es ging über Wochen, Onkel Konrad versprach ihnen schließlich, niemandem etwas anzutun. Später heiratete er Mamas Schwester, deren Mann und zwei Kinder in Auschwitz ermordet wurden. Aber beide trauerten ein Leben lang um ihre ersten Familien.

**»Nachher habe ich Angst gehabt, darüber zu sprechen, was wir erlebt haben. Ich habe auch mit meinem Vater, meiner Mutter nicht darüber gesprochen. Wenn irgendwas kam vom Dritten Reich, haben wir immer abgeschaltet. Haben uns über was anderes unterhalten. Wir haben genau gewusst, er will nicht, ich will nicht, sie will nicht. Meine Schwester ist jetzt 75 Jahre, die spricht auch nicht darüber, jetzt noch nicht. Sie sagt immer, Hugo, wie kannst du darüber sprechen? Ich weiß alles noch, alles, aber ich kann nicht. Es geht nicht.**

**Ich habe gesagt, mir geht's jetzt viel besser, wie ich gesprochen habe. Aber sie sagt, wenn sie es erzählen würde, tät es ihr wahrscheinlich noch schlechter gehen. Sie will vergessen und das geht nicht.**

**Sie hat immer Angst, dass es vielleicht noch mal so kommen würde, sie hat große Angst davor.«**

Als Onkel Babist nach seinem Sohn Mano fragte und Manfred und Luki berichteten, wie sie ihn verloren hatten, da fing er an zu schreien: Wie könnt ihr den Buben allein lassen? Was denkt ihr euch denn? Wie könnt ihr ihn im Stich lassen? Habt ihr nur an euch gedacht?

Es dauerte lange, bis er sich ein wenig beruhigte. Aber sich wirklich beruhigen, das konnte er die nächsten Jahre nicht.

Immer wieder sagte Onkel Babist: Wo ist denn jetzt mein Sohn?

Es wurde Herbst, Winter, er kam nicht. Onkel Babist wandte sich an die UNRRA, die Hilfsorganisation der Vereinten Nationen, mit der Bitte, nach Mano zu suchen.

Die übrig gebliebenen Verwandten kamen fast täglich zusammen und sprachen über ihre Pläne, wie sie Essen organisieren, Geschäfte beginnen könnten, ob sie bleiben oder aus Deutschland wegziehen wollten. Diejenigen, die nicht im KZ waren, streckten Onkel Konrad Geld vor, damit er wieder mit Pferden beginnen konnte.

Hugos Cousin Schuka war derjenige, der die Brotpakete zur Post gebracht hatte, als sie alle in Auschwitz-Birkenau waren.

Tante Dina, seine Mutter, hatte Brotmarken aufgespart und von anderen welche erbettelt, und wenn sie genug für ein zusätzliches Brot hatte, es besorgt und verpackt. Als Schuka am Postschalter an der Reihe war und dem Postbeamten das Paket reichte, las der und sagte laut: Aha, zum Konzentrationslager Auschwitz! Und du willst ein Deutscher sein? Schuka war blond und blauäugig. Alle Leute in der Post hörten es und starrten Schuka an. Ach, hätten wir was verstanden, sagte Tante Dina, dann hätte ich kein frisches Brot eingepackt. Sie konnte auch nicht wissen, dass nur zu Anfang Pakete bei den Häftlingen ankamen und später nicht mehr. Alle vier Wochen hatte sie ein Brot abgeschickt.

Einmal während des Krieges hatte Babo ein heimlich gemästetes Schwein gekauft und geschlachtet. Das war streng verboten. Alle Tiere mussten gemeldet und zum Teil abgegeben werden. Das Schweinefleisch wurde geräuchert. Babo füllte eine Dose mit Griebenschmalz und schickte es zusammen mit einem geräucherten Schinken ab, aber beides kam nie bei seinen Kindern im Lager an. Wahrscheinlich hatten es die SS-Männer in der Paketstelle gestohlen.

Nachdem seine Geschwister deportiert worden waren, hätte Onkel Eduard noch einmal zur Zwangsarbeit gemusst – zum Bau des Westwalls. Er wurde mit seinem ältesten Sohn und einem Neffen zum Amt zitiert. Der Beamte am Schreibtisch sagte: Edi, was machst du denn hier? Die beiden hatten zusammen im Ersten Weltkrieg gekämpft. Der Beamte legte die Akten Onkel Eduards, des Sohnes und des Neffen beiseite und deshalb konnten alle drei in München bleiben und wurden nicht noch einmal eingezogen. Später kam dieser Mann zu Onkel Eduard, er war angeklagt als Nazi und bat um Hilfe. Onkel Eduard fuhr hin und sagte für ihn aus.

Schuka erzählte Hugo von dem Tag, als Hugo, seine Familie und die anderen Verwandten verhaftet worden waren. Er erinnerte sich genau daran. Schuka kam von der Schule nach Hause, da saß sein Dada am Tisch, das Gesicht in den Armen verborgen, und schluchzte. Nie zuvor hatte er seinen Dada weinen sehen. Seine Mama kam ins Zimmer, was ist denn? Sie sind alle weg, sagte mein Dada. In der Nacht war Bombenalarm und es folgte ein schwerer Angriff mit vielen Explosionen. Und Schuka dachte daran, wie seine Cousins und Cousinen im Polizeipräsidium in den Zellen saßen und bestimmt nicht in einen Bunker oder Keller gehen durften und was für Angst sie ausstehen mussten.

»Was danach kam, der Transport und was ihnen in den Lagern angetan wurde, darüber sprachen Dada und Mama nie.

Mein Dada war wirklich ein Mann, der in die Welt gepasst hat. Der hat sich vor keinem gefürchtet. Aber ich kann mich nicht erinnern, dass er sich einmal mit uns über dies Thema unterhalten hat.

Auch im Krieg, wo er war – wir haben es nur von anderen gehört, wie er dreimal zusammengeschossen worden ist. Wir haben nie was gehört von ihm, wie das passiert ist, wie sie ihn weggebracht haben, dass er im Schützengraben dem Tod nahe war, dass ihn sein Bruder vom Schützengraben rausgeschleppt hat bis zurück. Dann wäre er bald noch erschossen worden, weil er seinen Bruder von der Front ein paar Meter zurückgebracht hat. Er war leblos dagelegen. Das hat sein Bruder dann erzählt. Aber auch nicht uns, wir haben das wieder von anderen gehört.

Aber wenn wir gefragt haben: Dada, wo habt ihr denn gekämpft?

Nichts. Er hat nie was gesagt. Ich weiß heut noch nicht genau, wo er gekämpft hat. Die sind von Sachsenhausen aus umgekleidet worden mit Soldatenuniformen. Bei den Russen muss es gewesen sein, hinter Berlin, ich weiß nicht genau, wo an der Front.

Auch vorher, was im KZ war, er wusste, dass wir alle mit dabei waren, aber es ist nie drüber gesprochen worden. Nie, nie, nie.

Und ich dachte, was mein Vater macht, mache ich auch, ich hab

**auch wirklich Angst gehabt. Wenn er drüber gesprochen hätte, vielleicht hätte ich dann auch gesprochen, ich weiß es nicht. Aber ich habe eben gedacht, der Vater ist nicht tot und spricht nicht drüber, wir haben doch gemerkt, wenn ihn mal einer angesprochen hat. Kein Kommentar. Da war ich richtig eingefleischt, ich wollte dann nicht, ich hab richtig einen Knödel im Hals gehabt.«**

Hugo hatte vor allen Fremden Angst. Vor Menschen in Uniformen, vor Leuten auf der Straße. Manchmal, wenn er im Bett lag, überkam ihn eine so entsetzliche Angst, dass sein Herz raste, dass er meinte, das Brüllen von SS-Männern zu hören, geschlagen zu werden. Die Träume kamen, die Alpträume. Im Lager war er viel zu erschöpft und die Schlafenszeit zu kurz, dort hatte er nichts geträumt.

Wenn nachts ein Auto durch die Deisenhofener Straße fuhr, sprang er aus dem Schlaf heraus auf, stand vor seinem Bett stramm. Bis er es merkte.

Ach, Moment, wo bin ich denn hier?

Er schaute auf die Wände, seine Bilder, dann sah er, dass er zu Hause war, und legte sich wieder ins Bett. Wenn er ein Geräusch im Haus hörte oder wenn die Haustür laut zusprang, war er augenblicklich wach, und sein Herz klopfte bis in den Kopf vor Angst, sie könnten wieder geholt werden.

**»Auch heute. Wenn nur einer an die Tür klopft, da kann ich im besten Schlaf sein, bin ich schon wach. Da ist was gestört, sonst müsste das nach so vielen Jahren vergessen sein. Aber das kann man nicht vergessen. Die ganze Psyche ist verletzt, alles ist verletzt.«**

Er hatte Angst vor den Leuten, er hatte die Angst in sich. Vor allem und jedem. Die Lager waren vorbei, aber die Angst war in ihm geblieben. Und sie schien immer größer zu werden. Wie hatte er geträumt und in die Wolken geschaut, als er noch eingesperrt war, davon, wieder daheim zu sein, in ihrem Haus in der Deisenhofener Straße zu wohnen, Dada würde wieder mit Pferden machen, sie würden spielen und bei der Frau Söllner Süßigkeiten kaufen. Ach, die Träume waren schön. Nun war er tatsächlich daheim, aber er konnte nicht spielen. Er war wie gelähmt vor Angst.

Dada lag meistens, er konnte nichts mit Pferden machen, weil seine Kraft nicht reichte, Frieda lag, Manfred lag. Nur Mama konnte etwas unternehmen.

Sie stand früh auf, wenn die Kinder noch schliefen, manchmal sah Hugo sie mit einem großen Rucksack auf dem Rücken losgehen, zum Giesinger Bahnhof. Sie konnte nicht Fahrrad fahren wie Tante Derndl. Deshalb musste sie einen Zug nehmen aus der Stadt aufs Land. Sie lief von Bauernhof zu Bauernhof und bettelte um Essen. Zu verkaufen hatte sie nichts, sie besaßen nichts, sie hatten kein Geld. Eine Schachtel Zigaretten kostete auf dem Schwarzmarkt 70 Reichsmark, ein Pfund Fleisch 250 und ein Kilo Wurst 150 Reichsmark. Dada war zur Bank gegangen, dort kam sein Name nicht vor, von seinem Konto wusste niemand etwas. Als hätte Dada nie existiert. Sein erspartes Geld, 30 000 Reichsmark, war weg.

**»Mein Vater hat nichts mehr gehabt. Wir haben alles versucht, mit Anwälten und alles. Aber er hat nichts mehr gekriegt. Die haben sich bereichert. Genau wie sie es mit den Juden gemacht haben.«**

Manchmal wurde es schon dunkel und Mama war noch nicht zurück. Manchmal war es sieben, acht Uhr abends, dann kam sie, müde, weiß im Gesicht. Ach, Mama, bist du da. Im Winter kam sie durchgefroren, mit steifen Fingern und roten Backen. Sie hatte den Rucksack voll mit Essen. Sobald sie ihn vom Rücken hob und abstellte, packten die Kinder aus, Speck, Eier, Brot, den ganzen Tag gab es nichts und jetzt setzten sie Kartoffeln auf und aßen sich satt.

Hugo!, rief Dada. Und Hugo stand an Dadas Bett. Alle Kinder folgten dem Dada sofort. Du gehst wieder in eine Schule.

Ach nein, Dada, in eine Schule …

Du gehst.

Hugo gehorchte. Aber allein bei dem Gedanken fürchtete er sich.

Hugo hatte Angst vor der Schule, Angst vor den Lehrern und den Kindern, er hatte nichts vergessen. Nicht die Schläge, das Schimpfen, das Anspucken, nicht, wie er in der letzten Reihe sitzen musste und nichts sprechen durfte. Er sollte jetzt in eine andere Schule, in die Martinschule, damit er nicht womöglich auf dieselben Lehrer wie vorher traf.

Weil er schon zwölf war, wurde er in eine sechste Klasse gesteckt. Dort musste er in der letzten Bank sitzen, er konnte kaum lesen und schreiben. Und wieder: Der Lehrer Rauch sprach nicht mit ihm, erklärte ihm nichts, schaute seine Aufgaben nicht an. Wenn Hugo sich in Erdkunde meldete, und wenn auch alle Kinder Hugo anschauten, für den Lehrer existierte er nicht. Für Hugo war es, als sei die Zeit zurückgedreht und alles beginne von vorn. Lehrer Rauch schrie die Kinder oft an, boxte mal eines oder schlug ein anderes mit dem Stock auf die Hände. Jeden Tag erwischten seine Schläge mindestens ein Kind. Auch Hugo musste einmal seine Hände ausstrecken und Lehrer Rauch haute den Stock darauf.

Hugo konnte es nicht ertragen – jetzt bin ich rausgekommen und werde wieder geschlagen?

Die Jungen unterhielten sich über den Lehrer. Wir sagen es unseren Eltern. Und sie sagten, wenn man die Hände mit Zwiebeln einreibt, schwellen die Stellen dick auf und der Lehrer kriegt Ärger.

Nach ein paar Monaten war er weg und Lehrer Stief kam.

Er schlug nicht, aber auch er richtete nie ein Wort direkt an Hugo. Ihr müsst lernen, sagte der Lehrer oft. Ihr werdet einmal München aufbauen. Und wenn jemand etwas nicht verstand oder die Aufgaben falsch oder gar nicht hatte, schimpfte er: Und ihr wollt München aufbauen!

Aber für Hugo galt das alles nicht, er wusste, dass der Lehrer ihn nicht meinte.

**»Die Lehrer haben gewusst, dass wir aus dem Lager waren. Ich habe hinten gesessen, in der letzten Bank. Ich habe mich daheim stundenlang hingesetzt und meine Aufgaben gemacht, auf den Tisch gelegt, aber kam der mal her? Der kam nicht und hat sie mal angeschaut. Dann habe ich keine Aufgaben mehr gemacht, nichts mehr. Dann kam er auch nicht. Wenn ich mich gemeldet habe, nicht mal angeschaut hat er mich. Nie, niemals bin ich drangekommen. Das waren dieselben Lehrer wie vorher.«**

Auch die Mitschüler merkten, dass Hugo nicht erwünscht war. Sie merkten auch, dass er vor der ganzen Klasse Angst hatte. Dass er stotterte, wenn er angesprochen wurde und antworten sollte, dass er leicht stolperte, dass er keinem Erwachsenen in die Augen schauen konnte. Sie wussten aber nicht, dass man SS-Männern nicht ins Gesicht schauen durfte. Und dass er vernarbte Beine hatte. Er stand

Nachdem Hugo 1993 das erste Mal über sein Leben sprach, ging er auch an die Orte seiner Kindheit. Hier mit seiner Enkelin Laura in der Icho-Grundschule.

auf dem Pausenhof und spielte nirgendwo mit. Kamen Kinder und schubsten oder traten ihn, entschuldigte er sich. Die Kinder lachten sich krumm darüber und traten immer wieder, weil sie es noch einmal hören wollten. Manchmal schaute Hugo zu den Lehrern oder rief auch nach einem, doch die Lehrer grinsten und drehten sich weg.

**»Ich habe Angst gehabt, ich könnte mich selber heute noch ins Gesicht schlagen. Das habe ich so lange gehabt, wenigstens bis zwanzig Jahre. Jedes kleine Kind, das mich gestoßen hat – habe ich mich entschuldigt. Ich hatte immer Angst, dass es vielleicht noch schlimmer kommt.«**

Und dass die Polizei Hugo und seine Familie wieder holen würde. Und niemals fragte ein Lehrer, was Hugo durchgemacht hatte, niemals verteidigte einer ihn.

Auch der Hartung auf dem Schulhof bemerkte sofort den Jungen, der abseits stand, der neu war. Alle fürchteten den Hartung aus der achten Klasse, er schlug brutal zu, wenn er nicht bekam, was er wollte, wenn ihm jemand im Weg stand oder wenn er Lust dazu hatte. Und alle Jungen erstarrten in Ehrfurcht, wenn Hartung über den Schulhof ging, wichen ihm aus, hörten auf zu spielen. Der Hartung, Achtung, der Hartung kommt! Wenn Hartung sagte, los, spielen wir Fußball, spielte man Fußball mit ihm. Und jeder wollte ihm gefallen, jeder wollte zu ihm passen, Lob und Anerkennung haben vom großen Hartung, dem Stärksten der ganzen Schule.

Der Hartung ging zu Hugo: Bist wohl neu?

Ja.

Wirst mich noch kennen lernen. Er schubste Hugo erst nur wenig, aber als Hugo sich nicht wehrte, schubste er ein bisschen fester, stieß ihn schließlich zu Boden. Hugo hatte Angst, riesige Angst, stand sofort auf. Er sah seinen Dada vor sich, wer sich wehrte oder fallen ließ, wurde totgeschlagen. Die Jungen auf dem Schulhof beobachteten genau, was macht der Höllenreiner Hugo, was macht der Hartung jetzt?

Hartung grinste, sonnte sich in den Blicken der Jungen und schleuderte Hugo abermals zu Boden. Er drehte sich um und ging weg. Hugo zitterten die Knie, fast war ihm, als hörte er die Stiefel. Gegen den Hartung hatte er sich nicht gewehrt, das hatten alle Jungen auf dem Pausenhof gesehen. Jetzt versuchten die Nächststärkeren, Hugo zu unterwerfen. Sie hauten ihn, er wehrte sich nicht, er versuchte nur wegzulaufen. Sie traten ihn, spuckten ihn an. Wieder war kein Lehrer da, der ihn gerettet, der die anderen Jungen zurückgehalten hätte. Hugo rief mal nach einem, es gab immer die zwei Personen Pausenaufsicht. Aber die Lehrer schauten nur kurz, schmunzelten und drehten sich um, packten ihre Brote aus dem Pergamentpapier, bissen hinein und schlenderten weiter. Die Kinder merkten das sofort. Nun wagten sich auch die Jüngeren, sogar Erst- und Zweitklässler an den großen Hugo heran, schlugen ihn und liefen schnell weg. Der Hartung schickte die Kleinen. Tritt den mal. Die Kleinen traten Hugo, um zu zeigen, was sie sich trauten. Hugo ließ sich alles gefallen, er hatte Angst, was geschehen würde, wenn er Widerstand leistete. Wenn er zurückschlagen würde, was würde dann mit ihm geschehen? Er war starr vor Angst.

Dada, warum gehen wir nicht aus Deutschland fort?, fragten Hugo und Manfred. Auch die Erwachsenen sprachen manches Mal darüber, ob sie Deutschland, das Land der vielen kleinen Hitler, verlassen sollten. Traubela hatte nach Italien geheiratet. Manche zogen nach Amerika.

Nein, sagte Dada. Wir bleiben hier. Ich bin Deutscher, ich lasse mich nicht von hier vertreiben. Und was mache ich mit euch in einem anderen Land ohne Haus, ohne Geld, ohne Arbeit? Ihr könnt keine andere Sprache, da geht es uns nicht besser.

Das sah Hugo ein, auch die anderen sagten nichts mehr. Dada konnte immer noch nicht gut laufen. Wenn er nicht im Bett lag, ging er zum Schwarzmarkt und schaute, was er für Zigaretten tauschen konnte. Manchmal brachte er Schokolade mit.

Onkel Eduard kam, Hugo hörte zu, immer hörten die Kinder zu, wenn die Erwachsenen sprachen, denn sonst erfuhren sie nichts.

Onkel Eduard sagte zu seinen Brüdern: Habt ihr gehört, der Suberto ist am Herzschlag gestorben.

Den Rest erfuhr Hugo von Schuka, Onkel Eduards Sohn, der ein Jahr jünger war als er.

Damals, als die Sinti nicht mehr hatten reisen dürfen, hatte Schukas Onkel Hickeli jemanden in Bamberg besucht. Er war in eine Kontrolle geraten, sie hatten ihn festgenommen und ins Polizeipräsidium in der Münchener Ettstraße gebracht, wo sich auch die Zigeunerzentrale befand. Dort arbeiteten drei Männer, Wutz, Zeiser und ein Dritter mit Hindenburgfrisur und Plattfüßen. Zeiser benachrichtigte Tante Dina, dass ihr Bruder dort in einer Zelle saß und ob sie ihn noch einmal sehen möchte. Tante Dina ging mit Schuka hinauf, ins Büro vom Zeiser, da sahen sie drei Sinti über einen Tisch gebeugt, Suberto aus München, Gok aus Ulm und Massengero aus Nürnberg. Schuka hörte sie »Mischling ... Zigeuner ... Zigeuner ... Mischling« sagen, sie sortierten die Akten. Tante Dina und Schuka starrten auf sie. Sie waren Sinti und arbeiteten für die Nazis. Der Zeiser blickte auf und sagte:

Grüß Gott, Frau Höllenreiner.

Das riss alle drei herum, Schuka sah den Schrecken in ihren Augen, sie waren ertappt und erkannt, und sie wussten, dass es um sie geschehen war.

Der Zeiser führte Tante Dina und Schuka gleich aus dem Raum. Sie durfte mit ihrem Bruder sprechen. Hickeli wurde mit seiner Familie nach Neuengamme gebracht und starb dort sechs Monate später. Seine Frau und seine Kinder kamen auch nie mehr zurück.

Als Onkel Eduard von Suberto hörte, wurde er zornig und schwor: Wenn der Krieg aus ist, bringe ich ihn um. Das muss dem Suberto zu Ohren gekommen sein, sagte Schuka, der hat so Angst gehabt, dass er bei Kriegsende einen Herzschlag gekriegt hat.

Den Massengero müssen die anderen Sinti so geschlagen haben, dass er an den Folgen gestorben ist.

Der Gok tauchte unter und blieb für immer verschwunden.

Die drei waren wie ein Rat der Zigeunerzentrale, sagte Schuka. Von jedem Stamm haben sie einen genommen, der mit ihnen zusammengearbeitet hat.

Über Suberto hatte Hugo außerdem gehört, dass er von den Sinti Geld oder Schmuck verlangt haben soll. Die wollen es so, ich kann nichts dafür, soll er gesagt haben. Wer ihm nichts geben wollte, den hat er der Polizei verraten. Die Höllenreiner gaben ihm nichts.

Hugo wurde schikaniert in jeder Pause. Der Hartung stellte ihm ein Bein, er fiel hin. Hartung spuckte ihn an, er wischte die Spucke ab. Hartung warf mit Steinen, hänselte ihn, boxte in ihn rein. Und mit dem Hartung der Bieler, sein Freund. Jeder ergriff mal die Gelegenheit, Hugo ein Bein zu stellen oder ihn zu treten.

Hugo wollte so gern, dass die Kinder seine Freunde werden. Dass er mit ihnen mitlaufen kann. Dass er mit ihnen Fußball spielen kann.

Beim Gedanken an Fußball war er hin- und hergerissen. Nie mehr wollte er spielen. Und doch wollte er gern mitmachen.

Der Lehrer ließ Hugo nicht am Sportunterricht teilnehmen. Während die anderen spielten oder turnten, musste Hugo sich auf dem Schulhof herumdrücken und warten. Der Religionslehrer, Pfarrer Rau, kam vorbei und entdeckte Hugo.

Was treibst du denn hier?

Ich warte, bis der Sportunterricht vorbei ist.

Machst du nicht mit?

Nein, die nehmen mich nicht rein.

Was meinst du damit, die nehmen dich nicht rein?

Ich darf nicht.

Der Pfarrer versprach, mit Hugos Lehrer zu sprechen. Er muss es wirklich getan haben, denn das nächste Mal durfte Hugo beim Sport mitmachen. Draußen auf dem Fußballplatz. Die Klasse wurde in zwei Mannschaften geteilt und das Spiel begann. Hugo wollte erst nicht

Fußball spielen. Wegen der Erinnerungen. Aber doch juckte es ihn. Er wollte den anderen zeigen, dass er es auch konnte. Also rannte er mit, hin und her, aber nie wurde ihm auch nur einmal der Ball zugespielt. Schoss ein Junge ein Tor, liefen die anderen hin und gratulierten ihm. Einmal flog der Ball zu Hugo, der Ball prallte von seinem Bein ab und flog ins Tor. Da war Schweigen, als sei nichts geschehen, als sei Hugo nicht da.

**»Als wie, das hat der geschossen, aber der kriegt von uns gar nichts. Nicht, dass einer sagt: Bravo, Hugo. Mensch, gut, wie du es gemacht hast. Nichts. Ich war der, der das Tor geschossen hat. Der Ball ist ins Tor rein. Keiner hat hingesehen. Das sind alles so kleine Sachen, die ich nicht vergesse. Ich bin immer gedemütigt worden.«**

Bogdan, der Kapo aus Auschwitz, war in der Deisenhofener Straße gesehen worden. Er hatte eine Frau im Lager gehabt, die er für sich haben wollte. Als Hugo und seine Familie auf Transport kamen, sagte er zu ihrem Mann, du kannst abhauen, aber deine Frau bleibt hier. Dem Mann blieb nichts anderes übrig. Bogdan ging aber extra noch mal zu ihm hin und ohrfeigte ihn. Die Frau und ihre Kinder kamen nie zurück. Mit einer anderen Frau hatte er ein Kind und die suchte er nun. Als Dada und seine Brüder hörten, dass der brutale Bogdan da sei, rannten sie sofort los, um ihn zu erwischen. Bogdan flüchtete und wurde nie mehr gesehen.

Hugo wurde nicht versetzt, er musste die sechste Klasse wiederholen. Jetzt war er dreizehn und hatte außer dem Stief noch Fräulein Kepki als Lehrerin. Sie war jung, groß, blond, schön und zu Hugo freundlich. Sie sprach ihn auch mal an, fragte ihn etwas, ließ Hugo zu Wort kommen. Hugo schaute sie meistens verklärt an, er war so verknallt in sie, dass er nur noch Ja oder Nein sagen konnte. Nachmittags dachte er nur noch an Fräulein Kepki.

Bis sie eines Tages in die Schule kam und alle sie Frau Wagner nannten. Das ist doch Fräulein Kepki, sagte Hugo zu den Kindern. Nein, sagten die, jetzt heißt sie Frau Wagner. Das kann doch nicht sein. Hugo ging zu ihr und fragte: Warum heißen Sie jetzt Wagner?

Weil ich geheiratet habe.

Hugo starrte sie an, als sei ein Urteil über ihn gesprochen.

Ich habe einen Mann mit dem Nachnamen Wagner geheiratet.

Aha. Hugo lief weg.

Ein Junge schloss sich ihm an. Mit dem wollte auch niemand etwas zu tun haben, weil er stotterte. Graf Hans hieß er und wurde Hugos Freund, er blieb immer an seiner Seite.

Aber wenn auf der Straße der Hartung kam und, patsch, Hugo ins Gesicht schlug, ihn im Vorbeigehen ohrfeigte, auf dem Schulhof in ihn hineinboxte, konnte Graf Hans auch nichts tun. Zum größten Vergnügen aller entschuldigte Hugo sich immer noch, wenn er geschlagen wurde. Ich wollte es nicht. Traten die kleinen Kinder nach ihm, sagte Hugo: Das hast du bestimmt nicht gern gemacht.

Doch, sagte der kleine Junge dann. Doch, ich hab es gern gemacht. Und trat noch einmal hin, zur Belustigung der anderen Schüler, die zuschauten. Manchmal hatte die SS einen Häftling gezwungen, einen anderen zu schlagen.

**»Ich war so ängstlich, das tut mir heute noch weh. Heut, nicht vor hundert Stück weiche ich zurück. Aber in der Zeit, ich weiß nicht, was es war. Ich war groß, mager, konnte nichts, hab Angst gehabt. Die Angst war in mir drin vom KZ her.«**

Hugo, sagte der Graf Hans jeden Tag, l-l-lass dir doch nichts g-gegefallen. Hau doch mal retour. Ihn konnte niemand prügeln, er schlug zurück mit aller Kraft, er tobte und verletzte auch seine Angreifer. Er haute sich mit jedem herum. Ihn ließen die Jungen in Frieden, wenn sie auch über ihn lachten und nicht mit ihm spielten. Aber sie rührten ihn nicht mehr an.

Hugo, schlag doch einmal zurück.
Ich kann das nicht.
Doch, du kannst.
Nein, ich kann nicht.

Wenn es zum Unterrichtsschluss klingelte, war Hugos Tasche längst gepackt und er wollte gleich zur Tür vor. Halt!, rief der Lehrer. Hier geblieben! Alle gehen zusammen raus. Also musste Hugo warten, bis alle an der Tür standen und der Lehrer sie hinausließ. Hugo stürmte die Treppe hinab, aus dem Schulhaus, aber er war nicht schnell genug. Auf der Straße erwischten ihn die Jungen aus seiner Klasse und traten, hauten und bespuckten ihn. Oder er wartete ewig im Treppenhaus, bis alle fort waren und es in der Schule ganz still wurde, und schlich dann nach Hause. Wenn er in der Klasse langsam machte, extra länger bleiben wollte, sagte der Lehrer: Jetzt kannst du gehen. Schon prasselten draußen die Schläge auf ihn ein. Gegenüber der Schule lag der Sportplatz, da warteten die Jungen auf Hugo, auch der große Hartung, und verprügelten ihn. Hugo wusste, dass es keinen Sinn hatte wegzurennen. Die anderen waren immer schneller als er, obwohl er schon hoch gewachsen war, der größte der Jungen mit den längsten Beinen. Aber ihm fehlte die Kraft zu rennen, er war zu schlapp. Manchmal stand er mitten auf der Straße und weinte.

Zu Hause sagte er: Mama, heute habe ich mich wieder richtig herumgerauft.

Gut, mein Junge. Wehr dich nur immer. Lass dir nie was gefallen.

Jeden Tag lag ihm der Graf Hans in den Ohren: Lass dir doch nichts mehr gefallen. Wehr dich doch. Tu was. Schlag doch bitte endlich mal zurück.

Einmal ging Hugo aus der Schule, da schlenderte wieder der Hartung grinsend auf ihn zu, hob seine Hand gegen ihn. Die Stimme von Hans im Ohr, stürzte Hugo auf ihn und schlug zu, bevor der nur beginnen konnte, prügelte ihn zu Boden, boxte in ihn hinein, bis der nicht mehr aufstand. Seine Angst, seine Wut, alles haute er dem Hartung drauf. Die anderen Jungen schauten zu, mit leuchtenden Augen, der da besiegt den Stärksten der Schule.

Hugo, wie du das gemacht hast! Jetzt bewunderten sie ihn, und von einer Minute auf die andere behandelten sie ihn wie einen König, gingen aus dem Weg, wenn er kam. Niemand rührte ihn mehr an. Graf Hans freute sich. Endlich. Gut hast du's gemacht.

Wenn ein Junge etwas über Hugo sagte, brauchte Hugo nur pscht zischen, Ruhe. Dann war der Junge still. Am nächsten Tag kam ein Junge aus seiner Klasse: Spielen wir Fußball? Ein anderer fragte: Gehen wir heut Nachmittag noch raus? Hugo fühlte sich unbesiegbar. Wenn nur einer mich noch hänselt, ich lasse mir nie mehr was gefallen, ich schlag zu. Aber Hugo schlug niemanden. Das eine Mal hatte gereicht. Nun hatte er nur noch Freunde.

Hugo wollte auch niemand schlagen. Seit er den Hartung niedergeschlagen hatte, stotterte er nicht mehr. Im nächsten Schuljahr wurde Hugo zum Klassensprecher gewählt.

**»Der Graf Hans hat mich in der Zeitung gesehen und gesagt, das ist der Hugo. Hat er zur Zeitung geschrieben, die haben mir gesagt, ich soll mich bei ihm melden. Habe ich ihn angerufen, da war er es. Gell, du bist es, Hugo.**

**Ja, ich bin es.**

**Da ist nach fünfzig Jahren ein Schülertreffen, kommst du?**

**Da bin ich hingefahren, schöne Wirtschaft, komme ich rein in einen Raum, alles uralte Männer drin, solche Bäuche. Sage ich, na, das ist es net. Bin ich umgedreht. Und beim Rausgehen: Ja Hugo, kennst uns nimmer, da geh her. Da waren es meine Schulkameraden. Der Graf Hans hat gesagt: Hugo, weißt du noch ... Es war interessant, was aus denen allen geworden ist. Der Hartung hat nicht mehr gelebt. Der Lehrer Stief war da, er hat eine kurze Rede gehalten. Er hat nur gesagt, ja, der Hugo Höllenreiner ist wieder da. Aber er hat gesprochen, als wenn ich gar nicht da wäre.«**

Pfarrer Rau war zu Hugo immer freundlich und gut. Hugo sah an der Kirche, wie die Drittklässler vom Unterricht kamen, der Pfarrer wegging. Wie oft hatte er im Lager gedacht: Wenn sie uns nicht geholt hätten, wäre ich zur Kommunion gegangen. Wenn ich überlebe und rauskomme, will ich die Kommunion machen. Er hatte davon geträumt, schick angezogen, mit einer brennenden Kerze in die Kirche zu gehen, in seinen Tagträumen wurde der Lichterglanz immer heller und goldener, die Muttergottesfigur immer schöner, er immer glücklicher, wenn er vorn niederkniete und der Pfarrer ihm die Hostie auf die Zunge legte. Im Lager hatte er es in seiner Fantasie schon erlebt. Nun wollte er, dass es Wirklichkeit würde. Er wollte, dass sein Leben endlich schön würde, so wie er es sich vorgestellt hatte. Einmal wartete er, bis alle Schüler gegangen waren, dann lief er dem Pfarrer nach und sagte: Herr Pfarrer, ich möchte gern meine Kommunion machen.

Aber du bist doch schon dreizehn Jahre alt.

Hugo erzählte ihm, dass er in der dritten Klasse nicht zur Kommunion gehen konnte. Wir waren weg, im KZ. Er schob den Ärmel hoch und zeigte dem Pfarrer die Nummer. Bitte, ich möchte jetzt zur Kommunion.

Also dann machst du es diesmal mit. Jeden Mittwoch kommst du zum Kommunionsunterricht. Von drei bis vier im Gemeindehaus.

Voller Freude ging Hugo nach Hause. Mama, ich darf zur Kommunion.

Aber du bist schon so groß …

Ich muss meine Kommunion machen, Mama.

Aber …

Wegen dem Lager habe ich sie verpasst, jetzt bin ich draußen, jetzt will ich meine Kommunion machen.

Aber Junge, das ist doch nicht unbedingt notwendig.

Doch, Mama, ich will. Ich will.

Gut, Junge, dann mach die Kommunion.

Hugo war in seiner Klasse unter den Gleichaltrigen schon der Größte. Er war so groß wie der Lehrer, aber dünn wie ein Stock. Jetzt nahm er mehrere Monate lang jede Woche am Vorbereitungsunterricht mit den neunjährigen Kindern teil. Der Pfarrer gab Hugo ein Buch und Hugo lernte die Zehn Gebote auswendig, las das ganze Buch durch, passte beim Kommunionsunterricht auf, er wusste alles, was die Kinder wissen mussten. Aber Mama und Dada hatten kein Geld, um Hugo etwas zum Anziehen zu kaufen, und das sagte er dem Pfarrer. Ich schau mal, sagte der Pfarrer. Ich find schon was. Und das nächste Mal brachte er für Hugo eine Mütze, auf der »Marine« stand, eine kurze Hose und eine gute dunkelblaue Jacke.

Die Nachbarn gaben Mama eine gebrauchte Kommunionskerze, Mama schnitt ein Stück ab, damit sie ein bisschen wie neu aussah.

Hugo freute sich und wieder zählte er die Tage. Als es endlich so weit war, kleidete er sich an, nahm seine Kerze und ging allein zur Kirche. Es war ein regnerischer Tag. Vor der Kirche standen die Leute versammelt, sie verstummten, als Hugo kam. Er hörte sie sagen: Was macht der Lange da? Der passt doch gar nicht da rein? Das gibt's doch nicht. Hugo achtete nicht darauf, blickte niemanden an. Er trat in den hohen Raum, die Kirche war voll mit Menschen, die Bänke waren alle besetzt, in den Gängen standen sie. Als Hugo hindurchging, stießen sich wieder die Leute an: Schau mal, der Große, die langen Beine, was macht denn der bei der Kommunion?

Hugo war alles egal, er freute sich, jetzt würde er endlich die Kommunion machen, er dachte daran, wie er sich im Lager manchmal vorgestellt hatte, wie schön es werden würde. Ist egal, lacht ihr alle, ich mach die Kommunion. Hugo ging bis ganz nach vorn. Wo ist denn mein Pfarrer, wo ist denn der Herr Rau? Hugo kniete vor dem Altar nieder, als alle Kinder niederknieten, die brennende Kerze in der Hand. Dann kam ein fremder Pfarrer, nicht seiner. Schon hatte Hugo wieder Angst. Als der fremde Pfarrer bei ihm war, sagte der: Aha, und wer bist du?

Höllenreiner Hugo.

Wie alt bist du?

Ich bin dreizehn. Pfarrer Rau hat mir erlaubt die Kommunion zu machen. Hugo stotterte. In der dritten Klasse hab ich sie nicht machen können, weil wir weggekommen sind ins Lager.

Aha. Na, dann sag mal … Und der Pfarrer stellte eine Frage, die Hugo nicht beantworten konnte.

Wenn du das nicht weißt, dann machst du die Kommunion nächstes Jahr. Das passt jetzt nicht.

Herr Pfarrer, bitte. Lassen Sie mich doch die Kommunion machen. Bitte, bitte lassen Sie mich doch meine Kommunion machen.

Schon im Weitergehen sagte der Pfarrer mit harter, kalter Stimme: Ich hab gesagt, du machst es nächstes Jahr und Schluss. Und er fragte schon das nächste Kind: Und wer bist du?

Hugo erhob sich. Die Leute in der Kirche traten zur Seite, es öffnete sich ein Gang für ihn, Hugo lief hindurch und hinaus. Draußen regnete es, er brach in Tränen aus, es schüttete vom Himmel. Den ganzen Weg bis zu Hause weinte er. Plitschnass trat er ins Haus. Im ersten Moment wusste Mama nicht, ob es Tränen oder der Regen war, aber bevor sie etwas sagen konnte, schluchzte Hugo auf und weinte lange in ihrem Arm. Mama, die haben mich nicht lassen.

Kind, dann lass es doch. Das wollte der liebe Gott nicht.

Mama, der Pfarrer war so schlecht. Und wieder kamen die Tränen.

Ach Kind, sagte Mama. Es ist doch gut. Schau, wir sind wieder rausgekommen aus dem Lager und ihr werdet größer. Wir leben alle. Vielleicht machst du es nächstes Jahr und wenn du es nicht machst, ist es auch gut. Das braucht man doch nicht.

Hugo konnte nicht aufhören zu weinen und Mama hielt ihn fest. Als er schließlich wieder ruhiger atmete, sagte sie: Du machst es nicht mehr. Es sind viele Pfarrer so schlecht. Lass es so stehen. Du brauchst es ja nicht.

Mama, ich mach es auch nicht mehr. Nie mehr.

**»Heute gibt es ein Lied: Im Regen sieht man keine Tränen. Und so war es. Ich hab so geweint. Es war jetzt kein KZ-Lager mehr, aber das hat mir wieder so wehgetan. Ich war richtig verwundet.«**

Hugos größter Wunsch war die Kommunion. Vor dem Krieg konnte er sie nicht mehr machen, nach dem Krieg verhinderte ein Pfarrer sie. Umso festlicher feierten seine Kinder und Enkel. Giuliano, Giulianos Sohn Hugo und Giulianos Tochter Laura bei der Kommunion.

Nach Hugos vierzehntem Geburtstag rief der Lehrer Stief ihn zu sich und sagte: Du bist jetzt vierzehn, du bist fertig, morgen brauchst du nicht mehr in die Schule zu kommen.

Kriege ich kein Zeugnis?

Nein. Du kannst gehen.

Ich wollte doch den Abschluss haben. Ich will was lernen. Ich muss doch Geld verdienen.

Du brauchst morgen nicht mehr zu kommen.

Also blieb Hugo zu Hause.

**»Das waren genau noch die Nazis, wie sie vorher waren. Beim Klassentreffen hätte ich es dem Stief sagen müssen, was er damals gemacht hat, war nicht richtig.**

**Bis ich mit sechzig das erste Mal über die Lager gesprochen habe, war ich immer noch so, dass ich manchmal gedacht habe: Hugo, was lässt du dir alles gefallen?**

**Manchmal in der Wirtschaft, wenn irgendeiner sagte, was will denn der dort, so ein asozialer Zigeuner der, und ich habe es gehört, dann bin ich raus, bin draußen auf und ab gelaufen und weg. Und heute – der hat noch nicht einmal das Wort heraußen, da hab ich ihn am Hals.«**

Mano wurde in Frankreich gefunden. Onkel Babist und Tante Derndl bekamen die Nachricht durch die UNRRA, Mano würde nach München gebracht. Als es so weit war, holten sie ihn ab. Onkel Babist und Tante Derndl waren überglücklich, ihren Sohn wiederzuhaben. Mano erzählte alles. Dass er bei reichen Leuten war, einem Ingenieur und seiner Frau in Le Havre, die ihn am liebsten behalten hätten. Er sagte ein paar Sätze auf Französisch.

Und warum kommst du erst jetzt zurück?, fragte Hugo. Hast du denen nicht gesagt, dass du aus München stammst?

Nein. Am Flughafen in Paris hat mich eine Frau gewarnt. Ich soll nicht Deutsch reden, sonst schneiden sie mir die Beine ab, weil sie Deutsche hassen.

Hast du nicht versucht abzuhauen?

Mano schüttelte den Kopf. Und Hugo fragte nicht weiter, er erinnerte sich, dass Manfred und Luki erzählt hatten, wie Mano so schwach war, dass er zwischendurch das Bewusstsein verlor. Jetzt war er wiedergefunden und Hugo verbrachte fast jeden Tag mit ihm. Es waren träge Monate. Hugo wusste nichts mit sich anzufangen. In der Schule hatte er Freunde gefunden und durfte nicht mehr hin.

Dada brachte Boxhandschuhe mit, zwei Paar aus braunem Leder, die man am Handgelenk zuschnüren konnte.

Probiert sie aus, Jungs.

Hugo und Manfred streiften sich die dicken gepolsterten Handschuhe über, sprangen auf dem Hof umeinander und versuchten sich zu treffen. Oder sie standen und schlugen in die Luft. In Bewegung bleiben, sagte Dada. Nie an einem Fleck stehen bleiben. Er zeigte ihnen, wie sie die Fäuste vor das Gesicht halten sollten, um es zu schützen. Und dabei gleichzeitig mit den Ellenbogen den Leib decken. Immer seitlich zum Gegner stehen, ihm nie die ganze Breite bieten. Immer auf die Deckung achten, und versucht, mit links zu schlagen. Die meisten erwarten die Rechte.

Stundenlang trainierten Hugo und Manfred, Mano und Schuka im Hof. Auch Rigo war oft dabei, er war jetzt elf, so alt wie Hugo, als sie befreit wurden. Sie boxten nach Punkten. Sie waren Schiedsrichter. Immer, wenn Hugo nichts zu tun hatte, trainierte er mit einem Bruder oder einem Cousin. Oder er trainierte Gewichtheben mit den Hanteln, die im Hof lagen. Je mehr sie trainierten, desto mehr Kraft hatten sie beim Boxen. Und manchmal eine geschwollene Lippe oder Nasenbluten.

Wenn Dada zuschaute, rief er Tipps: Besser abdecken! Mit der Linken von unten! Schnelle Folge, rechts, links, rechts! Nicht stehen bleiben!

Einige Monate war Hugo zu Hause und wusste nicht, was er tun sollte. Dada konnte nicht richtig was verdienen, er war noch nicht gesund, Mama ging immer noch betteln. So geht es nicht weiter. Ich muss was tun, ich muss der Mama helfen.

Aber wie? Hätte ich doch jetzt die Tasche mit dem Geld. Dann lebten wir ohne Sorgen.

Hugo lief oft draußen herum und dachte nach. Zusammen mit seinem Freund in Auschwitz wollte er mit Pferden handeln. Mit Malla wollte er mit Pferden handeln. Onkel Konrad hatte wieder fünf Pferde. Aber Onkel Babist fuhr ein Auto. Vielleicht geht es mit Pferden nicht mehr gut. Hugo ging zur Tegernseer Landstraße vor, schaute

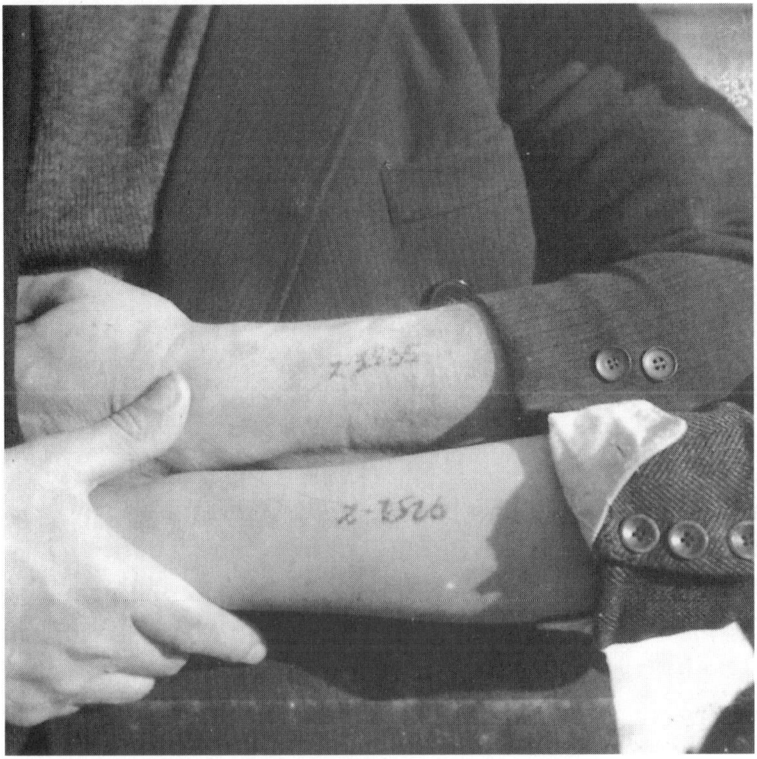

Mithilfe der UN-Hilfsorganisation und der Häftlingsnummern konnte Onkel Babist seinen Sohn Mano in Frankreich wiederfinden. In Auschwitz wurden die Nummern nach dem Alter und familienweise tätowiert: Z-3525 und Z-3526.

herum, da war das Kaufhaus Dietz. Er schlenderte hinein, durch die verschiedenen Abteilungen und Stockwerke, schaute sich alles an. Die Stoffe, die Töpfe, die Bürsten. Da war eine handliche Waschbürste, die Borsten liefen in der Mitte spitz zu. Die ist gut, die kann ich gebrauchen. Sie kostete dreißig Pfennige. Er blickte sich um und steckte die Bürste schnell in die Hosentasche. Ihm wurde heiß und plötzlich überkam ihn die Angst. Wenn sie mich erwischen, kommen wir wieder ins KZ. Aber jetzt konnte er die Bürste nicht aus der Tasche ziehen und zurücklegen. Er hatte kein Geld, sie zu kaufen, und er wollte die

Bürste haben. Am liebsten wäre er gerannt, aber er schlenderte aus dem Kaufhaus. Und kaum draußen, ging er ins nächste Haus, klingelte an einer fremden Wohnungstür. Eine Frau öffnete. Bitte? Grüß Gott. Er bot ihr die Waschbürste zum Kauf an. Die Frau nahm die Bürste, drehte sie in ihrer Hand. Wie viel willst du dafür? Hugo sagte: Sechzig Pfennige. Und dass sie sechs Kinder seien und er seiner Familie helfen müsse. Die Frau nahm das Geld aus ihrer Schürze und gab es ihm. Hugo strahlte, als er draußen bei Tageslicht die Einnahme betrachtete. Und jetzt?

Er lief ins Kaufhaus zurück und kaufte zwei verschiedene Bürsten. Die zu verkaufen, gelang ihm erst am nächsten Tag. Diesmal kaufte er nicht vom ganzen Geld Bürsten, sondern wieder nur zwei, den Rest des Geldes gab er Mama. Und war glücklich, als er sah, wie sie sich freute. Von nun an ging er jeden Tag los. Die nächsten zwei Bürsten kaufte ihm die alte Frau Söllner ab. Wenn jemand nicht kaufen wollte, zeigte Hugo seinen linken Arm mit der eintätowierten Nummer. Ich war im KZ, ich muss mein Leben verdienen, wir haben nichts mehr. Viele Leute waren entsetzt oder hatten Mitleid und kauften ihm eine Bürste ab. Eine Schuhbürste, eine Geschirrbürste, eine Nagelbürste oder eine Waschbürste. Bald konnte Hugo Mama jeden Abend ein bisschen Geld geben.

Immer, wenn die Verwandten zusammentrafen, sprachen sie über mögliche Arbeit oder Geschäfte. Sie suchten nach Kunden, Geschäftspartnern, Verdienstmöglichkeiten, tauschten sich über den Schwarzmarkt und die Preise aus. Dada wollte gern wie Onkel Konrad wieder mit Pferden handeln, aber er war nicht mehr gut zu Fuß. So fing er langsam ein Geschäft mit Geigen an, reparierte oder kaufte kaputte Geigen, reparierte und verkaufte sie wieder, tauschte mit Pfarrern und zahlte drauf oder verdiente. Oder er besorgte Geigen für Pfarrer, die gerade eine suchten. Natürlich gehörten auch Geigenbögen zum Geschäft, ein Bogen war manchmal mehr wert als eine Geige. Babo machte auch ein bisschen mit Geigen. Das hatte er begonnen, als sein

Kasperltheater ihn wegen des Krieges nicht mehr unterhielt. Die Einkünfte ernährten Dada und die Familie nicht, das Geigengeschäft ging nicht jeden Tag. Und dann kam das neue Geld. Am 20. Juni 1948 wurde die Reichsmark ungültig und die Deutsche Mark eingeführt. Plötzlich waren die Geschäfte voll mit Lebensmitteln, die es zuvor nur auf dem Schwarzmarkt zu kaufen gab. Pro Person wurden 40 D-Mark ausgegeben. Umtauschen konnte niemand etwas. Jetzt ist er das alte Geld auch los, Hugo dachte immer noch manchmal an die Ledertasche voller Scheine.

Eines Abends sagte Dada zu Mama und Onkel Babist: Wir müssen los. Sonst kommen wir nicht zurecht.

Sie waren einverstanden, sie stimmten ihm zu.

Dada beschaffte einen Leiterwagen, setzte an den Seiten Bretter ein, dann baute er ein Gestell über die Ladefläche. Hugo und Manfred halfen ihm. Mama nähte Stoffbahnen zu einer dicken Plane zusammen. Die zogen sie über die Holzbögen, spannten und befestigten sie an den Seitenbrettern. Hinten und vorne verschlossen sie den Wagen mit Stoff.

Dann kaufte Dada ein Pferd, einen Hengst namens Max.

Dada konnte wieder ohne Krücken gehen. Mama packte Bettdecken, Schüsseln und ein bisschen Kleidung in den Wagen, Manfred und Hugo schmierten die Radlager. Früh am nächsten Morgen spannte Dada das Pferd ein.

Sie fuhren in Richtung Miesbach. Vorn Hugo und seine Familie im Planwagen mit Pferd, hintendran Mano und seine Familie mit Auto und Wohnwagen. Es war Sommeranfang, Hugo freute sich. Mama musste nicht mehr zu den Bauern fahren und das Essen in die Stadt bringen – jetzt fuhren sie zum Essen und hatten etwas, was sie den Bauern zum Kauf oder Tausch anbieten konnten. Mama und Tante Derndl gingen mit Waschschwämmen und Wetzsteinen, Hugo mit Bürsten, Dada und Onkel Babist, unterstützt von Mano, mit Stoffen.

Sie fuhren aus München hinaus und noch einige Kilometer weiter, dann brauchte das Pferd eine Pause und sie rasteten am Rand eines Waldes.

Immer wenn sie durch ein Dorf fuhren, rannten die Kinder nebenher und riefen: Zigeuner! Zigeuner kommen! Manchmal war es mehr ein Schimpfen. Und manchmal warfen sie auch mit Steinen.

Am frühen Nachmittag hielten Dada und Babist in einem Dorf. Dada stieg ab und die gaffenden Kinder stoben auseinander. Kommt mal her, Kinder. Kommt mal her. Manche trauten sich näher heran, dann immer mehr und bald alle. Wir sind Sportler, meine Kinder sind auch Boxer. Habt ihr einen bei euch, der gegen sie antreten kann?

Sofort schoben sie einen oder zwei aus ihrer Mitte vor und die so Präsentierten wollten sich keine Blöße geben und blieben stehen. Dada rief Mano. Komm, hopp, hier hast du zwei. Dada zog dem ersten die Boxhandschuhe an, Mano besiegte immer die ersten Kandidaten. Dann fragte Dada: Einen Stärkeren habt ihr nicht?

Die Kinder schauten sich gegenseitig an und wussten gleich, wer der Stärkste im Dorf war. Ja, wir haben einen, aber der ist nicht da.

Na, dann holt ihn mal her, sagte Dada und die Kinder liefen sofort los. Hugo fürchtete sich schon.

Inzwischen spannte er das Pferd aus, putzte und striegelte es, zusammen mit Manfred und Rigo. Dada und Onkel Babist suchten einen Bauern, bei dem sie es auf der Wiese grasen lassen konnten. Kaum war das Pferd versorgt, kamen mit großem Hallo die Dorfkinder zurück, in ihrer Mitte ihren Stärksten. Wir haben ihn mitgebracht. Und sie schoben ihn vor Dada hin, erwartungsvoll, erregt auf ein Schauspiel. Dada rief: Hugo, hopp!

Hugo wollte nicht, er hatte Angst. Aber wie immer gehorchte er seinem Vater, ging vor. Komm her, Junge. Du boxt jetzt mit dem. Dada hatte schon die Boxhandschuhe wieder aus dem Wagen genommen, reichte nun dem Dorfjungen, einem breiten kräftigen Jungen in Hugos Alter, ein Paar, das andere Paar gab er Hugo. Inzwischen markierten die Kinder mit Stöcken den Ring. Das war kein Spiel unter Brüdern, Hugo wusste, dass der Junge sein Dorf zu vertreten hatte, und

1948. Allmählich geht es wieder aufwärts – die Familien sind wieder unterwegs um Handel zu treiben und Hugo muss in den Dörfern Boxkämpfe bestehen. Vor dem Auto stehend ganz links Manfred, ganz rechts Hugo. Sitzend v. l. n. r.: Hamlet, Wankeli, Onkel Babist mit Negus, Onkel Peter, Dada auf einem Platz in Oberbayern.

wenn Hugo verlieren würde, dann müssten sie gleich weiterfahren, dann würde es keine Ruhe vor den Dorfjungen geben.

Hugo und der Dorfstärkste umtänzelten sich, der andere angefeuert durch die Kinder. Hugo stellte sich den Hartung vor und so stürzte er sich in den Boxkampf hinein. Er bekam einen Schlag gegen den Kopf und taumelte, einmal fiel er auch, rappelte sich aber sofort wieder auf. Die Geschwister und Mano und Lili, Mama, Dada, Tante und Onkel standen dabei und sagten bewundernd: Oh, der Hugo versteht was.

Mensch, wie flink er ist.

Oh, der ist gut.

Sie verunsicherten den Dorfjungen. Hugos Vorteil waren seine langen Arme, da konnte er gut hinlangen, konnte sich den anderen gut vom Leib halten. Der stürzte, und bald konnte er nicht mehr und gab auf. Keiner kümmerte sich um Hugo. Dada ging sofort zu dem

Jungen, half ihm hoch, knüpfte die Boxhandschuhe auf und lobte ihn: Hast tapfer gekämpft, obwohl du kein Profi bist. Er schüttelte ihm die Hand. Den Mut muss man erst mal aufbringen, gegen einen von uns anzutreten. Der Dorfstärkste hatte verloren, aber sich nicht blamiert, und die Kinder beschimpften sie nicht mehr wie zu Anfang, sondern sprachen mit ihnen, fragten, wo sie herkämen. Niemand wollte sich mit den Boxern anlegen.

Irgendwann zerstreuten sie sich, gingen zum Essen nach Hause und es war Ruhe. Jetzt erzählen sie es ihren Eltern, sagte Dada und klopfte Hugo auf die Schulter. Gut gemacht, mein Junge. Mama schickte die Kinder Milch holen und erklärte ihnen, wie sie es machen sollten. Hugo versteckte den roten Zehn-Liter-Eimer in einem Gebüsch. Mano, Hugo und Rigo gingen auf den nächsten Hof. Gerade zur Melkzeit.

Haben Sie ein bissel Milch für uns? Wir sind für ein paar Tage nur da und haben kleine Kinder dabei. Wir sind vom Zirkus, sagte Mano. Ihr kriegt Freikarten.

Hugo gab einen Becher hin und die Bäuerin füllte ihn mit Milch. Hier, Bub. Wo seid's her?

Hugo und Mano antworteten auf alle Fragen, bedankten sich und draußen schütteten sie die Milch in den versteckten Eimer, reinigten den Becher, gingen in eine andere Richtung auf einen anderen Hof. Auch dort schenkten die Bauern ihnen einen halben Liter Milch. Als der Eimer fast voll war, brachten sie Mama die Milch. Oben lag dicker Rahm darauf. Mama hatte inzwischen draußen ein Feuer entzündet und wärmte nun die Milch, brockte Brot, streute Zucker hinein, Hugo schmeckte es wunderbar.

Die Betten für Hugo, Rigo, Manfred, Rosi und Frieda hatte Mama unter dem Wagen zwischen den Rädern gebaut, sie, Dada und Januschek schliefen oben. Manchmal nahmen Hugo, Manfred und Mano ihre Decken und schliefen in einer Scheune im Stroh oder wo sonst sie gerade einen gemütlichen Platz fanden.

Hugo war froh, mit der ganzen Familie zusammen zu sein, sie

würden genug zu essen verdienen, die Bauern waren freundlich. Und sie konnten fort, falls die Menschen schlecht waren, er schlief draußen auf dem Boden, auf einer Wiese, in einer Scheune, aber immer hatte er es warm und weich. Wenn Hugo morgens aufwachte, keine Glocke, kein Appell, blieb er ein bisschen liegen, manchmal, wenn er eine Wolke sah, schaute er auf ihren Lauf, Wolke, wir sind frei, wir sind nicht mehr unter Zwang.

**»Die Wolken schaue ich heute noch an.«**

Das Leben konnte doch schön sein. Sie genossen jede Stunde. Über das, was sie durchlitten hatten, sprachen sie fast nie. Aber Hugo merkte auch an den anderen, dass es immer da war: Manchmal wachte er auf, weil seine Geschwister Alpträume hatten und im Schlaf wimmerten oder schrien. Aber er wollte davon nichts wissen, er wollte es vergessen, er wollte nie mehr die Namen dieser Orte hören oder aussprechen.

Zwei, drei, manchmal vier Tage blieben sie in einem Dorf. Bis Mama und Tante Derndl mit ihren Sachen in alle Häuser gelaufen waren, Dada und Onkel Babist ihre Stoffe in der weiteren Umgebung angeboten und auch verkauft hatten. Dann packten sie zusammen, Dada holte das Pferd, bezahlte den Bauern, spannte ein, und sie fuhren los, ein paar Dörfer weiter. Jedes Mal, wenn sie irgendwo hielten und die Kinder wieder »Zigeuner!« schrien, hatte Hugo schon Angst. Während Dada mit den Kindern sprach und Mano gegen die ersten Vorlauten antrat, verkroch er sich, tat so, als habe er etwas am Wagen zu richten. Aber unweigerlich kam der Ruf: Hugo! Und Hugo gehorchte, ging vor zu all den fremden Menschen, wagte niemandem in die Augen zu blicken, zog seine Boxhandschuhe an und kämpfte gegen denjenigen, den Dada ihm zeigte. Oft wurde er auch getroffen, aber am Ende gewann er immer. Manchmal wollten Kleinere aus dem Dorf auch antreten, dann musste Rigo mit ihnen ringen.

Wenn Hugo gewonnen hatte, ließen die Dorfjungen sie in Ruhe, ärgerten niemanden, spielten keine Streiche. Er wusste, dass er gewinnen musste, und nur deshalb gelang es ihm jedes Mal, auch wenn ihm mal die Nase blutete. Dada und Onkel Babist gingen am Abend ins Wirtshaus, manchmal gaben sie für alle ein Bier aus, und wenn sie an den folgenden Tagen ihre Stoffe anboten, waren sie schon bei den Leuten bekannt.

Den ganzen Sommer lebten sie unterwegs, und nach den ersten Monaten gewöhnte Hugo sich daran, gegen den zu kämpfen, den die Dorfjungen johlend und feixend präsentierten.

**»Der Dada hat mich ins Leben wieder reingeführt. Ich habe immer mehr Mut gekriegt.«**

Im Wagen hatte Mama zwei Kannen, dahinein schüttete sie die Milch, die die Kinder brachten. Hugo, Mano und seine jüngeren Brüder stiegen bis in die höchsten, entlegensten Höfe hinauf und baten um Milch.

Manchmal kamen Polizisten, da wurde Hugo gleich wieder zittrig zumute. Was machen Sie hier? Können Sie sich ausweisen? Dada hatte alle Papiere akkurat zusammen in einer kleinen Ledertasche, die er immer bei sich trug. Seinen Pass, seine Geburtsurkunde, seinen Wandergewerbeschein, die Papiere der Kinder. Dadas Pass sah aus wie neu. Nie fehlte etwas.

Wie lange bleiben Sie hier?

Drei Tage.

Wenn die Polizisten kontrolliert hatten, konnten sie weiter nichts tun und fuhren wieder weg.

Wurden die Nächte allmählich zu kalt, kehrten die beiden Familien nach München zurück. Dort blieben sie, bis es wieder Sommer wurde, dann fuhren sie wieder los. Diesmal in Richtung Rosenheim von Dorf zu Dorf.

Dada begleitete Onkel Konrad und die anderen Brüder zum Pferdemarkt in Keferloh. Er kaufte ein zweites Pferd, wollte wieder Pferde tauschen, kaufen und verkaufen. Sehr anstrengen konnte er sich nicht mehr, da reichte ihm der Atem nicht. Hugo und Mano halfen beim Ausmustern. Der Kopf des Pferdes musste hochgehalten werden, damit es eine gute Figur abgab. Hugo ging mit dem Pferd mit, hielt immer den Kopf, die Leute sollten sehen, oh, das ist ein schönes Pferd. Sonst wäre kein Geschäft gegangen. Dada stand mit der Peitsche, haute sie dem Pferd auf den Hintern, Hugo lief mit, lief schneller, er musste immer den Kopf hochhalten, durfte nicht stehen bleiben. Auch er musste eine gute Figur abgeben, sich gerade halten, auch beim Mitlaufen. Wenn das Geschäft gut ging, bekam er fünfzig Pfennige oder eine Mark vom Käufer oder Verkäufer. Das Halftergeld. Meistens kauften Händler, manchmal Bauern, es kamen auch Sinti, die tauschten auch. In einer Wirtschaft in der Tegernseer Landstraße saßen die Pferdehändler dann, tauschten Neuigkeiten aus und handelten Pferde.

Nach dem Krieg versuchten Onkel Konrad und Dada sich ihren Lebensunterhalt wieder mit dem Pferdehandel zu verdienen. Aber es dauerte nicht lange, bis Autos und Maschinen die Pferde ablösten. Rechts mit dem Pony: Onkel Konrad

Meistens machten sie mit Oberländern Geschäfte, das waren die gängigsten Pferde in Bayern. Andere hatten auch teure Pferde, Hannoveraner, Rappen, Schimmel, aber Dadas Geld reichte dafür nicht.

Onkel Peter hatte zwei Hannoveraner, Fanni und Fritz, das waren sanfte Pferde. Onkel Peter war kein Händler, er kam jeden Tag, fütterte seine Pferde, hegte und pflegte sie, und wenn er keine Zeit hatte, sie zu putzen, schrie er nach Hugo, Rigo, Mano, Schuka. Hugo nahm den Striegel links und die Bürste rechts. So putzte er das Pferd. Jeder bekam dafür zehn oder zwanzig Pfennige von Onkel Peter.

Alle Kinder konnten reiten, meistens ohne Sattel. Aber besonders gut war Luki, der konnte auch Pferde einreiten.

Er konnte sie zähmen.

Wenn die Väter ein Pferd gekauft hatten, fuhren die Jungen mit dem Kutschwagen dorthin und holten es. Oder es war getauscht, also spannten sie das Pferd aus und das neue ein und fuhren retour, brachten das neue Pferd nach Hause.

Der Max war ein störrischer Charakter und futterneidig. Einmal mischte Dada Hafer mit Heu an, da biss Max ihn in die Hand, biss sie fast durch. Dada verkaufte Max und das andere Pferd. Es dauerte sehr lange, bis die Hand heilte und er sie wieder benutzen konnte.

In der kühlen Jahreszeit ging Hugo wieder mit seinen Bürsten los. Nach ein paar Monaten hatte er schon einen Rucksack voll mit Bürsten, Nagelbürsten, Waschbürsten, Schuhbürsten, Haarbürsten, jede Sorte Bürsten, klapperte Straße für Straße, Block für Block die Wohnungen ab, er blieb immer in Giesing, wo er sich auskannte, und bald nannten die Leute ihn Bürstenhugo. Und wer eine Bürste brauchte, kaufte sie bei ihm. Aber manche Leute schlugen ihm die Tür vor der Nase zu, oft hörte er, wie das Schloss verriegelt wurde, nachdem er geläutet hatte. Am besten kam er mit älteren Frauen zurecht, die kauften ihm eher eine Bürste ab. Und die Frau Söllner im Kiosk, sie kaufte regelmäßig bei Hugo.

Rigo begleitete Hugo eine Weile, aber bald ging er mit seinem eigenen Rucksack hausieren. An einer Straßenecke trennten sie sich und verabredeten eine Uhrzeit, wann sie sich wieder treffen würden. Wie Hugo zeigte auch Rigo die eintätowierte KZ-Nummer, um zu erklären, dass sie nichts hatten und die Leute etwas kaufen sollten. Tagtäglich brachte Rigo zehn, fünfzehn, manchmal sogar zwanzig Mark, die er Mama gab, damit sie kochen konnte.

Hugo war erleichtert, dass er nicht mehr allein für die Familie sorgen musste. Dada konnte immer noch nicht ohne Stock laufen und daher nicht täglich etwas verdienen, Frieda war noch krank und auch Manfred lag noch oft. Frieda musste neunmal operiert werden, sonst wäre sie gestorben und hätte doch nicht überlebt, was die Ärzte in Ravensbrück ihr angetan hatten.

Als Entschädigung für die verpasste Schulbildung bekam jedes Kind 3500 Mark.

**»Die Schule haben sie uns geraubt. Die haben uns rausgerissen.«**

Dada nahm das Geld zusammen, verkaufte das Haus in der Deisenhofener Straße und kaufte ein größeres in Waldtrudering. Auch Onkel Babist mit Familie und andere Verwandte zogen nach Waldtrudering. Niemand hatte mehr Pferde. Der Babo war schon Mitte achtzig, wohnte bei Dada auf dem Hof in seinem Wohnwagen. Er kochte dort für sich, er sprach mit den Enkeln, er schnupfte Tabak, er erzählte von früher, er gab den Enkeln von seiner Suppe. Babo wollte nicht in einem Haus wohnen. In seinem Wohnwagen war es immer pieksauber. Das Bett gemacht. Vorn lag die Schnupftabakdose und gewaschene Taschentücher. Jeden Abend stand er vor Mamis Bild und betete. Frühmorgens, wenn der Hahn krähte, weckte er die Enkel, damit sie Semmeln kaufen gingen. Mano und Schuka waren in einer Nacht sehr spät nach Hause gekommen und kaum eingeschlafen, da klopfte Babo schon an die Tür. Steht auf, geht zum Bäcker!

Lass nur, sagte Mano zu Schuka, wir schlafen weiter, die Tür ist abgeschlossen, er kann uns nichts machen. Durch ein Geräusch wurden sie wach. Babo hatte eine Leiter ans Fenster gestellt, kletterte hinein und jagte die beiden aus dem Bett.

In Waldtrudering riss er Latten aus Zäunen anderer Leute und machte daraus Brennholz für den Herd in seinem Wohnwagen. Onkel Babist sah das und sagte: Dada, das darfst du doch nicht machen.

Lass mich, brummte Babo ungehalten.

Er wurde 87 Jahre alt.

Manfred wollte sich nicht damit abfinden, dass der Mengele und die Ärzte in Ravensbrück ihn sterilisiert hatten. Er hatte geheiratet und wollte Kinder haben. Er kämpfte um eine Entschädigung. Die wurde ihm erst abgelehnt, weil es hieß, durch eine Sterilisation sei seine Erwerbsfähigkeit nicht eingeschränkt. Dann wurde sie abgelehnt, weil er nicht versucht hatte, den Eingriff rückgängig zu machen. Manfred besuchte einen Arzt in München, ließ sich untersuchen, er wurde zweimal operiert, aber der Arzt konnte die Sterilisation nicht rückgängig machen. Manfred gab nicht auf, er hangelte sich von Verhandlung zu Verhandlung. Ihm wurde eine Entschädigung abgelehnt mit der Begründung, es gebe einen Arzt in Polen, in Krakau, und einen in den USA, die könnten ihn operieren, so dass er wieder zeugungsfähig würde. Aber um dort hinzureisen, fehlte Manfred das Geld. Also wurde die Entschädigung bei der nächsten Verhandlung wieder abgelehnt, weil er dort nicht hingefahren war. Wieder schrieb Manfred einen Widerspruch. 1998 war die letzte Verhandlung. Da war Manfred 66 Jahre alt. Er gewann sie, ihm wurden 39 000 DM und eine monatliche Rente von 500 DM zugesprochen. Drei Monate später starb er. Das Geld hatte er nicht mehr bekommen.

Acht, neun Jahre nach der Befreiung fragte Hugo seinen Dada noch einmal, die Geschwister waren auch dabei. Warum hast du denn nach dem KZ Deutschland nicht verlassen, nach Österreich oder Italien?

In Österreich, sagte er, sind die größeren Hitler als bei uns gewesen. Italienisch kann keiner von euch, keiner hat die Schule besucht, was mache ich mit euch im Ausland? Da geht es uns nur noch schlechter als hier. Ich bin Deutscher, warum soll ich wegziehen von hier?

Da gaben Hugo und die Geschwister ihm wieder Recht.

**»Wir haben niemals geredet. Nur zwischendurch was Kurzes. Weißt du noch, da? Oder wie das mal war? Oder wie der Dada gesagt hat, schaut nicht nach rechts, als der Kamin geplatzt war? Aber was wir mitgemacht haben, hat keiner dem anderen erzählt.«**

Ihre Gespräche drehten sich vor allem darum, wie sie alle ihr Leben verdienen könnten.

Als Bürstenhugo wurde er manchmal auch nach anderen Dingen gefragt, oder er erkundigte sich, was die Leute noch brauchen konnten. Bettwäsche, sagte jemand. Kannst du Bettwäsche bringen?

**»Dann habe ich langsam mit Bettwäsche angefangen, mit Decken, dann mit Teppichen, Bodenbelägen und dann so mein Leben ...«**

Er machte den Führerschein und kaufte ein Auto. Morgens nahm er Rigo mit, setzte ihn mit dem Rucksack voller Bürsten in einem Viertel ab und fuhr in ein anderes. Zwei, drei Stunden später, so wie sie es verabredet hatten, holte Hugo seinen Bruder wieder ab. Manchmal sah er ihn kommen, lächelnd, er hob seinen Rucksack und zeigte, alles leer. Rigo konnte gut verkaufen und unterstützte die Mama sehr.

Einmal saßen Hugo und die Cousins in der Wirtschaft und tranken Bier, während Rigo mit einem Stapel Decken losging.

Nicht viel später hatte er alle verkauft und kam stolz mit seinem Geld in die Wirtschaft. Er musste das Bier bezahlen, aber durfte keines trinken. Hugo schickte ihn nach Hause, der Dada schimpft dich sonst aus.

Mit dem Auto konnte Hugo zu Fabriken fahren und die Restposten billiger bekommen. Er kaufte sie auf und nahm sie mit oder ließ einen Teil dort und verkaufte erst einmal, was ins Auto passte. So verdiente er sich sein Geld.

Mit Mano saß Hugo in einer Wirtschaft am Grünen Markt. An der Wand hingen alte Fotos. Käthe Brumbach, die stärkste Frau der Welt, stand unter einem. Hugo und Mano schauten sich die Fotos genauer an. Die stärksten Männer Bayerns: Steirer Hans. Er konnte hundert Kilo stemmen, und während er das Gewicht waagerecht hochhielt, turnte sein zehnjähriger Sohn darauf.

Hugo schaute weiter und las: Höllenreiner Rudolf, auf dem Foto war ein großer Mann mit einem langen aufgezwirbelten Schnurrbart, der mit einem Arm eine Hantel stemmte. Mano, schau her, der Babo, Höllenreiner Johann Baptist, die Bilder muss ich haben. Hugo erzählte seinen Eltern davon, doch die hatten anderes im Kopf und gingen nicht dorthin. Wenige Wochen darauf wollte Hugo wieder in diese Wirtschaft, er stand am Grünen Markt, sie war aufgegeben und die Bilder waren verschwunden. Hugo war enttäuscht, so gern hätte er die Fotos gehabt, in seiner Familie gab es fast keine mehr, die waren in der Deisenhofener Straße zurückgeblieben, als die Polizei die Familie mitnahm.

Hugo ging mit seinen Cousins und Geschwistern tanzen, meistens ins Schmuckkastl, wo die amerikanischen Soldaten sich amüsierten. Wenn Rosi und Hugo Jitterbug tanzten, dann verließen alle die Tanzfläche und schauten ihnen zu. Rosi war die Lieblingstanzpartnerin des Jitterbug-Europameisters, eines Sintos. Manchmal gab es auch Streit und Raufereien, meistens ging es um Mädchen, die die Amerikaner stehen ließen und sich Hugo, Mano, Schuka und den anderen anschlossen, meistens war auch Alkohol mit schuld.

Hugo trat im Fingerhakeln und Armdrücken gegen amerikanische Soldaten an. Um zwei Biere oder mehr. Meistens gewann er, aber manchmal wollte ein verärgerter Amerikaner vor die Tür, to fight.

Hugo, Manfred und Mano sprachen ab und zu von Lenggries, als es ihnen noch gut ging. Sie wollten gern noch einmal hinfahren. Hugo wollte die Berge sehen, zur Denkalm hoch, und sie alle drei wollten die schöne Sophie Raßhofer wiedersehen. Also zogen sie sich ihre besten Anzüge an, fuhren in einem glänzenden schicken Auto nach Lenggries und klingelten wie fruher bei Sophie.

1958. Hugo mit seiner Tochter Lili.

Hugo gefiel sie immer noch, als sie die Tür öffnete und von einem zum anderen aufschaute. Kennst du uns noch? Deine Verehrer? Und ich bin dein größter Verehrer, sagte Hugo. Sie gingen mit Sophie in eine Wirtschaft, Sophie in der Mitte und Hugo und Manfred an ihrer Seite. Was ist eigentlich mit Elfriede?, fragte Mano. Sie umschwärmten sie wie früher, tauschten ein bisschen aus, was inzwischen geschehen war. Aber Sophie nahm keinen von den dreien, sie heiratete später einen Amerikaner.

Nach und nach heirateten alle. Rosi ging auch nach Amerika.

Hugo hatte eine Freundin und sie erwartete ein Baby. Hugo konnte es nicht fassen, aber er freute sich sehr. Also war es dem Mengele doch nicht gelungen, ihm eigene Kinder zu verwehren. Er heiratete und bald kam seine Tochter Lili auf die Welt. Ein paar Jahre später wurde sein Sohn Giuliano geboren.

Hugo traf auch Willi wieder, der jetzt Wilhelm hieß. Er besuchte Hugo in München. Sie unterhielten sich über alles, was seit der Befreiung geschehen war. Wilhelm ging es gut, er war mit seiner Karateschule zufrieden.

Hugo liebte das Angeln. Allein an einem See sitzen, auf den Himmel schauen, der sich im Wasser spiegelt, den Schwimmer beobachten, die Wolken betrachten, den Vögeln zuhören, Zeit haben. Keiner kommt und zwingt ihn zu etwas. Manchmal setzte sich ein Freund zu ihm. Beim Angeln fand Hugo Ruhe. Murnau war für ihn ein gutes Angelgebiet.

Mit seiner Frau beschloss er, einen Wohnwagen zu kaufen, in den Schulferien nach Murnau zu fahren und dort ein paar Wochen still zu bleiben. Hugo reservierte einen Platz, bezahlte für den ganzen Sommer. Er baute ein Zelt vor den Wagen, ging angeln, baden, laufen. Es kamen andere Sinti dazu, Mano mit Familie, Hugos bester Freund Wankele mit Wohnwagen und Familie. Ohne Wankele reiste Hugo nirgendwo mehr hin. Die Kinder schwammen und spielten den ganzen Tag. Siebzehn Jahre fuhren Hugo, seine Frau und seine Kinder auf denselben Campingplatz. Zu den anderen Gästen hatten sie keinen Kontakt, es waren meistens ältere Leute. Wenn Hugo ankam, hörte er sie »Zigeuner« sagen oder »Zigeunerhugo«, so nannten sie ihn. Hugo kümmerte sich nicht um die Leute, sah sie gar nicht mehr. Er ging angeln, genoss die Landschaft, die Stille und das Wasser, das Zusammensein mit den Sinti und dass die Kinder draußen sein konnten.

Einmal regnete es. Nebenan wohnte ein älterer Mann, der Hugo all die Jahre niemals angesprochen hatte. Es regnete, und der Mann schaffte es nicht, sein Grillfeuer anzuzünden. Da stand er plötzlich vor Hugo und sagte: Hugo, kannst du mir helfen, das Feuer anzumachen? Ein Zigeuner wie du kann doch so was. Hugo ging nach nebenan, und er hatte Glück, er konnte das Feuer entfachen. Ja, der Zigeuner kann das. Danach gab es kein Grillfest mehr ohne Hugo, alle luden ihn und seine Familie ein. Als der Sommer herum war, baute Hugo ab, sie fuhren heim und nie mehr wieder zu diesem Campingplatz in Murnau.

Hugo verbrachte den Sommer am liebsten beim Angeln und mit Freunden und Familie auf einem Campingplatz. 50er Jahre. 5. v. l. Hugo, 7. v. l. Dada.

Hugo stand eine Zeit lang mit seiner Frau und den zwei Kindern auf einem Campingplatz in Dinkelsbühl. Seine Tochter war vierzehn, sie kam aus der Schule, weinend. Stürzte auf den Platz, zu ihrer Mutter. Hugo merkte, dass etwas nicht stimmte, und rief sie zu sich.

Was ist denn los, mein Mädchen?

Zwei Jungen und ein Mädchen haben mich angespuckt und geschlagen, sie haben gesagt, dich hat der Hitler vergessen zu vergasen.

Hugo sprang auf. Hier bleiben wir nicht, sagte er. Wir fahren wieder. Aber du gehst morgen noch mal in die Schule.

Nein, ich geh nie wieder dorthin.

Doch, morgen musst du noch mal hin, sonst kenne ich die Jungen nicht raus.

Und Hugo begann das Vorzelt abzubauen und seine Frau packte alles wieder zusammen. Hugo brachte diesen Satz nicht mehr aus dem Kopf, was haben die für Eltern, was ist den Kindern erzählt worden? Es kommt doch von den Eltern, die darüber gesprochen haben. Also finden sie es vielleicht gut, wenn ihre Kinder auch so sprechen.

Am nächsten Morgen ging seine Tochter in die Schule. Hugo parkte in der Nähe der Schule, wartete die Hofpause ab, ging zu seiner Tochter auf den Schulhof und sagte: Hallo, mein Mädchen. Wo sind sie denn, die das gestern gesagt haben?

Ach, Dada, lass doch.

Wo sind die zwei?

Seine Tochter zeigte ihm die Kinder, aber blieb in der Entfernung stehen, während Hugo hinging. Die beiden sahen ihn nicht kommen und fuhren zusammen, als Hugo einen am Ohr packte. Der andere rannte weg. Hugo hatte denjenigen, der den Satz gesagt hatte, und zog ihn am Ohr, drehte es, dass es blutete. Der Junge jammerte laut. Was hast du gestern gesagt?

Ich meinte es nicht so, ich meinte es nicht so. War nur Spaß.

Noch mal so was, und ich komme und reiße dir das Ohr ab, hast du verstanden?

Ja. Ja. Ich sag's nicht mehr.

Ein Lehrer eilte zu Hugo.

Hugo ließ los, der Junge rannte, so schnell er konnte. Wer sind Sie? Was tun Sie hier? Hugo sagte, er werde es niemals hinnehmen, dass jemand zu seinem Kind so einen Satz sage. Was tun Sie denn dagegen?, fragte er, als der Lehrer ihn vom Schulhof schicken wollte. Hugo nahm seine Tochter an der Hand, sie stiegen ins Auto, der Wohnwagen war schon eingehängt, sofort fuhren sie ab.

Hugo sprach nie mit seinen Kindern über früher, über die Lager. Was sie wussten, hatten sie erfahren, wenn seine Geschwister miteinander sprachen, da saßen sie still dabei und hörten genau hin. Manchmal fragten sie: Was war mit Dada, was hat er gemacht? Und die Geschwister erzählten etwas, ein bisschen und nur, wenn es nicht schlimm wurde. Sonst schwiegen auch sie. Hugo konnte es nicht, er konnte seinen Kindern nichts sagen.

Mit seiner Familie, seinem Freund Wankele und dessen Familie verbrachte Hugo die Ferien auf Gran Canaria. Einmal sah er vom Strand aus ein großes Kriegsschiff draußen auf See vor Anker liegen. Da schwimme ich hin und schau es mir genauer an. Das Meer war ruhig und Hugo schwamm mit kräftigen Zügen, aber das Schiff kam nicht wirklich näher. Er merkte, dass es viel weiter weg im Meer lag, als er dachte, und kehrte um. Kaum spürte er wieder Boden unter den Füßen, war er froh, es war doch zu weit, er war aus der Puste. Dann blickte er sich noch einmal um und betrachtete den englischen Flugzeugträger. Da hörte Hugo eine Stimme, eine leise schwache Stimme. Help. Help. Hugo suchte und entdeckte eine Hand, dann ein Bein, das auftauchte und wieder im Wasser verschwand. Da ertrinkt einer. Hugo hastete hin und packte den Mann, hielt ihn am Haarschopf über Wasser, mit der anderen Hand unter den Armen. Der Mann zappelte, entwischte Hugo, er griff ihm noch einmal ins Haar und zog ihn an Land. Da kamen ihnen schon Helfer entgegen, die beobachtet hatten, wie Hugo jemanden schleppte. Sie trugen den Mann an den Strand und drückten ruckweise auf seinen Brustkorb. Wasser kam im Schwall aus seinem Mund. Hugo sah, dass der Mann lebte, der Mann öffnete die Augen und suchte, bis er Hugo entdeckte. Hugo ging ins Hotel, er musste sich ausruhen.

Am Abend, als er in der Hotelbar saß, kam der Mann mit seiner Frau hinein und bedankte sich bei Hugo, you saved my life, er war glücklich, überschwänglich, lud Hugo und seine Familie nach England ein, please come, be our guests. Ich bin heute zum zweiten Mal geboren worden. Sie fragten sich gegenseitig nach ihren Kindern und wie lange sie noch auf der Insel sein würden, dies und das. What is that number on your arm? Your girlfriend's phone number? Hugo sagte: Vom concentration camp. Ich wurde von Engländern befreit. Engländer waren immer was Besonderes für mich.

Bergen-Belsen?

Ja, sagte Hugo. Der Engländer starrte Hugo an. My father was there. Er sei Kommandant gewesen und habe ihm früher immer erzählt, was er dort gesehen habe, die verhungerten Menschen. Und dass die Nazis auch Kinder gefangen hielten. He always said, children, can you believe that, there were children. Sein Vater habe es nicht glauben können und der Anblick der Kinder habe ihn tief erschüttert.

Ich war auch ein Kind. Wären die Engländer ein, zwei Tage später gekommen, wären wir gestorben. Dein Vater hat mir das Leben gerettet.

And you saved my life.

Ich bin froh und dankbar, dass ich deinem Vater und dir etwas Gutes tun konnte.

Der Mann reiste bald ab. Hugo wollte ihn gern besuchen, er fühlte sich diesem Mann verbunden, aber der Zettel mit der Anschrift ging verloren, bevor Hugo sich auf den Weg machen konnte.

Mit Wankele und den Familien stand Hugo einmal im Wallfahrtsort Illingen. In einer Wirtschaft saßen Hugo, Giuliano und Wankele. Ein Mann fiel Hugo am Tresen auf.

Wankele, wer ist der Mann dort?

Der kommt von Italien.

Hugo wusste, dass Babos Schwester Ritschl mit ihrem Mann, einem Reinhard, noch vor dem Naziregime nach Italien gegangen war. Er hatte hier irgendwelche Schwierigkeiten mit der Polizei gehabt. Hugo wusste sonst nur noch, dass Ritschl drei Töchter hatte. Hugo trat zu dem Mann am Tresen. Von wo bist du?, fragte er auf Romanes.

Aus Italien. Von Milano.

Wir haben auch Leute drüben. Wo stammst du her?

Miri Mami heißt Ritschl.

Hugo überlief eine Gänsehaut. Das ist meinem Babo seine Schwester.

Was? Heißt dein Babo Hanni oder Rudel?

Hanni ist meiner.

Die beiden Männer umarmten sich. Der Italiener weinte sogar. Hugo dann auch. Der Italiener rief sofort in Milano an. Er habe seinen Cousin gefunden. Jetzt erfuhr Hugo mehr von Ritschl. Mit ihrem

Mann war sie in Hamburg an Bord eines Schiffes gegangen. Sie reisten von Land zu Land, aber nirgends durften sie von Bord. In Italien schließlich gaben sie einem Fischer auf dem Meer Geld. Mit Sack und Pack lud er sie in sein Boot und brachte sie in Genua an Land. Sie nahmen italienische Namen an und lebten dort unerkannt. Später nannte Ritschls Mann sich Reinardo. Ihre drei Töchter bekamen viele Kinder. Hugo tauschte mit seinem gefundenen Cousin die Adressen aus, und als er mit seiner Familie im folgenden Jahr nach Italien fuhr, wurden sie aufgenommen wie die Könige.

Ende der Achtzigerjahre erst kam der SS-Unterscharführer König vor Gericht. Jetzt wurden Zeugen gesucht. Wer ihn wiedererkennen und gegen ihn aussagen würde. Dada lebte nicht mehr. Mama erklärte sich bereit, und Hugo fuhr sie nach Siegen, sie war sehr aufgeregt. Mama war eine von fast vierzig Überlebenden von Auschwitz-Birkenau, die vor dem Landgericht aussagten. König war Blockführer im Zigeunerlager, vom 30. Mai bis zum 3. Oktober 1943 gehörte er zum Kommandanturstab von Auschwitz-Birkenau.

Inzwischen war er schon über siebzig Jahre alt, bis jetzt hatte er in Freiheit gelebt, in Deutschland. Bei Abschluss des Prozesses wurde er wegen mehrfachen Mordes an Häftlingen im Zigeunerlager zu lebenslänglicher Haft verurteilt. Zwei Tage später fand man ihn erhängt.

**»Mama hat gelebt bis 2000, sie ist 84 Jahre alt geworden. Sie war früher eine lebenslustige Frau, hat viel gelacht und manchmal ist sie abends mit Dada ausgegangen. Nachher war sie nicht mehr lustig, da hat sie viel gegrübelt.**

**Als Lili geboren wurde, hat sie sich um sie gekümmert, da ist wieder ein bisschen Leben in sie reingekommen. Aus rotem Satin hat sie für Lili ein Nachthemd genäht, hat ihr Kleider genäht. Über die Enkel war sie glücklich. Aber in den letzten zehn, fünfzehn Jahren ohne die Kinder, als die Enkel groß waren, ist sie wieder still geworden.**

Es gibt keine bessere Frau, wie meine Mama war. Ich war ihr Liebling, ich war alles für sie. Wenn sie mich bloß angeschaut hat – wenn ich mich gestritten habe, die hat es sofort gesehen.

Ist was, Junge, was hast du?

Nichts, Mama.

Doch, du hast was. Bitte sag mir, komm.

Hat sie mich eingehakt, mir einen Kuss gegeben, sag mal, was ist denn?

Ja, Mama, soundso soundso.

Ich weiß doch, mein Junge.

Und dann hat sie oft gesagt, wenn ich erzählt habe, jemand hat gesagt, ich schau so gut aus: Lass dir das nicht sagen. Da geht es dir mal ganz schlecht. Erzähl lieber gar nichts. Nichts. Du musst alt werden, genau wie ich. Meistens, wenn sie so reden, dann passiert was.

Sie hat uns großgezogen, und als wir groß waren, hat sie uns noch größer gezogen. Hat von jedem seiner Familie gewusst, was wir machen. Der Rigo hat vier Söhne. Die Rosi war mit einem Amerikaner zusammen, da ist ein Junge da und zwei Mädchen, hat sie noch mal geheiratet, einen Sinto, da ist ein Junge und ein Mädchen noch da. Und ich habe einen Sohn und eine Tochter.

Dem kleinen Bruder geht es ganz gut, der hat drei Söhne, er ist in München, hat einen Juwelierladen gehabt, dann hat er noch Diamanten gemacht.

Jetzt hat er ein schönes Haus in Teneriffa, bleibt meistens den ganzen Winter drüben.

Ich bin meistens ins Geschäft gegangen und habe ausgeliefert, zuletzt habe ich mit Solinger Töpfen und Messern gemacht. Zuletzt ging das Geschäft sehr schlecht.

Aber ich lebe.

Vor zehn, fünfzehn Jahren habe ich bestimmt zehn Kilo mehr gehabt, war träge. Bin in die Wirtschaft gegangen, habe sieben, acht Bier getrunken. Bin heim, ohne eine Sprache.

Das waren bald fünfzig Jahre, wo ich nicht drüber gesprochen habe.

Aber ich habe immer den Kopf voll gehabt, jeden Tag. Ich habe nie Ruhe gekriegt. Und wenn ich dann gelegen und aufgewacht bin, war immer der Film im Kopf.

Meine Kinder haben alles gewusst durch Erzählungen, wenn meine Brüder, meine Schwestern erzählt haben, was wir alles mitgemacht haben. Aber wenn sie mich gefragt haben, hab ich eine Ausrede gesagt, bin dann weg und hab nichts erzählt.

Wenn im Fernsehen was drin war, hat mein Sohn umgeschaltet. Er hat es nicht gleich offensichtlich gemacht, sondern er hat gefragt, ja, was machen wir morgen noch, und dann, wie wir das am besten machen, dann hat er den Fernseher ausgemacht. Ich habe gewusst, warum er es ausmacht.

Ich hab das oft gemerkt, wenn ein Film über das Naziregime war, mein Sohn, als er siebzehn, achtzehn war, der ist heute vierzig, ist vor: Dada, ich muss einen anderen Film sehen oder Musik oder irgendwas. Ich hab genau gewusst, warum er das macht. Ich wollte auch schon aufstehen und abschalten, aber dann hat er mich beobachtet und es gemacht, oder mein Mädchen, die ist jetzt 46, hat es schon vorher abgeschaltet. Als sie Kinder waren, mit sieben oder zehn Jahren, haben sie es gemerkt und gefragt: Vater, was war denn da? Wie war denn das? Sie haben gemerkt, dass ich nie darüber gesprochen habe. Dann haben sie gemerkt, oh, das will er nicht, so schlau waren sie, wenn dann das Thema kam, haben sie vorher schon abgeschaltet.

Genau wie ich mit dem Dada. Der hat auch, wenn andere sagten: Nein, Sepp, was hast du mitgemacht, was war denn da noch alles und wie war denn das mit dem und dem? Den, wo sie erschossen haben. Wie war das, wo vergast worden ist? Oder das mit den Kindern, erzähl doch mal. Gar nichts. Der hat nicht einmal gesagt, ich erzähl nichts, oder ich erzähle es, er hat so getan, als hätte er es gar nicht gehört. So dass ich dachte, warum spricht jetzt der Dada nicht? Er hat ein anderes Thema angefangen, dann hat er was anderes erzählt. Dann haben die anderen schon gewusst, er möchte nicht darüber sprechen. Wir haben alle gar nicht darüber gesprochen und das war unser Fehler. Vieles weiß ich heute nicht, hätten wir gesprochen, hätte ich fragen können, dann wäre alles rausgekommen. Dann hätten wir es heute gewusst.

Wir haben immer große Angst. Die war ja bis 1993 bei mir. Ich habe immer Knödel im Hals gehabt.

Bis dann der Ludwig Eiber zu mir kam, hat sich vorgestellt als Autor in München, und er hätte gerne mal meine Geschichte gehabt. Zuletzt sagte er: Hugo, die Leute kommen zu dir, um Fragen zu stellen, gib doch deine Antworten, warum sprichst du nicht darüber? Sagte ich, ich kann nicht, es geht nicht, ich habe große Angst davor.

Hugo, komm, du musst sprechen, du musst vor dem Bürgermeister sprechen. Da sagte ich, ich kann doch nicht sprechen, was soll ich denn da überhaupt sagen?

Der hat mich dann so überzeugt, da bin ich mal angerufen worden von ihm, er war in München beim Bürgermeister Kronawitter, es war 1993. Ich bin hin nach München zum Marienplatz, da kam der Herr Ude dazu, der ihn dann als Bürgermeister abgelöst hat. Dachte ich, was mache ich beim Bürgermeister, was wollen die von mir? Die haben sich dann unterhalten, haben gesagt, Hugo, warum sprichst du nicht?

Also, wenn Sie wollen, dann spreche ich halt, aber es tut mir sehr weh.

Du wirst sehen, wenn es gesprochen worden ist, dass es besser wird. Und ich habe dann gesagt, also gut, ich spreche dann. Aber nur, weil der Bürgermeister mir das gesagt hat.

Ich bin dann heim, ich war nervös, und ich dachte mir, gut, dann werde ich halt meine Geschichte erzählen, und habe dem Eiber erzählt. Er hat es mir auf ein paar Seiten aufgeschrieben und gesagt, das machst du, das liest du vor.

Und dann kam der berühmte Tag. Da bin ich nach München rein, in einen großen Saal am Marienplatz. Und ich habe mich gut angezogen, weil ich gehört habe, dass auch viele Geschichtslehrer und Professoren, die das hören wollten von mir, und auch die Münchener Stadträte kommen. Da war ich fix und fertig.

Aber ich habe mir gedacht, komm, egal, ich werd es dann runtererzählen. Ich schäme mich auch nicht mehr. Erst hat der Herr Ude, dann Bürgermeister Kronawitter, dann der Vorsitzende der Sinti, dann ein Geschichtslehrer gesprochen, und ich war der Letzte.

Ich habe auch von mir aus Leute eingeladen, es waren ungefähr dreißig, vierzig Mann, habe auch Musik kommen lassen. Die haben Musik gespielt und dann habe ich meine Blätter runtergelesen.

Irgendwie habe ich meine Rede gehalten. Mein Sohn war mit drin. Wenn ich kurz reingeschaut habe ins Publikum, habe ich gesehen, dass Leute Taschentücher rausnehmen und weinen, da bin ich auch sentimental geworden. Ich habe meinen Sohn gesehen, der weint normalerweise nie, der hat geweint, dass das Taschentuch nass war. Das war das erste Mal, dass ich erzählt habe, ich selbst habe dann geweint, ich konnte nicht mehr.

Aber wie ich fertig war, war ich noch deprimierter wie vorher.

Und dann, wie ich das ausgesprochen habe, war alles mucksmaus ruhig da drin. Ich hab mir gedacht, überall haben sie geklatscht, habe ich denn so schlecht gesprochen, dass ich kein Klatschen kriege, und auf einmal ging dann das Klatschen los, die haben bestimmt zehn Minuten lang geklatscht. Die kamen dann alle zu mir, Geschichtslehrer, auch der Herr Ude, auch Bürgermeister Kronawitter, dann der Romani Rose, so viele kamen und haben mir gratuliert.

Und irgendwie habe ich dann gemerkt, dass es mir viel besser ging. Ich habe keinen Knödel mehr im Hals gehabt, mir ist es besser gegangen, dacht ich mir: Warum habe ich nicht vorher gesprochen?

Mein Sohn hat später gesagt, er hat sich gefreut, dass alles rausgekommen ist von mir. Dir muss es doch jetzt besser gehen, Dada. Ich habe gesagt, ja, mir geht es auch besser. Ich habe das gewusst.

Ich habe abends noch zwei, drei Gläser Sekt getrunken, vorher schon Alkohol, meine Bierchen. Und bin heim, ich bin leicht ins Bett gegangen, hab die ganze Nacht durchgeschlafen. Hab gedacht, was hab ich denn, was ist denn los?

Und dann kam ich langsam drauf, das kann nur das gewesen sein, wo alles in mir gehemmt war. Und je mehr ich spreche und es allen sage, desto leichter wird's mir.

Meine Kinder haben dann alles von mir erfahren. Vorher, wenn meine Geschwister erzählt haben, haben sie hellhörig hingehört. Was war da alles, was war mit dem Vater, was hat der noch gemacht. Ich konnte nichts sagen, und heut ärgere ich mich, ich hätte rauskommen und gleich erzählen sollen, gleich, was alles passiert ist, aber man hat Angst. Man denkt, hoffentlich passiert es nicht mir wie meinem Vater und meiner Mutter, sechs Kinder müssen ins KZ rein, sie wissen, dass sie umgebracht werden. Was die für Angst aushalten. Allein die Angst von meinem Vater und meiner Mutter.

Von meiner Familie war niemand am Marienplatz dabei. Ich habe mir später gedacht, warum sind die nicht gekommen, haben sie vielleicht gedacht, dass sie sich blamieren, wenn ich das erzähle? Ich kam da nicht darauf. Die wollten nicht mehr hören, was passiert ist. Vielleicht dachten sie, jetzt bringt der Hugo alles wieder raus und warum muss das sein.

Später haben sie mir dann gesagt: Hugo, wir haben richtig Angst gehabt, dass du wieder reinfällst. Du warst sowieso früher immer so krank, bist immer hingeflogen nach dem KZ. Ich muss überall geflogen sein, ich war schwach in den Beinen.

Dachte ich mir, nein, mir geht's viel besser, seitdem ich das erzählt habe. Aber ich ärgere mich heute drüber, dass ich nicht schon zwanzig Jahre vorher drüber gesprochen habe. Aber es ging nicht. Es ging nicht.

Danach bin ich überall eingeladen worden, ich habe überall meine Rede gehalten und ich war richtig froh, der Knödel im Hals ist verschwunden. Nur manchmal kommt der, wenn ich höre, dass wieder etwas Ungerechtes geschehen ist, dass Leute zusammengeschlagen werden, nur weil sie eine andere Religion haben, dass Leute umgebracht werden nur wegen ihres bloßen Daseins. Und das verstehe ich heute noch nicht. Dann habe ich den Knödel sofort wieder drin.

Zwei, drei Wochen später kam dann schon Post von vielen, vielen

Geschichtslehrern und Lehrerinnen, ich sollte zur Schule kommen, ich sollte das noch mal erzählen.

Und dann kam Post von Bergen-Belsen, ich habe den Leiter dann auch angerufen, sagte er: Mensch, komm rauf, wir haben Schüler hier und sie hätten dich gerne gehört. Ein Lehrer hat erzählt, dass du in München so gut gesprochen hast. Er hat mir ins Gewissen gesprochen.

Vorher hat mich ein Sinto von Auschwitz durch einen Dolmetscher angerufen, er hat erst gesprochen, dann der Dolmetscher, er hat gehört von mir, und wir brauchen solche Menschen, die das weitergeben.

Ich bin dann nach Auschwitz eingeladen worden. Ich wollte Auschwitz nie mehr in meinem Leben wiedersehen, ich wollte Bergen-Belsen nie mehr sehen, auch Mauthausen und Ravensbrück nicht. Wenn ich nur davon gehört habe, hatte ich Gänsehaut.

Die Angst ist immer noch in einem. Aber es ist besser. Ich war im Glauben, dass ich niemals, niemals mehr zu den KZ-Lagern fahren werde. Ich hatte nie gedacht, dass ich einmal das KZ Auschwitz oder noch schlimmer Bergen-Belsen wiedersehe. Dachte ich mir, in meinem ganzen Leben niemals, da gehe ich NIE MEHR hin. Da habe ich zu viel mitgemacht.

Und dann dachte ich mir, ist egal, es ist vorbei, ich habe das überwunden, ich habe gesprochen, und warum soll ich nicht mehr sehen, was uns angetan wurde. Ich hab dann zugesagt. Da sind wir erst mit dem Flugzeug, dann sind wir ausgestiegen, ich habe mir noch gar nichts dabei gedacht, und wir sind in einen Bus eingestiegen, haben eine Stunde zu fahren gehabt, und wie ich gelesen hab: Oświęcim zwanzig Kilometer und dann acht Kilometer, bin ich unruhig geworden. Ich hab gedacht, mein Herz bleibt stehen.

Dann habe ich vorne gesehen, das Eingangstor, Arbeit macht frei, was ich damals auch gelesen habe, wo ich mir gedacht habe, mein Vater ist ein guter Arbeiter, wir kommen hier raus. Als ich das gesehen habe, war ein Zusammenbruch bald möglich. Wie ich dann rein bin ins KZ-Lager und habe die Baracken gesehen, die noch da stehen ...

Hugo in Auschwitz-Birkenau am 2. August 2004 bei seiner Rede anläßlich des Gedenkens an die in den Gaskammern ermordeten Gefangenen des Zigeunerlagers.

Dann habe ich ein paar Tage später eine Rede gehalten. Da war ich wieder so froh, wie ich fertig war.

Aber Bergen-Belsen war für mich das Schlimmste, es war schlimmer als das KZ Auschwitz, weil ich da wusste, es gibt kein Entrinnen mehr. Und dort noch mal aufzutauchen und dort zu sprechen, dachte ich mir, nein, es geht niemals. Aber ich habe dann auch dort gesprochen, Schüler aus Rostock waren da, ich hab mehr geweint, als ich gesprochen habe.

Aber ich habe da oben gesprochen und mir ist dann auch leichter geworden.

Man sieht dann alles wieder vor sich.

Wenn man so was mitmacht, sagt man sich, nein, ich spreche nicht mehr drüber. Weil man Angst hat, dass wieder so was kommt. Man hat immer wieder Bedenken ... Ich hab jetzt keine Bedenken mehr. Ich bin froh, dass ich jetzt drüber spreche. Ich bin froh, dass es nicht in Vergessenheit gerät, dass so was nicht mehr passiert. Mit zwanzig, fünfundzwanzig Jahren hätte ich sprechen müssen.

Wenn die Reden rum sind, bin ich ein neuer Mensch. Immer wieder, immer wieder neu. Aber jetzt habe ich wieder Bedenken. Ich habe schon wieder vor dir Angst gehabt. Wenn du jetzt kommst, muss ich wieder alles erzählen. Wenn ich beim Erzählen bin, dann läuft es. Und mir geht es jetzt ganz gut.

Gestern ist es mir nicht gut gegangen. Heute schon den ganzen Tag, Magenweh, Kopfweh und Gedanken, Gedanken.

Je mehr ich erzähle, ich merke es doch an mir, je mehr das rauskommt, desto besser wird's mir dann.

Manchmal gibt es Menschen, die helfen beim Erzählen, damals war keiner da.

Da war keiner da. Auch du hast mir geholfen, mit Fragen, wie war das noch mal, wie war das noch, du hilfst mir dabei. Das habe ich ja vorher nie gehabt. Seitdem ich gesprochen habe, bin ich ein anderer Mensch geworden.

Richtig frei bin ich trotzdem nie. Ich bin nicht der freie Mensch wie andere. Die sagen, gehen wir mal das und das machen. Nein, irgendwas hält mich immer zurück. Was könnt jetzt passieren? Hoffentlich passiert so was nicht mehr. Dann meine Familie, dass da nichts passiert.

Ich weiß nicht, ob meine Familie das Buch lesen wird. Wir haben uns bis jetzt nicht darüber unterhalten, was geschehen ist. Und ob sie dann das Buch lesen ...

Dagegen sind sie nicht. Sie wollen auch, dass das Wissen weitergegeben wird, aber sie sind nicht diejenigen, die es weitergeben können. Sie freuen sich, dass ich darüber spreche, aber sie wollen nicht, dass ich mit ihnen darüber spreche. Sag das, wie du es denkst, dass es nicht in Vergessenheit gerät, aber wir können nicht. So hat es die Mama zu mir gesagt.

Fast jeden Monat spreche ich vor Schülern. Ich fahre auch bald wieder nach Dachau. Ich habe jetzt schon Angst davor.

Viele Schüler sind dann dort, die kommen rein mit munteren Gesichtern und raus mit verweinten Gesichtern.

Das tut mir richtig weh. Ich weiß dann, wie sie denken. Ich versetze mich in die Kinder rein. Ich seh die traurigen Gesichter. Aber dann bin ich wieder froh, wenn ich es erzählt habe, weil, die wo so richtig traurig sind, die versuchen es weiterzugeben. Und das ist meins, was ich vorhabe. Ich will, dass es weitergeht. Ich kämpfe darum. Dass nicht vergessen wird, was gewesen ist.

Ich spreche jetzt schon mehr als zehn Jahre darüber, und immer wenn ich sagen muss, was wir mitgemacht haben, tut es mir innerlich sehr weh. Mein ganzer Körper leidet darunter. Ich kriege Magenschmerzen, Kopfschmerzen, mein Kreislauf stimmt nicht. Das war vorher alles nicht. Wenn ich gesprochen habe, bin ich richtig traurig. Ich bin dann so fertig. Aber vielleicht drei Stunden später kriege ich wieder neuen Mut. Warum warst du denn jetzt so kaputt, aus was für einem Grund? Du hast alles rausgesagt. Zwei, drei Stunden später kommt die Kraft wieder, ich lebe wieder. Ich habe auch keine Kopfschmerzen mehr.

Ich weiß dann, dass es gut angekommen ist und dass es weitergeht.

Ich spreche nur darüber, dass nicht mit uns, aber auch nicht mit anderen Leuten so was passiert. Was ich und andere Leute mitgemacht haben, andere Familien und andere Nationalitäten, so was soll nicht mehr passieren. Darum spreche ich darüber.

Die Angst ist immer noch da. Nicht mehr so schlimm, wie sie war, aber die ist ständig da. Wenn ich das, was wir mitgemacht haben, noch mal erleben müsste, ich könnte das nicht. Wenn ich allein wäre und sie würden mich von zu Hause holen – nie im Leben könnten sie mich zwei, drei Meter wegbringen. Ich würde kämpfen mit allen Mitteln. Ich würde fünf, sechs Stück mitnehmen. Ich würde mein großes Küchenmesser nehmen, ich tät metzgern, das glaubt kein Mensch. Ich könnte das nie, nie mehr mitmachen.

Kindergeschrei kann ich nicht vertragen. Auch Lachen, wenn es zu laut ist, vertrage ich nicht. Weil ich da immer die Schreierei im Ohr habe, wo die Leute vergast worden sind. Wie die Kinder und die Frauen geschrien haben, wenn sie auseinander waren, sie wollten doch zusammenbleiben, als sie alle ausgezogen waren. Und dann die Schreie. Schlimm.

Viele fragen, ein Fürst hat mich auch gefragt: Hugo, kannst du nicht verzeihen? Du musst doch mal verzeihen können. Sagt er: Es ist wie in einer Ehe, wenn man Streit hat. Einer muss beginnen und sagen: Vergib mir. Sag ich: Das stimmt nicht, was du da jetzt sagst. Ehestreit und Morden ist ein großer, großer Unterschied.

Sagt er: Ja, du hast Recht. Aber ich darf für alles, was geschehen ist, um Verzeihung bitten. Er wollte unbedingt, dass ich es verzeihe.

Ich kann für die Toten nicht vergeben. Ich kann nicht für die Toten sprechen.

Man kann nicht verzeihen, es geht nicht. Wenn man auch möchte irgendwie. Ich muss die Wahrheit sagen, ich kann nicht verzeihen. Es geht nicht. Uns ist zu viel angetan worden.«

## Nachwort

Am Anfang dieses Buches stand der Wunsch von Hugo Höllenreiner, jungen Menschen zu berichten, was in zwölf Jahren Diktatur in diesem Land geschehen ist. Er suchte jemanden, der seine Lebensgeschichte aufschreiben würde. Durch die Vermittlung der Vorsitzenden der Arbeitsgemeinschaft Bergen-Belsen, Frau Elke von Meding, lernten wir uns kennen. Ich beschloss sofort, dieses Buch zu schreiben, und er war bereit, mir zu vertrauen. Viele Bücher berichten vom Überleben in nationalsozialistischen Konzentrationslagern, aber sehr wenige vom Leiden der Sinti und Roma.

Hugo berichtete mir, was er und seine Familie durchgemacht hatten. Stockend manchmal, andere Male verkürzt, ansatzweise. Es kostete ihn große Kraft und Überwindung, einmal alles zu erzählen, so wie er es sich vorgenommen hatte. Manche Begebenheiten waren auch für mich als Zuhörerin kaum zu ertragen. Hugos Offenheit machte das Schreiben möglich. Er erlaubte mir, bis in Einzelheiten nachzufragen, er forderte mich sogar dazu auf.

Ich beschloss, seine Geschichte in der dritten Person zu schreiben, angelehnt an seine Sprache neu zu formulieren, weil grauenvolle Erlebnisse sich nicht geordnet erzählen lassen, die Erinnerung nicht geradlinig verläuft. Oft reißt ein Satz ab, weil es zu schlimm ist weiterzusprechen; oder in dem Augenblick die Erinnerung zu ertragen.

Um die seither vergangenen mehr als 60 Jahre spürbar zu machen, fügte ich Hugos Reflexionen aus heutiger Sicht wörtlich in den Text ein. Spürbar machen deshalb, weil die vergangenen Jahrzehnte seit der Befreiung nicht die Wunden heilen und nichts vergessen machen konnten. Manche eher Ältere meinen, man solle dieses »Thema« endlich ruhen lassen. Junge Leute aber wollen wissen, was genau damals geschehen ist. Und für Hugo ist die Vergangenheit kein Thema, sie ist Teil seines gegenwärtigen Lebens. Jeden Tag erinnert ihn etwas an die durchlittenen Kinderjahre. Die Vergangenheit ist allgegenwärtig durch Alpträume, Angst und gesundheitliche Beschwerden als Folge der Gefangenschaft.

Jeden Tag erinnert ihn etwas daran. Im Alltag, aber auch Ereignisse in Deutschland und der Welt. Die Folterungen an irakischen Gefangenen durch amerikanische Soldaten, Wahlen, in denen extrem rechte Parteien Stimmen bekommen, die Abgeordneten der sächsischen NPD im Landtag, die sich nicht an der Schweigeminute für die Toten von Auschwitz beteiligten. Aber auch in anderer Weise wird die Vergangenheit Gegenwart. Anlässlich des 60. Jahrestages der Befreiung berichtete Hugo im Bürgersaal einer Kleinstadt von seinem Schicksal. In der folgenden Nacht wurde sein Auto mit Benzin übergossen und angezündet. Das war heute, im Jahr 2005.

Den Alltag in Auschwitz beschreiben – das fällt denjenigen schwer, die ihn überlebt haben. Wie sollte ich das bewältigen? Die Sprache erscheint unzulänglich und auch die größtmögliche Genauigkeit kann nur ein ungefähres Bild des täglich erlittenen Leids zeichnen. Beim Schreiben suchte ich lange nach einer Chronologie, nach der ich Hugos Erinnerungen anordnen und mit der Chronologie der historischen Abläufe des »Zigeunerfamilienlager« genannten Abschnitts von Auschwitz-Birkenau BIIe verbinden könnte. Den Gefangenen, und besonders den Kindern, ist jedes Zeitgefühl abhanden gekommen. Was Hugo wie viele Monate erschien, zum Beispiel die Zeit in Mauthausen und Bergen-Belsen, waren nach den in Zugangsbüchern gefundenen Daten insgesamt sechs Wochen. Im Verlauf der Arbeit an dem Buch wurde mir klar, dass eine zeitliche Reihenfolge kaum zu finden ist, weil vieles, wie auch im »normalen« Leben, auf einmal auf die Gefangenen einstürzte und gleichzeitig geschah. In der Zeit, in der Hugo mit dem Kinderhort zu kämpfen hatte, wurde der Vater geschlagen, starben Verwandte, froren sie beim Appell, bestrafte die SS mit Prügeln …

Gleichzeitig, bei jeder beschriebenen Begebenheit, jedem Gespräch, jeder Arbeit, jedem erbeuteten bisschen Suppe oder Brot, den Schlägen und Beleidigungen sind die Läuse, Wanzen, Ratten, der Schlamm, die Kälte, der Hunger, Durst, die Schwäche, das Fieber, Typhus, Krätze, Malaria, alle Kinderkrankheiten, der Durchfall beim Appell, das Rennen, manches Mal vergeblich, zu den Latrinen, die fehlende Waschmöglichkeit hinzuzudenken. Wenn ich beschreibe, wie Hugo in den Himmel schaute und sich fortfantasierte, war alles andere gleichzeitig da. Und dazu immer die Angst vor Gewalt und um das Leben. Möglicherweise also war sein Vater nicht mehrere Monate, sondern nur ein paar wenige Wochen Blockältester, möglicherweise verbrachte er mit seinem Freund in Auschwitz nicht wenige Wochen, sondern Monate zusammen.

Die Gespräche für dieses Buch fanden während 14 Monaten statt. Es bedeutete für Hugo auch, die Scham zu überwinden, von sich selbst in hilfloser Lage zu berichten. Manches war vollkommen verdrängt und kam Hugo im Verlauf des Jahres wieder zu Bewusstsein. Manche Ereignisse sprangen ihm in manch schlafloser Nacht wie ein plötzlich eingeschalteter Film ins Gedächtnis zurück. Es war oft nicht leicht für ihn, die Erinnerungen auszuhalten. Und oft sah ich im erwachsenen Hugo das Kind, das alles wieder durchlebte.

Für Unterstützung, Auskünfte, Erinnerungen und die Bereitstellung von Fotos und Dokumenten danke ich herzlich:

Mano und Else Höllenreiner, Ludwig Höllenreiner, Schuka Höllenreiner und Familie, Silvana Lauenburger, Ludwig Eiber, Elke von Meding, Toby Sonneman (USA), Guntram Weber und Thies Marsen sowie Ulrike Baureithel, Paul Glaser, Anna Kari, Sepp März, Maria Nitzelnader, Susanne Schmidt, Bernhard Strebel, Rosemarie Vogel und vielen anderen.

Vielen Dank auch an: Bundesarchiv Berlin, Dokumentations- und Kulturzentrum Deutscher Sinti und Roma – Frank Reuter, Gedenkstätte Bergen-Belsen, Gedenkstätte Mauthausen, Internationaler Suchdienst Bad Arolsen – Frau Siebert, Mahn- und Gedenkstätte Ravensbrück – Frau Erler, Meldestelle Lenggries, Stadtarchiv Günzburg, Stadtarchiv München, Deutsche Dienststelle (WaST) – Herr Kühmayer, Zentralrat Deutscher Sinti und Roma.

Anja Tuckermann, Mai 2005

# Zeittafel

**26. März 1865** Johann Baptist Höllenreiner, Hugos Großvater, genannt Babo, kommt auf die Welt.

**21. März 1867** Bayerische Ministerialentschließung befasst sich mit dem »Herumziehen von Zigeunerbanden und Familien«. Angetroffene Zigeuner werden als Ausländer betrachtet und sollen des Landes verwiesen oder von der Polizei über die Grenze gebracht werden, sofern sie keine polizeiliche Erlaubnis für ein Wandergewerbe besitzen.

**10. Februar 1868** Magdalena Ottilie Robertine Mettbach, Hugos Großmutter, genannt Mami, kommt auf dic Welt.

**1871** Gründung des Deutschen Reiches.

**11. April 1885** Bayerische Ministerialverordnung bestimmt, wie mit festgenommenen Zigeunern verfahren werden soll. Wer keine gültigen Papiere besitzt, kann aus Bayern ausgewiesen werden bzw. darf gar nicht erst einreisen. Dasselbe gilt für mittellose Personen.
Zigeuner können jederzeit kontrolliert und, wann immer Papiere unvollständig sind oder es »zum Zwecke der Sprengung einer Zigeunerbande räthlich« erscheint, in ein Arbeitshaus eingewiesen werden.

**5. Oktober 1889** Bayerische Ministerialentschließung soll den Reisenden »durch strengste Controle das Umherziehen thunlichst verleiden«.

**28. März 1899** Bayerische Ministerialentschließung ruft den »Zigeunerzentrale« genannten Zigeunernachrichtendienst bei der Polizeidirektion München ins Leben. Jeder Aufenthalt von Zigeunern in einer bayerischen Gemeinde muss nach München gemeldet werden. Außerdem die Art der mitgeführten Papiere, die Reiseroute, Umfang des Besitzes, Vorstrafen und ob bei einer Staatsanwaltschaft eine Untersuchung anhängig ist.

**1902** In den in Bayern und Württemberg ausgestelltenWandergewerbescheinen muss ein Z für Zigeuner eingetragen werden.

**15. März 1904** Hugos Dada, Josef Höllenreiner, kommt auf die Welt.

**1905** Der bei der Polizeidirektion München mit Zigeunerangelegenheiten befasste Referent Alfred Dillmann gibt das »Zigeunerbuch« heraus. Darin wird erstmals der Versuch gemacht, alle Daten der in Bayern erfassten »Zigeuner oder nach Zigeunerart Umherziehenden« den Behörden und Gendarmen aller bayerischen Gemeinden zugänglich zu machen. Auch die anderen deutschen Staaten und die Schweiz, Österreich-Ungarn und Luxemburg erwerben mehrere hundert Exemplare des Verzeichnisses für den polizeilichen Gebrauch.

**1911** Bayernweit werden von Zigeunern Fingerabdrücke genommen und gesammelt.

**23. April 1911** Hugos Mama Sofie kommt auf die Welt.

**22. Juni 1911** Im »Bodenseebetriebsreglement« beschließen Vertreter aus Österreich, der Schweiz, Baden, Württemberg sowie Bayern, dass »Zigeuner oder nach Zigeunerart wandernde Personen von der Mit- und Weiterreise auf Bodenseedampfschiffen ausgeschlossen werden«.

**22. November 1911** Die internationale kriminalpolizeiliche Münchner Zigeunerkonferenz findet statt. Die Umsetzung der Beschlüsse verzögert sich und wird wegen des Ersten Weltkrieges auf die Nachkriegszeit verschoben.

**1913** Auch die Standesämter müssen jede Beurkundung von Zigeunern der Zigeunerzentrale melden.

**30. April 1919** Spartakisten dringen in das Gebäude der Münchener Polizeidirektion ein und zerstören einen Großteil der Zigeunerpersonalakten. Daraufhin muss eine Neuauflage des Zigeunerbuchs verschoben werden.

**1. Oktober 1919** Württembergischer Innenminister-Erlass: Verbot des »zigeunermäßigen Umherziehens« und des »zigeunermäßigen Lagerns«.

**27. Juli 1920** Reichsminister für Volkswohlfahrt ordnet ein Aufenthaltsverbot für Zigeuner in Heilbädern, Kurorten und Erholungsstätten an.

**20. September 1921** Der württembergische Innenminister fordert die ausstellenden Behörden auf, nach Zurücknahmegründen für Wandergewerbescheine zu suchen.

**18. Juli 1922** Dienstvorschrift für die bayerische Gendarmerie: »Gegen Zigeuner und ähnliche Personen« werden besondere Kontrollmaßnahmen angeordnet.

**29. Dezember 1922** In Baden müssen alle Sinti und Roma ab 14 Jahre ein »Personalblatt« mit Foto und Fingerabdrücken mit sich führen. In der rechten oberen Ecke ist es mit einem Z für Zigeuner versehen.

**11. Januar 1924** In Bayern wird das Umherziehen in Wohnwagen von der polizeilichen Erlaubnis abhängig gemacht, das »Reisen in Horden« verboten, die Ausweispflicht für mitgeführte Tiere eingeführt und das Lagern nur noch auf von der Polizei ausgewiesenen Plätzen gestattet. Als »Horde« galt eine Gruppe aus Einzelpersonen, z. B. auch ein nicht standesamtlich getrautes Paar oder mehr als eine Kleinfamilie.

**19. April 1926** Ein württembergischer Innenminister-Erlass verbietet Zigeunern das Feueranzünden und das Aufstellen von Wohnwagen im Wald oder am Waldrand.

**16. Juli 1926** Durch das Bayerische Zigeuner- und Arbeitsscheuen-Gesetz wird die Anordnung vom 11. 1. 1924 Gesetz. Die Polizei kann die Reiseroute anordnen, Zigeuner ausweisen, die nicht im Besitz der bayerischen Staatsangehörigkeit sind, und in eine Arbeitsanstalt einweisen, wer keine geregelte Arbeit nachweisen kann, den Eltern die Kinder nehmen, wenn sie nicht regelmäßig zur Schule gehen.

**1. August 1926** Laut einer thüringischen Polizeiverordnung können Lagerplätze nur bei Hinterlegung einer Kaution genutzt werden und müssen auf eigene Kosten polizeilich überwacht werden.

**27. Oktober 1927** Das badische Justizministerium beschließt die zentrale Erfassung jeder standesamtlichen Beurkundung von Zigeunern.

**3. November 1927** Der preußische Innenminister-Erlass ordnet die Ausgabe von Sonderausweisen für Sinti und Roma an. Damit sollen alle Zigeuner ab dem 6. Lebensjahr fotografisch und daktylografisch erfasst werden. Dieser Erlass wird vom norddeutschen Länderbund und den Hansestädten Hamburg und Lübeck übernommen.

**Seit 1928** werden im »Deutschen Steckbriefregister« die Familiennamen gesuchter Sinti und Roma mit einem Z versehen.

**12. April 1928** Das Reichsgesetz über Schusswaffen und Munition verbietet die Ausgabe von Waffenscheinen an Zigeuner.

**3. April 1929** Mit dem »Gesetz zur Bekämpfung des Zigeunerunwesens« übernimmt Hessen den Inhalt des bayerischen Zigeuner- und Arbeitsscheuen-Gesetzes.

**18. März 1933** Eine von der »Deutschen Kriminalpolizeilichen Kommission« 1926 bereits ausgearbeitete »Vereinbarung der deutschen Länder über die Bekämpfung der Zigeunerplage« mit allen bereits bekannten Bestimmungen tritt in Kraft.

**14. Juli 1933** Das »Gesetz zur Verhütung erbkranken Nachwuchses« ebnet den Weg zu Zwangssterilisationen von Sinti und Roma.

**15. September 1933** Hugo kommt auf die Welt.

**1. Juli 1935** Der spätere Gründer der »Rassenhygienischen Forschungsstelle« Dr. Robert Ritter beginnt seine Forschungen über »Zigeuner und Zigeunermischlinge«.

**15. September 1935** Die Nürnberger Rassengesetze stellen Sinti und Roma als

»außereuropäische Fremdrasse« in der gesetzlichen Behandlung den Juden gleich. Die Heirat von Sinti mit Nicht-Sinti wird verboten.

**3. Januar 1936** Der Minister des Innern Frick in einer vertraulichen Mitteilung: »Zu den artfremden Rassen gehören in Europa außer den Juden regelmäßig nur die Zigeuner.«

**1936** Die erste Deportation von 400 Sinti ins KZ Dachau. Sinti und Roma sowie Juden wird das Wahlrecht entzogen. Reichsweite Erfassung sämtlicher Sinti und Roma wird durch Frick angeordnet.

In Vorbereitung der Olympischen Spiele werden in Berlin alle Sinti und Roma im Sammellager Marzahn festgehalten.

**6. Juni 1936** Empfehlung des Reichsinnenministers, »von Zeit zu Zeit bezirksweise oder für ganze Landesteile Razzien auf Zigeuner zu veranstalten«.

**17. Juni 1936** Der »Reichsführer SS« Himmler wird zum »Chef der deutschen Polizei im Reichsministerium des Innern« ernannt.

**November 1936** Robert Ritter führt zusammen mit Adolf Würth und Eva Justin seine Untersuchungen in der neu gegründeten »Rassenhygienischen bevölkerungsbiologischen Forschungsstelle« beim Reichsgesundheitsamt fort. Er beginnt die erbbiologische und geneaologische Erfassung der Sinti und Roma. In den folgenden Jahren reisen »fliegende Arbeitsgruppen« durch alle deutschen Länder, suchen, vermessen und registrieren Sinti und Roma, nehmen Blutproben, legen Stammbäume an und schreiben Gutachten. Wer sich weigert, Auskunft zu geben, dem wird mit dem Scheren der Haare oder mit Einlieferung in ein KZ gedroht. Die »Rassegutachten« aller deutschen und österreichischen Sinti und Roma bilden die Grundlage für den Völkermord.

**26. Januar 1938** Erlass Himmlers gegen »arbeitsscheue Elemente«. Sinti und Roma werden in die KZs Buchenwald und Ravensbrück eingeliefert.

**16. Mai 1938** Runderlass Himmlers: Die »Reichszigeunerzentrale« beim Polizeipräsidium München wird als »Reichszentrale zur Bekämpfung des Zigeunerunwesens« in das Reichskriminalamt Berlin eingegliedert.

**Sommer 1938** Umherziehende Sinti und Roma werden aus den linksrheinischen Gebieten ausgewiesen, was mit präventiver Spionageabwehr beim Westwallbau begründet wird.

**Juni 1938** Die ersten großen Verhaftungswellen erfolgen.

**9. November 1938** Auch Sinti und Roma werden Opfer der Pogromnacht.

**8. Dezember 1938** Ein Runderlass Himmlers zur »Bekämpfung der Zigeunerplage« verlangt eine »endgültige Lösung der Zigeunerfrage«. Die Regelung der »Zigeunerfrage« müsse »aus dem Wesen dieser Rasse heraus« geschehen.

**Winter 1939** Unter Eichmann wird begonnen, Sinti und Roma in Gettos, SS-Arbeitslager und zum Aufbau der Konzentrations- und Vernichtungslager in den Osten zu verschleppen.

**Juni 1939** Etwa 3000 burgenländische Zigeuner werden in Konzentrationslager verschleppt.

**Herbst 1939** Dada, Onkel Eduard, Onkel Friedla, Onkel Konrad und Onkel Babist werden enteignet und zur Wehrmacht eingezogen.

**21. September 1939** Besprechung im Sicherheitshauptamt der SS zur Planung der Deportation von 30 000 Sinti und Roma aus dem Altreich nach Polen.

**17. Oktober 1939** Der »Festschreibungserlass« Himmlers tritt in Kraft. Zigeuner dürfen ihren jeweiligen Aufenthaltsort bzw. ihren Wohnort nicht verlassen. Werden sie außerhalb der Gemeinde angetroffen, droht ihnen die Einweisung in ein Konzentrationslager. In der Folge sollen alle Sinti und Roma erfasst und gezählt werden.

**1940** Bei Erschießungen in den besetzten Ländern wird zwischen Juden und Sinti und Roma kein Unterschied gemacht.

**8. April 1940** Dada meldet die Familie in Lenggries an. Sie ziehen ins Pechhüttel ein.

**27. April 1940** Ein Schnellbrief Himmlers ordnet den Beginn der Deportationen von Sinti und Roma in »geschlossenen Sippen« in das besetzte Polen an.

**31. Januar 1941** In einer Verordnung zum Reichsbürgergesetz wird den Zigeunern wie den Juden die deutsche Staatsangehörigkeit sowie der Status der »Schutzangehörigen« genommen.

**März 1941** Die Rassenhygienische Forschungsstelle hat bereits 20 000 Menschen erfasst.

**30. November 1941** Dada wird aus der Wehrmacht entlassen.

**Dezember 1941** Onkel Friedla, Onkel Konrad und Onkel Babist werden aus der Wehrmacht entlassen.

**19. Dezember 1941** Dada, Mama und die sechs Kinder werden laut Gutachten des Rassenhygienischen Forschungsinstituts Berlin als Zigeunermischlinge eingestuft.

**Seit 1942** werden Zwangssterilisationen in Konzentrationslagern vorgenommen.

**28. Februar 1942** Dada und Mama ziehen mit den Kindern zurück nach München.

**13. März 1942** Der Reichsarbeitsminister verfügt, dass die sozialrechtlichen Bestimmungen ab sofort auch für Sinti und Roma gelten. Fortan müssen auch sie Sozialausgleichsabgabe zahlen, eine Zusatzsteuer in Höhe von 15% des Einkommens.

**16. Dezember 1942** Himmlers »Auschwitz-Erlass«: »Zigeunermischlinge, Rom-Zigeuner und Angehörige zigeunerischer Sippen balkanischer Herkunft (...) (sind) in einer Aktion von wenigen Wochen in ein Konzentrationslager einzuweisen.«

**29. Januar 1943** In einem Schnellbrief Himmlers werden diejenigen benannt, die von einer Deportation ausgeschlossen bleiben sollen, u. a. wer alternativ für eine Zwangssterilisation vorgesehen war. Dazu zählen mit »Deutschblütigen« Verheiratete, »sozial angepasst Lebende mit fester Arbeit und Wohnung, Wehrdienstleistende, Kriegsversehrte und mit Auszeichnung aus der Wehrmacht Entlassene, in der Rüstungsindustrie schwer Entbehrliche«.

**26. Februar 1943** Die ersten Sinti und Roma werden nach Auschwitz-Birkenau BIIe, ins Zigeunerfamilienlager, verschleppt.

**März 1943** Die Rassenhygienische Forschungsstelle hat bisher 21498 Gutachten erstellt. Ihre Mitarbeiter finden mehr als 19000 »Zigeuner« oder »Zigeunermischlinge« im Altreich und erteilen den Gesundheitsämtern Empfehlungen zu Zwangssterilisation und Schwangerschaftsabbrüchen bei Sinti und Roma.

**8. März 1943** Hugo, seine Familie und andere Münchener Sinti werden in den Morgenstunden von der Polizei in eine Sammelzelle des Polizeipräsidiums in der Ettstraße gesperrt.

**15./16. März 1943** Die Münchener Sinti treffen in Auschwitz-Birkenau ein. Hugo wird die Nummer Z-3529 in den linken Unterarm tätowiert.
Die gefangenen Sinti und Roma werden zu schweren Erd- und Bauarbeiten im Lager und zur Gleisverlegung zu den Krematorien gezwungen.

**März–Juni 1943** Die Gaskammern und Krematorien 2, 3, 4 und 5 in Auschwitz-Birkenau werden in Betrieb genommen.

**Frühjahr 1943** Ungefähr 22600 Sinti und Roma werden in das »Zigeunerlager« in Auschwitz-Birkenau deportiert, unzählige weitere in andere KZs. Manche werden sofort in den Gaskammern getötet. Die Mitarbeiter der Rassenhygienischen Forschungsstelle wissen davon.

**24. April 1943** Onkel Friedla stirbt in Auschwitz.

**1. Mai 1943** Josef Mengele tritt seinen Dienst als Lagerarzt im Zigeunerfamilienlager BIIe in Auschwitz-Birkenau an.

**17. Juni 1943** Tante Notschga stirbt in Auschwitz.

**Juli 1943** Das Lager BIIe wird von den anderen Lagerteilen mit einem elektrisch geladenen Zaun isoliert.

**28. August 1943** Tante Lona stirbt in Auschwitz.

**20. März 1944** Lolitschai stirbt in Auschwitz.

**15. April 1944** Tante Kerscha wird mit zwei Töchtern Tante Lonas nach Ravensbrück transportiert.

**Mai 1944** Die Züge mit deportierten Menschen fahren bis direkt vor die Krematorien.

**16. Mai 1944** Die geplante Auflösung des »Zigeunerlagers« und Ermordung der 6000 Überlebenden scheitert an deren Widerstand. In der Folge wird ca. die Hälfte der Menschen in andere Lager deportiert oder zur Wehrmacht eingezogen.

**2. August 1944** Alle 2897 noch in Auschwitz-Birkenau BIIe verbliebenen Menschen werden von der SS in die Gaskammern transportiert und dort ermordet. In den 17 Monaten der Existenz des Lagers starben 19 300 Sinti und Roma, mehr als 5600 durch Gas, über 13 600 an den Folgen der Zwangsarbeit, an Seuchen, Unterernährung, Misshandlungen und Menschenversuchen.

**3. August 1944** Hugo und seine Angehörigen treffen in Ravensbrück ein und erhalten neue Häftlingsnummern.

**Oktober 1944** Manfred wechselt zu Dada in das Männerlager.
1018 Sinti und Roma, darunter 800 Kinder, werden vom KZ Buchenwald nach Auschwitz zurücktransportiert und im Krematorium 5 ermordet.

**November 1944** Ritter unterzeichnet in diesem Jahr noch mindestens 1320 Gutachten. Im März beträgt die Zahl insgesamt 23 833 Gutachten.

**Januar 1945** Mama, Frieda, Tante Derndl und andere Sinti-Frauen und Mädchen werden von den SS-Ärzten Dr. Treite, Dr. Schumann und und Prof. Clauberg durch Injektionen von Silbernitrat zwangssterilisiert. Weichsla stirbt an den Folgen.
Auch die Sinti im Männerlager werden zwangssterilisiert.

**3. März 1945** Dada und Manfred, Onkel Babist und Mano und andere Verwandte werden nach Sachsenhausen gebracht.

**7. März 1945** Mama, Hugo, seine vier Geschwister und andere Verwandte kommen nachts in Mauthausen an und müssen bergauf ins Lager laufen.

**10. März 1945** SS-Angehörige in Mauthausen erschlagen eine unbekannte Zahl von Säuglingen und Kleinkindern vor den Augen ihrer Mütter, unmittelbar nach der Ankunft aus Ravensbrück. Ein Kind war während des achttägigen Transports im Zug auf die Welt gekommen. Die älteren Sinti- oder Roma-Kinder konnten bei den Müttern bleiben.

**17. März 1945** Hugo findet Mama wieder und wird mit ihr, vier Geschwistern und anderen Sinti- und Romafrauen mit ihren Kindern in Züge verladen und nach Bergen-Belsen gebracht. 692 kommend lebend an.

**15. April 1945** Britische Truppen befreien das KZ Bergen-Belsen.

**15.–20. April 1945** Sinti aus dem KZ Sachsenhausen werden mit Uniformen eingekleidet und in der SS-Sonderformation Dirlewanger in den Krieg geschickt. Auch Dada, Onkel Babist und Onkel Konrad.

Manfred, Mano und Luki müssen auf den Todesmarsch von Sachsenhausen in unbekannte Richtung.

**Mitte Mai 1945** Hugo, Mama, Frieda, Rosi und Januschek kehren nach München zurück.

Musla stirbt im britischen Krankenhaus in Bergen-Belsen.

**Nach 1945** werden die meisten Sinti und Roma von Behörden und Amtsärzten um eine »Wiedergutmachung« betrogen. Dr. Ritter, der Leiter des Rassehygienischen Forschungsinstituts, und seine Mitarbeiter (Eva Justin, Adolf Würth u. a.) werden nie gerichtlich zur Verantwortung gezogen.

Die früher im Reichssicherheitshauptamt zuständigen SS-Angehörigen führen die Erfassung der Sinti und Roma im Bayerischen Landeskriminalamt (LKA) in der »Landfahrerzentrale« fort.

Tante Kerscha stirbt an den Folgen der Haft.

**1. Dezember 1947** Ritter wird von der Stadt Frankfurt als Leiter der Fürsorgestelle für Gemüts- und Nervenkranke sowie der Jugendpsychiatrie bestellt. Er lässt Eva Justin in seine Abteilung nachkommen.

**1. August 1948** Eva Justin erhält eine Stelle als »Kriminalpsychologin«. Sie schreibt psychologische Gutachten für Strafprozesse und berät Eltern schwer erziehbarer Kinder.

**22. Dezember 1953** Die bayerische Landfahrerverordnung tritt in Kraft. Demnach gilt als Landfahrer, wer »aus eingewurzeltem Hang zum Umherziehen oder aus eingewurzelter Abneigung gegen eine Sesshaftmachung« im Land umherzieht. »Für Landfahrer, die im Familienverband oder in einer Horde umherziehen, ist ein Landfahrerbuch erforderlich.« Von allen aufgeführten Angehörigen müssen darin die Fingerabdrücke enthalten sein. Das Umherziehen mit Fahrzeugen, mit Schulpflichtigen, mit Pferden und Hunden ist genehmigungspflichtig.

**1964** In einem Aktenvermerk des Bayerischen Landeskriminalamts wird angeordnet, bei den von der »Zigeunerzentrale« übernommenen Akten die Aktendeckel mit dem Hakenkreuz und die Rassegutachten zu entfernen und ansonsten die Akten weiterzuverwenden.

**1978** Die Gesellschaft für bedrohte Völker setzt sich für die Anliegen der deutschen Sinti und Roma ein.

**27. Oktober 1979** Erste öffentliche Gedenkfeier von Sinti und Roma für die Opfer des Naziregimes in Bergen-Belsen.

**Ostern 1980** Hungerstreik von 12 Sinti und Roma, unter ihnen auch KZ-Überlebende, in der Gedenkstätte Dachau mit dem Ziel, von der Bayerischen Staatsregierung die Beendigung der Sondererfassung zu erwirken. Nach einer Woche sichert das Innenministerium die Einstellung der Sondererfassung zu.

**17. März 1982** Bundeskanzler Schmidt empfängt eine Delegation des im Vormonat gegründeten Zentralrats Deutscher Sinti und Roma und erkennt die NS-Verbrechen an Sinti und Roma als Völkermord aus rassistischen Motiven an.

**1991** Erste und einzige Verurteilung im Zusammenhang mit dem Völkermord an Sinti und Roma. Ernst-August König, SS-Mann und Blockführer im »Zigeunerlager«, wird wegen Mordes zu lebenslanger Haft verurteilt.

**Seit 1994** erinnert der Bundesrat alljährlich mit einer Ansprache des jeweiligen Präsidenten der Länderkammer an den 16. Dezember 1942.

**16. März 1997** Das Dokumentations- und Kulturzentrum Deutscher Sinti und Roma mit einer Dauerausstellung über den Völkermord wird in Heidelberg eröffnet.

**24. Juli 1998** Der Zentralrat Deutscher Sinti und Roma reicht mit seinem Bayerischen Landesverband und den beiden KZ-Überlebenden Hugo Höllenreiner und Franz Rosenbach eine Verfassungsbeschwerde gegen den Freistaat Bayern wegen der andauernden Sondererfassung der Sinti und Roma ein.

**Oktober 2001** Der bayerische Innenminister teilt mit, dass Personenbeschreibungsbögen der Polizei künftig ohne die Rubrik »Typ Sinti/Roma« verwendet werden. Außerdem würden die »Sonderdateien gesperrt«, die Sinti und Roma, ihre Autokennzeichen und so genannte »Sippenführer« verzeichnen. In Formularen für bayerische Polizeibeamte zur Vernehmung von Beschuldigten soll die ankreuzbare Rubrik »Sinti/Roma« bestehen bleiben.

**16. Februar 2005** Der bayerische Innenminister versichert dem Zentralrat Deutscher Sinti und Roma, dass die Unterlagen, in denen Sinti und Roma gesondert erfasst worden waren, vernichtet worden seien. Er werde jede Art der Sondererfassung von Sinti und Roma verhindern.

**8. März 2005** Hugo spricht bei der Enthüllung der Gedenktafel für die Opfer von Mengele in dessen Geburtsstadt Günzburg.

**17. April 2005** Hugo legt den Grundstein für den Neubau eines Museums in der Gedenkstätte Bergen-Belsen.

*Bildnachweis* Seite 67: Ludwig Eiber; Seite 119: Anna Kari; Seite 146: Stadt Günzburg; Seite 217 und Einband: Imperial War Museum, London; Seiten 257 und 265: Fotoarchiv O. Schmidt; Seite 284: Paul Glaser. Alle übrigen Fotos: Hugo Höllenreiner.

# ROLF LUDWIG

## Nüchtern betrachtet ...

*Erinnerungen eines Volksschauspielers, aufgeschrieben von Gabriele Stave*

## ... und immer geliebt

*Erinnerung an Rolf von Gisela Ludwig an Stelle eines Vorworts*

*Das Neue Berlin*

*Bildquellen:*
Harry Hirschfeld, P. Engel, H. Pölkow, W. Saeger, Franz Kutschera, K. Leher, S. Hanke, B. Meffert, J. Nagel, R. Walz, Th. Aurin, J. Weyrich, Salzburger Festspiele/Weber, Privatarchiv Ludwig

ISBN 3-360-01243-7

1. Auflage dieser Ausgabe

Rosa-Luxemburg-Str. 39, 10178 Berlin
Umschlaggestaltung: Peperoni Werbeagentur, Berlin, unter Verwendung eines Fotos der Deutschen Presse-Agentur GmbH
Printed in Germany

Die Bücher des Verlags Das Neue Berlin erscheinen in der Eulenspiegel Verlagsgruppe.

www.das-neue-berlin.de

# Nüchtern betrachtet ...
# ... und immer geliebt

*Erinnerung an Rolf von Gisela Ludwig*
*an Stelle eines Vorworts*

Als ich geboren wurde, spielte meine Mutter an der Dresdner Volksbühne. Man schrieb das Jahr 1947. Wie die Stadt aussah, zwei Jahre nach dem Kriege, muß ich nicht mitteilen. Mutter war 22, der Vater ein verheirateter Opernsänger und ich ein Verkehrsunfall bei einer Tournee. Einige Zeit später lernte meine Mutter einen 34 Jahre älteren Schauspieler kennen. Beide heirateten 1954. K. W. Streit war ein Typ wie Heinrich George und ein guter Mime.

Am Theater in Dresden hatte 1947 auch ein junger Schauspieler angeheuert, der für den alten Streit schwärmte. »Das ist noch alte Schule«, meinte er anerkennend. Er selbst war nach acht Wochen von der Schauspielschule geflogen ...

Der ein wenig naßforsche Eleve mit der schwarzen Tolle war so alt wie meine junge, überforderte Mutter. Sie hatte ein Problem: Wohin mit mir bei Proben und Aufführungen? »Mir sin ä Dheader, geen Gindergorden«, meckerte der Pförtner. Also fragte meine Mutter den Neuen mit der großen Klappe. »Kein Problem«, sagte der selbstbewußt. »Die Kleene kriegen wir schon in die Garderobe.«

Er schaffte es wirklich, mich wiederholt in der alten, ledernen Einkaufstasche meiner Mutter ins Theater zu schmuggeln, was weder ich noch der Zerberus bemerkte.

Als ich zwölf war, zogen meine Eltern nach Altenburg in Thüringen, um am dortigen Landestheater zu arbeiten. Vater verfolgte den Werdegang des jungen Schauspielerkollegen aus Dresden und fand seine damalige Prognose, daß aus dem was Großes werden würde, zunehmend bestätigt. Den Einwand ließ er nicht gelten, daß der Mann mit seiner unverkennbar sächsischen Lautfärbung nicht einmal bis Berlin kommen werde. Gert Fröbe aus Zwickau habe damit sogar Weltkarriere gemacht.

Ich besuchte in Altenburg die Schule und absolvierte danach eine Lehre als Fachverkäuferin für Herrenoberbekleidung. Später, nach einem vierjährigen kulturpolitischen Fernstudium, ging ich nach Berlin und arbeitete u. a. einige Jahre im Palast der Republik als Leitender Redakteur. So nannte sich die Funktion des Vizechefs vom Jugendtreff offiziell. Oben, unterm Dach, spielte das TiP, das Theater im Palast. 1983 stand dort ein Stück von Dürrenmatt auf dem Plan. Die Hauptrolle spielte eben jener Mann, der mich vor 36 Jahren auf etwas ungewöhnliche Weise befördert hatte. Und weil diese Geschichte in unserer Familie seither gern kolportiert wurde (schon wegen der wachsenden Berühmtheit des Taschenträgers), war sie auch mir bekannt. Ich selber fand ihn deshalb natürlich toll. Aber nicht nur aus diesem Grunde. Er spielte im »Meteor« überwältigend.

Schließlich nahm ich meinen Mut zusammen und stellte mich nach dem Stück vor seine Garderobe. Er war nach der anstrengenden Arbeit auf der Bühne erkennbar erschöpft. Ich erzählte ihm die Geschichte von 1947 und reichte ihm ein Foto aus Dresdner Tagen, das ihn, meine Mutter und andere Schauspielschüler zeigte. Wie abwesend starrte er darauf. »Mein Gott, wie lang ist das her«, sagte er tonlos. Dann gab er das Bild zurück. »Danke, und grüßen Sie Ihre Mutter.« Das war's.

Ich sah einen schmalen Rücken in einem schäbigen Pfeffer-und-Salz-Mäntelchen auf abgelatschten Schuhen davonziehen.

Mit allem hatte ich gerechnet. Mit dieser merkwürdigen Gleichgültigkeit aber nicht. Zugleich fragte ich mich auch: Wie hätte er auch anders reagieren sollen? Diese Episode lag eine Ewigkeit zurück und war auch nur eine solche.

Mitte der 80er Jahre verließ ich den Palast. Die Bindung an das Haus aber blieb. So überraschte es mich nicht, als ich im

Februar 1990 einen Anruf erhielt. Ob ich nicht kommen wolle, den Palast zu beerdigen, fragte mich ein Freund. Heute würden fast alle dreitausend Mitarbeiter ihre Kündigung erhalten. Danach wolle man sich zum Leichenschmaus zusammenhocken. Gut, sagte ich und schloß mein Zimmerchen bei der Konzert- und Gastspieldirektion in der Chausseestraße ab. Es gab seit Wochen ohnehin nichts mehr zu tun: Ich war für Rock/Jazz/Country zuständig, doch niemand buchte noch eine Band, keine Frauentags- oder NVA-Feier mußte bestückt werden, kein Jugendklub orderte ein Programm. Wir kamen morgens um 8 zur Arbeit und gingen 17 Uhr, zwischendurch läutete nicht einmal das Telefon. Für uns war die Wendezeit tote Zeit.

Ich machte mich zur Stadtmitte auf. Vor Monaten noch hätte niemand den Bühneneingang gegenüber dem Marstall ohne Dienstausweis oder prominentes Gesicht passieren dürfen. Doch auch das genügte zuweilen nicht: Selbst Ludwig wurde 1983 einmal, wie er mir später erzählte, abgewiesen – obgleich er zuvor aus der Pförtnerloge namentlich sehr freundlich begrüßt worden war. Er hatte die Jacke gewechselt und deshalb keinen Ausweis dabei. Er ging notgedrungen nach Hause, obgleich im TiP das Publikum wartete. Auf halbem Wege erreichte ihn die Intendantin und holte ihn zurück. Es bereitete ihm eine diebische Freude, daß Vera Oelschlegel auf sein Drängen hin vor der Vorstellung erklären mußte, daß die 20minütige Verspätung nicht auf sein, sondern das Konto des Hauses ging.

Inzwischen jedoch schienen sich die Dinge geändert zu haben – obgleich die eingeübten Rituale noch praktiziert wurden. Als die Versammlung endete und die soeben Entlassenen letztmalig das Haus verließen, wiesen sie wie immer dem Pförtner ihr Dokument vor. Ich saß auf meinem Sessel und sah gleichermaßen irritiert wie amüsiert dem merkwürdigen Defilee zu. Nur einer, ein älterer Bühnenarbeiter, gab sich plötzlich erstaunt. »Was mache ich hier«, fragte er laut und starrte auf seine Karte, als er merkte, daß er wie ein Roboter funktioniert hatte.

Dann kamen Günter Strohbach und die anderen, die mich eingeladen hatten. »Laß uns rüber in zu ›Mutter Hoppe‹ gehn«, meinte er. Im Haus seien alle Kneipen und Restaurants belegt.

Einige Biere später, die Uhr ging bereits auf 21 Uhr zu, kamen zwei Männer durch die Tür. Der eine trug einen grünen Lodenmantel und einen Bart, der erst in Höhe des Bauchnabels endete. Der andere war ER. Der Bartträger, ein Oberförster aus Friedrichshagen, setzte sich irgendwann an einen Tisch. ER jedoch blieb am Tresen stehen und trank allein sein Bier. Beim Weg zur Toilette mußte ich an ihm vorbei. Auf dem Rückweg wurde ich mutig, ich war wohl nicht mehr ganz nüchtern.

»Na, Herr Ludwig, so sieht man sich wieder.«

»Bitte?«

Die abweisende Reaktion ließ überdeutlich erkennen, daß es ihm mißfiel, angesprochen worden zu sein, zumal von einer jungen Frau. Es gibt bekanntlich Prominente, die sind geradezu süchtig danach, auf diese Weise von Unbekannten aus ihrer Einsamkeit gerufen zu werden. Ludwig offensichtlich nicht.

Dann erzählte ich in meinem sächsischen Singsang erneut meine Geschichte von 1947. »Ich bin das Kind.«

Ludwigs Züge legten sich in freundlichere Falten. »Ein Bier für die Dame.«

Am Tisch gestikulierten meine Freunde. Ich blieb trotzdem.

Zapfenstreich, Ludwig und ich standen noch immer am Tresen. Die anderen waren schon gegangen.

»Trinken wir noch etwas bei mir?«

»Ja, warum nicht.«

»Ich wohne gleich am Spreeufer. Aber nicht mehr lange. Sechste Etage und kein Fahrstuhl, das ist nichts auf meine alten Tage …«

»Na komm, so alt bist du doch nicht.«

»Ich bitte dich, am 28. Juli werde ich 65 und gehe in Rente.«

»Ich steh auf ältere Jahrgänge. Vielleicht hab ich einen Vaterkomplex«, scherzte ich.

Gickernd und gackernd torkelten wir zu seiner Haustür und stiegen die unendlich vielen Stufen hinauf. Die Maisonettewohnung unterm Dach war chaotisch. Bücher stapelten sich auf dem Boden, Teppiche lagen zusammengerollt in der Ecke. Nirgendwo sah ich eine Grünpflanze. Eine typische Junggesellenbude, dachte ich. Inzwischen wußte ich, daß seine Frau vor fünf Jahren gestorben war. Und ihm hatte ich gesagt, daß mein Mann 1979 bei einem Autounfall ums Leben gekommen war, weil er getrunken hatte.

Wir nippten noch irgend etwas, dann sagte Ludwig überraschend, daß er jetzt nach oben schlafen gehe. Ich könne mich hier auf dem Sofa hinlegen. Er wirkte ein wenig verunsichert, verstört, als hätte ihn gleichsam der Mut verlassen, der ihn vor kurzem noch dazu gebracht hatte, mich »abzuschleppen«.

Oder auch nicht. Es war bisher ganz nett, mehr mußte ja auch nicht sein.

Ich rollte mich auf der Couch zusammen und schlief bald ein. Ein Geräusch weckte mich. Durch den trüben Schleier eines mordsmäßigen Katers erblickte ich einen Mann im Schlafanzug auf der Treppe. Die Füße steckten in roten Wollsocken. Wo war ich? Ach ja. Ich versuchte die Zeiger auf meiner Armbanduhr zu erkennen. Schon halb neun. Seit 8 Uhr sollte ich eigentlich an meinem Schreibtisch in der Chausseestraße sitzen.

»Wollen Sie einen Kaffee?«

Ich rieb mir die Augen. Hatten wir uns gestern nicht geduzt?

Der Kaffee schmeckte scheußlich. Wir stocherten wortlos mit dem Löffel in unseren Tassen, als schämten wir uns wie kleine Kinder, die bei etwas Verbotenem ertappt worden waren. Wobei aber? Es war doch nichts passiert zwischen uns. Oder doch? Irgendwie schien es tief in mir gefunkt zu haben. Den Mann in Pyjama und roten Wollsocken fand ich mehr als sympathisch. Er war komisch und klug, hatte gepflegte Umgangsformen und viel Charme.

»Darf ich Ihnen ein Taxi rufen?«

Schüchtern wie ein Backfisch nickte ich. »Hm.«

Nachdem er den Hörer aufgelegt hatte, fragte er fast verschämt, ob er meine Telefonnummer haben könne. In Erwartung der Auskunft griff er zu einem dicken Filzstift und notierte sie auf der Schreibtischunterlage. Die Größe der Zahlen verriet mir, daß er mich ganz bestimmt anrufen würde. Offenbar hatte es bei ihm ebenfalls gezündet. Ganz schwach vielleicht, aber doch bemerkbar.

Ich fuhr nach Hause in meine Wohnung in Weißensee, legte mich erst in die Wanne und dann ins Bett. Zuvor rief ich auf Arbeit an und erklärte, heute meinen Haushaltstag zu nehmen.

Der Montag verging, der Dienstag. Ich wartete auf einen Anruf. Mein gefühltes Alter betrug 17. Ich war verliebt wie ein Teenager. Warum nur klingelte das Telefon nicht? Und dabei war ich mir ganz sicher gewesen, daß er anrufen würde. Ganz bestimmt. Also gut: Rufe ich an.

Am anderen Ende der Leitung hörte ich es läuten. Niemand nahm ab. Im Deutschen Theater hieß es, Ludwig habe spielfrei. Ich wählte wieder und wieder seine Nummer. Nichts. O mein Gott, was war passiert? Durch meinen Kopf geisterten die wildesten Phantasien. Ich sah ihn allein und vergessen irgendwo in seiner unaufgeräumten Bude liegen, kalt, weiß, starr. Da war doch niemand, der nach ihm schaute! Ich fuhr ins Nikolaiviertel, starrte die Hausfassade hinauf. Die Fenster blieben dunkel, auch nachdem ich Sturm geklingelt hatte.

Was tun? Ich konnte doch nicht einfach die Feuerwehr holen und die Tür aufbrechen lassen? Dann schoß mir eine Idee durchs Hirn. Die Ärztin! Mein Brötchengeber und das Deutsche Theater hatten die gleiche Betriebsärztin. Ich machte mich in die Reinhardtstraße auf, ließ mich untersuchen und fragte, eher wie beiläufig, ob sie dieser Tage auch Rolf Ludwig behandelt habe.

Weshalb ich das wissen wolle, kam die Gegenfrage.

Ich sei die Freundin, erklärte ich.

»Das überrascht mich. Dann müßten Sie doch eigentlich wissen, daß Rolf Ludwig mit Herzproblemen in der Charité liegt.«

Ich nuschelte was von Dienstreise und anderen Verpflichtungen.

In der Charité nannte man mir an der Rezeption ein Zimmer. Ich klopfte brav an und öffnete die Tür, als niemand »Herein« rief. Die beiden Betten: leer. Auf dem Gang traf ich eine Schwester. Dem Herrn Ludwig gehe es schon besser, lächelte sie, der unterhalte wahrscheinlich schon wieder die ganze Cafeteria. Der brauche immer Leute um sich herum, Alleinsein könne der nicht.

Erleichterung breitete sich in mir aus. Er lebt! In mir hatte sich tatsächlich schon die Vorstellung vom Ende einer unausgelebten Liebe angesiedelt. Das merkte ich an dem eigenartigen Druck, der nun aber von mir wich.

Unten in der Cafeteria nippte der Totgeglaubte an einem Saft. Ein dankbares Lächeln setzte sich in seinem bartstoppeligen Gesicht fest, als er mich hereinschweben sah. »Wo kommst du denn her?«

»Von draußen!«

Manchmal können auch ziemlich Erwachsene saublöde Dialoge führen.

In seinen Augen glomm Freude. Wir mußten nicht reden. Das Wesentliche war ausgesendet und empfangen worden.

Er habe, nach unserer Begegnung, beim Spaziergang durch die Rathauspassage plötzlich Stiche in der Herzgegend verspürt und sich auf einen Blumenkübel setzen müssen. Sein Sohn Andreas, der ihn begleitete, hatte die Schnelle Medizinische Hilfe gerufen. Dann habe man ihn mit Blaulicht ins Krankenhaus gebracht. Das sei alles. Der Professor hätte nur gesagt, das sei ein Schuß vorn Bug gewesen. Beim nächsten Mal würde es richtig knallen.

Ach naja, Ludwig winkte ab, als sei nicht er der Empfänger dieser Nachricht, sondern irgendeiner, der die Rolle Ludwig übernommen habe. »Solange das Bier und die Zigarette schmecken …«

Draußen trieb der kalte Februarwind Schneegriesel über die Straße. Ich schob mein Geschenk über den Tisch. Das Buch hatte ich wegen des Titels gekauft. »Spätsommerliebe.«

Es wurde März.

Eines späten Abends kam ich nach Hause. Es klingelte. Ludwig polterte in der Leitung. »Seit Stunden versuche ich dich anzurufen.« Der Schmelz war in einen Vorwurf gekleidet. Doch dann: »Ich sitze vor der Nikolaikirche auf einer Bank und habe Sehnsucht. Nimm einen Hund und komm her. Bitte.«

»Weißt du, wie spät es ist?«

»Na und? Es ist Frühling. Ich warte.«

Die Götter hatten ein Einsehen mit mir und mit ihm: Ich bekam ein Taxi.

Ludwig saß tatsächlich im Lichtkegel auf einer Bank, als ich vorfuhr. Er stand auf. Sagte nichts. Und küßte mich.

Die Nacht verbrachten wir wieder zusammen. Diesmal richtig. Nur die Wollsocken erinnerten mich ans erste Mal. Er erklärte es mir: kalte Füße. Seit der Kriegsgefangenschaft habe er sie.

Das in Auflösung befindliche Land hielt für ihn eine Überraschung bereit. Er hatte sich um eine Wohnung bemüht, von der man zu Fuß das Deutsche Theater erreichen konnte. Und in der Otto-Grotewohl-Straße, dort, wo einst die Reichskanzlei stand, war nun ein weiterer Block fertiggeworden. Etliche Wohnungen davon schlug man dem Kontingent des DT-Ensembles zu. Rolf nahm mich mit zur Besichtigung. Bis zur 6. Etage fuhr ein Lift, dann mußte man noch eine Treppe hinaufsteigen. Blickte man aus den Fenstern nach Westen, sah man den Tiergarten und davor die Reste der Mauer. Schaute man nach Osten, erkannte man die Türme des Deutschen und des Französischen Doms. Na schön. Doch die Wohnung hatte nicht mal einen Balkon, und der freie Blick auf den Gendarmenmarkt würde auch bald Geschichte sein: Ich sah schon die Baukräne. Nein, so toll wie er fand ich die Behausung nicht. Doch schließlich wollte *er* hier einziehen – nicht ich. Was sollte ich mich also mokieren?

Er bestellte den Möbelwagen zum 3. Mai.

Ich hatte ihm Hilfe beim Umzug zugesichert.

Am Vorabend rief er mich zu vorgerückter Stunde in Weißensee an. Seine Zunge war hörbar schwer. »Ich sitze im Berolina mit ein paar Fußballspielern der alten DDR-Nationalmannschaft. Nimm dir einen Hund und komm her. Die wollen dich kennenlernen.«

»Rolf, morgen ist Umzug, geh nach Hause.«

Scheißegal, lallte er.

Mich schauderte. So betrunken hatte ich ihn noch nicht erlebt. »Rolf, mach Schluß! Du bist bereits besoffen. Morgen mußt du einen klaren Kopf haben.«

Ludwig brubbelte unverständliches Zeug in die Muschel.

In mir stieg Unmut auf. Sollte an den Gerüchten etwas dran sein, daß Ludwig nicht nur gern und regelmäßig sein Bier trank, sondern zuweilen sich derart zuschüttete, daß er alles vergaß? Das sprach nicht für einen starken Charakter, der sich unter Kontrolle hatte.

Der Unmut in mir begann dem Selbstzweifel Platz zu machen. Worauf hatte ich mich da eingelassen? Auf einen Trinker? Ein Alkoholiker, das hatte ich gelesen, brauchte jeden Tag sein Quantum. Das traf auf ihn eigentlich nicht zu. Ich hatte schon etliche Tage mit ihm erlebt, ohne daß er einen einzigen Tropfen zu sich genommen hatte. Sonst trank er Bier. Immer Bier. Selten Sekt, Wein nie. Und mitunter einen Likör, quasi als Dessert. Amaretto oder Baileys. Schnäpse mochte er nicht. Wenn er Texte lernte, Auftritte hatte, zwischen Hörspiel- und Synchronstudio pendelte, nach dem Theater noch bei der DEFA drehte, kurz: unter Hochdruck arbeitete, trank er kein Glas Alkohol. Nein, Rolf war kein Alkoholiker. Ich wischte den Zweifel weg.

Und trotzdem war ich wütend. »Du kannst mich mal«, schrie ich in die Muschel und knallte den Hörer auf die Gabel. Der sieht mich morgen nicht. Soll er doch zusehen, wie er allein klarkommt.

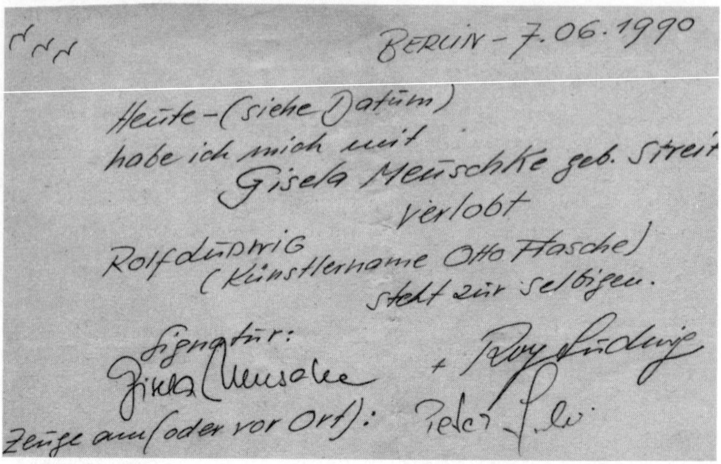
Berlin – 7.06.1990

Heute – (siehe Datum)
habe ich mich mit
Gisela Meuschke geb. Streit
verlobt
Rolf Ludwig (Künstlername Otto Flasche)
steht zur selbigen.

Signatur:
Gisela Meuschke + Rolf Ludwig
Zeuge am (oder vor Ort):

*»Verlobungsvertrag«, aufgesetzt von Rolf Ludwig am 7. Juni 1990, auf der Rückseite einer Rechnung des Palasthotels, quittiert von einem Kellner. Links oben Ludwigs Signum: drei Vögel*

In mir stiegen unangenehme Bilder auf. Meine Mutter hatte zeitweise getrunken, als mein Vater schwerkrank wurde und ihn erst der Tod 1972 davon erlöste. Andreas, mein zweiter Mann, ertränkte den Kummer in Alkohol, als ich nach wochenlangem Krankenhausaufenthalt unser Kind verlor. In den 80er Jahren hatte ich eine heftige Affäre mit einem verheirateten Schauspieler vom Berliner Ensemble, die ich nach drei Jahren beendete, weil auch er trank. Das wollte ich nicht wiederholen.

Am nächsten Morgen meldete sich die innere Stimme. ›Das kannst du doch nicht machen, Rolf wartet doch. Komm, gib dir einen Ruck, geh hin.‹

Nach dem Frühstück war ich mürbe, der widerständische Verstand kapitulierte.

Doch als ich die Treppe vom 6. zum 7. Stock hinaufstieg, wollte ich am liebsten wieder umdrehen. Ludwig, noch immer nicht nüchtern, trötete die Packer zu. Da habe man nun eine Freundin, auf die man glaubte sich verlassen zu können, doch die halte es nicht mal für nötig zu erscheinen …

Mein Verstand riet mir umzukehren, doch die Beine gin-

*Gisela und Rolf Ludwig, München 1991*

gen weiter. Ich trat durch die Tür. Ludwig hockte mit roten Augen auf einem Sessel, in der Hand die Bierflasche. Als er mich erkannte, hellte sich sein nachtgraues Gesicht auf. »Gisel, wie schön, daß du da bist.« Den Anruf in der Nacht und die Philippika vor wenigen Sekunden schien es nicht gegeben zu haben, seine Erinnerung war augenblicklich gelöscht.

Ich reagierte nicht und begann mich nützlich zu machen.

Im Laufe des Tages wurde er nüchtern. Er schlich um mich herum, das schlechte Gewissen war gleichsam Fleisch geworden. Ab und an berührte er mich wie zufällig, wir stießen zusammen, wo man eigentlich nicht zusammenstoßen konnte.

Abends, als alle Kisten und Möbel in der Wohnung standen und die Packer gegangen waren, kriegte er die Zähne auseinander.

»Entschuldige bitte, es tut mir leid.«

Ich schlucke den Satz, der aus einer wirklich gequälten Seele kam. Nicht »es« provozierte mein Mitleid, sondern er.

»Schon vergessen«, winkte ich ab.

Ich vergaß es wirklich, obgleich doch sein nächtlicher Anruf so etwas wie ein Schlüsselerlebnis hätte sein sollen.

In den nächsten Tagen und Wochen räumten wir seine Wohnung ein und zogen um die Häuser. Die standen meist im Westteil der Stadt, die uns seit einem halben Jahr mauerlos offenstand. Für Ludwig waren die Touren Reisen in die Vergangenheit. Die Künstlerkneipen, die wir besuchten, kannte er aus den 50er Jahren. Bei »Diener« unweit des Savignyplatzes in Charlottenburg, unmittelbar neben dem S-Bahndamm, versackten wir gelegentlich mit etlichen Theaterleuten, die ich – im Unterschied zu Rolf – zumeist nur aus dem Fernsehen kannte. Im Osten landeten wir oft in der Domklause oder in der Kaminbar des Palasthotels. Grienend zeigte er auf die Marmorsäulen. Mindestens eine davon habe er finanziert, erklärte er stolz. »Mindestens eine. Und Marmor ist teuer.«

Das Westgeld sollte erst am 1. Juli kommen, doch wir waren nie klamm. Er hatte erstaunlich viele Freunde, die ihn nicht vergessen hatten und ihm stets etwas zusteckten. Volker Ludwig vom Grips-Theater zum Beispiel oder Horst H. Filohn, der spätere Intendant des Renaissance-Theaters. Filohn bewegte einst als Bühnenarbeiter am DT im »Drachen« die Drachenköpfe und war seither Rolf außerordentlich zugetan. Er ging über die ČSSR in den Westen und meldete sich umgehend nach dem Fall der Mauer bei Rolf. (1991 machte er mit Rolf im Renaissance-Theater eine Borchert-Lesung, und er arrangierte auch das erste Treffen mit Harald Juhnke in der dortigen Theaterklause. Dieser spielte dort gerade mit Judy Winter in »Eines langen Tages Reise in die Nacht«.)

Manchmal vermeinte ich jedoch zu entdecken, daß der Lack auf manch alt-neuer Freundschaft wirklich nur Lack war. Er verdeckte nur schwach die Angst vor der nunmehr aus dem Osten auftauchenden Konkurrenz. Auch wenn niemand der mehr oder minder berühmten Schauspielerkollegen es aussprach: Ich roch förmlich den Angstschweiß, der aus ihren Poren stieg.

Rolf winkte ab, als ich ihm einmal dieses Gefühl beschrieb. »Ach, Gisel, in diesem großen und reichen Deutschland ist genug Platz für alle Schauspieler. Und wenn sich die Spreu vom Weizen scheidet, ist es auch nicht schlimm: Wir haben im Osten sehr gute Leute mit sehr guter Ausbildung, die werden sich behaupten. Wirste sehn.«

Wenn wir in der Dunkelheit zurückkehrten, frozzelten zuweilen unsere Grenzer. »Na, Herr Ludwig, haben wir das Feuerzeug dabei?« Und dann stimmten sie das Lied aus dem DEFA-Märchenfilm an, den offensichtlich jeder in der DDR kannte und damit auch dessen Hauptdarsteller. »Eins, zwei, immer nur eins, zwei …«

Ach, die Welt war schön, alles schien möglich.

Und dann kam noch dieses phantastische Angebot aus Salzburg. Thomas Langhoff wollte in den Sommermonaten Grillparzers »Die Jüdin von Toledo« für die Festspiele inszenieren, Ludwig sollte den Isaak spielen. Für die Proben waren sechs Wochen geplant.

Ich brachte ihn zum Flughafen Tegel. Wir mußten lange vor Abfahrt des Fliegers dort sein, weil er unbedingt das quirlige Treiben beobachten wollte. Als ehemaliger Pilot interessierte er sich für Flugzeuge und den Betrieb auf einem Airport. Tegel kannte er nicht. Ich auch nicht. Wir standen am Fenster, und er starrte wie gebannt auf die startenden und landenden Maschinen.

»Besuchst du mich in Salzburg?«

Ich weiß nicht mehr, ob ich mir die Rede im Kopf bereitgelegt hatte. Sie brach jedenfalls aus mir heraus. »Hör zu, Rolf, wir beide sind nicht mehr die Jüngsten und beide verwitwet. Du bist seit fünf, ich seit zehn Jahren allein. Ich will kein Verhältnis, sondern klare Verhältnisse. Heirate mich, dann komme ich nach Salzburg. Falls du das nicht möchtest, sollten wir uns trennen. Hier«, ich begann in meiner Handtasche nach dem Aktbild zu suchen, das ein Fotograf in Altenburg von mir mit 17 gemacht hatte, »auf der Rückseite steht meine Telefonnummer. Ruf mich an, wenn du dich entschieden hast.«

*Post aus Salzburg: Ankündigung des Hochzeitstermins*

Mein Ultimatum schien ihn sichtlich zu überraschen. Er sagte nichts und ließ das Foto in seiner Brieftasche verschwinden.

Ich war mir ziemlich sicher, daß er anrufen würde. Und mir war auch klar, daß ich ihm die Pistole auf die Brust setzen mußte, denn in persönlichen Dingen, das hatte ich bereits bemerkt, handelte er nur unter Zwang. Er war wie der sprichwörtliche Jagdhund, der zur Jagd getragen werden mußte.

Die Tatsache, daß ich damals jenes verstaubte, fast drei Jahrzehnte alte Jugendbild von mir hervorgekramt und mit meiner aktuellen Telefonnummer versehen hatte, läßt mich jedoch vermuten, daß ich mich sehr gründlich auf diesen Abschied in Tegel vorbereitet hatte. Vielleicht nicht vorsätzlich, mehr vom Unterbewußtsein und aus weiblicher Intuition gesteuert. Doch ich tat es. Ich wollte diesen Mann, den ich liebte, ganz. Ich wollte morgens mit dickem oder mit klarem Kopf neben ihm aufwachen. Ich wollte seine Wollsocken waschen und seine Seele wärmen, mich um ihn sorgen wie eine Glucke um ihr Küken. Denn daß er einen Menschen vermißte, der ihm Geborgenheit gab, spürte ich. Seit

*Ringetausch auf Schloß Mirabell, 28. Juli 1990*

seine Frau tot war, schien er unbehaust. Er brauchte jemanden. Dieser Jemand wollte ich sein. Und wenn er das nicht sagen konnte, mußte ich es ihm eben auf diese direkte Art mitteilen.

Aus Salzburg kam eine Karte. »Mein liebes Gisel.« Er habe mich von einem Chinesen anrufen wollen und nicht erreicht. Leider habe er dort mein Bild liegenlassen, woran sich der Chinese nicht mehr erinnern konnte oder wollte, als er noch einmal zurückgegangen war. »Vielleicht hängst du bereits in seiner Küche.«

Kurz und gut: Ich solle kommen. Wir seien alt genug und sollten heiraten. Er schlage den 28. Juli vor – da sei Premiere, und er habe Geburtstag. Zum 65. wolle er sich schon ein ordentliches Geschenk machen, und außerdem wäre unter diesen Umständen die Gefahr gering, daß er später unseren Hochzeitstag vergäße …

Ich war überglücklich. Und hatte plötzlich ein Problem. Ludwig bekam zwar als in Stockholm geborenes Exilantenkind von der schwedischen Botschaft seine Geburtsurkunde.

Doch die gleichfalls benötigte Bescheinigung unserer Polizei, daß er als DDR-Bürger im Ausland eine DDR-Bürgerin ehelichen dürfe, bekam er nicht. Als ich nämlich auf dem VP-Kreisamt in Mitte mein Ansinnen vortrug, bestand die resolute Dame hinterm Schalter darauf, daß der Bürger Ludwig selbst vorstellig werden müsse.

Das gehe nicht, sagte ich, der sei in Salzburg.

»Da kann ich Ihnen das Papier nicht geben, Bürgerin.«

Atemlos hetzte ich mit meiner Tochter Susanna zum Polizeipräsidium. Dort brüllte ich mich bis zu einem Oberst durch. Nach einer Weile griff er zum Telefon und rief in der bürokratischen Zwingburg an, in der ich gescheitert war. »Geben Sie der Frau den Schein!«

Am 20. Juli flog ich mit klopfendem Herzen und allen Papieren in die Mozart-Stadt. Rolf erwartete mich mit weit ausgebreiteten Armen und einem Röschen, dessen Stiel geknickt war. Um seine Knie schlottert der schwarze Trenchcoat, den er schon im Februar bei unserem Kennenlernen trug. (Er sollte in Wiesbaden bei einer späteren Kneipentour verloren gehen – wie andere Mäntel, Jacken, Schals, Handschuhe, Brieftaschen, Brillen und Regenschirme bei ähnlichen Gelegenheiten auch.)

Wir umarmten uns. Wer von uns stärker vom Wiedersehen berührt war, konnte ich nicht feststellen. Ich fühlte mich nicht zum ersten Male bei ihm um Jahre jünger. Er habe sein Zimmer aufgegeben und auf einem Bauernhof eine kleine Ferienwohnung gemietet, sagte er. Die Zillers seien sympathische Leute.

Das waren sie in der Tat. Wir sollten in den kommenden drei Jahren jeweils die beiden Sommermonate unter ihrem Dach zubringen. Diese Zeit war, im Nachgang betrachtet, unsere glücklichste. Rolf probte und spielte, von dort starteten wir zu gemeinsamen Ausflügen in die Umgebung. Der Himmel hing voller Geigen – und einem Cello. Im Quartier unter uns wohnte eine junge Japanerin, die so ehrgeizig wie untalentiert war. Sie pflegte vornehmlich in der Nachmittagszeit ihre Saiten und uns zu quälen. Rolf, der jedem Lärm und jeder Disharmonie abhold war – Silvester pflegte er sich mit Ohropax zu schützen – sprang wütend aus dem Bett und stürmte hinunter. Er baute sich vor dem Fenster der Cellistin auf und hielt eine Rede auf Denglisch, die filmreif war: »You are eine Musikerin from Japan, and I bin an actor from Berlin. Please stop your Probe, I must sleep für eine Weile, because I have in the evening Vorstellung. Do you know, what this means?«

Offenkundig wußte sie nicht, was das bedeutete, denn kaum daß er mit geschwollener Brust und mit Stolz, es der Japanerin richtig gegeben zu haben, zu mir ins Bett sank, rutschte unten schon wieder der Bogen über die Saiten.

Rolf rächte sich, indem er eines Tages einen kleinen transportablen Fernseher kaufte und die Spiele der Fußball-WM lautstark verfolgte. Irgendwann zog die Cellistin aus.

Wenn wir denn schon hier wären, so meinte Rolf eines Tages, könnten wir auch mal nach Berchtesgaden und zum Obersalzberg fahren. Bereits im Fahrstuhl, der uns zur Bergspitze brachte, spürte ich, wie er sich zu verkrampfen begann. Seine Körpersprache verriet mehr als jede Rede. Ich schaute ihn an und konnte wie in einem aufgeschlagenen Buch lesen. Offenkundig bereitete ihm das Wissen, den gleichen Lift zu benutzen wie Hitler, seelische Schmerzen.

Oben drängten sich lärmende Touristen in den Andenkenläden und auf den Bänken im Biergarten. Wir schauten auf die Alpengipfel, die sich bis zum Horizont hinzogen. Über uns spannte sich ein strahlend blauer Sommerhimmel, die Sonne strahlte unschuldig auf uns hinunter und wärmte das Herz.

»Hier oben hat es sich das Schwein gutgehen lassen, während unsereiner draußen in der Scheiße gelegen hat«, brach es plötzlich aus ihm heraus.

Inzwischen wußte ich, daß er sich mit 17 freiwillig zur Wehrmacht gemeldet hatte, was sein Vater, ein Kommunist, zwar nicht verhindern, aber zumindest mildern konnte. Er überredete ihn, zur Luftwaffe zu gehen – in der vagen Hoffnung, daß der Krieg eher beendet sein würde als die Pilotenausbildung seines Sohnes. Darin sollte sich Richard Ludewig getäuscht haben. Rolf flog einige Male »gegen den Feind« mit seiner ME 109. Das jedoch waren nicht seine ersten grausamen Kriegsbilder.

Mit 17 hatte er zusehen müssen, wie sein bester Freund wegen einer geklauten Tafel Schokolade erschossen worden war. In einer Illustrierten, zum 50. Jahrestag der Befreiung um eine Stellungnahme gebeten, hatte Rolf geschrieben: »Als 18jähriger mußte ich 1943 zum Arbeitsdienst ins Ruhrgebiet, gehörte dort dem Leichenkommando an. Nie werde ich den Anblick von verbrannten Kindern und Frauen vergessen. Für mich war das ein unverwindbares Erlebnis mit dem Krieg, das ich nur mit Gasmaske vor dem Gesicht und Alkohol überstand. Noch im selben Jahr kam ich als Flieger zur Luftwaffe. Am 21. September 1944 wurde ich bei Arnheim auf einem Feldflugplatz bei einem Artilleriefeuer schwer verletzt. Ich geriet in englische Gefangenschaft, kam ins Lodge Moor Camp Sheffield: 3000 deutsche Gefangene, zu 90 Prozent Offiziere. Trotz Gefangenschaft – die Rinde vom Baum mußten wir nicht fressen. Wir bekamen Obst, Gemüse und pro Woche sogar 40 Stück von der Lagerzigarette ›Wood bines‹. Als Gage für meine Auftritte im Lagertheater gab es sogar Rosinenkuchen.

Am 8. Mai erfuhren wir während eines Appells, daß Deutschland kapituliert hat. Viele verbrannten sofort ihre Uniformen. Wir nannten das ›Verschrottung‹. Doch es gab Offiziere, die trauerten. Diese braune Scheiße begriff nicht, daß durch den Krieg eine ganze Generation verheizt worden war. Im Juli 1947 wurde ich entlassen, fuhr zu meinen Eltern nach Dresden. Wie im Trance ging ich durch die Stadt: welch unbeschreibliches Bild sinnloser Zerstörung.«

Bei Berichten aus den Kriegsjahren wurde mir zunehmend verständlicher, was ich in einem 1977 in der DDR erschienenen Schauspielerlexikon über Rolf gelesen hatte. Darin waren nicht nur seine Rollen aufgezählt, sondern es stand auch zu lesen: »Zu Temperament, Laune, Spielwitz der früheren Jahre sind Tiefe und Parteilichkeit gekommen.« Was ich zunächst für das obligatorische und eigentlich unangebrachte ideologische Schwänzchen hielt, traf tatsächlich zu. Rolf war in dem Sinne parteilich, als daß er Unmenschlichkeit und Ungerechtigkeit, Krieg und Faschismus nicht unwidersprochen hinnahm. Es berührte ihn zutiefst. Einer Partei schloß er sich jedoch nie an. Der Anglerverband war die einzige Organisation in der DDR, der er beitrat …

Wortlos stürmte Rolf plötzlich zum Fahrstuhl zurück. Unten studierte er stumm die Abfahrtzeiten der Busse nach Berchtesgaden. In zwanzig Minuten sollte der nächste kommen, der uns vom Obersalzberg wegbringen könnte. Rolf schaffte es, in dieser Zeit fünf halbe Liter Bier zu stürzen. »Hör auf«, schrie ich ihn aus Sorge an. »Du mußt heute abend spielen!«

Der Bus kam, und er stakste wortlos zum Einstieg.

Ich fürchtete wohl nicht zu Unrecht, daß er den emotionalen Streß sofort und vollständig an diesem unseligen Ort ertränkt hätte, wenn er nicht abends Vorstellung gehabt hätte. Seine traumatischen Jugenderinnerungen waren auf dem Obersalzberg vehement aufgebrochen. Und er versuchte sie so zu kompensieren, wie er stets Druck abzubauen pflegte: durch Trinken.

Schweigend fuhren wir nach Salzburg zurück. Der Honigmond hatte einen Fleck.

Unsere Trauung hingegen war filmreif. Sie fand im Schloß Mirabell in Salzburg statt, alle Kolleginnen und Kollegen von Rolf kamen. Meine Tochter Susanna und ihr Mann Heiko Brestrich, Fußballer beim BFC, fuhren mit einem gelben Opel Manta vor: Sie hatten den weiten Weg von Berlin auf sich genommen, um ihre Mutter zum dritten Mal unter die Haube zu bringen. (Was Rolf, der im DEFA-Film »Der Dritte« mitgewirkt hatte, zu der Bemerkung veranlaßte, nun sei er wirklich »Der Dritte«). Ulrich Mühe und Thomas Langhoff agierten als Trauzeugen, die Töchter des Juden Isaak gaben die Brautjungfern: Susanne Lothar und Anne Bennent. Ein munterer Kreis scharte sich um uns. Es war 8 Uhr in der Früh. 10 Uhr begann nämlich die Generalprobe, am

Tag darauf war die Premiere. Danach wollten wir im Hotel »König Ludwig« feiern: die Hochzeit, die Premiere, Rolfs Geburtstag. Oder umgekehrt.

Im Sommer zu den Festspielen gastierte, wie ich bald merkte, die Creme der deutschsprachigen Schauspielerzunft in Salzburg. Ab 1990 stießen nun auch die Granden aus der DDR hinzu. Ekkehard Schall wurde zu einer Inszenierung des »Jedermann« 1991 geladen. Er spielte darin den Teufel. Rolf und ich sahen uns die Premiere an. Ekke war nicht gut. Allerdings war er wiederum auch nicht so entsetzlich schlecht, wie die Presse anderentags befand. Abends saßen die Schauspieler wie immer in einem Gartenrestaurant, als Schall vorfuhr. Mit wehenden Rockschößen und aufgeplusterter heller Leinenhose aus Italien wehte der einstige Staatsschauspieler über den Kies. Auffällig und unübersehbar. Ein Fehler, wie er nicht größer sein konnte: Man kommt nicht als Star nach Salzburg, sondern darf sich erst so benehmen, wenn man in Salzburg zum Star gemacht worden war. Das hatte ihm niemand zuvor gesagt.

Zielsicher steuerte er unseren Tisch an, an dem wir mit Charles Brauer und Sunnyi Melles saßen. »Rolf, hast du das

*Mit den Brautjungfern Susanne Lothar (r.) und Anne Bennent*

*Von links nach rechts: Susanne Lothar, Thomas Langhoff, Rolf und Gisela Ludwig, Ulrich Mühe und Anne Bennent, 28. Juli 1990*

gelesen«, rief der Brecht-Schwiegersohn auf halber Distanz. »Unerhört. Die wollen mich fertigmachen!« So nahmen ihn auch jene wahr, die sich noch nicht nach ihm umgedreht hatten.

Ungefragt griff er sich einen Stuhl vom Nachbartisch und hockte sich rittlings darauf. »Eine Unverschämtheit. – Bedienung: einen Halben und einen Obstler.«

»Ach naja«, Rolf gab sich versöhnlich, »die müssen sich erst an deinen Stil gewöhnen. Ist schon ein bißchen unüblich, wenn ein Teufel beim Zappeln die Hörner verliert. Aber was die ›Kronenzeitung‹ schreibt, ist wirklich überzogen.«

Arturo Ui zog eine Augenbraue nach oben und deutete den Verriß politisch. »Das geht gegen die DDR, gegen uns. Die wollen uns vorführen.«

»Ach, laß stecken. Prost.«

»Brocki« Brauer griente dazu und hielt sich bedeckt. Er amüsierte sich sichtlich über den Disput der beiden Ossis. Sunnyi schwebte angewidert davon.

Nach drei Bieren und drei Obstlern, binnen einer knappen Stunden getrunken, war Schall derart hinüber, daß er kopfüber ins Taxi stieg, welches er sich hatte rufen lassen.

Nach der nächsten Vorstellung kündigte er den Vertrag und reiste ab. Otto Schenk übernahm seine Aufgabe und brillierte.

Silvester 1996 trafen wir Ekki in Berlin wieder. Wir feierten in der Kantine des DT nach einer »Biberpelz«-Vorstellung. Johanna Schall und deren Freund meinten, wir sollten mal zu ihren Eltern in die Friedrichstraße ziehen, Jaecki Schwarz schloß sich uns an. Rolf war von der Idee nicht sonderlich begeistert, wir könnten doch auch bleiben, wo wir gerade seien. Meine Neugier überwand schließlich seinen hinhaltenden Widerstand.

Barbara Schall öffnete die Wohnungstür, Gesicht und Körper nahmen einen abweisenden Ausdruck an, der wohl nur deshalb nicht verbalisiert wurde, weil sie in der ausgelassenen Gemeinde auch die eigene Tochter erspähte. Na kommt rein, sagte sie und, in einen Raum hinter sich zeigend: »Da ist er.«

Er war Ekkehard Schall, der an der kurzen Seite eines langen Tisches saß. Auf dem Tisch stand eine Batterie Magnum-Flaschen, dahinter erkannte ich ein Blondchen, das allen fremd war. Sonst war niemand zu sehen. Schall trug ein winziges knallrotes Papierhütchen auf der rechten Seite seines runden, kahlen Schädels. Putzig.

So also feierten die Erben Brechts den Jahreswechsel.

Theatralisch dröhnte der Hausherr, als er uns gewahr wurde: »Das nehme ich dir Arschloch übel, daß du nun auch deine Erinnerungen veröffentlicht hast. ›Nüchtern betrachtet‹, sehr witzig.« Und an seine Frau gewandt: »Barbara, bring mal Bier, Rolli trinkt keinen Sekt.«

Rolf schien verunsichert. Wie die anderen auch vermochte er nicht zu unterscheiden, ob das ernst oder nur gespielt war. Ehe er antworten konnte, grantelte der Großinquisitor weiter. »Das nehme ich dir wirklich übel, was du da über mich geschrieben hast.«

Nachdem Rolli einen ersten Schluck genommen hatte, begann er sich vorsichtig zu wehren. »Das verstehe ich nicht: Du kommst, glaube ich, doch gar nicht drin vor.«

»Das eben ist es ja!«

Schall brüllte und prustete, das Blut stieg ihm in den massigen Kopf und färbte diesen rot. »Du hast mich ignoriert. Das verzeihe ich dir nicht. Wieso hast du nicht erzählt, wie wir beide im Suff in meiner Badewanne gesessen und Loriot gespielt haben, Müller-Lüdenscheid?«

Aus Rolfs Gesicht wich langsam die Verunsicherung. Auch er begann sich plötzlich der Gummi-Ente zu erinnern. »Am Ende kamst du gar nicht mehr hoch, so besoffen warst du.«

Schall kriegte sich nicht mehr ein. »Du aber auch nicht.«

Wir kamen ganz lustig ins neue Jahr und dann nach Hause. Beim Aufräumen am Morgen bemerkte ich den Verlust meiner edlen Lederhandschuhe, die mir Rolf zu Weihnachten geschenkt hatte. Ich entsann mich dunkel, sie bei Schalls liegengelassen zu haben.

Keinen Widerspruch duldend erklärte Rolf, er werde mir neue kaufen. »Das vergessene Paar holen wir auf keinen Fall ab.« Der Entscheid klang endgültig. Ich wußte nicht warum.

Die erste Saison in Salzburg war himmlisch. Die Flitterwochen – sah man von Rolfs beruflichen Verpflichtungen ab – verdienten durchaus diese Bezeichnung. Gelegentlich schauten Freunde vorbei. Manche geizten nicht mit Ratschlägen. Einmal kam die Witwe des Schauspielers Albert Garbe, Kuki, vorbei. Die Endsechzigerin hakte sich bei mir unter, als wir durch Salzburg spazierten. Nach einer Weile fragte sie mich unverblümt: »Wie läuft es sexuell zwischen euch?«

Obgleich ich kein heuriger Hase war und alles andere denn prüde, überraschte mich dieses offenherzige Interesse doch ein wenig. Gut, antwortete ich lächelnd, ich könne nicht klagen, und wollte damit das Thema beenden.

Das meine sie nicht, entgegnete Kuki. Es gehe weniger darum, daß *ich* zufrieden sei, sondern der Künstler. Ich müsse nämlich wissen, daß Schauspieler besondere Menschen seien. Und unsere Aufgabe bestünde darin, sie so zu umsorgen und immer zu Diensten zu sein, daß sie ihr Talent voll entfalten könnten.

Ich lachte schallend.

*Beim Tischtennis. Umseitige Widmung: »... dem Champion des Ping und Pong«*

Aus welchem Panoptikum stammte denn dieses merkwürdige Frauenbild, das Kuki offensichtlich lebte? Ich unterließ es, ihr das so zu sagen, und bedankte mich artig für die Hinweise. Wir beide seien erwachsen genug und wüßten schon, was uns guttäte.

Zu jenen, die zur Eheschließung gratulierten, gehörte übrigens auch Konrad Naumann, genannt Konny, bis zu seinem Sturz Mitte der 80er Jahre Berliner Parteichef und Mitglied des Politbüros. Er war kein Kind von Traurigkeit und nahm den Mund, vor allem wenn er getrunken hatte, was ziemlich häufig geschah, ganz schön voll. Ein Lärmproletarier, aber nicht unsympathisch. Rolf und er hatten gelegentlich miteinander gezecht. Beide flüchteten sich dabei wohl ins Vergessen: Der eine ertränkte seine traurige Vergangenheit (manche Nächte waren entsetzlich, wenn Rolf im Schlaf schrie und die Kriegsgespenster durch seine Träume schossen) – der andere ertränkte seine traurige Gegenwart. Honeckers zeitweiliger Kronprinz war über seine eigene Großmäuligkeit gestürzt und nach Potsdam ins Staatsarchiv verbannt worden. Allerdings hatte er nicht nur seinen Job, sondern beim Sturz auch seine Frau verloren, der er in seinen besseren Tagen ein Theater »geschenkt« hatte – eben jenes TiP im Palast der Republik, wo ich mich 1983 Rolf zu nähern versucht hatte. Naumann besorgte auf Bitte von Rolf für seine Mutter eine Wohnung. Der Vater war gestorben, er wollte sie in Berlin haben, um sich um sie kümmern zu können. Der Berliner Parteichef veranlaßte, daß sie in einem Hochhaus nahe der Jannowitzbrücke ein kleine Wohnung erhielt, doch die 80jährige wurde dort nicht mehr heimisch.

Wir sahen uns noch ein paar Mal, ehe Konny mit einer sehr viel jüngeren Frau nach Südamerika ging und dort 1992 beim Baden einem Herzinfarkt erlag.

Konny Naumann beglückwünschte Rolf zu seiner Wahl. »Mein lieber Rolf«, schrieb er, »ich kenne deine Frau. Sie hat eine positive Lebenseinstellung und das Herz auf dem richtigen Fleck. Ihr beide habt eine gute Entscheidung getroffen ...«

Dessen waren wir uns bewußt. Wir beide suchten bis dahin nach Wärme und Geborgenheit, ich vielleicht etwas intensiver als er, doch nun hatten wir uns gefunden. Nicht, daß er in seiner früheren Verbindung unglücklich gewesen wäre. Das war Glück von anderer Art. »Hätten wir uns in jungen Jahren kennengelernt, wären wir an den Stadtrand gezogen, hätten ein Haus gebaut und vier Kinder gezeugt und ein ruhiges bürgerliches Leben gelebt«, meinte er einmal. Nicht jede Partnerschaft ist auch ein Hafen. Ich glaubte, daß wir nunmehr gemeinsam einen gefunden hatten.

Doch der Honeymoon war rascher vorüber als befürchtet.

Einige Tage vor dem Ende der Salzburger Festspiele machte ich mich nach Berlin auf, weil mein Urlaub beendet war. Ich war schließlich noch angestellt. Wie verabredet meldete er sich telefonisch. Er käme am Samstag gegen 17 Uhr in Tegel via Frankfurt an: Er würde sich sehr freuen, wenn ich ihn abholen würde.

Nicht nur er.

Ich fand mich zur vereinbarten Zeit am Gate ein. Die Menschen zogen mit ihrem Gepäck an mir vorüber. Rolf war nicht dabei. Plötzlich gab es eine Lautsprecherdurchsage: Frau Ludwig wird gebeten, sich am Informationsschalter zu melden.

Die Stimme klang sachlich und war frei von Emotion, dennoch beschleunigte sie nachhaltig meine Herzfrequenz. Ich ahnte, daß irgend etwas mit Rolf passiert sein mußte. Mit schnellen Schritten irrte ich durch die Halle. Wo war dieser Schalter?

Endlich fand ich ihn. Ein Uniformierter reichte mir mit Leichenbittermiene ein Fax vom Frankfurter Flughafen. Herr Ludwig, las ich mit rasendem Puls, habe wegen Trunkenheit vom Weiterflug ausgeschlossen werden müssen. Er sei zur Ausnüchterung vorläufig arretiert worden …

Wut, Enttäuschung und Sorge stiegen in mir auf. Offenkundig mußte er aber noch soweit bei Sinnen gewesen sein, um den Beamten mitzuteilen, daß ich ihn in Berlin erwartete – sonst hätte er mich nicht benachrichtigen lassen. Gleichwohl empfand ich den offenkundigen Absturz als Vertrauensbruch. Wortlos machte ich auf dem Absatz kehrt und fuhr heulend in meine Wohnung in Weißensee. Es begannen entsetzliche Stunden und Tage. Dunkle Gedanken flatterten, Gespenstern gleich, durch mein Hirn. Sollte ich nicht besser Schluß machen, bevor die Sache noch schlimmer würde?

Nach zwei, drei Tagen klingelte das Telefon.

»Gisel, komm her, ich warte auf dich.« Die Zunge ging hörbar schwer.

»Wo bist du?«

»An der Bar im Palasthotel. Ich muß dir einiges erklären.«

»Das mußt du – aber hier. Entweder du kommst sofort nach Weißensee, oder wir trennen uns.« Das war keineswegs eine rhetorische Drohung. Inzwischen war ich soweit, mich von ihm zu lösen.

Zwanzig Minuten später quietschten die Bremsen eines Taxis vorm Haus. Rolf sah furchtbar aus. Das Nasenbein war gebrochen, die Oberlippe gewaltig geschwollen. Ich erkannte die Fäden an einer genähten Platzwunde.

Ich schwieg. Er war das fleischgewordene Elend, die

Inkarnation eines schlechten Gewissens. Verglichen mit diesem Mann war ein sprichwörtlich begossener Pudel geradezu glücklich. Ich begann schon wieder weich zu werden. Die Mutter- und Beschützerinstinkte krochen in mir hoch, umklammerten mein Herz. O Gott, was war ihm widerfahren?

Stockend berichtete er. Na klar, nachdem der letzte Vorhang gefallen war, hatte er mit einigen Schauspielerkollegen die erfolgreichen Festspiele beerdigt. Sie hatten die ganze Nacht hindurch gezecht. So wäre er denn nicht ganz nüchtern in die Maschine nach Frankfurt gestiegen und dort aus dem Verkehr gezogen worden. Nach seiner Entlassung – er wisse nicht mehr, warum, wahrscheinlich gab es keinen Flieger nach Berlin – sei er zum Hauptbahnhof gefahren und habe sich im Bahnhofsviertel in einem Hotel eingemietet.

Ich blickte ihn skeptisch an. Er schien meinen Blick richtig zu deuten, winkte aber gequält ab. Nee, nicht was ich denke. Er habe wie immer unter Leuten sein wollen, allein schmecke ihm sein Bier nicht.

Das hatte ich in der Tat schon bemerkt. Rolf brauchte Gesellschaft beim Trinken. Am liebsten waren ihm sogenannte einfache Leute, proletarische Typen, unverstellt und direkt. Ein anerkennendes Schulterklopfen in einer Eckkneipe im Prenzlauer Berg war ihm wichtiger als eine gekünstelte öffentliche Würdigung.

In einer Stampe sei er auf ein Pärchen aus Erfurt getroffen, Landsleute sozusagen, die aber schon vor dem Mauerfall in den Westen geflüchtet waren. Die hatten ihn erkannt und sich zu ihm gesetzt. Man habe getrunken und geraucht, und als die Schachtel leer war, habe er die Brieftasche gezückt und dem Mann gesagt, er solle Zigaretten holen. Der habe den Schein gezogen und dabei gewiß bemerkt, daß die Tasche prall gefüllt war. Es waren an die 20000 DM, denn Rolf hatte sich die Gage in Salzburg bar auszahlen lassen. Um mich daheim mit den Banknoten zu überschütten, wie er meinte, doch vermutlich lag es daran, daß er in Gelddingen insgesamt ein wenig hilflos und damit umständlich war.

Irgendwann, so erzählte er weiter, habe ihn ein dringendes Bedürfnis zur Toilette geführt. Dabei sei er von hinten niedergehauen worden. Er flog gegen einen Heizungskörper, schlug sich die Nase und die Oberlippe auf und sank dann in Ohnmacht. Im Krankenhaus stellte man 2,3 Promille fest und das Fehlen der Brieftasche. Die Polizei nahm die Ermittlungen auf, doch die Täter blieben verschwunden wie das Geld.

Unterm Strich also konnte er die Salzburger Festspiele 1990 abhaken mit dem traurigen Eingeständnis: außer Spesen nichts gewesen.

Doch schlimmer als dieser Verlust schmerzte das verlorene Vertrauen. Rolf war sensibel genug, um das zu spüren. Insofern willigte er ein, als ich erklärte, künftig nicht nur auf sein Geld ein scharfes Auge werfen zu wollen. Wir kamen überein, daß er allenfalls 200 bis 300 Mark in bar mit sich nähme und ich die Buchführung besorgte. Wenn ich nicht Ordnung in sein Leben brächte, würde das nie etwas werden: weder mit uns noch mit ihm.

Und daran hielten wir uns.

Offenkundig bemerkten das auch andere. Ich entsinne mich der bewundernden und durchaus auskunfterheischenden Feststellung der Frau von Arno Wyznewski, der sich daheim regelmäßig betrank, wie es mir gelungen sei, Rolf »vom Suff wegzubringen«. Meine Methode würde sie gern übernehmen.

Ich sagte, es sei die Methode Liebe und Verständnis, Nachsicht und Strenge. Doch das könne man nicht wie ein Kochrezept austauschen. Entweder man entwickelt in einer bestimmten Situation das notwendige Gespür, wie man mit ihr und dem Partner umgeht. Oder man hat es nicht. Mir gelang es wahrscheinlich. Nicht immer, aber doch oft.

Nach und nach arrangierte ich es, daß mich die Wirte von Berliner Theaterkantinen und Kneipen, die Rolf regelmäßig ansteuerte, beizeiten anriefen, wenn es gefährlich zu werden drohte. Ich machte mich dann umgehend auf den Weg, um ihn abzuholen. So erreichte mich eines Tages zu nächtlicher

Stunde ein Anruf aus dem »Diener« in der Grolmannstraße. »Frau Ludwig, es ist wieder mal soweit …«

»Ich komme sofort.«

Mit der S-Bahn fuhr ich zum Savignyplatz. An der Ecke zur Kantstraße sah ich durch die Scheiben einer Bar Rolf am Tresen sitzen. Vor sich ein Bier und neben sich Graciano Rocchigiani, genannt »Rocky«. Der Profiboxer um die 30 wurde gelegentlich als das »anerkannt größte Nachwuchstalent der Nachkriegszeit« bezeichnet, was ich wegen der Tatsache, daß der Krieg fast ein halbes Jahrhundert zurücklag, reichlich albern fand. Das »Nachkriegstalent« lieferte auch Schlagzeilen, die nicht unbedingt sportlicher Natur waren. Ende der 80er hatte er Drogenprobleme, 1987 wurde er wegen einer Schlägerei in einer Diskothek zu 20000 DM Strafe verurteilt. 1991 trat, wie die Gazetten berichteten, eine neue Frau in sein Leben, die dieses in Ordnung zu bringen versuchte, was ihr offenkundig auch gelang: »Rocky« stand seltener in der Zeitung. Teil dieser Resozialisierung war auch diese Bar, an der er beteiligt sein sollte, wie man erzählte.

Und neben ihm saß nun mein Rolf und redete und redete.

Rocchigiani schaute ihn gelangweilt an. Er wußte nicht, wer da mit ihm trank – im Unterschied zu Rolf, der solche sperrigen, gebrochenen Typen mochte, weil sie Charisma hatten. Für »Rocky« hingegen war Rolf wohl nur ein alter, versoffener Mann, der auf ihn einquatschte und ihn nervte. Doch weil er Gast war, der sein Geld daließ, mußte man ihn eben ertragen.

Die Szene, die sich mir durchs Fenster bot, empfand ich als zwiespältig. Sie wirkte einerseits normal, alltäglich, hatte nichts Ungehöriges an sich. Gleichwohl lastete etwas Unwürdiges auf ihr. Es war irgendwie peinlich, wie dieser wirklich bedeutende Schauspieler, der mehr als doppelt so alt war wie sein schweigendes Gegenüber, sich in dessen Gunst zu reden versuchte, weil er ihn aufrichtig bewunderte. Doch dieser blieb abweisend, was Rolf eigentlich spüren und ihn veranlassen sollte, diesen Mann einfach sitzen zu lassen.

Ich ging hinein und setzte mich neben Rolf. »Prost, Rolf.«

Er fuhr herum, ein Lächeln stahl sich in seine Augen, die Mundwinkel gingen nach oben. »Ach, Gisel, schön, daß du kommst. Das ist Rocky Rocchigiani, ein ganz toller Boxer. Rocky, das ist meine Frau.«

Der machte die Andeutung einer Kopfbewegung.

Ich sagte nur kurz ›Hallo‹ und bestellte mir ein Bier. »So Rolf, das ist der Absacker, dann gehen wir.«

Rolf nickte, hob die Hand, um auch sich noch ein Bier zu bestellen, ließ aber den Arm gleich wieder sinken. Er wußte, daß er genug hatte, nippte die Neige aus seinem Glas und rutschte vom Barhocker. Ich zahlte, hakte ihn unter und sagte ›tschüß‹. Der Boxer würdigte uns keines Blickes.

»Hast du das mitgekriegt, wer das war?« erkundigte sich Rolf stolz, als hätte er den Papst oder den Kaiser von China gesehen. »Das war Rocky Rocchigiani, der berühmte Boxer.«

»Mensch, Rolf, vergiß den.«

»Das kannst du so nicht sagen. Ich habe mich mit ihm wunderbar unterhalten.«

»Was hat er denn so erzählt?«

Rolf blieb stehen und löste seinen Arm aus meiner Umklammerung. Schweigend schwankte er eine Weile hin und her. »Weiß ich nicht mehr.«

»Na, ist schon gut. Wenn der Abend nett war, ist nichts dagegen zu sagen.«

Rolf hatte in den 50er Jahren beim SC Weißensee geboxt, bis es ihm Fritz Wisten, Intendant der Volksbühne – von Rolf nur »Vater« genannt –, untersagte, weil die Maske damit überfordert war, sein lädiertes Gesicht für die Vorstellung herzurichten. Rolf kannte und soff damals auch mit dem Boxer Bubi Scholz. Mit Günter »Pfitze« Pfitzmann startete er das Sechstage-Rennen. Nicht zu reden von Fußball … Seine Affinität zum Sport war groß. Da wurde der Träger des Goldenen Sportabzeichens weich. Auch beim harten »Rocky«.

*Die Ehepaare Ludwig und Hildebrandt unterm Sonnenschirm*

Es sollte nicht das letzte Mal sein, daß ich auf Prominente aus dem Westen traf, die Rolf Ludwig nicht kannten.

Dieter Hildebrandt lud uns zum »Scheibenwischer« ein, der vom SFB aufgezeichnet wurde. Mit dem gebürtigen Schlesier verband Rolf eine innige Männerfreundschaft, die mindestens auf zwei Säulen ruhte: Sie einte der Haß auf den Krieg, den sie beide hatten erleiden müssen, und sie verloren 1985 ihre Frauen an den Krebs. In jener Zeit hatten die beiden miteinander korrespondiert und ihre Erfahrungen und Gefühle ausgetauscht. Das brachte sie sehr nahe für immer.

Nach der TV-Aufzeichnung zogen wir ins »Preußische Landgasthaus« in der Nähe des Olympiastadions. Matthias Richling kam mit, Konstantin Wecker, Bruno Jonas und die ganze Truppe, die die Kabarettsendung bestritten hatte. Die Stimmung war ausgelassen und heiter.

Am Tresen hatte sich Wecker aufgepflanzt, ein Baum mit verschwitztem Hemd. Seine einzige Platte, die es zu DDR-Zeiten bei uns gab, stand in meinem Schrank. Was für ein Kerl, was für ein Künstler. Der Weg zur Toilette führte an ihm vorbei. Als ich mich an ihm vorbeischob, langte eine Pranke nach mir.

»Geburtstag heute?«

Der Schrank schien so kraftlos, daß er nicht einmal mehr

einen ganzen Satz zusammenbrachte. Allerdings stimmte es. Hildebrandt hatte mir lautstark zum 44. gratuliert, das hatte offenbar selbst der erschöpfte Liedermacher mitbekommen.

»Ja. Wir sind ein Jahrgang, Herr Wecker.«

»Hm«, sagte er und lockerte nicht seinen Griff um meine Schulter. »Eröffnen Sie mit mir die Fernet-Theke?«

Ich schaute ein wenig irritiert, Rolf griente zu mir hinüber.

»Zwei doppelte Fernet Branca.«

Ich kannte nur den Spruch aus dem Werbefernsehn (»Man sagt, er habe magische Kräfte«), aber getrunken hatte ich das Zeug noch nie. Es schmeckte wie befürchtet. Aber immer noch besser als Eierlikör, den ich haßte.

Wecker wechselte plötzlich zum Du.

»Wer ist der Mann an deiner Seite?«

Ich schaute ein wenig ungläubig, nannte dann aber den Namen.

Wecker registrierte ihn ohne erkennbare Reaktion. Dann, ich glaubte meinen Ohren nicht zu trauen, forderte er mich auf: »Schick ihn mal her.«

Wie bitte? Ich versuchte die aus offenkundiger Unwissenheit gespeiste Unhöflichkeit diplomatisch zu überspielen. »Ein Rolf Ludwig läßt sich nicht von seiner Frau kommandieren. Da müssen Sie sich schon selbst bemühen. Wenn Sie mich jetzt entschuldigen.« Ich ging endlich dorthin, wohin ich eigentlich bereits vor dem Kräuterschnaps wollte.

Nachdem ich mir die Nase gepudert hatte, kehrte ich ins Restaurant zurück. Am Tresen hatten sich inzwischen West und Ost vereint, Rolfs Bierglas stand neben dem Fernet Branca. Ich unterließ es zu fragen, wer die Initiative ergriffen hatte, und wandte mich Dieter Hildebrandt, dem charmanten Plauderer, zu. Seit wir uns kannten, mochten wir uns. Allerdings hatte ich noch immer nicht gelernt, daß im Westen andere Umgangsformen herrschten, als ich sie kannte. Hierzulande, also in der DDR, pflegte man Nähe auch dadurch auszudrücken, daß man sich gelegentlich berührte. Man reichte auch Fremden die Hand zum Gruße und dergleichen. Im Eifer der Rede landete meine Hand auf Hildebrandts

Unterarm. Ich merkte, wie er zurückzuckte. Unmerklich zog ich meinen Stuhl einige Zentimeter von seinem fort. Diese Peinlichkeit sollte mir nicht noch einmal passieren.

Rolf bekam ich wenig später von Wecker und dem Tresen losgeeist, als ich ihn daran erinnerte, daß wir morgen 9 Uhr in Tegel sein müßten: Er drehte anderentags in Rom.

Oder da war jene merkwürdige Begegnung im Shuttle, das uns 1993 zu einer Talkshow nach Potsdam brachte. Man nannte uns eine Uhrzeit, zu der der Wagen vor unserer Haustür stünde. Wir sollten unbedingt pünktlich sein, denn anschließend sollte im Grandhotel Ephraim Kishon zusteigen, danach im Steigenberger Marcel Reich-Ranicki. Wir erschienen zur vorgegebenen Zeit. Der Wagen auch. Erste Station: Grandhotel. Herr Kishon war im Foyer nicht zu entdecken. Die Rezeption rief auf dem Zimmer an und ließ uns wissen, daß es noch einige Minuten dauere, Herr Kishon suche noch eine geeignete Krawatte. Nach etwa einer halben Stunde erschien der israelische Satiriker endlich, grüßte mit kurzem

*Mit Schauspielerkollegen Götz George*

Kopfnicken und stieg mit einer Verlagsvertreterin ins Auto, ohne uns eines weiteren Blickes zu würdigen.

Vorm Steigenberger erwartete uns wütend der Literaturpapst. Er machte den Fahrer zur Schnecke, daß er ihn derart lange habe warten lassen. Der ließ unwidersprochen alles über sich ergehen. Kishon schaute unbeteiligt aus dem Fenster.

Nachdem er eingestiegen war, drehte er sich um und reichte Rolf die Hand. »Reich-Ranicki.«

»Ich weiß«, antwortete Rolf. »Ludwig, Rolf Ludwig.«

»Und? Wer sind Sie? In welcher Funktion sind Sie hier?«

»Ich bin Schauspieler. Am Deutschen Theater.«

»Ach so, Bühnenschauspieler.«

Die Talkshow beim ORB war ganz nett – sah man einmal vom Treppensturz des Frankfurter Literaturkritikers ab, was natürlich herausgeschnitten wurde. Jutta Hoffmann (»Der Dritte«) war als Überraschungsgast erschienen und fiel Rolf gerührt um den Hals. Countertenor Jochen Kowalski, ein langjähriger Freund von Rolf, sorgte, ohne es zu ahnen, für die Pointierung des Abends. Nachdem nämlich in der Runde jeder seinen Part erzählt hatte und auch die beiden auswärtigen Shuttle-Passagiere ein wenig kundiger geworden waren, schien es sie sichtlich zu drängen, mit dem Schauspieler auf der Rückfahrt zu plaudern. Doch Kowalski erklärte, als man zum Aufbruch rüstete: »Rolli fährt mit mir!«

Die Strecke vom S-Bahnhof Savignyplatz zur Künstlerkneipe »Diener« in der Grolmann-Straße lief ich oft mit beschleunigten Schritten. Nicht immer traf ich rechtzeitig ein. Oft hatte sich Rolf nach dem Anruf rasch aus dem Lokal gemacht und dann woanders niedergelassen. Nicht immer fand ich ihn. Einmal versumpfte er mit Frank Castorf bei »Diener«. Als ich an den Tisch trat, versuchte sich der Volksbühnen-Chef in die Höhe zu schrauben. Er kam nicht auf die Füße und kippte samt Stuhl nach hinten. Die Wand verhinderte, daß er zu Boden stürzte. Er ruderte mit den Armen. So also sieht ein Berliner Theaterrebell aus, dachte ich amüsiert, und reichte ihm die Hand.

»Er will den Lear machen«, sagte Rolf unbeeindruckt von der mißlichen Lage, in der sich sein Trinkkumpan befand. »Stell' dir vor, Gisel, den Lear. Und ich soll ihn spielen!«

Ich kannte Rolfs Traum, den er seit Jahren mit sich herumtrug. »Wunderbar, mein Lieber, aber jetzt lassen wir mal Shakespeare und Bier und gehen erst einmal nach Hause.«

»Du bist immer so schrecklich nüchtern«, maulte er, fügte sich aber wie stets in sein Schicksal.

Es passierte wirklich nur äußerst selten, daß der Alkohol ihn aggressiv und gereizt machte.

Das erleichterte es mir, ihn an die Hand zu nehmen, die er dann auch stets bereitwillig ergriff.

Aus dem Lear wurde nichts. Castorf zertrümmerte, wie gewohnt, die Vorlage völlig. Das behagte Rolf absolut nicht. Doch als Castorf die Idee hatte, daß Lear auf der Bühne in einen Eimer pinkeln und das plätschernde Geräusch per Mikro verstärkt werden sollte, sagte Rolf ab. »Ich pinkle öffentlich in keinen Eimer«, erklärte er kategorisch. »Da kannste dich uffn Kopp stelln!« So übernahm Winfried Ortmann diesen Part.

Den Lear spielte er dann doch noch: an der Filmhochschule Potsdam-Babelsberg. Egon Günther, der dort lehrte, nutzte Rolf quasi als Werkstoff für seine Regieschüler. Diese Lehr- und Übungsstunden wurde minutiös aufgezeichnet und stellen unverändert eine interessante und hilfreiche Dokumentation dar.

Selbst wenn der Alkohol Rolf die Sinne trübte, registrierte er dennoch aufmerksam viele Dinge um sich herum. Ich entsinne mich eines Abends mit Harald Juhnke in der Theaterkantine des Deutschen Theaters. Er war in die Kammerspiele gekommen, um Rolf als Amtsdiener Mitteldorf in Hauptmanns »Biberpelz« zu sehen. Das Jahr 1995 neigte sich seinem Ende. Juhnke wurde bundesweit im Feuilleton für seine grandiose Leistung in Tom Toelles Film »Der Trinker« gefeiert, und Rolf hatte gerade einen Lungenentzündung überstanden. Drei Wochen lag er im Urban-Krankenhaus, und wie bei ihm üblich, bedankte er sich bei Ärzten

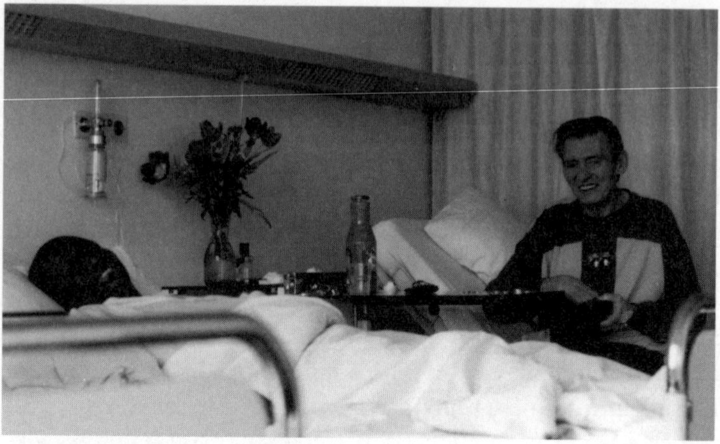

*Als Patient im Urban-Krankenhaus in Berlin-Kreuzberg. Sein Bettnachbar aus Gambia war Generalvertreter von Philipp Morris, aber Nichtraucher, und lag deshalb mit dem Raucher Rolf fortgesetzt im freundlichen Clinch, 6. Februar 1994*

und Schwestern mit einer Lesung. Im Veranstaltungssaal der Kreuzberger Klinik, der bis auf den letzten Platz mit Patienten besetzt war, las er Texte von Wolfgang Borchert, Theodor Fontane und Erich Kästner.

»Eine Nacht wie die Hölle,
Du liegst starr bis ins Herz
und denkst: Nu is Sense
Da! Ein rasender Schmerz!
Ein Stich in der Lunge!
Ein Reißen! Ein Krampf!
Ja, der Körper läßt grüßen!
Also auf in den Kampf.
Millimeter um Millimeter
und Stück für Stück,
jeder Strumpf ein Triumph,
jeder Ärmel ein Sieg …« hatte er mir geschrieben.

Weihnachten war er nach Hause gekommen, danach – selbst zu Silvester – stand er wieder auf der Bühne. Im Sommer ’93 hatte Rolf seinen Infarkt gehabt, im Frühjahr ’94 waren ihm drei Bypässe gelegt worden. Im Herbst ’95 kam die Lungenentzündung. Die Einschläge schienen mit steter Regelmäßigkeit zu erfolgen, die Krankheit hatte seinen Körper ausgezehrt. Alkohol und Nikotin, von den Ärzten ihm inzwischen verboten, hatten gute Vorarbeit geleistet. Als Rolf am Herzen laborierte, verlor er 26 Kilo, mehr als einen halben Zentner – ein Drittel seines Körpergewichts. Jeder Übergewichtige hätte gejubelt. Wir konnten es nicht. Doch nach dem Weihnachtsfest war Rolf zumindest seelisch wieder im Aufwind. Und daß Harald Juhnke in seine Vorstellung gekommen war, freute ihn. Die beiden kannten und mochten sich seit Jahrzehnten. Rolf beneidete ihn wegen seiner Lässigkeit und dieses einzigartigen Frank-Sinatra-Gestus'. So wie er wäre er gern auch einmal von einer Showtreppe heruntergeswingt oder hätte in einem Boulevardstück brilliert. Gemeinsam mit Dieter Mann, Ursula Karusseit und Dieter Franke hatte Rolf seinerzeit bei der DDR-Obrigkeit nachgesucht, in der neuerrichteten Leipziger Straße ein Boulevard-Theater zu bauen, doch die Idee war offiziell am fehlenden Geld, inoffiziell gewiß am Desinteresse gescheitert.

Mit Harald Juhnke kam ich wunderbar klar. Wir freuten uns beide, als wir uns Ende 1999 wieder einmal trafen. Vera Loebner drehte auf unserer früheren MS »Arkona« in der Karibik. Juhnke und Klaus-Jürgen Wussow spielten die Hauptrolle in der TV-Produktion. Jaecki Schwarz, der ebenfalls einen Part übernommen hatte, forderte mich auf mitzukommen. Ich solle nicht in meiner leeren Wohnung versauern, meinte er. Rolf werde dadurch auch nicht wieder lebendig. Ich zahlte also als Passagier für eine 14-Tage-Fahrt auf dem Traumschiff an die 4000 Mark und ging an Bord.

Wer auch immer Regie bei der Tischbesetzung geführt hatte: Sie schien mir gelungen. Ich saß zwischen Juhnke und Wussow. Juhnke war Rolf in vielem ähnlich. Er war charmant, aufmerksam und ein guter Unterhalter – im Unterschied zu seiner neben ihm sitzenden Frau. Die wirkte auf mich introvertiert, artifiziell und beteiligte sich kaum an den Gesprächen. Sie schien an anderen nicht interessiert.

Dabei waren die Mahlzeiten, die sich oft über mehrere

Gänge und Stunden hinzogen, stets unterhaltsam. Ein Wort gab das andere, Witze und Schauspieleranekdoten machten die Runde. Das Geld, das ich im Reisebüro bezahlt hatte, erwies sich als gute Anlage.

Ich beging wohl einen taktischen Fehler, als ich eines Tages, als ich an Oberdeck spazierenging, die Aufforderung von Susanne Juhnke wörtlich nahm, ihr beim Ausfüllen eines Kreuzworträtsels behilflich zu sein. Das befand sich in einer der vielen Frauenpostillen und war nicht eben schwierig zu lösen, so daß ich ihr nach wenigen Minuten alle Felder gefüllt hatte.

Nun ja, ich weiß nicht, ob diese Episode in einem kausalen Zusammenhang mit der später vorgetragenen Bitte des Stewards stand, meinen Platz am Tisch mit den Juhnkes gegen einen am Tisch von Vera Loebner zu tauschen. Ich wähnte zunächst Klaus-Jürgen Wussow als Urheber und erkundigte mich bei ihm nach dem Grund, was sich als Irrtum erwies. Hinter der Intervention stand nicht er, sondern Frau Juhnke, die der Meinung war, Harald sollte bei Tisch entspannen und nicht auch dort noch über die Arbeit reden. Meine Anwesenheit würde ihn zu sehr anstrengen, befand sie.

Ich hingegen empfand ihre Anflüge von Selbstmitleid als nervend: Immer säße sie allein und warte, bis Harald wieder nach Hause käme. Warten und hoffen, bangen und beten.

Vielleicht waren wir Ostfrauen weniger kapriziös und zupackender? Ich habe nie gewartet, sagte ich. Ich rief in der Theaterkantine an, wenn die es mal vergaß, es selbst zu tun. Es sei nicht nur zulässig, sondern notwendig, ein Kontrollsystem aufzubauen. Zuweilen hätte ich ihm sogar den Schlüssel weggenommen, wenn er noch einmal loswollte.

Susanne Juhnkes Blick verriet, was sie dachte.

Das war mir egal.

Ich hielt ihr ja auch nicht vor, daß mir aufgefallen war, wie wenig sie sich wirklich um ihren Harald kümmerte. Keine Frage, nach dem Abendessen brachte sie ihn immer pünktlich zu Bett, damit er morgens beim Dreh fit war. Danach erschien sie allein in der Tanz-Bar. Nein, ich meinte bei-

*Harald Juhnke und Gisela Ludwig beim Landgang in Cancun in Mexiko, November 1999*

spielsweise jenen Ausflug zu den Maya-Tempeln von Cancun. Harald, der offenkundig schlecht sah, stolperte über eine Unebenheit. Seine Frau lief ungerührt weiter, als habe sie seinen Sturz nicht bemerkt. Ich und eine weitere Passantin halfen Harald auf die Füße. Er hatte sich das Knie aufgeschlagen und barmte ein wenig, eben Schauspieler.

Nach zwei Wochen – und einem Drehtag mit Harald Juhnke – ging ich von Bord. Wieso jetzt schon, meinte Frau Juhnke und gab sich überrascht. Es würde doch noch zwei Wochen gedreht werden.

Ach, ich bliebe gern, warf ich scherzhaft dahin, sie müsse nur mit ihrer Goldenen Amex-Karte meine Kabine zahlen.

Sie lachte gekünstelt.

Ob ich dennoch einen Brief an ihre Mutter nach Berlin mitnähme?

Selbstverständlich, sagte ich, und steckte das Kuvert in meine Tasche.

Danach sahen wir uns nie wieder.

Das alles lag also noch vor uns, als wir zusammen mit Harald Ende ’95 in der DT-Kantine saßen. Rolf gratulierte ihm zu seinem fulminanten Spiel im »Trinker«. Er tat dies neidlos und ohne Hintersinn, auch wenn er diese Rolle liebend gern selbst gespielt hätte – wenn sie ihm denn angeboten worden wäre. Gleich Harald war er ja hinlänglich durchs Leben auf sie vorbereitet gewesen.

Juhnke tat das Lob sichtlich gut, weil es nicht einfach so dahingesagt war und von einem Kollegen kam, den er schätzte und der die Materie aus eigenem Erleben kannte. Als Rolfs Erinnerungen auf dem Markt gekommen waren, hatte Harald Juhnke in der »Berliner Morgenpost« doppeldeutig die Lektüre empfohlen: »Es ist, als schaute ich in einen Spiegel, der meiner Generation vorgehalten wird. Schonungslos, dramatisch und liebevoll. Ich gebe zu, daß der Titel ›Nüchtern betrachtet‹ von Anfang an ein gewisses ahnungsvolles Interesse in mir hervorrief.«

Kollege Klaus Piontek formulierte es weniger verklausuliert. Wenn das Buch seines alten Freundes Rolf Ludwig »Nüchtern betrachtet« heiße, so verriet er der »Berliner Zeitung«, dann könne es sich nur um weiße Seiten handeln. Und Monika Bollenhagen, die Chefin des DT-Kellers, in welchem auch die Buchpremiere im Oktober erfolgte, legte Wert auf die Feststellung, daß die Renovierung des Etablissements natürlich nicht allein mit Rolfs Zechen finanziert worden sei. Vor zwanzig Jahren allerdings vielleicht …

Sie stießen an: Ludwig mit Radeberger, Juhnke mit Wasser.

»Ich glaub, ich habe es diesmal endgültig geschafft«, sagte Harald. Jeder am Tisch wußte, was er damit meinte, und kehrte die Skepsis nach innen. Nicht zum ersten Male hatte Harald solches öffentlich erklärt.

Auf dem Nachhauseweg schwieg Rolf geraume Zeit, dann, auf der Höhe des Brandenburger Tores, brach es schließlich aus ihm heraus. »Ich wünsche es ihm, aber ich glaube es nicht.«

Ich mußte mich nicht erkundigen, was er meinte.

»Der Druck nach diesem Erfolg ist einfach zu groß. Je höher du steigst und je lauter es um einen wird, desto größer wird das Loch, das sich danach auftut. Die Stille nach dem Jubel ist unerträglich.«

Rolf sprach über Juhnke, aber eigentlich meinte er sich. Er kannte diese innere Leere, die ein Schauspieler spürte, wenn die Arbeit getan, der Beifall verstummt war und der Terminkalender keine Verpflichtungen bereithielt. Für labile Menschen, die zudem von traumatischen Erlebnissen gedrückt werden, schafft dieser stete Wechsel eine verhängnisvolle Spirale. Die Fristen werden immer kürzer, die Dosis der Droge Erfolg muß fortgesetzt erhöht werden, die Fallhöhe nimmt damit stetig zu. Sie beide waren Theater-Junkies, und beide bedurften der helfenden Hand eines Partners. Der konnte zwar diese Regeln nicht außer Kraft setzen, doch das Loch moderat ausstatten, daß der Fall kein Absturz, sondern eine erträgliche Landung wurde.

Ich klammerte seinen Arm und zog Rolf mit mir. »Komm, es ist kalt, laß uns ein wenig schneller laufen.«

»Jaja«, höhnte er, »willst aus einem kranken 70jährigen noch einen D-Zug machen, was?«

»Das heißt heute Intercity oder so. D-Züge gibt es nicht mehr.«

»Na, da bin ich aber froh.«

Und ich war froh, daß Rolf, nachdem er dreimal Gevatter Hein eine Absage erteilt hatte, wieder frischen Lebensmut faßte.

Dennoch überraschte mich auch in der Folgezeit, mit welcher Leichtfertigkeit die Öffentlichkeit mit der Alkoholkrankheit Prominenter umging. Alkoholabstürze bekannter Personen aus dem Showbiz werden gleichsam als harmlose Kavaliersdelikte abgehandelt. Die Exzesse von Harald Juhnke etwa waren keine menschlichen Katastrophen, sondern vergnügliche Kamellen. Dieter Hildebrandt beispielsweise plauderte aus, als er Rolfs Buch im März 1996 öffentlich der geschätzten Leserschaft empfahl, daß Juhnke für seine eigenen Memoiren eben jenen Titel geplant hatte. Doch nach einem längeren Gespräch mit Ludwig habe er diesem die älteren Rechte zugestanden, Ludwig habe noch früher *damit* begonnen. »Sage mir keiner, Trinker hätten kein Gefühl für Fairneß.«

Erst ziemlich spät entdeckte ich ein Schreiben in der Brieftasche von Rolf, das ihm Wolfgang Dißmann am 16. September 1995 gegeben hatte. Der Professor, Chef der Inneren Abteilung im Urban-Krankenhaus, hatte Rolf wiederholt behandelt und viele Gespräche mit ihm geführt. Sie waren sich auch menschlich nahegekommen. Dieses Schreiben sollte er immer bei sich tragen und notfalls seiner Begleitung oder dem Wirt vorlegen (»To whom it may concern«), wenn er wieder einmal abzustürzen drohte.

»Ich spreche hier Freunde und Bekannte von Herrn Rolf Ludwig an, die etwas für ihn tun können und wollen. Ich wünsche mir, daß auch Sie ihn in seinem Tatendrang und in seiner schöpferischen Phase unterstützen, sich an seinen schauspielerischen Leistungen erfreuen und mit ihm noch viele Jahre zusammen arbeiten wollen.

Ich habe große Angst um Rolf Ludwig. Nach vielen komplizierten Herz-Brustkorboperationen ist es leider zu einer deutlichen Einschränkung seiner Herzleistung gekommen, die nur durch ein sehr ausgewogenes medikamentöses Programm erhalten werden kann.

Da sich Herr Ludwig in den letzten Monaten relativ wohlgefühlt hat und sich in seinem körperlichen Befinden nicht bedroht sah, wie es Ende 1994 und Anfang 1995 der Fall war, hat er in seinem psychisch labil orientierten Charakter seine organische Erkrankung völlig verdrängt. Interessante Gespräche mit Kollegen lassen ihn nicht unbeeinflußt, was die Vergangenheit und Zukunft betrifft. Aber sie versetzen ihn auch in einen Zustand der Euphorie, die sein körperlicher Zustand nicht mehr zuläßt.

Deshalb appelliert dieses Schreiben an Freunde und Mitschaffende, ihm zu helfen, das interessante Intermezzo (zu viel Alkohol, zu viele Zigaretten, zu viel Zeit beim Glücksspiel) zu unterbrechen und ihn zu drängen, sein Zuhause aufzusuchen.

Dieses Schreiben, von dem ich Unterstützung erwarte, vorzulegen, bedarf charakterlicher Stärke – nämlich das Eingeständnis charakterlicher Schwäche. Ich hoffe, daß Herr Rolf Ludwig dies in unseren Gesprächen erkannt hat.«

Ich weiß nicht, ob Rolf jemals dieses Papier aus der Tasche gezogen hat, wenn es notwendig gewesen wäre. Aber immerhin: Er hat es aufbewahrt, also ernst genommen.

In der Rückschau frage ich mich, ob es Ereignisse in Rolf Ludwigs Leben gab, die man als Zäsur bezeichnen könnte. Vielleicht war – nomen est omen – »Das Ende vom Anfang« so ein Vorgang. Rolf spielte seit den 80er Jahren im »Blauen Boll« den Prunkhorst, als er nach einer Vorstellung einen Zettel an der Pförtnerloge des DT vorfand: »Sah Sie soeben – würden Sie mit mir arbeiten? Andrea Breth.«

Wir trafen uns mit der Regisseurin vom Burgtheater Wien wenig später bei einem Italiener in der Nähe der Schaubühne. Die Begegnung mit der resoluten, kraftvollen Frau hatte etwas Konspiratives, was Rolf offenkundig wenig behagte und letztlich von vornherein einen Schatten auf diese Zusammenarbeit warf. Er empfand es als eine Art Vertrauensbruch gegenüber dem DT.

Sie wolle Sean O'Caseys »Ende vom Anfang« inszenieren und den Darry Berrill gern mit Rolf besetzen.

Rolf zögerte. Allein die Aussicht, daß damit das Akademietheater im kommenden Jahr, 1992, bei den Berliner Festspielen gastieren wolle, ließ ihn selbst die strenge Bedingung akzeptieren, die Frau Breth ungeschminkt vortrug: Sie trinken in Wien keinen Tropfen Alkohol! »Hand drauf!«

In der Donaustadt mieteten wir uns eine kleine Wohnung mit zwei Zimmern, Bad und Küche im Arbeiterbezirk Favoriten. Das kam billiger als ein Hotel, zudem konnte ich uns versorgen. Morgens fuhr Rolf gegen 8 Uhr mit der Straßenbahn zur Probe ins Theater, gegen 15, 16 Uhr kehrte er wieder. Er war völlig erschöpft, und wie ich heute sicher weiß, hat ihn die Rolle in dieser sehr turbulenten Komödie auch physisch völlig überfordert. Obgleich er äußerlich noch kräftig und gesund wirkte, begann das exzessive Leben nun sichtbar seinen Tribut einzufordern.

Gleichwohl jammerte er nicht, er fraß seinen Unmut über die fünfstündige Probe am Stück in sich hinein. Im Unterschied etwa zu Harald Juhnke, für den Theaterproben lästig waren, mochte Rolf sie. Das war für ihn der eigentlich kreative Teil der Theaterarbeit. Und an jedem Tag mußte ich mit ihm seinen Text durchgehen, den er am Abend sprach: Ich lieferte das Stichwort, und er repetierte. Den Mitteldorf im »Biberpelz« beispielsweise spielte er 130 Mal – so oft probten wir ihn auch gemeinsam in unserer Wohnung. Seine Rollen beherrschte ich meist bald auch.

Doch in Wien war Rolf ziemlich fertig. Nachts wachte er oft schweißgebadet auf, und er war wenig gesellig. Er gab sich gereizt und hatte Depressionen. Das waren deutliche Zeichen eines Entzuges. Doch Rolf hatte der Breth versprochen, nichts zu trinken, woran er sich eben eisern hielt.

Ich bin mir sicher: Er hätte hingeschmissen, wenn nicht Branko Samarovsky sein Partner gewesen wäre. Die beiden nannten sich »Bruder« und gingen auch so miteinander um. Ohne ihn wäre es ihm wohl ein Leichtes gewesen, der Burg Valet zu sagen.

Und ihn stimmte der Stuhl versöhnlich, auf dem er in der Garderobe saß. Auf dessen Rückseite stand »Paul Hörbiger«. Der 1981 verstorbene Burgschauspieler gehörte in den 30er

*Mit Tochter Susanna am 3. Hochzeitstag und Ludwigs 68. Geburtstag im Salzburger Hotel »König Ludwig«, 28. Juli 1993*

*Mit Enkelin Beatrice, der Tochter von Susanna, März 1994*

und den 50er Jahren zur Elite der deutschen Theaterschauspieler, mit Filmen wie »Der dritte Mann«, einem Nachkriegsklassiker im Format von »Casablanca«, wurde er auch einem internationalen Publikum bekannt. Rolf verehrte Hörbiger als einen ganz Großen, und es schmeichelte ihm durchaus, täglich auf dessen Stuhl wie selbstverständlich sitzen zu dürfen. Viel lieber hätte er natürlich auf dem von Oskar Werner gesessen, der für ihn der überhaupt größte Bühnenschauspieler war. Bekanntlich war dieser mit 62 im Jahre 1984 ebenfalls dem Alkohol zum Opfer gefallen. Aber dessen Stuhl war leider nicht frei.

Das Stück lief an, Publikum und Presse waren zufrieden. Rolf war es nicht. Das lag aber nicht an der verkorksten Premierenfeier, bei der mich zunächst irritiert hatte, daß man in der Kneipe keinen Stuhl für Bruno Ganz fand. Der kam ein wenig später, alle Plätze waren belegt, und niemand kümmerte sich um ihn, der verloren und hilflos an der Tür herumstand. Ich erhob mich und bot ihm meinen Platz an, den er nur deshalb annahm, weil ich behauptete, ich habe noch einiges zu erledigen. Ich zog mich für geraume Zeit auf die Toilette zurück in der Annahme, daß zwischenzeitlich der eine oder der andere bereits gegangen sei und ich nach meiner Rückkehr am Tisch einen Stuhl bekäme. Doch das war nicht mehr erforderlich. Die Kneipe schloß 24 Uhr. (Der letzte Vorhang im Theater war erst eine Stunde zuvor gefallen.) Die gesellige Runde wurde mit wenig Charme aufgefordert, nach einer letzten Bestellung das Lokal zu verlassen. Ludwig und Ganz, der trockener Alkoholiker war, unterhielten sich prächtig. Die Introvertiertheit, die Ganz wie eine dünne Wand umgab und wohl auch schützte, stellte kein Hindernis dar. Die Achtung füreinander und der Respekt voreinander waren stärker.

Rolf aber mußte nun fortgesetzt zwischen Berlin und Wien pendeln, da er ja auch noch im DT im »Blauen Boll« spielte und den Anton in »Der Turm« probte. Morgens um 6 Uhr landete in Tempelhof die Maschine aus Wien, dann ging es zur Probe ins Deutsche Theater.

16 Mal war er in Wien in die Rolle des Darry Berrill geschlüpft, als das Malheur in Berlin passierte. Bei einer Durchlaufprobe vor dem Gastspiel im DT stieg er, wie es die Rolle vorsah, auf einen Stuhl, um einen Koffer auf den Schrank zu stellen. Der Bürostuhl hatte jedoch Rollen, die nicht arretiert worden waren, und machte sich selbständig. Rolf stürzte mit dem Koffer in der Rechten zu Boden und versuchte sich mit der linken Hand abzufangen. Dabei brach der Ringfinger gleich viermal. Eine Operation in der Charité war notwendig, er bekam Gips bis zum Ellenbogen.

Natürlich machte gleich das Gerücht die Runde, Ludwig sei – im doppelten Wortsinne – wieder mal abgestürzt, dòch er war stocknüchtern, als der Betriebsunfall geschah. In Wien mußte das Stück abgesetzt und das bereits angekündigte Gastspiel zum Berliner Theatertreffen abgesagt werden.

»Die Rolle ist so artistisch angelegt, daß ich sie unmöglich mit rechts erledigen kann«, witzelte er gegenüber der Presse.

Damit überspielte Ludwig nicht nur den physischen Schmerz, der ihn nachts kaum schlafen ließ, sondern auch seinen psychischen: Er hatte sich so sehr auf sein Gastspiel mit dem Akademietheater Wien in Berlin gefreut. Schließlich hatte ihn diese Aussicht letztlich überhaupt veranlaßt, das Angebot der Breth anzunehmen.

Obgleich Rolf nun den »Boll« mit Gipsarm spielte und auch den »Turm«, schien sich eine Veränderung mit ihm zu vollziehen. Rolf wurde träge. Das war eine völlig neue Erfahrung. Der sonst so agile, umtriebige Mann entwickelte eine Faulheit, die ich bei ihm noch nie beobachtet hatte. Im »Caligula« spielte er einen Senator, der nur einen Auftritt im 1. Akt hatte. Das betrübte ihn zunächst, er war unglücklich über diese Rolle, doch zunehmend gewann er diesem Umstand etwas Erfreuliches ab. Das wäre doch ideal, meinte er, wenn er künftig nur noch derart kurze Sprechrollen und das zu Beginn des Stückes übernähme. Dann müsse er nicht mehr so lange in der Garderobe bis zum nächsten Auftritt und dann zur Verbeugung nach dem letzten Vorhang warten.

Eine solche Haltung widersprach gänzlich seinem Naturell. Was war da plötzlich in ihn gefahren, fragte ich mich, maß dem jedoch keine Bedeutung bei. Vielleicht versuchte er nur seiner mißlichen Lage eine positive Seite abzugewinnen, redete ich mir ein.

Eine merkwürdige Lähmung begann sich seiner zu bemächtigen. Nicht durchgängig, aber immer wieder. Einladungen nahm er immer seltener wahr, oft mußte ich ihn dazu überreden. Etwa zum 65. Geburtstag von Heiner Müller. Die beiden Sachsen kannten sich seit den frühen 50er Jahren, Rolf hatte ihm damals gelegentlich Geld gepumpt, weil der Dramatiker oft klamm war. Und wie sich das unter Freunden gehörte, wurde nie nachgefragt. Wie Rolf hatte auch Müller eine besondere Affinität zu Alkohol und Nikotin, Heiner bevorzugte jedoch Whisky und Zigarren. Der inzwischen zum gesamtdeutschen Theater-Guru avancierte Müller lud am 8. Januar '94 in die Kantine vom Berliner Ensemble.

Rolf wollte nicht hingehen. Ich mußte ihn überreden.

Die Kneipe war, wie erwartet, knackevoll, die Luft zum Schneiden dick. Schwarzgekleidete zumeist junge Menschen drängten sich um den Meister und hingen ihm an den Lippen oder produzierten sich vor ihm. Bedeutungsschweres Geschwafel flog durch den Raum. Ich begann Rolf zu verstehen, weshalb es ihn nicht sonderlich drängte, hier präsent zu sein. Doch plötzlich hörte ich eine Stimme: »Wo ist er?«

Ein Gäßchen öffnete sich. Müller zwängte sich hindurch und fiel Rolf um den Hals. »Das ist mein schönstes Geburtstagsgeschenk. Ich freue mich so, daß du gekommen bist.«

Rolf amüsierte sich. In seinem Blick las ich: So sind sie, die Dramatiker.

Einen Stuhl für Rolf Ludwig, rief Heiner Müller, der BE-Intendant. Bereitwillig ließ sich Rolf auf die Sitzfläche drücken. Als ich nach unendlich langer Zeit mit zwei Gläsern Bier vom Tresen zurückkehrte, hüllte beide bereits dichter Qualm der Müllerschen Zigarre ein. Auch mir schob man einen Stuhl unter. Worüber sprachen sie? Über ihre Leiden und Krankheiten.

Und dann sagte Müller: »Rolli, wir müssen unbedingt mal wieder etwas zusammen machen.«

Obgleich ich die Bemerkung eher als die übliche Rhetorik verstand, warf ich ein: »Herr Müller, dann müssen Sie aber auch mal eine richtige Rolle für ihn schreiben, sonst wird das nichts. Von Traktorrädern hat er noch immer die Nase voll.« Rolf verzog den Mund wegen der vorlauten Bemerkung, doch Müller schmunzelte verschmitzt. »Ich werde mich bemühen.«

Wir drei wußten, was gemeint war, auch wenn es Jahrzehnte zurücklag: In seinem Stück »Der Traktor«, der sich mit der Kollektivierung der Landwirtschaft beschäftigte, hatte Müller die vier Traktorenreifen als Sprechrollen angelegt. Bei der Probe nörgelte Müller an Rolf herum. Der war nach vorn an die Rampe gegangen und hatte erklärt: »Leck mich am Arsch – den Mist kannst du alleine spielen.« Er warf die Rolle hin, ging in die Theaterkantine und ließ sich vollaufen.

*Mit Freund Harald Wilk, einem begnadeten Country-Musiker, auf der Rennbahn in Berlin-Hoppegarten, Juli 1995. Rolf Ludwig liebte Pferdewetten und war ein großer Zocker*

Am 16. Oktober '95 trafen wir wieder auf Heiner Müller. Eine Berliner Zeitung vergab im Friedrichstadtpalast den Kritikerpreis der Hauptstadt. Wohl oder übel mußte Rolf auch erscheinen, doch er konnte seinen Auftritt hinauszögern: Am Abend hatte er Vorstellung im DT. Ich ging quasi zur Eröffnung als seine Stellvertreterin. Es war der übliche Promi-Auflauf. Das Arrangement allerdings wich vom Üblichen ab: Auf der Bühne standen die Tische, an denen die VIPs zu sitzen hatten. Es herrschte strengstes Rauchverbot. Ich schloß eine Wette mit mir ab, wer sich als erster darüber hinwegsetzen werde. Unweit von mir saß Otto Sander. Ich tippte, daß er es sein würde.

Neben mir hatte Wibke Bruns Platz genommen. Die beim ORB tätige Journalistin lebte noch nicht lange in Berlin und benötigte Nachhilfeunterricht. Ich sollte ihr Leute »erklären«, kurz: ihr ins Ohr flüstern, wer hier alles so herumsäße. Wolfgang Menge, mein Gegenüber, kannte sie, natürlich. Der Erfinder von Ekel Alfred machte seiner Figur alle Ehre. Als Georgia Tornow, vormals taz-Chefredakteurin und jetzt Kulturchefin der Berliner Zeitung, die Veranstaltung eröffnete, mokierte sich Menge vernehmlich über die Kürze ihres Rockes. »Bei den Beenen, nee, wissense.«

Die Tornow reagierte souverän und meinte, Motzki – eine andere von Menge erschaffene Fernsehfigur – solle bitte die Klappe halten.

Trotz des pikanten Menüs hielt es die wenigsten auf den Stühlen. Nach und nach flüchteten sich die Raucher ins Foyer. Ich traf dort auf Tamara Danz und deren Lebensgefährten mit den unendlich langen Haaren, neben ihnen zog Angelika Weiz an der Zigarette.

In einer Ecke entdeckte ich Heiner Müller mit Frau Brigitte und Kind, ihrer Tochter Anna. Müllers Gesicht war merklich schmaler als sonst, er sah nicht gut aus. Statt der üblichen Zigarre führte er ein dünnes Zigarillo zum Mund, und das Whisky-Glas war gegen ein Sektglas getauscht. Als er mich entdeckte, kam er auf mich zu.

»Wo ist Rolf?« – Er käme noch, sagte ich.

Gut, meinte Müller, dann bleibe er noch so lange, und ließ sich in einen Ledersessel fallen.

Wenig später erschien Rolf. Er war sichtlich geschafft, ausgezehrt nicht nur von der Vorstellung. Müller und er umarmten sich stumm und auffällig lange. Jeder wußte vom anderen, wie es um die Gesundheit bestellt war. Die Zeitungen brachten regelmäßig die Krankenberichte beider. Rolf laborierte am Herzen und an der Lunge, Heiner hatte Krebs.

Die beiden zogen sich in eine Ecke zum Gespräch zurück. Beim Abschied drückte mir Müller einen Briefumschlag in die Hand.

Sein liebevoller Umgang mit Rolf war diesem nahezu peinlich. Später einmal darauf angesprochen, erklärte er einer Zeitung: »Heiner begrüßte mich immer wie einen Bruder. Manchmal war so viel Herzlichkeit fast peinlich. Aber so war er halt – ein Mensch von unendlicher Wärme.«

Fast zeitgleich kamen beide wenige Wochen nach dieser Begegnung mit Lungenentzündung ins Krankenhaus. Rolf wurde im Urban, Heiner Müller im Virchow-Klinikum behandelt. Doch im Unterschied zu Heiner Müller erholte sich Rolf wieder. Als er am 30. Dezember die Nachricht von Müllers Tod erhielt, brach er in Tränen aus. Hat er also doch recht behalten, sagte er. »Heiner hat sich damals im Friedrichstadtpalast von mir verabschiedet.« Das war's dann, habe er lakonisch und ohne Selbstmitleid gemeint.

»Übrigens, wo ist der Brief, den er uns damals gegeben hat.«

In mir stieg Schamröte auf. Ich hatte das Kuvert ungeöffnet ins Buchregal gelegt und dort vergessen. Mit zitternder Hand riß Rolf den Umschlag auf und faltete das Blatt auseinander.

»Lieber Rolf, nüchtern betrachtet (und das ändert kein Alkohol) gehörst Du zu den besten Menschen, die ich kenne. Ich kann ohne Dich nicht sein. Heiner Müller.«

Ich schluckte noch heftiger als Rolf.

»Ich bin bestimmt der Nächste.«

Reichlich zwei Wochen später begleiteten wir Heiner Müller auf seinem letzten Gang. Er hatte darum gebeten, in einer schlichten hellen Holzkiste auf dem Dorotheenstädtischen Friedhof beigesetzt zu werden – in Nachbarschaft zu Wolf Kaiser. Wir mußten uns eine Gasse durch die mehr als tausend Menschen bahnen, die vor dem Friedhofstor warteten. Gekommen waren die über 150 Mitarbeiter des BE, Freunde, Kollegen und Offizielle. Ich sah Richard von Weizsäcker, Otto Sander und Günter Grass, Marianne Hoppe und Bernhard Minetti, Oskar Lafontaine und Wolfgang Thierse, Susan Sontag und Manfred Stolpe. Ulrich Mühe las am Grab das Gedicht von Gottfried Benn »Berlin«.

Nachdem wir uns beide vor der Grube verneigt hatten, gingen wir weiter. Am Grab von Rolfs Freund Dieter Franke legten wir eine Rose nieder. Franke war 1982, zehn Tage nach seinem 48. Geburtstag, verstorben. In Rolfs Erinnerungen war er sehr präsent.

Auf dem Nachhauseweg, der Frost klirrte und mir war kalt, sagte Rolf in einer Mischung aus Trauer und Stolz: »Heiner wird in die Geschichte eingehen. Uns Mimen flicht die Nachwelt keine Kränze.«

Ich hatte schon als Antwort diesen bekannten Spruch auf den trockenen Lippen (»Wer schreibt, der bleibt«), doch ich schluckte ihn herunter. Auch wenn er wohl zutraf: Hier war nicht der Ort und nicht die Zeit, darauf zu rekurieren.

Die Neigung zu den Wurzeln, den eigenen wie denen der Kultur, zurückzukehren, nahm mit den Jahren bei Rolf erkennbar zu. Unser reetgedeckter Fischerkaten in Stoben auf Usedom wurde immer mehr zum Lebensmittelpunkt. Dort hatten die Dinge ihr irdisches Maß, das Leben war einfach und überschaubar. Nichts wirkte aufgeplustert und überdreht wie in der Hauptstadt, das dortige Gegacker klang nur schrill und nervig. Hier hängte Rolf seine Angel ins Wasser und genoß die unendliche Ruhe.

Und dann waren da noch die anderen Wurzeln.

»Wir müssen mal nach Venedig«, sagte er im Sommer '97. »Venedig sehn und sterben ...«

Na ich weiß nicht, erwiderte ich, und willigte ein. Wie immer hatte er sein Ohropax bei, das er sich in die Gehörgänge bohrte, nachdem wir uns in der Lagunenstadt zur Ruhe betteten. Die Italiener sind laut, erst in der Nacht werden sie wach. Das ist viel zu laut zum Sterben, meinte ich. Doch Rolf hörte mich nicht.

In den 60er Jahren war er von Dubrovnik mit der Fähre nach Venedig gereist, illegal nannte man das damals, denn er hatte zwar ein Touristenvisum für Jugoslawien, aber keines für Italien. Nach einer Woche kehrte er zurück. In der DDR lud man ihn wenig später »zur Klärung eines Sachverhalts« ins Polizeipräsidium. Doch man beließ es mit einem erhobenen Zeigefinger: Die Obrigkeit wollte nur wissen, wie er das gemacht habe. Vermutlich wollte man Wiederholung verhindern.

Rolfs Erinnerungen an jenen Venedig-Ausflug waren lebhaft. Er klapperte mit mir die Kneipen ab, in die er damals eingekehrt war, und wußte zu jeder eine Geschichte zu berichten. Ich schloß nicht aus, daß die meisten erfunden waren wie seine Erzählung, mit der er vor ein paar Tagen einen Taxifahrer in Mailand in meinem Beisein beglückte. Ich, seine Frau, habe dort schon mal die Tosca gesungen, behauptete er, als wir an der Scala vorbeifuhren.

In weinseliger Laune hatte ich Rolf vor Jahren einmal meinen Teenager-Traum gestanden, Opernsängerin zu werden. Nun machte er mich zur Operndiva.

Der Fahrer staunte, und ich trat Rolf gegen das Schienenbein.

Nach einigen Tagen in Venedig bestiegen wir das Kreuzfahrtschiff, das uns nach Griechenland bringen sollte. 800 Italiener lärmten an Oberdeck. Die wenigen Briten, Schotten, Schweizer und Deutschen fielen kaum auf.

Vier Stunden dauerte die Fahrt durch den Kanal von Korinth. Backbord und steuerbord blieben nur wenige Zentimeter bis zum roten Felsgestein, in das die Passage gemeißelt worden war. Über unseren Köpfen wuchsen die glatten Wände in die Höhe. Mir wurde der Nacken steif vom Gaffen. Dann aber erwartete uns der Höhepunkt der Reise: Delphi.

Heißer Wind wehte über der weitläufigen Ausgrabungsstätte. »Kann man das Orakel sehen«, erkundigte ich mich ein wenig naiv. Der Reiseleiter zahlte mit gleicher Münze zurück. »Nein, aber den Mittelpunkt der Welt.«

In einem riesigen Amphitheater aus vorschristlicher Zeit baute sich Rolf in der Mitte auf. »Mach mal ein Bild. Das lassen wir noch an Bord entwickeln und schicken es an Thomas Langhoff.«

»Und schreiben dazu: ›Da kannst Du mal sehen, wie lange ich schon Theater spiele!‹«

Rolf feixte und frozzelte, wie ich es schon lange nicht mehr erlebt hatte. Es schien, als sei er wirklich auf bestem Wege, wieder vollständig zu genesen. Meine Sorgen, er könne die Reise als zu strapaziös empfinden, verloren sich von Tag zu Tag. Er stürmte bei den Ausflügen immer voran. Die Sonne hatte seinen Teint sichtlich gebräunt, er sah gesund aus. Die Waage vermeldete steten Gewichtszuwachs – am Ende der Reise sollten es ganze drei Kilogramm werden, die er zugelegt hatte. Zugegeben, ich mästete ihn geradezu, doch ich hatte jene entsetzlichen Phasen noch in lebhafter Erinnerung, als er jegliche Nahrung verweigerte. Nichts schmeckte ihm, er wollte einfach nichts zu sich nehmen.

Rhodos, Kreta, Athen mit der Akropolis, Piräus …

Als wir wieder in Berlin landeten, strotzte Rolf vor Kraft und Zuversicht. Er startete mit Energie in seine 50. Spielzeit.

»Was soll ich dir sagen: Am Schwarzen Brett hängt das Foto aus Delphi«, erzählte er mir freudestrahlend am ersten Abend. Langhoff hatte der Witz gefallen, und er wollte das ganze Ensemble daran teilhaben lassen.

In jenem Jahr jährte sich auch zum 50. Mal der Todestag von Wolfgang Borchert. Der Hamburger Autor des berührenden Antikriegsstückes »Draußen vor der Tür« war mit 26 Jahren am 20. November 1947 verstorben. Rolf hatte als Kriegsgefangener im Camp eine Hamburger Zeitung in die Hände bekommen und dort vier Gedichte und eine Folge aus seiner »Hundeblume« gefunden. Er schrieb noch im Camp an Borchert und bat diesen, ihm alle seine Texte zu schicken. »Er tat es wirklich und hat mir noch zwei Briefe geschrieben.«

Fünfzig Jahre nach dessen Tod las Rolf wieder aus Borchert-Texten. Das Deutsche Theater veranstaltete am 20. November eine Matinee, Hamburg eine ganze Borchert-Woche. Ulrich Tukur, ein vielseitiger Bühnen- und Filmschauspieler, fragte an, ob Rolf mit ihm gemeinsam Borchert-Texte in der Hansestadt lesen möchte. Tukur, Jahrgang 1957, faszinierte Rolf. Er sagte begeistert zu. Beide wurden in den Kammerspielen geradezu gefeiert. Das war der Anfang einer kurzen, aber intensiven Freundschaft, die auch etwas von einer Vater-Sohn-Beziehung hatte.

Mit Bochert kehrte Rolf auch nach Dresden zurück. Als nähme er auch dort gleichsam Abschied, las er auf dem Theaterkahn. »Zum Schluß verneigte er sich mit fast ungelenker Grazie vor dem Publikum, das ihn mit seinem Beifall überschüttete, das Borchert-Buch in der Hand, als wollte er

*Am Grab der »Neuberin« in Dresden. Die sächsische Schauspielerin Friederike Caroline Neuber (1697-1760) erhielt 1727 als erste Frau der Welt das Privileg, ein festes Theater zu führen*

alle Aufmerksamkeit auf den Dichter konzentrieren, eingedenk dessen Mahnung: ›Sagt Nein!‹«, schrieb die Sächsische Zeitung.

Der zweite Auftritt war im Rathaus. Da schien zum ersten Mal Rolf die sachliche Professionalität zu verlassen. 1948, auf den Stufen der Ruine der Frauenkirche, hatte er erstmals Borchert gelesen. Es war der dritte Jahrestag der Zerstörung Dresdens. In alte Kleider und Lumpen gehüllt, brennende Kerzen haltend, hatten sich die Überlebenden zwischen den Ruinen versammelt. Hohlwangig, ausgemergelt, hungrig nach Leben. »Sagt Nein!« hatte er in das Dunkel geschrien. Sagt Nein zum Krieg! Zur Barbarei! Zur Unkultur!

Diese Bilder stiegen offenbar in ihm auf, als er nach einem halben Jahrhundert am gleichen Ort diesen eindringlichen Text neuerlich sprach. Die Erinnerung verschlug ihm in des Wortes ursprünglicher Bedeutung die Sprache. Ich saß in der ersten Reihe und spürte, daß es kein Hänger war, als er schwieg und zu schniefen begann. Nach einigen Augenblicken hatte er sich wieder gefangen. »Entschuldigung«, stammelte er.

Das war unnötig. Jeder wußte, was mit Rolf geschehen war.

In seinen drei letzten Spielfilmen starb Rolf jedesmal. Das wurde mir erst später, als er wirklich tot war, bewußt. Es schien, als habe er gleichsam sein physisches Ende auf der Leinwand vorweggenommen. Da war die Rolle in »Stein«, dem letzten von Egon Günther bei der DEFA realisierten Streifen. Günther drehte seit Ende der 70er Jahre ausschließlich im Westen, letztmalig hatte Rolf 1975 mit ihm in »Lotte in Weimar« gearbeitet, darin spielte er den Kellner Mager. Günther bot ihm nun die Hauptrolle nach einem von ihm gemeinsam mit Helga Schütz erarbeiteten Drehbuch an. Es handelte sich um die Lebensbiographie eines ausgeflippten DDR-Schauspielers voller Krisen, Zweifel und Liebesverwirrungen.

Geld gebe es nur wenig, räumte Günther ein.

Rolf hätte jedes Angebot von Günther angenommen, weil er ihn als »seinen« Regisseur betrachtete. Doch diese Rolle war ihm gewissermaßen auf den Leib geschrieben, obgleich er Günther nicht alt genug aussah. »Du kommst viel zu jung«, befand er nach dem Blick durch die Kamera. »Da muß die Maske ran.«

Und es gab noch eine Dissens mit dem Regisseur. Das Drehbuch sah eine Bettszene vor. Rolf war, das kann ich ja gestehen, ein wenig prüde. So etwas wollte er nicht, er hatte sich zeitlebens vor derartigen Arrangements erfolgreich gedrückt und wollte seine Auffassung nicht mehr korrigieren. Er bestand auf einem Double, zumal es sich bei seiner Film-Partnerin um die 19jährige Freundin Günthers handelte.

Dieser vermochte jedoch, durch geschickte Schnitte Rolf die Peinlichkeit und ein Double zu ersparen. Im Film sah es dann doch so aus, als ob Rolf mit der Frau im Bett gelegen habe.

*Arbeit mit Egon Günther am »Lear« in der Wohnung, 1994*

Rolf wollte, daß ich ihn zu den Dreharbeiten begleitete. Oft wurde in der Nacht, nach dem Theater, in Potsdam-Babelsberg gedreht. Die meiste Zeit bestand aus Warten. Rolf wurde für eine »harte Szene« zu 24 Uhr bestellt. Aus Gründen, die nicht verständlich waren, fiel die erste Klappe erst gegen 3 Uhr. Mit Unmengen an Kaffee und Zigaretten hielt man sich wach und die Spannung. Bei dieser Warterei lernte ich Jaecki Schwarz näher kennen, einer unserer wirklichen Stars, seit er in Konrad Wolfs »Ich war neunzehn« die Hauptrolle gespielt hatte. Starallüren gingen ihm völlig ab, Rolf verstand sich mit ihm wunderbar. Schwarz war der Liebling am Set: Mit Anekdoten und Witzchen sorgte er ausdauernd dafür, daß die Stimmung nicht umkippte. Und auf die Sekunde war er wieder da, wenn es hieß »Action«.

Am nächsten Morgen hatte Rolf schon wieder Theaterprobe, nachmittags mußte er einen neuen Text lernen, danach gingen wir gemeinsam seine Abendrolle durch … Ich bemühte mich, ihm den Rücken freizuhalten, damit er von den alltäglichen Dingen so wenig wie möglich berührt wurde. Die Rolle des dienstbaren Geistes kollidierte zwar mit meinem Selbstverständnis als emanzipierter Frau, doch anders ließ sich die partnerschaftliche Arbeit nicht teilen. Das war keine Selbstaufgabe, sondern der Versuch, Bedingungen zu schaffen, die es ihm erlaubten, sich zu entfalten. Es war Liebe. Denn diese besteht bekanntlich aus Geben und Nehmen.

Zuweilen brachte er mir morgens Kräutersträuße mit. Das rührte mich wegen der Originalität. Gleichwohl wußte ich aber auch, was er damit sagen wollte: Heute abend möchte ich Hering mit Pellkartoffeln und Dillsoße. Das gehörte zu seinen Lieblingsgerichten wie Königsberger Klopse, Hühnerfrikassee und Eier in Senfsoße. Rolf mochte es einfach und bescheiden und fand die Regel bestätigt, daß Liebe durch den Magen geht.

Nachdem »Stein« in Babelsberg gestorben war, gab es noch elf Drehtage in Rom. Auf eigene Rechnung durfte ich mit. Das Filmteam war klein und überschaubar, um die Kosten niedrig zu halten.

In einer Szene sollte Rolf Hunderte von Katzen füttern. Er stieg hinunter ins Gatter, drei Meter über seinem Kopf schwebte die Kamera. Er öffnete die Futterbüchsen. Dutzende Katzen sprangen ihn an, Hunderte bedrängten ihn. Egon Günther brüllte: »Ja, toll, das machst du gut, weiter so.«

Nach wenigen Minuten stieg er empor. Rolfs Nasenspitze war blaß trotz Maske. Beißender Geruch von Katzenpisse umwehte ihn.

»Ich muß sofort in die Wanne«, tobte er.

Und zu Günther gewandt: »Die Szene wiederhole ich nicht. Entweder du nimmst sie wie sie ist, oder du kannst sie streichen!«

Egon Günther lächelte abwehrend. »Schon gut. Gestorben.«

Am nächsten Tag befand sich der Set auf der Via Appia außerhalb der Stadt. Es sollte die Schlußszene des Films entstehen: Stein verschwindet im Orkus. Als Orkus hatte Günther einen antiken Steinhaufen ausgesucht. Rolf sollte mit verschlossenem Gesicht schweigend darauf zugehen. Der Gang wurde wieder und wieder geprobt.

*In seinem letzten Film bei der DEFA, »Stein«, 1991*

Der Regisseur zeigte sich unzufrieden: »Renn nicht so. Geh langsam in deinen Tod!«

Dann endlich verschwand gemessenen Schrittes Stein respektive Rolf im Inneren des Haufens, den offenkundig vorher niemand inspiziert hatte. Ehe noch Günther das übliche »Gestorben« rufen konnte, stürzte Rolf aus dem Gemäuer – vor Nase und Mund ein Taschentuch haltend.

Was denn, schon wieder Katzenpisse?

»Ekelhaft«, brüllte er entrüstet, und das war keineswegs gespielt. »Widerliche Sauerei.«

»Was ist denn nun schon wieder?«

»Das scheint die wildeste Liebesgrotte ganz Italiens zu sein«, polterte er angewidert. »Da liegen Hunderte benutzter Kondome herum, pfui Deibel.«

Der Drehstab wieherte kollektiv.

Mittagspause, rief einer.

»Ohne mich. Mir ist der Appetit vergangen.«

Ich schaute einem angeekelten Rolf Ludwig hinterher. Zigarettenqualm umwölkte seinen Kopf.

Der Film »Stein« kam nie in die großen Kinos, weil sich

kein Verleiher fand. Nur einige Filmkunsttheater brachten ihn. Die Premiere fand in Berlin am Steinplatz statt. Die Publikumsresonanz war gering. Nicht einmal Videos wurden gezogen. Ich glaube, der Streifen kam zur falschen Zeit. 1991 interessierten sich die Deutschen mehrheitlich für anderes als für das bewegte Schicksal eines Schauspielers, der junge Leute vor der Staatsmacht in der DDR versteckte.

An dem Film wirkten viele Kinder und Jugendliche mit, darunter eine Reihe Studenten der Babelsberger Filmhochschule. Für sie war möglicherweise das Schicksal des Films bedauerlich. Dennoch hatte ich den Eindruck, daß ihnen die Zusammenarbeit mit Rolf Ludwig viel gab. Mich berührte es zu sehen, wie einfühlsam er mit den Eleven umging, sie auf dieses und jenes hinwies oder es ihnen vorführte. Er nahm sie sehr ernst.

Zum zweiten Mal mußte Rolf laut Drehbuch von dieser Welt gehen bei Frank Beyer. Der namhafte Regisseur rief Mitte der 90er Jahre bei uns an. Er verfilme Erich Loests »Nikolaikirche« als Zweiteiler, sagte er, ob Rolf nicht die Rolle des Pfarrers Reichenbork übernehmen könne?

Rolf hatte gerade seine schwere Herzoperation überstanden und warf ein, daß er sich noch nicht wieder groß belasten könne.

Das wisse er, antwortete Beyer verständnisvoll. »Deshalb stirbst du auch im ersten Teil.«

Rolf sagte zu und machte sich mit dem Drehbuch gleich nach Usedom, um mit Pfarrer Martin Bartels in Benz den Choral einzustudieren, den er im Film singen sollte. »Gott der Herr ist unser Hirte« bekam ich fortan zu hören.

Weniger der Film, mehr seine Premiere im Leipziger Capitol gab Rolf einen kräftigen Energieschub. Das Publikum feierte ihn mit minutenlangen *Standing ovations*, wobei der Beifall wohl dem Lebenswerk und nicht der Rolle galt. Der rhythmische Applaus gab der Freude Ausdruck, daß Rolf Ludwig dem Tod von der Schippe gesprungen und auf die Leinwand zurückgekehrt war.

Rührung stand ihm ins Gesicht geschrieben.

Was ich damals nicht sah, begriff ich später: Dieser Abend schenkte ihm vielleicht Monate.

Seinen dritten und letzten Filmtod bereitete ihm Margarethe von Trotta. Sie rief an einem Samstagabend Ende '96 an, als Rolf wie immer die Fußballspiele der Bundesliga verfolgte. Ich nahm den Hörer ab und gab mich ob der Störung kurz angebunden, bis ich merkte, wem diese wunderbar warme Stimme gehörte. Ich entschuldigte mich, hielt die Muschel zu und bedeutete Rolf, wen ich in der Leitung hatte. Der schaltete umgehend den Fernseher aus und sprang vom Sofa. Das tat er aus Verehrung und Respekt. Er betrachtete alle Kreativen mit Hochachtung: Schriftsteller, Bildhauer, Maler, Regisseure. Sein Selbstzweifel – er sei nur Schauspieler, er reproduziere ja lediglich – veranlaßte ihn zu einem Maß an Demut, das mich zuweilen widersprechen ließ: Schauspielkunst sei auch eine Kunst, sagte ich ihm, vollständig in die Rolle eines anderen zu schlüpfen nicht minder kreativ.

Diese eigenartige Wahrnehmung schlug sich auch darin nieder, daß für ihn die Theaterprobe wichtiger als die Aufführung war. Bei der Probe passiere etwas Kreatives, hingegen sei die Aufführung zum Geldverdienen gut, erklärte er mir zuweilen. Das bedeutete jedoch keineswegs, daß er nicht gern vor Publikum spielte. Im Gegenteil. Deshalb mochte er ja das Theater so sehr.

Ihm war das Geldverdienen aber eher unwichtig. Mensch Rolli, versuchte ihn Manfred Krug einmal zu mobilisieren, verkaufe dich doch nicht unter Wert! Es kann doch nicht sein, daß du für vier Wochen Schinderei am DT soviel bekommst wie ich für einen Drehtag – achttausend Mücken.

Und als ich – ich greife bereits vor – Rolf darauf aufmerksam machte, daß ihm laut Vertrag bei dem Trotta-Film Honorar für fünf Drehtage zustünden und nicht nur für vier, entschuldigte er die Produktionsfirma damit, daß es an einem Tag geregnet habe und nicht gedreht werden konnte.

Ich rief in Köln an. Dort entschuldigte man sich für den Fehler und überwies den keineswegs geringen Betrag. Rolfs

Erstaunen verriet einmal mehr, daß ihm nicht nur jeglicher Geschäftssinn abging, sondern daß er damit nichts zu tun haben wollte. Geld besaß für ihn keine Bedeutung. Zu DDR-Zeiten teilte er dieses Gefühl mit den meisten Ostdeutschen. Als die D-Mark zum Maßstab aller Dinge wurde, verlor es sich bei vielen. Bei Rolf nie.

Nun also Margarethe von Trotta, die mindestens zwei herausragende Filmkunstwerke geschaffen hatte: »Rosa Luxemburg« und »Die bleierne Zeit«. Ob sie ihn für eine Rolle gewinnen könne? Zwar sei das kein Kinofilm und ihre überhaupt erste Fernsehproduktion, doch das mache ja wohl keinen Unterschied.

Nein, natürlich nicht, entgegnete Rolf, dem ich die Freude ansah. Um was geht es in diesem Film, ob sie ihm mal kurz die Fabel erzählen könne?

Frau Trotta skizzierte kurz, vermutlich nicht zum ersten Male, den Inhalt von »Winterkind«: Jelena, gespielt von Susanna Simon, erfährt nach jahrelanger Haft in einem russischen Lager, daß ihr Sohn Boris zur Adoption an ein deutsches Ehepaar freigegeben wurde. Sie will ihr Kind aus Deutschland zurückzuholen.

Die Überraschung ist groß, als sie in Köln plötzlich Michael (August Zirner) trifft. Vor Jahren hat sie als Dolmetscherin für ihn in Rußland gearbeitet und ihn sehr geliebt. Michael hat den kleinen Boris aus Rußland geholt und adoptiert – seine Frau Elke (Lena Stolze) kann keine eigenen Kinder bekommen. Jelenas Sohn Boris (Benjamin Kaatz), inzwischen acht Jahre alt, heißt jetzt Daniel.

Elke ahnt nicht, daß Daniel das leibliche Kind Michaels aus seiner Liebesbeziehung mit Jelena ist. Eifersüchtig bemerkt sie die Vertrautheit zwischen der jungen Russin und ihrem Mann. Von Michael erfährt sie die Wahrheit über Daniels Herkunft erst, nachdem Jelena sie damit konfrontiert hat und vehement ihr Kind zurückfordert.

Unerbittlich stehen sich die beiden Frauen gegenüber – die leibliche Mutter, die sich mit ihrem Kind durch das »heilige Band des Blutes« verbunden fühlt, und die, die den kleinen

Boris-Daniel aufgezogen hat und liebt, als wäre er ihr eigenes Kind. Lange hat Michael versucht, diesen Konflikt zu vermeiden. Aber nun stellt er sich.

»Soweit die Geschichte.«

Gut, sagte Rolf, inzwischen nicht mehr ganz so euphorisch, aber was sei sein Part dabei?

Da gäbe es die Figur des Jonathan, eines Clochards, Rotwein-Philosophens und Märchenerzählers. Eine kleine Rolle nur, die zudem mit dem Tod ende. Aber Jonathan sei für den Daniel eine sehr wichtige Bezugsperson. »Wäre das was für Sie?«

»Schicken Sie das Drehbuch.«

Noch ehe die erste Klappe fiel, meldete die Presse, Rolf Ludwig spiele im TV einen »Penner mit Herz«, und weil er sich für diese Rolle einen Bart stehen lassen mußte, gab es auch das entsprechende Foto. Man hatte ihn, wie das in der Branche hieß, am Rande des Berliner Sechs-Tage-Rennens »abgeschossen«: Rolf Ludwig (72) gemeinsam mit dem Radprofi Olaf Ludwig (36), für den Rolf – obgleich weder verwandt noch verschwägert – laut Zeitung »schwärmte«. Zutreffend war: Er schätzte den Rennfahrer seit DDR-Tagen.

Gedreht wurde in Köln.

Für das Schlußbild wurde Rolf beziehungsweise der tote Jonathan in einer Kapelle aufgebahrt. Auf einem Marmorblock – zwischen weißen Lilien und brennenden Kerzen.

Unter dem Leichentuch ragten die Füße hervor.

»Herr Ludwig, das geht nicht«, meldete sich die energische Regisseurin zu Wort. »Ich muß Ihnen die Strümpfe ausziehen.«

»Nee, Frau Trotta, das geht auch nicht. Die Socken bleiben an. Ich friere immer.«

Margarethe von Trotta ließ sich nicht aufhalten und zog Rolf die Socken aus. Und dann, mit großer Geste, wickelte sie ihm ihren Kamelhaarmantel um die knochigen Füße – bis die Kamera und das Licht eingerichtet waren. Dann riß sie den Mantel vom Marmorsockel. »Und – Action!«

*Strickjacke selbst im Hochsommer – es ist immer kalt. Aufnahme vom 71. Geburtstag in Stoben auf Usedom, 28. Juli 1996*

Die Premiere des Films fand in München statt. Daran konnte Rolf schon nicht mehr teilnehmen, weil er erneut gesundheitlich schwer angeschlagen war.

Der Film wurde am am 3. Dezember 1997 zur Primetime in der ARD ausgestrahlt und hatte an die fünf Millionen Zuschauer – mehr, als Rolfs letzte Spielfilme zusammen.

Das letzte Bild von ihm, das die Zuschauer zu sehen bekamen, war eben jenes in der Kapelle. Wie er tot auf dem Block aufgebahrt lag. Als habe man gleichsam das Ereignis vorweggenommen.

Und dann gab es noch dieses Filmangebot aus Hollywood.

Im Sommer 1997 klingelte das Handy in Stoben. Rolf war unten am See und angelte. Ich drückte die Taste und meldete mich wie üblich. Eine Stimme mit unüberhörbaren Wiener Akzent verlangte Rolf. Der könne jetzt nicht, erklärte ich dem Anrufer, er dürfe auch mir sagen, was er wolle.

Er sei die Agentur Fleischhacker, die in Europa die Steven Spielberg Production vertrete.

O mein Gott, Hollywood am Handy, durchfuhr es mich. Treibt da jemand Schabernack? Ich blieb ruhig. »Ja, und?«

Mr. Spielberg plane einen Film über den Bürgerkrieg in Jugoslawien. Die Hauptrolle spiele Harrison Ford. Er suche noch die Besetzung für einen alten deutschen General, der bereits im 2. Weltkrieg gekämpft habe, aber aufgrund seiner Erfahrungen zum Humanisten und Kriegsgegner geworden sei und nun einen Blauhelmeinsatz leiten soll, erzählte der Agent. »Mr. Spielberg möchte gern, daß Rolf Ludwig diesen General spielt.«

Es seien 21 Drehtage für die Rolle vorgesehen, die Gage würde ungefähr 500 000 betragen, Dollar natürlich. Gedreht werde in Englisch. Und Herr Ludwig werde von zwei Coaches betreut.

»Notieren Sie bitte meine Telefonnummer, und geben Sie Bescheid wegen des Vertrages.«

Wir hatten ein paar schlaflose Nächte. Rolf gefiel die angebotene Rolle, diese Biographie sagte ihm zu. Doch er schreckte vor der englischen Sprache zurück. Und vor der physischen und psychischen Belastung. Er kannte vom Hörensagen die Hektik und den Streß am Set bei Hollywood-Produktionen. Andererseits lockte die halbe Million. »Damit kriegen wir unser Häuschen von grundauf saniert«, überlegte er laut.

Rolf telefonierte in den nächsten Tagen einige Male mit Wien.

Nach dem letzten Gespräch mit Spielbergs Agentur meinte er nur lakonisch: »Ich habe abgesagt. Manche Dinge kommen einfach zu spät im Leben.«

Wir haben nie wieder darüber gesprochen.

Anfang 1998, nach der zweiten überstandenen Lungenentzündung, zeigte mir der Arzt ein Röntgenbild mit einem erdbeergroßen schwarzen Fleck. »Das ist ein Karzinom«, sagte der Professor mit gewohnt geschäftsmäßiger Stimme, wie man so etwas in seiner Funktion eben häufiger sagte.

»Krebs?« fragte ich zurück und bekam ein Kopfnicken als Antwort.

»Und?«

*Rolf Ludwig, 30. März 1997*

»Nichts: und. Es ist zu spät. Wir können nichts mehr machen. Ich würde aber vorschlagen, es ihm nicht zu sagen.«

Nein, das werde ich ganz und gar nicht.

Auch das Rauchen würde ich ihm nicht mehr verbieten. Zwar hatte er seit 1995 das Trinken nahezu eingestellt, doch von den Zigaretten hatte er nicht gelassen.

Von nun an wußte ich: Der Horizont unseres gemeinsamen Lebens war in verflucht greifbare Nähe gerückt. Natürlich war mir spätestens seit 1994 bewußt, daß die Zahl unserer Tage endlich war. Dennoch zuckte ich, als ich nunmehr die Frist genannt bekam.

Irgendwie lief das Leben zwischen Theater und Wohnung dennoch weiter. Rolf spielte im »Biberpelz«, »Turm« und »Ithaka«, bestritt Lesungen und Matineen. Sein Auftritt in Klaus Pohles »Wartesaal Deutschland« sollte sein letzter Bühnenauftritt werden. Vier Personen, drei Frauen und ein Mann, resümierten in ellenlangen Monologen ihr Leben. Rolf sprach einen Malermeister, der erst im Osten, dann im

*Die letzte gemeinsame große Feier: der 50. Geburtstag von Gisela Ludwig, 1997*

Westen alles verlor. 38 Seiten Text! Er saß auf einer Bahnhofsbank in Chemnitz und erzählte. Da er inzwischen mitunter Textlücken hatte, griff Pohle zu einem hilfreichen Trick: Er drückte Rolf einen Fahrplan in die Hand, in dem er angeblich nach den Abfahrtszeiten der Züge sucht. In Wirklichkeit war es sein Text. Niemand merkte das. »9:42 ab, Ankunft in Leipzig 11:03 Uhr …«

Vermutlich lag es an meinem Wissen, daß ich schärfer als andere die stillen Veränderungen bei ihm bemerkte. Rolf schien ruhiger zu werden, besinnlicher, er kehrte zunehmend den Blick nach innen. Und auch in physischer Hinsicht schwand, für Außenstehende vielleicht unmerklich, seine Leistungsfähigkeit. Er war, seiner Kleidung am Abend entledigt, praktisch nur noch Haut und Knochen, wie man zu sagen pflegt. Mit dünnen Arme und Beinen saß der »Drache« daheim im Sessel.

Gegen Ende des Jahres schlug ihm Dieter Mann vor, den »Schwanengesang« neu zu inszenieren. Rolf hatte bereits in den 80er Jahren das zweistündige Einpersonenstück gespielt. Es war insofern eine Wiederaufnahme, doch der Text mußte neuerlich einstudiert werden. Alle Beteiligten, er eingeschlossen, waren sich bewußt, daß es Rolf Ludwigs letzte Rolle am Deutschen Theater sein sollte. Er stürzte sich in die Arbeit. Gemeinsam begannen wir den Text zu lernen. Das erwies sich als unproblematisch: Im Geist war Rolf unvermindert agil und konzentrationsfähig. Morgens brachte ich ihn mit dem Auto in die windige Probebühne des DT in der Nähe des Nordbahnhofs. Dort probte er täglich zwei bis drei Stunden. Danach holte ich ihn wieder ab. Er ruhte sich einige Zeit daheim aus, dann ging es zurück ins Theater, wo er spielte.

Ich merkte, daß ihn die Proben sichtlich anstrengten. Die Beine versagten zunehmend ihren Dienst. Dieter Mann schlug ihm vor, den Text sitzend zu sprechen, wie seinerzeit Bernhard Minetti oder Curt Bois. Das hielt Rolf für eine gute Idee.

Ich meldete meine Bedenken an. »Überleg dir das. Ich halte es für keine gute Idee. Die beiden waren über 90. Und trotz ihrer großen Stimme hatte das Ganze etwas Peinlich-Berührendes.«

Es müsse sein, entgegnete er. »Danach höre ich auf. Nur dieses eine Mal noch.«

Dieses stoische Beharren war mir in gewisser Weise verständlich. Er hatte wiederholt in der Vergangenheit Dinge aufgeschoben, die dann aus objektiven Gründen nicht mehr zu realisieren waren. Ihr Scheitern grämte ihn nachhaltig. Da war beispielsweise auch die nicht zustandegekommene Zusammenarbeit mit Erwin Strittmatter. Die beiden Männer mochten sich sehr. In den 60er Jahren sollte »Ole Bienkopp« verfilmt werden, Strittmatter wollte unbedingt Ludwig in der Hauptrolle. Der DEFA-Film kam nie zustande, weil Erwin Geschonneck angeblich interveniert hatte. Wenn einer diese Rolle spielen müsse, dann er. Ludwig sei viel zu jung. Zum 90. von Geschonneck habe ich ihn unter vier Augen gefragt, ob es sich damals so verhalten habe. Er bestätigte das mit einem sichtlichen Anflug von Trauer. Das Thema war unwiederbringlich erledigt, da war Trübnis durchaus angesagt.

Für Rolf war es nur ein schwacher Trost, daß er Strittmatters letztes Buch (»Vor der Verwandlung«) öffentlich las. Die inzwischen verwitwete Eva Strittmatter sollte den Epilog vortragen, doch weil sie erkrankte, übernahm Jutta Wachowiak ihren Part. Zwei-, dreimal lasen beide aus diesem wunderbaren Text, der ja letztlich auf das Sterben, den Abschied von dieser Welt zielte.

Nein, Rolf wollte, notfalls auch sitzend, den »Schwanengesang« bringen – komme, was da wolle.

Und als Laertes stand er in »Ithaka« von Botho Strauß auf der Bühne.

Es muß im November gewesen sein, als Dieter Mann bei mir zu Hause erschien und mich bat, mit Rolf zu reden. Er könne es nicht mehr mit ansehen, wie er sich auf der Bühne quälte. Er habe kaum noch die Kraft, sich auf der Schräge auf den Beinen zu halten, selbst der Stock, der ihn stützte, reichte nicht mehr aus, um die Gebrechlichkeit seines Trägers zu kompensieren. »Bitte, Gisela, red' mit ihm. Ich kann das nicht mehr ertragen – wie ich es als Kollege und Freund nicht übers Herz bringe, ihm den Auftritt zu untersagen.«

»Und was ist mit dem ›Schwanengesang‹?«

»Das werden wir schon irgendwie noch hinbekommen.«

Tage später lud Jaecki Schwarz zum Brunch in die »Deponie«. Er beging seinen 50. Geburtstag. Ich brachte wie immer Rolf morgens zur Probebühne.

In der Szene-Kneipe unter den S-Bahngleisen saß ich in unmittelbarer Nähe der großen Fenster. So sah ich, wie plötzlich und gänzlich unerwartet Dieter Mann mit ziemlich ernsten Gesicht das Lokal ansteuerte. Ich ahnte, daß irgend etwas mit Rolf passiert sein mußte, und stürzte auf die Straße hinaus.

»Ich habe die Probe abbrechen müssen«, erklärte Dieter Mann. »Es ist aus. Geht nicht mehr.« Er schien fassungslos, sich das Unabänderliche eingestehen zu müssen. Fast wirkte seine völlig richtige Entscheidung wie eine Schulderklärung. Das war sie nicht. Im Gegenteil.

*Lesung in der Kirche zu Benz zum 100. Geburtstag des Malers und Grafikers Otto Niemeyer-Holstein (1896-1984) – mit Inge Keller und Pfarrer Martin Bartels, dem Freund und Vertrauten Ludwigs*

»Wie hat er reagiert?«

»Völlig normal: Er hat geweint. Vor genau diesen Tränen habe ich mich gefürchtet.« Dieter Mann wirkte ratlos.

»Wo ist er jetzt?« erkundigte ich mich.

»In der Theaterkantine. Du solltest ihn abholen.«

Ich nickte stumm.

Mit fliegendem Atem erreichte ich das Haus in der Schumannstraße und stürzte in den Keller. Der war leer. »Wo ist er?« fragte ich die Wirtin.

Rolf sei vor etwa zehn Minuten gegangen, antwortete sie. Wohin könne sie aber nicht sagen.

In mir wucherte die Angst. Sie griff nach dem Herzen, umfaßte es wie ein Eisenring. Mir schien fast sicher, daß er in den Westteil der Stadt in irgendeine Kneipe gefahren war, um sich totzusaufen. Wenn man ihm das Theater nahm, nahm man ihm das Leben. Soweit kannte ich ihn, um zu wissen, wie tödlich ein solches Wort des Intendanten war. Und diesem war es auch bewußt. Deshalb hatte er mich unlängst ja auch als Bundesgenossin gewinnen wollen.

Ich lief nach Hause und wählte sämtliche mir bekannte Nummern durch. Nichts, nirgends war er eingetroffen.

Sollte ich schon die Polizei rufen?

Völlig verzweifelt legte ich wieder auf. Da klingelte das Telefon.

Es war Jaecki Schwarz.

»Sag mal, was telefonierst du denn? Ständig ist bei dir besetzt.«

So und so.

Vom anderen Ende der Leitung kam Gelächter. »Rolli sitzt hier bei mir in der ›Deponie‹ und fragt, wann du endlich kommst.«

Mir fielen der Mont Blanc und der Mount Everest von der Brust.

Und auch Rolf schien es so zu gehen, denn in den folgenden Tagen wirkte er entspannt, geradezu erleichtert. Als habe man ihm eine Last abgenommen. Er konnte morgens so lange schlafen wie er wollte, es gab keine Uhr, die ihn trieb. Keine Proben, keine Aufführungen, kein Textlernen. Vorbei.

Gleichwohl spürte ich bald, daß etwas nicht stimmte. Rolf lief auch früher nicht nackt durch unsere Wohnung, doch nun zog er nicht einmal mehr das Unterhemd aus, und in die Badewanne legte er sich auch nicht mehr.

Ich stellte ihn zur Rede. »Sag mal, hast du was?«

Er druckste herum und hob das Hemd. Ein zwanzig Zentimeter breiter Feuerreifen wand sich um die Hüfte.

Ich war entsetzt. »Weißt du, was das ist? Das ist eine Gürtelrose. Zwar noch nicht ganz geschlossen, aber immerhin. Du mußt doch Schmerzen ohne Ende haben?«

Er reagierte auf die Frage nicht und meinte nur, er wolle mich nicht auch noch mit seinen Krankengeschichten behelligen. Er hätte mir schon genug Sorgen und Ängste in den letzten Jahren bereitet.

Ich empfand seine Rücksicht wie ein Vertrauensbruch, der mich schmerzte. Waren wir nun verheiratet, hatten wir uns bisher nicht auch in schweren Stunden beigestanden?

*Sommer 1998*

Auch ohne medizinische Sachkenntnis war mir bewußt, daß dieser Ausschlag nicht nur Hinweis auf ein geschwächtes Immunsystem war, sondern auch psychosomatischer Reflex auf sein Theaterende. Die Erleichterung, die Rolf demonstrativ zur Schau trug, war gespielt. Seine Seele war tief verletzt.

Unsere Hausärztin kam fortan täglich und behandelte ihn. Sie machte mich vor der Tür darauf aufmerksam, daß diese Krankheit keine Lappalie sei und durchaus lebensbedrohlichen Charakter besäße.

Das war keineswegs zu übersehen. Rolf wurde immer stiller, wirkte in sich gekehrt, nahm kaum noch Nahrung zu sich. Er schlief zehn, zwölf, vierzehn Stunden. Ab und an verließ er das Bett, um zur Toilette zu gehen oder um sich auf das Sofa im Wohnzimmer zu setzen und eine Zigarette zu rauchen. Eines Tages, es war wohl Ende Februar 1999, schüttelte ihn ein heftiger Hustenanfall. Als er das Taschenbuch vom Mund nahm, sah ich das Blut.

Er drückte die Zigarette im Aschenbecher aus und sagte tonlos: »Das war's«. Dann erhob er sich und schlurfte ins Schlafzimmer zurück.

Ich rief in der Charité an. Innerhalb von Minuten kam der Krankenwagen und holte ihn ab.

Fortan hatte ich einen neuen Rhythmus. Mehrmals im Laufe des Tages fuhr ich in die Luisenstraße. Von Mal zu Mal fiel es mir schwerer. Aber ich wußte: Es muß sein. Auch wenn wir nicht miteinander sprachen und ich nur seine Hand hielt, spürte ich, daß er die seelische Berührung brauchte.

Eines Tages rief mich der Professor, ein Mann um die Vierzig, in sein Büro. Er sagte mir, was ich längst wußte. »Frau Ludwig, Ihr Mann stirbt. Sollen wir ihn hier behalten? Ich würde veranlassen, daß er ein Einzelzimmer bekommt. Oder möchten Sie ihn mit nach Hause nehmen?«

Was für eine Frage!

Rolf war von meiner Mitteilung, er werde entlassen, geradezu elektrisiert, und wollte mich sofort begleiten.

Am 15. März fuhr der Krankenwagen vor.

Daheim bat er mich, Thomas Langhoff, Dieter Mann, Martin Bartels und die Kinder anzurufen. Er sagte nicht, daß er sich von ihnen verabschieden wollte, doch eben dies war wohl der Grund, sie an sein Bett zu bitten. Zwischen meinen Telefonaten riefen inzwischen etliche Journalisten an, die mehr oder minder pietätlos anfragten, ob Ludwig noch lebe. Ihr Wunsch, als erste die Todesnachricht in die Welt hinauszuposaunen, war mir durchaus verständlich. Letztlich sprach dies für die Popularität von Rolf Ludwig. Nur Unbekannte sterben unbemerkt. Dennoch gingen mir die Nachfragen auf die Nerven.

Als erster erschien Thomas Langhoff. Ich ließ die beiden miteinander allein. Nach vielleicht 45 Minuten kam er aus dem Zimmer. Die Tränen, die er offenkundig bislang zurückgehalten hatte, rannen ihm nun ungehemmt die Wangen hinunter.

Als nächster verabschiedete sich Dieter Mann. Er kam schon nach zwanzig Minuten herausgestürzt. Als müsse er sich bei mir entschuldigen, meinte er, ich solle es ihm nicht übel nehmen: Er halte das nicht aus. Die nervliche Anspannung war ihm anzusehen. Wir drückten uns fest die Hand.

Pfarrer Martin Bartels, der von der Insel Usedom herbeigeeilt war, erwies sich als der Nervenstärkste. Die beiden blieben an die drei Stunden beieinander. Danach schien Rolf sichtlich entspannt, als sei er nun gleichsam bereit, den letzten Gang anzutreten.

Er lag still im Bett, die Augenlider nahezu geschlossen, und verdämmerte die Zeit. So also war das, wenn das Leben langsam aus einem Menschen floh.

Am Freitagabend kam auch Angelika Weiz mit Rolfs Freund Reiner Heise. Sie rutschte an der Wand zu Boden und sang, als sie sich wieder gefaßt hatte, mit leiser Stimme Gospels. Das war ihre Art, sich von Rolf zu verabschieden. Wir merkten nicht, ob er die Musik noch vernahm. Ruhig und ohne Reaktion lag sein Kopf auf dem Kissen. Geli hielt es auch nicht lange aus.

Samstag, 27. März, Welttheatertag.

Ich wurde am Morgen aus dem Dämmerzustand auf dem Sofa gerissen, als es nebenan polterte. Ich lief ins Schlafzimmer. Rolf war aus dem Bett gestürzt, offenkundig hatte er aufzustehen versucht. Ich hob ihn wieder hinein, ohne daß er auf meine Vorwürfe reagierte.

Völlig hilflos rief ich bei meiner langjährigen Freundin Marion Peters in Senftenberg an, einer Krankenschwester, die mir einmal angeboten hatte, sie zu benachrichtigen, wenn ich Hilfe brauchte. Jetzt benötigte ich diese. Sie traf gegen 11 Uhr ein, fast zeitgleich mit Rolfs Tochter, die sich die Hände vors Gesicht schlug, weil sie den Anblick ihres sterbenden Vaters nicht ertragen konnte. Katharina flüchtete heulend aus der Wohnung. Es war ihr 25. Geburtstag.

Rolfs Atem ging immer kürzer. Wir öffneten das Fenster, um die Frühlingsluft ins Zimmer zu lassen. Draußen piepsten die Meisen und tschilpten die Spatzen. Ich hatte Rolf untergefaßt, um ihm das Atmen zu erleichtern. Eine imaginäre Kraft schien ihn zu halten oder er sie. Er röchelte und krampfte.

»Du kannst loslassen«, sagte ich. »Laß dich fallen.«

Die qualvollen Minuten wollten nicht verrinnen.

Plötzlich fiel sein kleiner Kopf in meiner Armbeuge zur Seite, langsam wich der letzte Atem aus ihm. Es war, als schwebe gleichsam seine Seele hinaus aus dem Fenster. Nor-

*Letzte Aufnahme. Weihnachten 1998*

malerweise sind mir derlei metaphysische Feststellungen fremd, ich bin Materialist, spiritistische Eingebungen und Wahrnehmungen kannte und kenne ich nicht. Aber in diesem Moment traf es mich. Ich glaubte zu spüren, wie mit dem Leben alles Menschliche, was ihn ausgemacht hatte, aus dem Körper ins Freie wich. Zurück blieb nur die materielle Hülle. Das war nicht mein Rolf, was da in meinen Armen lag.

Es wurde still.

Draußen zog sich ohne Ankündigung der Himmel zu. Ein Frühlingsgewitter mit Blitz und Donner prasselte auf Berlin hernieder.

Ich weiß, mit dieser Mitteilung provoziere ich Skepsis: Das wäre der Inszenierung zuviel. Doch es gibt Zeugen, die das zehnmütige Naturschauspiel bestätigen können. Susanna kommentierte nur: »Mama, das ist er. Ohne Theaterdonner macht er's nicht.«

So rasch, wie es begonnen hatte, endete das Gewitter auch.

Rolfs Sohn Andreas und dessen Frau gingen betroffen.

Wir Frauen – meine Tochter Susanna, Marion und ich – zogen uns verstört und heulend ins Wohnzimmer zurück.

Rolf war von seinen Schmerzen und Leiden befreit. War das nicht Grund genug, sich darüber mit ihm zu freuen?

Erst anderentags tätigte ich die notwendigen Anrufe. Das Bestattungsunternehmen kam. Das alles managte meine tapfere Tochter. Ich war dazu nicht in der Lage.

Ich sah seinen Abdruck auf dem Kopfkissen, das zerwühlte Bettlaken. Rolfs letzte Spuren in unserer gemeinsamen Wohnung. Auch wenn ich mich eigentlich jahrelang auf diesen Augenblick vorbereitet hatte, selbst dadurch, das ich das Unabänderliche fortgesetzt verdrängte, so zerriß es mich dennoch, als es geschah. Der Mensch schützt sich vor Wahrheiten am besten nicht mit der Lüge, sondern mit der Ignoranz. Es gibt keinen wirksameren Schutz. Doch der erlischt augenblicklich, wenn die Realität in diese Schutzzone einbricht. Etwas Realeres als den Tod gibt es nun mal nicht.

Mich erreichten in der Folgezeit viele tröstende Anrufe und Schreiben. Den stärksten Eindruck hinterließ ein Telefonat aus Jerusalem. Rolfs Freund und Kollege Fred Düren meldete sich. Die beiden hatten sich am Grabe von Klaus Piontek zum letzten Male getroffen. Wissen Sie, liebe Frau Ludwig, wir Menschen müssen zweimal durch einen dunklen Tunnel, um ans Licht zu gelangen. Zum ersten Mal bei unserer Geburt, dann erblicken wir das Licht der Welt. Und zum zweiten Male, wenn wir sie verlassen. Danach erblicken wir das Licht der Herrlichkeit und der ewigen Freiheit. Rolf ist nunmehr frei, erlöst von seinen Leiden.

Aus Düren sprach der Rabbiner. Und er tat es mit beruhigender, angenehm gelassener Stimme. Allein die Tonlage wirkte wie Öl, sie glättete den aufgewühlten Ozean meiner Gefühle. Er sprach und streichelte ohne Aufdringlichkeit und aufgesetztes Pathos meine wunde Seele.

Das Deutsche Theater, seine jahrzehntelange Heimat, richtete eine berührende Trauerfeier aus. Die Bühne war hell ausgeschlagen, über die Drachenköpfe waren lose Rosen gestreut, Szenenfotos und Porträts. Thomas Langhoff hielt eine zu Herzen gehende Rede, anscheinend aus dem Stegreif, Dieter Mann sprach einen Text von Wolfgang Borchert.

Eberhard Esche, der sich zunächst meiner Bitte verweigert hatte, die Trauerrede zu halten, tat dies dann doch. Er hatte sie, wie ich meinte, schon vorbereitet, denn einen Text mit dieser Tiefe und Weite schreibt selbst ein »Ebi«, der für seine letzten Worte an Gräbern berühmt ist, nicht über Nacht.

Einige Zeit später versammelten sich etwa hundert Freunde und Verwandte auf dem kleinen Dorffriedhof zu Benz auf Usedom, um die Urne mit Rolfs Asche der Erde zu übergeben. Die Urne, dunkelblau mit goldenen Sternen, erinnerte an den Flieger Antoine de Saint-Exupéry, aus dem »Kleinen Prinzen« hatte Rolf in den Kammerspielen des DT mit Liebe und Inbrunst gelesen. Pfarrer Martin Bartels, sein Freund, obgleich bereits Rentner, ließ er es sich nicht nehmen, am Familiengrab, in dem Rolfs erste Frau und auch seine Mutter bestattet worden waren, die Abschiedsworte zu sprechen.

Rolf hatte vor Jahren die Grabplatte vorbereitet, sie trug bereits seinen Namen. Damit hatte er seinem Wunsch, hier und nicht in Berlin seine letzte Ruhe zu finden, nachdrücklich Ausdruck verliehen. Den Platz neben der Ruhestätte von Otto Niemeyer-Holstein, der in ihm die Liebe zu Usedom weckte, war mit Bedacht gewählt.

Bartels tröstete. »Seien wir nicht traurig, daß wir ihn verloren haben. Seien wir glücklich, daß wir ihn hatten.«

Mit Freunden flüchtete ich anschließend nach Italien, um Abstand zu gewinnen. Das gelang nicht. Ich hatte das Liebste verloren. Der blaue mediterrane Himmel konnte darüber nicht hinweghelfen. Ich litt und fand abends nur schwer in den Schlaf.

In den nächsten Monaten ordnete ich alle Unterlagen, die man gemeinhin als den Nachlaß bezeichnet: Briefe, handschriftliche Aufzeichnungen, Text- und Drehbücher, Bücher mit Widmungen, Zeitungsbeiträge, Fotos, Verträge etc., all das, woraus später die Wissenschaft ihr Wissen bezieht. Die Akademie der Künste interessierte sich dafür. Rolf Ludwig hatte nicht nur 50 Jahre auf der Bühne gestanden, davon die meiste Zeit am vermutlich bedeutendsten deutschsprachigen Theater. Er galt, zu Recht, als großer Volksschauspieler.

Die symbolische Übergabe erfolgte im Deutschen Theater. Zum ersten Mal in meinem Leben stand ich auf jenen Brettern, die Rolf mit seinem Schweiß getränkt hatte und die ihm in jeder Hinsicht die Welt bedeuteten. Und hielt eine Rede. In der Nacht zuvor hatte ich vor Aufregung kein Auge geschlossen. Ich fürchtete unter dieser Bürde fast zu ersticken. Aber, so redete ich mir ein, das bin ich Rolf schuldig.

Als ich gesprochen hatte und der Beifall verrauscht war, wußte ich: Jetzt ist Rolfs Leben endgültig abgeschlossen.

Und ich hoffte, daß er, wenn er mich denn von seiner Wolke dabei beobachtet hatte, im großen und ganzen mit mir zufrieden war.

*Für Gisela,*
*Katharina und Andreas*

## DRINK 'MER NOCH Ä' DREPPCHEN IM »DREPPCHEN«

Ich stoße die Tür auf. Zwergenland. Alles scheint mir ganz klein, ganz eng. Da steht noch der Tresen, davor das massige Billard. Am Fenster der Vierertisch, und in der Ecke der alte Kachelofen. Ich kneife meine Augen ganz fest zu …

Da erscheint im Türrahmen ein dunkelhaariger, langbeiniger Knabe in kurzen Hosen und Kniestrümpfen (von Mutter ab 17 Grad Celsius gestattet!), eine Bierkanne in der Hand. Das Gesicht des Zehnjährigen besteht nur aus Augen, aufmerksamen, graublauen Augen. Der Wirt weiß schon Bescheid. Vom Hahn zischt das Bier blumig in den Glasbauch der Kruke. Ein angenehmes Geräusch, das der Junge zeitlebens als wohlig empfinden wird. Der Porzellanproppen mit der Gummidichtung wird auf den Kannenhals gepreßt. Bloß nicht zu sehr schütteln, mein Junge! Der nickt. Draußen wird er den Verschluß lösen und probieren, ob beim Herumschleudern der Kanne ein Tropfen Bier entwischt …

Ich halte die Augen noch immer geschlossen und höre direkt dieses leicht dumpfe, hölzerne Aufeinanderprallen der Billardkugeln. Und wie die Männer sagen: »Nu, da had dr Ludewich-Richard widr deschtsch zugelangt!« Der Junge beobachtet die stockbewehrten Männerschatten durch sein Himbeerlimonadenglas. Er ist stolz auf seinen Vaddel, diesen gedrungenen und trinkfesten Steindrucker, der sich mit dem Queue die »Pfenge« für sein Feierabendbier erstößt. Damit spült er den Staub aus dem Schlund, wie es seine Vorfahren getan haben und deren Vorfahren. Der Vater, Steinmetz Wilhelm August Friedrich Siegfried Ludwig; der Großvater, Steinmetz Wolfgang Heinrich Gustav August Ludwig; der

Urgroßvater, der – nee, der soff quasi von Berufs wegen. Auf dem Friedhof im niederschlesischen Bunzlau ist wertungsfrei in den Grabstein gemeißelt: »Hier ruht Friedrich Wilhelm August Gustav Heinrich Ludwig, Hochzeitsbitter.« Eine Profession, die ihn nur 36 Jahre alt werden ließ und heute dank Eheanbahnungsinstituten, Kontaktanzeigen und allgemeiner Sittenlosigkeit ausgestorben ist. Als Kuppelbruder zog der Hochzeitsbitter seinerzeit über die Dörfer und brachte die Frau an den Mann oder umgekehrt. Ob das Geschäft klappte oder nicht – ein Grund zum Schnäpschen war es allemal. Dieser Urahn jedenfalls infizierte den Stammbaum der Ludwigs so nachhaltig mit dem bacchantischen Virus, daß es selbst noch mich – den Ururururenkel – danach drängte, einen durstintensiven Beruf zu ergreifen. Ich wurde Schauspieler!

Nun hocke ich 1994 wieder im »Dreppchen«, in der Dobritzer Straße, draußen in Dresden-Leuben. Das hat nischt mit einer Treppe zu tun. Es ist Babbelsächsisch. Die Kneipe hieß und heißt »Das Tröpfchen«. Die Erinnerungen überfallen mich jäh. Ist das alles wirklich schon sechzig Jahre her …?

Da gibt es einen in dem Billardquartett, der sagt, er sei ein Zauberkünstler. Er könne die Kugel spurlos verschwinden lassen! Darauf stopft er sich das rote Ding in den Mund, verrenkt sich den Kiefer – und bekommt die Kugel nicht mehr raus. Er würgt, keucht, läuft schon blau an und bringt das verdammte Ding nicht raus. Das Mitgefühl seiner Sportsfreunde erschöpft sich in der Aufforderung: »Mach geen Geiggel, gib de Guchel naus!« Das ist meine erste Begegnung mit dem menschlichen Spieltrieb, der offenbar stärker ist als der Rettungstrieb.

Vom »Dreppchen« sind es rund anderthalb Kilometer bis zur Siedlung, bis zu unserer Wohnung in der Lilienthalstraße 17. Rundherum heißen alle Straßen nach irgendwelchen Erfindern: Aber weder Reis, Stevenson noch Guericke sollen einmal einen solchen Einfluß auf mein Leben gewinnen wie dieser Lilienthal, der tollkühne Otto mit seinem Gleitflugzeug. Zunächst aber sitze ich noch mit der Bierkanne auf meinem Fahrrad, das wie Karl Mays feuriger Mustang »Gavina« heißt.

Neben mir reitet verwegen mein Schulfreund im Fahrradsattel von »Ri«, dem Gaul aus einem der unzähligen Orientfilme, die wir Sonntag für Sonntag zum Preis von zwanzig Pfennigen gierig in uns aufsaugen. Tom Mix. Dick und Doof. Charlie Chaplin. Und später Rühmann, Lingen, Moser, na klar, – und Louis Trenker. Den rufenden Berg – ich hab nie verstanden, wieso ein Berg rufen kann – sehe ich zigmal. Wie sich der Trenker in den Fels krallt, mit den knochigen Fingern …

Wir radeln mit der Bierkanne am Lenker an unserem Gartenparadies vorbei, einer mickrigen Klitsche mit Holzlaube. Hier erntet meine Mutter auf eigener Scholle Kartoffeln, Erdbeeren und Wachsbohnen. Ich hasse dieses Schreberland aus voller Seele mitsamt seinem Unkraut, das zu jäten ist, und seinen Beeten, die ständig zu gießen sind. Versöhnlich mit dem Laubenpieperdasein stimmen mich nur unsere sommerlichen Familienfeste mit Napfkuchen, echtem Bohnenkaffee, reichlich Bier und Brause. Zu Geburtstagen versammeln sich bis zu dreißig und fünfzig Leute. Vater hat allein schon sieben Geschwister. Sie saufen, rauchen und politisieren, sie sind Linke und Rote, manche auch bloß Rosarote. In Erinnerung ist mir nachhaltig bis heute nur Onkel Gust, ein parteiloser Kommunist wie mein Vater, der immer was zum Besten gibt und auch ganz passabel dichtet – für den Hausgebrauch. Sehr beeindruckt hat mich das strophenreiche Epos »Dreizehn Kinder und kein Weihnachtsbaum!« Das sagt schon ein bißchen was über die sozialen Verhältnisse im Ludwigschen Clan. Wenn mein Vater einen in der Krone hat, dann parodiert er Hans Moser fast perfekt. Die Männer dreschen Skat, die Damen spielen manchmal Karten. Meine Mutter siegt häufig, denn sie trainiert wöchentlich als ordentliches Mitglied in einem Doppelkopf-Verein. Sonst meiden meine Eltern Vereine und Parteien, eine Weisheit, die ich mir auch aneigne. Was nicht heißt, daß man politisch ohne Standpunkt bleiben sollte. Und schon gar nicht, daß ich mich raushalte!

… Da kommt schon der Redakteur von diesem Fernsehsender ins »Dreppchen«. Er pocht auf die Uhr. »Wir müssen,

Herr Ludwig.« Weiter, weiter. Sie drehen das umfassende Porträt eines Volksschauspielers. Zunächst Kindheit und Jugend. Um die Ecke ist noch das rote Backsteingebäude mit Kasernencharme, eine achtklassige Volksschule für Knaben war das mal, die 66. Dresdens. Damals erschien der Schulweg mir endlos, heute ist es nur ein Katzensprung von der Siedlung in Dresden-Leuben. Mein Klassenzimmer. Ich betrat es damals mit einem Jahr Verspätung, denn ich sprach kein Wort Deutsch, nicht mal Sächsisch ... Wie beginne ich meine Erinnerungen? Vielleicht mit den Worten: Und alles begann so ...

## ICH BIN EIN DREIMONATSKIND

Spielzeug besitze ich kaum. Statt eines Kuscheltiers aus Plüsch knuddele ich eine schmutzigrosafarbene Wolldecke, die ich »fine filten« nenne. Das ist schwedisch. Bis zu meinem vierten Lebensjahr verstehe ich nur diese Sprache, denn das vielgerühmte Licht der Welt erblickte ich als Sonntagskind am 28. Juli 1925 in Stockholm. Legitim werde ich sozusagen auf den letzten Drücker, denn die Eheurkunde meiner Eltern ist auf Ende April datiert. Da hat es das »Fröken Emmi Martens«, meine Mutter, endlich geschafft, den Richard Hermann Heinrich Ludewig aufs entsprechende Amt zu bugsieren und ihm das Ja-Wort abzutrotzen. So komme ich denn auch als ein Ludewig auf die Welt, Ludewig mit »e«, denn Vater ist der Meinung, daß ein Vorname kein Nachname sein könne, und in Schweden nimmt man das alles wohl nicht so genau. Ich habe später enorme Mühe, dieses hinzugeschummelte »e« wieder loszuwerden.

*Der zwei Jahre alte Rolf Erik in einem Stockholmer Park*

Vater betreibt damals unten im anrüchigen Hafenviertel eine kleine Pension mit Restaurantbetrieb. Er ist zwar Inhaber des Etablissements, aber er zapft am Bierhahn sozusagen in höherem Klassenauftrag und für eine gute Sache, die man später mal »die gerechteste der Welt« nennen sollte … Bezahlt wird die Kneipenmiete von der Dresdener Kommunistischen Partei Deutschlands, die den nichteingeschriebenen Genossen Ludewig in geheimer Mission nach Skandinavien entsandt hat. Die Anwohner des Quartiers – Nutten, Zuhälter, Dockarbeiter, kleine Kaufleute, Fischhändler – ahnen nicht, daß der untersetzte, kurzbeinige Deutsche nur als Gastwirt getarnt ist. Er hat einen schwedischen Koch angeheuert, versteht es, gesellig mit den Kneipenbesuchern umzugehen und ist im übrigen sein bester Gast. Was Vater in seinen ersten Schwedenjahren in Stockholm erledigte, hab ich nie erfahren. Es ging wohl um Geld, das über die Inflationsjahre gerettet werden sollte. Irgendwelche Kontakte knüpft er jedenfalls, schließt auch bedeutende Bekanntschaften. Fast dreißig Jahre später, ich bin schon am Berliner Metropol-Theater engagiert, tauche ich mal überraschend bei den Eltern in Leuben auf, da macht Mutter ein enorm wichtiges Gesicht. »Besuch!« Sie schiebt mich ins Wohnzimmer. Der Raum ist völlig verqualmt. Als sich meine Augen an den Rauch gewöhnt haben, erblicke ich wie im Nebel auf unserem Sofa – Herbert Wehner. »'n oller Bekannter!« brubbelt mein Vater.

Je näher das Jahr 1930 jedoch rückt, desto mehr verändert sich das Äußere der Logiergäste unserer Familienpension. Die Herren und Ehepaare werden eleganter, tragen feine Tuchanzüge, pelzbesetzte Mäntel, Schmuck und bildreiche Familiennamen wie Rosenzweig, Goldstein oder Mandelstam. In Vaters hafennahen Fremdenzimmern warten sie auf ihre Schiffspassage nach Übersee – manchmal auch auf schwedische Reisepässe. Ich liebe die Amerika-Reisenden sehr. Sie haben dicke Brieftaschen, zahlen reichlich Trinkgelder und schenken mir Bonbons.

Abends, wenn sie mit Vater ordentlich einen gekümmelt haben, sagen sie: »Richard, hol mal deinen Kleinen. Wir wollen das Sechs-Tage-Rennen sehen.« Dann stellt Vater mein Dreirad auf den Billardtisch, setzt mich mit meinem kurzen Nachthemd drauf, und ich drehe in der Bande mehrere Runden. Meine blonde, fröhliche Mutter lacht dazu beim Servieren. Dann nehmen die netten Onkel mich an die Hand und gehen mit mir zum Schokolade-Automaten. Wieder eine Lehre: Sich abzustrampeln bringt was ein!

Der Kalender zeigt das Jahr 1929. Daß die Pension eine Art Durchgangsquartier für vorausschauende Juden ist, die in Deutschland bereits zu diesem Zeitpunkt die braune Macht heraufdämmern sehen, erfahre ich erst Jahrzehnte später.

*Ein »Herrenabend« mit Vater Ludwig in Stockholm, 1927*

Merkur muß nicht gerade als Pate an Vaters Wiege gestanden haben, als Gewerbetreibender ist er – gelinde gesagt – unbegabt. Ohne die freundliche, leicht kokette Aura meiner umsichtigen und ziemlich hübschen Mutter wäre die Gastwirtschaft wohl noch rascher im Ruin geendet. Sie hat die Gabe, im Stillen zu wirken und meinem Vater den Eindruck zu vermitteln, er allein habe alles fest in der Hand …

Es begann mit einer Zeitungsannonce, die der ehemalige schwedische Botschafter in Deutschland in einer Hamburger Zeitung aufgegeben hatte. Darin suchte er ein deutsches Mädchen für den Stockholmer Haushalt – eine Servitresse. Fräulein Martens, 1902 in Lübeck geboren, Halbwaise, ohne

Beruf, las das Inserat und überlegte nicht lange. Mit der sprichwörtlich und wortwörtlich bösen Stiefmutter hatte sie sich soeben überworfen, an ihrem wortkargen Vater – einem Maurer, der meines Wissen im Leben immer nur die vier Worte sagte: »Guten Morgen, wie geht's?« – hing sie nicht sonderlich. Emmi Elisabeth hatte in Deutschland nichts mehr zu verlieren. So löste sie heimlich ein Schiffsticket und ging in Travemünde ohne Abschied und Tränen an Bord, um den Botschafterkindern jenseits der Ostsee das wenige Deutsch beizubringen, das sie in der Volksschule erworben hatte. Ein frühreifes Au-pair-Mädchen. Blondlockig, vollbusig, blutjung ... und lebenslustig. Aber mit wem sollte sie sich unterhalten? Im Sinne von sprechen natürlich. So hörte sie dann von dem deutschen Wirt unten am Hafen, und eines Tages stand sie vor Vaters Tresen – siebzehnjährig. Da hat der Richard wohl sofort vergessen, den Zapfhahn zuzudrehen. Seine Augen und das Bier quollen über, Emmi wischte die Bierlache auf und blieb – den Abend, die Nacht über und ein Leben lang bei Richard, dem sechzehn Jahre älteren Mann. Ein Groschenroman ist nischt dagegen ...

Mit Nachwuchs lassen sich die beiden Zeit. Ein Wunschkind bin ich nicht gerade, mein Vater hat von kleinen Bälgern die Nase voll. Seine Kindheit und Jugend bestand nach dem frühen Tod meines Großvaters ausschließlich aus »sich kümmern« – er putzte sieben Geschwistern die Nase, schmierte täglich Dutzende Stullen, schinderte im Haushalt. Ich glaube fast, meine gewitzte Mutter hat ihn mit mir überlistet. Durchaus möglich, daß sie ihn sogar dazu brachte, ein besonders stolzer Vater zu sein ...

Ich fahre viel später mit dem Deutschen Theater und der Volksbühne dreimal zu Gastspielen nach Skandinavien. Bin auch unten am Hafen gewesen. Das Viertel ist jetzt ein bißchen szeneträchtig. Zwei Häuser von unserem entfernt wohnte der weltbekannte Autor Peter Weiss. Das kleine Hotel steht noch, hat noch immer unten einen Schankraum, die leichten Mädels hinterm Pausenkaffeetopf und die schweren Jungs am Stehtisch. Ich hab nichts wiedererkannt; der Wirt war nur mäßig interessiert an meiner Hafenkneipenkindheit. Ich bin eben keen oller Schwede, ich bin een oller Saggse!

Meine früheste Kindheitserinnerung ist die Schiffsüberfahrt 1930 nach Hamburg. Wir kehren nach Deutschland zurück: eine junge Frau, ein im Parteiauftrag gescheiterter Gastwirt und ein schwedisch plappernder und greinender Bengel nebst Koffern, Seesäcken, ebenholzschwarzgebeiztem Mobiliar und einer altrosafarbenen Knuddeldecke, die der Kleine »fine filten« nennt.

## UM KNOPF, KOPF UND KRAGEN!

Da sind wir also in der Vorstadt gelandet. Dresden-Leuben, die Arme-Leute-Siedlung, Proletenbehausungen. Dreistöckig mit Parterre. Grauer Putz. Damals sogar fast Neubau. Eine größere gute Stube und ein halbes Zimmer, in dem die Eltern schlafen. Dazu eine winzige Küche, vielleicht acht Quadratmeter, mit der einzigen Wasserquelle, einem emaillierten Ausguß. Darüber waschen sich die Männer. Mutter benutzt eine Steingutschüssel und einen ebensolchen Krug. Wannenbäder nehmen wir wöchentlich in der Badeanstalt. Eine schmale Zelle, in der das Toilettenbecken steht. Auf diesem Klo wäre ich beinahe mal erstickt. Mein Vater raucht die ewige Zigarre und pustet mit seinem schiefen Mund den Qualm aus der schmalen Luke zur Straße raus. Jeder Mensch hat ja zwei unterschiedliche Gesichtshälften, aber mein Vater hat wirklich beachtenswert schiefe Lippen. Dadurch wirkt seine Miene immer wie ein Pokerface. Was hat der sich darüber geärgert, besonders beim Rasieren! Für das Zigarrerauchen hingegen ist der herabhängende Mundwinkel wohl von Nutzen. Vater quarzt immerzu. Ich sitze auf dem Klo. Aus einer Klappe im Schornsteinzug strömt Kohlenmonoxid in das Kabäuschen, und ich kippe hinter Vaters Rücken ab. Einfach um. Weggesackt. Meine Mutter quetscht eine große Zitrone aus, preßt mir den Saft in den Mund. Und holt mich ins Leben zurück …

Ich weiß nicht, ob mein Vater während dieser Aktion sein Rauchen unterbrach. Er ist nicht sehr zärtlich oder herzlich zu mir. Dafür aber ungeheuer knickrig, geizig wie die Nacht. An einen geschenkten Lederfußball ist gar nicht zu denken.

Die Konfirmation zum Beispiel. Für Vater ist sie in erster Linie eine unnütze Geldausgabe. »Von wegen dunkler Anzug, neues Hemd und so, mein Langer, kommt gar nicht in die Tüte, nicht in die Tüte! Wolln mal gucken. Du mußt was haben, was du auch für die Lehre nehmen kannst.« So kauft er mir bei Peek und Cloppenburg Knickerbocker. *Knickerbocker!* Für die Kirchenbank in der Himmelfahrtskirche zu Dresden-Leuben! Solche Buxen kann Heinz Rühmann tragen, aber doch nicht ich! Alle Konfirmanden stehen in der Reihe: schwarze Anzüge, blütenweiße Hemden, Binder. Und mittendrin ich mit hellen Knickerbockern und langen weißen Socken. Die habe ich, um wenigstens etwas lässig zu wirken, runtergelassen, wie wir es beim Fußball mit den Stutzen machen. Aber dadurch kommen meine O-Beine nur noch mehr zur Geltung. Meine Ohren sind knallrot vor Scham, und ich könnte meinen Vater erwürgen. Selbst Pfarrer Kaiser guckt ganz mitleidig, obwohl ich ihm im Konfirmandenunterricht mal eine Lunte bis unter den Stuhl gelegt und gezündet habe. Das gab einen Knall, daß sich der Gottesmann dem lieben Gott für einen Moment ganz nah gefühlt haben muß! Ich habe keine Ahnung, daß Pfarrer Kaiser illegal im Widerstand arbeitet, wofür ihn die Nazis später hinrichteten.

Also der Geiz ... Ich hole Vater öfter von der Straßenbahn ab, wenn er von der Arbeit heimkommt. Nicht, weil ich ihn so liebhabe, nee, an der Haltestelle ist eine Eisbude. Original Italienisches Eis aus Sachsen! Und für ein Fünf-Pfennig-Eis gehe ich meilenweit! In der Straßenbahn sitzt Vater immer auf demselben Platz. Der ganze Wagen kann sonst leer sein, ist sein Stammplatz besetzt, guckt er den »Besetzer« grimmig an und bleibt stehen!

Steigt Vater mit seiner abgewetzten Tasche aus der Bahn, lecke ich mir schon die Lippen. Die blauweißrote Eisfahne flattert im Wind. Dann beginnt die Qual! Fast eine Viertelstunde dauert es, bis Vater seine Geldbörse aus der Hosentasche gepolkt hat, dann wühlt er Lichtjahre im Münzfach herum – Himmel, er hat doch gar nicht soviel Kröten! – und fingert endlich ein Fünfpfennigstück heraus. Fehlt bloß noch, daß er mich danach hüpfen läßt. Es ist nicht Sadismus, es ist schierer, stinkender Geiz!

Und dann folgt, bevor ich zur Eisbude flitzen darf, meist diese eine Kriegsgeschichte, die ich erst sehr viel später gründlich begreifen werde, 1944. Denn im Portemonnaie trägt Vater, als Talisman sozusagen, den Knopf einer Uniform-Kragenbinde herum. Wie oft habe ich den in der Handfläche gedreht! Der Kragenknopf rettete meinem Vater das Leben, als es im Grabenkampf vor Verdun um Kopf und Kragen ging. Vier Jahre Gasalarm! Giftgas! Mein Vater hat aus dem Ersten Weltkrieg einen Dauerschock mitgebracht, den er nur zeitweise wegdrücken kann. An dem Knopf war die Kugel eines Franzosen abgeprallt, der in einem Bombentrichter kaltblütig auf den Gefreiten Richard Ludwig abgedrückt hatte. Der andere war eben schneller als der Deutsche. Die Kugel drang in die Schulter ein und blieb im Rücken stecken. Ich darf als Kind voller Bewunderung zaghaft über den kleinen Huckel auf Vaters Buckel streichen, ohne daß er dabei Schmerzen hat … Nicht mal zehn Jahre später bekomme ich in Holland meine eigene Kugel. Da hilft mir keine Kragenbinde … Damals an der Straßenbahnhaltestelle aber interessiert mich an der ganzen Kriegsgeschichte nur das nachfolgende Eis: Schoko-Vanille-Erdbeer. Für'n Fünfer!

## ZEHN IGEL UND EINE MATHEMATISCHE ALLERGIE

Länger als fünfzig Jahre leben meine Eltern zu zweit und später die Muddel allein in der Lilienthalstraße. Sechsundzwanzig Mark und zwanzig Pfennige Miete: Reichs-, Renten- und Mark der DDR. Bis zu Mutters Umzug nach Berlin 1985 unverändert. Der »Komfort« der Liliputwohnung bleibt allerdings auch unverändert.

Ich mache mir in den dreißiger Jahren über die Wohnung keine Gedanken, ich habe andere Sorgen. Liege ich abends unter meiner Schmusedecke, dann kommen sie – diese Gesichter, die ich überall sehe: in der Gardine, im Teppichmuster, in der Holzmaserung am Schrank. Ich habe eine blühende Phantasie und Angst vor der Dunkelheit, meine Eltern hingegen vermeiden es hartnäckig, das teure elektrische Licht brennen zu lassen, wenn sie abends ins »Dreppchen« abschwirren. Sie schließen die Wohnungstür zu und lassen mich allein mit den Gesichtern. Nun ja, es sind ja auch freundliche darunter, die meisten aber grinsen bedrohlich.

Es ist wie eine Sucht, daß ich meine Gedanken wandern lasse.

Ich glaube, ich bin zehn und im Leubener Fähnlein Yorck. Die Jungvolk-Pimpfe aus Laubegast gehören zum Fähnlein Gneisenau, die aus Dobritz zu Scharnhorst. Wir sind Yorck, das klingt für mich großartig, immer so nach New York. Nur knirschend gibt mein Vater sein Einverständnis, daß ich da mitmache. Alle machen mit. Ich habe ihn gebettelt – wegen des Fußballs. Mutter meint, es fiele so sehr auf, wenn ich mich als einziger ausschlösse. Was sollen sie tun? Als Jungvolk fahren wir mit dem Blut-und-Ehre-Dolch, dem Schulterriemen, der Uniform und dem Zug in ein Zeltlager bei Hirschberg, Richtung Sudetengau. Da gibt es Geländespiele und Graupen, Marmeladenbrote und Militärübungen – aber auch einen Erzählerwettstreit am Lagerfeuer. Natürlich melde ich mich. Wir kauern alle im Schneidersitz. Man bekommt eine gewisse Zeitvorgabe. Ich hebe an: eine Höhlengeschichte mit tapferen Knaben, die natürlich einen Schatz suchen und ihn einem Ungeheuer abtrotzen müssen. Sie haben den Schatz noch nicht mal gesehen, als das Stopzeichen kommt. Da schreit das ganze Lager: »Weiter! Weiter! Weitererzählen!!!« Ich habe den ersten Preis gewonnen, für mich und für Yorck! Wenn man mich nicht auf die Zeltpritsche getragen hätte, säße ich wohl heute noch bei Hirschberg und schwafelte … Die Phantasie.

Um Ausreden war und bin ich bis heute nie verlegen. Aus einer Mücke wird bei mir eine trompetende Elefantenherde. Einmal, ich bin vielleicht elf, habe ich mich mit Freunden tüchtig vertrödelt und komme erst im Dunkeln nach Hause.

Meine Mutter tobt wegen des kalten Abendessens und der bangen Warterei. Wie sie besänftigen? Da fällt mir der Igel ein, den ich Tage zuvor am Bahndamm gesehen habe. Ein einzelner Igel! Und ich erzähle meiner Mutter, während die sich, immer interessierter zuhörend, an den Küchentisch setzt, von einer – sage und schreibe – zehnköpfigen Igelfamilie: Vater Igel, Mutter Igel und acht klitzekleine Igelkinder, die kreuzgefährlich in Gleisnähe herumkrochen. Wenn ich sie nicht behutsam – alle zehn! – umgesetzt hätte, wären sie womöglich unter die Räder gekommen. Natürlich dauert so ein Igelmassentransport seine Zeit, und da kann man eben auf den eigenen knurrenden Magen keine Rücksicht nehmen. Da muß sie lachen, hat mich natürlich durchschaut! Aber der Ärger ist weg. Auch in meiner Ehe und Familie gelten originelle Ausreden stets als akzeptabel.

Für solche kniffligen Situationen beherrsche ich schon als Kind eine Art Selbstsuggestion. Ich bin als Acht- oder Neunjähriger mal einem Fußball hinterher und in ein Auto gerannt, offenbar in das einzige, das in Leuben herumfuhr. Mir lief Blut aus dem Kopf, doppelter Schädelbruch. Es bleibt was zurück! Noch lange habe ich plötzliche Schwindel- und Migräneanfälle, die ich mitunter – besonders in der Schule – kultiviere.

Eigentlich bin ich ein ganz guter Schüler. Deutsch, Rechtschreibung, Geschichte Eins, Sport sogar Eins A. Auf den Zeugnissen steht was von »leichter Auffassungsgabe« und »bei mehr Fleiß könnte er ...«, aber vor allem liest man regelmäßig »Rolf ist schwatzhaft«. Ich könnte das Glanzfoto eines »deutschen Jungen« sein, nur bin ich nicht »arisch« blond, und ich stehe total auf Kriegsfuß mit dem Rechnen und der Mathematik.

Aber ich bin trickreich. Ich erinnere mich ungefähr an die Frage im Rechenbuch. Der Lehrer liest vor: »Ein Zug fährt vom Bahnhof Pirna um 17 Uhr 22 ab. Wenn der Gegenzug in Dresden um 16 Uhr 32 abgefahren ist, wann und wo treffen sie sich?«

So was versteht doch kein Mensch! Ich sehe die Züge genau

vor mir: Ein paar Leute sitzen im Speisewagen; der Kellner balanciert in einer Kurve den vollen Suppenteller; der eine Zug ist ziemlich gefüllt; vielleicht ein paar Arbeiterinnen von der Schicht in der Dresdener Zigarettenmoschee; ein Junge steckt den Kopf aus dem Fenster, und schon fliegt ihm ein Stückchen Ruß unters Lid. Er reibt die Augen. Ich erinnere mich an eine Ferienfahrt zu Verwandten nach Lübeck …

»Ludewig!« reißt mich Lehrer Schneider, der immer in SA-Uniform zum Schuldienst erscheint, aus meinen Gedanken. »Na, wirds bald?« Ich antworte wie aus der Pistole geschossen: »Die Züge kommen beide pünktlich nach Fahrplan an. Wahrscheinlich treffen sie sich in Zschachwitz, wenn nicht einer von beiden Verspätung hat.« – »RAUS!« – Da spüre ich es: Erst steigt eine heiße Welle in mir hoch. Ich hasse den Kerl! Dann wird mir kalt, und ich schwanke zur Klassentür. Ich gebe immer noch eins zu, ich rede mir ein: Jetzt kommt der Anfall! Er kommt! Du mußt es nur wollen, Rolli! – In der Tür breche ich bühnenreif zusammen, bin auch ganz blaß geworden. Ich zittere und werde tatsächlich ohnmächtig. Im Zimmer vom Rektor komme ich wieder zu mir, man hat mich auf ein Sofa gebettet. Der uniformierte Lehrer wischt sich den perlenden Schweiß von der Stirn. »Aber ich habe doch gar nichts …«, stammelt er zum Direktor. Der guckt bedenklich.

Ich verdrehe die Augen, setze noch eins drauf: »Die Zahlen, immer nur Zahlen …« Und ich zähle leicht wirr. Ein älterer, kräftiger Schüler bringt mich nach Hause. Muddel weiß Bescheid: Aha, wieder mal ein Anfall! Der Direktor hat ausrichten lassen, sollte so etwas noch einmal passieren, wolle man mich künftig vom Rechnen befreien. Es passiert noch zweimal! Dann habe ich es geschafft: Mit 13 befreit von Mathe! Rechnen kann ich heute noch nicht; ich verhandle ganz gut um Gagen, Drehtage und so was. Aber Banken, Versicherungen – alles böhmische Dörfer! Börse? – Tiefstes China!

Die KPD hat sich für Richard Ludewig ein erneutes Abenteuer ausgedacht. Er ist ja von Beruf Drucker und als solcher im Klassenkampf unentbehrlich. So druckt er für die Genossen Flugblätter, Broschüren, eine kleine Zeitung – zunächst noch weniger gefährdet, später – nach 33 – wird die Sache lebensgefährlich. Zur Tarnung spendiert die Partei meinem Vater ein kleines Kolonialwarengeschäft in Dresden-Striesen, Pfotenhauerstraße. Muddel steht hinter der Ladentheke, verkauft lose Milch, Waldmeisterbonbons, Quark, Seife und Salzheringe und – schreibt hauptsächlich an. Vaddel – der merkantile Pechvogel – ahnt nicht mal im Dunkeln, daß man Gewinne nicht mit Sparsamkeit, sondern mit gerissenem Wagemut erhandelt. Der Laden geht im Handumdrehen Pleite – aus Redlichkeit. Richard Ludwig setzt seiner Unterneh-

*Der »Vaddel« – Steindrucker Richard Hermann Heinrich Ludewig*

merkarriere beherzt ein jähes Ende, wird wieder Drucker in einer kleinen Bude, die gehört einem gewissen Herrn Fürstenau & seinem Co.

Im Keller unseres Hauses in der Lilienthalstraße ist in einer Reisetasche die »ambulante« Partei-Druckerei von Vater deponiert. An mir geht die Klassenschlacht mit Bleilettern und Gummirolle vorbei, ich bin vom Kohlenholen befreit und habe – seit ich rennen konnte, ohne zu stolpern – ohnehin statt eines Kopfes einen Fußball auf den Schultern ... Dieser fast krankhafte Fanatismus für das runde Leder ist mir bis heute geblieben. Damals spiele ich bei Wacker Leuben. Ich bin flink – 400 Meter in 56,3 Sekunden –, schlage Haken wie ein Hase, schieße nie ein Tor. Das ist ja schließlich auch nicht meine Aufgabe als linker Läufer.

Wo andere meines Alters schon nach Mädchen kieken – da kicke ich nur. Nur einmal gibt's da eine Mausi Rauschenbach, ich habe sie im »Feenpalast« kennengelernt. Das spätere Dresdener Operettentheater ist damals unser Vereinslokal. Mit Mausi gehe ich Schlittschuhlaufen, ihr kaufe ich auf dem Striezelmarkt ein Schokoladenherz. Ich knutsche sie nicht, ich kneife. Es hätte was ganz Großes werden können! Denn im Ansatz habe ich die Chose schon ganz clever ausgeklügelt: Mausi ist die Tochter des Vereinsvorsitzenden von Wacker Leuben. Aber meine verdammte Schüchternheit!

Auch meine zweite – weniger pragmatische – Liebe endet unglücklich platonisch. Sie heißt Hannelore, ist 21, längst in puncto Busen ausgereift und Kinderpflegerin bei der Kinderlandverschickung an der Nordseeküste bei Büsum. Ich bin 16 – aber leider noch Kind bei der Kinderlandverschickung. Sie schiebt mit einem Schwimmeister zum Tanzabend ab. Ich leide ziemlich stark, aber nur kurz, denn ich werde noch im selben Jahr Auswahl-Spieler der Gesamtdresdener B-Jugend. Viermal die Woche eile ich zum Training, das später sogar als HJ-Dienst anerkannt wird. Ich sehe schneidig aus, dort auf dem Hartplatz in Leuben. Rote Hose, weißes Hemd mit roten Ärmeln, rote Stutzen und Stahlkappen an den Töppen. Wenn man das Bein lang läßt – und ich habe verdammt lange Stelzen – , fliegt der Gegner ein ziemliches Stück. Da gibt es sattes Foul. Ich geb's ja zu. Der andere kann dann vielleicht vierzehn Tage nicht zur Schule, aber vielleicht hat man ja sogar ein gutes Werk getan.

Wohin mein Vater mit seiner schweren Reisetasche abends zieht, interessiert mich nicht. Wenn meine Eltern während der Nazizeit ketzerisch über Politik und den braunen Anstreicher reden, dann tun sie es mit Rücksicht auf mich und sich in Schwedisch. Mein auswärtiger Wortschatz ist auf »fine filten« zusammengeschrumpft; meine Muttersprache ist Ursächsisch geworden – mit Leubener Prägung.

Literatur, Sprache und Kunst spielen in unserer Familie keine Rolle: ich habe einen Weltatlas, zwei, drei Bände Karl May, ein kleines Lexikon und den Duden. Von Büchern, also Romanen, und Schriftstellern höre ich erst am Theater. Learning by doing! Immer habe ich Komplexe bei Unterhaltungen mit »gebildeten« Leuten, aber auch geduldige Lehrmeister wie zum Beispiel Arnold Zweig, Ernst Busch, Anna Seghers, Peter Edel, den Theaterkritiker Carl Andrießen, den Dramaturgen Peter Palitzsch und den DDR-Tucholsky Lothar Kusche. Theater? Na klar, meine Eltern besuchen mit mir mal in der Semper-Oper eine Vorstellung von »Hänsel und Gretel«. Wir sitzen aus Kostengründen auf den sogenannten Blindenplätzen, auf denen man zwar ganz gut hört, aber absolut nichts vom Geschehen auf den Brettern sieht. In puncto Bühnenkunst macht es erst ein ganz kleines Klick, als ich mit 15 im Albert-Theater den »Bettelstudenten« und darauf im Staatstheater das Stück »Kirschen für Rom« mit Erich Ponto, Paul Hoffmann und Manja Behrens gesehen habe. In meiner Lehrwerkstatt mache ich dann Ponto nach, schaurig übertrieben. Meine Mitlehrlinge lachen sich scheckig. Da hätte ich stutzig werden müssen. Aber nein!

## WIE ICH DEN FÜHRER GEGEN EINE BRATWURST TAUSCHE

Die Vier für Rechnen ist aufgrund meines Schwindels und Schwindelns vom Zeugnis getilgt, was meinen Durchschnitt natürlich grandios anhebt. Plötzlich und unerwartet bin ich eine Art Musterschüler. Der Klassenlehrer gibt mir eines Tages einen Brief mit nach Hause. »Gohd, hier ist ein Brief vom Rektor für deinen Vater. Aber daß du mir nicht reinguckst!« Da weiß ich, das ist irgendeine Art von Todesurteil! Gohd nennen mich Nachbarn und Mitschüler nach dem Schauspieler Rolf van Gohd. Das hat mal eine kinoverrückte Schwester meines Kumpels erfunden, und ich werde den Gohd nicht mehr los.

Ich schleiche mit dem Brief zur Straßenbahnhaltestelle. Appetit auf Eis habe ich heute nicht. Vater guckt mich verwundert an, steckt seine Börse rasch wieder ein. »Ich hab da 'n Brief vom Rektor.« Ich bin auf einmal ganz klein, kleiner als mein kleiner Vater. Einen halben Meter geschrumpft. Ich schaue blinzelnd zu ihm rauf. Vater stellt die Aktentasche auf das Trottoir, setzt die Brille auf. Das dauert alles. In der Zeit hätte ein Metteur eine ganze Wochenzeitung umbrochen. Er liest und wird sehr ernst. Er faltet den Brief wieder zusammen, steckt ihn ins Kuvert, dieses in die Jackentasche, setzt die Brille ab und sieht mich prüfend an. »Weeßte, was da drinnen steht?« – »Nee, ich durft'n ja ne uffmachen, Vaddel!« Clever war ich nie!

Es ist die Mitteilung der 66. Volksschule, daß ich für eine Ausbildung an der NAPOLA – einer Politischen Erziehungsanstalt der Nationalsozialisten – in Sonthofen auserwählt sei. Dann steht noch was da von Ehre und Stolz und mit Heil Hitler! Ich bin auserkoren! Mir schwillt die Brust an! Ich sehe mich schon in einer Elitetruppe. Das ist ein Hammer! Das ist das Größte! Ich bin mit dem Hakenkreuz aufgewachsen. Zum Führergeburtstag hängt ganz Leuben, ach was, ganz Dresden, voll mit den Hakenkreuzfahnen. Überall ein Fahnenmeer. Pimpfe, Jungvolk, HJ – das ist der Alltag für mich.

Vater wälzt Gesetzblätter. Und er wird fündig. Es gibt eine Bestimmung, wonach man ein Einzelkind seiner Familie nicht entziehen kann. Das betrifft wohl in erster Linie Bauernhöfe, die ja weitergeführt werden müssen. Aber Gesetzestext ist Gesetzestext. Hätte ich noch Schwester oder Bruder, wäre nichts auszurichten. Vater versucht mir zu erklären, wie sehr Mutter mich braucht. Die Sache schmort eine Weile, der Brief steckt an der Glasscheibe des Küchenspinds.

Wir werden zum NSDAP-Kreisleiter Walter bestellt. Acht Tage später. Mein Vater muß in einer schrecklichen Bedrängnis gewesen sein. Auf der Straße bleibt er stehen. »Hör mal, mein Langer, paß uff. Der Walter wird dich loben, sehr loben. Lob, Kleener, is Scheiße, verstehste. Du mußt dort sagen, daß du bei deinen Eltern bleiben willst, daß du deiner Mutter zur Hand gehn mußt – wegen der Familie und so.« Ich gucke ihn zweifelnd an. Zum erstenmal erlebe ich meinen Vater ein wenig hilflos und todernst. Er kann mir ja nicht sagen: »Hör mal, ich will nicht, daß dich dieser Wahnsinnige verheizt! Ich will keinen SS-Offizier aus dir machen lassen!« Mir ist ein bißchen mulmig. Dann aber hat Vater die Idee. Er sagt: »Wenn de sagst, daß de bei uns bleiben willst, denn kriegste bei Aschinger am Altmarkt 'ne Bratwurst mit Sauerkraut.« Ich werde sofort hellhörig. »Und Kartoffelmus.« Ich schlucke. »Und Pudding mit Faßbrause.« Ich nicke. Ich habe im Handumdrehen »unseren geliebten Führer« verraten – für eine Bratwurst.

## EINE OHRFEIGE UND KNOBLAUCHSUPPE

Dann kommt die Zeit, in der meine Eltern daheim immer häufiger schwedisch sprechen. Ab und zu holen ein paar Männer meinen Vater von zu Hause ab, er hat dann immer die Reisetasche aus dem Keller dabei. Ich frage nicht, ich lebe auf dem Fußballplatz.

Mutter hat eine lockere Hand. Ab und an knufft sie mich, gibt mir eine kleine Ohrfeige, nimmt mich aber ebenso fix wieder in die Arme. Mein Vater hingegen haut mir nur ein einziges Mal richtig eine runter. Da bin ich ganz verblüfft, weil ich ihm so etwas nie zugetraut habe.

Ich komme vom HJ-Dienst. Wir haben im Dresdener Hygiene-Museum eine Ausstellung angesehen: »Der ewige Jude.« Ich trage die Uniform mit Braunhemd und Schulterriemen, baue mich im Türrahmen auf und sage: »Diese Juden, diese Ratten, sind unser Untergang!« Die letzten Worte sind kaum raus, da liege ich am Ofen. Woher Vater, der ja einen Kopf kleiner ist als ich, die Kraft genommen hat, weiß ich nicht. Er hat mir eine gelangt, daß ich im Bogen durch die Stube geflogen bin. Mutter babbelt auf schwedisch. Vater nickt. »So – und nu werde ich dir mal was zeigen, mein Gleener.« Dann holt er ein Fotoalbum aus dem Schrank, mit den Fotos von Juden, die in seiner Stockholmer Pension auf der Durchreise nach Amerika Quartier bezogen hatten. Alle meine ersten Onkels. »Die sind also dein Unglück, was?« Wieder ist ein Mosaiksteinchen aus meinem Weltbildchen gebröckelt.

Die Uniform der Hitlerjugend muß ich auch anziehen, als ich in der Zirkusstraße 40 – gleich hinter dem Serumwerk – 1939 meine Lehre beginne. Darauf legt der Leiter von Dresdens Hauptvermessungsabteilung III, ein gewisser Herr von Zanthier, besonderen Wert. Auch die Ausbilder tragen ihre SA-Uniformen. Man kann auch einen weißen Kittel drüberziehen, manche tun das. Einige knöpfen ihn bis unters Kinn zu, andere lassen ihn vorn offenstehen, daß man das Koppel sehen kann. So differenziert ist der Widerstand gegen Hitler.

Kartolithograph soll ich werden, ein bißchen aus Familientradition. Kupferstecher also, mein lieber Freund und Kupferstecher. Karto steht für 1 : 25000 in chinesischer Tusche. Lithographien, die »Steinernen« – sind die normalen Landkarten. Die Generalstabskarten aber, im Maßstab 1 : 100 000, die werden in Kupfer gestochen. Eine fummlige Geduldsarbeit. Ich lerne dadurch die Meridiane und Koordinaten gut kennen. Geldfälschen kann ich wohl heute noch, mit gutem Papier, Lupe, Griffel.

Vis-à-vis der Zirkusstraße beginnt geheimnisvolles Terrain. Ein gußeiserner Zaun ist da, und eine kleine Pforte. Das Ghetto. Judenviertel. Es reicht bis zum Pirnaischen Platz hinunter. Da gibt es noch ein Schwimmbad und die Carola-Brücke. Nahe der Brücke betreibt ein echter Russe eine Bäckerei. Es duftet die ganze Straße lang, und die Brezeln schmecken fabelhaft. Ich habe zu dieser Zeit immer Hunger und nie Geld, auch wenn ich mir ein paar Pimperlinge mit Hilfsarbeiten in einer Gärtnerei verdiene. Das Lehrlingsgeld betrug, glaube ich, fünf Mark im Monat.

Eingangs der Straße ist da noch diese italienische Eisdiele. Sehr teuer. Aber das Eis – ein Gedicht, eine Ode, echte Sahne! Habe ich mal ’n paar Pfennige, stehe ich wie Buridans Esel zwischen der rotierenden weißroten Scheibe der Eismaschine und den puderzuckerbestreuten Auslagen der Bäckerei.

... Viele Male bin ich an der kleinen Pforte vorübergelaufen. Dann aber, in einer Mittagspause, schreite ich hindurch. Ängstlich bin ich eigentlich nicht, ich könnte ja sonst nie auf einem Fußballfeld das Leder treten, aber an diesem Mittag überkommt mich doch eine gewisse Scheu. In den engen Straßen des Ghettos scheint es mir ruhiger als anderswo. Für mich abenteuerliche Leute laufen herum. Männer, denen gedrehte Locken von den Schläfen hängen und unter den breiten Krempen schwarzer Hüte hervorlugen. Exotisch. Einige haben auch kleine Käppis auf. Alle tragen den verordneten gelben Stern, selbst die Kinder auf ihren Ringelpullovern.

Ich schlendere die Straße entlang – die reine Provokation. Nicht eine Sekunde denke ich darüber nach, wie ich eigentlich aussehe. Ein Metzger mit koscherem Fleisch. Das sagt mir nichts: Schwein kenne ich, Hammel, Rind. Aber was ist koscher? Dann komme ich an einem Restaurant vorüber. Es duftet aromatisch. Ich schlucke, ich rücke das Koppel gerade, betrete kurzentschlossen das Lokal, setze mich langbeinig an einen Tisch. Der Wirt kommt zögernd. In einer Ecke sitzen drei ältere Männer in normaler Straßenkleidung an einem Tisch, ein Langhaariger trägt etwas Kaftanartiges. Ich bestelle Bohnensuppe. Die ist scharfgewürzt, und zum erstenmal im Leben esse ich ein Gericht mit Knoblauch. Die Löffel sind mit Ketten am Holztisch befestigt, das finde ich schlimm. Alles ist spottbillig, kostet nur Pfennige.

Ich bemerke die Spannung im Raum nicht, ich löffele. Sitze da mit Schulterriemen, Koppel und Braunhemd und löffele gierig. Die vier mustern mich wortlos, erschreckt. Das ist doch ungeheuerlich! Dann kommt der mit dem Kaftan zu mir herüber. »Sie verzeihen, junger Mann, mißverstehen Sie nicht, aber mit der SA-Uniform können Sie doch hier nicht sitzen.« – »Das ist nicht SA, das is 'ne Uniform von der Hitlerjugend.« – Er ist besorgt. »Sie bringen sich um Kopf und Kragen. Wissen Sie denn nicht, daß wir Gezeichnete sind? Juden.« – »Das interessiert mich nicht. Es schmeckt ausgezeichnet bei Ihnen.«

Ich spreche von Suppen, er spricht von Dingen, die ich nicht verstehe und nicht verstehen kann. Ich lasse mich nicht beirren.

An den folgenden Tagen probiere ich alle Gerichte durch. Mich wundert nicht, daß außer dem Wirt und dem Langhaarigen kein anderer Gast im Raum ist, wenn ich eintrete. Nach einer Woche tritt der dann doch noch mal an den Tisch. »Hören Sie, jetzt müssen wir Ihnen höflich verbieten zu kommen. Sie bringen uns und auch sich in größte Gefahr!« Auch der Wirt sagt: »Hören Sie auf den Rebbe, mein Junge.« Die Stimmen der beiden sind so eindringlich, daß mir die Sache nun wirklich bedrohlich erscheint. Doch ich ziehe den falschen Schluß. »Die mögen mich nicht!« denke ich, und mit pubertärem Beleidigtsein sage ich zu mir: »Nun gut, wenn die Juden mich nicht wollen, gehe ich eben meine Suppe anderswo essen.« Daß man immer erst klug wird, wenn es zu spät ist. Ich bin fünfzehn.

## FLIEGER, SIEHST DU DIE SONNE …

Alles ging zielgerichtet darauf zu. Die Hetze gegen Polen – plötzlich ist der Krieg da. Von heute auf morgen. Ich bin nicht erschüttert. Alle haben schon was gemunkelt. Für mich ändert sich zunächst nichts. Morgens fahre ich zur Lehre in die Zirkusstraße, nachmittags bolze ich auf dem Sportplatz. Wacker Leuben hat eine hervorragende A-Jugend. Kreisklasse. Beinahe gibt es sogar einen Transfer für mich in eine Klubmannschaft. Es geht zwar nicht um Millionen, aber – ich bin begehrt und bekannt bis Zschachwitz hin.

Die Wochenschau im Kino posaunt Jubeltöne von den Kriegsfronten. Ich gehe nur wegen des Hauptfilms hin: immer wieder Lingen, Moser, Rühmann und mein Filmidol – der coole Schlawiner und Erzganove René Deltgen.

Ratzbatz bin ich siebzehn. Reif für das Schlachtfeld. Vater hat sich was ausgeklügelt. »Gleener«, sagt er, »wenn de einigermaßen Grips im Koppe hast, dann meldeste dich zu irgendetwas, wo man recht lange lernen muß. Am kompliziertesten ist de Fliecherei. Voraussetzungen haste: Karten kannste ne bloß stächen, sondern och läsen. Mach ’ne Funkerausbildung. Jeder Lehrgang bringt dich weg von der Front.« Oh, mein Papa! Mein bauernschlauer Vaddel! Er ahnt, daß mein Jahrgang 25 in ganz Europa verscharrt liegen sollte.

FLIEGEN!

Na klar, da gibt es Vorbilder, solche Tausendsassas wie Mölders, Galland, Immelmann, Udet und so. Ich melde mich freiwillig. Im Juni 1943 komme ich auf die Kriegsschule für die Luftwaffe in Werneck bei Schweinfurt. Vorher bringe ich noch eine Segelfliegerausbildung hinter mich, die Flugscheine A und B habe ich in der Tasche.

Mein technisches Interesse am Flugzeug ist gleich Null; ich habe den Drang zum Fliegen, nicht zum Flugapparat. Das ist die reinste Genußsucht. Diese Freiheit dort über den Wolken ... Ich hab nischt für heldische Märsche übrig, aber die Fliegerhymne schmettere ich. Der Erde entfliehen ... Saint-Exupéry hat das beschrieben.

In Werneck ist das alles ja noch wie Segelurlaub – Sommerwetter, gleißende Sonne. Und da ist man doch wer – Offiziersschüler mit 18 und den blauen Schwingen auf den Kragenspiegeln. Ein Foto aus dieser Zeit zeigt einen Schuljungen mit viel zu großen Augen und einem viel zu weiten Uniformkragen. Ich bin weit weg vom Schuß. Was kann der Krieg anderes für mich werden als ein bombastisches Abenteuer mit glimpflichem Ausgang. Die zwei Dutzend Feindflüge während der Ausbildung sind die reinsten Vergnügungsrundflüge.

Navigationstraining ... Funkerlehrgang. Dann noch ein halbes Jahr zum Motorkursus nach Kaufbeuren bei München. Ein Jahr war rum, und ich Fahnenjunker. Jagdflieger. Fliegerfahnenjunker, frisch von der Schulbank abkommandiert zum Kampfgeschwader 66 der Luftverteidigung West nach Schweinfurt.

Da steht auf dem Flugplatz die Messerschmitt 109, damals das schnellste Flugzeug. Am Rande des Rollfeldes stehe ich mit meinem Kindergesicht. Der Kommandant mustert mich erstaunt: »Daß se uns jetzt Pimpfe schicken! Kriegen Sie das Ding da überhaupt hoch?« Er zeigt hinüber zu dem Jäger. Ich reiße die Hacken zusammen und schreite straff los. Wolln doch mal sehen!

*Ich war 19: ein Kind als Krieger*

Was ich zuerst sehe, ist ein riesengroßer Arsch. Der Kopf des Mannes steckt in der Motorhaube. Ich räuspere mich. Der Kerl muß doch gehört haben, daß einer kommt. Ich stehe da wie ein Affe. Keine Reaktion. Himmel noch mal, ich bin auf der Kriegsschule so geschliffen worden, jetzt will ich als Portepee-Träger auch in aller Form gegrüßt werden. Ich sage: »Hallo!« und dann brülle ich: »Sie!!!« und abgehackt: »Still-ge-stan-den!!!« Knallhart. Da dreht sich der Arsch weg, ein Kopf mit weißen Haaren kommt zum Vorschein. Der grinst mich an, grüßt nicht. »Meenste mir?« – »Selbstverständlich, können Sie nicht grüßen?« artikuliere ich präzise. »Sie sind der Neue, wat?« – »Ja, ich bin der Neue.«

Da klettert er langsam, ganz langsam die kleine Treppe herunter, tritt an mich heran. »Wat is'n los?« – »Sie sollen mich grüßen!« – Er schiebt sein Gesicht näher heran, wischt sich die Hände an einem Lappen ab und spricht: »Eene schmiern kann ick dir!« Ich koche vor Wut. Was fällt dem denn ein? Diesem Stabsgefreiten. Gefreiter ist schon schlimm, Obergefreiter noch schlimmer. Aber lebenslang ein Stabsgefreiter! Irgendwie bin ich hilflos.

»Jetz kannste einsteijen. Denn sag ick dir wat. Und denn, wenn de de Kiste hochjebracht hast, unterhalten wa uns weita, wa?« Finsterster Berliner Jargon. Ich habe eine bohrende Wut im Leib, steige ein, mache alles, was der angeordnet hat, lande sicher. Ich schiebe das Kabinendach zurück. Da kommt der Weißkopp angerannt, kloppt mir wie wild auf den Schultern herum und lacht lauthals. »Dufte! Det war jut, Kleena, ernsthaft!« Das war Katschke vom Prenzlauer Berg in Berlin, der beste Mechaniker der Welt. Es geht einem über die Lippen wie Öl – Katschke! Er hat dann nach dem Krieg eine Werkstatt in der Nähe der Schönhauser, die später vom Sohn weitergeführt wird. An der Decke hingen dort tatsächlich noch originale Holzpropeller …

Wir sollen in Schweinfurt den Kugelfischer-Konzern beschützen, eine monumentale unterirdische Rüstungsschmiede, die größte Deutschlands. Die Amis und Engländer kommen mit Lancaster, Spitfires und Moskitos, in Pulks bis zu fünfhundert Maschinen. Wir haben nicht mal ein Dutzend zur Abwehr. Das Benzin geht zur Neige. Wer aufsteigt, muß mit dem Tod rechnen.

Ich will nicht sterben. Ich steige aus und nicht auf! Abgestiegen. Degradiert. Gefreitenwinkel. Nicht mal Stabsgefreiter. Ich hab mit mir gerungen, wollte kein Feigling sein … aber überleben. Mit 17 geht man gewöhnlich mit seiner ersten Poussage händchenhaltend im Stadtpark spazieren. Man liegt nicht hinterm MG!

Drei große Anflüge machen die Amerikaner innerhalb weniger Stunden, dann liegt die Stadt Schweinfurt in Schutt und Asche. Wieviel Leute da umkamen! Leichenberge! Ihres Lebens sicher waren nur die Leute untertage – in den Werkstätten für Waffen und Munition. Die Maschinen bleiben unversehrt, die Produktion läuft weiter. Der Krieg auch, und für mich ist das erst der Anfang.

Wegen Befehlsverweigerung ist der degradierte Gefreite Ludewig nach Holland versetzt worden. Der Feldflughafen liegt etwas außerhalb der Kleinstadt Assen, ach was, das ist bloß ein größeres Dorf. Mehrere Höfe und in der Mitte eine Kirche. Wir sind alle privat einquartiert. Eigentlich geht's uns blendend. Ich werde gut versorgt von den Wirtsleuten, direkt liebevoll – bilde ich mir ein. Bringe denen natürlich auch mal Butter oder Zigaretten mit. Die haben einen Sohn in meinem Alter, den Jan. Wir gehen sogar mal angeln. Nahezu Idylle.

Ich gewinne einen sehr guten Freund, den Norbert Kampe. Der stammt aus Oppeln, Schlesien-Ober. Ein Pfundskerl, ein glänzender Flieger. Ich seh das noch vor mir, wie er neben der Maschine steht. Ich sage: »Brille rauf und Ohren spitz!« und stoße ihn mit dem Ellbogen in die Seite. Der klettert rein, startet. Und da kracht es. Als er abheben will, wird ferngezündet. Das Flugzeug zerbirst, alles fliegt durcheinander, Metallstücke, Körperteile … Grauenvoll. Ich höre mich vor Entsetzen noch heute schreien.

Sie finden die Täter, holländische Widerstandskämpfer. Und der Jan ist dabei. Feldgericht. Alle werden an die Wand gestellt. Der Kelch scheint an mir vorübergegangen zu sein, ich bin nicht im Exekutionskommando. Nicht auch das noch, nicht auch noch jemanden hinterrücks töten müssen! Aber sie haben sich etwas ausgedacht, ich werde zum Offizier befohlen. Eine Chance zur Bewährung soll ich bekommen. Mir werden kleine Plakate in die Hand gedrückt. Darauf steht in deutsch und holländisch, daß als »Vergeltungsmaßnahme für den feigen Anschlag« am nächsten Morgen die Kirche von Assen niedergebrannt werde. Ausführender: Gefreiter Rolf Ludewig und sein Kommando. So lautet der Befehl.

Die Zettel müssen wir überall im Dorf ankleben. Es ist gespenstisch, kein Mensch läuft auf der staubigen Straße herum. Ich habe das Gefühl, als beobachten mich tausend Augen hinter den Gardinen. Beklemmend. Wie soll ich das als Bengel verstehen? Alle moralischen Werte sind verschoben oder aufgehoben: Mitleid, Gerechtigkeit. Ich bin doch kein Brandstifter! Was soll ich tun? Nochmal verweigern?

Nachts schleiche ich zum Pfarrhaus, klingele. Es öffnet ein grauhaariger älterer Mann, der sich einen Mantel über das Nachthemd geworfen hat. Die Inkarnation eines gütigen Bilderbuchpfarrers. Ich sage ziemlich kläglich: »Entschuldigen Sie, ich soll etwas Furchtbares tun. Sonst werde ich erschossen! Ich bin neunzehn!« Und ich reiche ihm das Papier mit dem Befehl. Der Pfarrer läßt mich eintreten, liest das Gedruckte. »Was soll man da machen? Da kann man nichts machen«, sagt er in gebrochenem Deutsch. Ich zucke mit den Schultern. Wo bleibt Gottes Hilfe? »Steht da nicht ein Schuppen dicht an der Kirche?« – »Ja, es sind Geräte und Werkzeug drin.« – »Räumen Sie alles aus. Ich komme in zwei Stunden mit dem Kommando. Da muß das Holzhäuschen leer sein. Wie Sie das machen, ist Ihre Sache.«

Plötzlich habe ich mich wieder aufgerappelt. Jetzt weiß ich, was ich tun werde. Es ist ein verdammt hohes Risiko. Drei Mann gehören zum Brennkommando. Wir nehmen Benzinkanister, Streichhölzer und Stroh mit. Ich hab mir die Sache noch mal genau angeguckt. Der Schuppen grenzt direkt an die geklinkerte Kirchenmauer. Er wird lichterloh brennen wie Zunder, die Wand aber bleibt unversehrt, höchstens angerußt vom Qualm. Ich erkläre den Soldaten überzeugend, daß wir den Schuppen sozusagen als Feuerholz benutzen, damit die Kirche dann umso gründlicher abbrennen könne. Es kommt kein Widerspruch, ich glaube, die haben auf Anhieb verstanden. In einer halben Stunde ist der Holzbau nur noch Asche.

Eine Stunde später stehe ich hackenklappend vor dem Kommandeur. Der brüllt mich zusammen: »Was soll ich mit Ihnen machen!? Sie sind schon degradiert, ich müßte Sie – wozu soll ich Sie denn noch degradieren!? Sie Verbrecher!!« Ich antworte: »Der Anbau gehörte zur Kirche. Ich habe den Befehl ausgeführt. Wenn Sie es befehlen, muß ein zweites Mal abgeräumt werden, aber nicht von mir!« Ich habe mein Todesurteil gesprochen. Der Offizier ist außer Fassung: »Freche Sau! Sieht aus wie ein Mufti mit abstehenden Ohren …« Er bricht plötzlich ab. Der Teufel weiß warum. Mein Schutzengel hat ihm die zarte Hand auf die Lippen gelegt. Ich bin eben ein Sonntagskind …

Der Pastor trägt in das Kirchenbuch ein, daß ein deutscher Gefreiter – er kennt ja meinen Namen nicht – im September 1944 durch persönlichen Mut das Gotteshaus von Assen gerettet hat …

## INFERNO IM HÜRTGENWALD

Arnheim, Nimwegen, Remagen … Der Krieg scheint kein Ende zu nehmen. Wir haben Unterstände im Wald gebuddelt, spielen Karten. Dann: Ein Feuergefecht, ein Panzervorstoß. Innerhalb von Minuten liegen dreihundert Tote neben einem. Das dauert wirklich nur drei Minuten, während vorher vier Wochen kein Schuß gefallen ist. Wochenlang ganz harmlos, die Sonne scheint. Ich hole meine Verpflegung, und plötzlich fahren Panzer auf und ballern los. Und Artillerie. Und das knallt, und überall Tote! Einen will ich retten: das Gehirn, die Schädeldecke, das hab ich nicht gesehen. Der hat Kopfschützer auf. Der Militärarzt sagt: »Hör auf, rumzuschreien! Du siehst doch, der Mann stirbt!« – »Aber der lebt doch noch! Der atmet! Helfen Sie!« Da nimmt der Arzt dem die Kappe ab. Die Schädeldecke ist weg, das freie Gehirn, das nur noch Reflexe zeigt. Agonie! Aber er lebt noch, das Herz schlägt weiter. Es ist die Apokalypse! Diese Wirklichkeit kann man nicht schildern, der reale Krieg ist nicht schilderbar.

Den Hürtgenwald bombardieren sie zwei Tage lang. Dauerfeuer. Achtundvierzig Stunden nur Detonationen, Splitterbomben. Die Bäume stehen kahl, keine Äste mehr dran, nur abgebrochene Stämme. Daß sich da überhaupt noch irgendwas am Boden bewegt, ist ein Wunder. Nicht eine Minute, nicht eine Stunde, zwei volle Tage Trommelfeuer. Ich höre nichts mehr, völlig taub. Dachschaden. Schluß! In dem Wald begreife ich sie, Vaters Geschichten aus Frankreich. Mein Verdun liegt bei Remagen!

## BIN ICH EIN MANN? oder WIE ICH ENTJUNGFERT WURDE

Der Ami ist ja hinter mir her! Ich bin die Zielscheibe! Ich drehe eine Schleife, jetzt muß der geblendet in die Sonne hineinfliegen. Der kann mich ja gar nicht treffen. Da rumst es! Das Plexiglas splittert. Höchste Zeit! Fallschirm! Ich steige aus und schwebe, die Wiese kommt näher – da ein Schlag an den rechten Oberarm. Alles wird ganz weich. Bin ich in einen Haufen Watte gefallen? …

Im Krankensaal des Glasgower Lazaretts liegen zwölf Verwundete, alle älter als ich. Die meisten amputiert. Der Kanadier, der mich vom Erdboden aus sozusagen ein zweitesmal abgeschossen hat, konnte gut zielen. Er war stark motiviert. Ich erfahre es später. Der Mann hat Frau, Kinder und sein Haus in England bei einem V2-Angriff verloren. Mein Kopf ist verbunden, der Arm, der Unterleib, das rechte Knie in Gips.

Neben mir liegt einer aus Köln. Der klagt unablässig in Kölsch: »Wat soll isch nu ohne Arme Trompete blasen, wat?« Das ist makaber. Aber immerhin lebt er. Ein Plexiglassplitter ist in mein rechtes Auge eingedrungen und hat sich mit dem Sehnerv verheiratet. Sowas ist 1944 inoperabel. Links sehe ich wie ein Habicht. Rechts nischt. So kann ich zwar ab und an ein Auge zudrücken, aber es kommt doch sehr darauf an – welches! Im Oberarm trage ich noch heute ein Geschoß herum. Aber sonst haben sie mich ganz ordentlich zusammengeflickt.

Wenn da nicht die Sache mit dem Unterleib wäre! Der Kölsche Kerl erweitert sein Repertoire um den Satz: »Wat is, Jung, denn kannste woll später nisch pimpern?« Diese stereotype Nachfrage macht mir schwer zu schaffen. Sie haben im Lazarett einen deutschen Chirurgen, der ist Spezialist für Verletzungen dieser Art. Aber wer fängt sich schon einen Splitter ausgerechnet am Schwanz ein, es sei denn, er bespringt eine Eiche? Der Chirurg – eine Fleischergestalt – tritt an mein Bett und sagt: »Morgen fließt Blut, mein Junge. Ich erklär's dir.« Und er erzählt was von Fisteln und Wucherungen, daß mir ganz übel wird. »Du kriegst eine Novokain, und dann guckste mich 'ne Weile an. Und wenn de dann wieder aufwachst, und ich hab'n Bart, denn fragste: ›Herr Doktor, woher haben Sie denn den Bart?‹ Und der mit dem Bart antwortet: ›Was heißt Doktor? Ich bin Petrus!‹« Das findet der saukomisch. 'n feineren Humor hätte der sich auch gar nicht leisten können in dieser Metzgerei ...

Als ich zu mir komme, trägt der Mann an meinem Bett keinen Bart. »Täglich Verbandswechsel!« ordnet der Stabsarzt an. Die Nurse nickt. »Nurses« – so werden die englischen Krankenschwestern genannt. Die sind Pflegerinnen, wir sind Verletzte. Sonst nichts. Sie verbinden mich nun also jeden Tag neu, und ich schreie jedes Mal wie am Spieß vor Schmerzen. Alles war mit Katzendarm genäht. Manchmal setzt sich der Arzt ans Bett. »Na, wie fühlste dich?« – »Keine allzu großen Schmerzen, wenn ich ruhig liege.« – »Naja, weil du nicht kannst, nicht wahr.« – »Was kann ich nicht?« Ich verstehe kein Wort. In dieser Beziehung bin ich ja total unschuldig in Gefangenschaft geraten, als Jungfrau quasi. Der Arzt sagt bedeutungsvoll. »Das wird schon, das wird schon. Der Katzendarm fault von selbst weg. Da müssen wir keine Fäden ziehen.« Da fällt mir ein Stein vom Herzen. Aber dann rückt der Tag X heran.

Sie schieben einen Paravant vor mein Bett. Und dann trippelt sie auf Hackenschuhen heran. Himmel, ist das eine Braut! Die neue Nurse! Ich schlucke. Wo haben sie denn die hervorgeholt, jung, vollbusig, knackig, sexy? Die trägt keinen Büstenhalter unter dem Kittel. Und dann beugt sie sich tief über mich, wickelt den Verband da unten ab, wischt immer drumherum. Der Arzt guckt interessiert zu. Ich sehe die Brüste wackeln, plötzlich wird mir vor Schmerz fast schwarz vor Augen. Ich bekomme eine Erektion. »Au!« schreie ich, »das tut viehisch weh!« Der Arzt ruft: »Weiter!« Und die Schwester bearbeitet mich mit den Händen. Ich stöhne erst vor Schmerzen, dann vor unendlicher Erleichterung. Ich öffne die Augen. Die gute Fee ist verschwunden. Ich werde sie nie wiedersehen. Der Stabsarzt wischt sich mit dem Taschentuch die Stirn ab: »Geschafft!«

DAS WASCHBRETT, DAS DIE WELT BEDEUTET

Dreitausend Mann und kein OKW-Befehl mehr … Januar 1945. Sie haben die Kriegsgefangen im Lodge Moor Camp 17 bei Sheffield in Cages – sogenannte »Käfige« – gesteckt. Auch ich bin ein Prisoner of War, ein POW. Sie wissen nicht, wohin mit mir. Ich bin nur Gefreiter, ein degradierter Leutnant. Ein Aufmüpfiger? Einer, der Hitler Widerstand leistete? Ein Befehlsverweigerer? Einfach nur ein Feigling? Die Engländer sind fair. Ich werde mit einem Automobil in das Offizierslager – Cage 1 – gefahren.

Träume ich? Die laufen da alle in voller Montur rum, mit all ihrem Lametta, den Ritterkreuzen und Ehrenspangen. Vor allem Offiziere von U-Booten, Kaleu's. Ein Luftwaffen-Oberleutnant tritt an mich heran: »Stehn Se mal stramm!« Ich reiße mich zusammen. Muß ich hier im Gefangenenlager Gehorsam zeigen? Der zeigt auf meinen Gefreitenwinkel. »Was ist denn das?« – »Das ist Feigheit vor dem Feind, Herr Oberleutnant!« – Da spuckt der feine Herr mir ins Gesicht. Cage 1 – ein Käfig voller Narren?

Der Lagerkommandant, der englische Major Philipp Rosenthal, ein deutscher Jude, emigrierter Besitzer der gleichnamigen Porzellan-Manufaktur, blättert mein Soldbuch durch. Dann sagt er: »Theaterbaracke!« Ich kriege einen Zettel wie vom Wohnungsamt und humpele los …

In der Baracke kauern die Männer um den kleinen Kanonenofen, auf dem Brot röstet. Rundherum vierzehn Doppelstockbetten. Ich mache mein Männel, grüße höflich, »Guten Tag! Ich bin hier eingewiesen.« Keine Reaktion. »Ich stehe hier rum. Sie sehen, daß mein Bein noch in Gips ist. Das ist nicht sehr höflich.« Keiner sagt was. »Mein Name ist Rolf Erik Ludewig. Ich bin wegen Befehlsverweigerung zum Gefreiten degradiert. Ich sags gleich hier.« Endlich bequemt sich ein Älterer. »Ich bin Doktor Eckart Hachfeld. Bis Ihr Bein gesund ist, können Sie mein unteres Bett haben. Ich schlafe solange oben.« Er ist in Lothringen geboren, Jurist, in Erfurt gelandet, hat drei kleine Söhne dort und ist, wie die anderen, lange nicht in der Heimat gewesen.

Ich bin ja zwischendurch mal auf Urlaub nach Dresden gefahren.

Und nun hole ich aus und schwatze los. Wie der Zauberkünstler Kassner im Varieté »Frasquita« einen ganzen Elefanten verschwinden ließ. Wie sich zwei Nutten meinetwegen auf dem Damenklo geprügelt und an den Haaren gerissen hätten. Alles mit »nu« und »escha« und »gugge mal an«. Die biegen sich vor Lachen. Und Walter Feigl, auch 'n Doktor, Regisseur von der Wiener Burg, schüttelt den Kopf. »Mit diesem grauenvollen Sächsisch, Ludewig – was sollen wir bloß mit Ihnen in den ›Räubern‹ anfangen?« – »Ich verstehe immer ›Räuber‹«, sage ich. – »Sie sind in der Theaterbaracke. Willkommen beim ›Waschbrett‹«. So heißt das Lagerkabarett unter Leitung Dr. »Elimar« Hachfelds.

Wir spielen in der Wäschebaracke Sonntagsmatineen für die POW's, die nicht zum Gottesdienst gehen, und auch einige Abendvorstellungen zu Feiertagen. Lagerthemen und -konflikte werden satirisch aufgespießt, aber man schreckt auch vor Klassik nicht zurück. In der Baracke ist ein knappes Dutzend Profi-Schauspieler untergebracht, Musiker, Bühnentechniker, Kostümbildner und mit Hachfeld auch ein Autor. Meine erste Rolle wird der Kosinsky aus Schillers Räubern. Es gibt kein Textbuch. Die Dialoge hat Feigl aus dem Gedächtnis und nach Diktat der Mimen verfaßt. Masken- und Bühnenbildner Adolf Mahnke bastelt einen eindrucksvollen böhmischen Wald aus Drähten. Rolf Werner bemalt phantasievoll die Prospekte. Ich habe einen kurzgeschorenen Schädel, Yul-Brynner-Frisur, bekomme eine Lockenperücke verpaßt und habe mit dem Schlachtruf: »Sind's diese? Ja, sie sind's!« auf die Bühne zu stürmen. Ich stürme wie wildgeworden. Das Publikum brüllt vor Freude. Ist das mein Durchbruch? Nee, ich bin bloß mit der Perücke am Draht hängengeblieben. Da stehe ich mit meiner Platte!

Einen zweiten Erfolg erringe ich im »Diener zweier Herren«. Der Titel und der Name Carlo Goldoni sagen mir absolut nichts. Ich spiele den Silvio, den Sohn von Dottore Lombardi, und ahne mit keiner Faser, daß dieser Herr Goldoni später mal zehn Jahre meines Lebens bestimmen wird. Wir spielen wie die Teufel gegen die Langeweile und den Frust des Lagerlebens an.

Dreitausend Mann und keine Frau ... Die Gefühle verwirren sich. Einer unserer Damendarsteller ist infolge eines realen Eifersuchtsdramas brutal im Löschteich ertränkt worden. Ich habe die Worte »schwul« oder »Schwuchtel« noch nie gehört. Oder gar »Transvestit«. Wir brauchen einen neuen Schauspieler, der in das zierliche Kostüm paßt. Es meldet sich einer. Er heißt Klaus Kinski, hat riesengroße Augen, ist von schmaler Gestalt und ein bißchen unheimlich.

... Rund zehn Jahre später, auf jeden Fall noch vor dem Mauerbau in Berlin, fahre ich mit Armin Mueller-Stahl zum

*Im Lodge Moor Camp 1946: Szene aus Georg Kaisers »Soldat Tanaka« (Rolf Ludwig links)*

Ku'damm, Richtung Steinplatz. Wir wollen uns den Film »One Heart und eine Krone« anschauen, mit der Hepburn und Gregory Peck. Ich sage: »One Heart und eene Krone.« Minchen heult auf: »Das geht nicht gut heute!«

An der Schaubühne steht eine Litfaßsäule mit einem Riesenplakat. Da ist in Bombenlettern, etwa 2000 Punkt groß, gedruckt: »KLAUS KINSKI LIEST« und dann ganz winzig in Kursbuchschrift »François Villon«. Das soll geraderüber in einem Hotel der Luxusklasse stattfinden. Ich sage zu Mueller-Stahl: »Minchen, den kenne ich!« – »Erzähl keine Scheiße«, sagt der. »Wetten, daß …«, sage ich. Der Saal ist brechend voll.

Natürlich kommt Kinski nicht um 21 Uhr, und auch noch nicht um halb zehn. Alles harrt aus. Und wie er dann kommt: in flatterndem offenem Trenchcoat, mit wirrem Haar und irrem Blick! Er geht nicht durch den Mittelgang, nee, er läuft über die Tische, ungestüm. Weingläser, Flaschen, Teller fliegen durch die Gegend. VILLON-KINSKI! Die Leute sind aus dem Häuschen. Wir sitzen etwas versteckt in der Ecke. Minchen hat den Kinski noch nie spielen sehen, er ist begeistert. Der Kerl liest grandios, dem muß man einfach alles verzeihen. Ich habe später Wolf Biermann und Horst Drinda Villon sprechen gehört. An Kinski kommt keiner ran.

Aber auch so kommt man nicht an ihn ran. »Na«, sagt Mueller-Stahl, »wat is'n nu?« – »Ich schaffe das«, sage ich. Wir drängeln uns nach vorn. Der Mime ist nach hinten verschwunden. Da gibt es eine Art Garderobe, vor der steht ein Zerberus. »Ich möchte zum Kinski«, sage ich. Der Stämmige bellt: »Der will niemand sehen!« – »Bestellen Sie ihm 'n schönen Gruß vom Ludewig aus dem Lodge Moor Camp« –

Der Diener zweier Herren

KOMOEDIE IN DREI AKTEN VON C. GOLDONI

DIE PERSONEN:

| | |
|---|---|
| PANDOLFO, EIN KAUFMANN | BERNHARD LINDAU |
| ROSAURA, SEINE TOCHTER | ERNST KOOP |
| DOTTORE LOMBARDI | DETLEV DEETJEN |
| SILVIO SEIN SOHN | ROLF LUDEWIG |
| BEATRICE | HARTMUTH OEHME |
| FLORINDO | HEINER KRUSE |
| TEBALDO, WIRT | DR. ECKART HACHFELD |
| BLANDINA, ROSAURAS ZOFE | RUDOLF SITTE |
| TRUFFALDINO | FERDINAND RÖMER |
| 1. AUFWAERTER } IM GASTHOF | HANS ULRICH SCHOLLE |
| 2. AUFWAERTER } IM GASTHOF | GEORG VOOGT |
| 1. TRAEGER | SIEGFRIED MENZEL |
| 2. TRAEGER | GERD SCHMIDT-STAFFORD |

MUSIKER

INSCENIERUNG: DR. WALTER FEIGL

| | |
|---|---|
| MUSIK | RUDOLF BENDER |
| BUEHNENBILD: | ADOLF MAHNKE |
| KOSTUEME: | GERHARD KELLER |
| TECHNISCHE LEITUNG: | HANS MONSER |
| BELEUCHTUNG: | ROLF WATTENBACH |

BEGINN 19.00 UHR — ENDE 20.45 UHR

der Bursche zieht die Brauen hoch – »aus dem Gefangenenlager. Hier steht ein Zeuge des Beginns seiner Karriere!« Der Mann verschwindet, und im Handumdrehen wird die Tür aufgerissen. »Mensch!!!« Wir liegen uns in den Armen. Der Kneipenzug fährt ab …

Jetzt im Winter 1945 aber spielt Kinski die Rosalinde in »Wie es euch gefällt«. Im Repertoire haben wir auch Leseabende mit Texten von Rilke und Hesse und von Eckart Hachfeld. Ich weiß damals schon, daß aus Elimar mal was ganz Großes werden muß. Über Jahrzehnte verbindet mich eine enge Beziehung mit ihm, meinem 15 Jahre älteren väterlichen Freund. Wir haben uns bis zu seinem Tode 1994 nie aus den Augen verloren, nahmen gegenseitig Anteil an unseren Erfolgen. Hachfeld schrieb als »Amadeus« im STERN, verfaßte Texte für die Lach-und Schießgesellschaft, für Hanne Wieder, Wolfgang Neuss, Kay und Lore Lorentz, Edith Hanke, Katja Ebstein. Auch Udo Jürgens' »Aber bitte mit Sahne« stammt aus Hachfelds Feder. Nach Werner Finck Deutschlands größter Kabarettexter, meine ich …

Neben dem Lager befindet sich ein Feldflugplatz der Engländer. Am 13. Februar 1945 steigt von dort ein Pulk von Lancaster-Bombern auf. Es ist nachmittags 16 Uhr. Wir fragen uns: Welche Stadt ist wohl heute dran? Es ist Dresden. Man verteilt im Lager kopierte Luftbildaufnahmen. Ich bin erschüttert, kann allerdings das ganze Ausmaß des Grauens noch nicht erfassen. »Du bist doch Kartograph«, sagen die Mitgefangenen. »Sag doch mal, ist das hier meine Straße?« Und ich werde zu einem »Jakob, dem Lügner«, wie auch die spätere Romangestalt von Jurek Becker. Ich schwindle das Blaue vom Himmel herunter. »Nee«, sage ich, »das ist nicht die Pfotenhauerstraße. Ich kenne die Dresdener Stadtpläne doch ganz genau. Dein Haus steht noch. Was da in Trümmern liegt, ist zwei Straßen weiter.« Manche sind wirklich beruhigt.

Mein Kupferstecher-Beruf bringt mir außerdem noch zweierlei ein: mehr Brot, Zigaretten, Schokolade und – 28 Tage verschärften Arrest. Denn ich fälsche. Aus Weißblechdosen habe ich eine Matrize gewerkelt und drucke Geldscheine der Lagerwährung, mit der man in einem Tante-Emma-Laden einkaufen kann. Die Monate vergehen, fast glaube ich, daß dieses Camp 17 mein ganzes Leben sein wird.

## GENERATION OHNE ABSCHIED

*DER SONNTAG, Nr. 35/1985:*

*Ich hab den Kopf ganz schön weggenommen im Krieg … Aber mich nun immer davor drücken zu müssen, über meine Jugend zu sprechen? Andere sagten, ah, ich bin im Erzgebirge aufgewachsen, als der Krieg zuende ging, war ich sieben. Und die denken, der Ludwig ist so und so alt. In der SA kann er nicht gewesen sein, aber HJ bestimmt. Natürlich! Diese Angst, daß man als Faschist verschrien wird, weil man in diese Zeit hineingeboren wurde und den Mist mitmachen mußte. Betrogen, ja! Um die Erinnerung betrogen. Gezwungen sein zu vergessen … Ich wußte nicht, was ich falsch gemacht hatte. Ich bin mit siebzehn in den Krieg, mit einem Volksempfänger groß geworden und nur braunes Zeug. Langsam, ganz langsam begriffen wir, was passiert war. Wir sahen im Lager Filme über den Nürnberger Prozeß, über die Konzentrationslager. Das Wort fassungslos ist so abgenutzt, aber DAS WAR UNFASSBAR! Und dann das Nachdenken. Ich sagte mir, jetzt bloß nicht gleichgültig werden.*

Irgendwann Anfang 46 bekommen wir in Lodge Moor deutsche Zeitungen, darunter ein Hamburger Abendblatt. Abgedruckt sind auch vier Gedichte von einem gewissen Wolfgang Borchert und eine Folge seiner Erzählung »Die Hundeblume«. Das Hörspiel folgt am 13. Februar, am Jahrestag der Vernichtung Dresdens.

Mir zieht es die Beine unterm Bauch weg. Ich bin fassungslos, daß einer das aufgeschrieben hat, was ich nicht in Worte fassen kann. Er tat es in einem schweren Fieberrausch, aber wahrscheinlich deshalb so intensiv. Ich fühle mich betroffen, getroffen, mitten ins Herz: »Pilot, zum Flugzeug sage NEIN! Panzerfahrer, zum Panzer sage NEIN!« und »Was auch immer im Frieden geschieht, ich sage JA!«

Es gibt wirklich keinen anderen, der das Kriegsgeschehen, diese Jahre, so tief empfunden hat wie Borchert. Wie einen Fiebertraum. Ich denk da an die »Hundeblume«, den Schlüssel zu seiner Seele. Der zum Tode Verurteilte mit seiner Einsamkeit, seinem Todesschweiß. Wie er den Trinkbecher umklammert hält … Ich setze mich hin und schreibe hemmungslos an Wolfgang Borchert, Hamburg, Ida-Ehre-Theater. Ich wußte nicht, daß das die Kammerspiele waren. Natürlich duze ich ihn. »Lieber Wolfgang Borchert, das, was Du denkst und schreibst, das denke ich auch, ich kann's nur nicht niederschreiben. Ich will alles von dir lesen, hier im englischen Gefangenenlager. Schick mir alles.« Er hat es getan und mir auch noch zwei Briefe geschrieben. Die gab ich dann später seiner Mutter Martha. Die Schriftstücke befinden sich jetzt im Museum in Hamburg.

Anfang 1947 halte ich im Cage 1 vor den deutschen Offizieren die erste Borchert-Lesung, selbst auf die Gefahr hin, im Löschteich zu enden. »Generation ohne Abschied« steht auf den selbstgemalten Plakaten. Die Ordensträger gucken mitleidig bis hohnvoll. »Was haben Sie sich dabei gedacht?« schnarrt mich einer an. »Viel gelernt habe ich«, antworte ich. Durch den Krieg bin ich Pazifist geworden. Eindeutig …

Fast wörtlich dieselbe Frage höre ich Jahrzehnte später in Strausberg, östlich von Berlin. Ich bin eingeladen, vor NVA-Offiziersschülern »eine kulturelle Maßnahme durchzuführen«. Den Borchert-Abend.

Ich werde mit einem Jeep abgeholt. Im Speisesaal hocken etwa zweihundert geschlauchte junge Männer. Nach einer halben Stunde ertönt ein Pfiff. Die Signalpfeife. »Aus! Aufstehen! Links und Rechts ohne Tritt marsch!« Die gucken zwar erstaunt, marschieren aber willenlos hinaus. Nicht einer hat was gesagt. Eine schweigende Herde! Der junge Oberstleutnant quetscht empört über die Lippen: »Ihre pazifistische Scheiße können wir uns ersparen! Kommen Sie mit!« Wohin will der mit mir?

Aber in einem Nebenraum ist nur das kalte Buffet aufgebaut, mit dem man Künstler nach der Kultur üblicherweise abfüttert. Radeberger Pilsner, Nordhäuser, naja. Ich sage zu dem Offizier: »Das müssen Sie mir erklären, das mit dem Pazifismus. Ich bin völlig anderer Meinung als Sie.« Wir haben uns dann fürchterlich in die Wolle gekriegt – ein Wortgefecht vor Verdun, Remagen, Sheffield und Strausberg in einem. Nach einer Viertelstunde kapituliert der, guckt mich prüfend an und sagt: »Ich bitte um Entschuldigung. Ich war vorlaut. Trinken Sie einen mit uns.« Und der Major, der dabeisteht, meint: »Alle Achtung, Herr Ludwig!« Der Jeep hält erst am Morgen wieder vor meiner Pankower Wohnung, und meine Frau ist dummerweise noch nicht zur Ballettprobe in der Staatsoper …

Ein paar Tage später kehre ich in die »Eiche« ein. Das ist eine Kneipe in Pankow, in der »Ehemalige« verkehren. Es ist die »letzte Station im demokratischen Sektor«, hier feiern sie Abschied, bevor sie nach ihrer abgesessenen Knaststrafe offiziell in den Westen dürfen. Ich bin dort Stammgast, gern gesehen, obwohl ich hartnäckig im Osten bleibe. Das sind keine Politischen, sondern echte Knackis.

Ich erzähl denen beim Bier und Kurzen das von Strausberg und von Borchert. »Wer is'n det, eh?« Ich rezitiere zwei Gedichte. Die hören tatsächlich zu. »Mann«, sagt der eine, »wenn die det nich hörn wolln, erzählste den Schorf eben hier! Schieß los!« Da reitet mich der Deibel. Ich hole die Texte aus der Wohnung, setze mich in der »Eiche« vor den Tresen und lese. Eine Stunde lang. Es ist mucksmäuschenstill. Sie rauchen und saufen weiter, ab und an gibt einer der Kellnerin ein Zeichen, die Luft aus den Gläsern zu lassen. Und sie spenden Applaus.

Finstere Burschen. Einer in Volkspolizeiuniform haucht mir seinen Alkoholdunst ins Gesicht und gesteht mir: »Ick bin jar nich echt, wa. Ick klaue. Ick bin een Hauptmann von Köpenick jewissamaßen!« Ein anderer mit 'nem richtigen Ganovennamen, so wie Staketen-Ede, haut mich an: »Eh, Chef, jibste ma een Blauen? Ick jeh morjen rüba, krichste wieda. Ehrenwort!« Ich gebe ihm den Hunderter. Ade. Ein paar Wochen später kommt ein Päckchen. Absender unlesbar. Es enthält zehn Packungen Rothändle. Das ist meine Lieblingsmarke. Und 'n paar Tafeln Schokolade. Dazu einen Zettel: »Ich hab dir nich vergessen. Det Theata mit den Schischipusch hat mir jefalln. Ick denke an dir. Mir gehts jut. Ede.« Er meint Borcherts Geschichte von Sisyphos. Meine Frau Ilse spottet: »Siehste, Kunst bringt was ein!« Ich sage ihr nichts von dem Hunderter.

Ich habe wohl tausend und eine Borchert-Lesung gemacht, landauf landab von Anklam bis Zittau, auch »drüben« vor dem Mauerfall. Vor Tausenden beim Fackelschein 1948 auf den Trümmern der Frauenkirche in Dresden, vor Hunderten viele Male auf den Brettern des Deutschen Theaters, vor einem einzelnen Gastwirt nach der Polizeistunde. Das jüngste Programm nach einer Idee meines Kollegen Bernd Stempel heißt »Als Distel bin ich morgen wieder oben.« Borchert – eine Seelenverwandtschaft. Ich kann diesen Jungen nicht vergessen, der mit 26 Jahren starb. Borchert ist bei mir kein Verzweifelter, nicht nur der Dichter einer betrogenen Generation. Sein Nein zum Krieg heißt Ja zum Leben. Und dennoch: Nach den Borchert-Lesungen hab ich keinen guten Schlaf. Ich wühle immer wieder etwas in mir hoch, mit dem ich wohl nie fertig werde …

TO BE OR NOT TO BE!

Die erste Entlassungswelle ist an mir vorbeigerollt. Ich habe mir die Sache selbst gründlich vermasselt. Man muß im Camp vor der Rückkehr in die Heimat eine Gesinnungsprüfung über sich ergehen lassen. Die Skala reicht von A bis C+. Die Note A bescheinigt einem eine demokratische Haltung; B klassifiziert den ungefährlichen Anpasser; C sind die aktiven Nazi-Mitmacher und C+, als deren Steigerung, die Kriegsverbrecher, die Unverbesserlichen. Ich wollte besonders originell sein, aber mein Verhöroffizier, ein gewisser Michael Stone, später ein von mir hochgeschätzter Theaterkritiker und Feuilletonist in Berlin, ließ – jedenfalls damals – jeden englischen Humor vermissen. Er fragt mich: »Was halten Sie von Hitler?« – Ich sage: »Ich kannte ihn nicht näher!« Er malt in alle Spalten ein C+. Noch mehr Zeit zum Nachdenken. Dann aber – 1947 – bin ich frei!

Ich muß verrückt sein! Freiwillig bleibe ich ein Vierteljahr länger, als auf dem Entlassungspapier steht, im Lodge Moor Camp. Gerade haben wir George Bernard Shaws »Der Mann des Schicksals« auf dem Spielplan. Ich kann die Kollegen nicht im Stich lassen, ich bin hochgradig infiziert mit dem Theatervirus. Es steht für mich felsenfest: Meine Zukunft wird auf der Bühne sein! Wo auch immer. Die besten Reverenzen von Feigl habe ich, mein Sächsisch habe ich auch noch. Muß ich zum Mundarttheater?

In Hull werden wir nach Deutschland eingeschifft. Die

Engländer kontrollieren scharf. Alle müssen ihre Seesäcke öffnen. Acht Stangen Zigaretten, je vier Pfund Tee und Kaffee habe ich zwischen Socken und Drillich verborgen. Unermeßliche Reichtümer. Ich lege einen Band Shakespeare obenauf. Hamlet. Der Sergeant dreht den Nationaldichter in der Hand herum. »To be or not to be!« schmettere ich ihm mit Pathos entgegen. Er grinst, läßt mich passieren.

Im Hamburger Hafen stürzen sich Dutzende Kinder wie Schmeißfliegen auf mich. Ich werfe Kekse in die Luft, die prügeln sich. Einem Mädchen gebe ich 'ne Büchse Corned Beef. Seltsamerweise esse ich das noch heute ganz gern. In der Lüneburger Heide, in dem wunderschönen Land, werden wir Heimkehrer für vier Wochen in das Munsterlager gesteckt. Quarantäne. Doch wir haben Hummeln im Hintern, wir wollen weiter. Für vier Leute fälsche ich perfekt Passierscheine. Wir verabschieden uns am Altonaer Bahnhof. Nie wieder werden wir was voneinander hören.

Ich habe nur ein Ziel: Borcherts »Draußen vor der Tür«. Doch Premiere ist erst am 21. November an den Hamburger Kammerspielen mit dem unvergleichlichen Hans Quest, dem der Dichter das Stück gewidmet hat. Am 20. November stirbt Borchert in Basel. Er erfährt nicht mehr, wie ergriffen und aufgewühlt die Leute nach der Aufführung an der Alster nach Hause gehen – durch die Trümmer ...

Der Quest. Ich sitze Mitte der Fünfziger in einer Bierkneipe in Westberlin, bei Franz Diener, das ist 'ne Künstlerkneipe des ehemaligen Boxidols. Vor der Mauer war ich dort öfter. Ich bin also schon ein bißchen im Tee – da kommt der Hans Quest rein. Ich erstarre natürlich sofort in Achtung vor dem großen Schauspieler, dann gehe ich zu ihm rüber und sage: »Guten Abend, mein Name ist Rolf Ludwig, ich bin an der Volksbühne in Ostberlin engagiert, mache Lesungen mit Texten von Wolfgang Borchert. Darf ich mich mal 'n paar Minuten zu Ihnen setzen. Sie haben ihn doch persönlich gekannt?« Ich wurde nicht gerade abgekanzelt, aber Quest winkte lustlos ab: »Ach, hör'n Se doch auf, das ist doch längst vorbei!« Da war ich grenzenlos enttäuscht.

… Bei Ida Ehre spiele ich in den Hamburger Kammerspielen »Wir sind noch einmal davongekommen« von Thornton Wilder an der Seite von Erwin Geschonneck. Ich bin der Dinosaurier, unkenntlich, denn ich stecke in einem gepanzerten Kostüm mit Sehschlitz und sage den bedeutenden Satz: »Mich friert!« Ich lechze nach größeren Herausforderungen …

DER FENSTERSTURZ ZU DRESDEN

*Schauspielstudio Klaus Heydenreich*
*Lübeck, Danziger Straße 6*
*20.8.1947*

*Herr Ludewig ist seit dem 1. August 1947 Mitglied und Schüler meines Studios. Bereits nach der von mir abgehaltenen Eignungsprüfung hatte ich den Eindruck einer besondren schauspielerischen Begabung, die sich in der kurzen Zeit des bisherigen Unterrichts ganz besonders stark verdichtet hat. Ohne Übertreibung kann ich behaupten, daß mir in meiner langjährigen Praxis als Oberspielleiter und Schauspieler noch keine so eindeutige und besondere Begabung vorgekommen ist. Ich bin überzeugt, daß sich in einer wahrscheinlich außerordentlich abgekürzten Ausbildungszeit – gerechtfertigt durch die bereits in der Gefangenschaft erworbene schauspielerische Praxis – ein Talent entwickeln wird, das weit über dem Durchschnitt liegen wird. Ich betrachte es als einen besonderen Glücksfall, daß Herr Ludewig sich meiner Ausbildung anvertraut hat, und erblicke in der Kostbarkeit dieses Materials eine besondere Lehrverpflichtung.*
*gez. Klaus Heydenreich*

In Lübeck wohne ich bei meinem Großvater und bekomme mein erstes Engagement. Sie brauchten einfach einen, der so aussah wie ich. Eine Wurzen. Ich spiele den Diener im »Elga« von Gerhart Hauptmann, muß eine Tasse Tee auf die Bühne bringen. Die hatten da die Bühne mit einem Schleier verhängt, in dem ich mich auch prompt mit meiner Teetasse verhedderte … Das war der letzte Auftritt in Lübeck.

Nach ein paar Wochen aber packt mich die Sehnsucht: Ich

muß nach Dresden, zu den Eltern. Und wenn es nur auf vierzehn Tage wäre … Aber dazwischen liegt die Zonengrenze. Mit den restlichen Zigaretten kaufe ich mir einen Schlepper. Der bringt mich nach Boizenburg. »Da hab ich einen Pfad«, sagt der. Er betreibt ein Kompensationsgeschäft mit einem russischen Sergeanten, die tauschen irgendwas und – ich lande in einem russischen Keller. Mit den allerletzten Zigaretten komme ich frei …

Am Hauptbahnhof steige ich aus dem Zug, trete auf den Vorplatz, Richtung Prager Straße. Ich kann machen, was ich will, mir auf die Lippen beißen, den Zeigefinger unter die Nase drücken, die Tränen halte ich nicht zurück. Ich heule hemmungslos. Was waren die Luftbildaufnahmen gegen diese grauenhafte Wirklichkeit!

Es gibt Situationen, da kann man nicht weg. Mich überfällt ein solches Mitleid mit dieser geschundenen Stadt. Vor dem Bahnhof ein einziges Trümmerfeld. Wie hohle Zähne stehen Brandmauern, schwarze Fensterhöhlen gähnen. Ich laufe durch die Innenstadt, von einem Behördengebäude ist der gesamte Giebel weggebombt. In der ehemaligen Amtsstube hängt neben dem Stahltresor an der verbliebenen Wand noch die Dienstordnung. Der Altmarkt, Zwinger, Italienisches Dörfchen, Semperoper – es gibt kein Dresden mehr! Aus dem Großen Garten karren ein paar Frauen einen starken knorrigen Ast heraus. Irgendwie kommt es mir vor, als bewegten sich die Menschen im Zeitlupentempo. Ein Schreckensbild. Daß überhaupt jemand überlebt hat!

Leuben liegt abseits der Bombardements. Unsere Straße wirkt wie ein Wunderland. Mutter ist die Fee. Sie sagt: »Da bist du ja«, weint ein bißchen und bäckt einen Kuchen. Mehl und Zucker hat sie was-weiß-ich-nicht-woher. Ein Brot kostete zwanzig Mark, die Zigarette acht. Vater räuspert sich vor Rührung stark, schlägt mir auf die Schulter, daß ich in die Knie gehe. Er hat den Splitter in meinem Oberarm getroffen, wir können uns jetzt gegenseitig unsere Einschüsse zeigen. Sentimentalität ist nie eine Sache meiner Eltern gewesen. Ich schlafe im Wohnzimmer auf dem buckligen Sofa, für die Besucherritze bin ich zu erwachsen. Ich war drei Jahre fort ...

Es gibt Situationen, wo man einfach nicht wegkann. Da sind tatsächlich ein paar Leute, die versuchen, aus diesen Wirren herauszukommen – unvorstellbar! Wir müssen was Neues anfangen, sagen sie. Wo ein Mensch seine Jugend verbracht hat, gibt es immer besondere Fixpunkte. Was früher lang und riesig erschien, mißt nur noch Minuten und Zentimeter. Aber das hat alles etwas mit Heimat zu tun, ohne Kitsch und falsche Träne. Ich empfinde im Winter 1947 eine seltsame moralische Verpflichtung, in Dresden zu bleiben. Und dann ist da noch diese ungeheure Gleichheit! Alle haben nichts.

Nun gut, manche sind gleicher. Eine von denen lerne ich kennen. Eine Adlige. Uta von Otto. Die blonde schicke Chefin vom Dresdener Schwarzmarkt ist eine clevere, eine schillernde Person. Ich bin ein hübscher Kerl und werde sozusagen ihr Playboy. Nicht der einzige, wie ich bald mitkriege, aber wir wohnen sogar ein paar Wochen zusammen. Sie ist 'n halbes Dutzend Jahre älter als ich, hat Spaß an meiner Unerfahrenheit, bringt mir – ja, ja – etliches fürs Leben bei, macht sozusagen mit mir die Belastungsprobe auf die ärztliche Kunst meines Lazarett-Chirurgen. Unermüdlich schleppt sie für mich Rothändle, Lucky Strike, Butter, Weißbrot, exzellenten Rasierschaum und Kaffee heran. Ich fühle mich wie später Jack Lemmon bei Irma La Douce. Ich bin auf Daunen gebettet und hänge ein bißchen herum.

Bis auf ein paar Stunden privaten Schauspielunterricht in Lübeck und meine »Waschbrett«-Praxis habe ich nichts aufzubieten. Ich lese in der Zeitung, daß eine Akademie für Musik und Theater in Dresden eröffnet wird, und schaffe es tatsächlich, zum Vorsprechen vorgeladen zu werden. Lehrer an dieser gehobenen Schauspielschule sind Erich Ponto, Albert Finohr, Willy Courth und Günther Hanke vom Staatstheater Dresden. Der Brief endet: »... bitte bereiten Sie sich entsprechend vor.« Nun bin ich ja ziemlich faul. Ich denke mir, der Kosinsky hat mir im Lager soviel Glück gebracht, den nimmste ... Schiller haut immer hin.

An einem Dienstag, vormittags um halb elf, tigere ich mit doch etwas weichen Knien auf der Mendelssohnallee vor einer prunkvollen, wie durch ein Wunder unbeschädigten Villa hin und her. Ich schau mir das Gebäude an. Hat es einem Juden gehört oder einem neureichen Dresdener Zigarettenfabrikanten? Die großen französischen Fenster liegen tief, haben einen niedrigen Sims. Bis zum Rasen hinunter sind es höchstens ein Meter zwanzig. Da geht mir ein strahlendes Licht auf. Natürlich, das ist es doch! Jetzt weiß ich, was ich tun werde.

Theater – so hat es mir in Lodge Moor der Feigl, dieser Wiener Doktor von der Burg, eingebleut: Theater heißt Übermittlung! Mit Herzklopfen trete ich in den großen, sonnendurchfluteten Raum, bin wahnsinnig aufgeregt. Da sitzen die Herren aufgereiht. Keine Bühne. Aber auch hier, nach hinten zum Garten hinaus, diese riesigen Fenster. Ich schaue zaghaft in das Gesicht von Erich Ponto. »Die alkoholische Gärung ist die Gärung des Alkohols ...« Na klar, hab ich Tränen gelacht in der »Feuerzangenbowle«. Ponto sitzt in vorgebeugter Haltung, leidet unter einer Rückgratverkrümmung – rein medizinisch, versteht sich. Und wenn es auch kitschig klingt: Seine Augen waren voll unendlicher Güte, voller Menschlichkeit! Er nickt mir zu. »Bitte.«

Ich räuspere mich, beginne etwas belegt: »Ich wollte Ihnen eigentlich etwas aus den ›Räubern‹ sprechen, aber ich habe eine bessere Idee. Ich habe hier in Dresden, obwohl ich erst wieder kurz in meiner Heimatstadt bin, einige Schriften von Stanislawski in die Hand bekommen. Das hat mich fasziniert ...«

»Ja, komm'n Se mal zur Sache!« sagt Ponto. Nanu, sind die etwa nicht hellbegeistert? Ich dachte gerade, in der russischen Zone wäre der Stanislawski ... Ist doch auch'n Russe.

»Ich spiele Ihnen eine Etüde. In völliger Pantomime, ohne Requisiten. Der Vorwurf: Ich bekomme eine Nachricht, die mich zutiefst erschüttert und aus mir den Menschen macht, den ich Ihnen darstelle.« – »Ja, bitte.« Noch ein Blick. Ich öffne pantomimisch ein Kuvert, nehme den Brief heraus, falte ihn auseinander, lese ... lese ... Pausen sind Gold wert auf der

*Landpartie nach Dobritz:*
*der sechsjährige Rolli*

*Mit Vater und Oma und*
*der »halben« Tante Friedel*

*Bis an die Zähne bewaffnet: 1933er Ferien im Schrebergarten*

*Erster Schultag 1932*

*Fahrt auf einem Elbdampfer*

*Die Familie 1943*

*1948: Laienspielgruppe der FDJ Radebeul mit »Flachsmann als Erzieher« (Ludwig stehend)*

*Dresdener Volksbühne 1949: als Emile in »Non olet« mit Partnerin Ingeborg Werzlau*

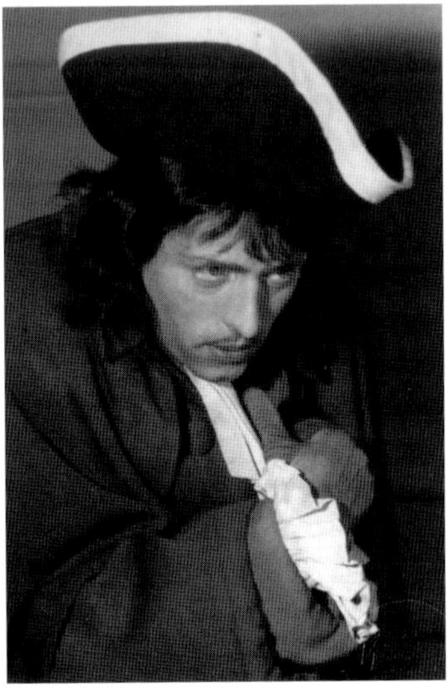

*Metropol-Theater Berlin 1951: Ludwig als Dritter Buffo in »Madame Pompadour«*

*Die Schauspielklasse an der Dresdener Akademie für Musik und Theater, 1948*

*Theater am Schiffbauerdamm 1953: Kotschkarew in »Die Heirat« von Nikolai Gogol*

*Tingelei mit den ersten Dresdener Jazz-Symphonikern, vormals Joe Dixie, um 1950*

*»Der Hauptmann von Köln«,*
*DEFA-Film von 1956*

*»Die fromme Marta«*
*Ursula Meißner mit*
*Rolf Ludwig als Ramirez im*
*Theater am Schiffbauerdamm*

*Als Spion*
*Spatz im*
*DEFA-Film*
*»Thomas*
*Müntzer«,*
*1956*

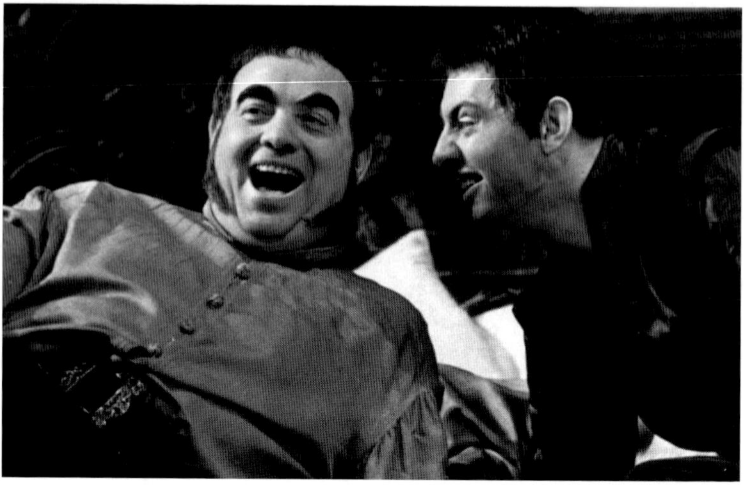

*Berliner Volksbühne 1958: als Mosca in »Volpone« mit Franz Kutschera*

*Wiedersehen nach 30 Jahren! Treffen mit Franz Kutschera, dem Bühnenpartner u.a. in der »Heirat«, »Der Widerspenstigen Zähmung«, im »Sommernachtstraum« und im »Tollen Tag«, 1992 in München*

*Ab 1955 zehn Jahre lang: gefeierter Truffaldino im »Diener zweier Herren«*

*Puck im »Sommernachtstraum«*

*Erinnerungen an Wacker Leuben? 1956 im DEFA-Film »Drei Mädchen im Endspiel«*

*Der erste Film mit Rolf Ludwig: »Sein großer Sieg«, 1952*

*Die »Promi-Elf« des Metropol*

*Als Gremio in »Der Widerspenstigen Zähmung«, 1954*

*»Das Schwitzbad« von Wladimir Majakowski: Rolf Ludwig mit Otto Tausig und Marianne Wünscher*

*Hoch zu Roß mit Sohn Andreas 1967 bei Dreharbeiten in Görlitz*

*»Das Feuerzeug«: Rolf Ludwig in der Rolle des Soldaten mit einem der drei funkensprühenden Hunde, DEFA-Film 1959*

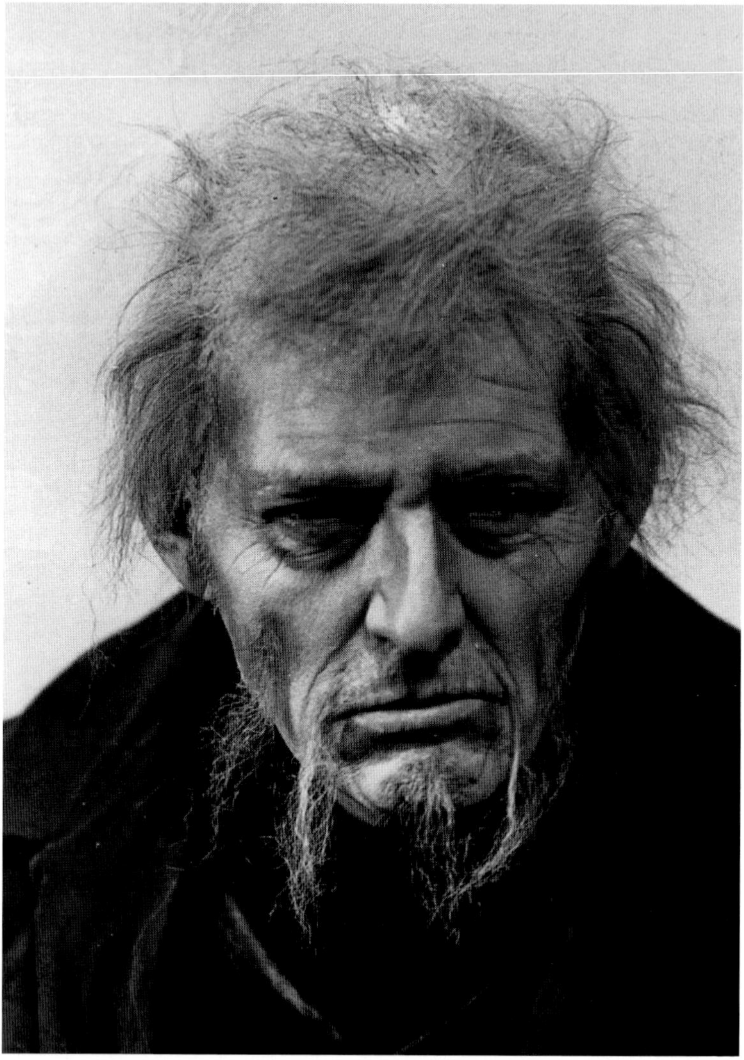

*»Der Drache« in dritter Gestalt (Probenfotos)*

*Der Regisseur Benno Besson*

*»Die schöne Helena«, Rolf Ludwig als Kalchas mit Fred Düren als Paris, Deutsches Theater 1964*

*Ganz privat: Rolf Ludwig mit dem »Drachen« aus Meißner Porzellan*

Bühne. In der Zeit kannst du was erfinden, nach deinem Text angeln oder einfach bedeutungsvoll gucken. Das kommt meist gut an. Nur zu lang dürfen sie nicht sein!

Ich lese also meinen Brief durch – einer der Herren in der Stuhlreihe wechselt den Beinüberschlag –, nicht beirren lassen, Rolf, denke ich, bloß nicht zu dicke werden! Du mußt jetzt den Ausdruck verändern, steigern. Die Pupille wird weiter, die Hand mit dem Papier beginnt zu zittern, wackelnd wanke ich zum Fenster, will ich mich festhalten? Nee, das ist zu wenig. Ich ringe nach Luft, ich ersticke, ich brauche Luft. Den Fenstergriff drehe ich zittrig herum, öffne die großen Fensterflügel … atme tief durch. Quatsch, das reicht noch nicht! Ich hebe meinen Arm vor die Augen, weil mich die Sonne blendet, taumele in den Raum zurück, um Anlauf zu nehmen. Es sind ja nur eins zwanzig Höhe! Jetzt aufs Ganze, jetzt setze ich meinem Leben ein Ende. Drei-vier große Schritte, und ich hechte kopfüber aus dem Fenster …

Hinterm Haus aber hat das Gelände ein starkes Gefälle! Ich schreie auf. Gerade kommt eine bildhübsche junge Dame den Weg herunter, Eva Anders, später eine hinreißende Pianistin. Sie will mir aufhelfen, da beugt sich oben Erich Ponto zum Fenster heraus und ruft schnarrend: »AUF-GE-NOMMEN!«

## ACHTEN'S AUF DIE STRICH'L

Von wegen kein Beinbruch. Ich laboriere eine Weile mit dem lädierten Knie herum, aber ich gelte jetzt als ordentlicher, eingeschriebener Schauspielschüler. Ich bin wie ein Schwamm, sauge alles in mich auf – lese Theaterliteratur, renne zwischen den Kursen in die Bibliotheken, studiere die Dramatiker, spiele in einer FDJ-Laientheatergruppe, besuche Proben an den Dresdener Bühnen und Konzerthäusern.

In Dresden-Bühlau, im Tanzsaal eines ehemaligen Landgasthofes, probt die Dresdener Staatskapelle unter dem Dirigat von Generalmusikdirektor Joseph Keilberth. Ich habe vom Vorabend noch einen Ölschädel, fortgeschrittenen Haarspitzenkatarrh infolge des Alkolatgenusses. Allgemein wird in der Nachkriegszeit eine Menge gesoffen. Die Leute, die Arbeit haben, schuften schwer und brauchen den sinnesfrohen Ausgleich; viele müssen ihr Bombentrauma wegspülen. Und wer tatenlos herumlungert, beweint beim Sprit sein Schicksal. In jenen Jahren pflege ich die ersten zarten Beziehungen zum Teufel Alkohol, ich ahne nicht, daß er später mal mein Duzfreund sein wird.

In Bühlau also probt Keilberth »Till Eulenspiegels lustige Streiche«, Richard Strauss' sinfonische Dichtung von 1890. Mein Kopf wird immer leichter, denn was ich höre, ist genial. Der Konzertmeister, ein spindeldürrer Zweimetermann, der gerade halbverhungert aus russischer Gefangenschaft gekommen ist und wie ein verwelktes Teeblatt aussieht, zupft und streicht wie ein Teufelsgeiger. Ich bin hingerissen von der Virtuosität.

Die Proben sind anstrengend, auch für mich als Zuhörer. Immer wieder ertönt das »Stop! Die Einsätze, meine Herrn Soachsen!« Keilberth ist Bayer, Münchener. »Oachten's g'fälligst auf dia Strich'l!« Und er klopft mit dem Stab auf das Pult. Da schraubt sich der lange Konzertmeister vom Stuhl hoch und sagt in breitem Sächsisch: »Herr Geenerolmusikdiregtor, ich strichle hier seit zähne. Jetz hab'sch'n Bederfnis. Und zwar 'n tringendes für gleene Schungen. Wenn Se nich'n baar Minuden Pinkelbause gäben, weeß'sch ne, was ich due. Dann freß'sch meene Geije!« Keilberth sieht auf die Uhr. »Ich bitte um Entschuldigung. 's ist joa schoan ein Uhr. Fünf Minuten Pause.«

Das Klo ist auf dem Hof. Ich stehe mit dem Ersten Geiger am Becken. Dahinter haben sie die Wand geteert. Wir glotzen entrückt auf die schwarze Mauer, alle Männer dieser Welt haben beim Wasserlassen diesen somnambulen Gesichtsausdruck. Da geht die Tür auf, und Keilberth kommt herein, stellt sich neben uns. Totenstille. Nur Tröpfeln. Da sagt der Konzertmeister: »Sähn Se, Herr Geeneralmusikdirektor, hier is der eenzsche Ort, wo man sich vor Ihnen was herausnähmn darf.« Dann lacht er blödsinnig, weil er sich wahnsinnig witzig findet. Pause. Joseph Keilberth kontert: »Wie Sie sehen, ziehen Sie auch hier den kürzeren!«

Ich verbürge mich für diesen Treppenwitz, ich war als Rechtsaußen an der Pinkelrinne Zeuge!

In der Theaterakademie werde ich Klassensprecher und soll die Verbindung zum sogenannten Lehrkörper aufrechterhalten. Ich weiß nicht mehr alle Namen meiner Kommilitonen; da sind die Brüder Möbius, Zwillinge. Heiner inszenierte viele Jahre am Berliner Theater der Freundschaft, Dieter ging 1949 mit Peter Böhlke in den Westen. Die sind jetzt in Wien, glaube ich. Dann war da noch die bildhübsche, zauberhafte Heidi von Strombeck, die in München den großen Schauspielkollegen Peter Lühr heiratete und an den dortigen Kammerspielen engagiert ist. Dann die Margit Weinert …

Nach meinem Fenstersturz humpele ich – mit Gipsbein – zu Erich Ponto und bitte ihn, mich mal richtig auf Herz und Nieren zu prüfen und nach Möglichkeit mir privat Schauspielunterricht zu erteilen. Vom Lodge Moor Camp erzähle ich, vom Feigl und Hachfeld. Darauf lädt er mich zur ersten Privatstunde am Nachmittag ins Hotel »Excelsior« ein, das sich in Bahnhofsnähe befindet. Ponto wohnt nicht weit davon entfernt in der Wiener Straße. Im Restaurant bestellt er eine Flasche Rotwein. Ich schlucke tapfer mit, obwohl ich schon damals beim bloßen Betrachten einer Weinflasche Sodbrennen bekomme. Ich bevorzuge damals Bier und Klaren. Der Privatunterricht bei Ponto besteht darin, daß ich wie ein Wasserfall erzähle und er mir geduldig zuhört. Nach zwei oder zweieinhalb Stunden unterbricht er mich und sagt: »Ich geb Ihnen das Schwarz auf Weiß. Sie werden Schauspieler!«

Kurz darauf geht Erich Ponto nach Stuttgart. Der Bühnenbildner Karl von Appen wird kommissarischer Intendant des Dresdener Staatstheaters. Schauspieldirektor ist ein Herr van Diemen, später maßgeblicher Mann in der bundesdeutschen Yellow Press und langjähriger Förderer und Lebensgefährte der Schauspielerin Thekla Carola Wied. Der hält in der ehemaligen Villa des NSDAP-Reichsleiters Mutschmann einen Vortrag über die Zukunft der Dresdener Theater und der angeschlossenen Schauspielakademie. Ich bin als Studentensprecher dabei, und mir stehen die Haare zu Berge. Der hat doch überhaupt keine Ahnung, was an der Akademie läuft! Ich kann meinen vorlauten Mund nicht halten: »Sie gestatten, das ist doch alles nur Bla-Bla! Nichts – gar nichts davon werden Sie durchsetzen!« Ein paar Tage später bin ich relegiert. Rausgeschmissen nach acht Wochen Studium.

## ERSTES ENGAGEMENT AN DER STRASSENBAHNHALTESTELLE

Da stehe ich nun mit meinem schwarz auf weiß »nachweislich mangelndem schauspielerischen Talent«. In Leuben steige ich aus der Straßenbahn, um mich am Sportplatz von Wacker Leuben vorbei, auf dem ich als linker Läufer vom neunten Lebensjahr an wahre Triumphe gefeiert habe, kleinlaut nach Hause in die Siedlung zu trollen. Ich fühle mich wie früher nach der Rückgabe einer Rechenarbeit in der Volksschule. Es ist ja auch derselbe Weg.

Soll ich künftig etwa den Griffel führen und Karten stechen? In einem Gasthof nahe der Haltestelle, in dem wir Fußballer früher unsere Siege mit Limonade begossen, ist nunmehr die Volksbühne Dresden untergebracht. Ein kleiner Herr kommt mir auf der Straße entgegen. Mich muß ein Teufel geritten haben, oder ist es ein siebenter Sinn? Jedenfalls stelle ich mich dem in den Weg und frage: »Entschuldigen Sie, gehören Sie zum Theater?« Der sieht mich verwundert an. »Ja.« – »Ich bin soeben aus der Schauspielakademie geflogen, komme aus englischer Gefangenschaft und möchte ums Verrecken gern Schauspieler werden.« Da schiebt der seine Brille auf die Stirn, mustert mich von allen Seiten. »Wie lang sind Sie?« – »Ein Meter achtzig«, antworte ich zackig. – »Ich probe zur Zeit ›Die Bresche‹ von einem Russen, Lawrenjow. Dazu brauche ich noch einen Signalgast. Kommen Sie morgen um zehn Uhr!«

Der kleine Herr ist Paul Lewitt, Oberspielleiter an der Volksbühne Dresden. Für die Rolle des »Boy« im Stück »Victoria« erhalte ich pro Vorstellung fünf RM sowie eine Probenpauschale von 30 Mark. Gleiches gilt für die Rolle des Redaktionssekretärs und Jungen Mannes in einem Stück von Ilja

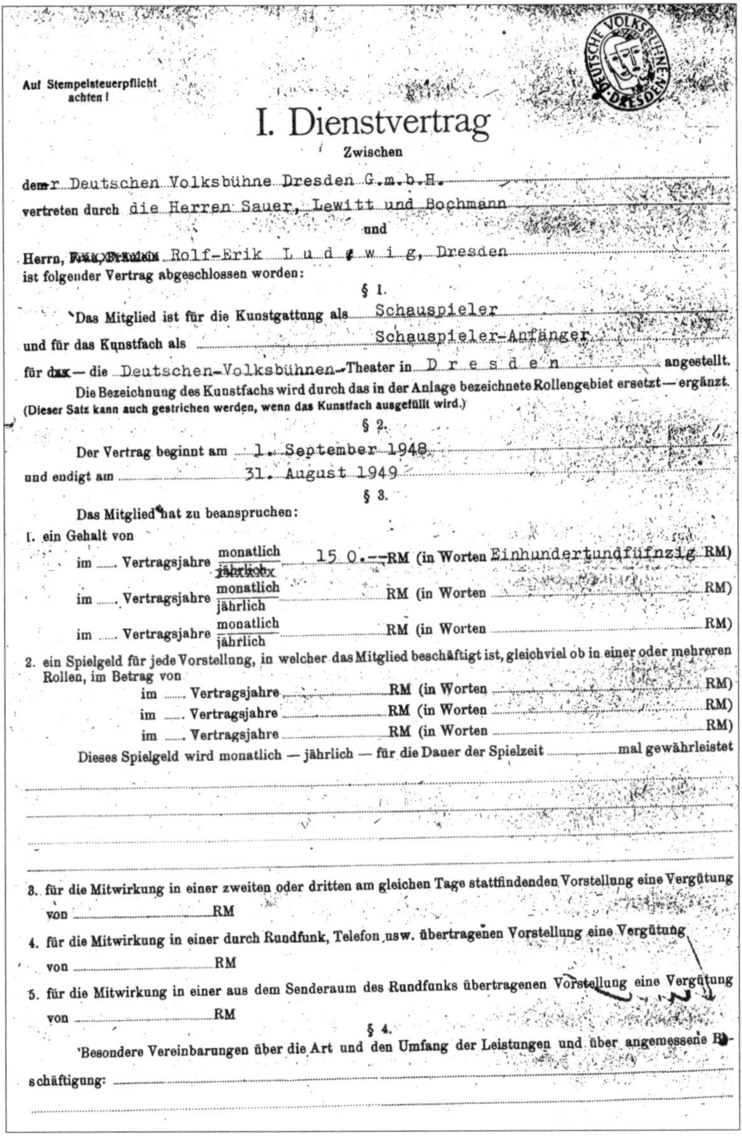

Auf Stempelsteuerpflicht achten!

DEUTSCHE VOLKSBÜHNE DRESDEN

# I. Dienstvertrag

Zwischen

der Deutschen Volksbühne Dresden G.m.b.H.

vertreten durch die Herren Sauer, Lewitt und Bochmann

und

Herrn, ~~Frau, Fräulein~~ Rolf-Erik L u d w i g, Dresden

ist folgender Vertrag abgeschlossen worden:

§ 1.

Das Mitglied ist für die Kunstgattung als Schauspieler

und für das Kunstfach als Schauspieler-Anfänger

für ~~das~~ — die Deutschen-Volksbühnen-Theater in D r e s d e n angestellt.

Die Bezeichnung des Kunstfachs wird durch das in der Anlage bezeichnete Rollengebiet ersetzt — ergänzt.

(Dieser Satz kann auch gestrichen werden, wenn das Kunstfach ausgefüllt wird.)

§ 2.

Der Vertrag beginnt am 1. September 1948

und endigt am 31. August 1949

§ 3.

Das Mitglied hat zu beanspruchen:

1. ein Gehalt von
   im ...... Vertragsjahre monatlich ~~jährlich~~ 150.-- RM (in Worten Einhundertundfünfzig RM)
   im ...... Vertragsjahre monatlich jährlich ...... RM (in Worten ...... RM)
   im ...... Vertragsjahre monatlich jährlich ...... RM (in Worten ...... RM)
2. ein Spielgeld für jede Vorstellung, in welcher das Mitglied beschäftigt ist, gleichviel ob in einer oder mehreren Rollen, im Betrag von
   im ...... Vertragsjahre ...... RM (in Worten ...... RM)
   im ...... Vertragsjahre ...... RM (in Worten ...... RM)
   im ...... Vertragsjahre ...... RM (in Worten ...... RM)

   Dieses Spielgeld wird monatlich — jährlich — für die Dauer der Spielzeit ...... mal gewährleistet
3. für die Mitwirkung in einer zweiten oder dritten am gleichen Tage stattfindenden Vorstellung eine Vergütung von ...... RM
4. für die Mitwirkung in einer durch Rundfunk, Telefon usw. übertragenen Vorstellung eine Vergütung von ...... RM
5. für die Mitwirkung in einer aus dem Senderaum des Rundfunks übertragenen Vorstellung eine Vergütung von ...... RM

§ 4.

Besondere Vereinbarungen über die Art und den Umfang der Leistungen und über angemessene Beschäftigung: ......

Ehrenburg. Da bin ich erst mal drin im Geschäft, nach einer Woche kennen mich alle im Ensemble. Ich quatsche wie mir der Schnabel gewachsen ist, erzähle vom Lagerkabarett, von unseren Inszenierungen, bin binnen kurzem der Pausenclown der Volksbühne. Eines Tages nimmt mich der Schauspieldirektor Günter Sauer beiseite. »Also, wir werden Sie engagieren, Sie bekommen einen regulären Anfängervertrag bei uns.«

## DAS PFEIFKONZERT

Einhundertfünfzig Mark im Monat! Dafür habe ich in vier Wochen 26 Vorstellungen. Hauptsache: ENGAGIERT! Ich spiele alles, quer durch den Garten, darunter auch im Weihnachtsmärchen die Krähe Sarah. Den Erzähler gibt Otto Stark, der später in Dresden das Kabarett »Die Herkuleskeule« leitet und in Berlin »Distel«-Direktor wird. Ein Ziehsohn von Paul Lewitt und dessen Frau Charlotte Küter, die ebenfalls an der Volksbühne engagiert ist. Das Ehepaar verlagert mitunter sein Eheleben auf die Probebühne. »Die Bresche«, in die ich als Signalgast gesprungen war, ist ein ziemlicher Erfolg geworden.

Mit Tempo gehen wir an die nächsten Russen. »Onkel Wanja« von Tschechow. Und dann die »Wassa Shelesnowa«. Die Titelrolle hat Paul Lewitt seiner Gattin zugedacht. Wir werden Zeugen von Ehekrächen. Fordert Lewitt von seiner Frau beispielsweise eine präzisere Haltung auf der Bühne, verlangt die von ihm, daß er das Badezimmer gefälligst künftig nicht in ein Rasierschaumbad verwandeln soll. Und in dem guten Jackett sei wieder ein riesiger Ölfleck! Gorkis Szenen steigern sich zu Szenen einer Ehe. Die Worte fliegen wie Tennisbälle. Plötzlich kommt keine Antwort von Lewitt mehr. Wir stieren in den Zuschauerraum. Der kleine Mann ist verschwunden. Die Küter ist außer sich, sie schaut die Bankreihen entlang. »Um Gottes willen! Der kann sich doch nicht in Luft auflösen!« Dann stemmt sie ihre Ärmchen in die Seiten. »Kommt mal herunter, Kollegen!« Paul Lewitt hockt zusammengekauert unter seinem Regiepult, die Brille über der Stirn, den Kopf in die Hände gestützt und – weint. Er weint! Die Probe wird abgebrochen.

Charlotte Küter, diese herrliche Schauspielerin, ist durchdrungen von dem Verlangen, auch Regie zu führen. Ich spiele den Waffenhändler im »Beaumarchais« von Friedrich Wolf. Wir tanzen im wahrsten Sinne des Wortes nach ihrer Pfeife, wie beim Fußball. Mit der Trillerpfeife versucht die Küter, sich bei den disziplinlosen Kleindarstellern durchzusetzen. Typische schwatzende Dresdener. Ein sächsisches Gebabbel erster Güte. Drei Pfiffe sind das Zeichen für absolute Ruhe unter den Statisten. Zwei Pfiffe bedeuten: Achtung für die Darsteller! Den größeren Rollen ist ein einmaliger Anpfiff vorbehalten. Ein einziges Pfeifkonzert.

Günter Sauer und Peter Palitzsch, damals Chefdramaturg, dann Brecht-Jünger und heute eine Regiegröße, haben sich was ausgedacht: eine Matinee unter dem Titel »Dunkle Sinfonie«. Schwarze Lyrik. Langston Hughes. Dazu Gospel. Eröffnet wird mit der Komposition »In der Halle des Bergkönigs« von Grieg. Alles verjazzt! Grandios! Wir Schauspieler halten schwarze Masken in den Händen, das soll symbolisieren, daß wir Farbige sind. Ansonsten tragen wir unsere Straßenkleidung. Neben mir steht Karl-Wilhelm Streit, ein gestandener Mime, Mitte 50, gewöhnlich Knickerbocker tragend, in seinem dunklen Maßanzug. Weder er noch ich ahnen, daß ich vierzig Jahre später seine Tochter Gisela heiraten werde.

## ICH WAR DER ERSTE BRUMMER

Die Jazztruppe wird von Joe Dixie geleitet, der Bandleader ist nicht nur in Sachsen bekannt. Ich spiele ganz passabel Gitarre, für die Band reicht's nicht aus, aber Dixies Sängerin Ruth Fuchs geht mit mir öfter auf Tingeltour durch sächsische Kleinstädte. Inzwischen ist meine Gage an der Volksbühne verdoppelt worden, aber mit 300 Mark kann ich Leben und Kneipe nicht bezahlen. Die Mugge – das Musikalische Gelegenheitsgeschäft – wird unentbehrlich. Ich mime bei Dixie den Conferencier, ich quatsche dämlich, hab ein paar witzige Bemerkungen auf der Pfanne, um die Leute zu unterhalten.

Das Leben unter dem fahrenden Volk ist nicht ungefährlich. Im Herbst 1949 haben wir ein Konzert in Ottendorf-Okrilla, wie melodisch das schon klingt. Bis 21 Uhr stehe ich noch auf den Brettern der Volksbühne. Aber alles kein Problem! Einer von Dixies Technikern besitzt – ein Reichtum! – ein Motorrad mit Seitenwagen. Der soll mich abholen, denn um elf Uhr nachts müssen wir vor Ort sein. Nach der Vorstellung lungert vor dem Bühnenausgang eine Vogelscheuche herum, von der Lederkappe hängen die Kinnbänder, darunter schaut ein Vogelkopp mit ganz spitzer Nase hervor. Der fast zwei Meter lange spindeldürre Körper steckt in einer Art Kunstlederpanzerung. »Hie, na«, sagt die Gestalt, »steig ein, ich fohr dich nach Ogrilla, daß es nur so rumst!« Ich klettere in den Seitenwagen.

Es beginnt zu nieseln. Der fährt wie vom Affen gebissen. Wir sind schon dreißig Kilometer vor dem Ziel, da macht die Chaussee eine scharfe Linkskurve. Der Ledermann nimmt sie kühn, ich fahre geradeaus. Besser: Ich fliege mit der Wanne auf ein Feld, zehn, fünfzehn Meter. Der Beiwagen bleibt stehen, ich höre bloß noch das Knattern des sich entfernenden Motorrades. Dann ist alles dunkel und still. Fast eine Dreiviertelstunde später nähert sich das Knattern wieder, denn erst vor dem Gasthof in Ottendorf hat der Kraftradpilot bemerkt, daß er solo ist. Das Konzert beginnt mit kleiner Verspätung, wird aber ein Riesenerfolg wie immer – und ich habe einen verstauchten Daumen sowie einen wunderbaren Aufhänger für meine Conference.

Aus Gütersloh erscheint an der Volksbühne ein neuer Bühnenarbeiter. Wolfgang Röder heißt der und ist ein waschechter Sachse, den Verwandte in den Kriegswirren Richtung Westen »verschleppt« haben. Nun ist er heimgekehrt an die Elbe und froh, den sächsischen Urlaut wieder zu hören. Ich ziehe mit meiner Gitarre durch die Lande, um Naturalien – vor allem Kartoffeln und Eier – einzuheimsen.

Es ist ganz schön anstrengend, allein einen Abend zu bestreiten. Der Röder ist in der Kneipe recht beweglich, hat keine Scheu vor den Leuten, scheint mir. Ich bringe ihm ein paar Griffe auf der Gitarre bei. Mensch, der ist ja 'ne Begabung! Und dann kann der was ganz Tolles: er imitiert alle möglichen Geräusche täuschend echt – mit dem Mund. Seine Glanznummer ist der Angriff eines Stuka-Fliegers, also die Ju-87. Die Leute toben, stehende Ovationen. Sie haben ja diese Töne nur allzu gut in Erinnerung. Mir hat Wolfgang die Pointe zugeteilt. Ich mache am Schluß der Darbietung: »Peng!« Das war die Detonation der Bombe. Seltsamer Humor von 1949. Natürlich bringt er auch die Dampflok, die Straßenbahn, einen Bienenschwarm und so etwas. Aber der Bomber bekommt die meisten Lacher.

Ein Sägewerksbesitzer und Holzhändler aus Elsterwerda klopft sich auf die dicken Schenkel vor Vergnügen. Wir sind aus dem Schneider, er hat einen Narren an uns gefressen. Immer wieder treten wir im Speiseraum seines Unternehmens auf, bekommen ein Gästezimmer in seiner Villa. Neben ein paar Sack Holz zahlt er uns sogar ein paar Mark. Wir werden reich!

In der Volksbühne inszeniert als Gast Erich Geiger vom Berliner Metropol-Theater »Die kluge Susanne«. Ich lege ihm den Bühnenarbeiter Röder ans Herz: »Nehmen Se den, der muß Schauspieler werden!« Und Wolfgang bekommt seine erste Rolle. Nach den Proben liege ich mit einer »Schwarzen« vom Ballett, einer Rassefrau mit dunklen Locken, auf den Elbwiesen. Ganz keusch. Ich erzähle ihr was vom Mond. Sonst wäre ich gar nicht romantisch, erkläre ich ihr, aber der Mond ... Auch ein paar Verse dichte ich ihr. Ich rezitiere, während die Elbe träge dahinfließt. Sie hört ein paarmal aufmerksam zu, dann versetzt sie mich. Ich wandele allein bei Mondschein am Elbufer. Wolfgang druckst ein bißchen herum, die »Schwarze« heißt plötzlich Frau Röder. Eine Bilderbuchehe, die bis zum Tode des Gründers der »Vier Brummer«, dieses seit den fünfziger Jahren so sehr beliebten Gesangsquartetts, im Jahre 1993 eisern hält.

## VERGNÜGUNGSSUCHT IM HYGIENEBAD

Sepp W. Schlamminger ist Süddeutscher, genauer Münchener, und spricht wie Beckenbauer oder Polt. Er spielt in »Tiefe Wurzeln«, wie wir Sachsen sagen, »ä Nächer«, einen Schwarzen mit bayerischem Touch. Die Dresdener Mädels finden ihn hochinteressant. Als ich mal in seinem Zimmer nach Zigaretten stöbere, stoße ich im Nachttisch auf eine Hunderterpackung mit Präservativen der Fa. Fromms Act. »Meine Wochenration«, prahlt der Sepp. Auf dem Weißen Hirsch bewohnt er ein möbliertes Zimmer bei einer theaterinteressierten Witwe, wie er überhaupt die kunstsinnige Damenwelt Dresdens kennt.

Charlotte Meentzen, die Besitzerin der gleichnamigen Kosmetikfirma, ist regelrecht verknallt in uns Theaterleute. Ab und an gibt sie Feste – damals sagt man noch nicht Parties – in ihrer Villa nahe des Dresdener Zoos. Schlamminger und ich rennen nach der Vorstellung in Leuben zur Straßenbahn. Um Himmelswillen nichts verpassen! Die Sehnsucht nach Vergnügungen ist in den Nachkriegsjahren wirklich eine Sucht. Ich hole in Riesenschritten und Riesenschlucken meine verlorene Jugend nach. Vor der Meentzen-Villa wachen zwei Bronzelöwen. Über dem einen hängt – wie ein lässig hingeworfener Mantel – kopfüber der lallende Peter Palitzsch. Drinnen ist ein Höllenlärm. Swingmusik, Boogie. Man schenkt sich den Alkohol gegenseitig ein.

Der junge Schauspielkollege Wünsch, der später im Berliner Ensemble landen wird, kommt mit glasigen Augen zu mir heran und fragt in breitem Sächsisch: »Wie machst'n du dis? Wieso sächselst'n du ne?« Ich behaupte: »Es liecht an der Sprechtechnik.« Ich hatte in der Gefangenschaft immer versucht, mittels anderer Dialekte das Sächsisch loszuwerden. So kann ich ganz gut berlinern und ein bißchen weanern, plattdütsch. Nur das Hannoveranerisch klappt nicht. Darum hab ich später immer den Peter Frankenfeld beneidet. »Sprech- und Atemtechnik, mein Lieber«, sage ich jovial zu Wünsch, » sind das A und O des Schauspielberufes. Du läufst, so schnell du kannst, dorthin, wo der Feuerlöscher hängt, dann schlägst du zweimal – bumm, bumm! – gegen die Tür, drehst dich um und schreist aus voller Brust: ›Rache!!!‹ Mehr nicht.« Und der ist ganz schön angeteert, rennt in einem fort, schreit aller drei, vier Minuten lauthals »Rache!«, bis er endlich, von Alkolat betäubt, umfällt. Wir brechen auf. Schlamminger murmelt immer was von Hygiene. Er meint es wörtlich. Günter Sauer, Margit Weinert, der Sepp W. und ich nehmen auf dem Heimweg noch ein Vollbad im Bassin vor dem Hygiene-Museum.

## AUFERSTANDEN AUS RUINEN

Im Alltag des Gauklerdaseins ist die Gründung der Deutschen Demokratischen Republik im Oktober 1949 irgendwie an mir vorbeigegangen. »Geh nie in eine Partei, mei Gleener«, hat mein Vater Richard mir stets eingetrichtert. Ich halte mich daran. Kommunismus und Sozialismus sind für mich schöne Utopien. Aber das klappt mit den Menschen nicht. Es stimmt was nicht an diesen Wesen. Sie hängen eine Hakenkreuzfahne zur Küche raus, und ein paar Wochen später eine rote. In der Mitte des ausgeblichenen Stoffes sieht man noch ein kräftigrotes Kreisrund, wo mal das Emblem aufgenäht war. 1989 ein weiteres Mal: Von den Autoaufklebern am Heck mit dem DDR-Oval werden einfach ein D und das R durchgestrichen. Fertig ist die Laube!

Die, ich schätze, nicht mal zwanzig Prozent echter Kommunisten im Heer der SED-Opportunisten und Karrieristen tun mir leid. All die vierzig Jahre lang. Sie waren auf verlorenem Posten, manche wußten es sogar. Gedanklich und gefühlsmäßig stehe ich auch links. Hab meinen Franz Mehring studiert in den Anfangsjahren des neuen Staates … Mir hat schon imponiert, was die da 1949 so vorhatten, bis zum Hals in den Trümmern. Ich bin für einen sozialen Staat. Die Leute sollen nicht um Essen oder ein Dach über dem Kopf bangen. Aber die Gesellschaft darf auch nicht so funktionieren, daß eben auch die Menschen bloß noch funktionieren. Es muß schon Raum für Kreativität sein, das ist doch nicht zuviel verlangt. Himmel, es sind doch nicht Millionen, die schöpferisch wirken wollen!

Am meisten gewurmt hat mich immer die völlige Humorlosigkeit. Wenn mal irgendwo gewitzelt oder gelacht wurde, haben die immer gleich einen Aufstand gewittert. Dieses Kleinmütige brachte einen zur Raserei …

Ende 1949 kommt Rudi Schiemann bei einer Tingelei in so einer sächsischen Textilstadt auf die Bühne – mit dem Neuen Deutschland in der Hand, dem ND, dem Zentralorgan der SED. Er betrachtet die Titelseite und lacht. »Des eenzsche, was stimmt, is des Dadum!« Schiemann war das Operettenidol Dresdens, ein Komiker ersten Ranges. Die Leute liebten ihn – ein Volksschauspieler! Das nützte ihm gar nichts. Die Genossen haben ihn kurzerhand eingesperrt. Nach einem halben Jahr ist Schiemann wieder draußen, haut mir vor dem Auftritt auf die Schulter: »Därr Ludwich!« Dann geht er raus auf die Bühne. »Da bin ich wiedr!« Und er singt, als sei nichts geschehen »Auf der grünen Wiese ...« Aber er kann's nicht lassen, der Schalk wohnt tief in ihm. Der Buffo zieht das ND aus der Tasche, ganz langsam, entfaltet die Zeitung, daß es auch der Blindeste sieht. Die Leute tuscheln entsetzt. Ist der wahnsinnig? Schiemann fängt an zu glucksen. Im Saal ist es ganz leise geworden. »Nee, nee, nee, es hat sich nischt geändert!« Diesmal lassen ihn die Allmächtigen in Ruhe. Unberechenbar.

Was soll das für ein Land werden? Arbeiter-und Bauern-Republik, Königreich oder Operettenstaat? Die Hymne jedenfalls hat mir auf Anhieb gefallen. Sie erinnert mich an Hans Albers. Schon in »Wasser für Canitoga« fand ich es umwerfend, wie der blonde Junge dieses »Goodbye, Johnny!« schmetterte. Anfang der Fünfziger sitze ich im »Ganymed«, einem Nobelrestaurant am Schiffbauerdamm, nahe dem Bahnhof Friedrichstraße in Berlin. Feine Küche und ungeheure Prominenz. Ausgesuchte Atmosphäre. Kaffeehausmusik mit Geige und Piano. Plötzlich kriegen sich zwei Männer in die Wolle, sie brüllen einander an. Der eine entreißt dem Stehgeiger das Instrument, der andere schubst den Klavierspieler vom Hocker. Beide spielen »Auferstanden aus Ruinen« – das Duo Hanns Eisler und Paul Dessau! Der Dessau läßt zwischendurch seine Kinderhymne »Anmut sparet nicht noch Mühe!« anklingen, worauf Eisler wieder »aus Ruinen aufersteht«. Es klingt beides schön. Ich bin der einzige Zuhörer, und ich teile diesmal sogar den Geschmack der neuen

Landesherren. Wie denen gefällt auch mir – vielleicht wegen der Kriegsschule – der Eislersche Marschrhythmus besser. Die SED-Oberen hingegen denken wahrscheinlich schon an glänzende Paraden. Vielleicht steckt auch in mir ollem Schweden neben dem Sachsen doch noch irgendwo ein winziger Preuße!

## WIE ICH SCHURICKE RETTETE

Wir proben Grillparzers »Weh dem, der lügt«. Ich habe die undankbare Rolle des Atalus, des Neffen vom Bischof Gregor. Gar keene Rolle! Unspielbar! Ich bin bloß Stichwortgeber. Aber ich lerne Helmut Ahner kennen. Der spielt die Hauptrolle, den Küchenjungen Leon. Wir befreunden uns.

Für den Dresdener Rundfunk übernehmen wir beide die Doppelconference einer heiteren Unterhaltungssendung. Den Titel hab ich vergessen. So eine buntgemischte Sache, nach russischem Vorbild wohl Estrade genannt. Live. Am Sonntagnachmittag im Hygiene-Museum. Da drinnen hat der Rundfunk auch seine Redaktion und die Studios. Die Großankündigung dieses Tages ist Rudi Schuricke. Alle Teenager und auch das Mittelalter verdrehen vor Entzücken die Augen. »Wenn bei Capri die rote Sonne im Meer versinkt …« Schuricke ist die absolute Spitzennummer! »… ziehn die Fischer mit ihren Booten aufs Meer hinaus, und sie legen in weitem Bogen die Netze aus.« Ich habe die hohe Ehre, IHN anzusagen. Erst witzele ich mit Ahner noch ein bißchen herum, irgendwas über Lebensmittelmarken, Igelitschuhe und so.

Dann aber erstarren wir in Ehrfurcht. Schuricke tritt ans Mikrofon, und beginnt. »… hör mein Herz, wie es singt –« Aus. Sense. Kein »Bella-bella-bella-Marie …« ist zu hören. Das Mikrofon ist tot, mausetot. Man hört nur ein zierliches, hohes Stimmchen. Ist das der berühmte Schlagertenor? Das soll Schuricke sein!? Diese Fistelstimme? Den Leuten steht der Mund vor Schrecken offen. Mir auch. Das dauert etwa dreißig Sekunden. Und die sind auf der Bühne verdammt lang. Endlich klappt mein Mund wieder zu, ich stürze zu dem Sänger, reiße ihm das Mikro aus der Hand. Der hebt schützend den Arm, denkt der, ich will ihn verprügeln? Dann trompete ich tenoral mit meiner Bühnenstimme in den Saal. Ich rezitiere ein Gedicht von Kästner, es ist ziemlich lang. Derweil beheben hinten die Techniker den Schaden. ICH HABE SCHURICKE GERETTET! Einen Witz schiebe ich noch nach. Dann ist das Mikrofon wieder frei für die »Caprisonne«. Und sie geht schöner unter denn je. »Bella-bella-bella-Marie, vergiß mich nie!«

EINE TASSE KAFFEE MIT KÄSTNER

Den Kästner habe ich so tadellos drauf, weil Ahner und ich beschlossen haben, im Staatstheater Kabarett zu inszenieren. Erich Kästners »Jahreszeiten« halten wir für das Dresdener Publikum für passend, schließlich ist er ein Landsmann. Ich habe Bedenken. »Wir können doch um Himmelswillen nicht einfach so auf der Bühne öffentlich Texte verwenden. Da müssen wir doch Tantiemen zahlen.« Ahner winkt ab. »Wir schreiben dem Kästner ’n Brief.« Was hätten wir zahlen können? Nichts. Kästner antwortet sogar aus München. Wir könnten seine Texte nehmen, er wolle kein Geld dafür. Im Herzen sei er ja immer noch Dresdener, gerade habe er seinem Vater eine Villa in Strehlen gekauft, und er wünsche uns Toi-toi-toi. Der Abend wird ein toller Erfolg. Ahners Verdienst, ich bin nur die Beilage.

Wir kriegen raus, daß Kästners Vater »drühmsch« in der Neustadt wohnt. Da haben wir eine Idee. Wir besuchen den alten Herrn, und bieten ihm – sozusagen als Tantieme für die uns überlassenen Texte – an, beim Umzug in den anderen Stadtteil behilflich zu sein. Wir packen über hundert Kisten und Kästen mit Büchern voll. Vater Kästner ist mächtig stolz auf seinen Sohn. In dreißig Sprachen hat man »Emil und die Detektive« übersetzt. Er zeigt uns die fremden Schriftzeichen auf den Titeln. Eine Woche später bekommen wir erneut einen Brief aus der bayerischen Landeshauptstadt. Erich Kästner bedankt sich ganz herzlich. Wenn wir einen Wunsch hätten, er würde uns den nach Kräften erfüllen. Hallelujah! Ahner will unbedingt nach Berlin. Kästner zieht die Fäden, mein

Freund Helmut landet bei einem Rundfunksender an der Spree – als Sprecher. Heute noch ist er Schauspieler und vor allem durch Synchronarbeiten bekannt. Aus dem bildhübschen ranken Kerl von früher ist allerdings inzwischen ein Zweieinhalbzentnermann geworden. O Natur!

Ich habe damals ’ne Menge Wünsche, bitte Kästner um Aufschub. Als ich dann 1952 im Theater am Schiffbauerdamm in Berlin bin, löse ich diesen »Gutschein« ein. Mein Wunsch, so schreibe ich, ist es, mit ihm eine Tasse Kaffee zu trinken. Er ist einverstanden. Ich fahre nach München, treffe Erich Kästner in einem Kaffeehaus. Mir fallen sofort seine buschigen Augenbrauen auf und der leicht sächsische Singsang in der Stimme. Wir trinken ’n »Schälchen Heeßen«. Ich erzähle von meinem Werdegang, und dann reden wir über Dresden. Ich berichte wohl sehr plastisch, wie mir bei meiner Rückkehr in die abgebrannte Stadt zumute gewesen ist. Und ich überhöhe nicht, wenn ich sage, daß wir beide Tränen in den Augen hatten. Wohl anderthalb Stunden dauert unsere Unterhaltung, und Erich Kästner bekommt dann von mir bis zu seinem Tode noch mehrere Briefe, nimmt Anteil an meiner Bühnenlaufbahn.

## ICH LIEBE DIE OPERETTE!

Die Dresdener Volksbühne wird mit dem Staatstheater vereint, besser gesagt, von ihm aufgesogen. Ich bin die zweite Spielzeit dabei, laut Vertrag als »Jugendlicher Komiker, Rollen nach Individualität für Schauspiel und Operette«. Im Mai 1949 ist meine Gage abermals erhöht worden. Bei Willy Courth, dem Leiter der Abteilung Schauspiel an der Staatlichen Akademie für Musik und Theater, eben jener Schule, die mich an die Luft gesetzt hat, nehme ich privaten Schauspielunterricht. Er hat mir schon 1948 bescheinigt:

*»Herr Rolf Ludewig … hat die ihm gestellten Aufgaben zur vollsten Zufriedenheit gelöst. Seine außergewöhnlich starke, eigenwillige Begabung gibt zu den besten Hoffnungen Anlaß. Sein Arbeitsgeist, seine Intelligenz und seine menschlichen Vorzüge sind lobenswert. Rolf Ludewig ist laufend und immer*

*zu vollster Zufriedenheit der Veranstalter und Regisseure in öffentlichen Studio-Aufführungen und Rundfunksendungen eingesetzt worden.«*

Ich bin ein bißchen stolz auf mich, spüre aber irgendwie, daß ich auf der Stelle trete.

Aus München reist Martin Hellberg, Professor Martin Hellberg, an. Er soll auf der Betriebsvollversammlung eine Rede zum Ableben der Volksbühne halten. Wir warten gespannt. Mein erster Eindruck: Der Mann ist ja noch theatralischer als sein Ruf! Er tritt schleppend ein, in seinem Gesicht liegen abwechselnd Trauer und Freude. Aber es kommt noch besser. Er spricht nicht gleich los, nein, er stützt sich lange und bedeutsam auf das Pult, läßt den Blick schweifen, wirft den Kopf nach hinten, reißt die Ärmchen – er ist ziemlich kurz geraten – weit auseinander und donnert mit Stentorstimme: »Ich la-hiebe die Ope-rette!« Wir ahnen Schlimmes. Wir sind Schauspieler, wenn der die Operette liebt – na, gute Nacht!

Dann beginnt er seine Rede, so mit Worten wie »mal frischen Wind auf die Bühne bringen« und so. Ein neuer Besen! Das wird dann fast beleidigend für uns. Unser erster jugendlicher Held, der Hans Helm, ein strahlend schöner Mensch, Erbe von mehreren Kinos in Berlin, steht auf: »Das ist doch unerhört! Das müssen wir uns nicht anhören, komm, Heinz, wir gehen!« Heinz Spitzner, der mit Helm eng befreundet ist und sich später am Berliner Boulevard-Theater einen Namen machen wird, springt ebenfalls hoch. »Wir gehen!« Totenstille im Raum. Der Professor ist fassungslos. Das ist mein Moment. Als die beiden an der Tür sind, rufe ich ihnen zu: »Ich bitte euch, lieber Hans, lieber Heinz, gewährt mir die Bitte, ich sei bei eurem Abgang der Dritte!« Damit folge ich ihnen. Ich höre noch: »… fristlos entlassen!«

Wir warten vor der Volksbühne an der Straßenbahnhaltestelle, an der ich zwei Jahre zuvor Paul Lewitt angesprochen hatte. Helm und Spitzner steigen in die Straßenbahn Richtung Innenstadt. Ich winke hinterher. Peng! Da stehe ich mal wieder – diesmal mit meinem bescheinigten Talent. Oben auf

Wolke Sieben reckt und streckt sich mein Schutzengel nach dem Mittagsschlaf, guckt zur Erde runter, sein Blick fällt auf Dresden-Leuben …

Ein Finger tippt mir auf die Schulter. Ich fahre erschrocken herum. Hinter mir hat sich unbemerkt Hans Pitra angeschlichen, bis vor einer Viertelstunde noch mein Intendant. Ich denke: »Mein Gott, will der sich an meiner Lage nun weiden. Erst fristlos kündigen, und dann noch ein Donnerwetter loslassen!? Das haste aber nicht verdient.« Aber der grinst so merkwürdig. Er sagt: »Das habe ich gut gemacht, was?« – Ich gucke ihn baff an. Er fährt fort: »Ich will dich nämlich was fragen. Ich bin nach Berlin berufen worden. Arthur Maria Rabenalt, der ehemalige UFA-Filmregisseur, ist von seiner Funktion entbunden worden. Ich bin der neue Intendant des Metropol-Theaters. Kommste mit – nach Berlin?« Es ist keine Bank da zum Hinsetzen! Ja, ei verbibsch! BERLIN!!!?

## KONKURRENZ FÜR FRED ASTAIRE

Dritter Buffo bin ich und jugendlicher Komiker. Ab 1. März 1950 zahlt man mir monatlich tausend Mark brutto. Ich schwebe über die Schönhauser Allee. Das Metropol-Theater spielt im Kino Colosseum. Gleich um die Ecke, in der Stargarder Straße 66, habe ich ein Untermietzimmer mit einem großen Aquarium. Seither liebe ich die Fische. Wenn ich nachts mehr oder weniger betrunken nach Hause komme, spreche ich mit ihnen. Wir unterhalten uns fast jeden Abend. Es sind wilde Zeiten, die Allee kann man sich rauf- und runtersaufen, von der U-Bahn-Kneipe bis hin zum Café Nord.

Getreuer Trunkenbold an meiner Seite ist Lothar Creutz. Der war schon in Dresden Dramaturg an der Volksbühne und hat mich – wie auch Peter Palitzsch und Günter Sauer – behutsam an die Weltliteratur herangeführt. Ein hochintellektueller Kopf. Darum nahm Pitra auch seinen Dramaturgen mit ans Metropol. Als wir uns an der Elbe von Vater Creutz verabschiedeten, der als Glasmaler einen Vertrag in den USA angenommen hatte, legte der mir seinen Sohn ans Herz: »Herr Ludwig, passen Sie auf meinen Jungen auf.« Ich passe

# Dienstvertrag

Zwischen

der Intendanz des Metropol-Theaters

vertreten durch Herrn Intendant Hans Pitra

und

Herrn Rolf Ludwig

ist folgender Vertrag abgeschlossen worden;

§ 1.

Das Mitglied ist für die Kunstgattung als Buffo und jugendl. Komiker

und für das Kunstfach als ……

für das — Metropol- -Theater in Berlin angestellt.

Die Bezeichnung des Kunstfachs wird durch das in der Anlage bezeichnete Rollengebiet ersetzt — ergänzt.

(Dieser Satz kann auch gestrichen werden, wenn das Kunstfach ausgefüllt wird.)

§ 2.

Der Vertrag beginnt am 1. Februar 1950

und endigt am 31. Juli 1950

§ 3.

Das Mitglied hat zu beanspruchen:

1. ein Gehalt von DM 800.-- für Februar 1950

monatlich 1000.-- DM (in Worten Eintausend ab 1.3.50 DM)

im …… Vertragsjahre monatlich / jährlich …… DM (in Worten …… DM)

im …… Vertragsjahre monatlich / jährlich …… DM (in Worten …… DM)

2. ein Spielgeld für jede Vorstellung, in welcher das Mitglied beschäftigt ist, gleichviel ob in einer oder mehreren Rollen, im Betrag von

im …… Vertragsjahre …… DM (in Worten …… DM)

im …… Vertragsjahre …… DM (in Worten …… DM)

im …… Vertragsjahre …… DM (in Worten …… DM)

Dieses Spielgeld wird monatlich — jährlich — für die Dauer der Spielzeit …… mal gewährleistet

3. für die Mitwirkung in einer zweiten oder dritten am gleichen Tage stattfindenden Vorstellung eine Vergütung von einer halben DM Tagesgage

4. für die Mitwirkung in einer durch Rundfunk, Telefon usw. übertragenen Vorstellung eine Vergütung von …… DM

in dem Sündenbabel Berlin auf Creutz auf, und der auf mich. Bis in den frühen Morgen …

Als erstes bekomme ich die Rolle des Marquis de Brisac in der »Madame Dubarry«. Adi Appelt, der Erste Buffo, ist krank, Joe Schorn, der Zweite, wurde übergangen und grollt. Aber dennoch darf ich seine dreijährige Tochter Uta in der

Garderobe auf den Knien schaukeln, und sie sagt immer »Onkel Freund« zu mir. Die Kleene mag mich, ich kann meine Kollegin Uta Schorn auch heute noch gut leiden.

Der Korrepetitor, der seinen Flügel draußen in Nikolassee stehen hat, rauft sich die Haare. Ich kann nicht besonders gut singen, nun ja, eine Ballade schon mal, wie später im Deutschen Theater die Berliner Lieder. »Zickenschulze.« Ich schmettere auch Volkslieder. »Es blies ein Jäger wohl in sein Ho-ho-horn!« Aber Operettenarien!?

Auch Anni Peterka-Stoll, die Balettmeisterin, schwankt zwischen Lachkrämpfen und Wutausbrüchen. »Füße hoch! Eins-zwei – eins – zwei!« Ich muß ihr unendlich dankbar sein, meine krummen Fußballer-Beine verhakeln sich ständig. Die beiden Soubretten Inge Detlefsen und Traudel Tomaschek schütteln die Köpfe: »Das geht nicht gut! Ein Buffo muß tanzen können!« So mache ich aus der Not eine Tugend. Ich stelle mich auf der Bühne neben die beiden und ahme sie auffällig und ungelenk nach. So wie Danny Kaye oder Helmut Lohner, die arbeiten mit den Beinen – aber seitenverkehrt. Das Publikum brüllt vor Lachen. So fällt auch nicht weiter auf, wenn ich gesanglich mal danebenhaue. Schließlich bin ich laut Vertrag auch als jugendlicher Komiker engagiert. Die Soubretten sind beleidigt, denn die Zuschauer bewundern statt der langen wohlgeformten Damenbeine meine O-förmigen Häkelhaken.

Den König in der »Dubarry« spielt als Gast Franz Kutschera, der vom Theater am Schiffbauerdamm kommt. Er beobachtet mein Bemühen, Fred Astaire den Rang abzulaufen, aufmerksam. Dann kommt er zu mir und sagt: »Eigentlich gehörst du ins Schauspiel.« – »Aber das will ich doch. Ich hab sowieso den Verdacht, daß mich Pitra nur wegen meiner Karriere als linker Läufer bei Wacker Leuben mit nach Berlin genommen hat!«

Tatsächlich gibt es in Berlin so eine Theaterelf, in die ich mit Kußhand aufgenommen werde. Hans Pitra ist ein fanatischer Fußballanhänger. Vielleicht habe ich die Rolle des Marquis de Brisac bloß wegen meiner Dribbelkünste bekommen?

Kutschera sagt bedeutungsvoll: »Ich will sehen, was ich für dich tun kann.«

Vorerst nichts. Denn ich bleibe zwei Spielzeiten am Metropol, spiele, singe »Die kleinen Mädchen im Trikot« und stolpere als Buffo an der Seite von so wunderbaren Kollegen wie Oda Troll, Fred Kronström und Gerd Frickhöffer über die Bühne. Mit Frickhöffer verbindet mich bis zu seinem Tode vor einigen Jahren eine herzliche Freundschaft. Mit seiner Frau Irene, die in Baden-Baden wohnt, wechsele ich ab und an Briefe.

Die Nachkriegszeit bringt eine besondere Empfänglichkeit für das Heitere auf. Das Theater ist für mich, als jungen Menschen, wie ein Rausch. Man kommt schneller durchs Leben, wenn man heiter ist. Ich entkrampfe noch heute die Leute gern, daß sie gelöst aus dem Theater gehen. Abgestempelt will ich nicht als Komiker werden und auch nicht immer den Pausenclown abliefern. Aber heiteres Theater betreibe ich für mein Leben gern.

Im Metropol spiele ich bis 1952 unter anderem in »Frasquita«, »Madame Pompadour« und »Bolero«. Die Operettenfassung vom »Bolero« komponiert Eberhard Schmidt. Es ist eine Welturaufführung. Ich spiele einen Knecht, eine Wurzen. Abends ziehe ich mit Schmidt durch die Schönhauser, und er redet eindringlich auf mich ein: »Wenn du so weitersäufst, dann nimmt es ein schlimmes Ende mit dir.« Er hat, sagen wir mal, zweikommavier Promille, ich einskommadrei. Er umarmt mich. »Ich mag dich. Aber warum, um Himmels willen, gehst du nicht in die Partei?« – »Ich gehe in keine Partei, Eberhard.« – »Ein schlimmes Ende nimmt es mit dir. Dann singen wir wenigstens das Spanienlied!« Und wir singen aus voller Kehle auf der Allee. Schmidt war 1936 im Spanienkrieg, er ist überzeugter Kommunist, hat seinen Kopf »für die Sache« hingehalten. Das nötigt mir Respekt ab.

Wir kehren irgendwo ein, ins »Lolott«. Er erzählt mir zum hundertstenmal in breitem Oberschlesisch, wie sein Bruder – der Schauspieler Alexander Schmidt – die Russen zum Narren gehalten hat, als die einmarschierten. Er hockte in einem

Apfelbaum und mimte den Verrückten, turnte mit affenartiger Behendigkeit zwischen den Ästen herum und trällerte »Hallihallo!« Doktor Mabuse im Obstbaum. Die Soldaten ließen ihn in Ruhe …

Am nächsten Tag treffe ich Eberhard Schmidt wieder. »Trinkst du noch?« fragt er und hat seinen Pegel schon wieder erreicht. – »Nein, ich habe Probe. Ich bin stocknüchtern.« – »So biste mir am liebsten. Komm, wir gehen in den Kulturbundclub und lassen uns vom Fritze Cremer malen!«

## HERR LUDWIG, SIE BRENNEN!

Ich habe einen Neuerer-Vorschlag gemacht und dafür gesorgt, daß die Bühnenarbeiter zu Vorschlaghammer und Meißel greifen. Allerdings stoße ich auch nicht auf Widerstand, denn ich fordere dazu auf, ein etwa zwei Meter hohes und einen Meter breites Loch vom Zuschauerraum aus durch die Brandmauer zum Nebenhaus freizuschlagen sowie eine Verbindungstür einzusetzen. Hinter der Wand befindet sich der Schankraum des benachbarten Lokals, zu dem wir nun einen direkten Zugang bekommen. Bei Regenwetter gelangen wir trockenen Fußes in das »Werk II«.

Das ist eine echte Berliner Stampe mit einem großen blanken Holztisch auf einer Art Empore. Dort oben sitzt nach der Vorstellung das Ballett. Die trinken Likör, kichern und werfen schon mal ein paar Blicke zu den Herren herunter. Wir heben am Stehtisch Bier und Kurze. Ich erzähle Creutz irgendwas, wedele mit den Händen herum. In der Rechten halte ich die Zigarette. Plötzlich springt von der Empore eine zierliche, kleine Blonde herunter, gießt mir ein volles Bierglas über Knie und Unterschenkel und sagt: »Herr Ludwig, Sie brennen!« Da steigt er auch mir in die Nase – der brenzlige Gestank. In den weiten Umschlag meiner nagelneuen Cordhose ist Glut gefallen und glimmt vor sich hin. Ich stehe da wie ein Räuchermännel.

Ich kaufe eine große Pralinenschachtel und gehe hinauf zu den Mädels, die unverschämt gackern. Schon immer habe ich ein ausgeprägt gutes Verhältnis zum Ballett gehabt. Die Blonde ist verdammt hübsch mit ihren schrägstehenden schmalen Augen. »Das war aber sehr nett von Ihnen«, sage ich brav. »Ich konnte Sie doch nicht abfackeln lassen«, entgegnet sie …

Am nächsten Morgen liegt auf meinem Kopfkissen in der möblierten Stargarder ein blonder Schopf. Die Cordhose hängt über dem Stuhl, das Hosenbein ist noch feucht. Die Löschaktion hat absolut nichts genutzt, denn ich brenne lichterloh – für diese Ballettratte. In der Küche von Witwe Bolte setze ich Kaffeewasser auf. Als ich mit dem Tablett ins Zimmer zurückkomme, rührt das Mädchen mit dem Finger im Aquarium herum. »Ich bleibe bei dir«, sagt sie mit Bestimmtheit. So lernte ich meine Frau kennen – Ilse Hurtig, damals 18jährig, geboren in Baumschulenweg, Tochter eines Berliner Gastwirts. Wir ziehen zusammen um die Ecke, an die Plumpe, wo der Herthaplatz ist. Ueckermünder Straße, zwei Zimmer zur Untermiete …

## DER »VATER« VON KOSLOWSKI

Im »Boccaccio« habe ich wieder eine kleine Rolle. Ich muß nur auf einem Faß herumklopfen. Was ich aber da alles anstelle! Ich mache im wahrsten und übertragenen Sinne des Wortes ein Riesenfaß auf. Ich trommle, tanze mit dem Ding, hechte darüber. Der Tenor Willi Brandes ist stinksauer und eifersüchtig. »Kein Mensch achtet auf meinen Gesang, meine gottvolle Stimme, wenn du auf dem Scheißfaß rummachst. Du zerkloppst uns die ganze Arie!«

In einer der Vorstellungen sitzt Wolfgang Langhoff. Zwei Wochen später bekomme ich eine Einladung zum Vorsprechen am Deutschen Theater. Es ist wie verhext. Auch Franz Kutschera kommt zu mir und sagt: »Du, der Fritz Wisten und der Dramaturg Günther Ruschin, die woll'n dich da am Schiffbauerdamm mal sehen.« Wieder mal zwischen zwei Heuhaufen. Vorsichtshalber und um meine Entscheidungsfreudigkeit zu schärfen, kehre ich in eine Destille ein.

Am nächsten Morgen wache ich mit schwerem Kopf auf, meine Beine entscheiden für mich: das Theater am Schiffbauerdamm ist näher an der S-Bahn-Station Friedrichstraße.

Im Hof steht ein kleiner Herr. Ich sage: »Ich bin Rolf Ludwig, ich soll hier vorsprechen.« – »Ja, der Chef kommt gleich, gehen Sie doch solange in die Kantine.« Das isses. Ich bin in die Kantine geschickt worden. Der Nachdurst ist der beste Durst. Ich lösche.

Dann gehe ich auf die Bühne, an die Rampe. Ich bin leicht angeheitert. »In Gefangenschaft«, sage ich, »habe ich schon Theater gespielt. Da hatten wir einen, der wollte unbedingt Dichter werden. Der hat ein Stück geschrieben. Das heißt ›Der Vater‹, nicht von Strindberg, und daraus will ich Ihnen etwas spielen. Ich bin der Sohn.« – »Wie heißt der Dichter?« – »Koslowski, Richard Koslowski.« Das war glatt erstunken und erlogen. Ich lasse mir einen Stuhl geben und beginne, mir einen Text zu überlegen. Da entsteht eine bedeutungsvolle Pause. Das finden die schon großartig. Ich sage: »Den Haupttext hat der Vater.« Ich höre dem imaginären Partner zu. Dann rufe ich unvermittelt: »Nein! Nein! Nein!« Damit sie merken, daß ich auch laut sein kann. Wieder eine Pause. »Gut, gut«, sagen Wisten und Ruschin, »das reicht. Wie hieß der Autor?« – »Krumbiegel«, sage ich. »Engagiert.«

## EINE KISTE WEIN VOM MINISTERPRÄSIDENTEN

Meine erste Premiere im Theater am Schiffbauerdamm ist »Der Brauthandel« von Goldoni. Umwerfend in einer Nebenrolle der Westberliner Schauspieler Alfred Chogo. Auch die anderen.

Nur kurze Zeit spiele ich an der Seite von Michael Degen, einem glänzenden Sprecher. Der ist aus Israel gekommen, demonstriert seine Sprachkultur in den »Spielern« von Gogol. In einem fort mäkelt er an meinem Sächsisch herum.

Wir bleiben in Kontakt. Für eine Produktion des ZDF nutzt der Regisseur Peter Beauvais, Ehemann der jüngst vestorbenen Sabine Sinjen, 1978 die Babelsberger Studios. Hauptrollen haben Michael Degen und Herbert Grönemeyer. Als ihnen ein Schauspieler ausfällt, bekomme ich eine Nebenrolle – für Ostgage. Nach den Dreharbeiten eilt der Aufnahmeleiter herbei und drückt mir einen Briefumschlag mit tausend

Mark in die Hand. Westmark! Als erstes kaufe ich mir davon im Intershop eine Kassette von Loriot. Beauvais fordert: »Ich brauche Sie im Smoking!« Einverstanden, aber ich habe keinen. Ich trage zu der Zeit meine ewige ausgebeulte Cordhose und 'ne schwarze Lederjacke. Am Ku'damm lassen sie für mich diesen Edelanzug schneidern, ich sehe blendend aus. »Als Souvenir und Dankeschön vom Regisseur!« sagt die Kostümbildnerin am letzten Drehtag und drückt mir eine große Plastetüte in die Hand. Den Smoking habe ich bis heute noch zweimal getragen: zu meiner zweiten Hochzeit im Juli 1990 und zu der ersten meiner Tochter im Juni 1995. Nach dem Mauerfall treffe ich Michael Degen im Hotel Steigenberger und im Europa-Center Berlin. Er gibt mir Tips und Tricks, wie man Gagen entprechend seinem Marktwert erhandelt ...

Kollegen am Schiffbauerdamm 1953. Ursula Meißner, die in der letzten »Turandot«-Vorstellung so herzzerreißend heult, und noch mehr, als Armin Mueller-Stahl ihr ein Abschiedsständchen geigt. Sie geht dann mit ihrem Mann, dem griechischen Botschafter, nach Hellas. Ilse Nürnberg und Margarethe Kupfer, die später auf der Bühne in Gorkis »Feinden« verrückt wird und den Wahn hat, immer etwas suchen zu müssen. Franz Kutschera natürlich, der Kinderdarsteller Charles Brauer. Martin Benrath verläßt uns bald in Richtung Düsseldorf. Klaus-Jürgen Wussow, der ja im Alter in die Medizin wechseln und sich Professor Brinkmann nennen wird, nimmt ein Engagement in Stuttgart an. Alfred Schieske, Albert Garbe und Wolf von Benneckendorf, der mir mehrmals eine Rose auf den Garderobentisch stellt und seinen kleinen Aschenbecher schenkt, bis ich herumdruckse: »Herr von Benneckendorf, das, was Sie glauben, is nich. Ich bin nicht ...« Da läßt er mich in Ruhe.

Eine kollegiale langjährige Freundschaft beginne ich von der Zeit am Schiffbauerdamm an mit Armin Mueller-Stahl, dem damals blutjungen Anfänger, obwohl er der einzige Mensch ist, mit dem ich mich je geprügelt habe ... Wir nahmen im »Ganymed« eine Kleinigkeit zu uns. Ist es nun der eiskalte Wind im Januar? Oder war es wirklich ein Gläschen zu viel? Jedenfalls behauptet »Minchen« Mueller-Stahl, er könne 100 Meter in 12,4 Sekunden laufen. Ich zweifle stark daran. Das wäre ja fast Weltrekord! Ein Wort gibt das andere, und plötzlich rollen wir uns auf der Weidendammer Brücke im Schnee, boxen uns immer ernsthafter, er hält mich im Schwitzkasten. Ich poche aufgebend mit den Fäusten auf den Boden. Da gucken wir uns an und – beginnen lauthals zu lachen. Zwei erwachsene Männer. Wir klopfen uns gegenseitig den Schnee von den Mänteln, machen auf dem Absatz kehrt und laufen die Friedrichstraße in Richtung Eszterhazy-Keller hinunter …

*THEATER DER ZEIT, Heft 7/1971*
*… und es war eines Tages eine kleine Sensation, als der Operettenkomiker zum ›seriösen‹ Theater überging. Oder auch keine. Denn da hatte jemand Operette gespielt mit jungenhaftem Charme: und einer Nuancengenauigkeit dazu, die an Qualität zu dem oft fahrlässig fabrizierten Gegenstand Operette fast unangemessen gut geriet. Schauspielerische Ansprüche waren sichtbar, die sich sichtlich selber lenkten, regulierten; oft über den von der Regie gesetzten Ergebnisanspruch hinaus. Bei alledem war dieser Rolf Ludwig (in Berlin von dem unerbittlich strengen Theater- und Literatur-Mentor Paul Mochmann einer beständigen Aufmerksamkeit und gelegentlich ratender Hilfe für wert befunden) gleichzeitig von jeher ein richtiger Tausendsassa auf der Bühne …*

Ich bekomme am Schiffbauerdamm Bombenrollen in Mantel- und Degen-Stücken. Hauptrollen. In der »Frommen Marta« liege ich als Don Ramirez am Boden und muß sagen: »Alle hielten mich für tot. Aber ich lebe, ich habe das Duell bestanden.« Unten sitzt bei der Premiere der alte Eduard von Winterstein und röhrt mit unnachahmlicher Stimme hemmungslos: »Wer ist denn da-a-as?« Es war das höchste Lob, das er jemals öffentlich vergeben hat.

Als meine Partnerin spielt die wundervolle und bildhübsche Ursula Meißner. Ihr großer Kummer ist die zu kleine Brust. Die wird so fest zusammengepreßt und hochgeschnürt, daß Ursula direkt wie eine vollbusige Spreewälder Amme aussieht. Aber um welchen Preis! »Guck mal, Rolf«, sagt sie und reißt das Korsett herunter, »überall Blutergüsse!«

Die Übersetzung des Stückes von Tirso de Molina aus dem Spanischen hatte Wintersteins Sohn, Gustav von Wangenheim, besorgt. Regie führte Kurt Jung-Alsen. Das Bühnenbild war von Roman Weyl.

*NATIONALZEITUNG vom 24. Januar 1953*
*»DIE FROMME MARTA« VON MOLINA TRIUMPHIERT IM THEATER AM SCHIFFBAUERDAMM*
*Wohl abgestimmt das sympathische Liebhaberterzett mit dem für Situations- und Wortkomik hochbegabten Rolf Ludwig – der wie hier nie seine Grenzen überschreiten sollte – als Don Ramirez ... Keine Lücke im Stück, keine Lücke in der Inszenierung und keine Lücke im Zuschauerraum; dafür brausender Beifall, weit über den ›Eisernen‹ hinaus. So ist's recht!*

In der Premierenpause öffnet sich meine Garderobentür und herein tritt ein Mann, der aussieht wie Otto Grotewohl, der Ministerpräsident der DDR. Es ist Otto Grotewohl mit seiner Gattin. »Herr Ludwig«, sagt er, »ich habe einen schweren Arbeitstag hinter mir. Aber jetzt mußte ich so sehr lachen, bin so guter Laune. Aus dem Gästehaus der Regierung, dem ›Johannishof‹, wird man Ihnen und Ihren Kollegen zwei Kisten Wein herüberbringen. Eine gute zweite Halbzeit wünsche ich und eine schöne Premierenfeier.« Wieder zum Alkohol genötigt! Vom Staatsoberhaupt! Als wir dann nach der Vorstellung endlich abgeschminkt sind und ins Foyer hinaufkommen, sitzt dort der große Kollege Raimund Schelcher, dessen Buch noch geschrieben werden muß, inmitten von bestem Rheinwein. Jahrzehnte später wird er vom Teufel Alkohol heimgeholt werden. Aber er schläft, in den letzten Stunden von seiner Kollegin Felicitas Ritsch noch zum christlichen Glauben bekehrt, friedlich ein ... Schelcher also hockt neben dem kalten Büfett. Er ist im Stück nicht dringewesen und auch nicht in der Premiere der »Frommen Marta«, hat aber dienstbeflissen den ›Johannishof‹-Boten die Kisten abgenommen, zwei bis drei Flaschen in sich hineingegossen und lallt uns freudig entgegen: »Wir waren großartig!!!«

## DER 17. JUNI 1953 – EIN DUO NEUSS UND LUDWIG?

In Westberlin kenne ich einen Architekten. Was heißt kennen? Wir haben irgendwo in Charlottenburg mal zusammen einen gehoben. Was heißt einen? Es waren mehrere. Dieser Mann jedenfalls hat eine Villa am Lietzensee und mich dorthin eingeladen. Wir reden über Gott und die Welt, und im Radio redet Ernst Reuter, der Bürgermeister von Berlin, das heißt der drei Westsektoren. Ich höre immer was von Panzern und Leipziger Straße und Stalinallee. Mein Pazifistenherz hämmert vernehmlich. Ich muß blind gewesen sein die letzten Wochen.

Die Titelseite der »Morgenpost« zeigt das Datum des 17. Juni 1953. »Bleib ruhig«, sagt der Baufritze und gießt mir noch einen Whisky ein, »die Grenzen sind bloß 'n Moment dicht. Fährste eben morgen wieder rüber!« Da denke ich plötzlich an Elimar, meinen Freund Hachfeld. Ich rufe ihn an. »Mach dir keinen Kopp. Ich laß mir was einfallen!« Für den ist klar, daß ich im Westen bleibe. »Ich schreib für dich und den Neuss 'n neues Programm«, meint der, »hauste eben mit dem zusammen auf die Pauke!«

Am nächsten Tag, am 18., lerne ich Wolfgang Neuss kennen, den blitzgescheiten Kabarettisten mit der losen Schnauze, für die Eckart Hachfeld die Texte schneidert. »Ick hab da schon'n Partner. Kiek dir mal den Müller an«, rät der mir. »Der paßt zu mir wie'n Latschen. Mal sehn, ob du mir paßt!« Ich bin unentschlossen, telefoniere nach Ostberlin. Gerhard Frickhöffer, Buffo am Metropol-Theater, in dem ich noch in laufenden Stücken – zum Beispiel im »Boccaccio« – gastiere, erzählt, daß am Schwarzen Brett ein Aushang von Intendant Hans Pitra hängt. Darin steht sinngemäß, daß der Schauspieler Rolf Ludwig die Republik verraten und sich freiwillig in die

Hände des Klassenfeindes begeben hat und anderer Blödsinn. Da beginnt es schon, mich zu wurmen.

Ich rufe Fritz Wisten an, den Chef vom Schiffbauerdamm. Wisten sagt: »Gut, daß du dich meldest. Jetzt wissen wir wenigstens, wo du bist. Willst du vertragsbrüchig werden?« Will ich vertragsbrüchig werden? Die Kollegen hängenlassen? Hab ich im Westen auf der Bühne überhaupt eine Chance? Ich drehe meine paar Ostmark, die ich noch habe, in den Fingern herum. Der Architekt hat mir 'n Fuffziger zugeschoben – West. Wie weit kommt man mit fünfzig Mark? Wisten ruft mich bei Hachfeld zurück. »Ist doch alles Quatsch, Junge. Deine Wohnung haben die zwar versiegelt, aber bitte komme morgen zur Probe. Zehn Uhr. Schiffbauerdamm.« – »In Ordnung, Vadder!« Ich darf ihn so nennen, denn Wisten ist wirklich so etwas wie mein väterlicher Freund.

Am nächsten Vormittag steht mein alter DKW, Baujahr 1936, den ich ein Jahr zuvor von meinem Dresdener Onkel Hans für'n Appel und 'n Ei gekauft habe, vor dem Theater am Schiffbauerdamm und ich auf der Probebühne – wie immer …

## ILSE MACHT FURORE

Für das ehrgeizige blonde Mädchen an meiner Seite, meine Ilse, ist die Ost-West-Sache längst nicht entschieden. Gruppentänzerin am Metropol – soll das wirklich alles gewesen sein? Wir lernen bei einer Eisrevue das Kunstlaufpaar Maxie Herber und Ernst Beier kennen. Die beiden setzen meiner Verlobten einen Floh ins Ohr. Ist das Eis etwas für Ilse? Sie fährt nach Düsseldorf, um das Schlittschuhlaufen zu erlernen. Ein Star will sie werden! Doch sie fliegt in jeder Hinsicht – auch bildlich gesprochen – auf die Schnauze. Das Eis hat eben keine Bühnenbretter!

So landet sie beim Stadttheater Bielefeld. Wir führen eine Lebensgemeinschaft fast ohne Gemeinschaft. Einmal im Monat fliege ich von Berlin-Tempelhof nach Hannover und zuckele dann mit dem Zug weiter nach Bielefeld. Dort am Stadttheater gibt es einen Dramaturgen, der heißt Heiner Kruse. Ist das etwa der …? Ja, mit dem war ich im Lodge

Moor Camp in der Theaterbaracke. Ilses Ballettmeister ist Peter Rolle, ihr Partner Heinz King. Die Männer machen später in München eine weltbekannte Ballettschule auf, vorerst aber feiert das Duo Hurtig/King in Westdeutschland Erfolge. Ilse und Heinz gehen nach Düsseldorf.

Ich bin in der Zwickmühle. Natürlich will ich ihr die Karriere nicht vermasseln, aber andererseits kann ich auch nicht auf sie verzichten! Wir schreiben uns Berge von Briefen. Kommt sie – kommt sie nicht zurück? Ich zermartere mir das Hirn, während ich abends durch die Kneipen am Prenzlauer Berg ziehe. Dann spreche ich bei Max Burghardt, dem Intendanten der Staatsoper in Ostberlin, vor. Ob Wisten mir den Tip gegeben hat, weiß ich nicht mehr ganz genau. Ich erkläre: »Meine Verlobte ist Ballerina in Düsseldorf. Helfen Sie mir, daß sie zurückkommt.« Und Burghardt, der natürlich die Ballettszene im Westen verfolgt, sagt, als sei es das Selbstverständlichste von der Welt: »Kein Problem. Wir fertigen einen Vertrag aus. Sie wird Solotänzerin. Ob sie das und mehr kann, wird sie beweisen müssen.«

Ich bin sofort an den Rhein geflogen, habe Ilse in Düsseldorf den Vertrag unter die Nase gehalten. »Wenn du das unterschreibst, biste Solotänzerin. Nicht Gruppengirl am Metropol. Nee, Staatsoper!!!« Die schreit nicht auf vor Freude. Ich bin baff. Zwei Tage und Nächte diskutieren, streiten und vertragen wir uns wieder. Immer wieder im Kreis. Dann sage ich: »Wenn du unterschreibst, heirate ich dich!« Glatte Erpressung! Sie greift zum Füllfederhalter …

Und dann steht sie mit ihren Koffern wieder vor der Tür in der möblierten Grellstraße in Berlin. Wir ziehen um die Ecke in die Preußstraße, zwei Zimmer, Bad und Küche mit Fenster! Insgesamt habe ich in Berlin dreizehnmal die Wohnung gewechselt – ein Nichtseßhafter! Wir heiraten drei Tage vor Weihnachten 1956. Trauzeugen sind mein Schauspielerkollege Wolfgang Preiß und seine Frau Ruth. Preiß ist damals immer klamm, und das Benzingeld für seinen Glamourschlitten Carmencia bezahle ich. Wir, die Brautleute, tuckern in meiner 1936er Reichsklassekiste zum Standesamt Prenzlauer Berg hinterher. Ilse schämt sich ein bißchen. Die anderen Paare haben sich blitzende Taxis geleistet. Der Standesbeamte ist hypernervös, überarbeitet, die Leute sind geradezu hochzeitsbesessen in jenen Jahren. Der Schwarzrock fingert unterm Tisch herum und findet den Knopf für das Tonbandgerät nicht. Ich drücke rauf, Ilse gluckst vor Lachen. Dann verliert der Mann auch noch seinen roten Faden und die Worte seiner vorgeschriebenen Redevariante. Ich glaube, wir werden nicht mal auf lebenslange gegenseitige Treue und die zum Arbeiter- und Bauern-Staat vereidigt. Preiß ist irgendwie gerührt, drückt sich eine Träne weg, er hat uns beide in sein Herz geschlossen …

*»Jungfer - Sie gefällt mir« – Ludwigs Ehefrau Ilse Hurtig, Solotänzerin an der Staatsoper Berlin*

… Zwei Wochen später macht er uns ein extraoriginelles Hochzeitsgeschenk. Preiß hat ein Haus im Grunewald, er lädt uns zum Sonnabendnachmittag ein. Wer die Preißens besucht, muß sich mit dem Namenszug an der Zimmertür verewigen. Als er später nach Baden-Baden zieht, nimmt er tatsächlich die Grunewalder Tür mit … Ilse und ich kommen ins Wohnzimmer. Wir gucken – und denken, wir trauen unseren Augen nicht. Auf der Couch sitzt leibhaftig mit zerknittertem Gesicht – Luis Trenker! Das Idol meiner Kinder- und Jugendjahre! »Der Berg ruft!« Und neben ihm Marianne Hold, in die der Meisterkraxler unsterblich verliebt ist. Kein Silbe kann man unterbringen. Trenker redet, vor allem mit den Händen. Seine Finger krallen sich beim Erzählen förmlich in den Fels hinein, hektisch wie nischt! »Muatter, hob i gsagt, Muatter …« Ein Naturtalent, der Mann. Es ist eine Tortur für mich, den ganzen Abend meinen Mund halten zu müssen. Das Ergebnis wird eine fröhliche Zecherei. Berge in Flammen. Wir sind fasziniert …

DER LEBT JA NOCH!!!

*BERLINER ZEITUNG vom 24. August 1955*

*Da spielt nämlich Rolf Ludwig, schon immer ein bemerkenswerter Darsteller, als Truffaldino die Rolle seines Lebens (seines bisherigen, versteht sich). Das tut er mit all dem verschlagenen Mutterwitz, mit der kecken List und der verschmitzten Gewandtheit, die so ein armer italienischr Junge zu Goldonis Zeiten brauchte … Und er spielt ihn mit so behender, tänzerisch anmutiger Gewandtheit, mit so beinahe artistisch perfekter und genauer Beherrschung der sprachlichen und der körperlichen Darstellungsmittel, wie man lange nichts dergleichen auf den Berliner Nachkriegsbühnen sah. Vieles war hinreißend komisch: die Eßpantomime des Heißhungrigen, der gewaltige Spaghettikrieg, und was dabei besonders imponierte: alles blieb kontrolliert, nichts wurde ins Billige und Platte überzogen … Das Publikum spielte wacker mit. Es klatschte in die offene Szene, es klatschte zur Pause, es klatschte am Ende, bis noch der Eiserne Vorhang sein Pförtchen öffnete – es klatschte, als müsse es selber bei dreißig Grad Hitze unter der Sonne von Venedig sein Brot mit Beifall verdienen …*

Bertolt Brecht will das Theater am Schiffbauerdamm unbedingt haben, denn hier ist seine »Dreigroschenoper« uraufgeführt worden. Die Staatsoberen fühlen sich gebauchpinselt, daß ein Weltautor Domizil im ersten deutschen Arbeiter- und Bauern-Staat nehmen will. Und schon ziehen wir um – das Ensemble mit Fritz Wisten an der Tete – in die wiederaufgebaute Berliner Volksbühne. Wisten ist befreundet mit Brecht, er kennt ihn seit der Zeit seiner Bekanntschaft mit dem Dichter Arnolt Bronnen in den zwanziger Jahren. Die Berliner Kunstszene witzelt: »Der Wisten geht solange zum Bronnen bis er brecht.« Die erste Premiere am Luxemburgplatz ist der »Wilhelm Tell«. Vadder Wisten sagt zu mir: »Weeßte, für Klassiker scheinst du mir nicht die nötige Reife zu besitzen. Du bist mir zu verspielt und zu verquatscht. Spiel du mal deine Mantel- und Degen-Rollen! Da kommt noch was auf dich zu!«

*Fritz Wisten: Der Hauptmann von Köpenick 1930 grüßt den Hauptmann von Köln 1959*

Aber ich bekomme dennoch meinen Auftritt im »Tell«. Eines Nachmittags werde ich angerufen. »Um Himmelswillen, der Heinz Gieß ist krank geworden! Ludwig, Sie übernehmen!« Natürlich eile ich hin. Gieß spielt den 1. Jäger, er ist ungefähr zwei Meter fünfzig groß, nur wenig übertrieben. Der Hintern seiner krachledernen Hose hängt mir irgendwo in den Kniekehlen. Alles wird notdürftig zusammengeheftet. Ich sehe aus wie eine Schießbudenfigur aus Florian Geyers wilder verwegener Jagd. Wildschweine würden sich vor mir fürchten oder vor Lachen tot umfallen. Die Armbrust wiegt drei Zentner.

Ich habe gleich zu Beginn die zwei gewichtigen Passagen:

»Da kommt ein Mann in voller Hast gelaufen!« und dann zum Baumgarten, den Peter Marx marmeladebeschmiert spielt: »Ihr seid mit Blut befleckt. Was hat's gegeben?« Lächerlich. Zweimal vor sich hingesagt, dann hat man das drauf. In der Gasse zum Auftritt stehen die netten Kollegen Gerry Wolff und Hans-Joachim Hanisch. Gerry grinst verschmitzt. »Also, denk dran, Rolf: Da kommt ein Ast mit einem vollen Mann gelaufen!« Und Hanisch korrigiert: »Da kommt ein Mann mit einem vollen Ast gelaufen!« – »Quatsch«, sagt Wolff, »da kommt ein voller Mann mit einem Riesenast gelaufen!« Das macht mich wahnsinnig. Es läutet.

Vorhang auf, ich muß raus. »Da kommt ein Mann in voller Hast gelaufen!« Ha! Ich drehe mich triumphierend zur Gasse hin, stecke kurz die Zunge zu den Kollegen raus. Baumgarten taumelt heran, stürzt zu Boden. Funkstille. Nischt! Blutleere im Kopp! Mein Gott, der zweite Passus! Dann höre ich mich ursächsich stammeln: »Ihr seid mit Blut beschmiert, was is'n bassiert?« Vielleicht bin ich wirklich zu komisch für Schiller?

Otto Tausig ist aus Wien gekommen, vom Scala-Theater, einer linksgerichteten Bühne, die geschlossen wurde. Beginn und Mitte der fünfziger Jahre ist die Zeit der Rückkehrer, emigrierte jüdische Künstler aller Sparten sehen in diesem jungen deutschen Staat, der sich so viel vorgenommen hat, eine Zukunft. Theaterleute aus Wien erhalten in Berlin Engagements an der Volksbühne, bei Brecht, am Deutschen Theater. Wolfgang Heinz, seine Frau, die Erika Pelikowsky, Karl Paryla, Fritz Links, Mathilde Danegger, Trude Bechmann, Lilly Schmuck, Peter Sturm, Hortense Raky. Die fallen mir auf Anhieb ein, es sind viele mehr.

Also auch Otto Tausig. Ein wunderbarer Mensch und schauspielerisch ein Könner. Er inszeniert 1955 an der Berliner Volksbühne den »Diener zweier Herren«. Wisten hat Wort gehalten, ich bekomme den Truffaldino, den Diener, die Hauptrolle. Tausig kommt prinzipiell zwanzig Minuten zu spät auf die Probe, aber dann macht er Dampf. Sehr korrekt, sehr präzise, kurz, intensiv. Er bändigt meine ungeheure Spielfreude ohne mich zu hemmen, ich darf meine Kreativität austoben, aber nicht wuchern lassen. Tausigs Einfälle überschlagen sich. Später sagt er zu mir: »Es hat keinen Konkurrenten für dich gegeben, der dir das Wasser reichen konnte. Ohne dich wäre der ›Diener‹ in Berlin nie auf die Better gekommen.«

Er sagt es sehr viel später, vorerst lenkt er mich geschickt, nicht diktatorisch. Er weiß, daß Anordnungen mich unweigerlich an den Biertopp in die Kantine treiben. Roman Weyl, der Bühnenbildner, sprüht vor Ideen. Schon die Sache mit dem Spaghettivorhang ist umwerfend. Die Besetzung der Premiere habe ich noch heute im Kopf: Ursula Meißner spielte die Beatrice, eine Hosenrolle, welche später von Elfie Garden übernommen wird, Horst Schön war der Florindo, dazu Herbert Grünbaum als Pandolfo, Hans Ulrich als Dottore Lombardi, die Aufwärter des Gasthofes F.W. und Kurt Mikulski, der mit dem Schlachtruf: »Das ist ja ekelhaft!« durch das gesamte Stück läuft. Die Smeraldina gab Annegret Golding, die später den Schauspielerberuf an den Nagel hängte, Medizin studierte und Oberärztin für Kardiologie wurde … Ihren Part spielt dann Erika Grajena, den Silvio übernimmt Hans-Joachim Hanisch.

*Mit Annegret Golding*

*BZ am ABEND vom 25. August 1955*
*Fraglos hat Rolf Ludwig am Gelingen dieser Aufführung den Löwenanteil ... Er ist nicht nur die Hauptperson des Stücks, sondern zugleich* der *Schauspieler des Abends ... Menschlich überzeugend gibt er auch einigen nur auf äußere Wirkung berechneten Episoden tieferen Gefühlsausdruck, so in jener köstlichen Szene, in der er, der stets Hungrige, seinen beiden Herren – einer ist ein verkleidetes Mädchen – leckere Speisen servieren muß und, selbst von übergroßem Appetit gepeinigt, über das Glanzstück eines glibbrig-schaukelnden Puddings herfällt!*

Es wird ein Riesenerfolg. Fünfundzwanzig Minuten lang klatschen und trampeln die Zuschauer, rufen »Bravo!« Dann donnert der Eiserne Vorhang runter, und wir kriechen durch das kleine Türchen zur Rampe vor.

*DIE WELT vom 24. August 1955*
*Dabei hatte der Regisseur, der Otto Tausig heißt, vieles grob und umständlich gehandhabt, und Ursula Meißner suchte ihrer Hosenrolle mit einer erzwungenen Kindlichkeit beizukommen, die manchmal nicht leicht auszuhalten war ... Den Diener zwischen den beiden Herren, den Truffaldino, spielt Rolf Ludwig, ein netter Junge mit lustigem Schopf, keine gewaltsam ›komische Figur‹. Er macht seine Rolle zur großen Schau des Hungers oder der Verfressenheit. Ein Traum von Nudeln, der Umgang mit Suppe und Braten stimmen ihn lyrisch und entschlossen, hilflos und leidenschaftlich. Und wenn er mit dem Pudding wie mit einem Baby oder Hündchen zärtlich und beruhigend spielt, dann jauchzen die Leute über den rührenden Ulk.*

Es ist ein sehr akrobatisches Unternehmen für mich. Mit dem Wackelpudding auf einem Tablett muß ich über einen Tisch springen. Ich weiß, irgendwann wird es passieren. Und es passiert! Der Pudding wackelt gottserbärmlich – »Mein Gott, der lebt ja noch!« – und rutscht vom Teller. In hohem

Bogen saust er durch die Luft, durch die Saiten der Harfe und landet auf dem Fußboden des Orchestergrabens. Truffaldino: »Was soll's? Da haben wir eben Schnittkäse!«

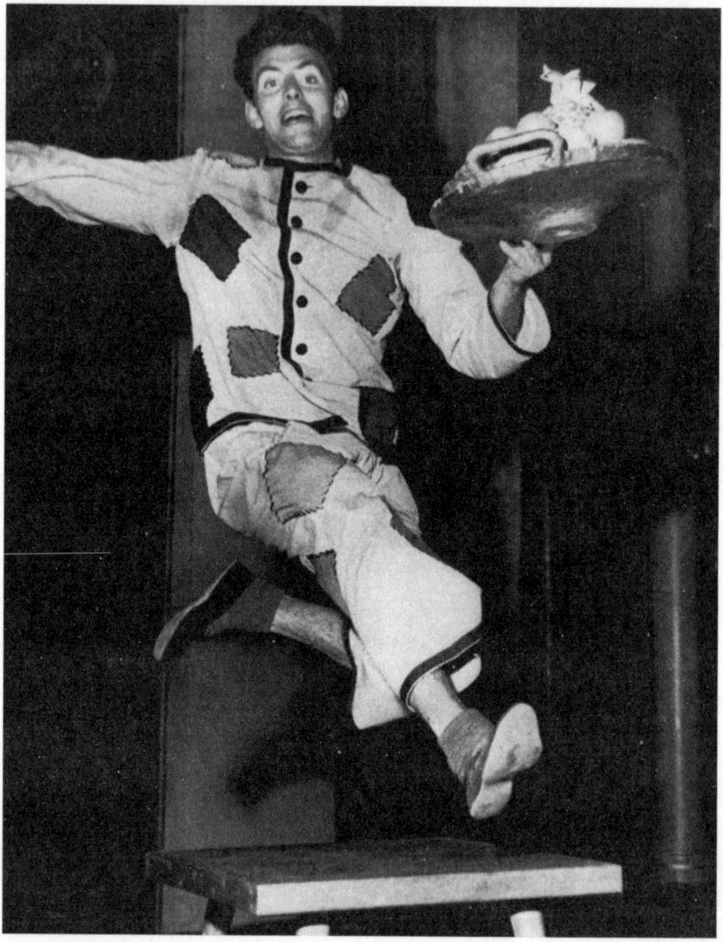

*Ab 1955 zehn Jahre lang: gefeierter Truffaldino im »Diener zweier Herren«*

Nach den zwei Stunden Vorstellung bin ich klatschnaß und ziemlich kaputt, habe entsprechenden Durst. Ich wohne in der Koppenstraße 28, nahe dem Ostbahnhof. Neubauten und Mietskasernen gemischt. Ein paar Häuser weiter ist eine echte

Stampe, die hatte ich eines freien Nachmittags für mich entdeckt. Der Raum zieht sich nach hinten wie ein langer Schlauch. Vorn rechts steht die Theke. Ganz hinten quer haben sie das Sofa postiert. Darauf thront ein Herr. Ich sage artig: »Guten Tag!« Es geschieht nichts. »Bitte ein Bier.« Keine Reaktion. Der Kerl hinterm Tresen sieht mich mit leerem Blick an. Edgar Wallaces tote Augen von London sind gar nichts dagegen. Ich wiederhole: »Ich hätte bitte gern ein Bier.«

Nischt! Der poliert seine Gläser. Dann guckt er nach hinten zu dem Herrn auf dem Kanapee. Ich frage: »Was is'n hier los?« Der Tresenmensch trocknet die Finger ab. »Er hat nicht genickt.« Hä? Bin ich in einer Filiale von Wuhlgarten oder wie? »Was heißt: Der nickt nicht?« – »Sag ihm ›Guten Tag‹!« – »Herrjeh, ich hab doch ›Guten Tag‹ gesagt.« Ich gehe also o-beinig zum Sofa. »Entschuldigen Sie, ich wünsche Ihnen einen besonders schönen Tag!« Eigentlich befolge ich keine Befehle, aber hier schien es vonnöten, um was zum Trinken zu bekommen. Und für ein Bier sage ich schon mal »Guten Tag!«

Der auf dem Sofa nickt nun endlich. Damit läuft der Hahn. Ich erfahre im Laufe des Abends, daß es sich um die Kneipe eines Ringvereins handelt. Aufgenommen werden nur Vorbestrafte. Der Verein sorgt finanziell und mit moralischem Zuspruch für die Angehörigen von Knastbrüdern. Der Chef auf dem Sofa ist so eine Manne-Krug-Type, glatzköpfig, vielleicht Mitte Vierzig.

Ich darf bei ihm Platz nehmen. Die Säufersonne ist für die Ganoven noch nicht aufgegangen. Das Milieu ist Gold wert für einen Schauspieler. Ich halte es mit einem meiner Vorbilder, dem Heinz Rühmann, der in seinen Lebenserinnerungen sinngemäß zu der Erkenntnis kommt: Je natürlicher man aus Erlebtem schöpfen kann, desto überzeugender bewegt man sich auch auf der Bühne …

Allmählich füllt sich der Laden, und da ich beim Boss am Tisch sitze, stehe ich auch unter seinem persönlichen Schutz. Nun wollen die schrägen Kerle natürlich wissen, was ich so treibe. Schauspieler? So wat hatten sie noch nie dort! Ich erzähle also vom »Diener« und 'n paar Kantinenschnurren, die hören zu. Dann fragt der Boss, ob man da nicht mal zugucken könne. »Na klar«, sage ich, »ich besorge zwei Freikarten.« – »Wat heeßt: zwee!« poltert der. »Zwanzig! Für alle hier!« Die anderen nicken ergeben. Zusammengerechnet hocken da vor mir bestimmt ein paar Dutzend Jahre Zuchthaus. »Keine Freikarten. Wir zahlen selbstverständlich!« Ich rufe vom Tresen aus das Künstlerische Betriebsbüro der Volksbühne an. »Für Sonnabend hätte ich gern 18 Kaufkarten und zwei Freikarten!« Das geht in Ordnung. Nun bin ich gespannt ...

Sonnabend. Es hat schon zweimal geklingelt. Ich gucke durch den Spion im Vorhang. Das kann doch nicht wahr sein. Da sitzen die Brüder – wie die Freunde der italienischen Oper unter Leitung Gamaschencolombos aus Billy Wilders »Manche mögen's heiß« – tatsächlich im Parkett. Im Smoking! An ihrer Seite die aufgeputzten Damens, Bräute und Ehefrauen. Nun weiß ich, daß ich spielen muß wie ein Teufel, wenn ich noch jemals wieder ein Bier in deren Vereinslokal bekommen will. Ich springe wie ein Teufel über den Tisch. Die Leute lachen aus vollem Hals, meine schweren Jungs auch. Es wird eine Riesenvorstellung.

Beim Abschminken denke ich, nee, jetzt gehste nicht in die Kneipe. Das sieht ja so aus, als willste Lobhudeleien abfassen. Warte mal lieber 'n paar Tage, dann guckste mal vorbei und fragst eher beiläufig: »Na, war ick nich jut?« Aber der Zapfer läßt mich gar nicht erst eintreten. »Der Ofen is aus, Schauspieler!« – »Hab' ick denen nicht gefallen?« – »Doch, doch. Aber wo warst'n nach dem janzen Zauber? Wir ham hier für dich 'n schweret Buffet uffjestellt! Dankeschön wollten wa dir sagen. Und wer nicht kam, warst du! Brauchst nich mehr zu kommen, wa!« Ich kann machen und erklären, was ich will, für mich bleiben Ringverein und Kneipe geschlossen. Die wissen eben noch nicht, wie perfekt ich Geldfälschen kann ... Was lehrt uns das? Seid stets höflich zu Ganoven!

*JUNGE WELT vom 25. August 1955*
*... und Rolf Ludwig als Truffaldino. Dieser junge Schauspieler hat nach einem etwas verhaltenen Anfang sich großartig in diese Rolle hineingespielt, daß man Rolf Ludwig als die Entdeckung des Abends betrachten muß, von dem noch vieles zu erwarten ist, wenn die Leitung der Volksbühne es versteht, diesen jungen, begabten Schauspieler richtig zu entwickeln, zu fördern und ihm zu helfen.*

Wir spielen den »Diener zweier Herren« zehn Jahre lang! Mit ungebrochenem Erfolg. Nach Parteilehrjahr, Schulungen, stundenlangem Marxismus-Leninismus und 48-Stunden-Woche wollen die Leute einfach mal nur lachen! Sich entspannen, gelöst sein, fast so wie es Dichterfürst und Rezensent Goethe nach einem Besuch der »Diener«-Vorstellung im Venedig des Jahres 1786 beschrieb:

»... so eine Lust habe ich noch nie erlebt, als das Volk laut werden ließ, sich und die seinigen so natürlich vorstellen zu sehen. Ein Gelächter und Gejauchze von Anfang bis zu Ende. Ich muß aber auch gestehen, daß die Schauspieler es vortrefflich machten. Sie hatten sich nach Anlage der Charaktere in die verschiedenen Stimmen geteilt, welche unter dem Volk gewöhnlich vorkommen ... Großes Lob verdient der Verfasser, der aus nichts den angenehmsten Zeitvertreib gebildet hat.«

Am 27. Juni 1965 ist die letzte Vorstellung vom »Diener zweier Herren«. Bühnenbildner Weyl hat auf der Szene überall Schaufensterpuppen aufgestellt. Auf einer Art Seufzerbrücke steht die Figur eines Anglers. Ich halte meinen Monolog, betrete die Brücke. Ich kieke und denke, mich treten achtundzwanzig Altenburger Gebirgsziegen. Die Puppe zwinkert mir zu. Gerry Wolff, dieser Bold, dieser Eulenspiegel, trägt das Kostüm des Anglers und stippt die Angel in einen Blecheimer, in dem kleine Fische herumschwimmen. Ich bin eine ungeheure Lachwurzen, und ich habe auf der Brücke noch so viel Text mit der Meißner zu spielen. Es gluckst in mir, ich würde zu gern herausprusten. Gerry steht starr wie eine Eins. Ich kann gar nicht zu ihm hinschauen, denke nur an den Text. Ich lache nicht. Die 259. Vorstellung geht glatt über die Bühne. Zehn Jahre meines Lebens im Dienste Goldonis sowie der zwei Herren Pandolfo und Lombardi.

## DER HAUPTMANN VON KÖLN

Der Diener macht mich dem Theaterpublikum mit einem Schlag bekannt. Auf der Leinwand bin ich ein ziemlich unbeschriebenes Blatt. 1952 habe ich meinen ersten Film gedreht. »Sein großer Sieg«. Franz Barrenstein war der Regisseur, die Hauptrolle hatte Claus Holm vom Theater am Schiffbauerdamm, ich spielte einen Sportreporter. Ansonsten noch ein paar kleinere Rollen in »Sommerliebe«, als Max Moor in »Drei Mädchen im Endspiel« und als Rebolledo im »Richter von Zalamea«, der unter Martin Hellberg in einer Rekordzeit von bloß vier Wochen gedreht wurde.

Man schickt mir 1956 das Drehbuch des »Hauptmann von Köln«. Slatan Dudow – ich bekam vor Aufregung Herzdrücken – hat mich angerufen. »Kuhle Wampe«, »Unser täglich Brot«, »Stärker als die Nacht«. Das kannte ich doch alles. Und jetzt soll ich die Hauptrolle kriegen. Bin ich nicht zu jung?

Slatan Dudow ist Bulgare, Anfang 50, Frauenkenner, Geizkragen und Vegetarier. Wo andere Leute baden, hält er in seiner Badewanne tonnenweise Gemüse frisch, Salat, Mohrrüben, Sellerie. Vor allem aber ist er ein Perfektionist. Akribisch. Ich trage ein angeklebtes Menjou-Bärtchen. Dudow kommt morgens sehr zeitig ins Studio, zieht eine Lupe aus der Tasche, stößt mit seiner Nase fast gegen mein Kinn und schreit: »Banse!« Das ist der Chefmaskenbildner, der eilt mit schneeweißer Miene herbei. »Ja, Herr Dudow?« – »Hier steht ein Barthaar zu weit ab!«

Der ist so pingelig, daß es schon fast lächerlich wird.

In einer Szene muß ich sternhagelvoll sein. Wieder starrt er mir mit der Lupe ins Gesicht. Diesmal gefallen ihm meine Augen nicht. Der Blick ist zu klar. Doch in dem Fall kann Banse nichts ausrichten, er kann mir ja nicht Nebel in die

Pupille sprühen. Dudow entscheidet: »Gebt ihm Schnaps!« Wieder bin ich ein Opfer. Ich werde einmal mehr zum Alkohol genötigt – um der höheren Kunst willen …

Der Produktionsleiter bringt sechs Flaschen Bier und flößt mir sechs Schnäpse ein. Ich schiele ein wenig. »Wer bezahlt das alles, Herr Dudow?« fragt der Assistent. Dudow antwortet sofort: »Das Studio natürlich!«

Der Produktionsleiter seufzt. Meine Augen sind noch immer nicht glasig genug. Sie gießen noch ein paar Doppelte in mich hinein. Dann schleppen mich zwei kräftige Kerle vor die Studiotür ins Freie; ich sacke auf der Stelle zusammen. Sie reißen mich wieder hoch, schieben mich wieder vor die Kamera. Ich spiele ganz schnell, lalle, taumle und – kotze alles voll. »Prima!« ruft Dudow. »Gekauft!« Meine Augen sind enorm blutunterlaufen. Die Sache ist im Kasten, ich liege lang auf ein paar zusammengeschobenen Stühlen. Alles dreht sich um mich herum. Drehtag.

Ansonsten läßt Dudow unser individuelles Talent an der langen Leine laufen. Aber er bestimmt die Marschrichtung. Erwin Geschonneck zum Beispiel, ein Schauspieler, der sein Metier unbedingt beherrscht. Der kommt, hält sein Gesicht hin, baut sich auf, den braucht man bloß abzufotografieren – wie John Wayne oder Gary Cooper. Nur das Drumherum muß unter dem Schlachtruf »Ein bißchen Regie kann nischt schaden!« ergänzt werden. Das macht Dudow meisterhaft. Er setzt wie ein Maler noch Tupfer. Besonders bei den Nebenrollen, wie beim Gerhard Bienert. Mich muß er öfter bremsen. »Das geht nicht, Rolf! Das kannst du auf der Bühne machen, nicht im Film!«

*SÄCHSISCHE ZEITUNG, Dresden, vom 14.12.1956*
*… Dudow läßt überall behutsam spielen; nichts wird überspitzt; der Held ist weder böser Ausbund noch Harlekin; gut ist die Mitte zwischen artistischer Verzerrung und bloßem Wahrhaftigkeitsstil gewahrt. So wirken die Gestalten glaubhaft.*

*Rolf Ludwig, als falscher Hauptmann erinnert nie, wie andere junge Schauspieler, die bei der DEFA erste Hauptrollen erhielten, eben an diesen Umstand. Erwin Geschonneck als echter Hauptmann. Kurt Steingraf als Pferdapfel, Johannes Curth als Franzke, Johannes Arpe als Dr. Seekatz sind als recht gute männliche Darsteller in einem Atemzuge genauso lobend zu nennen wie Else Wolz als Frau Karjanke und Marie-Luise Etzel als Daisy. Für die Rolle der Hannelore bringt Christel Bodenstein Jugend und ein liebenswertes Äußeres mit.*

*NEUE ZEIT, Berlin, vom 11.12.1956*
*Rolf Ludwig, einem unserer begabtesten jungen Schauspieler, wurde die Rolle des Hauptmanns übertragen, eine schwierige Rolle, in der er seinem angeborenen Temperament oft Zügel anlegen muß. Nur an wenigen Stellen kann er ganz aus sich herausgehen, seine ganze komödiantische Begabung zeigen.*

Für die Szene mit dem Soldatentreffen werden 250 dampfende Eisbeine für die mampfende Masse in die Halle gebracht, mit Sauerkohl und Kartoffeln. Mit einer Handkamera ging der einarmige Kameramann Werner Bergmann zwischen den Tischen herum … »Freßt!« rief Dudow befehlend. »Es ist ein Soldatentreffen. Freßt! Und sauft!« Bier floß in Strömen. Und ich stehe auf dem Tisch, besoffen. »Wo der deutsche Soldat steht, steht er!« brülle ich, und falle in dem Moment lang hin. Da braucht nichts mehr inszeniert zu werden. Das war's.

Manchmal drehen wir bis in die Nacht. Da will er durchziehen, irgend etwas noch verbessern. Heute nennt man so etwas wohl Workaholic oder so. Wenn der Dudow durchdrehte, drehten wir durch!

*DER MORGEN, Berlin, vom 11.12.1956*
*Ist das ›nur‹ eine Filmhandlung? Nein, denn diese Filmhandlung ist so erschütternd und blutig wahr, für sie gibt es so viel tatsächliche Geschehnisse, daß das Lachen in der Kehle erstickt, wenn die grauenhafte Fratze einer wiedererstehen-*

*den Vergangenheit so deutlich wird wie in diesem Film. Henryk Keisch, Michael Tschesno-Hell und Slatan Dudow schrieben ein Drehbuch, das die westdeutsche Wirklichkeit in einem unbestechlichen Spiegel auffängt … Alle diese Industriellen, Militaristen, korrupten Abgeordneten und die ganze flimmernde Wunderkiste des Wirtschaftswunders decken durch ihre satirische Überhöhung die beklemmende Gefährlichkeit der westdeutschen Gegenwart auf … Wie sich Rolf Ludwig unbeholfen und verlegen in die Rolle des Hauptmanns hineinmanövrieren läßt, wie er allmählich an Sicherheit und Mut gewinnt, aber immer wieder ängstlich, geduckt und schüchtern wird, wie er schließlich in köstlicher benebelter Scharfsicht und fatalistischem Humor das vorausgesehene Ende auf sich nimmt, ist eine großartige Leistung.*

*BERLINER ZEITUNG vom 9.12.1956*
*… Aber dann fällt der Film auf weite Strecken aus dem einmal angeschlagenen Ton, nimmt sich feierlich, kommentiert sich selbst – da springt der Funke nicht mehr über und die Satire weicht einer massiven gewaltsamen Karikatur … Wie Rolf Ludwig sich vom kleinen Kellner zum großen Hauptmann und Direktor – wider Willen beinah – wandelt, dabei hübsche komödiantische Extratouren reitet und mit einer geradezu nachtwandlerischen Sicherheit die penetrante, die totale Mittelmäßigkeit des Albert Hauptmann trifft, das bringt ihn weit nach vorne in die prominenten Reihen. Großartig in schneidenden Kontrast dagegen gesetzt dann der richtige Hauptmann Erwin Geschonnecks, der mit eiskalt rechnendem Zynismus die übelste Spielart dieser Kaste demaskiert.*

Eine Einstellung dreht Dudow 24mal. Er ärgert sich – über Johannes Curth. Der ist später zeitweise Oberspielleiter im Leipziger Schauspielhaus, und seine Regiekunst beschränkt sich auf Anweisungen wie diese: »Macht euch über das Stück keine Gedanken. Lernt den Text. Es gibt eine Tür links zum Auftreten, gegenüber ist eine zweite, hinten die dritte, durch die man abgeht. Alles andere auf der Probe. Also drei Löcher zum Verschwinden, das übrige mache ich.« Dieser kleine, wie Theo Lingen näselnde und witzige Sachse hat soeben zum sechstenmal den Bund fürs Leben geschlossen. Und nun macht er einen entscheidenden Fehler. Er bringt seine frisch Angetraute mit zu den Dreharbeiten. Wenn Dudow eines nicht leiden kann, dann ist es Verwandtschaft am Drehort. Er bedeutet also der neuen Frau Curth mit bulgarischer Höflichkeit, daß sie sich in eine Ecke verpfeifen solle, nicht atmen, nicht husten.

Curth hat eine kleine Szene mit mir. Er kommt herein und muß in etwa sagen: »Herr Hauptmann, draußen ist folgende Situation. Der Ritterkreuzträger steht vor der Tür.« Dudow hält sein Okular in der linken Hand; links – das ist ein Alarmsignal. Ich hab insgesamt 125 Drehtage, kenne Dudow wie meinen Vater. Und den Curth reitet der Teufel, der will heute unbedingt ein bedeutender Filmschauspieler sein. Er knödelt, er drückt, versucht gar, hochdeutsch zu sprechen. Neue Klappe. Curth tritt ein, redet los. »Stop! – Herr Curth, wenn Sie hereinkommen, müssen Sie den Herrn Ludwig doch erst zur Kenntnis nehmen und dann erst sprechen.« Wir bringen es auf 24 Klappen. Ein gebrochener Oberspielleiter verläßt mit einer noch gebrocheneren Ehefrau das Studio. Mir tut er leid.

*DER KURIER vom 22./23. Dezember 1956*
*Eine Story, die zwar dem Osten einen willkommenen Anlaß bietet, gegen den freien Teil Deutschlands zu polemisieren, die aber auch gleichzeitig Material für eine handfeste Satire liefert, der man attestieren muß, daß sie von den zahlreichen Versuchen, die die DEFA in dieser Richtung unternahm, zweifellos der beste ist. Kein Wunder, da die Regie in den Händen des alten bewährten Filmhasen Slatan Dudow lag, der zusammen mit Henryk Keisch und Michael Tschesno-Hell auch das Drehbuch schrieb. Man wird mit famos porträtierten Typen konfrontiert (allen voran der großartige Rolf Ludwig in der Titelrolle und Erwin Geschonneck als der echte Hauptmann). Das Monstre-Aufgebot an Schauspielern wird durch technische Perfektion (Farbe und Breitwand) ergänzt.*

Auch mit mir dreht er anfangs die Einstellungen mehrmals. Doch genommen wird immer die erste Klappe. Das geht mir künftig in allen Filmen so, weil meine Konzentration am Anfang der Arbeiten immer am geballtesten ist. Beim soundsovielten Bier erfahre ich etwas von Gagen. Adolf Fischer, der Produzent und ehemalige Schauspieler – mal SA-Mann für die UFA, mal Kommunist für »Kuhle Wampe« –, ist ein Fuchs. Seine Worte: »Das ist die große Chance für Sie, wir machen eine Pauschale.« 125 Mark errechnen sich pro Tag – soviel bekomme ich als Filmanfänger. Nun gut, das summiert sich bei 125 Drehtagen.

Die Kollegen sagen: »Biste verrückt?« Ich beklage mich bei Dudow, und vier Tage später habe ich das Vierfache in der Tasche und zum Schluß noch eine Prämie.

Letzter Drehtag. Ich sage zu Dudow: »Vadda, die letzte Einstellung mit der Christel Bodenstein spiele ich im Handstand.« – »Du machst Spaß?« – »Nee, drehen wir erst laut Buch, und dann nochmal im Handstand. Aber dafür müssen die Männer von der Technik ein Faß Bier kriegen. Das spendierst du!« Dudow windet sich vor Geiz, andererseits will er zu gerne sehen, wie die Szene im Handstand wirkt. »Erpressung«, sagt er, »glatte Erpressung. Du bist ein Lump, ein Verbrecher. Aber gut, wenn du nicht umfällst, kriegt die Technik ihr Bier.« Christel kichert. Ich sage: »Christel, du läufst normal wie immer neben mir her, guckst aber runter. Ich spreche meinen Text von unten.« Der lautet: »Weißt du, ich bin zwar verurteilt worden, aber laß uns jetzt gut essen gehen.« So ungefähr. Die hat Mühe, ernst zu bleiben. Dudow guckt gespannt, dann beginnt er in seiner Geldbörse zu kramen. Das dauert ungefähr solange, wie mein Vater stets gebraucht hatte, um mir einen Fünfer für Eis zu geben. Knausrige Leute sollen ja lange leben. Dudow wird 1963 bei einem Autounfall ums Leben kommen – sechzigjährig.

Der Schluß des Films gefällt Dudow nicht. Es fehlt was, eine Überpointe. Der Regisseur grübelt und grübelt, spricht mit Brecht darüber. Der muß ihm nun vorgeschlagen haben, daß der Kellner Hauptmann sein Wissen um die »Verdienste« des echten Hauptmanns im Zweiten Weltkrieg vor Gericht nutzen sollte. Dadurch ergibt sich für den Staatsanwalt, gespielt von Werner Peters, die Möglichkeit zu einem Wutausbruch, denn nun will sich der kleine Hochstapler auch noch die »Meriten« der Ritterkreuzträger an die Brust heften …

Apropos Meriten und Brust. Die drei Autoren Keisch, Tschesno-Hell und Dudow bekommen nach der Uraufführung im Filmtheater Babylon in Berlin den Nationalpreis der DDR, Erster Klasse. Und dann stellen die fest: »Ach herrjeh, da ist ja auch noch ein Hauptdarsteller!« Was soll's? Da erfindet man eben einfach im Kulturministerium einen Kunstpreis der DDR, ich werde der erste Träger, und Alexander Abusch heftet mir die Plakette ans Revers. Ich hab dann noch 'n Haufen solcher Orden und Ehrenzeichen – auch einen Nationalpreis Zweiter Klasse – erhalten, richtig wichtig ist mir aber eigentlich nur der Kritikerpreis der Berliner Zeitung, weil da auch das Publikum mitreden durfte.

Otto Tausig inszeniert den Filmstoff vom falschen Hauptmann auf den Brettern der Volksbühne mit Franz Kutschera, Sylva Schüler, Albert Garbe, der sozusagen den Filmpart von Geschonneck übernimmt, Peter Marx, Gerry Wolff, Steffie Spira und Hans Emons. Es wird ein Erfolg, wenn auch für mich die Umsetzung des schon in zerhackten Einstellungen Gedrehten auf die Unmittelbarkeit der Bühne schwierig ist. Die Kritiker erkennen das gnadenlos. Mein Freund Carl Andrießen schreibt im EULENSPIEGEL:

*Die Bühnenfassung des Films bietet im Grunde nur noch eine Paraderolle für den Darsteller des falschen Hauptmanns, dem alle übrigen Mitspieler freimütig die Stichworte zu liefern haben. Der Regisseur hat nur einfach diese Rolle inszeniert. Es ist überaus lustig, wie der arbeitslose Kellner nach und nach und gänzlich wider Willen in seine große Karriere rutscht – wunderbare Spielmöglichkeiten bieten sich dabei, und Rolf Ludwig nutzt sie ausnahmslos … So gesehen haben wir tatsächlich ein ›Volksstück‹, eins allerdings, das vormals als scharfe Satire konzipiert wurde und jetzt als munterer Ulk erscheint.*

*DER KURIER (Berlin-West) vom 19. Mai 1959*
*... vor allem die artistische Beweglichkeit und das durchtrieben-komödiantische Temperament Rolf Ludwigs hielten das Interesse an der Sache wach, die Interesse kaum verdiente. Ein Pendant zum ›Hauptmann von Köpenick‹ haben die Autoren schreiben wollen. Ein kommunistisches Pendant zu ›Mikosch rückt ein‹ haben sie geschrieben.*

*Herbert Jhering in DIE ANDERE ZEITUNG von 27. Mai 1959*
*Rolf Ludwig spielte wie im Film den falschen Hauptmann. Immer wieder bezaubert seine auf deutschen Bühnen seltene Leichtigkeit ... Rolf Ludwig ist der Berliner Schauspieler, der den umwerfenden Komödieninszenierungen Giorgio Strehlers in Mailand gewachsen bleibt. Das Ganze: eine frische, niemals plumpe Ensembleaufführung der Volksbühne.*

*Lothar Kusche in DIE WELTBÜHNE vom 3. Juni 1959*
*Tausigs Kabarett-Sinn, ebenso der des famosen Hauptdarstellers Rolf Ludwig, gereicht dem Ganzen zum Nutzen ... Daß überdies viel gelacht wird, kann niemand ernstlich bedauern. Und natürlich ist es begrüßenswert, daß Rolf Ludwig mit sehr viel Witz (aber keineswegs mit zuviel Witz) so deutlich zeigt, wie des falschen Hauptmanns märchenhafte Karriere im Grunde ohne sein Zutun begann ...*

»WER SEINE FRAU LIEBHAT ...«

... ein 1955 leicht und brav dahinplätscherndes Unterhaltungsfilmchen. In dem verfilmten Boulevardstückchen habe ich keinen Riesenpart, aber dreißig Tage drehen wir wohl. Die Hauptrolle – die »liebgehabte Frau« – spielt Leny Marenbach, einer meiner UFA-Schwärme aus der Dresdener Jugendzeit. Die Diva trägt überdimensionale Hüte und ist immer entsetzlich gut drauf, aufgedreht bis zum Anschlag. Die Kollegen tuscheln mehr oder weniger laut: »Die kokst!« Ich hänge bildlich gesprochen an ihren Lippen, wenn sie Schnurren über Heinz Rühmann, Lingen und den von mir hochverehrten

René Deltgen erzählt, der immer knapp bei Kasse war. Er pumpte sich was bei Söhnker, Birgel und Matterstock, »vergaß« es zurückzugeben oder behauptete einfach: »Na hör mal, das hast du mir doch geschenkt!«

Unfreiwilliger Zeuge von Deltgens ewiger Geldknappheit bin ich selbst geworden: Wir spielen so um 1953 herum im Theater am Schiffbauerdamm ein Gorki-Stück. Ich bin Bürovorsteher und brauche dazu als Requisiten auch alte verstaubte Akten, die ich mir aus der Verwaltung besorge. Auf der Bühne sitze ich auch eine Weile, ohne Text zu sprechen, blättere in den Papieren rum und lese. Da ist auch was Handschriftliches bei. Ich entziffere: »Sehr geehrter Herr Direktor« undsoweiter »... finanzielle Notlage« undsofort »... bitte ich um einen Vorschuß von 150 Reichsmark. Heil Hitler! René Deltgen.« Natürlich reiße ich das Blatt sofort heraus, es wird mir später von Unbekannt gestohlen. Ich weiß nicht, warum, aber irgendwie schäme ich mich für meinen Filmhelden ...

Wir drehen Außenaufnahmen an Bord eines gemieteten Dampfers mitten auf dem Müggelsee. Regisseur Kurt Jung-Alsen kämpft mit einem Megaphon gegen Wind und Wellen an. Immer klappt irgend etwas Technisches nicht. Wir warten.

Während die Marenbach also aufgekratzt, möglicherweise durch Pervetin beflügelt, sehr charmant lächelt und die UFA-Zeiten hervorholt, sitzt Friedrich Gnass, ein Schauspieler vom Berliner Ensemble etwas abseits neben einem Kasten Bier. Es wird ja Einstellung für Einstellung gedreht. Das dauert eine Ewigkeit, besonders für die Nebenrollen, die mitunter lange Pausen zu überbrücken haben.

Zärtlicher als Fritze Gnass die Bierpulle mit seiner Hand umschließt, kann man keine Geliebte umfassen. Genußvoll trinkt er Schluck für Schluck, ich kauere mich neben ihm nieder. Der Holzkasten mit den Flaschen wirkt auf mich anziehend. Gnass sieht mich mit seinen wasserblauen Äugelein an und blubbert: »He, wärste man doch am Schiffbauerdamm beim BE geblieben, hättste Karriere machen können.«

Ich – als Jungschauspieler – sage: »Lieber, verehrter Herr Gnass, ich glaube, ich bin beim Fritz Wisten ganz gut aufgehoben.«

Ein Wort gibt das andere, irgendwie entsteht ein kleiner Streit. Gnass fragt, wann er denn nun endlich mal rankäme, und dieser junge Schnösel – er meint mich – wäre doch wohl etwas vorlaut, oder was? Da mischt sich Hauptdarsteller Albert Garbe ein, ein Koloß von Mensch, ehemaliger Boxer. »Laß den Kleenen in Ruhe, verstanden.« Mir wird schon etwas mulmig, denn ich weiß, daß Garbe in Leipzig schon mal einen Kollegen am steifen Arm über einen Treppenschacht gehalten und in breitem Sächsisch gedroht hat: »Wenn de noch een Wort sachst, denn laß'sch los.« Die beiden steigern sich ein bißchen im Wortwechsel, auf einmal ist Gnass verschwunden. Mann über Bord! Er ist einfach rückwärts über die Reling gekippt, rudert im Wasser wie wild mit den Armen herum und schreit wie am Spieß nach Hilfe! Garbe guckt unschuldig wie ein Säugling und wirft den Rettungsring runter. Wir hieven den Kollegen wieder an Deck, ein Gemisch aus Müggelseewasser und Gerstensaft sprudelt aus Mund und Nase.

Leny Marenbach qietscht vor Lachen gar nicht mehr damenhaft. Abstinenzler ist Gnass nicht geworden. Als das Berliner Ensemble später auf Gastspiel nach Moskau reist, schleppt der Westberliner Mime zwei Koffer durch den Zoll – zweihundert Büchsen Bier.

## EINE BOMBE AUF ULBRICHT?

Professor Nikolai Petrow ist aus Moskau als Gastregisseur an die Volksbühne gekommen und inszeniert »Das Schwitzbad« von Wladimir Majakowski. Er spricht kein Wort Deutsch, als Dolmetscherin fungiert eine Lettin. Petrow hat eine enorme Ähnlichkeit mit Chruschtschow, dem sowjetischen Staatschef, kahlköpfig, gemütlich, aber gleich ihm kann er auch schon mal mit dem Schuh auf den Tisch hauen. Er brüllt uns mitunter an wie ein Stier. Das zeitigt keine Wirkung, denn wir – Otto Tausig spielt den Erfinder, ich seinen Assistenten

– wissen ja nicht, was er schreit. Auch Ernst Kahler, später noch langjähriger Schauspielkollege am Deutschen Theater, der beim »Schwitzbad« als Co-Regisseur fungiert, zuckt mit den Achseln. Petrow schnauzt weiter. Die hübsche Dolmetscherin schweigt und weint still. »Warum, in Gottes Namen, weinen Sie?« – »Ludwig, es ist schrecklich. Er sagt solche Schweinereien.«

Im ersten Akt erfinden Tausig und ich eine Zeitmaschine. Ich habe die Aufgabe, eine Lampe möglichst weit zu schmeißen. Das ist ein Einfall von mir, den Petrow »gekauft« hat. Ich werfe also die Lampe, die an einem langen Gummiband befestigt ist, mit dem Spruch »Im Land der Gesänge heb dich zur Sonne über dem Marsch der roten Kolonne …« oder so ähnlich in den Zuschauerraum. Ich habe nicht nur ein Talent zum linken Läufer, sondern auch enorme Wurfkraft.

Bei der Premiere fliegt die Lampe wie eine Rakete bis drei Meter vor die Staatsloge, in der Walter Ulbricht mit Anhang sitzt. Hektisch springen ein paar Gestalten hoch, bereit, mit ihren Leibern das Geschoß abzufangen. Die Zuschauer halten hörbar die Luft an. »Eine Bombe auf Ulbricht?« Aber da kehrt die Lampe schon wie ein Bumerang zur Bühne zurück. Erleichtertes Ausatmen. Nach der Vorstellung werden wir in die Loge gerufen, machen unseren Diener vor dem Landesherren. »Nu, Sie sin also dr Ludwich? Ju? Von Ihnen hört man ja schöne Sachen, ju? Sie müssen sich ein bißchen disziplinieren. Aber, ju, was Sie da heute gemacht haben …« – »Aber, Herr Ulbricht, da kamen doch dann die Flugblätter aus dem Kronleuchter, hat das die Sache nicht ein bißchen wieder eingerenkt?« – »Ihren Kohl können Sie mit ihren Garderobengenossen machen, ju? Aber nicht mit uns.«

## DIPLOMATEN UND KOMMUNISTEN

Wir tauschen die kleine Wohnung in der Koppenstraße gegen die große von Fred Rodrians Mutter. Die Pfeilstraße in Pankow-Niederschönhausen liegt in einem feinen Viertel. Nachbarn sind der Komponist Hanns Eisler und die Familie des Innenministers Karl Maron. Diplomatengegend nahe dem Bürgerpark. Rundherum stehen Villen, bessere und schlechtere Einfamilienhäuser, schräg gegenüber beginnt das »Städtchen«. Darin wohnen die Spitzen von Partei und Regierung, bevor sie sich später in echter Volksverbundenheit bei Wandlitz, nördlich von Berlin, ein Ghetto errichten lassen.

Pit, also meine Frau Ilse, die ihren Spitznamen durch eine Verballhornung des Grimmschen Ilsebill – Bill – Bilsebitt – Pit erhalten hat, wird eine Gastspielreise nach Ägypten angeboten. Na das war doch was! Ägypten! Sie hat mit ihrem Partner Peter Grötsch bei einem internationalen Tanzfestival die Goldmedaille gewonnen. Man ist sozusagen auf sie aufmerksam geworden. An den Nil reisen noch mehrere Künstler mit, darunter der Geiger Gustav Schmahl, die Harfenistin Jutta Zoff aus Dresden, die selbst vor einem Dudelsack nicht zurückschreckt. Ein paar Partei- und Wirtschaftsleute haben sich auch rangehängt, um zu sondieren, ob mit Ägypten was zu handeln wäre. So blättert denn der Minister für Handel und Versorgung, ein gewisser Merkel, dem Geiger die Noten um. Später erweist dieser Kontakt sich auch privat für mich als durchaus vorteilhaft, als ich einen neuen Kühlschrank brauche.

Delegationsleiter ist Rudi Engel, ein ehemaliger Spanienkämpfer und Adjutant von Ludwig Renn, Direktor der Akademie der Künste. Der schleppt einen Haufen Dollars im Brustbeutel mit sich herum, so daß dort kräftig high life im Hotel Semiramez herrscht. Engel, frisch geschieden, verliebt sich Hals über Kopf in Ilse. Die aber wehrt ab: »Nee, ich hab da so einen langen Trinker und Schauspieler, den liebe ich.«

Aber es entsteht eine gute Freundschaft aus dieser Nahostreise, an der ich dann auch teilhabe. Engel wohnt in Niederschönhausen in unmittelbarer Nachbarschaft und führt ein offenes Haus. Häufig sind wir zu Festen eingeladen, zu Diskussionsabenden. Ich lerne sehr viele, hochinteressante Leute kennen, auch mal aus Berufen, die nichts direkt mit dem Theater zu tun haben. Bodo Uhse, den Fimregisseur Kurt Maetzig, Li, die Witwe Erich Weinerts, und auch Arnold Zweig, der damals schon sehr schlechte, fast blinde Augen hat. Rudis neue Frau Marlene und ich kommen auf eine Idee.

Einmal in der Woche hole ich den Schriftsteller von zu Hause ab, wir spazieren ein Stück durch den Bürgerpark, setzen uns auf eine Bank, und ich lese ihm vor. Hauptsächlich »Die Perser« in der Übersetzung von Mattias Braun. Stundenlang unterhalte ich mich mit Zweig über Wolfgang Borchert und über den »Streit um den Sergeanten Grischa«, ahne noch nicht, daß ich in dem Film mitspielen werde.

Der Bürgerpark wird sozusagen eine meiner Universitäten, ebenso wie die Gespräche mit den anderen Gästen des Hauses Engel. Ich hole alles nach, was ich in der Jugend an Bildung versäumt habe, sauge deren Wissen in mich auf. Daß dieses Studium sehr wenig mit Hörsaalbänken und mehr mit Kneipengestühl und Halblitergläsern zu tun hat, beflügelt meinen Wissendrang ungemein.

Zum Beispiel Doktor Georg Honigmann, Chefredakteur der BZ am Abend, Distel-Direktor, Dackelfan und Erfinder des »Stacheltiers«, einer äußerst beliebten, satirischen Vorfilmreihe in den Kinotheatern. Szenarien dazu schreiben Lothar Creutz, Lothar Kusche, John Stave und andere Eulenspiegelautoren. Ein witziger Verein, der in der Berliner Niquet-Klause, Taubenstraße, seinen Stammtisch hat. Dort produzieren sie auch die meisten Ausgaben des Humor- und Satireblattes. Schauspieler wie ich werden an dem blankgescheuerten Redaktionstisch in genannter Kneipe geduldet, wenn sie quer und um die Ecke denken können.

Eines schönen Tages in den Sechzigern lehne ich mich in der Niquet-Klause im Stuhl zurück, gieße mir einen Schluck Bier in den Hals, stelle das Glas ab und sage lustvoll: »Wie gut schmeckt mir der Gerstensaft an meinem spielfreien Mittwoch!« John Stave schiebt die Brille auf die Nasenspitze, guckt mich darüberweg an, grinst bis zu den Ohren. »Heute ist Donnerstag!« Was???!! Fünf vor Sieben! Um halb Acht fängt die Vorstellung an. Schmedding, der Wirt, wählt hinterm Tresen die Nummer vom KBB der Volksbühne, reicht den Hörer herüber. Stave beruhigt die total entnervte Kollegin am anderen Ende der Strippe. »Wir dachten schon, der Ludwig ist wieder ...« – »Nee, er kommt mit dem Taxi. Halten Sie die Leute hin!« Meinen ersten Auftritt spiele ich ungeschminkt ...

Also Honigmann. Eine hochintelligente Berliner Kodderschnauze, aus englischer Emigration gekommen. Wir sitzen also in der Komischen Oper. Honigmann ist zu der Zeit liiert mit der Chansonette und Brecht-Schauspielerin Gisela May. Die Nationaloper Peking gastiert. Was dort an Akrobatik geleistet wurde! Phantastische Salti mortale! Und stundenlanger Singsang. Riesenbeifall am Schluß, der nicht enden will. Da trippelt eine kleine Chinesin auf die Bühne. Das Ensemble hat sich was ausgedacht. Und die singt wirklich »Am Blunnen vol dem Tole!« In Deutsch. Natürlich weiß sie nicht im geringsten, was sie da singt; dadurch ergibt sich so ein eigenartiges Lallen ohne besondere Betonungen. Und sie singt das wie ein Schleifenband, immer wieder »steht ein Lindenbaum« da. Honigmann rutscht schon auf dem Sessel hin und her, wir wollen ins »Ganymed«. Die Leute klatschen wie wild. Sie hebt erneut zum »Brunnen« an, aber in die Stille hinein ertönt es laut und trocken aus des Doktors Mund: »Ick hab schon mal de ›Wacht am Rhein‹ uff chinesisch jehört, det war noch erjreifender!«

## MEINE PANKOWER POLITSEELSORGER

Zu Rudi Engels Gästen zählt auch unser Nachbar Ernst Busch, der stimmgewaltige Schauspieler und Sänger. Ich gebe zu, daß mir seine »Jarama-Front« Schauer der Ergriffenheit über den Rücken jagt, wohl deshalb, weil ich ihm seine politische Haltung immer abgenommen habe. Seine kommunistische Gesinnung ist ehrlich, begründet. Wenn ich bedenke, wieviel falsche Funktionärsfuffziger, Heuchler, Stalinisten, Karrieristen mir über den Weg gelaufen sind.

Wenn das knarrende »'n Abend« erscheint, habe ich Sendepause. Das fällt mir schwer, doch Busch dominiert die Runde. Leute, die dazwischenreden wollen, werden mit einem energischen Blick abgestraft. Er spricht über die zwanziger Jahre bei Max Reinhardt, von Spanien ... Und ich höre zu, ja, ich kann auch meinen Mund halten und zuhören, wie später zum Beispiel noch bei Heiner Müller, der unablässig in Bildern redet, daß es ein ästhetisches Vergnügen ist, zuzuhören.

Den Busch habe ich als Schauspieler immer bewundert, sah ihn im »Sturm«, im »Leben des Galilei« und natürlich in der »Mutter Courage« als Feldkoch. Großartig! Busch war auch oft in meinen Vorstellungen und bei den Matineen, selbst als ein Schlaganfall ihn schon halbseitig gelähmt hatte. Leider spielten wir nie zusammen.

Von Busch bekomme ich Lektionen in politischer Haltung. Er sagt ungeniert: »Du quatschst wieder einen Mist zusammen. Du redest dich um Kopp und Kragen, so dämlich kannste doch nicht sein.« Von anderen erfahre ich, daß er seine ungeheure linke Flosse an höheren Stellen schützend über mich hält.

Kurz vor dem Mauerbau habe ich die DDR mal gehörig satt, ich will rüber – ganz spontan, weil mir mal wieder irgendeine Äußerung eines Großkopfeten nicht gepaßt hat. Ich bin ja von Natur ein Hitzkopf.

Abends in der Kneipe hat sich nach dem zigsten Bier mein Entschluß gefestigt: Im Osten ist meines Bleibens nicht länger. Das muß ich jemandem mitteilen, für solche Fälle habe ich meine Genossen Betschwestern. Steffie Spira und deren Mann, den Dramaturgen Günther Ruschin, Rudi Engel, Ernst Busch ... Ich klingle, wie immer, zweimal kurz. »Hallo, Ernst, hier ist dein Störsender Rolf!« Die Therapien meiner Politseelsorger gleichen sich. Busch öffnet eine Flasche, gießt mir ein und hört zu. Am nächsten Morgen wache ich mit Ölschädel in seinem Gästezimmer auf. Busch fragt: »Warum bist du nicht drüben?« – »Wieso?« – »Na, du wolltest doch hier die Segel streichen!« – »Ich? Nee, ich habs überschlafen.« – »Na, siehste.« Andernorts wird er wieder sagen: »Der Ludwig? Wenn der besoffen ist, denkt der quer. Der is verrückt. Laßt den doch.«

Bei Rudi Engel habe ich für solche Fälle akuten Herz- und Gewissensdrückens Bettwäsche, Rasierzeug, eine Zahnbürste und eine Liege in seiner Dachkammer. Nächtelang hocken wir beisammen und diskutieren über das Sozialismusexperiment im Osten Deutschlands. Nebenbei erfahre ich ein paar Schnurren, die ich ohne große Bearbeitung in der Volksbühnenkantine an die Kollegen weiterreichen kann.

1956 stirbt Bertolt Brecht. Sein Testament hat er in der Akademie der Künste hinterlegt, Engel darf es öffnen und nicht lachen. Brecht wünscht nach seinem Tod eine Herzsonde, das heißt, einen Stich durch das Herz, damit er auch wirklich tot ist, wenn man ihn in die Kühlkammer schiebt. Sein zweites Begehren ist ein Eisensarg, damit das Ungeziefer seinen toten Leib nicht zerfrißt. Die Akademie macht in Friedrichshagen eine Bootswerft ausfindig, die den Sarg zusammenschweißt. Nun ist der Weg von der Kapelle bis zum Grab Brechts auf dem Dorotheenstädtischen Friedhof an der Chausseestraße zwar nicht so sehr weit, aber Eisen hat eben sein Gewicht. Sargträger waren die Brechtjünger, also Manfred Wekwerth, Egon Monk, Benno Besson, Peter Palitzsch. Wenn auch noch vom Friedhof ein paar Träger mit anfaßten – ich sage nur: Leistungssport. Heben, Stoßen, Reißen in einem!

Kleiner Exkurs: Ein zweites, in der Akademie hinterlegtes Testament wird mich direkt betreffen. Ich bin nämlich nicht nur der Vorleser für Arnold Zweig, auch Anna Seghers hat Interesse an den »Persern« von Aischylos, an der Niederlage, welche die Hellenen den Heerscharen des Xerxes beibringen. Also dehne ich meine Privatlesungen als eine Art Wanderbühne auf die Wohnung von Anna Seghers aus. Gerade habe ich unter der Regie von Fritz Bornemann im Fernsehen den Statthalter in den »Persern« gespielt. Xerxes war Eberhard Esche, besetzt waren auch Erika Pelikowsky und Steffie Spira, die mich ihrer Freundin Anna empfohlen hat. Eingedenk meines Lesetalents verfügt sie später, daß ich nach ihrem Tode bei der Trauerfeier in der Akademie der Künste den von ihr verfaßten Bericht an die Akademie lesen soll. Die Kulturoberen und Partei-ZKler sind entsetzt. Ausgerechnet der wilde Banause, der Trinker aus dem »Trichter«? Dann stehe ich 1983 am Pult, zwei Meter vor Honecker und dem Politbüro, in dunkelblauem Anzug mit dunkelblauer Krawatte, und lese das Vermächtnis. Auf dem Friedhof ist das Blasorchester der Deutschen Volkspolizei aufgereiht. Steffie Spira schreit immer wieder dem Dirigenten zu: »Die Marseillaise! Spielt die Marseillaise!« Doch die bleiben stur bei ihren »Unsterblichen Opfern«, die dahinsanken.

WODKA FÜR FALLADAS GRAB

Ich trinke in diesen wilden Endfünfzigern Hektoliter Bier und Kurze, habe große Rollen in der Volksbühne und für DDR-Verhältnisse Geld wie Heu, kann Lagen schmeißen, arme Kollegen in der Kneipe aushalten. Meine Saufrunden umfassen Stampen im Prenzlauer Berg, wie Venezia, Lolott, Trümmer-Kutte ebenso wie feine Restaurants in der Stadtmitte.

Mein Körper ist offenbar durch Wacker Leuben trainiert und macht diese Torturen mit. Mir fällt Hans Falladas »Trinker« in die Hände, und ich lese das Buch in einem Ritt, an einem Tag. Danach kippe ich ’n ziemliches Quantum Klaren. Der Roman nimmt mich gefangen, ich bin fasziniert von der Präzision der Schilderung.

Doktor Kuppke, Falladas letzter behandelnder Arzt, hat mir gesagt, daß sich die Grabstelle des Dichters auf einem Pankower Friedhof befindet.

Es ist schon fast Mitternacht, als ich mich auf den Weg mache. Das Tor ist natürlich zugeschlossen, aber ich finde an der Friedhofsmauer eine günstige Stelle zum Hinüberklettern. Es nieselt, die Wege sind glitschig. Ich irre wirr zwischen den Gräbern umher, leuchte mit dem Feuerzeug Dutzende von Grabsteinen ab. Ich finde Fallada nicht. Um halb vier in der Frühe klingle ich mal wieder zweimal kurz an Ernst Buschs Tür. Der regt sich künstlich auf. »Rolf, mitten in der Nacht!« Dabei weiß ich genau, daß er unter Schlafstörungen leidet. »Wo liegt Fallada?« – »Das fällt dir jetzt ein? Da mußte eben suchen.« – »Ich hab doch schon stundenlang gesucht? Den ganzen Friedhof abgegrast!« – »Der liegt in der Nähe von Max Lingner. Und jetzt hau ab!«

Ich ziehe postwendend in die »Eiche«, eine Kneipe für Schichtarbeiter, die schon um fünf Uhr öffnet. Dem Wirt helfe ich beim Heizen des riesigen Kachelofens, dann habe ich meinen Kali-Strang, also Kaffeelikör am Morgen. Ich bilde mir ein, davon nüchtern zu werden. Ein Trugschluß. Für den zweiten Anlauf versorge ich mich mit einer Wodka-Taschenflasche, schließlich haben wir November, und es ist empfindlich kühl. Diesmal gehe ich durchs Tor, frage den Friedhofswärter. Der kennt Fallada nicht, weiß aber, wo das Grab von Lingner ist. Eine kleine verkrüppelte Kiefer ist über Falladas Grabplatte aus rotem Marmor gewachsen. Alles ist verdreckt, mit den Händen schaufle ich schmutziges Laub weg, rupfe Unkraut aus, gieße Wodka auf mein Taschentuch und beginne, die Platte zu putzen. Ich schrubbe und rubbele, und weil ich schon 'ne gehörige Meisterfüllung habe, weine ich auch ein bißchen im Angedenken an den großen deutschen Dichter und angerührt von meinem eigenen Putzfimmel. Wodka ist übrigens ein brauchbares Reinigungsmittel. Endlich lese ich deutlich Falladas Geburts- und Sterbedatum sowie die Zeile »Ein deutscher Erzähler«, die auf Anweisung von Johannes R. Becher, dem ersten DDR-Kulturminister, eingemeißelt wurde.

Erst viele Jahre später überführt man die sterblichen Überreste zu des Dichters Ort nach Carwitz bei Feldberg und verfilmt einige seiner Werke. In »Kleiner Mann, was nun?« spiele ich den Schauspieler.

## DREI HUNDE UND EIN WOLKENSCHAF

Kindertheater habe ich immer ganz gern gespielt, ich werde dann immer selbst zum Kind. Das ging in Dresden schon los mit »Peterchens Mondfahrt« am Staatstheater und der »Schneekönigin« in einer Bühnenfassung von Jewgenij Schwarz. Damals ahne ich nicht, daß mir dieser Dichter *die* Glanzrolle meiner Bühnenlaufbahn geschrieben hat.

1959 klingelt es bei mir. Vor der Tür steht Fred Rodrian, später Chef des Kinderbuchverlages, mit einem Rollenbuch. Er hat Hans Christian Andersens Märchen »Das Feuerzeug«

in ein Filmszenarium adaptiert, jetzt wünscht er sich von Herzen, daß ich den kriegsmüden Soldaten spiele. Regie führt Siegfried Hartmann. Eine zauberhafte Musik hat Siegfried Bethmann komponiert. Ich lese das Buch und bin sofort überzeugt. Na klar, ich bin der Soldat. »Eins – zwei – hol dir vom Teufel deinen Lohn!« Es wird von den Kosten her einer der billigsten DEFA-Filme.

Wir drehen in einem Wald bei Potsdam. Die Gewerke bauen eine kaschierte hohle Eiche, wie es sie in der Natur nicht schöner gibt. Sächsische Gäste des benachbarten Kurheimes sind verwirrt. »Gestern gabs doch hier noch geene Eiche! So schnell wächst do geen Boom nich?« Doch die DEFA läßt eben Bäume in den Himmel wachsen. Die beiden falschen Freunde, diese kleinen Ganoven aus dem Wirtshaus, spielen Hannes Fischer, später Oberspielleiter im Deutschen Theater, und Heinz Schubert, in den Endsechzigern Alfred, das Ekel der Nation. »Das Feuerzeug« macht ihn noch nicht berühmt, aber am BE war er schon mit der Hauptrolle in »Held der westlichen Welt« aufgefallen. Bekannt wird er dann mit dem »Wirtshaus im Spessart«.

Kleiner Einschub: Nach der Wende treffe ich 1994 Schubert in der Westberliner Szenekneipe »Florians«. Er dreht gerade mit Juhnke eine Fernsehsache, in der es um zwei Knastbrüder geht. Wir freuen uns mächtig über das Wiedersehen. »Heinz«, sage ich, »weeßte noch ...« Er unterbricht. »Schubi!« – »Ja doch, Heinz, hör mal ...« – »Ich bin der Schubi!« – »Das Feuerzeug, Heinz ...« – »Ich bin der Schubi!« Ist der irre geworden? Die Umsitzenden gucken schon interessiert zu uns herüber. Doch der bleibt stur. Ist er schon zum Schubi Alfred mutiert?

Die Kleinstadt für das »Feuerzeug« wird in Babelsberg aus Pappe und Holz aufgebaut. Das Wichtigste am Film aber sind die drei Hunde mit den feuerspeienden Augen, die jeweils die Truhen mit den Gold-, Silber- und Kupfermünzen bewachen. Das Innere des Baumes, diese Räume mit den Schatzkisten, werden ganz klein zusammengebastelt und die normalgroßen Hunde einfach hineingesetzt. Man ist ja schließlich technisch noch nicht so weit wie heute bei »Jurassic Park« oder so. Aber wie kriegen sie mich zwischen die Hunde, die mich ja um Menschengröße überragen sollen? Trickfilmer Kunstmann – nomen est omen –, der schon beim ersten UFA-Farbfilm »Münchhausen« mit Hans Albers »trickste«, spiegelt mich einfach ein. Für mich ist das seltsam. Ich spreche bei den Aufnahmen im Wald, im Baum, in der Bodenkammer ins Leere. Da ist kein Partner! Generationen sind mit diesem und anderen hervorragenden Märchenfilmen der DEFA aufgewachsen, noch heute ist er im Progress-Verleih mit am erfolgreichsten. Erst kürzlich, als ich nach einer Untersuchung im Herzzentrum Wedding mit dem Taxi nach Hause fahre, dreht sich der Droschkenkutscher um und fragt mich: »Herr Ludwig, sagense mal, wat is eigentlich aus den großen Hunden geworden?« Aus den Dreharbeiten entsteht zwischen Rodrian und mir eine Freundschaft, die über Jahrzehnte bis zu seinem qualvollen Tod anhält. Seine Geschichte vom »Wolkenschaf« ist mir die liebste von all den Kinderschallplatten, an deren Produktion ich als Sprecher mitgewirkt habe.

### DER WILDDIEB

Der Bildhauer Werner Stötzer ist ein echter Waldbub und ein heimlicher Schauspieler. Er führt Regie im Improvisationsstück »Der Wilddieb«, dessen Handlung irgendwo in Stötzers Thüringer Gebirgsheimat spielt. Als Bühne dient ein Podest im »Salon« des Hauses von Rudi Engel, also eine Pankower Bühne für private Kleinstkunst. Ein ausgesprochenes Liebhaber-Theater. Ich bin immer als Holzknappe besetzt, muß den Rohstoff für den Meiler heranschleppen und sorge für die Glut. Zum Ensemble gehören Fred Rodrian, Bodo Uhse, Rudi Engel und alle, die gerade da sind.

Die Story ist mir nicht mehr gegenwärtig, das ist auch nie wichtig gewesen. Der Professor Maetzig, eine DDR-Regiegröße, wirkt als Mime so trocken wie ein Kahlschlag. Er gibt den Förster. Stötzer schneidert sich die Titelrolle auf den Leib. Wir lachen Tränen. Als viele Jahre später Konrad Wolf eine Episode aus Stötzers Bildhauerleben verfilmt, überläßt der

»Wilddieb« generös dem gestandenen, großartigen Kurt Böwe den Part. Vertreten ist Stötzer allemal in dem Streifen – schon durch seine Plastik »Der nackte Mann auf dem Sportplatz«.

OB AUS DEM WAS WIRD ...?

Der Winter ist außergewöhnlich streng. Wieder mal werden die Kohlen knapp. Die Volksbühne ist nicht mehr warm zu kriegen. Wir machen dicht, proben aber noch weiter für das Stück »Mein General«. Ich spiele den Gefreiten Horlacher, Norbert Christian ist mein General. Partnerin ist Lissy Tempelhof, die soeben aus Dresden zu uns stieß. Wir können uns kaum bewegen, denn wir sind angepummelt wie für eine Expedition ins ewige Eis: Mäntel, Schals, Handschuhe, dicke schwere Stiefel. Irgendwann friert uns fast der Rotz in der Nase. Wir beschließen, auf wärmere Zeiten zu warten. Der Regisseur des Stückes, Jan Rohac, ist Chef des Semafor-Theaters in Prag und Ehemann der damals schon bekannten Hanna Hegerová, einer göttlichen Chansonsängerin. Ich bin von ihr hingerissen, ein Rasseweib. Jan sagt: »Komm mit Ilse nach Prag. Schaut euch unser Programm an.« Na klar.

Im Zug treffe ich einen Bekannten, Helmut Koch, einen Chorleiter. Der hat einen Flachmann dabei. Wir wärmen uns kräftig von innen. Meine liebe Frau bekommt schon wieder ihren säuerlichen Zug um den Zitronenmund, der noch spitzer wird, als ich im Foyer unseres Hotels am Wenzelsplatz nordische Laute vernehme. Die Schwedische Eishockey-Nationalmannschaft. Hemmungen hab ich nicht, und so »tale« ich »svenska« bis in die Nacht und freue mich mit den kräftigen Nordlichtern über die für sie als Devisenträger niedrigen Alkoholpreise der Tschechen.

Ilse rüttelt mich um neun Uhr früh aus dem Schlaf. »Um zehn beginnen die Proben!« – »Was?« Ich weiß nicht recht, wo ich bin. »Im Semafor. Rohac erwartet uns.«- »Achso, ja.« Eine Dusche, starker Kaffee, ein Zigarettchen. Der Kopf brummt verdammt heftig ... Wir schleichen uns in den Zuschauerraum des kleinen Kabaretts, etwa in den Ausmaßen der Berliner »Distel«. Die Bühne betritt ein ganz junger Mann von nicht sehr hohem Wuchs. Er rollt mit den Augen, torkelt unsicher über die Bretter, lallt und hickst wie im Bilderbuch. Es ist lustig, wie er einen Volltrunkenen mimt, irgendwie fühle ich mich dem Darsteller dort oben verbunden. Ilse raunt mir zu: »Jetzt müßte der aber mal irgendwie anfangen.« Der fängt nicht an. Er *ist* volltrunken. Rohac sagt energisch und verärgert: »Karel, es hat keinen Zweck, geh nach Hause!« – »Ich singe.« – »Nein, du singst nicht. Ich will dich nicht länger hier sehen!« Der junge Mann guckt hilfeheischend zum Pianisten Jiří Slitr hinüber, der zuckt mit den Schultern. Der Sänger stößt eine fabelhafte Kadenz aus und verschwindet. »Wer war das?« frage ich Rohac. »Karel Gott«, sagt der, »aber ob aus dem was wird ...«

## SILVESTERFEIERN

Der Dezember von 1959 ist ziemlich streng. Vor den Diplomatenvillen in Pankow patroullieren die Genossen Volkspolizisten mit klammen Fingern und Zehen. Vorn an der Straßenecke ist an einem Zaun ein Briefkasten angebracht, daneben eine kleine Abstellfläche und darauf eine Art Holzkästchen wie ein Vogelhaus. Ich bin ein mitleidiger Mensch, kann keinen frieren sehen, wo ich doch weiß, daß es dagegen ein probates Mittelchen gibt. Also stelle ich bei Minusgraden immer mal eine Thermosflasche mit heißem Tee und eine Wodkaflasche mit Adlershofer »Blauem Würger« oder was besserem dort hinein. Eine Flasche von beiden ist dann morgens stets leer. Die Kanne Tee nehme ich bald aus dem Angebot. Wenn ich am Tage an den Posten vorübergehe, grüßen wir uns höflich. Mehr nicht. Keine Dankesworte, keine Umarmungen wegen des herzerwärmenden Postverkehrs.

Zur Silvesterfeier habe ich Fred Rodrian eingeladen, dazu den DDR-Chef des Protokolls, Doktor Max Hummeltenberg, der über mir wohnt, den Kinderbuchautor Benno Pludra, Rudi Engel und seine Frau. Ein kleiner Kreis. Im Fernsehen läuft wie jedes Jahr die Münchener Lach- und Schießgesellschaft.

Kurz vor Mitternacht gehe ich auf den Balkon, um die Sektflaschen hereinzuholen. Da sehe ich im Schneegestöber vor dem Nachbarhaus einen Hauptmann im Schein der Straßenlaterne von einem Fuß auf den anderen treten. Ich werfe mir meinen Mantel über, gehe zu dem rüber. »Entschuldigen Sie, Herr Hauptmann«, sage ich. »Es ist Silvester, hundekalt, ungemütlich. Darf ich Sie bitten, mit mir auf das Neue Jahr anzustoßen? Ich hab da ein paar Gäste. Die haben nischt dagegen.« – »Warum nicht? Ich komme mit.« Ich schleppe den Uniformierten also mit ins Zimmer und flachse noch so blöde herum. »Uns kann jetzt gar nichts passieren, wir feiern unter Polizeischutz!«

Der Zeiger tickt. Der Countdown läuft sozusagen. Wir erheben uns und auch die Gläser, da – ertönt es aus dem Fernseher: »Deutschland, Deutschland, über alles!« Ohne Text natürlich. Wat nu? Ich beschreibe nur mal die Augen. Der offenbar schon als weißhaariger Mann auf die Welt gekommene Benno Pludra – kugelrunde Kinderaugen. Fred Rodrian hält seine geschlossen. Hummeltenberg, der Doktor, blickt ergeben, wie bei einer Urteilsverkündung. Ich schaue gelähmt wie das Karnickel auf die Schlange. Meine Frau lacht leicht hysterisch. Sie findet alles saukomisch.

Und der Hauptmann von Pankow? Der starrt stahlhart am Fernseher vorbei. Alles wartet stumm, bis das Deutschlandlied vorbei ist. Dann erst sagt einer: »Na denn, Prost Neujahr!« Auch die anderen quetschen irgendwelche guten Wünsche heraus. Man gibt sich Küsse oder Bussis, und erst dann geht der Protokollchef zum Fernseher und schaltet ab. Dabei hätte doch schon vorher ein einfacher Knopfdruck genügt, um sich in die andere, die »bessere Welt« zu zappen und das »Auferstanden aus Ruinen« wenigstens mitzusummen.

Nicht viele Jahre später sitzen wir in der Kulturbund-Runde, das heißt im Kulturbund-Klub in der Otto-Nuschke-Straße (jetzt wieder Jägerstraße) beisammen. Die, die immer da sitzen: der Poet Paul Wiens, der beim Nachdenken oder auf Versammlungen riesige Blätter mit klitzekleinen Mustern, Rosetten, Mäanderbändern und ähnlichem vollmalt, sozusagen als

Generalsekretär, der Romanautor Peter Edel als Stellvertreter, die Dramatiker Rainer Kerndl und Rudi Strahl, die Humorgeschichtenschreiberin und Journalistin Berta Waterstradt und der englische Zeitungsmann John Peet. Als Gast nahmen die immer mal gern Leute vom Theater, Film und den Medien auf. Auch der Bildhauer Fritz Cremer kommt ab und an vorbei. Er lädt mich zur Silvesterfeier in sein Pankower Atelier ein …

Die lustigste Figur ist an diesem Jahresende eindeutig mein Schauspielerkollege Horst Drinda. Der trägt ein Nachthemd und hat hinten, wie einen Hundestummel, einen Sektkorken dran. Die Stimmung ist prachtvoll. Auf einem Tischchen an der Wand steht eine gewaltige Bowle. Neben der sitze ich. Man hat eine Tanzfläche freigeräumt, alles, was Rang und Namen auf Bühne und Leinwand hat, ist da – die Ostberliner Schickeria sozusagen.

Kurz vor Mitternacht geht die Tür auf, und es erscheinen wie zwei Totengräber die Brechtburschen Peter Palitzsch und Manfred Wekwerth in schwarzen Rollkragenpullovern. Sie schauen sich kurz um, in ihren Augen steht überdeutlich: »Wohin sind wir geraten? Alles Idioten.« Mich mustern sie ebenfalls spöttisch, ich trage eine Pappnase auf der Stirn. Wekwerth läßt sich neben mir nieder. Ich denke, womit fummelt der denn da rum? Der hat tatsächlich eine Wasserpistole in der Hand und zielt auf die Tanzfläche, auf der gerade meine Frau Ilse vom Bühnenbildner der Staatsoper Hainer Hill herumgeschwenkt wird. Der kriegt das Wasser ins Gesicht, schüttelt sich, tanzt unbeirrt mit meiner Frau weiter, was ungeheuer ästhetisch aussieht. – Ich habe überhaupt nur ein einziges Mal mit Ilse eine Runde drehen wollen und war seither vom Tanzen befreit.

Die beiden schweben wieder vorbei, Wekwerth drückt erneut ab. So geht das noch rund viermal, dem Hill ist das Wasser schon in das Hemd gelaufen. Bei der fünften Runde bleiben die beiden Tänzer vor uns stehen, Hill verbeugt sich knapp vor meiner Frau, macht ein paar Schritte auf uns zu und – stülpt dem Wekwerth die Riesenbowle über den Kopf.

Einfach so, ohne verbale Ankündigung. Dann geht er wieder zu Ilse, nimmt sie wieder in den Arm und rockt mit ihr davon.

Wekwerth sieht aus wie ein begossener Tiefseetaucher, über die Schultern gleiten Apfelsinen- und Ananasstücke hinunter. Der Brechtschüler versucht verzweifelt, die Glasglocke abzusetzen. Es gelingt. Und dann – ich wußte, daß er keinen Humor hat – fängt er wie ein Kind an zu weinen und zu greinen. Palitzsch greift ihn am Arm und beide verlassen empört diesen kleinbürgerlichen Abend.

## DER TOLLE TAG – WECHSEL INS CHARAKTERFACH?

Der »Diener« läuft und läuft. Nicht, daß ich Goldoni als Pausenclownerie betrachte, aber ich will ernstere Rollen. Kurt Jung-Alsen, der DEFA-Regisseur, inszeniert in der Spielzeit 1956/57 Beaumarchais' »Der tolle Tag« in der Volksbühne. König Ludwig XVI. soll zu diesem Lustspiel gesagt haben: »Das ist abscheulich! Solche Stücke werden niemals gespielt werden!« Aber Napoleon jubelte: »Das war die Revolution auf dem Marsche!«

Ich bekomme den Figaro mit einem Riesenmonolog. Die gesamte Bühne für mich allein – ich bin aufgeregt. Noch heute habe ich vor jeder Vorstellung enormes Lampenfieber, das sich normalerweise mit den ersten Sätzen legt. Ich setze also an, da bemerke ich erst, daß im Zuschauerraum alles anders ist als sonst. Alles ist blau! Die FDJ hat die Vorstellung aufgekauft, überall Blauhemden und ein Lärm wie in einer Badeanstalt. Die quatschen und lachen ungeniert. Ich merke, wie die Wut in mir hochsteigt. Von Lampenfieber keine Spur! Ich erhebe mich und trete an die Rampe, sage nichts, gucke bloß – da werden die unten ganz ruhig. Dann öffne ich den Mund – das wird mir postwendend einen strengen Verweis der Intendanz einbringen! – und starte eine Publikumsbeschimpfung. »Schämt euch!« donnere ich. »Ich stehe hier oben, bemühe mich, euch mit dieser Rolle etwas zu sagen. Euer blödsinniges Gequatsche bringt mich in Rage. Geht, geht nach Hause! Ich warte fünf Minuten, bis die Uninteressierten draußen sind, und wenn dann auch nur noch zehn hier sitzen, spiele ich

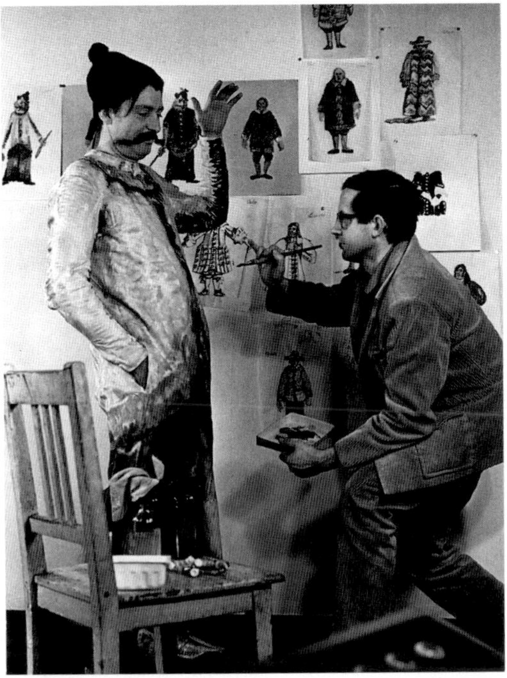

*»Der Arzt wider Willen«: Handbemalte Kostüme von Harald Metzkes*

*Ursula Karusseit als Amme Jacqueline, Egon Geißler als Lucas und Rolf Ludwig als Sganarelle in »Der Arzt wider Willen« von Molière*

*»Der Dritte«, DEFA-Film von Egon Günther, 1972*

*Bergeweise weibliche Fanpost:
Rolf Ludwig, 1963*

*Als Bürgermeister Sommerfeld
in »Verflucht und geliebt«,
Fernsehfilm von
Helmut Sakowski*

*Rolf Ludwigs bester Freund und »Zechkumpan«: der Schauspieler Dieter Franke*

*Rolf Ludwig und Dieter Franke in »Camping, Camping«, einem DEFA-Film in der Regie von Klaus Gendries*

*»Senecas Tod«, 1980 im Deutschen Theater Berlin, mit den »Stammtisch-Räubern« und Schauspielkollegen Eberhard Esche (links) und Klaus Piontek*

*Der Sganarelle im »Don Juan«, Deutsches Theater 1968*

*»Avantgarde« von Valentin Katajew, Volksbühne Berlin 1970*

*»Othello« in der Regie von Manfred Karge/Matthias Langhoff mit Katharina Thalbach als Desdemona, Volksbühne 1972*

*Vom Flieger Sun zum Wasserverkäufer Wang in »Der gute Mensch von Sezuan« mit Ursula Karusseit als Shen Te; Regie: Benno Besson, Volksbühne Berlin 1970*

*Ehefrau Ilse Hartwig mit der Katze Ludmilla*

*Rolf Ludwig mit Tochter Katharina, 1977*

*Ende der 70er Jahre: die »Nacht der Prominenten« – Rolf Ludwig als Boxer-Trainer*

*An der Berliner Museumsinsel – Herbstspaziergang*

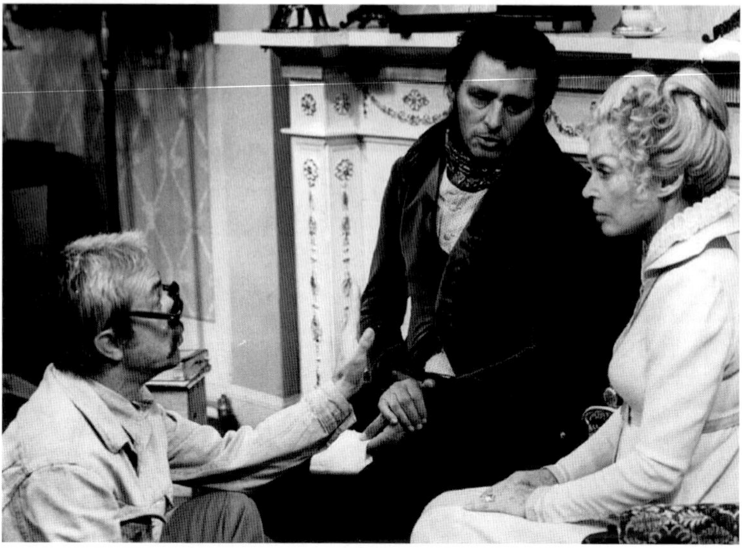

*1975: Dreharbeiten für den DEFA-Film »Lotte in Weimar« mit Lilli Palmer in der Titelrolle; Rolf Ludwig als Kellner Mager; Regie: Egon Günther (Foto oben links)*

*»Meister und Margarita« von Bulgakow, 1986, Rolf Ludwig a.G. an der Berliner Volksbühne mit Partnerin Cornelia Schmaus*

*Mit Regisseur Bernhard Wicki bei Dreharbeiten für den Film »Der Weg nach Sansibar«, 1985*

*»Das Buschgespenst«, Fernsehfilm nach Karl May*

*Als Beckmann in Wolfgang Borcherts »Draußen vor der Tür«, Film des Deutschen Fernsehfunks 1978*

*1995: Hörspiel-aufnahme im Deutschlandradio mit dem Schauspielkollegen Jürgen Holtz*

*Als Darry Berrill in O'Caseys »Ende vom Anfang« am Wiener Burgtheater, 1991*

*»Stein«, eine DEFA-Produktion von 1990; Regie: Egon Günther*

*Der siebzigjährige Rolf Ludwig*

*Salzburger Festspiele 1990: Rolf Ludwig als Isaak in Grillparzers »Die Jüdin von Toledo«; Regie: Thomas Langhoff*

*Angeln am Schmollensee auf Usedom*

*Auf dem Untersberg bei Salzburg: mit Tochter Katharina und Sohn Andreas im Juli 1991*

*Stoben – das Refugium*

*Rolf Ludwig und seine zweite Ehefrau Gisela*

*Der 70. Geburtstag von Rolf Ludwig: Feier in Pastor Bartels' Garten neben der Kirche von Benz auf Usedom. Foto unten: Rolf Ludwig und Thomas Langhoff; Intendant des Deutschen Theaters. Foto oben: Unter den Geburtstagsgästen: Dieter Hildebrandt (3. v. r.), Dieter Mann (3. v. l.) und Pfarrer Martin Bartels.*

weiter.« Auf der einen Seite gibt es Beifall, auf der anderen macht es »Hö, hö, hö!« Es geht keiner. Wir spielen in Ruhe zu Ende.

Der Graf Almaviva wird vom Franzl Kutschera gespielt, seine Partnerin, die Gräfin Almaviva, ist Gisela Uhlen. Meine Susanne war während der Proben noch die blonde, dralle Lore Frisch. Wir mochten uns auf Anhieb – so gut, daß sie ein Heiratsangebot unseres Kollegen Alexander Hegarth ausschlägt. Ich bin wohl nicht direkt der Anlaß zum Bruch zwischen den beiden, aber der Anlaß zum Nachdenken. Aber Lore packt die Rolle nicht, sie wird umbesetzt. Die neue Susanne wird Ingrid Rentzsch, schmal und zierlich, mit sehr schönen Augen … Man wird ja noch mal gucken dürfen, auch wenn man glücklich verheiratet ist!

Eines Tages komme ich nach der Vorstellung in die Kantine, da sitzt hinten in der Ecke an einem Tisch – eine Gipsfigur! Rund um den Kopf total eingehüllt in Mullbinden, aus denen Augen herausschauen. Ein Loch für den Mund hat man ebenfalls freigelassen, da hängt eine Zigarette heraus. Irgendjemand sagt zu der Mumie: »Frau Rentzsch kommt gleich!« Der Unsichtbare nickt. Eine verbundene Hand nimmt die Zigarette aus dem Mund. Statt der Rentzsch kommt aber Frau Uhlen, sie beugt sich über den Mullmann, küßt das Loch im Verband, setzt sich neben ihn. Da begreife ich blitzschnell. Mein Gott, das muß der Kieling sein! Man munkelt ja, der hat mit der Ingrid … Ich nehme mein Glas und gehe rüber zu denen, verwickle sie in ein Gespräch, will dem Wolfgang helfen. Mit der Uhlen ist er schließlich verheiratet. Er schildert seinen Autosalto auf der Avus. Beide erzählen wir seiner Frau, wie wir uns in dem kleinen Theater am Ku'damm kennengelernt haben, in dem Ottokar Runze »Wie es euch gefällt« in Englisch spielen will. Wir schwatzen, und Kieling guckt immerzu unruhig zur Tür. Die Uhlen beobachtet ihn scharf. Weiß sie was? Dann sagt sie spitz zu mir, daß sie etwas mit Kieling zu bereden habe. Da kann ich ihn nicht weiter retten … Ich nehme meinen Biertopp.

## DER SEILTRICK

Max Schwimmer hat für den »Sommernachtstraum«, den Fritz Wisten 1956 an der Volksbühne inszeniert, eines der schönsten Bühnenbilder geschaffen, das ich je gesehen habe. Und eines der wunderbarsten Plakate. Anmutig, grazil, träumerisch. Diese Zartheit war kaum zu vermuten, hatte er mich doch mal im »Faß«, einer Westberliner Kneipe in der Wilmersdorfer Straße, in die Ecke gestellt, weil ich Gottfried Benn nicht kannte. »Das Faß« gehört dem Staatsoper-Bühnenbildner Pfeiffenberger, dem Sohn eines Weingutbesitzers, und er lädt sich zur Tafelrunde immer Gäste ein. Kugelblitz Schwimmer sitzt am Stammtisch ebenso wie der Schauspieler und Regisseur Walther Suessenguth, dem nach ständigem Alkoholgenuß immer Schaum in den Mundwinkeln sitzt. Er neigt zudem stark zu Männerfreundschaften und Kollegenküssen …

Eine Episode: Am Schwarzen Brett steht »10 Uhr: Hauptprobe – Die Ratten«. Regie hat Suessenguth. Ich bin in dem Stück nicht besetzt, halte mich also in der Kantine auf, schwatze mit dem Wirt Horst Jessen über Boxen und Fliegerei. Da kommt Suessenguth, voll wie ein Amtmann, setzt sich neben mich. »Rolf, mein Lieber …« und will mich mal wieder abküssen. Ich sage: »Hör mal, du hast Hauptprobe.« Der winkt ab und Jessen heran. »Bier!« Wir trinken uns ein. Um zwölf kommt der Regieassistent. »Herr Suessenguth, es ist jetzt Probenpause.« – Der erhebt sich leicht schwankend und brüllt: »A-alles zur Kritik ins Konzimmer!« – Nach zwanzig Minuten ist er wieder unten in der Kantine und sagt: »So objektiv war ich noch nie! Ich hab sie zusammengeschissen. Jetzt können wir weitersaufen!« Nach der Premiere lese ich im SONNTAG:

*Walther Suessenguth als Regisseur arbeitete jede Rolle bis ins Einzelne durch und hielt doch das Ganze zusammen: stark, kräftig, ohne Milderungen oder Furcht vor Kraßheiten. Die Aufführung hatte Substanz.*

… Suessenguth, Schwimmer und Pfeiffenberger lassen mich also im »Faß« in der Ecke schmoren – ohne Bier! Ich soll mich meiner mageren Literaturkenntnisse schämen, und tue es. Sie sind erbarmungslos – die Feingeister.

Die Ausstattung des »Sommernachtstraums« ist ein Hauch in zartem Aquarell. Wir schweben beflügelt durch die Leinwände hinter uns. Es spielt das Berliner Sinfonieorchester. Der Kutschera ist drin, die Thisbe verkörpert urkomisch der Drei-Zentner-Mann Albert Garbe. Das Liebespaar sind Wilfried Ortmann und Margot Ebert, später auch noch viele Jahrzehnte im wirklichen Leben. Marion van de Kamp, Suzanne Wisten, Herbert Malsbender, Hans-Joachim Martens, Dieter Wallrabe. Da gibt's auch noch den Hamburger Alfred Maack, der in den UFA-Filmen immer in Nebenrollen Kapitäne gespielt hat. Als Waterkant-Typ. Das ist ein Schweinigel, und ausgerechnet er hat den Satz: »Schon paaren sich die Vögel.« Der haut tatsächlich raus: »Schon vögeln sich die Paare!« Da soll man ernst bleiben auf der Bühne. Ich bin der Puck. In erster Linie arbeite ich als Artist. Eine ausgesprochene Hängepartie. Ich baumle die meiste Zeit an einem Seil und lasse von oben meine Texte ab. Der Strick ist nie gerissen, aber einmal fliege ich quer über die Bühne bis rauf zum Schnürboden. Da verhakt sich das Ding irgendwie, und ich komme nicht mehr zurück. Der Bumerang-Effekt bleibt aus. Unten sprechen die weiter. Ich hänge – hänge oben fest, hab mir auch etwas die Rippen geprellt. Aber mit dem Text hänge ich keineswegs, vom Himmel hoch rede ich weiter. Bloß kein Loch entstehen lassen!

## DER CHEF SEGELT!

Der Bruder von Rudi Engel, der Schauspieler Alexander aus dem Apfelbaum, hockt fast in jedem Stück, das ich in der Volksbühne spiele, und macht in Westberlin eine derartige Propaganda für mich, daß ich von Rudolf Nölte, Intendant am Theater am Kurfürstendamm, ein Telegramm erhalte. Ich fahre rüber. In der »Kassette« von Sternheim soll ich spielen, den Photographen Alfons Seidenschnur. Die Hauptrolle, den Oberlehrer Krull, übernimmt Theo Lingen. Boulevard, das heißt en suite, das heißt Abend für Abend. Und mein Vertrag bei Wisten? Wir proben gerade unter Otto Tausig die »Komödie der Irrungen« mit der Marita Böhme. Ich gebe Nölte einen Korb, der gibt mir einen Whisky und ein anerkennendes »à la bonheur!« für meinen Verzicht. Meine Rolle bekommt der Wiener Kollege Hans Putz. Aber es kommt noch ärger …

Alexander Engel will seinem Namen Ehre machen. Er trägt meinen Ruhm über die Berliner Stadtgrenzen hinaus in den hohen Norden. Aus Hamburg schickt mir Ulrich Erfurth, Schauspieldirektor am Hamburger Schauspielhaus, noch 1959 ein dringendes Telegramm. Der Intendant Gustaf Gründgens wünscht, mich kennenzulernen. Ich zeige Fritz Wisten die Nachricht. Gründgens hat unter seiner Regie den »Snob« gespielt. »Die woll'n dich haben«, sagt Wisten, »da mußte auf jeden Fall hinfahren. Kennste Hamburg?« – »Flüchtig. Ich war noch nie so richtig auf der Reeperbahn.« – »Na, dann fahr. Du bist erwachsen.« Traveller Cheques liegen bei. Ich fliege von Tempelhof an die Alster.

Punkt elf bin ich in der Kirchenallee. Im zweiten Stock ist das Büro vom Dramaturgen Peter Gorsky, dem Freund vom Gründgens. Der mustert mich – so scheint es mir – erstaunt-spöttisch. Mit Recht!

Ich habe am Abend zuvor noch den »Tollen Tag« gespielt, vorher in der Kantine vielleicht ein bißchen zuviel geprahlt, daß ich zu Gründgens eingeladen bin … Jedenfalls erwischt mich in der Vorstellung Franz Kutschera mit seiner Pranke zufällig am Augenlid. Ich blinzle Gorsky an. Der feinnervige Ästhet tut so, als sei es selbstverständlich, mit einem solchen Musauge herumzulaufen. »Der Chef läßt sich entschuldigen, er segelt.« – »Wie bitte?« – »Er segelt.« Ich sage: »Ahoi!« – »Er kommt wahrscheinlich so gegen eins.« Na gut, denke ich, dann kann ich nicht so wichtig sein. Dann kommt wieder der verhängnisvolle Satz: »Speisen Sie doch solange auf unsere Rechnung in der Kantine.«

Was ich tue. Um 13.30 Uhr kommt der Durchruf: »Herr Ludwig, bitte, in die Chefetage!« Wie begegnet man einem Gott? »Guten Tag, ich weiß mit dem Telegramm noch nicht viel anzufangen.« – Er steht auf. »Das werde ich Ihnen erklären. Mein Protagonist Heinz Reincke geht ans Wiener Burgtheater. Ulrich Erfurth hat Sie in der Berliner Volksbühne als Truffaldino, Figaro und Mosca im ›Volpone‹ gesehen. Könnten Sie die beiden letzteren Rollen übernehmen? Wir zahlen Ihnen eine Gage von 8 000 Mark.«

Ich muß schlucken. »Was für ein Landsmann sind Sie?« – »Dresdener.« – »Aha.« – »Hab ich Sie richtig verstanden, ich soll gleich hier bleiben?« – »Ja, wir können sofort mit den Umbesetzungsproben beginnen.« – »Aber da müßte ich ja vertragsbrüchig werden. Ich spiele bei Fritz Wisten.« – »Das ist mir bekannt. Nebenbei bemerkt, Ludwig, Sie sind kein guter Sprecher.« – »Nee, ich bin ja Dresdener. Sprecherziehung hab ich gehabt, bemühe mich auch um das Hochdeutsche.« Gründgens lächelt fein. »Nein, Herr Staatsrat« – ich sage wirklich: »Herr Staatsrat« –, »ich kann meine Kollegen nicht im Stich lassen, ich würde nie wieder ein Bier runterkriegen. Das kann ich nicht.« – »Überlegen Sie sich das gut. Wir machen anschließend einen Shakespeare. Ich gebe Ihnen den Ritter Bleichenwang, mit Ulrich Haupt, unter meiner Regie.« – »Ich kann den Fritz Wisten nicht in die Pfanne hauen.« – »Ihr letztes Wort?« – »Ich sage: Nein!« Das ist ein so unendlich schweres NEIN …

Ich gehe dann ganz bedeppert hinaus. Der Gorsky zieht mich vom Flur in sein Büro. Er hat ja die ganze Zeit dabei gestanden. »Sind Sie wahnsinnig, Ludwig! Das ist die Chance ihres Lebens! Sie sprachen mit GRÜNDGENS!« Dann palavert er noch ein wenig. Das Telefon klingelt. Gorsky sagt: »Gut!« und serviert mich rasch ab. »War angenehm, Sie kennenzulernen.« Ich steige langsam die Treppe hinunter. Bin ich bekloppt?! Ich grüble. Der Pförtner fragt: »Sind Sie Herr Ludwig?« – »Ja.« – »Hier ist noch ein Brief für Sie.« Er trägt den Stempel des Schauspielhauses. Ich stecke ihn so nebenbei in die Tasche des Sakkos.

Vis-à-vis dem Theater grüßt mich eine nette kleine Kneipe. Das ist das einzige, was mir jetzt hilft. Ein frischgezapftes kühles Bier! Und noch eins und einen Klaren gleich hinterher.

»Kann man hier telefonieren?« Der Wirt reicht mir den Apparat über den Tresen. »Vadda«, sage ich zu Wisten, »ich bin hier in einer Kneipe.« – »Fängste wieder an zu saufen?« – »Der Gründgens will mir sofort den Mosca und den Figaro geben. Ich habe Nein gesagt.« – Schweigen am anderen Ende. »Haste verstanden, nee, hab ich gesagt.« – »Du hast zwei Tage probenfrei. Guck dir Hamburg an, und dann komm wieder, Junge.« Ich lege auf, bin immer noch wie benommen. Habe ich den Kardinalfehler meines Lebens gemacht? …

Nach einer Stunde bin ich mit dem Wirt auf Du und Du. Da fällt mir der Brief ein. Ich reiße ihn auf. Drinnen sind zehn Hundertmarkscheine und ein kurzer handschriftlicher Gruß. »Lieber Herr Ludwig, möge es noch viele solche Schauspieler geben wie Sie, die ihr Ensemble nicht im Stich lassen. Anbei tausend Mark. Machen Sie sich einen schönen Tag auf der Reeperbahn. Herzlichst Ihr Gustaf Gründgens.«

## EIN DREHBUCH VOLLER SCHLAGKRAFT

Wir haben uns gegenseitig verziehen: Ich dem Martin Hellberg seinen operettenreifen Auftritt in der Dresdener Volksbühne, er mir meine umgehende damalige Kündigung. 1955 hat er in der Volksbühne Berlin den »Richter von Zalamea« inszeniert und mir die Rolle des Rebolledo gegeben. Kutschera spielte den Richter Pedro Crespo. Ursula Braun war noch dabei, Hans Rüdiger Renn, Hans-Joachim Hanisch, Raimund Schelcher als Sergeant. Anschließend beweist Hellberg, daß man einen Spielfilm in einer Rekordzeit von vier Wochen drehen kann; er bringt den »Richter von Zalamea« auf die Leinwand. Der Film war gar nicht so übel, mehr fällt mir dazu nicht ein.

Hellberg aber hatte Auftrieb bekommen – und einen neuen Stoff in die Hand. »Thomas Müntzer«. Das ist nach seinem Geschmack. Monumental. 2000 Statisten, die das Volk mimen müssen, die »Folgsamen« des Bauernführers. Ich bekam die Rolle des Spatz, eines Verräters.

Drehtag in Mühlhausen. Der Kollege Hans W. Hamacher vom Berliner Ensemble nimmt mich im Auto mit, nach der

Abendvorstellung. Vier Stunden lang erzählt er mir schweinische Witze. Die Hölle. Ich bin geschlaucht, habe den Truffaldino hinter mir. Nur mal 'ne Stunde die Augen schließen, aber nee, Hamacher hebt wieder an: »Kommt 'ne Frau zum Arzt und sagt …« Ich müßte eigentlich noch einen Blick in den Text werfen, da hab ich so einen ellenlangen Monolog vor dem Bauernheer. »Ich kann nit reden, aber ich sag euch …« fängt der falschzüngige Verräter an, und dann folgt eine ganze Seite. Ich versuche, mich zu konzentrieren. Aber Hamacher läßt nicht locker: »Eine Nonne hat einen Autounfall und …« Im Morgengrauen erreichen wir Mühlhausen. Es ist zwar Sommer, aber früh um viere hundekalt. Fast kommt es mir vor, als gefriere der Tau auf dem Laub. Müde.

Wir klettern aus dem Auto. Die hocken schon alle da im Walde rum. Aufnahmeleiter, Garderobieren, das Kamerateam, die zitternden volksarmistischen Statisten. Man drückt mir einen Topp Kaffee in die Hand. Dann schieben sie mich in die Maske, ein paar Zähne müssen weglackiert werden. Später gibt's bei den Mustervorführungen mit meinen Zahnlücken immerzu Ärger, mal sind sie links, mal rechts im Mund. Der Maskenbildner kann es sich auf Teufel komm raus nicht merken. Man paßt mir eine Leinenhose an, sonst nichts. Freier Oberkörper. Ich zittere wie ein Pinscher.

Da schreitet mir mein Regisseur entgegen und brüllt: »Rolf! (Er brüllt immer!) Eine Wonne, dich zu sehen an diesem Morgen.« Wat für 'ne Wonne? Er zerrt mich vor die als Bauern verkleideten Soldaten. »Seht, seht her! Das ist ein Schauspieler aus Berlin!« Die gucken nicht mal hoch, frieren auch, denken an ihre Doppelstockbetten. Und dann kommt's. Hellberg sagt stolz: »Ich habe dir einen neuen Text geschrieben!« Als ich »neuer Text« höre, weiß ich, es wird nicht gut gehen. Ich gucke zum Himmel. Wolken ziehen auf. Zum Drehen brauchen wir schönes Sonnenwetter. Hellberg drückt mir eine Manuskriptseite in die Hand, ich setze mich abseits auf einen Baumstumpf und versuche umzulernen. Aber ich kann das nicht, immer wieder wird es ein Mischmasch.

Ich beschließe: Du sprichst den alten Text, das kriegt der

Professor gar nicht mit. Der Vormittag vergeht. Wolken, Wolken, Wolken ... Die 2000 Volksarmisten lungern herum, spielen Skat, sind unlustig, mißmutig. Sie haben exakt den Gesichtsausdruck drauf, den sie im Film brauchen. Immerhin wollen die Bauern ja einen Aufstand aus Unzufriedenheit machen. Götz Neumann, der Kameramann, steht mit dem Okular da und schüttelt den Kopf. Mittagspause. Ich gucke immerzu in den neuen Text. Keine Chance. »Ich kann nit reden, aber ...«

Dann ruft plötzlich einer: »Achtung, wahrscheinlich reißt es gleich auf!« Wir reißen uns zusammen. Es wird nur ein Wolkenloch. Es kommt auf die Sekunde an. Hellberg brüllt. »Fertigmachen! Achtung! Rolf, alles klar? Ich bau dich auf!« Auch das noch! »Achtung! Ton ab! Kamera läuft?« – »Bitte!« – Ich muß auf eine Tonne klettern. »Ich kann nit reden, aber ich sag euch ... Was will ich euch sagen, ich weiß es nit, was ich euch sagen soll!«

Lichtwechsel. Aus! Eine Wolke! Gottseidank! Das war nun nicht meine Schuld. Hellberg sieht mich seltsam an, hebt das Megaphon an den Mund. »Wo bleibt der Text?« Ich sage: »Der kommt! Aber das Wolkenloch!« Noch hab ich die große Schnauze. Wieder ein Fetzen blauer Himmel. »Und bitte!« Ich wieder auf die Tonne. »Ich kann nit reden, aber ich sage euch, das, was ich zu sagen hab, ist wichtig, weil – » Hellberg brüllt: »Aus! Was ist los?« – »Wolkenloch!« Es kommen noch drei Löcher – bei mir und am Himmel.

Dann verläßt Hellberg der Humor, den er sowieso nicht hat. »Wenn du dich jetzt nicht zusammennimmst, schlag ich dich tot!« Die Soldaten haben zunehmend interessiertere Gesichter, sie grinsen sogar, was sie nicht sollen. »Ich schlag dich tot!« schreit Hellberg durch den Wald. Derselbe Hellberg, der noch vor ein paar Stunden gezwitschert hat: »Rolf, mein Liebling!« Dann wird er flehend: »Rolf, du läßt mich doch jetzt nicht im Stich? Alle Augen sind auf dich gerichtet! Schaut ihn an, schaut auf diesen Mann!« Er ergänzt: »... der seinen Text nicht kann!«

Ein Zipfel Himmelblau. Ton ab. Kamera läuft. Ich rauf auf

die Tonne. »Ich kann nit reden, aber ich muß euch halt sagen ...« Das alles in diesem Scheißaltdeutsch. Ich komme einfach nicht über diesen blöden Text weg. Ich rutsche von der Tonne, die Bauernsoldaten blicken gespannt. Totenstille. Warum schreit Hellberg nicht? Da gehe ich in die Knie. Ich habe einen fürchterlichen Schlag auf den Hinterkopf bekommen. Ein Brett? Dann prasselt es weitere Schläge. 2000 Soldatenmünder stehen sperrangelweit offen.

Weltfriedenspreisträger Martin Hellberg hüpft wie ein HB-Männchen hinter mir herum, drischt mit dem Drehbuch auf mich ein und ruft: »Wenn's doch aus Eisen wär'!«

Es kommt kein Sonnenloch mehr. Hellberg hat mich vor 2000 Soldaten, vor der gesamten Bauernfront degradiert. Am Nachmittag drehen wir die Einstellung mit dem alten Text. Ich bin perfekt ...

Am nächsten Morgen muß das Bauernvolk durch den Wald fliehen. Ich luge als Spion hinter einem Busch hervor. Eine stumme Einstellung. Meine Verschlagenheit äußert sich in einem breiten Grinsen. Die Zahnlücke ist links oben. Die Soldaten stürmen los. Wieder eine Großaufnahme von mir. Die Zahnlücke ist rechts oben. Hellberg tobt. Mein Kopf mit dem Gebüsch wird später im Studio nachgedreht.

Der Regisseur ist mit seinem Volk nicht zufrieden. Er versammelt die inzwischen nur noch fünfhundert Mann starke Truppe um sich. »Fliehen sollt ihr! In euren Gesichtern muß Todesangst stehen! Ihr rennt durch den Wald, ohne Rücksicht auf Äste, Zweige. Ihr wollt euer Leben retten! Versteht ihr mich denn nicht!? Guckt nicht so dämlich! Wir proben!« Überall sind Steine und Wurzeln. Da kann man einfach keinen 400-Meter-Lauf veranstalten. Hellberg schreit durchs Megaphon: »Aus! Zurück!« Diese Burschen. Sie quatschen beim Laufen, lachen. Es sieht wirklich grauenvoll aus. Da reißt sich Hellberg die Halbschuhe von den Füßen. »Jetzt zeigt euch der Regisseur, wie man flieht!« Er ist auf dem Siedepunkt. »So flieht man!!!« Mit einem gehetzten Gesichtsausdruck flitzt er durchs Gesträuch und bricht nach fünfzig Metern zusammen. Er ist mit beiden Füßen in irgendwelche

Glasscherben getreten, die Fußsohlen sind völlig zerschunden. In den nächsten Tagen muß er in einer Art Sänfte zum Drehort getragen werden. Da ist er mir ungeheuer sympathisch. Ein Fanatischer, ein vom Film Besessener, der bei der Arbeit um sich herum alles vergißt. Es ist nicht unsere letzte gemeinsame Filmarbeit …

1:1

Ilse hat Theaterferien, eine Spielzeit an der Staatsoper geschindert, sich die Zehen blutig getanzt. Dazu Gastspiele. »Ich möchte nach Italien«, sagt sie. »Rimini. Grötzsch fährt mit dem Auto dort runter, der nimmt uns mit.« Ich fange gerade neue Dreharbeiten an. »Pit«, sage ich, »dieses Jahr wirds bei uns nichts mit Urlaub.« – »Ich will aber fahren.« – »Gut. Du machst vier Wochen Ferien, ich hab vier Wochen Film.« So fährt sie mit ihrem Partner von der Oper los. Ich bin nicht jeden Tag am Drehort, häufig sitze ich mit Lothar Creutz und dem Kritiker Carl Andrießen von der »Eule« in diversen Bierstuben.

So auch eines Abends im »Johannishof«, einem Nobelrestaurant, nahe der Friedrichstraße. Gästehaus der Regierung. Andrießen und ich hocken an der Bar. Aus dem benachbarten Saal dringt Musik und Stimmengewirr. Eine geschlossene Gesellschaft. Wegen der Hitze hat man die Saaltüren geöffnet. Ich gehe zur Toilette, blicke mal kurz in den Raum. Da sehe ich Karl Paryla und Edwin Marian, und es dämmert bei mir. Na klar, das ist die Premierenfeier für den DEFA-Film »Mich dürstet«. Ich hatte darin nur eine ganz winzige Rolle, trotzdem wurmt es mich, daß man mich offenbar vergessen hat einzuladen. Zu einem Trinkgelage! Paryla war kurz zuvor mit einer Garde von Schauspielern aus Wien gekommen, nachdem man dort das politisch linksgerichtete Scala-Theater geschlossen hat. Darunter waren Emil Stöhr, Fritz Links und Parylas Frau, Hortense Raky. Parylas Regie in »Mich dürstet« bestand vor allem darin, uns das Schießen beizubringen, obwohl er selbst nie im Krieg gewesen war. Marian spielte die Hauptrolle, und dann gab es da noch eine bildhübsche Frau,

Isabé Caregnato, atemberaubend schön. Das war die Freundin vom Paryla, die er in dem Streifen gut untergebracht hatte.

Ich komme also im »Johannishof« vom WC zurück, da reitet mich der Teufel. »Die trinken da drinnen ohne dich!« Meine Schritte lenken mich in den Saal, ich stolziere, wie ein General, der Truppe inspizieren will, an den Leuten entlang, sage wohlwollend: »Na, denn feiert man schön!« und zu Isabé: »Was soll der Prachtfummel. Das paßt doch gar nicht zu dir!« und ab durch die Mitte.

Ich habe kaum wieder meinen Barhocker neben Andrießen erklommen, da kommt Isabé in ihrem voluminösen Ballkleid herausgerauscht, baut sich vor mir auf, sagt: »Sie arroganter Pinsel!« und haut mir eine runter, daß es blitzt. Und weg ist sie. Ich hänge wie ein Sabberlatz an Carls schmaler Brust. »Ich hab eben eine geklebt bekommen, was soll ich tun?« – »Nischt!« sagt Andrießen, den das alles nur mäßig interessiert.

Aber ich gehe wieder in den Saal zu Parylas Tisch. Der steht auf, denkt wohl, ich will ihm zu seinem Film gratulieren, reicht mir schon die Hand herüber. Aber ich verbeuge mich vor Isabé, küsse ihre Hand, sage: »Verzeihen Sie mein überaus flegelhaftes Benehmen!« Paryla meint: »Setzen Sie sich doch, Ludwig, trinken's eins mit uns.« – »Bedaure, ich werde erwartet.« Carl hat inzwischen ein neues Bier bestellt. Jetzt kommt Isabé erneut aus dem Saal, ich ducke mich schon etwas weg. Sie lacht. »Ich hab's nicht so gemeint.« – »Halb so wild, der Unterkiefer läßt sich noch bewegen.« – »Das Kleid ist wirklich furchtbar, ich hab's bloß für heute geliehen. In zehn Minuten bin ich wieder hier, ja?« Und dann guckt die mich mit einem Blick an, der mir durch und durch geht. Da ist es passiert. Carl grinst unverschämt.

Als Isabé wiederkommt, hat sie einen großen Karton vom Kostümverleih in der Hand, trägt Jeans und einen knallengen Pullover. Wir fahren zu mir nach Hause und am nächsten Morgen rauf zur Ostsee, nach Bansin. Dort hat Andrießen ein gemütliches Sommerhaus gemietet, das auf Pfählen in Strandnähe steht. Weitere Sommergäste dort oben sind der Schriftsteller Lothar Kusche, Professor »Nauke« Naumann, ein Sprachwissenschaftler, der Dramaturg und Filmautor Lothar Creutz, Volksbühnen-Kollege Jochen Brockmann, der im DEFA-Film »Der Teufelskreis« den Dimitroff gespielt hat. Es wird eine fabelhafte Woche. Im Zug bei der Rückfahrt sage ich ihr: »Es war wunderschön, aber ich bin verheiratet, glücklich verheiratet.« – »Ich weiß«, sagt sie. Wir verabschieden uns am Berliner Ostbahnhof, sehen uns nie wieder. Ich höre später immer mal wieder von Isabé, zuerst in Zusammenhang mit Brockmann, dann mit Bernhard Wicki und auch mit dem weltbekannten Pantomimen Marcel Marceau …

Meine Frau Ilse kommt aus Rimini zurück. Tagelang habe ich überlegt, sag ich was von Isabé oder nicht? Ilse sieht blendend aus, die langen blonden Haare, braungebrannt, erholt. Mich quält das schlechte Gewissen. Ich habe sie betrogen! Es muß raus, ich druckse herum. »Hör mal, Pit, da ist was Schlimmes. Sie heißt Isabé, sie war auch in dem Film und mit mir oben an der See bei Andrießen. Aber es ist aus und vorbei. Ich muß dir das sagen, natürlich haben wir dabei auch getrunken …« – »Natürlich«, unterbricht mich meine Frau. Dann sieht sie mich ganz lange aus ihren schmalen, schrägen Augen an und sagt ganz deutlich: »Rolf, 1 : 1!«

Ich sacke zusammen, wie erschossen. Tief getroffen.

## WIE ICH FÜR DIE SCHAUSPIELSCHULE EINE BÄCKEREI LEERKAUFTE

Hansgeorg Stengel, der Reimeschmied vom »Eulenspiegel«, besucht mich im Auftrag des »Magazins«, interviewt mich im Februar 1960. Was ich gerade so mache und so weiter. Lieblingsrolle, Lieblingsfilm, ob ich gern koche oder esse oder beides? Und »Deine Frau ist hochschwanger?« – »Ja, es handelt sich bloß noch um Tage.« – »Was solls denn werden?« – »Ein Junge! Natürlich.« Ich träume ja schon davon, mit dem Bengel auf den Fußballplatz zu gehen. »Und wenn's ein Mädchen wird? Wie soll sie heißen.« – »Lulu!« sage ich wie aus der Pistole geschossen. »Wieso?« – »Na, wenn die Kleene dann gefragt wird, wie ihr Name ist, dann sagt sie: ›Lulu

Ludwig!‹, und alle Leute denken: ›Das arme Kind stottert ja schrecklich!‹«

Aber es wird ein Junge. Ein Junge! Andreas! Am 1. März 1960. Väter aller Länder, versteht mich! Ich greife zur Flasche, natürlich. Dann lasse ich mich mit dem Taxi zur Schauspielschule in die Schnellerstraße nach Schöneweide fahren, gebe ein paar Eleven dort Geld. Die schleppen einige Kästen Bier heran. Auch an die Damen denke ich. Gegenüber ist eine Bäckerei. Ich sage der Bäckersfrau: »Jetzt können Sie für heute schließen. Ich kaufe den Kuchen aus allen Regalen auf. Schließlich bin ich Vater geworden! Bringen Sie alles rüber in die Schauspielschule.« Der Buschfunk hat inzwischen alles herumgetrommelt. Der Ludwig – voll wie ein Amtmann – hält im Foyer alle frei. Penka, der Direktor, bestellt mich in sein Zimmer, will mir was von Störung des Lehrbetriebs erzählen. Ich sage: »Die ganze Welt umarme ich, unten steht alles voll Bier. Wenn Sie mir jetzt noch eine Zigarre schenken, könnte ich runtergehen und verkünden: ›He, euer Direktor ist der Größte, er hat mir soeben eine Zigarre verpaßt!‹« Penka zeigt Humor, gibt mir die Zigarre. Der Unterricht fällt flach. Irgendwie komme ich am Abend nach Hause, am nächsten Vormittag quetsche ich mit leicht geröteten Karnickelaugen meine Nase an die Glasscheibe, hinter der mein Junge quakt. Ilse schaut mich kopfschüttelnd an, spitzt ihren Zitronenmund. Sie hat's nicht leicht mit mir …

Dem Andreas werde ich kein guter Vater. Nie habe ich Zeit und bin auch in gewisser Weise enttäuscht. Natürlich liebe ich meinen Sohn, aber er macht so ganz und gar nicht das, was ich mir mal vorgestellt habe. Als er sieben ist, schleppe ich ihn zu Einheit Pankow. Es interessiert ihn nicht. Als Mittvierziger erringe ich das Goldene Sportabzeichen; der Junge hockt zu Hause und vollführt chemische Experimente. Bei einem Versuch mit Schießpulver fliegt er in die Luft, wir fahren mit »Tatütatah!« in die Unfallklinik. Eine Augenverletzung. Ohnehin hat er die schwachen Augen von Ilse geerbt, die trägt eine starke Brille. Vielleicht sieht Andreas den Fußball nicht richtig? Mathe ist sein Lieblingsfach. Nee, nach mir kommt er nicht. Heute bereue ich es, mir nicht mehr Zeit für ihn genommen zu haben. Seinen Weg hat Andreas fast ohne mich gefunden, er wurde Seitenmeister in der Staatsoper. Ein Handwerker par excellence.

## FANFAN, DER HUSAR, IM BADEMANTEL

Im März 1955 gastiert das Théâtre Nationale Populaire von Jean Vilar mit dem Stück »Ruy Blas« in der Volksbühne. Hauptdarsteller ist Gérard Philipe, den Leuten in der DDR durch »Fanfan, der Husar« kein Unbekannter. Ich bin besonders gespannt, denn ich weiß, daß ich wegen einer gewissen Ähnlichkeit mit dem Weltstar auch der »Zonenphilipe« genannt werde.

Die Compagnie kommt mit dem Zug aus Paris am Ostbahnhof an. Himmel und Menschen. Autogrammjäger. Sie spielen zwei Vorstellungen – nachmittags eine und am Abend die zweite. Was das an Kraftanstregung bedeutet, weiß wirklich nur ein Kollege zu beurteilen. Aber der Applaus ist bombastisch. Im Foyer haben wir als Gastgeber eingedeckt. Die Getränke sind kaltgestellt.

Gérard Philipe kommt aus der Garderobe, noch verschwitzt im Bademantel, aus dem stacksige, stark behaarte Beine hervorlugen. Mindestens ein Meter neunzig ist er lang, auf der Leinwand fiel mir das nie auf. Ursula Meißner, die perfekt französisch, englisch und griechisch spricht, begrüßt die Truppe von Vilar. Dann hält Fritz Wisten noch eine schöne, weil kurze Rede voller Dankesworte. Und er habe noch eine Überraschung parat. Zwei Techniker schreiten herein und tragen feierlich zwei Holzkisten. Gérard Philipe öffnet die Kisten. Sie sind gefüllt mit Bühnenbohrern aus feinem, weichem Stahl. Die lassen sich auf dem Bühnenboden ganz leicht mit dem Fuß wegtreten. Und man sollte es nicht vermuten: Der weltbekannte Schauspieler hüpft herum wie Rumpelstilzchen, freut sich wie ein Kind, küßt den Wisten, die Meißner, ich kriege auch noch den Hauch eines Kusses ab. Für Philipe und das kleine Theater haben wir ein besonders bohrendes Problem gelöst.

## ICH HAB DOCH MEINEN VATER NICHT UMGEBRACHT!

1960 habe ich Außenaufnahmen in Güstrow. Der Film heißt »Das Leben beginnt«. Es geht um die Republikflucht eines Arztes und seiner Tochter. Eine ziemlich platte Geschichte, damals vor dem Mauerbau alltäglich. Die Ärzteschaft ist in einer einzigen Migration begriffen. Die Einbahnstraße führt nach Westen. Es liegt schon in der Luft, daß es so nicht weitergehen kann.

Heiner Carow führt Regie, er hat schon einen recht beachtlichen DEFA-Film gemacht – »Sie nannten ihn Amigo«. Eigentlich hab ich die Rolle den Autoren zuliebe angenommen, Kurt und Jeanne Stern. Die gehören nämlich zu den Professoren in meinen nichtakademischen »Universitäten«, zwei liebenswürdige Menschen, Kommunisten, die mir auf kritische Fragen auch Antwort stehen. Nach Drehschluß sitzen wir viel beisammen. Jeanne, die Französin ist, erzählt von Paris, wie sie ihren Kurt in der Emigration kennengelernt hat. Der Aufnahmeleiter kommt: »Herr Ludwig, ein Telefongespräch für Sie! Aus Dresden.« Ich schrecke zusammen. Jetzt mitten in der Nacht? Mutter ist dran. »Rolf, kannst du kommen? Dem Vaddel gehts sehr schlecht. Ich glaube, er stirbt.« – »Ich komme!« Da stehe ich, den Telefonhörer in der Hand, an einem Hoteltresen in Mecklenburg. Wie komme ich nach Sachsen? Carow und Stern reißen unseren DEFA-Chauffeur aus dem Tiefschlaf, der wirft den Wartburg an – um vier Uhr sind wir im Friedrichstädter Kankenhaus am Fetscherplatz in Dresden. Meine Mutter sitzt mit geröteten Augen auf dem Gang. »Sein Herz ist so schwach.« Der Oberarzt sagt: »Wir haben Ihren Vater in einen extra Raum gebracht.« Ich nicke. »Kann ich da rein?« – »Natürlich.« – »Muddel«, sage ich, »laß mich allein zu ihm.« Drinnen liegt mein Vater mit schlohweißen Haaren und geöffneten Augen. Er erkennt mich nicht. »Das ist ein schöner Anzug«, sagt er. Ich habe meine Cordjeans und die abgetragene Lederjacke an, wie immer. »Kann ich irgendwas für dich tun, Vater? Irgendwas?« Da mustert er mich eindringend mit seinen hellbraunen Augen, hebt die

Hand, will etwas sagen, deutet auf die Schnabeltasse. Ich reiche ihm die Tasse. Er schüttelt angewidert den Kopf. Tee will er nicht. Was will er? Ich flüstere ihm ins Ohr: »Willste ’n Bier?« Da bekomme ich einen Blick – Dankbarkeit.

Na klar! Ich springe auf wie der Blitz. »Warte, Vaddel, warte. Ich bin gleich wieder da!« Ich stürme aus dem Zimmer, rufe meiner Mutter im Laufen zu: »Ich muß noch mal kurz weg!« Es ist früh um fünf. Wo soll ich jetzt Bier herkriegen? Der Fahrer ist schon wieder nach Güstrow unterwegs. Ich fahre zum Bahnhof, zum Hotel. Da kenne ich die Besatzung vom Empfang und in der Bar. Ich klingele einen dienstbaren Geist heraus. »Der Herr Ludwig! Was is’n nu los?« Ich sage: »Menschenskind, habt ihr ’ne Flasche Budweiser?« …

Mit der Flasche unter der Jacke schmuggle ich mich an der Krankenschwester und Mutter vorbei ins Krankenzimmer. Vater blickt mich erwartungsvoll an. Ich weiß nicht warum, es kommt wie ein Gedankenblitz. Mir fällt urplötzlich ein, wie er mich damals vor der Eisbude an der Straßenbahnhaltestelle lange hat zappeln lassen, bis er den Fünfer aus seinem Portemonnaie gepolkt hatte. Ich spüle die Schnabeltasse aus, öffne die Flasche Budweiser und gieße langsam das gut gekühlte Bier in das Gefäß, bis der weiße Schaum über den Rand quillt. Vater verfolgt alles mit größter Aufmerksamkeit, er ist zu schwach zum Sprechen. Ich bringe ihn in eine Sitzhaltung, führe ihm die Tasse an den Mund. Vater trinkt sie leer – mit Genuß. Er leckt sich den Schaum von den Lippen, lächelt. Denkt er an das Billard, ans »Dreppchen« in Leuben? Ich gieße nach. Er nimmt noch einem tiefen Zug. Dann atmet er ganz tief durch und – ist tot. Er lächelt noch immer. Ich bin für Sekunden wie versteinert mit der Budweiser-Flasche in der Hand.

Dann gehe ich raus auf den Flur. Der Arzt sitzt neben Mutter. Sie sieht mir sofort an, daß Vater gestorben ist, weint ganz still. Der Arzt deutet auf die Bierflasche. Ich zucke mit den Schultern. »Ich hab ihm einen Schluck gegeben.« – »Sind Sie verrückt! Das Herz!« – »Das schlägt nicht mehr.« – »Sie haben einen großen Fehler gemacht, Herr Ludwig. Das Bier war sein Tod.« Mutter beendet den Dialog. »Es war Vaters letzter Wunsch, nicht wahr?« Und zum Arzt sagt sie: »Das Bier war sein Leben!« Mir fällt dieser blöde Spruch ein: »Schnaps, das war sein letztes Wort …«

Ich möchte heulen, fühl mich wie der Junge, der zwanzig Jahre zuvor Vaters Verdun-Narbe betastet hat. Aber ich bin 35, »bekannt von Bühne und Leinwand«, und dort oben, in Mecklenburg, wartet der Drehstab auf mich. Wie heißt der Film? »Das Leben beginnt«.

## DIESE SCHEISSKLEINEN WURZEN

Ich bekomme in jenen Jahren an der Volksbühne jede Menge tolle Rollen, darunter den Haushofmeister Mosca in Ben Jonsons »Volpone« (Regie: Otto Tausig), den ich in meiner Schauspielerlaufbahn insgesamt dreimal darstellen werde. Ich spiele in »Turandot«, im »Richter von Zalamea« … Aber es gibt auch die Chargen.

Rein dialektisch, also dem Dialekt nach, geht's in jenen Jahren an der Volksbühne zu wie im »Simpel«. Wo man hinhört – weanerisch. Der Tausig spricht wie später der Lohner, der Franzl Kutschera und der Wisten. Da liegt es nahe, mal einen Nestroy zu machen. Es soll »Der Zerrissene« sein. Da können die sich mal so richtig austoben. Es gibt auch drei kleine Wurzen drin. Eine bin ich, die zweite ist Peter Dornseif, als dritte agiert Gerd Michael Henneberg, ein freundlicher Kollege, der später Generalintendant der Staatstheater Dresden wird. Da verstehe ich für vier Wochen die Welt nicht mehr, in der fünften ist Henneberg wieder in Berlin. Wir – die drei Freunde Stifler, Sporner und Wixer – sprechen uns ab, die Rollen in unterschiedlichen Dialekten zu spielen, um etwas Farbe hineinzubekommen. Ich habe nicht viele Sätze. Einer lautet: »Das ist ein Boot.« Ich will es plattdütsch snaken: »Bötche, Bötche …« Vielleicht ist es auch rheinländisch.

Ich sitze mit Hans-Joachim Hanisch, dem Silvio aus dem »Diener zweier Herren«, dem Bonario aus »Volpone«, in der Garderobe und sage: »Mensch, Hansi, es ist grauenhaft. Da spielt man eine Aufführung, die so einen Riesenerfolg hat, und möchte doch wenigtens mal einen kleinen Lacher haben.« – »Kriegste keinen?« fragt Hanisch teilnahmsvoll. »Keinen einzigen. Dieses Bötche, Bötche – ist doch komisch!« – »Wann kommt denn das?« – »Erster Akt, am Schluß.« Wir blödeln noch ein bißchen herum.

Am nächsten Abend spielen wir den »Zerrissenen«. Die Leute lachen wie üblich, dann treten wir drei auf. Es wird ernster, im Grunde gibt's auch gar nichts zu lachen. Wir reden über den Herrn von Lips, diesen steinreichen Kapitalisten, der mit seinem Wohlstand nicht zurandekommt ... Dann naht die Stelle mit dem »Bötche, Bötche«, und in dem Moment, als es raus ist, beginnt sich in der ersten Reihe ein Mann geradezu auszuschütten. Er gebärdet sich minutenlang wie wild, haut sich auf die Schenkel, brüllt vor Lachen, schlägt auf die Brüstung des Orchestergrabens. Schreit: »Das ist ja saukomisch!« Gluckst und quiekt. Es ist mir so was von peinlich ... Eine Qual ...

Nach der Vorstellung kommt Hanisch in die Garderobe. »Na«, sagt er stolz, »wie hab ich dir geholfen? Ich war großartig, was? Aber nun kannst du mir eigentlich auch mal einen Gefallen tun.« Um Gotteswillen, denke ich, was nun? Er spielt in der »Verschwörung des Fiesco zu Genua« von Schiller eben auch so eine miese kleine Charge neben den Großen – Wilfried Ortmann als Fiesco, Franz Kutschera als Mohr Muley Hassan, Gustav von Wangenheim als Verrina und dem jungen Armin Mueller-Stahl als Bourgognino. Hanisch ist einer der Verschwörer, Sacco oder Calcagno. Eine Szene hat er, in der es um die Vorbereitung des Giftmordes geht. Da sagt er: »Aber wirksam ist doch die Methode!« und er bringe das so schleimig-schelmisch über die Lippen, daß es einen Heiterkeitsausbruch wert wäre. »Ach Hansel, Hansi«, sage ich, »das ist doch kein Problem: Da bin ich doch sofort mit meiner Frau in der nächsten Vorstellung.« Ilse hat tatsächlich mal einen freien Abend. Wir sitzen in der dritten Reihe auf Steuerkarten. Ich fühle mich unwohl. Soll ich wirklich? Ach was, der Hanisch hat mir schließlich auch helfen wollen! Ich lausche gespannt wie ein Wiesel, dann kommt der Satz: »Aber wirksam ist doch die Methode.« Ich kringele mich vor Lachen, fehlt bloß noch, daß ich mich bepinkle. Meine Frau sieht mich entsetzt an. Ist der verrückt geworden!? Sie rückt ein wenig von mir ab. Auch die Umsitzenden sind empört über das ungebührliche Lachen, sie weisen mich zurecht. Und ich schäme mich, so sehr, daß ich in der Pause gehe – in die Kantine.

HEITERKEIT TUT NOT!

1961 bin ich in der »Schlagerrevue« von Heinz dem Quermann auf Platz drei der Top Ten. Ich singe mit Micaela Kreißler den Erfolgstitel »Du hast 'nen kleinen Mann im Ohr«. Das ist ein Lied aus dem Film »Der Mann mit dem Objektiv«. Ich kann noch immer nicht besonders gut singen, aber es fällt bei dieser belanglosen Weise nicht weiter auf.

»Du hast 'nen kleinen Mann im Ohr,
und der ist Optimist.
Ein Kuß von dir macht sonnenklar,
warum du glücklich bist …
Bald sagst du mir: Ich hab dich gern.
Bald fliegen wir von Stern zu Stern.
Bald sind wir dann ein junges Paar
und leben gut zweihundert Jahr.
Ist das nicht wunderbar?«

Es geht um einen im Jahre 2194 geborenen Weltraumfahrer, der mittels eines GGO – eines Gefühls- und Gedanken-Objektivs – die Seele der Erdenbewohner von 1960 erforscht. Eine Art Psycho-Alf. Im Film ist alles Nötige drin: der VEB »Schöne Zukunft«, der ABV, die sozialistische Brigade im Hotel »Weltfrieden«. Buch: Paul Wiens. Musik: Gerd Natschinski. Christine Laszar nimmt teil am Abenteuer mit dem Außerirdischen, Helga Labudda, Otto Stark, Erik S. Klein, Erich Franz … Eine Sternstunde der Filmgeschichte wird es nicht gerade, aber wir haben gut verdient, und die Leute lachen – also, die Leute, die noch im Osten sind, denn ganze Scharen »nach drüben Gegangener« melden sich täglich in den Aufnahmelagern in Bebra, Marienfelde und anderswo. Fast hat man sich daran gewöhnt …

Am Vormittag des 13. August 1961 stehen Ilse und ich auf dem Flugplatz in Belgrad. Die Maschine soll uns nach Berlin-Schönefeld bringen, wir haben einen herrlichen Urlaub hinter uns. Aber der Vogel fliegt nicht. Nicht vormittags, nicht mittags – irgendjemand sagt uns was von einer »Schutzmaßnahme in Berlin«.

Wer schützt wen? Am nächsten Tag gegen 17 Uhr landen wir daheim. Natürlich kein Taxi. S-Bahn. Wir haben noch immer keine deutschsprachige Zeitung zu Gesicht bekommen. Dr. Hummeltenberg, unser Obermieter, will uns weismachen, daß mitten durch Berlin eine Mauer gezogen wird. Wir lachen: So was gibt's doch gar nicht! So was lassen sich die Berliner doch nicht gefallen! Die haben doch ihre Verwandtschaft in allen Sektoren! Dann sehen wir es mit eigenen Augen an der Bornholmer Brücke ... Ach was, sagen die Leute, das wird wohl nur vorübergehend sein – ein Interim. Es dauert achtundzwanzig Jahre, und an jenem heißen Augusttag ahnen wir nicht, welche Folgerungen diese »Maßnahme« für das Berliner Theaterleben haben wird.

Emil Stöhr, der Bruder vom Karl Paryla, probt Hasenclevers »Ein besserer Herr«. Die Hauptrolle ist für mich vorgesehen, Steffie Spira spielt die Schnütchen, diese alte Witwe. Ich muß mich mit ihr im Bett herumwälzen. »Det wird janz jroß«, sagt sie. Besetzt hat Stöhr auch Franz Kutschera. Probenbeginn ist der 20. August 1961. So steht es jedenfalls am Plan. Doch der Franzl kommt nicht mehr. Die Sache mit der Mauer geht ihm zu weit. Er läßt nur noch einen Koffer in Berlin und zieht als künftiger Protagonist zu Harry Buckwitz nach Frankfurt am Main. Wie er haben fast zwei Drittel aller Schauspieler der Ostberliner Volksbühne ihren Wohnsitz im Westteil Berlins. Nach und nach bleiben die Westkollegen weg: Grünbaum, Mikulski, Ulrich ...

Berlin hat seine eigenen Theatergesetze, andere als in Dresden oder Rostock oder weiteren größeren Städten. Hier mußt du eine ganz eigene Persönlichkeit sein, rundherum. Es ist verdammt schwer, sich über Jahrzehnte oben zu halten. Den Rucksack schleppst du mit dir rum, wirst ihn nicht los. Kein

Ausruhen! Immer wieder neuer schonungsloser Einsatz, sonst bist du weg vom Fenster. Ich will mich ’61 in Ostberlin behaupten, habe hier mein Publikum.

Wir machen eine Krisensitzung. Das Theater muß spielfähig gehalten werden. Die Intendanz reist in der DDR herum und sucht Leute. Derweil besetzen wir den »Diener zweier Herren« um. Parole: Heiterkeit tut not. Für Ursula Meißner kommt die bildhübsche Elfie Garden aus Wien. Horst Schön ist 1961 noch da, einige Jahre später sperren sie ihn ein, weil er nicht länger in der DDR leben will. Wolfgang Sasse kommt auf meinen Vorschlag vom Staatstheater Dresden, andere Kollegen aus Karl-Marx-Stadt, Erfurt, Meinigen. Der »Diener« ist gerettet.

## ICH WILL KEINE MUMIE SEIN! ICH BIN DER DRACHE!

Fritz Wisten geht es gesundheitlich sehr schlecht. Er liegt auf dem Sterbebett und will es nicht wahrhaben. Ich bin traurig, denn ich verehre ihn als Mensch, als Chef, als erstklassigen Theatermann, als väterlichen Freund. Kurz vor seinem Tod schreibt »Vadda« Wisten mir einen Brief. Sinngemäß steht darin, ich solle doch der Volksbühne treu bleiben, er bedauere, daß er sich nicht noch mehr als Regisseur um mich gekümmert habe, ich hätte jedoch auch so meine Linie gefunden. Aber das mit unserer Zusammenarbeit könne alles ja noch werden, wenn er wieder gesund würde. Er überlege, welche Rollen er mir anvertrauen könne. Er schreibt mal »Sie« und mal »Du, lieber Rolf«. Man spritzt ihm schon Morphium. Ich heule beim Lesen des Briefes und auch an Wistens Grab, denn ich weiß, daß ich Wistens Wunsch nicht erfüllen kann.

Ich habe inzwischen am Deutschen Theater die Aufführung »Der Frieden« von Peter Hacks nach Aristophanes gesehen. Die Inszenierung besorgte ein gewisser Herr Benno Besson, einer der Schüler Brechts, den ich bis dahin gar nicht wahrgenommen habe. Palitzsch kenne ich ja ganz gut, Wekwerth flüchtig, der Egon Monk ist nach Hamburg gegangen. Vom

»Frieden« bin ich tief beeindruckt. Ich spüre in mir: »Da willste hin!« Ich will keine Mumie im Mausoleum Volksbühne werden, ich muß weiter.

Und wieder rekelt sich mein Schutzengel. Diesmal brauche ich keine Staßenbahnhaltestelle …

Das Telefon klingelt. Am anderen Ende spricht Wolfgang Langhoff, der Intendant des Deutschen Theaters, und bittet mich, gastweise eine Rolle zu übernehmen.

Plötzlich bin ich also Gast am Deutschen Theater, ich spiele in der Regie von Wolfgang Heinz mit den Großen Damen des Schauspiels Erika Pelikowsky, Inge Keller, Ilse Nürnberg, lerne Herwart Grosse kennen … Irgendwie spüre ich, daß ich mein Talent noch lange nicht ausgeschöpft habe. Ich bin knapp vierzig. Da muß noch etwas kommen, etwas Großes. Und es kommt …

Am Schwarzen Brett hat man die Besetzung für das Stück »Der Drache« von Jewgenij Schwarz ausgehängt. Regie: Benno Besson. Premiere am 21. März 1965. Ich soll den zweiten Kopf des Drachen spielen. Für den ersten Kopf ist Adolf Peter Hoffmann ausgedruckt, für den dritten Käthe Reichel. Den kühnen Recken Lanzelot erhält Eberhard Esche. Für die Opfergabe Elsa ist Katharina Lind besetzt. Auf der Liste stehen noch Peter Dommisch, Dieter Franke, Günter Sonnenberg, Gerhard Lau und viele andere. Wir lesen das alles und ahnen nicht, wie oft sich diese Besetzung in den kommenden 16 (!!!) Jahren noch ändern wird. Allein die Rolle der Elsa übernehmen in folgenden Jahren Ursula Karusseit, Cox Habbema, Ursula Staack.

Der einzige, der über die lange Zeit eisern »durchhält«, ist Horst Drinda als Bürgermeister, der hinreißend darstellt, wie er in den Wahnsinn abdriftet: »Ich bin eine Teekanne, brüht mich!« Keiner ahnt 1965 im Theaterflur, daß wir Theatergeschichte schreiben werden. Alles beginnt wie immer, mit den Proben …

… Zehn Uhr früh. Die Regieassistentin, Frau Blank, sagt: »Der A. P. ist krank, Benno bittet dich, den ersten Drachenkopf einzulesen. Morgen ist der Hoffmann wieder da.« Na klar, kein Problem. Dann kommt Besson, er streicht sich mit der Hand über den Hinterkopf und guckt grimmig. Vorsicht ist geboten! »Die Reichel 'at die Prob' abgesagt, erkältet oder was. Eigentliech 'ab iesch schon gar kein' Lust mähr«, muffelt der Schweizer mit französischem Akzent. Ich sage: »Bleib ruhig, Benno, ich lese den Kopp von der Käthe ooch noch mit.«

Wir fangen an. Besson unterbricht nicht. Er hat schlechte Laune. Die hat er öfter, der Benno. Dann fällt ihm nichts ein. Das ist unsere Chance oben auf der Bühne. Mir fällt was ein! Immer. Proben sind für mich das reine Vergnügen, viel interessanter und natürlich kreativer als die Vorstellungen. Ich probe gern – bloß nicht zu lange, weil ich schnell ermüde. Nach zwei-drei Stunden ist bei mir Sense.

... Ich lese den ersten Kopf, den Jäger. Dann muß ich mich verwandeln. Ich lese ja nur, aber die Figur nimmt mich so gefangen, daß ich nicht bloß die Stimme, sondern schon die Körperhaltung ändere. Ich bin jetzt jung, fast fröhlich. Dann sacke ich zusammen, ganz der Greis, aber ausgebufft. Ich lese und lese, Besson unterbricht nicht. Hört der überhaupt zu? Dann springt er auf: »Wenn 'ier alles krank iest, kann man niecht arbeiten. Wir machen für 'eute Schluß!« Der Akzent klingt lustig, seine Grammatik ist einwandfrei. Besson verschwindet zu einer Besprechung mit dem Bühnen- und Kostümbildner Horst Sagert. Ich denke: »Den Tag kannste unter Ulk verbuchen.« Am Nachmittag klingelt bei mir zu Hause das Telefon. Benno ist dran. »Ich habe mit A. P. Hoffmann und mit Käthe Reichel gesprochen. Du spielst alle drei Köpfe!« Ich lasse mich in den Sessel fallen. ICH BIN DER DRACHE!

## DAS MÄRCHEN – EIN MÄRCHENHAFTER ERFOLG

Seit 300 Jahren beherrscht der Drache die Stadt, er hat die Bürger geknechtet, ihre Seelen verkrüppelt. Der Drachentöter Lanzelot will ihn besiegen und das Mädchen Elsa befreien. Doch der Drache ist schlau, er schlüpft in drei Gestalten. Zunächst tritt er als pommerscher Gutsbesitzer auf, mit

Lodenmantel, Hut und Bart. Ich spiele ihn wie einen abgedankten preußischen Offizier, knapp, kurz, herablassend, manchmal jovial. Ich lauere und taxiere den Lanzelot. Der wiederum läßt sich nicht einschüchtern. Kostümbildner Sagert hat Eberhard Esche als Westernheld ausgestattet, mit Lederkluft. Ich wechsele ins Imponiergehabe, bin fast ein schöner Jüngling, drohe auf freundliche Art, zeige aber schon einen Anflug aufkommender Angst vor Lanzelot. Als zittriger Greis – als dritter Kopf – will ich den Drachentöter über meine tatsächliche Stärke hinwegtäuschen, hege aber schon Furcht, die Bürger könnten sich durch die Aufmüpfigkeit des Fremden anstecken lassen …

Es wird ein Riesenerfolg. Die Zeitungen jubeln ausnahmslos. Superlative. Ich bin wie im Rausch, ganz oben. Das Publikum rennt uns das Haus ein. Die Leute klatschen, trampeln, rufen »Bravo!« – auch noch in der 580. »Drachen«-Vorstellung.

*WOCHENPOST: »Rolf Ludwig verkörperte das Märchen-Untier in dreifacher Gestalt, zeigte sich als aalglatter, verlogen jovialer Landesvater, erschien als eiskalter, machtbesessener Diktator, zuletzt als altersschwacher, noch immer gefährlicher Staatsverbrecher.«*

*DER MORGEN: »Ludwig offenbarte glanzvolles gestisches Können, eine Verwandlungskunst bis in die Stimme hinein, er zeigte eine höhnische Bösartigkeit und ein verwirrendes Spiel mit körperlichen Gebrechen, die als teuflische List eines Allmächtigen entlarvt werden …«*

*SYBILLE: »Rolf Ludwig spielt den Drachen in dieser Szene ganz alt und ungemein gebrechlich. Wie ein Greis sitzt er im Sessel, beide Hände nach vorn ausgestreckt, auf die Lehnen gestützt, scheinbar kaum noch fähig, sich anders aufrechtzuhalten. Diesmal benutzt er einen einschmeichelnden Ton … Als er endlich Elsa erlaubt, sich von Lanzelot zu verabschie-*

*den, in der Hoffnung, sie werde ihn töten, bleibt Rolf Ludwig im Sessel sitzen. Die Hände liegen noch immer auf den Armlehnen, aber der Körper ist jetzt vornübergebeugt, nur Spannung, ganz konzentrierte Aufmerksamkeit: wird sie zum Messer greifen? … Dann kommt die große Enttäuschung: Elsa hat das Messer weggeworfen … Endlich läßt Rolf Ludwig den Drachen sich aufraffen, wieder Fassung gewinnen, und es ist wunderbar, wie der Schauspieler diese neue Gefaßtheit entwickelt. Er steht nicht plötzlich und wütend auf, nein, er steigert die Greisenhaftigkeit ins Überdimensionale, wankt zitternd, mit ständig einknickenden Beinen die Treppe zum Palast hinauf – ein schauspielerisches Kabinettstück, wie man es nur selten auf der Bühne zu sehen bekommt.«*

Der Treppengang. Benno fragt auf der Probe: »Wie wirst du abgehen?« Ich sage: »Irgendwas werde ich mir schon ausdenken. Wie alt bin ich? Hundertzwanzig?« Ich muß was mit den Knien machen, obwohl die ja meniskusgeschädigt durch Wacker Leuben sind. Ganz langsam gehe ich die Treppe hoch, die hat eine ganz schöne Steigung. Ich wanke und lande nach einer Ewigkeit oben. Dort ist bloß ein kleines Plateau. Das Bühnenbild ist ja noch nicht eingerichtet. Ich richte mich auf, starre in Richtung Zuschauerraum. War ich nicht grandios?

Unten herrscht Funkstille. Dann sagt Benno: »Na, und weiter?«

Ich frage: »Was weiter?«

Besson: »Na, das Stück geht doch weiter, oder?«

»Na, hör mal, ich bin doch jetzt weg. Soll ich hier oben vom Versatzstück runterspringen. Weißte was, ich komme jetzt die Treppe runter, und dann bin ich weg. In der Kantine.« Benno läßt sich nicht beeindrucken, er probt mit den anderen weiter. Erst in den Endproben kommen wir wieder zum Abgang per Treppe. Besson sagt: »Du machst es so, wie du es neulich angeboten hast, aber ganz genauso!« – »Wollen wir nicht auch was anderes ausprobieren?« – »Genauso!« Der Mann kann einfach kein Lob aussprechen!

Minutiös beschreiben die Zeitungen meine Gestik, Mimik. Von der Presse, von Kollegen werde ich mit Lob überschüttet. Ich gebe zu, das tut mir gut. Zum »Drachen« bekomme ich fast soviel Zuschauerpost von Verehrerinnen wie Jahre zuvor bei meinen heiteren DEFA-Filmen, aber es sind auch Briefe von Theaterbesuchern darunter, die die hochpolitische Brisanz des Stückes durchaus verstanden haben.

Die Staats- und Partei-Oberen tun sich schwer mit dem »Drachen«. Sie grübeln, sie sezieren – ohne Erfolg. Sie finden offenbar nichts, weshalb sie das Stück vom Spielplan wegschießen können.

Walter Ulbricht sitzt in der Mittelloge. In der Pause wird ihm die berühmte Tasse Tee serviert, extra durchgefiltert und von einem Bodyguard auf Verträglichkeit getestet. Man hat eine Gasse zum Staatsratsvorsitzenden freigelegt. Ohnehin wandeln oben im Foyer Herren und Damen herum, die nicht aussehen, als seien sie per Theaterabonnement hier. Ulbricht fragt mich: »Das ist ja hochinteressant, was Sie da spielen, ju. Das ist ja ein richtiger Geier, ju. Sind Sie sich über die Gefährlichkeit der Figur im klaren?«

»Gewiß, aber was heißt gefährlich. Ein Drache ist nun mal gefährlich. Er hat drei Köpfe, und alle drei haben die Eigenart, ihre Gefährlichkeit unterschiedlich auszusenden.«

»Naja, was Sie da machen, die Mundart, meine ich, ju. Wie Sie da die Treppe hochgehen, also wie aus dem Leben gegriffen, ju, wie aus dem Leben. Das machen Sie gut, ju. Sie zeigen das Hinterteil. Mit anderen Worten: Ihr könnt mich alle am Arsch lecken, ju. Ich hab's verstanden. Na, machen Sie mal weiter so, ju.« Droht der mir? Auf jeden Fall hat er instinktiv gemerkt, daß wir auf der Bühne nicht nur ein Märchen erzählen wollen.

Das Stück ist voller Anspielungen auf die Staatsmacht, das Publikum reagiert wie ein Seismograph auf jede Nuance. Der Drache sagt Lanzelot: »Wenn du dem Menschen die Seele zerhackst, geschieht gar nichts. Er wird gefügig. – Kettenseelen – käufliche Seelen!«

Die Macht handelt, sie macht aus der Not eine Tugend und schickt das Ensemble – so oft es irgend geht – mit dem Stück auf Gastspielreisen, möglichst in den Westen. Ehrlich gesagt, sind wir Schauspieler nicht böse darüber. Auch nicht über die Rolle als Ersatzdiplomaten. Wir gastieren in Italien, Frankreich, Rumänien ...

Januar 1966. Bonn. Im Parkett sitzt die gesamte Politprominenz der Bundesrepublik Deutschland – Dr. Eugen Gerstenmaier, Prof. Dr. Carlo Schmid, Dr. Thomas Dehler, Fritz Erler, Dr. Rainer Barzel und und und.

*BERLINER ZEITUNG vom 30. Januar 1966:*
*Bonn, eine etwas hochgetrimmte Kleinstadt, nennt Ludwig eine Art ›Meißen in Zehlendorf‹, wo manchmal Straßen nicht länger sind als einer der dort parkenden Mercedes. Aber Bonn hat auch ein Theater, ein neuerbautes, und der kunstsinnige Generalintendant Dr. Karl Pempelfort – vom Besuch einer »Drachen«-Vorstellung in Berlin fasziniert – hatte Künstler aus der Hauptstadt der DDR kurzerhand eingeladen, mit einem Stück, das ›Drachensaat‹ und ›Drachenerbe‹ im Gewand des Märchen angeht ... Rolf Ludwig spricht vom begeisterten Publikum, das die Aufführung wohl verstanden habe, auch von einigen Herren, die in der ersten Vorstellung ihre vorderen Parkettplätze hastig verließen, von viel selbstbewußter Jugend ... ›Tatsache ist, daß wir mit einem Erfolg zurückreisten, daß wir, aus einem angeblich luftleeren, nicht existierenden Raum kommend, doch offenbar eine so gute Sprechtechnik haben, daß wir auch in Bonn verstanden wurden.‹*

Zum Bonner Gastspiel ist aus Paris extra Jean-Louis Barrault angereist, der Leiter des »Theaters der Nationen«. Er interessiert sich für alles, klettert zwischen den Dekorationen herum, begutachtet die wirklich phantastischen Kostüme von Horst Sagert, einem noch recht jungen Künstler. Der hatte wochenlang an den Proben teilgenommen, gezeichnet und kam zu überraschenden Lösungen: die Westernkluft für Esche, die spießig-überladenen schwarzen Spitzenkleider von Elsas

Freundinnen, die postbotenähnliche Kleidung für Heinrich, der tatenlos zusieht, wie seine frühere Verlobte Elsa dem Drachen geopfert werden soll. Barrault bewundert die Theaterplastiken von Eduard Fischer, der von uns Schauspielern Masken anfertigt.

Kleiner Einschub: Eddi Fischer hat seine Werkstatt in der Reinhardtstraße gleich neben der Probebühne. Wie oft bin ich nach der Probe – so um drei Uhr rum – in seinem Atelier, wir nehmen einen zur Brust bis abends um zehne, und ziehen dann weiter in den Keller vom Berliner Ensemble oder in die Bärenschenke oder in den Eszterhazy-Keller mit der steilen Treppe nach unten. Wer da unverletzt ankam, konnte mit Oberkellnern, Artisten, Mimen und Ganoven quatschen und trinken. Großstadt.

Barrault ist begeistert vom »Drachen«, er sagt es Benno Besson gleich auf der Treppe in Französisch. Ich verstehe kein Wort, aber die Begegnung der zwei Großen des europäischen Theaters – wenn auch im engen Bühnengang – ist für mich schon ein bedeutsamer Moment. Mit mir unterhält sich der versierte Pantomime per Körpersprache, er bietet mir eine sehr ulkige Version des berühmten Treppenganges aus der Improvisation heraus. Barrault lädt uns ein. Wir sollen unbedingt nach Paris kommen. Und er hält Wort. Im Juni 1966 gastieren wir mit dem »Drachen« an der Seine zum Festival des Théâtre des Nationes. Publikum und die französischen Kritiker überschlagen sich in Lobesgesängen. Ein Vertreter der Haute Couture schwärmt gar:

»Bühnenbild und Kostüme der ›Drachen‹-Inszenierung quellen über vor Heiterkeit, Phantasie und Spaß, und sie sind schön in ihrem Barock … wie überquellende Garben, die herausgerissen aus einem phantastischen nichtfaßbaren Delirium, prachtheischende oder nackte Kostüme, die die Verzauberung verstärken, welche von dieser Aufführung ausgeht.«

## ILLEGAL IN VENEDIG

Die Staatsoper bringt eine interessante Sache auf die Bühne. »Die Geschichte vom Soldaten« von Igor Strawinsky, sozusagen als szenische Lesung mit Ballett. Der Vorleser ist Wolfgang Langhoff. Es dirigiert Herbert Kegel. Egon Morbitzer, Erster Konzertmeister, geigt virtuos. Ich spreche und spiele den Teufel. Meine Frau Ilse tanzt die Prinzessin. Für den Soldaten ist Hans-Peter Minetti besetzt, er behandelt die Violine wie einen Harkenstiel. In Berlin haben wir einen großen Erfolg mit diesem Stück, wir gastieren in Ljubljana, in Jugoslawien. Da kommt mir zum erstenmal der Gedanke. Ein kleiner, feiner, verführerischer Gedanke …

Am Deutschen Theater hospitiert ein italienischer Bühnenbildner. Giuseppe Pastore. Er ist verheiratet mit einer Finnin, beide sind sehr gastfreundlich. Wir trinken eine Menge Wein und Bier. Er erzählt von Mamma Roma, dem Marcus-Platz, dem Vesuv. Und da ist er wieder – dieser kesse, kleine Gedanke.

Wenn wir eine Gastspielreise in den Westen machen, müssen wir immer in einem speziellen Bus vom Strausberger Platz in Ostberlin nach Westberlin rüberfahren und bekommen dann – mangels eines international anerkannten DDR-Reisepasses – nach einer Unterschrift den grünen Traveller-Paß. Der Verwaltungsdirektor Kohls vom Deutschen Theater warnt jedesmal: »Keine Dußligkeiten!« Wir sollen nicht ausbüchsen, am Ku'damm spazierengehen und dann mit der S-Bahn zurückkommen. Ich mache das jedesmal. Sie können ja den »Drachen« nicht zu Hause lassen!

Ich sitze mal wieder mit Giuseppe beim Bier. Da ist der Gedanke zur materiellen Gewalt geworden und hat mich total ergriffen. »Ich muß mal nach Italien!« Wir denken nach. Pastore sagt: »Wenn du erstmal da bist, sorge ich für dich. Basta!« … Wir kommen aus Westberlin zurück, von diesem Traveller-Büro. Ich gehe zum Verwaltungsdirektor, reiße mir im übertragenen Sinne die Hemdbrust auf und stoße aus: »Ihr könnt mich erschießen! Er ist weg! Sie haben mir drüben den Paß geklaut! Eine einzige Verbrecherwelt! Das Portemonnaie ist auch gestohlen. Diese Schweine! Halunken! Was soll ich tun?« Naja, sie besorgen mir also einen neuen Paß.

Den alten »Grünen«, der keineswegs im kapitalistischen Sumpf abhanden gekommen ist, gebe ich Pastore mit, und der besorgt mir ein Visum Dubrovnik-Bari. Seitdem liegt das Ding in meinem Geheimfach zu Hause. Nun verfolge ich meinen Plan für die Operation »Venedig«. Ich werde beim damaligen Kulturminister Klaus Gysi, dem Vater vom Gregor Gysi, vorstellig und stöhne: »Ich bin mit den Nerven fertig, urlaubsreif. Ich brauche mal vierzehn Tage todsichere Sonne.« – »Kein Problem«, sagt der. Ich kriege die Genehmigung für die Zuteilung einer Jugoslawienreise nach Dubrovnik mit dem Reisebüro der DDR. Ich bezahle alles in Ostberlin – den Flug, die Übernachtung, Vollpension.

Dubrovnik – malerisch, eine traumhaft schöne Stadt. Das Hotel »Argentina« liegt direkt an der Küste. Fahre ich mit dem Fahrstuhl hinunter, bin ich schon am Strand. Am Tresen frage ich nach dem Herrn Direktor des Hauses. Es ist eine Frau Direktor, und die badet im Pool, sagt man mir. Ich stelle also meinen Koffer ab, greife mir Badehose und Bademantel. Nun, ein Adonis bin ich gerade nicht, mit meinen o-förmigen Wacker-Leuben-Beinen, aber ich kann ganz gut schwimmen, auch ein bißchen tauchen.

Von einer Kellnerin lasse ich mir die Frau Direktor zeigen. Sie sitzt an einem Tischchen und trinkt ihren Espresso, eine attraktive Dame. Ich trockne mich ab, gebe meinem Herzen einen Stoß, werfe den Bademantel über. »Sie entschuldigen bitte, ich bin soeben angereist, und ich fühle mich jetzt schon in Ihrem Land und in Ihrem Hotel so wohl. Ich möchte mich nur vorstellen. Mein Name ist Rolf Ludwig.« – »Sie sind sehr höflich«, sagt sie auf Deutsch. Wir kommen ins Gespräch. Wir reden über die Schädlichkeit des Rauchens und die Adria, über Knoblauch und das Deutsche Theater, über die Serben und Goldoni. Dann rücke ich mit der Sprache raus. »Ich soll in Italien einen Film drehen.« – »Oh!« – »Ich muß unbedingt nach Venedig. Davon hängt ab, ob die Sache mit Mastroianni klappen wird oder nicht.« – »Ah!« – »Aber Sie wissen ja, wie das für uns so ist – mit der Mauer. Sie müssen mir helfen!« – »Wie soll ich Ihnen helfen?« – »Kaufen Sie mir mein Zimmer ab, mein Appartement.« – »Wie bitte?« – »Naja, sie werden es doch bestimmt los. Ich brauche doch nur das Geld, um von Dubrovnik nach Bari zu kommen.« – »Ohne Paß?« – »Ich habe ein italienisches Einreisevisum. Einen Traveller-Paß.« Sie schmunzelt. »Was sind Sie für ein Mensch? Wie lange haben Sie denn gebucht?« – »Zwei Wochen. Hier kommen doch immer Amerikaner. Wenn Sie das Zimmer vermieten, machen wir Halbe-Halbe.«

Und sie tut es. Ich bekomme einen Haufen Dollar. Noch am selben Tag buche ich eine Schiffspassage nach Bari. Um 13 Uhr legen wir ab. Ich bin an Bord. Der Adria-Wind säuselt um meine Nase. Mein Schutzengel sendet vom wolkenlosen Himmel ein Signal an meinen siebenten Sinn und lenkt meine Füße unter Deck, dorthin, wo in Reihe und Glied die Autos der Touristen stehen. Ich schaue mir die Kennzeichen an. Da steht er – mein Mercedes, silbergrau, mit Westberliner Autonummer. B. Ich gebe dem Burschen, der die Wagen bewacht, eine gewisse Summe, der ruft per Mikrophon nach dem Besitzer des Mercedes. Es ist wie im Krimi. Ein rundlicher Herr in leinener Urlaubskluft kommt. Der Bursche sagt was von Handbremse oder so. Alles stellt sich als Irrtum heraus. Ich verfolge den Mann bis in das Schiffsrestaurant, wo er an einem Tisch Platz nimmt, an dem schon seine »gnädige Frau Gemahlin« sitzt. Sie gestatten, daß ich mich zu ihnen setze. »Sie machen auch Urlaub?« frage ich. – »Na, nich janz.« Er ist Bauunternehmer und sucht in Italien und Jugoslawien billige Arbeitskräfte.

Ich bin mal wieder Student der Theaterwissenschaften. »Ich bin schon etwas älter«, sage ich, »aber ich falle immer wieder durchs Examen. Ich bin der ewige Student, lebe von der Hand in den Mund. Jetzt, in den Semesterferien, schaue ich mir Südeuropa an – ich liebe das Barocke.« Der Dicke denkt sofort daran, daß er schon immer mal so aufs Geratewohl durch die Weltgeschichte reisen wollte. Wenn da nicht der Baubetrieb wäre ... Er spendiert mir das Essen und ein Bier. »Nun«, fahre ich fort, »will ich nach Venedig.« – »Das ist doch unsere Strecke«, sagt die gnädige Frau, »bis Bologna nehmen wir Sie mit.«

Ich geb's ja zu, das ist ein Hai, dieser Baufritze. Der saniert sich auf Kosten und Knochen der Gastarbeiter. Aber er nimmt mich im silbergrauen Mercedes mit bis zum Bahnhof von Bologna. Dort löse ich eine Fahrkarte nach Venedig. Im Zug sitzen Fallschirmjäger und trinken Chianti aus Korbflaschen. Immer reihum, ich bin ziemlich rasch mit in der Reihe und singe mit ihnen mehrstrophige Lieder. »Mille grazie!« – »Prego, prego!« – »A rivederci!«

In Venedig rufe ich vom Bahnhof aus Pastore an, er wohnt sozusagen gleich um die Ecke in Santa Cruce. »Mamma mia!« schreit der. »Rolf! Bleib, wo du bist. Ich hole dich!« Dann liegen wir uns in den Armen. Giuseppe nimmt mich auf wie einen Bruder, er zeigt mir alle Ecken Venedigs – die ausgetretenen Trampelpfade der Touristen und die Schleichwege der Venezianer. Die Brücken, die Gondeln, die Minestrone, Goldoni. In allen Fasern der Seele spüre ich meinen Truffaldino. Ich bin glücklich, ich könnte mit meinem Pudding glattweg über die Tische der Straßenrestaurants springen!

Ich stehe an einem Zeitungskiosk, suche Ansichtskarten, da sagt Giuseppe: »Da drüben, auf dem Marktplatz, sitzt Heinrich Kilger.« – »Was?« Kilger ist Bühnenbildner, und er arbeitet auch für das Deutsche Theater. »Was macht der denn in Venedig?« – »Der hat hier eine Ausstellung, die hab ich ihm vermittelt. Paß auf, jetzt machen wir was mit dem.« Pastore geht rüber zu Kilger, setzt sich neben den auf die Bank, an deren Rückseite eine zweite steht. Die beiden beginnen, sich zu unterhalten, und ich schleiche von hinten heran, sitze Rücken an Rücken zu Kilger. Der erzählt irgendwas. Plötzlich sage ich: »Aber, Heinrich, was du da sagst, stimmt doch alles gar nicht!« Wir denken, der kriegt einen Herzinfarkt! »Rolf«, schreit er und klopft wie wild auf meinem Rücken herum, drückt mich an seine Brust. Wann treffen sich schon mal zwei Ostberliner in Venedig!

Es wird ein Traumurlaub. Eine gute Woche bleibe ich bei Pastores. Im Teatro Venezia trinken wir mit den Theaterleuten roten Vino, leicht angesäuselt klettere ich auf die Bühne und spiele einige Passagen aus dem »Drachen«. »Wann kommen Sie mit Ihren Kollegen?« fragt der Intendant. So hab ich ein Gastspiel vorbereitet. Wahnsinn!

Die Fähre bringt mich zurück nach Dubrovnik. »Da bin ich wieder«, sage ich zur Frau Hoteldirektor. Die ist erstaunt. Sie hatte wohl nicht damit gerechnet, mich noch mal zu sehen.

»Wie war die Sache mit Mastroianni?« fragt sie. Hat sie etwa leicht geschmunzelt? »Wir sind voll belegt. Wenn Sie bis zum Rückflug mit der Wäschekammer zufrieden sind?« Ich könnte sie küssen.

Vier Wochen später finde ich im Briefkasten Post vom Ministerium des Innern der DDR. Ich soll im Polizeipräsidium in der Ostberliner Keibelstraße erscheinen – »zwecks Klärung eines Sachverhalts«. – »Habe ich was verbrochen?« frage ich erstaunt. »Nein, nein«, der Mann in Zivil ist sehr freundlich. »Wir wollen nur wissen, *wie* Sie das gemacht haben? Wie sind Sie nach Venedig gekommen?« Ich bin baff, da hielt ich mich doch schon für James Bond persönlich. Ich sage: »Wenn Sie mir keinen Paß geben …« Und dann ergänze ich getreu Ernst Busch: »Um uns selber müssen wir uns selber kümmern.« Ich lande nicht in Bautzen, nicht in Hohenschönhausen – sie schicken mich nach Hause. Mein Schutzengel muß viele Sterne auf den Schulterklappen haben.

## DAS FLORENTINER MÄNNERQUARTETT

In Florenz gastieren wir im Teatro Communale. Fast alle Theater in Italien sind städtisch, also Stadttheater. Dennoch hat man die Seitenlogen reserviert, besser gesagt: vermietet. Sie sind enorm weit vorgezogen, reichen fast bis auf die Bühne. Meist sind die Mieter begüterte Adlige, die eben ins Theater kommen, wenn sie Lust haben. Zu unserer Vorstellung ist kein Logenplatz mehr frei. Ich schmule durch einen Ritz im Vorhang und erstarre. Da sitzen sie – die Grandes – und speisen, so kleine Sachen, Appetitshäppchen, Canapees. Dazu gibt es Sekt. Leise klingen die Gläser ...

Die Vorstellung beginnt. Der Vorhang öffnet sich. Wir spielen. Die speisen und unterhalten sich, ungeniert wie in einem Gartenrestaurant. Ich gucke Ebi Esche an, den Lanzelot. Der guckt mich an. In mir steigt langsam etwas hoch, was zunächst noch Unbehagen heißt. Ebi guckt prüfend, er kennt mich. Er weiß, das geht nicht gut. Doch unser Part im ersten Akt ist schon vorbei. Im zweiten wächst das Unbehagen hinüber in eine leichte Wut. Die in den Logen heben ihre Sektgläser, stoßen an. Damen in schönem Kleid kichern, drehen uns ihre Rückendekolletés zu, tupfen mit Servietten ihre Lippen ab, um mit diesen gleich wieder loszuschwatzen. Dann kommt der dritte Akt. Ich bin der alte Drache und habe im Text all die giftigen Bösartigkeiten von Jewgenij Schwarz zu äußern, diese menschenverachtenden Beschimpfungen. Die leichte Wut ist in Zorn umgeschlagen, ich spüre, daß ich die da in den Seitenlogen regelrecht hasse. Ebi guckt zwischen seinen stahlharten Lanzelot-Blicken, die einen enorm an einen Mix von Burt Lancaster, Robert Mitchum und Cary Grant erinnern, besänftigend zu mir. Es hilft nichts.

Ich lasse mich aus meinem berühmten Sessel und der von Besson eingegebenen Greisenhaltung auf den Bühnenboden gleiten, krauche quer über die Bretter in Richtung Logen – ganz langsam. Mühsam ziehe ich mich an der Brüstung hoch, nehme einem der Herren Barone das Sektglas aus der Hand und sage krächzend mit zittriger Stimme: »Kettenseeele! Ha, ha! Zertretene Seelen! Cin-cin! Cheerio! Prost!« Und dann trinke ich das Glas leer, werfe es hinter mich. Einen kurzen Augenblick ist es ganz still im Theater. Die Sekttrinker sind wie erstarrt. Dann kommt ein tosender Beifall von der Galerie, von den billigeren Plätzen. So was hat Florenz noch nicht gesehen. Kommt da so ein Mime daher und trinkt dem Comte de Furdi Furdamenti Canelloni Minestrone und der Baronesse Adelaida de Wasweißichnichnoch den Sekt aus. Einfach so! Mir nichts dir nichts! Vor lauter Verwunderung darob verfolgten die Herrschaften in den Logen von Sekunde an mit größter Aufmerksamkeit die Aufführung. Kein Protest! Mitunter muß man die Zuschauer eben bändigen.

Das zweite Stück, mit dem das Deutsche Theater in Florenz auftritt, ist »Nathan der Weise«. Die Mitwirkenden, darunter auch Wolfgang Heinz, der Nathan, reisen erst aus Berlin an. Für einige vom »Drachen«, die auch im »Nathan« besetzt sind, ergeben sich zwei freie Tage.

Ich besuche die Uffizien, die florentinische Gemäldegalerie. Überall stehen kleine Ruhebänke. Ich habe sie nötig, denn der Abend zuvor, mit einem kleinen Umtrunk, war hart. Noch habe ich meine Karnickelaugen, die saugen sich an der »Geburt der Venus« fest. Ein Riesenbild, das einen erschlägt, wenn man den ersten Saal betritt. Ich bin fasziniert, lasse mich auf ein Bänkchen nieder und starre das Gemälde an, kann gar nicht wegsehen. Ein junger Mann spricht mich in Schwyzerdütsch an. »Sie entschuldigen, ich beobachte Sie schon eine Viertelstunde. Was ist denn so großartig an dem Bild?« – »Die Komposition«, sage ich. »Die Sache mit der Muschel.« – »Aha.« Wir kommen ins Gespräch. Er ist Student für Literatur und kellnert in einer Nachtbar. Ich zeige Interesse an seinem Beruf, er noch mehr an meinem. Lange unterhalten wir uns über Kurt Tucholsky. Ich lade ihn in die Vorstellung ein, er mich in den Red Carter Club, der außer seiner Niederlassung in Firenze auch noch Bars in New York und Stockholm betreibt.

… Wir sind zu viert, als wir den Club entern: Dieter Franke, Erik S. Klein, Günter Sonnenberg und ich. Die Tanzfläche ist zentnerweise mit Erdnüssen bestreut, ein rhythmisches Knacken tönt uns entgegen. Eine amerikanische Dixieland-Band spielt live, und die Leute zerstampfen die Peanuts zu Staub. Der Student bugsiert uns auf eine Art Empore und erklärt, wir seien heute nacht seine Gäste. Unser Protest ebbt ab, als wir erfahren, daß sein Vater stinkreich ist und ein paar Fabriken besitzt. Zum erstenmal in meinem Leben saufe ich auf Kosten eines Kellners, und wir trinken uns ein. La bella Italia! Dann kündigt der Student uns den Chef des Unternehmens an.

Ein kleiner kugliger Herr in teurem Maßanzug erscheint am Tisch, ein abgebrochener de Sica, tatsächlich mit dicker Zigarre im Mund. Der hat auch schon ein paar Drinks intus und stellt sich vor, wortreich, italienisch, dann schüttelt er unsere Hände, das Sakko öffnet sich ein wenig, und da sehe ich seine Wumme. Der trägt wirklich im Achselgurt einen Revolver, wie ein Kriminalkommissar. Es sei nicht ganz ungefährlich im Club, sagt er entschuldigend. Wir aber stehen ja unter seinem persönlichen Schutz. Schauspieler seien wir also, naja, aus Deutschland, aha. Na, dann würde er doch gern mal ins Teatro Communale gehen. Ich sage: »Morgen, okay! Kein Problemo.« Da ist der Mann ganz gerührt und lädt uns nun auch noch ein, auf seine Rechnung zu trinken. Wir lehnen nicht ab, möchten uns aber irgendwie erkenntlich zeigen. Ich sage: »Los, Jungs, wir singen dem da unten auf der Treppe bei der Band ein Volkslied – ein deutsches Lied.« Wir trampeln über die Erdnüsse und bauen uns auf. Da sagt Erik S. Klein: »Rolf, paß auf, ich singe erstmal wat uff russisch!« Ich sage das russische Volkslied an, und der legt los. Es klingt enorm russisch, obwohl nicht ein einziges Wort aus dieser Sprache stammt. Klein hat die Gabe, Fremdsprachen täuschend echt imitieren zu können, ähnlich wie Peter Ustinov. Also: »Kalinka«. Und wir fallen ein wie die Donkosaken. Das Publikum jubelt. Dann dreistimmig: »Am Brunnen vor dem Tore«. A capella! Ohne den Text vor uns zu haben! Dieter Franke intoniert seine »Rosemarie«, die er später so erfolgreich im Volksliederabend des Deutschen Theaters darbieten wird.

Zwanzig Minuten singen wir den musikalischen Italienern mit unseren Holzhackerstimmen was vor. Ich gucke zum Chef hinüber. Sehe ich richtig? Der weint wie ein kleines Kind, dicke Kullertränen laufen über seine Kugelbäckchen. Fehlt bloß noch, daß er schluchzt. Dann kommt er herüber, küßt uns ab und überreicht uns die Karten des Red Carter Clubs. Nach Wacker Leuben und dem FDGB ist das der dritte Verein, in dem ich Mitglied werde.

Wolfgang Heinz. Irgendwie finde ich immer wieder einen Draht zu ihm. Er ist für uns alle nicht nur der Intendant, sondern auch eine Art Übervater, man kann mit jedem Scheißdreck zu ihm kommen. Er fühlt sich in jeden ein, er führt die Leute auch privat wie ein Regisseur. Beim Inszenieren sucht Wolfgang Heinz behutsam in jedem Schauspieler das Schubfach. Man hält ihm das Komödchen hin, und er zieht mit Sicherheit die richtige Lade, und dann quillt es dort nur so heraus.

Zum Beispiel im »Zwischenfall in Vichy«, einem Stück von Arthur Miller für acht Männer. Wir – als Franzosen in der besetzten Stadt – sitzen alle auf einer Bank, verhaftet, darauf wartend, von der SS verhört zu werden. Horst Drinda; Reimar Johannes Baur als Baron – der kann alles spielen vom Schuhputzer bis zum Stellvertreter des Papstes –; Otto Mellies – der schöne Otsch mit der klangvollen Stimme –; Hans-Peter Minetti, dem ich seine kommunistische Überzeugung nie recht glauben konnte und der mit stets weit aufgerissenen Augen dokumentieren will, daß er auf der Bühne wie im sozialistischen Alltag immer ganz bei der Sache ist. Neben dem sitze ich auf der Bank, als Kommunist und Eisenbahner Bayard. Klaus Piontek spielt den SS-Mann, den Verhöroffizier. Dann gibt es da noch einen Perser namens Sadegh, der hat die Rolle des Goldschmiedes. Im Iran war Sadegh unter dem Schah zum Tode verurteilt worden, geflohen, auf abenteuerlichen Wegen in die DDR gekommen und nach Sachsen geraten. Nach Leipzig, tiefstes Sachsen. Dort lernte er Deutsch. Was heißt Deutsch? Der kann überhaupt kein A sprechen. »Rulf«, sagt er, »Rulf, ihr Deitschen, ihr soaft bloß immer. Mir Berser, mir liepen. Ich hotte mol eene, also, Rulf, die wor unersättlich. Ich hob die eemol, zweemol – siebenmol, hob ich die! Ich gonnte nich mär. Da bin ich in die Gieche un hob mir Speck un Eier inne Pfonne gehaun. Un ols ich dos runner hotte un gomme zurück ins Schlofzimmer, do sogt die: ›Geh weg, du olter Monn!‹«

Wir sitzen also auf der Bank, bevor jeder einzelne ausgequetscht werden soll. Bruchstückhaft unterhalten wir uns über Situationen, jeder ist anders gewickelt. Haltungen und Meinungen stoßen aufeinander. Im Grunde ist nicht viel zu spielen, eine Menge geht über das Wort. Und da hat Wolfgang Heinz eben sehr feinfühlig als Regisseur alle »Schubladen« vorsichtig geöffnet, bis er bei jedem die richtige fand. Als Eisenbahner erzähle ich von den Güterzügen, in denen Menschen auf Transporte geschickt werden – wie Vieh. Laut Arthur Miller sage ich: »Und das ist die Wahrheit. Ich habe es gehört. In den Waggons sind Frauen mit kleinen Kindern, und die schreien. Und da läuft es einem eiskalt den Rücken runter. Und ich sage euch als Kommunist: Das ist so! Schließt eure Augen nicht vor diesen Faschisten.« In einer Vorstellung konzentriere ich mich offenbar nicht so wie nötig. Ich sage: »Ich habe es gehört. Kleine Frauen mit Kindern, und die schreien.« Ich merke den Versprecher sofort. Minetti lacht los. Ist der irre? Will der die ganze Bank verrückt machen? In diesem todernsten Stück. Die anderen halten mit Mühe an sich, irgendwie geht das Stück weiter, aber ich überlege immerzu, wie groß sind wohl kleine Frauen. Pygmäen sind vielleicht 60 Zentimeter lang, und deren Kinder? Ein schlimmer Versprecher, ich habe noch wochenlang Angst vor dieser Textstelle.

Der Bayard ist eine der wenigen ernsten Rollen in den sechziger Jahren. Während der Proben zu diesem Stück bin ich auch zu Hause ein ernster Mensch, ich neige ohnehin dazu, die gerade geprobte Figur auch in die Wohnung zu schleppen. Ich kann das nicht so plötzlich abstreifen. Ich grübele: Wie hättest du dich in der und der Situation verhalten?

Andere Kollegen halten es völlig anders, die leben daheim den Ausgleich. Man sagt ja zum Beispiel den Humoristen nach, daß sie in der Familie die größten Stinkstiebel seien. Nur darf man die »Bühnengefühle« nicht mit den privaten verwechseln oder vermengen. Die eigene Trauer und die eigene Freude – so erfahre ich es im Laufe der Jahre – bleiben intim.

Nach Möglichkeit suche ich zum Rollenstudium Originalschauplätze und »Originalmenschen«. Das, was ich auf der

Bühne sage, muß ich verstehen, nachfühlen, nein, fühlen. Bei Konzeptionsproben höre ich selten hin, es ändert sich ohnehin alles im Probenprozeß. Über Theater soll man als Schauspieler nicht theoretisieren, das mögen die Wissenschaftler untereinander tun. Erich Ponto hat zu mir 1947 gesagt: »Ludwig, spielen Sie so, wie es Ihnen Spaß macht!« Recht hat er. Natürlich habe ich Diderots »Paradoxon für Schauspieler« gelesen, diese Bibel für Mimen. Natürlich kenne ich Stanislawski. Aber ich bin im Grunde ein erzkonservativer Schauspieler. Warum soll man auf der Bühne in einen Eimer pinkeln? Warum muß man auf der Bühne kopulieren, um Verruchtheit oder Begierde darzustellen? Warum soll das Publikum mit Körperlichkeiten traktiert oder provoziert werden? All das läßt sich durchaus diffiziler, sensibler darstellen.

Das »Grobe« hole ich mir an Ort und Stelle. Für »Vichy« gehe ich in Kneipen, in denen Reichsbahner und Leute vom RAW – dem Reichsbahnausbesserungswerk – verkehren. Ich saufe mit ihnen, beobachte ihre Gesten. Also ein weiteres Mal um der Kunst willen am Tresen! Klarer pour l'art!

## ICH KÜNDIGE

Im »Nathan« gibt mir Regisseur Friedo Solter den Derwisch. Wolfgang Heinz mit seiner wunderbaren sonoren Stimme ist der Nathan, der noch junge Dieter Mann der Tempelherr, Christine Schorn, ebenfalls blutjung, gibt die Recha. Elsa Grube-Deister die Christin Daja. Als Patriarch schleppt kein Geringerer als Hannes Fischer seine zweieinhalb Zentner Masse, in ein knallrotes Gewand gehüllt, auf die Bühne. Jürgen Holtz spielt den Sultan Saladin; seine Schwester Sittah ist Johanna Clas. Premieretag wird der 13. Oktober 1966.

Mit Wolfgang Heinz habe ich einen wunderschönen Dialog, ich – voller Durchtriebenheit, er – voller Weisheit und Güte. Es ist eine Lust, ihm auf der Bühne zuzuhören. Dieses »Nathanische« wohnt in ihm. Ich kauf ihm den Nathan bedingungslos ab …

Es hat wieder einmal irgend so ein Plenum des ZK stattgefunden. Da kommt mir immer der Kaffee hoch, wenn sich die Funktionäre bemüßigt fühlen, ein wenig Zug in die Kultur zu bringen. Wir, beim Theater, sind ja noch relativ gut dran. Mitunter bekommen »die da oben« gar nicht recht mit, was da alles so an »Kreuzgefährlichem« über die Bretter läuft. In anderen Kunstbranchen – Film und Literatur – wird mit bedeutend schärferer Klinge um sich geschlagen. Von Zeit zu Zeit sammelt sich bei mir immer mal Unzufriedenheit an, ich beballere mich tüchtig – unten in der Kantine. Dann meckere ich lautstark und will kündigen. Der Klare stählt die Stabilität des Willens: Jetzt will ich kündigen, sofort! Ich teile es dem Büro des Intendanten mit – von unten nach oben. Noch 'n Doppelten und 'n Bier! Und noch eins. Dann kommt ein Anruf im Keller an: »Herr Ludwig, bitte zum Chef.« Ich lasse alles stehen und liegen, stürme die Treppe rauf. Jetzt schmeiße ich denen alles vor die Füße!

Ich fliege wie eine Rakete – Treibstoff hatte ich ja ausreichend getankt – durch das Vorzimmer des Intendanten, haarscharf an der Sekretärin, Frau Krüger, vorbei; rein in das Büro von Wolfgang Heinz, streife fast dessen Schreibtisch, finde keine Bremse und schieße durch eine zweite, geöffnete Tür in einen weiteren fensterlosen Raum. Sie fällt hinter mir zu. Es macht Drrrrt, dann geht Licht an. Ich bin verwirrt. Da steht eine Couch, auf einem Tischchen eine Flasche Bier, ein Aschbecher. Lallend rufe ich: »Frechheit! Ich will kündigen. Was soll der Quatsch? Bitte, macht die Tür auf.« Dann aber erfaßt mein Blick die Bierflasche. Na gut, trinke ich eben. Dann lege ich mich hin …

Heinz arbeitete immer bis in die Nacht, zwölf, halb eins. Dann rüttelt er mich an der Schulter. »Los, komm, wir fahren nach Spindlersfeld. Da erzählst du mir deinen Kündigungsgrund.« – »Spindlersfeld?« Ich kenne da bloß die Wäscherei. Ich bin noch nicht wach. Unterwegs holt der Chauffeur von Heinz am Bahnhof Schöneweide noch Zigaretten und Streichhölzer für mich.

Erika Pelikowsky, die Frau vom Wolfgang Heinz, öffnet die Haustür und guckt leicht verstört. »Er bleibt über Nacht«, sagt der Chef. Wir setzen uns. »Nun?« fragt er. Ich weiß nichts mehr, ich hab vergessen, weshalb ich kündigen wollte. »Dann leg dich nieder.« Und jetzt stutze ich, denn offenbar hat Heinz das gleiche Kindheitstrauma wie ich, denn er betont: »Ich lasse das Licht im Flur brennen. Du mußt ja wissen, wo du bist.« Wahrscheinlich haben seine sparsamen Eltern des Abends auch immer die Wohnung verdunkelt. Neben meinem Bett steht eine große Flasche Mineralwasser. Mit einem Ölschädel und peripheren Störungen hocke ich am nächsten Morgen an seinem Frühstückstisch. »Weißt du, Rolf«, sagt er, »sei doch klüger. Wenn du gesoffen hast, sagst du die ungeheuerlichsten Dinge, am nächsten Tag weißt du nicht, welche. Du bist immer in der Hinterhand, du kannst auch mal an den Falschen geraten.«

Recht hat er. Wie oft weiß ich nicht, wem ich was gesagt habe. An dem samtweichen Tag nach dem Suff kommt zum Schaum im Kopf noch die Scham in der Seele.

ICH BIN KEIN TRINKER, ICH BIN EIN SUFFKOPP!

Aber ich kann das Trinken nicht lassen. Zweimal haben sie mich schon zur Entziehung schicken wollen. An der Volksbühne sagt nach einer »Diener«-Vorstellung Otto Tausig zu mir: »Ich hab dich im Auftrag von Fritz Wisten im Griesinger-Krankenhaus angemeldet. Es muß doch rauszukriegen sein, was die Ursachen für deinen Alkoholismus sind.« Tausig fährt dann auch mit mir, sozusagen als verwandter Onkel Otto, raus nach Herzberge zu dem ziemlich teuren Professor. Eineinhalb Stunden fischt der in der Tiefsee meiner Seele herum, um festzustellen: »Herr Ludwig ist kerngesund. Einer Entziehung kann ich nicht zustimmen. Die Ursache seines Trinkens sind in erster Linie seine starken Kriegseindrücke, die er verdrängen möchte. Der Mann kriegt sich selbst in den Griff.«

Da habe ich es amtlich, wie mein Freund Carl Andrießen – ein vom selben Leiden Befallener – es auszudrücken pflegt: Ich bin kein Trinker, ich bin ein Suffkopp!

Auch Benno Besson schickt mich zum Griesinger. Das Resultat bleibt das gleiche: Kriegstrauma. Aber es gibt auch andere Gründe zum Trinken: Probleme im Theater, Probenkrach, Erfolge, Suche nach Menschen, die nichts mit dem Theater zu tun haben. Leute von der Bühne unterhalten sich prinzipiell über nichts anderes als das Theater. Pechsache, daß so etwas auch Branchenfremde interessiert, also finde ich überall mein Publikum. Ein Müllfahrer wird wohl kaum den ganzen Abend unbekannten Kneipengästen etwas von Abfällen erzählen, ein Theatermann aber kippt stundenlang allerorten seinen Theatermüll Unschuldigen auf den Tisch. Die staunen dann. Und es ist angenehm, bewundert zu werden. Wer das nicht zugibt, lügt. So sitze ich dann auch in Arbeiterkneipen im Prenzlauer Berg und reagiere mich ab. Wenn ich meine Sauftouren habe, kenne ich keine Uhrzeit. Dreizehn schwere Verweise und ein paar Vertragsstrafen bringt mir das in meiner Laufbahn ein, aber keiner entläßt mich fristlos. Ich bin ein Sonntagskind – und habe den magnetischen Blick …

Mein Schauspielkollege Günter Junghans und ich kommen aus der Kantine des Berliner Ensembles zum Bahnhof Friedrichstraße. Da ist ein Menschenauflauf vor dem Eingang. Ein Volkspolizist steht mit entsicherter Pistole, schußbereit, und hält einen Mann mit südländischem Aussehen in Schach. Der hat ein Klappmesser gezogen. Ich taumele – voll wie eine Radehacke – auf den Grünen zu, baue mich vor dem auf. »Det jeht aber nich, mit der Waffe hier. Lassense mich das mal machen.«

Die Leute halten den Atem an. Ich gehe auf den Ausländer zu, der mich mit blutunterlaufenen Augen nicht gerade gemütlich ansieht. Ich fixiere den, so gut es im Schwanken eben geht. »Du bist 'n feiner Kerl«, sage ich, »deshalb gibste mir das Messer.« Und ich lasse ihn nicht aus dem Auge. Der versteht nichts. Aber irgendwie beruhigt ihn der Tonfall meiner Stimme, ich spiele den einfühlsamen Psychologen. »Armer Junge«, fahre ich fort, »tust mir leid, keiner versteht deine Sprache, nun mußte mit dem Messer kommen. Gibs her.« Und der gibt es mir. Der Polizist läßt die Pistole sinken. Die Leute klatschen Beifall, ich verbeuge mich bühnenreif. Junghans sagt: »Du bist'n ausgemachter Hammel! Wenn der nun zugestochen hätte?« Aber ich bin ja ein Sonntagskind … und ich habe einen siebenten Sinn …

Volltrunken torkele ich lange nach Restaurantschluß aus der MÖWE, dem Berliner Künstlerklub in der Luisenstraße. Natürlich ist am Bahnhof Friedrichstraße kein Taxi zu bekommen. »Nun gut«, denke ich, »läufste eben Richtung Pankow.« Unter den Linden entlang, an der Staatsoper vorbei. Da leuchtet noch Licht am Opern-Café, einer Nachtbar. Licht heißt Kneipe! Ich klopfe. »Nee«, sagt der Türsteher, »hier is gleich Ebbe, es jeht uff viere.« Ein Taxi will er mir auch nicht rufen, ich wirke wohl zu desolat. Der Rausschmeißer zieht die Tür wieder zu.

Zwischen Opern-Café und Oper stehen die Denkmäler von Gneisenau, Yorck und Blücher. Ich betrachte sie schwankend. Dann gehe ich ran wie Blücher und ruff auf den Yorck, immerhin hieß ja mein Fähnlein im Jungvolk so, mit dem wir im Elbsandsteingebirge herumgekraxelt sind. Ich reite also auf dem Denkmal, beschimpfe lautstark die beiden anderen Feldherren und fordere einen Schlieffen-Plan. »Macht mir den linken Flügel stark!« brülle ich mit vollem Stimmeinsatz in Richtung Universität und gebe dem Yorck die Sporen. Ein Funkwagen rollt heran. Der Wachtmeister legt brav die Hand an die Mütze. »Kommen Se runter!« – »Kommen Se ruff!« Er ruft einen zweiten Wagen zu Hilfe. Ein Offizier steigt aus und brüllt mit Drahtharfenstimme: »Runterkommen!« Das ist genau der Ton, auf den ich allergisch reagiere. Ich pfeife ein Fliegerlied. »Ihren Ausweis!« schnarrt es von unten. Ich reiche ihm den DPA. Der unten droht mit einer Anzeige wegen – wasweißich – ruhestörenden Lärms, Gefährdung von irgendwas. Ich rutsche dem Yorck den Buckel hinunter, mein siebenter Sinn hat aufgeblitzt.

»Gestatten Sie«, sage ich etwas ernüchtert, »darf ich mit Ihnen mal drei Schritte beiseite treten.« Der Drahtige tut es. »Ich kenne Sie. Ich habe Ihre Stimme schon mal gehört. Das war allerdings noch im Krieg. Haben Sie das im Fragebogen angegeben?« – Plötzlich geht alles ganz schnell, ich habe meinen Ausweis wieder, die Grüne Minna fährt mich nicht zur Wache, sondern nach Pankow. Meine Frau Ilse sagt: »Daß dir im Suff noch nichts passiert ist! Du kommst noch mal um Kopf und Kragen!« Ach wo, ich hab doch Intuition!

Es ist auch der Reiz des »Wattetages«, der dem schrecklichen Kater am Morgen nach der Kneipentour folgt, dieses Gefühl der Weichheit, des Fließens. Dann gieße ich ganz leicht mit einem Glas Sekt nach, dann bin ich ganz gelassen, verschmust, und die natürliche Müdigkeit überfällt mich. Am dritten Tag kommt die Reue, da denke ich an meine Gesundheit; da überlege ich, wem ich was versprochen, wen eingeladen, welche Vertraulichkeiten ich welchem Feind oder Neider geflüstert habe. Je nach Resultat dieser Erinnerungsversuche geht es dann am vierten Tag ebenso weiter, oder ich beginne, »selbst zu entziehen«. Ich brauche keinen Arzt, halte die Trockenphasen durch, bin ein Quartalssäufer, meine Quartale zählen ein paar Tage, ein paar Wochen, aber auch sechs, acht Monate und einmal sogar drei, vier Jahre ... Es muß eine Art Berufskrankheit sein, diese Sucht nach Geselligkeit im Alkohol, wie ich auch süchtig bin nach dem Theater, dem Bühnenstaub, dem Ensemble, den Garderobenflachsereien.

## HERZLICH WILLKOMMEN IN DER DEUTSCHEN DEMOKRATISCHEN REPUBLIK

1955. Ich wohne mit Ilse an der Grellstraße, im vornehmeren Teil von Berlin-Prenzlauer Berg. In die Kneipen zieht's mich aber immer wieder zurück in den echten Kietz, Winsstraße, Bötzowstraße, Wörther. Treu begleitet mich auf den Touren noch immer Lothar Creutz, der inzwischen ein arrivierter Drehbuchautor geworden ist. Wir trinken eine ziemliche Menge damals. Creutz hockt stundenlang vor meiner Wohnungstür, weil Ilse ihn nicht in unsere Wohnung läßt, wenn ich nicht da bin. Sie mag keine Saufereien und hält Creutz für den Verführer. Dabei muß mich gar keiner zum Bier überreden. Komme ich nach Hause, liegen immer Zigarettenkippen im Korridor. Die hat Creutz beim Warten durch den Briefschlitz gesteckt: zwanzig Kippen in gut zwei Stunden. Ich hole ihn dann von seiner Wohnung in der Hosemannstraße ab …

Um die Ecke fällt mir eines Tages ein seltsamer Balkon auf, denn er hat nicht die üblichen Geranienkästen oder Wäscheleinen. Er ist bemalt wie eine Sonnenmarkise. Wer wohnt denn dort? Die Nachbarn sagen: »Da is'n Dichta aus München einjezogen!« Ein Dichter? Lothar Creutz kriegt spitz: Es handelt sich um einen gewissen Peter Hacks. Lothar Kusche, »Eulenspiegel«- und »Weltbühne«-Autor, kennt sogar was von dem. Im Presseclub trinken wir ein paar Liter, dann beschließen wir, den Dichter in seiner neuen Heimat ordentlich zu begrüßen. Es ist nachts um halb zwei …

Wir klingeln heftig, es dauert eine Weile, dann bewegt sich etwas hinter der Wohnungstür. Hacks steht in einem eleganten Morgenmantel im Türrahmen, hält in der Hand eine sehr lange Zigarettenspitze und raucht graziös. Er fragt: »Was soll denn das, meine Herren?« Ich lalle: »Ich bin Schauspieler. Ludwig, Rolf. Das ist Lothar Creutz, Dramaturg am Metropol-Theater, und das da ist Tucholsky im DDR-Maßstab, Lothar Kusche. Seien Sie uns herzlich willkommen in der Deutschen Demokratischen Republik.« Der Brecht-Schüler ist perplex, und wir reden bis zum Morgen. Ein Jahr darauf bekommt Hacks den Lessingpreis und sieben Jahre später für sein Stück »Die Sorgen und die Macht« ziemlich starke Sorgen mit der Macht. Ulbricht fühlt sich persönlich beleidigt. Hacks verliert seine Stellung als Dramaturg des Deutschen Theaters, wird freier Autor, was dem DT 1964 ein fabelhaftes Stück und mir eine weitere Traumrolle beschert: den Kalchas in der »Schönen Helena«.

Eine Operette für Schauspieler nennt Hacks sein Werk nach dem Libretto von Meilhac und Halévy mit der Musik von Offenbach. Benno Besson führt Regie. Mit leichter Hand. Die Besetzung ist eigenwillig: den Paris spielt Fred Düren, den ich verehre, seit ich ihn das erste Mal auf der Bühne sah. Umwerfend ist Elsa Grube-Deister, das »Elsken«, als rundliche Helena mit hohem Stimmchen und betörendem

Charme – eine Traumschauspielerin. Esche spielt mit, Dieter Franke als Jupiter, Peter Dommisch als Merkur, die Damen Venus, Minerva, Juno alias Barbara Dittus, Barbara Adolph und Antje Ruge, Reimar Johannes Baur als Agamemnon, Johannes Maus und Hans Lucke als Ajax I und Ajax II … Ach, ich kann nicht alle Kollegen nennen. Es wird zauberhaft, witzig, mal wieder eine Theatersensation in Berlin, wieder mal das Deutsche Theater, wieder mal Besson.

DAS FENSTER ZUM HOF

Wir spielen die »Helena« jahrelang. Ich teile für diese Aufführungen die Garderobe mit Düren und Franke, wir flachsen, pöbeln uns freundschaftlich an, erfahren in jenen Jahren viel voneinander. Ich empfinde Hochachtung vor der Arbeitsbesessenheit und dem Talent von Fred Düren. Er war schon in Hacks' »Frieden« ein wundervoller Trygaios. Eiserner Vorhang, fünfundvierzig Minuten Dauerapplaus. Ich spiele mit ihm noch den »Hauptmann von Köpenick« und 1985, am selbstgewählten Ende seiner Bühnenlaufbahn, im »Kaufmann von Venedig«. Düren ist der Shylock, ich bin sein Freund Tubal. Und ich stelle ihn in dieser Rolle durchaus in die Reihe von Ernst Deutsch und Werner Krauss.

*WOCHENPOST, Nr. 30/1985*
*In Shakespeares »Kaufmann von Venedig« (Regie: Thomas Langhoff) gibt es eine kleine, nur wenige Minuten währende Szene: zwei Große ihres Fachs – Fred Düren als Shylock, Rolf Ludwig als dessen Freund Tubal – machen sie zum verhaltenen Höhepunkt eines turbulenten Abends … In ihr flüsterndes Gespräch mischen sich Angst und Hoffnungen. Sie reden über Geschäfte, und doch gehts um mehr: um erlittenen Schmerz, gewohnte Demütigungen und ihren unumstößlichen Anspruch auf menschliche Würde.«*

Düren ist nach Isreal gegangen, lebt dort in bescheidenen Verhältnissen seinen jüdischen Glauben. Er will es so. Ich respektiere das, bedaure aber so sehr, nicht mehr mit ihm auf der Bühne stehen zu können. Mit Düren Theater zu spielen, das ist es! Für mich einer der wenigen Großen auf der Bühne! …

Die Fenster unserer Garderobe gehen zum Hof hinaus. Eines Tages kommt Fred Düren auf den letzten Drücker zur »Helena«-Vorstellung, er hat so eine seltsam unbewegte Miene drauf wie Buster Keaton, setzt die Beine etwas steif und bewußt voreinander. Franke und ich gucken ihn und uns an. Der ist blau! Voll wie ein Amtmann! Er spricht nicht, öffnet das Fenster, zieht sich Kleidungsstück für Kleidungsstück bis auf die Unterwäsche aus und wirft alles nacheinander hinunter in den Hof. Dann schließt er das Fenster, setzt sich, schweigt. Um Himmels willen. Da kommt schon das Läutzeichen. »Achtung, Beginn der Vorstellung. Bitte auf Position. Paris, bitte.« Ich habe als Jupiterpriester Kalchas schon meine schwarze Kutte umgehängt, den schwarzen Hut auf und sage: »Fred, wir müssen jetzt!« Der bleibt enorm cool, zieht sich an. Die Frau »Maske« ist herbeigeeilt. Wir streben zum Auftritt. Fred schweigt. Mit dem Entreé-Lied beginnt's.

Düren singt wunderbar »Auf dem Berge Ida …«. Er spielt mit dem Apfel, die Bewegungen sind grazil, mit seinen Händen kann er in der Luft malen. Dann trällert Elsken, noch herrlicher, ganz hoch, ganz zart. Die schönste »Miss Antike«, die man sich vorstellen kann, allerdings auch die fülligste. Und Paris auch schon etwas in den Jahren. Aber man nimmt es beiden ab, daß es sozusagen auf Anhieb zwischen ihnen gefunkt hat – die Liebe ist da. Während der letzten Strophe wendet sich Düren zu mir um. Da bekomme ich ein ungutes Gefühl, ich sehe den Schalk in seinem Auge. Ich bin unsicher. Was hat er vor?

Jetzt muß unser Dialog beginnen. Und Düren sagt laut und vernehmlich: »Kalchas, ich war vorhin beim Zahnarzt. Was macht eigentlich dein Gebiß?« Seit der Skorbut-Erkrankung in der Gefangenschaft habe ich Probleme mit den Zähnen, später müssen mir sogar alle gezogen werden. Dann erklärt mir Fred auf offener Bühne ausgiebig, wo und wie lange der

Dentist überall gebohrt und plombiert hat. Er reißt meilenweit das Maul auf, zwingt mich hineinzusehen, greift meinen Zeigefinger, steckt ihn in seinen Mund. »Fühl mal!« Ich könnte platzen vor Lachen und mich gleichzeitig verkriechen. Was wird er als nächstes tun? Aber er bleibt bei den Zähnen. Das Publikum wiehert unten. Elsa steht vorn etwas tiefer und guckt ängstlich herauf, sie lauert auf ihr Stichwort und hört bloß immer »Rechts oben sieben saniert!« und so was. Und wir hätten wohl noch 'ne halbe Stunde über Amalgam geschwätzt, hätte nicht der ungeduldige Pianist einfach in die Tasten gehauen. Helena beginnt also wieder zu singen. Düren führt mit mir die Dentisten-Pantomime fort, bis es ihm zu öde wird. Er überläßt Helena endlich die Szene. Die nachlassende Konzentration bewirkt aber offenbar eine gesteigerte Trunkenheit. Jupiter Franke erscheint. Fred schweigt. Er steht da wie eine Salzsäule, sagt nichts. Blutleere im Gehirn. Er muß die Sache mit dem Apfel jetzt erledigen. Er erledigt nichts, guckt mich mit leeren Augen an. Franke sagt: »Kalchas, Paris wollte eben Helena bitten, sich einer Preisfrage zu stellen. Was wollte er wohl sagen?« Ich antworte: »Das sag ich gern. Wenn Kalchas, der Tempelpriester es weiß, dann sollen es auch alle anderen wissen! Eine Preisfrage!« Ich rufe es in die Kulissen. Hoffentlich kommen jetzt die beiden Grazien heraus zur antiken Mißwahl. Sie erscheinen. Auf einmal platzt bei Düren der Knoten, er hat den Monologtext wieder. Wir haben ihn mit der Improvisation gerettet. Und was macht er im Gegenzug, wie dankt er uns die gute Tat? Er spielt uns auch in dieser Vorstellung mal wieder an die Wand!!!

## ICK HAB' NUR'N BUMMEL JEMACHT!

Fred Düren und ich sitzen in der Garderobe. Wir proben in den Kammerspielen für das Stück »Dem Gewitter entgegen« von Daniil Granin, einem Russen. Eine für mein Verständnis – obwohl es um die geliebte Fliegerei geht – blödsinnige Sache. Regie hat Friedo Solter. Ich bin der Flugzeugführer, Düren spielt den Copiloten. Wir sind unzufrieden.

In der Nebengarderobe sitzt eine junge Kollegin, gerade frisch von der Schauspielschule gekommen – Margit Bendokat. Die hat eine Stimme, die einen an Edith Hancke erinnert, und im »Gewitter« nur einen Satz zu sagen. Und den übt sie bis zum Erbrechen in unterschiedlicher Betonung nebenan. »Ick hab' nur'n Bummel jemacht! – ICK hab' nur'n Bummel jemacht! – Ick HAB' nur'n Bummel jemacht! – Ick hab' nur'n BUMMEL jemacht!« Düren und ich schauen uns an. »Ick hab' nur'n Bummel jemacht!« Diese knatschige Stimme! »Ick hab' nur'n Bummel jemacht!« Wer von uns soll sie erwürgen? »Ick hab' nur'n Bummel jemacht!« Fred und ich haben schon eine Kleinigkeit getrunken, wir wollen uns unterhalten – nach Möglichkeit *nicht* über das Stück. »Ick hab' nur'n Bummel jemacht!« Die arme, von mir heute sehr geschätzte Kollegin Bendokat, die im Berliner Liederprogramm so fabelhaft war. Ich poltere also rüber, reiße ihre Garderobentür auf und blöke: »Verdammt, Sie müssen doch irgendein Ziel haben! Irgendwann müssen Sie doch mal da ankommen nach 'ner Stunde. Sie sind wohl völlig bescheuert!!??« Und ich äffe sie fünf- bis sechsmal nach: »Ick hab' nur'n Bummel jemacht!« Die reißt Mund und Augen auf. Steht da vor ihr der von Film und Bühne bekannte, immer charmante, liebenswürdige Komiker Ludwig oder ein Mister Hyde? Ich gehe zurück zu Düren. »Jetzt haben wir Ruhe!«

Die Durchsage kommt: »Herr Ludwig, Herr Düren, bitte, auf die Bühne.« Zum erstenmal verweigere ich rigoros eine Weiterarbeit. Ich sage zu Solter: »Solchen Schwachsinn kann ich nicht spielen. Ich war Flieger, kenne das Metier. Fred ist nicht mal Flakhelfer gewesen, der ist überhaupt kein militanter Mensch. Glatte Fehlbesetzungen. Vielleicht macht man das in Meiningen so! Mit mir nicht! Hals- und Beinbruch!« Und Fred ergänzt: »Auch in meinem Namen! Komm, Rolf, ein Liedchen!« Wir verlassen singend die Bühne. Für uns ist die Probe beendet, für die anderen auch. Das Stück gelangt nicht zur Aufführung.

HILFE, MENSCHENRAUB!

Ilse und die damalige Frau vom Klaus Piontek – beide Ballettänzerinnen – sind an die Ostsee in den Urlaub gefahren. Klaus und ich sitzen in der MÖWE, dem Berliner Künstlerklub. Unsere Autos stehen draußen vor der Tür, und wir trinken wirklich nichts, essen irgendwelches Krebsfleisch. Piontek trifft eine gute Bekannte, eine Dresdener Ärztin. Wir beschließen, raus zu mir nach Niederschönhausen zu fahren.

Auf der Schönhauser inszenieren wir eine kleine Verfolgungsjagd – filmreif. Mein Gott, wir sind ja noch junge Burschen von unter Vierzig. Dann kommen wir auf die Idee – es ist vielleicht drei Uhr – rauf zur Ostsee zu fahren und unsere Frauen zu besuchen. Irgendwie verkürzen wir die Strecke und wollen dann nur noch zum Summter See. Badengehen. Ich klettere auf den Rücksitz von Pionteks Wagen, einem alten BMW. Zu dieser Zeit wird man als Bürger des demokratischen Berlins noch kontrolliert, wenn man die Stadt verläßt, um in die DDR zu fahren. Ein Wachhäuschen steht zu diesem Zweck auch in Schildow. Piontek und die Ärztin zeigen brav ihre Ausweise, ich bin inzwischen auf den Boden des Autos gerutscht, habe mir aus meinem Taschentuch einen Knebel gedreht und diesen in den Mund gestopft, einen Schnürsenkel um die Handgelenke gewürgt. Der Uniformierte guckt in den Wagen, da blicke ich ihn hilfeheischend an und keuche: »Menschenraub! Hilfe!« Der trillert sofort mit seiner Pfeife los, im Nu umstellen vier, fünf Grüne das Auto, zerren Piontek heraus und auch die Frau.

Piontek zeigt mir einen Vogel, lacht und sagt abfällig: »Entschuldigen Sie, der is Schauspieler!« Das klingt, als sage er: »Der hat'n Jagdschein!« Da erkennen mich die Polizisten, aber sie lachen überhaupt nicht. Sie belehren uns über ihre Rechte und ihren schweren Dienst im Dienste der Arbeiterklasse. Das dauert eine halbe Stunde. Dann biegen wir um die Kurve in Richtung Oranienburg. Da fällt mir was ein. »Umdrehen!«, rufe ich, und Klaus wendet. Wir nähern uns wieder dem Häuschen. Ich steige aus. Die Polizisten kommen näher. Ich nehme meine Armbanduhr und halte sie wie ein Okular vor das Auge. »Die Bäume müssen da weg!« sage ich zu Piontek. »Und die kleine Bude hier muß um mindestens vier Meter versetzt werden! Genau da muß der Kamerakran hin.« – »Moment mal«, sagt der Oberindianer. »So geht das nicht!« – »Wir drehen hier einen DEFA-Film«, entgegne ich bestimmt. »Sind Sie nicht informiert?« Dann wende ich mich der Ärztin zu. »Bitte, notieren Sie. Hier muß eine Schneise geschlagen werden. Bitte Bagger anfordern!« – »Sie müssen das aber schriftlich beantragen!« belehrt uns der Offizier. »Ist alles schon unterwegs, guter Mann«, sage ich. »Aber ich glaube, das Häuschen müssen wir gänzlich wegreißen!«

Nun wird der tückisch. »Hören Sie, sind Sie nicht der Schauspieler, der hier eben schon aufgefallen ist?« – »Ja, aber ich bin auch Regisseur!« – »Aha?« – »Ja, das wird ein Film über Grenzdurchbrüche. Ihr Postenhäuschen steht in ausgesprochen ungünstigem Licht zu unserer Drehzeit!« Der wird plötzlich richtig dienstlich. »Ohne Genehmigung des Ministeriums des Innern passiert hier gar nichts!« sagt er bestimmt. »Das kann ich nicht verantworten. Sie fahren jetzt bitte, wir können nämlich auch anders. Wir sind doch nicht Ihr Hanswurst!«

Piontek bedeutet mir, besser doch ins Auto zu steigen. Ein Gastspiel in Bautzen muß ja nicht sein! Als wir um die Ecke in Richtung Berlin gebogen sind, rufe ich: »Umdrehen! Mir ist noch was eingefallen!« Doch Klaus will in meinem nächsten Film nicht mehr mitspielen.

## WIR VOM STAMMTISCH

Dieter Franke hält uns zusammen, das Quartett vom Stammtisch: Ebi Esche, Klaus Piontek und mich. Gäste sind auch willkommen. Kollegen wie Günter Sonnenberg, Dieter Mann, Ernst Kahler oder Kurt Böwe mit seinem »Bildungsbeutel« voller Theaterzeitschriften. Ein Zahnarzt ist dabei, manchmal auch ein Stasi-Major, der jahrelang schützend die Hand über uns hält, wie wir heute wissen …

Wir folgen dem Wirt Horst Jessen, wohin immer er auch zieht. Er führt die Volksbühnen-Kantine bis 1962, dann das

»Sternchen« hinterm Berolina-Hotel, das Espresso an der Holzmarktstraße – auch »Werk III« genannt – und schließlich das Café im Otto-Nagel-Haus am Märkischen Ufer. Manchmal, als Franke vis-à-vis seine Wohnung im Appartementhaus hat, gehen wir auch »fremd« ins Café neben der Bibliothek in der Mollstraße.

Jessen hat den Kochberuf im Hotel »Kaiserstein« in der Belle-Alliance-Straße in Kreuzberg erlernt. Das war 1946. Geschälte Kartoffeln kamen aus Kanada, Mehl aus Amerika, Eipulver. Nach Feierabend ging er zum Boxtraining. 1951 bleibt Jessen in Ostberlin und boxt im Polizeisportverein, Leichtgewicht. Seinen größten Kampf hatte er 1949 im Friedrichstadtpalast, er war auf dem Weg nach ganz oben. Aber Jessen hat aufgehört, bevor sie ihm »das Gehirn total zerdroschen« haben. Eine Seele von Berliner. Wenn ich angeheitert ins Lokal komme, haben wir beide eine bühnenreife Szene. Ich sage laut: »Na, Boxer!« fasse ihn ans Kinn und schlage – angedeutet – zu. Jessen geht augenblicklich in die Knie, wie angeknockt, bleibt ohnmächtig liegen. Die Gäste sind fassungslos. Dann springt Jessen auf. Doch er haut noch einen drauf. »Wein?« fragt er. »Da muß ich erstmal in den Keller runter.« Dann verschwindet er im Stufenrhythmus absackend hinter dem Tresen. Das hat ihm Dieter Franke beigebracht. Einen Keller hat's hinter der Theke nie gegeben.

Als Kneipier ist er eine Art guter Onkel für uns, mitunter auch Ein-Mann-Publikum. Einmal reite ich erst halb eins ins »Sternchen« ein, schon ein bißchen im Tee. Jessen öffnet eine Flasche Sekt, und ich gebe bis drei Uhr früh nur für ihn eine Borchert-Nacht. Jessen hält es mit Max Reinhardt und dessen Satz von der Unsterblichkeit des Theaters, weil es der Schlupfwinkel für all diejenigen ist, die sich ihre Kindheit heimlich in die Tasche gesteckt haben.

Wenn die Stunden fortgeschritten sind, singen wir und sind die »Trapp-Familie«. Franke hat Jacques Offenbachs komische Oper »Die Banditen« in sein Herz eingeschreint und gibt den Ton an. Aber Räuberhauptmann ist Eberhard Esche, denn es geht in dem Stück um Räuber, die irgendwo im Gebirge hausen und einen Eremiten beobachten, der einige Dorfmädels entführt hat. Wichtig sind die riesigen Stiefel der Polizeigarde und drei geklaute Millionen. Dazu werden herrliche Räubersongs intoniert. Also: »Die großen Stiefel, sie trappen, trampeln, trampeln, so trampelt nur ein Kapitän, so trampelt nur ein Kapitän …« Und das geht endlos so weiter. Ich beginne, dann fallen die anderen ein – bis zu achtstimmig. Trapp, trapp, trapp.

Es werden gigantische Träume geboren, hochtrabende Pläne geschmiedet. Der Korn schweißt uns zusammen, obwohl wir so unterschiedlich sind. Vielleicht ist es die gegenseitige Achtung vor dem Talent des anderen. Da gibt's keinen Futterneid. Ich mag Frankes Poltrigkeit, Pionteks Gebildetheit, Esches Sarkasmus und Ironie. So, wie der den »Reineke Fuchs« auf die Bühne bringt, das macht ihm im deutschsprachigem Raum keiner nach. Einmalig! Da stimmt alles. Als er den Nationalpreis Zweiter Klasse bekommen soll, lehnt er ab. »Ich bin ein erstklassiger Schauspieler, wenn überhaupt – dann will ich ihn Erster Klasse.« Er ist kompliziert, ein schwieriger Genosse für die Statutgetreuen. Am Kneipentisch aber sind alle Probleme lösbar, in Alkohol löslich.

Am späteren Abend wird das Lokal für mich zum Cockpit. »Flieger, siehst du die Sonne!« Ich komme nicht davon los. Jessen fliegt mit. Er ruft: »Duck dich mal, es kommt ein Platzregen!« Das war eine Ladung eiskalten Doppelkorns. Und der Wirt sagt: »Jutet Theata kann man doch nich mit Selters und 'ne Scheibe Knäckebrot machen, wa!«

## DIE GEISTER KOMMEN

Richtige, echte Freundschaften gibt es unter Schauspielern kaum. So glaube ich jedenfalls. Man verkehrt freundlich, kollegial miteinander oder geht sich auch aus dem Weg. Mit Dieter Franke ist das anders. Er kommt so Anfang der sechziger Jahre aus Karl-Marx-Stadt an die Volksbühne. Wolfgang Heinz, eine Weile auch kommissarischer Intendant dieses Hauses, hat ihn geholt.

Ich lerne Franke natürlich in der Kantine kennen. Ich bin spielfrei. Er hat Vorstellung. Sie spielen das Stück »Mein Freund« von Nikolai Pogodin von 1932. Das zeigt laut Programmheft: »Die Heiterkeit des überlegenen Humors, mit welchem die Probleme gelöst werden« und die »herbe Schönheit des Beginnens«. Großartig findet die Dramaturgie, »daß wir trotz vielem Negativen, das heute bereits überwunden ist, begreifen, welche herrlichen Menschen es waren, die das Riesenwerk der sozialistischen Umgestaltung des großen Landes vollbrachten«. Franke und ich streiten uns wie die Kesselflicker, ob er nun Chemnitzer oder Karl-Marx-Städter ist. Die Diskussion ist müßig, später weiß ich nicht mal mehr, wer wofür focht. Ich lege ihm nahe, mein hohes Alter zu achten. Er tut es und spendiert noch ein Bier und einen Kurzen.

Franke spielt einen der erwähnten »herrlichen Menschen« und hat als solcher eine Schubkarre über die Bühne zu schieben. Der Durchruf kommt: »Achtung. Herr Franke, bitte, mit der Schubkarre auf die linke Seite. Herr Franke, bitte.« Franke steht auf, bewegt sich etwas unsicher zur Tür, dreht sich um und sagt: »Bis gleich!« Er kommt nicht wieder – an diesem Tag nicht. Franke fällt mit der »herben Schönheit des Beginnens« und der Schubkarre in eine Bühnenversenkung und bricht sich das Bein. Man bringt ihn mit dem Rettungswagen in die Charité. Ich besuche ihn, natürlich mit einem oder zwei Bier. Wie heißt es? Das ist der Beginn einer wunderbaren Freundschaft. Und mir fällt es direkt schwer, diese Beziehung zu schildern, die eben nicht nur aus gemeinsamen Kneipenbesuchen bestand.

Vielleicht nur eines. Da ist er mal wieder verliebt. Das Mädel lebt mit der Frau Mutter in einem Mietshaus nahe der Volksbühne. Dort wohnt auch Dieter Franke ein, mit Familienanschluß sozusagen. Ich tauche nach Kantinenschluß bei ihm auf, es ist zwölf durch, und ich habe gute Laune. Franke öffnet die Tür, hat einen Bademantel an, einen Schal um den Hals und einen hochroten Kopf. Krächzend und schniefend sagt er unfreundlich: »Ich bin krank, komm rin.« – »Na hör mal«, sag ich, »du fehlst mir. Kannst doch nich einfach zu

Hause bleiben.« Franke ist nicht weiter gerührt. »Haste Fieber? Soll'n wir Wadenwickel machen, 'n Fußbad?« – »Blödsinn«, muffelt er rum und verschwindet. Ich sitze in der Küche. Das Mädel und die Mutter kneten die Hackfleischfüllung für einen Haufen Sonntags-Kohlrouladen. Ich koste – es schmeckt verdammt gut. Ich nehme noch ein wenig und noch ein bißchen. Plötzlich habe ich das ganze Zeug weggefressen. Die Mutter guckt fassungslos. Dann gehe ich. Am nächsten Tag haben sie nur Weißkohlsuppe.

Immer wieder höre ich von nun an, was ich für ein Arschloch und brutales Schwein bin, das Rentnern und Schwerkranken das Mittagessen wegfrißt! Zwanzig Jahre lang habe ich an diesen Krautwickeln hart zu knabbern. Wenn ich die Kneipe betrete, schreit Franke: »Nudeln! Nudeln! Komm, du Nudel!« Er spielt auf den Truffaldino an. »Proletenkind aus Dresden!« Noch auf dem Sterbebett redet Dieter von der Hackepeterfüllung. Andererseits ist er empfindlich wie eine Mimose und heult, wenn ihm was an die Nieren geht, wie ein Hofhund. Ästhet war er auch, immer saubere Fingernägel! Komme ich mal mit ein bißchen Schlaf im Auge in die Garderobe, poltert er los. »Du haste Plirre im Ooche!«

Franke ist der Komiker und der Draufgänger, und dann spielt er endlich die erste Charakterrolle – den Charlesmagne im »Drachen«, den alternden Archivar. Unter Adolf Dresen bekommt er in den Kammerspielen Hauptrollen im O'Casey-Abend »Der Mond scheint auf Kylenamoe«. Den Kreon im »Ödipus Tyrann« in der Regie von Besson, den Grilo im »Testament des Hundes« und schließlich auch den Mephisto im »Faust«. Im »Wallenstein« – Premiere am Deutschen Theater 1979 – teilen wir uns mal wieder eine Garderobe. Ich spiele den Octavio Piccolomini, den Generalleutnant, und bin ganz unglücklich, weil mir nach meiner Meinung diese Rolle gar nicht liegt. Sie loben mich überall, aber ich bin unzufrieden. Dieter Franke ist Buttler, der Chef des Dragonerregiments. Er spielt hinreißend. Wir steigen in unsere Kostüme. Der Dieter zieht seine Socken aus, da sage ich: »Moment mal, dein Bein blutet. Das andere auch.« –

»Unsinn«, sagt er. – »Hast du dich irgendwo gerissen?« – »Ach, Quatsch!« Er reagiert hart.

Eine Woche später bekommen wir alle vom Gesundheitsministerium der DDR einen Brief. Darin befindet sich ein schmaler Kartonstreifen und ein Schreiben mit der Bitte, doch darauf zu pinkeln. »Blödsinn!« schimpft Dieter. »Es wird gepullert!« befehle ich, schließlich bin ich im »Wallenstein« ranghöher. Triumphierend kommt er vom Klo, wedelt mit dem Streifen herum. »Alles in Ordnung!« ruft er stolz wie ein Spanier. Der Streifen ist tiefschwarz. Um Gotteswillen! Ich erschrecke. »Du hast Zucker!« – »Was redest'n für'n Quatsch, du Nudel!«

Dieter Franke ist schwer zuckerkrank. Seit Jahren. Kein Bier mehr, kein Schnaps. Das ist das Ende. Wir sitzen vor dem Fernseher, schauen uns ein Fußballspiel an – er ist genauso vom grünen Rasen besessen wie ich. Bei Dreharbeiten hat er sich mal wieder das Bein gebrochen, als er sich nicht von einem Stuntman beim Motorradfahren doubeln lassen wollte. Es ist Hochsommer, 32 Grad Hitze. Franke schwitzt, liegt in Gips und brüllt: »Keen Bier da!« Ich hab keins mitgebracht. Verdammt, er darf keinen Alkohol trinken. Seine Schimpftiraden lasse ich über mich ergehen …

Dann liegt er in Buch draußen, im Klinikum. Im gleichen Haus wartet Herwart Grosse auf den Tod. Der ist halbverhungert. »Guck, Rolf, alles nur noch Knochen. Ich schaffe es nicht mehr bis zum Waschbecken. Vierzig Kilo.« Er reicht vor seinem Tod den Ring Eduard von Wintersteins an Eberhard Esche weiter, eine Tradition ähnlich der des Iffland-Ringes …

Ich sitze an Frankes Bett. Er wird immer schwächer. Nee, sterben will er nicht. »Rolf, komm näher ran«, sagt er und knirscht immerzu mit den Zähnen. Rechts steht ein Schieber auf einem Stuhl, mit dem klopft er wieder und wieder gegen mein Knie. »Hör mal«, sage ich, »das tut weh. Ich hab vom Fußball einen Meniskusschaden.« Er schlägt weiter dagegen, bösartig. Ich merke, er ist verzweifelt. »Dieter, das tut weh. Laß es.« Er preßt wieder die Zähne zusammen, beginnt zu

*Dieter Franke, Kollege und bester Freund Ludwigs*

weinen, fängt sich aber rasch wieder. Dann flüstert er: »Nachts sollst du kommen, Rolf. Nachts kommen die Geister.« Das geht mir durch und durch. »Wo kommen sie denn rein?« versuche ich abzuwiegeln. »Da oben, durch die Ventilation. Sie kommen und sprechen mit mir.« Angst und bange ist mir jetzt. Dann schlägt er wieder mit dem Schieber zu. Ich laufe raus auf den Flur. Wolfgang Heinz kommt mir entgegen. »Mein Lieberrr!« – »Ja, ich komme vom Franke«, nehme ich die Frage vorweg. »Es geht ihm schlecht.« – »Ich werrrde ihn aufheiterrrn.« So ist er, der Vater Heinz. Dann verlegen sie meinen Freund Franke in die Charité. Ich sehe ihn noch mal, er liegt im Koma, hängt an Drähten und Schläuchen, ist ganz schmal geworden. Nein, dieses Bild will ich verdrängen. Die Geister haben gewonnen.

Die Beerdigung ist auf dem Dorotheenstädtischen Friedhof. Unter der Kapelle befindet sich der Raum, in dem der Sarg auf Holzböcken steht. Daran hat man einen Zettel mit Frankes Namen befestigt. Mir steigt ein Kloß im Hals hoch. Kurt Böwe, Günter Sonnenberg, Horst Büttner, Eberhard Esche, drei Bühnenarbeiter vom DT und ich werden die Sargträger sein. Ebi übernimmt als Hauptmann der »Banditen« vom Stammtisch das Kommando. Klaus Piontek wird die Rede halten. Ich hätte das nicht fertiggebracht. »Hebt an«, sagt Esche, und wir heben den Sarg. Drinnen wackelt es. Wir erstarren. Frankes Geist? Um das Gleichgewicht zu halten, müssen wir bei unserer unterschiedlichen Körpergröße, ganz kräftig balancieren. Mit Mühe kommen wir die schmale Treppe hinauf und durch das Absperrgitter. Dann ist es noch eine weite Strecke bis zur Grabstelle. Im Sarg rumpelt es immerzu. Irgendwie macht das doch nervös, es ist ja schließlich Dieter. Mein Freund. Pausenlos trete ich dem Böwe in die Hacken. Esche kommandiert leise: »Links! Links!« Böwe stöhnt im Takt dazu: »Au! Au!« Endlich am offenen Grab. »Den Sarg stellt ab.«

In dem Moment – man könnte abergläubisch werden – frischt der Wind auf, eine starke Bö verfängt sich im Baum neben uns und innerhalb von einer Minute sind wir über und über mit Laub bedeckt. Der gesamte Baum ist im Nu entblättert.

Die vom Friedhof bestellten Arbeiter lassen nun den Sarg hinab. Piontek setzt zu seiner Rede an, da – ertönt aus einer etwa fünfzig Meter entfernten alten Familiengruft ein ohrenbetäubendes Gelächter. Drinnen verputzen drei Maurer eine Wand, und das mörderische Lachen klingt ganz so, als hätte einer von ihnen einen besonders schweinischen Witz erzählt …

## KOMM SCHATZ, WIR TRINKEN NOCH EIN LIKÖRCHEN!

Wir sind fürchterlich versackt. In der MÖWE. Nur Dieter Mann kann noch lallfrei telefonieren. Er ruft meine Frau an, beruhigt sie. »Rolf ist wohlauf. Wir sind in der Möwe.« Ilse weiß auf Anhieb Bescheid. Mann sagt: »Ich setze ihn in ein Taxi. Er wird gesund nach Hause kommen.« Ilse bedankt sich. »Herr Mann«, sagt sie, »Sie sind der einzige Vernünftige unter seinen Kollegen. Sie verführen ihn nicht zum Alkohol. Sie wissen, wann Schluß sein muß. Danke.«

Am Tag darauf habe ich mit Dieter Mann Drehtermin für eine Fernsehproduktion von Gorkis »Feinden«. Es treten längere Pausen ein. Ich habe meinen Flachmann dabei. Wegen irgendwelcher Widrigkeiten enden die Dreharbeiten auch früher. Wir landen in einer typischen Eckkneipe im Prenzlauer Berg und beginnen mit Pfeffi – Pfefferminzlikör. Dann steigen wir auf Kirsch um und in die U-Bahn ein, fahren in die Stadtmitte. Es folgen noch einige Stationen – Eierlikör – Kaffeelikör. Wir sind auf dem Likörtrip, alles ist schon verklebt. Mampe halb und halb, Bohne. Komm Schatz, wir trinken noch ein Likörchen! Dann ist es halb eins.

Dieter entsinnt sich der Elogen meiner Frau. Er beschließt: »Rolli, ick bring da nach Hause! Det bin ick deiner Frau schuldig!« Ich hab nichts dagegen, obwohl es mir schwerfällt, Dieter Mann, der wie ein Sack an mir hängt, zum Taxistand zu bugsieren. Nun will er Ilse, die er sehr verehrt, auch noch ein Ständchen bringen. Im Taxi übt er schon kräftig … Ich trage den singenden Kollegen zu unserem Gartentor und klingele. Da geht am Haus das Licht an, Ilse kommt heraus – im Negligé. Mit ihren langen blonden Haaren und dem leicht um ihren Körper spielenden Seidenstoff, angestrahlt, wirkt sie wie eine Märchenprinzessin. Dieter Mann ist entzückt, ich übrigens auch. »Verehrte gnädige Frau«, stammelt Dieter, reißt sich zusammen, schreitet tapfer auf Ilse zu, ergreift ihre Hand, um einen Kuß daraufzuhauchen und – küßt daneben. Er fällt lang hin, landet mit dem Gesicht in einem Blumenbeet, hat den Mund voll Erde. Ilse kichert. Dieter Mann will sich hochrappeln, es klappt nicht recht. Mit Mühe schaffen wir beide meinen jungen Kollegen ins Haus. Er übernachtet im Kinderzimmer zwischen Teddybären und Spielzeugautos und träumt wahrscheinlich von einer Fee, die aus einer Likörflasche aufsteigt.

## DIE FALSCHEN OLYMPIONIKEN

Günter Kunert hat mit dem Regisseur Egon Günther das Drehbuch geschrieben. »Abschied«. Nach dem gleichnamigen Roman, in dem der Dichter Johannes R. Becher eine leidenschaftliche Selbstrechenschaft über seine Kindheit und Jugend ablegt. Der siebzehnjährige Münchener Staatsanwaltssohn bricht aus der Ordnung und Geborgenheit der Bürgerwelt aus. Ich sage zu Egon Günther, der mich als Staatsanwalt besetzen will: »Das ist eine ernste, strenge Rolle, ich bin komisch.« – »Genau das will ich!« Und später erläutert er vor der Presse: »Ich suche immer wieder nach dem guten Schauspieler. Unter gut sollte man verstehen, daß der Schauspieler komödiantisch ist und – im Sinne der Komödie – das Ernste auch heiter sagen kann.«

Günther wird in der Zukunft für mich prägend als Filmregisseur. Die wirklich bedeutsamen Streifen drehe ich mit ihm. Er liebt die Schauspieler, ist kein Dompteur. Ich »kann« mit ihm. Er akzeptiert bessere Lösungen, die vom Schauspieler angeboten werden.

Produktionsleiter ist der pfiffige Herbert Ehler, ein Tausendsassa. Wir drehen illegal in München, das heißt teilweise mit versteckter Kamera, sind nirgendwo angemeldet. Ehler hat irgendwie kleine Ausweise besorgt. Sie haben den Aufdruck »Olympisches Komitee der Deutschen Demokratischen Republik«. Die Olympischen Spiele stehen in München vor der Tür. Die Leute sind allerorten – auch in Behörden – motiviert, freundlich zu Gästen der Stadt zu sein, und wir profitieren davon. Schwierigkeiten bereitet, daß die Filmhandlung im wilhelminischen Reich spielt. Die Münchener Straßen – auch die vor dem Landgericht – sind voller moderner Autos. Kein Problem für Ehler. Er geht zur Polizeistation, weist seinen kleinen Ausweis vor, erklärt, daß wir eine Art Werbefilm über München und die Vorbereitung der Olympischen Spiele drehen. So ein bißchen historisch sei die ganze Sache auch angelegt. »Joa?« Die hören interessiert zu. »Na, sehnse«, sagt Ehler, »da kommt eben so ein Herr im Gehrock aus dem Landgericht. Und da kann doch unten auf der Straße kein Cabrio herumfahren.« – »Joa?« Und dann sperren sie für uns die Straße, zehn Minuten lang. Das gibt fast ein Verkehrschaos, aber wir haben alles im Kasten. Ehler hat das Auftreten des Präsidenten vom Olympischen Komitee, sein Blick ist irgendwie zwingend.

Wir brauchen ein Hinterhoffenster mit einem guten Blick auf München, der auch diese Zwiebeltürme dort einfängt. Ehler wetzt durch die Straßen, wir hinterher. Dann hat er es! Ein Kaufhaus, dessen rückwärtige Fassade grenzt an Mietshäuser. Ehler und ich marschieren zum Pförtner des Warenhauses, verlangen nach dem Direktor. »In Vorbereitung der Olympischen Spiele drehen wir einen Kurzfilm über Ihre schöne Stadt München ...«, leiern wir unseren Spruch ab. Dem Mann leuchten die Augen. Ich bin altmodisch kostümiert, er findet das alles wahnsinnig interessant, bietet uns seine schönsten Fenster an, die ganze Fensterflucht. Aber wir wollen nur das eine von einem kleinen Lagerraum nach hinten raus, weil vis-à-vis in dem Mietshaus schon der Kameramann Günter Marczinkowski und Egon Günther lauern. Wir erklären dem Direktor, daß ich am offenen Fenster stehen muß, um die olympische Fanfare zu hören. Er wundert sich etwas, weshalb ich dazu einen steifen Vatermörder um den Hals und einen dunklen Gehrock am Leibe habe. Dazu erschrecke ich noch sichtlich bei der Fanfare und sage: »Frechheit! So was!« Naja, die Künstler, wird der Direktor sich denken. Er ahnt ja nicht, daß an dieser Stelle später im Film lautstark die »Internationale« eingeblendet wird.

Der Film wird eine präzise Studie der Kaiserzeit, eine wunderschöne zarte Liebesgeschichte, hochaktuell in der Auseinandersetzung mit der Gesellschaft auch Ende der Sechziger in der DDR. Premiere ist im Filmtheater Kosmos an der Berliner Karl-Marx-Allee. Alle sind da – sogar Ulbricht. Das ganze Politibüro macht »Brigadeausflug« ins Kino. Es wird ein kurzes Vergnügen, denn der Genosse Staatsratsvorsitzender erhebt sich nach zehn bis fünfzehn Minuten verärgert, und mit ihm verläßt auch sein Fußvolk den Saal. Nur Alexander Abusch bleibt trotzig sitzen. Ernst Busch natürlich auch. Wer A sagt, muß auch Busch – nee, das ist zu blöd. Ich raune Egon Günther zu: »Das war's dann wohl!« Tatsächlich wird der Film nicht viel verliehen. Man muß ihn nicht verbieten, es läßt sich auch anders regeln.

STOBEN – MEINE NISCHE – MEIN PARADIES

Ich drehe in diesen Jahren Ende der Sechziger einen Haufen Filme, denn ich brauche Geld, kann nicht sparen. Es sind ein paar läppische Streifen darunter, ein paar gute, sogar ein Indianerfilm, »Tödlicher Irrtum«, mit Dreharbeiten in Bulgarien und dem trinkfesten Goijko Mitic in der Hauptrolle, ein ziemlich lustiger, aber leider total verschnittener Film ist auch dabei: Rudi Strahls Komödie »Seine Hoheit – Genosse Prinz«.

*Renate Holland-Moritz im*
*EULENSPIEGEL, Nr. 37/1969*
*Eulen-Autor Rudi Strahl, das Trumpf-As unserer am Hungerbrokat nagenden Lustspielfilmdramaturgie, hatte einen oberfeinen Einfall … Also, wieso soll der Genosse Porzellanaußenhändler Kaspar Mai, Findelkind des fünfundvierziger Jahrs, eigentlich nicht blaublütiger Herkunft sein? … Von dieser Grundidee lebt schon mal der halbe Film, und das nicht schlecht, vor allem dann, wenn blau und rot aufeinanderknallen. Was sich dann der große Spaßvogel Rolf Ludwig leisten darf, das ist schon einen Zwerchfellriß wert.*

Heiner Carow dreht 1968 den Film »Die Russen kommen«. Ich bin verblüfft. Darin geht es um einen Versuch, zum erstenmal die Rolle der Hitlerjugend in einem DEFA-Film zu erklären. Das war die vierte Generation, die noch in den Krieg ziehen mußte. Ich bin sehr interessiert, ein Augenzeuge. Das ist ein komplizierter Stoff, die Schwierigkeiten mit der Macht sind vorprogrammiert.

Wir drehen oben auf Usedom an der Ostsee, in der Nähe von Bansin. Laut Drehbuch muß ich mit einem Motorrad in die Wellen der Ostsee hineinfahren. Ein Junge sitzt mit im Beiwagen und jubelt vor Begeisterung. Ich sage zu Heiner: »Menschenskind, das Wasser hat nur acht Grad. Der Bengel kriegt ja eine Lungenentzündung!« Da mischt sich ein kleinerer, dicklicher Mann ein. »Herr Ludwig, Sie entschuldigen. Ich bin hier der Landarzt. Der Junge ist mein Sohn, der ist abgehärtet und badet sogar im Winter. Ich wohne hier gleich hinter den Dünen. Sie können gerne nachher gleich bei mir heiß baden und einen Grog kriegen.« Grog klingt gut. Es ist hundekalt.

Ich rase also mit dem Krad in die See und anschließend zu Fuß im Dauerlauf in das Bad vom Herrn Doktor. Dann sitzen wir in seiner warmen Stube. Er fragt: »Sie waren doch in englischer Gefangenschaft, nicht wahr?« – »Ja«, sage ich verwundert. »Kennen Sie einen Rolf Werner?« – »Rolf Werner?« Ich grüble nach. Ja, natürlich, der hat die Bühnenbilder gemalt, im Mannschaftstheater in Sheffield, im Lodge Moor Camp 17. – »Der wohnt hier.« – »Wo, hier?« – »In Bansin. Kommen Sie, wir fahren hin.« Er telefoniert.

Ein wunderschönes Haus mit einem großen Atelierfenster. Eine blonde Frau öffnet. »Sie sind also der Ludwig!« Rolf Werner hat einen Autounfall gehabt. Er liegt auf dem Sofa – beide Beine in Gips. Wettergegerbtes Gesicht, Bart. Er ist Maler geworden. Und er sagt: »Du olles Rübenschwein!« Ich könnte heulen. Zwanzig Jahre sind vergangen. Nach ein paar Stunden sagt der Arzt – wir sind inzwischen per du –: »Weißte, Rolf, ich glaube, ich hab da was für dich. Ein Haus am Schmollensee. Nicht weit von hier. Vielleicht vier Kilometer im Hinterland liegt Benz, so ein kleiner Ort mit Kirche. Von dort führt ein Feldweg nach Stoben, direkt am See. Eine Patientin von mir möchte das kleine Anwesen dort gern loswerden.« Ich bin unsicher, so weit weg von Berlin?

Ilse fährt mit rauf zur See. Benz ist idyllisch, wir biegen um die Kirche herum. Ein holpriger Weg beginnt, vom Regen ausgewaschen, von Treckerreifen zerwühlt. Das alte Fischerhaus hat ein Feldsteinfundament und ein vom Wind zerzaustes Reetdach. Es steht seit 1796 an dieser Stelle und hat sich vor dem Wetter geduckt, der Putz blättert ab. Fenster und Türen haben lange keinen Anstrich gehabt, die Decken sind nicht einmal zwei Meter hoch, der Fußboden ist löchrig. Ein Mäuse- und Rattenparadies.

Ilse setzt sich auf einen Stein, weint still vor sich hin. »Du bist verrückt, Rolf!« Doch ich habe schon Visionen, der Doktor unterstützt mich darin. »Da kannste was draus machen, Rolf!« Ein paar Schritte nur sind es bis zum See, da ist ein Steg. Ein Angelkahn läßt sich wunderbar daran vertäuen. Hinterm Haus steigt ein kleiner Hang an, dort könnte man sitzen – völlig unbeobachtet wie in einem Burghof. Meine Burg. Ich sehe mich mit meinem Zeichenblock auf den Knien, die Landschaft rundherum skizzierend …

1969 gehört es mir. Ich hab's gekauft. Jede Film- und Fernsehgage geht von nun an in das Haus, denn ich brauche für fast alles Leute, habe zwei linke Hände. Ich verbringe spiel- und drehfreie Tage dort, lerne Rollen. Allmählich wird es wohnlich in Stoben. Das Reetdach wird erneuert, die Fenster, die Türen. Ich will das Fischerhaus im Stil erhalten, es bleibt niedrig und winklig und gemütlich. Auf dem Dachboden baue ich mir meine Stube aus, mein Refugium. Bisher bin ich bloß durch die Natur gelatscht, hier lerne ich, sie zu beobachten. Und ich lerne einen neuen Menschenschlag kennen, die Usedomer.

Als ich neben der anno 1229 gebauten Benzer Kirche an die Tür des Pfarrhauses klopfe, ahne ich nicht, daß der junge Pfarrer Martin Bartels mir ein Freund werden wird, einer der wenigen echten, zu denen man mit allen Gedanken und

Bedenken gehen kann. Ich brauche keinen Beichtvater, keinen, der mich auf Gottes Wege führt. Ich bin kein strenger Atheist und kein Kirchengänger. Von Zeit zu Zeit höre ich mir Martins Sonntagspredigt an wie eben die Überlegungen eines Freundes. Er läßt mich sein wie ich bin, meine Ansichten vom Gläubigsein mit Jenenser Theologie-Studenten in der Kirche diskutieren und mich sogar an die Orgel setzen. Also Stoben. »Die Russen kommen« – nicht. Nicht in die Kinos. Sie kommen nach Prag, im August 1968. Der Film liegt wohl über dreißig Jahre auf Eis.

KOMMANDEUR SAGEN DANKE!

So um 1972 herum will ich hoch nach Usedom, um ein paar Tage Urlaub zu machen. Ich fahre nicht Autobahn, sondern die 109 bis Prenzlau. Landstraße. Gleich hinter Berlin kommt so ein Dorf. Da springt mir ein russischer Soldat mit einem roten Fähnchen vor den Kühler, wedelt damit wie wild rum. »Stoi! Stop!« Ich latsche auf die Bremse, komme dicht vor ihm zum Stehen. Der sagt irgendwas, ich verstehe kein Wort. Es klingt nicht wie »Na sdarowje!« Dann bedeutet er mir pantomimisch und gebrochen »Du stehen!«

Er wetzt hinüber zum Dorfkrug. Gleich darauf schleppen zwei russische Offiziere einen volltrunkenen dritten die Stufen zur Dorfstraße hinunter, tragen ihn auf meinen Wartburg zu und verstauen ihn auf meinem Rücksitz. »Du Kommandeur fahren!« sagt der eine und setzt sich auf den Beifahrersitz, während der andere sich schon hinten neben den Wodkagefüllten gezwängt hat. »Losfahren!« Und dann dirigiert er mich aus dem Ort heraus und weiter in Richtung Wald. Mir ist nicht ganz wohl. »Links! Rechts! Gerade! Links!« Immer die Besatzungsmacht im Rücken. Dann kommt ein Schlagbaum mit einer Schranke. Überall Schilder. »Militärische Anlage! Betreten verboten! Lebensgefahr!« Bei Zuwiderhandlungen ... undsoweiter. »Ich darf hier nicht rein«, sage ich schüchtern. Hinten ist der Narkotisierte erwacht und singt »Herrlicher Baikal!« Natürlich auf russisch.

Mein Beifahrer steigt aus, murmelt irgendwas mit dem Posten am Schlagbaum. Der nickt. Die Schranke geht hoch. »Fahren!« sagt mein Copilot. »Links! Rechts! Gerade!« Dann sehe ich sie. Das ist eine Raketenstellung. Sie lotsen mich zu einer Baracke. Aus der stürzt ein Muschkote heraus, astet mit den beiden Offizieren ihren Kommandeur in die Bude hinein. »Du warten!« Ich habe sowieso nicht vor, einen Ausbruch aus der Stellung zu unternehmen.

Der Muschkote kommt zu mir, seine Vorgesetzten betten wohl den Kommandeur noch. »Du essen!« sagt der Soldat und geleitet mich und den Wartburg zu einer Art Kantine. »Kommandeur sagen Danke!« Es wird aufgefahren, bis sich der Tisch biegt. Borschtsch, Pelmeni, Salzhering, acht Brötchen. Der Soldat beobachtet mich. »Du essen! Kommandeur sagen Danke!« wiederholt er immer wieder. Rote-Bete-Salat, saure Sahne. Ich platze fast. »Ich will an die Ostsee«, sage ich. »Ferien. Es ist schon spät.« Ich zeige auf die Uhr. »Du essen!« Mein Gott, diese Scheißgastfreundschaft! Ich hab schon zwei Stunden verloren. Er will mir Wodka eingießen. Ich pieke mir den Finger in den Bauch und erzähle was von Magengeschwür. Antialkoholiker, Blaukreuzler! Er drückt mir die Pulle in die Hand. »Kommandeur sagen Danke!«

Endlich, endlich schickt er mich zum Schlagbaum zurück. Allein! Ich fahre mutterseelenallein durch den Raketenwald. An der Schranke hat inzwischen der Posten gewechselt. Der neue kennt mich nicht, er weiß von nichts. »Du aussteigen!« Nimmt der die Waffe raus? Mir ist mulmig. »Wo Fotoapparat?« – »Ich hab keinen.« – »Wo Film?« – »Kein Film! Ich fahren Kommandeur. Er blau wie Veilchen!« radebreche ich. Dann führt er mich in das Torhäuschen, schließt hinter mir zu. Durch die Luke sehe ich, wie sie meinen Wartburg auseinandernehmen. Mein Gepäck steht auf der Straße, sie öffnen den Koffer. Ich habe keinen Fotoapparat! Sie finden nur die Wodkaflasche und in meiner Jackentasche ein Brötchen, das ich nicht essen wollte. Aus! Alles aus! Sibirien! Dann endlich telefoniert der Posten und treibt nach einer Weile einen der aussagekräftigen Offiziere auf. Ich darf weiterfahren ... Die Wodkaflasche ist übrigens nicht mehr im Gepäck.

DIE WANDELNDE FONTÄNE

Besson hat 1968 seine letzte Inszenierung am Deutschen Theater. Den »Don Juan«. Wieder mal Molière. Der Franzose in Besson kommt immer wieder durch. Er hat die Idee, den Juan und den Diener Sganarelle von Reimar Johannes Baur und mir im Wechsel spielen zu lassen. Die Rechnung geht nicht auf, wir proben mal vierzehn Tage so, dann wieder im Rollenwechsel und werden allmählich meschugge. »Das klappt nicht«, rede ich auf Benno ein. »Vom Kopp her nicht.« – »Probt weiter!«

Wir quälen uns rum. Zwischendurch haben wir aber auch ganz witzige Einfälle. Baur greift sich eines Tages einen Handspiegel und leuchtet damit die ersten Reihen im Parkett ab. Er sucht neue Opfer seiner Liebestollheit, während er einen anzüglichen Text spricht. Das wirkt enorm erotisch. Man muß eben nicht unbedingt seinen nackten Pimmel vorzeigen oder auf der Bühne herumhuren. Die Spiegelszene hat Esprit. Probenzeit war im tiefsten Winter. Eines Tages komme ich mit dicken Wetterstiefeln ins Theater, vergesse sie auszuziehen und trapse damit auf der Bühne herum ... »Die großen Stiefel, sie trampeln, sie trampeln ...« Fehlt bloß noch Eberhard Esche als Stammtisch-Räuberhauptmann. Benno ruft: »Trampele noch mal!« Ich trampele. Der Dauerschritt des Sganarelle in diesem Stück ist geboren, auch in der Aufführung bekomme ich feste Stiefel. Ich greife mir als Probenfummel einen alten schäbigen Überrock und eine zu große Mütze. Benno sagt: »Gekauft!« So rutscht mir bei meinen endlosen Denkeleien später immerzu das Barett bis auf die Nase. Endlich rückt Benno vom alternierenden Spiel zwischen Baur und mir ab. Baur bleibt der Juan, ich der Sganarelle.

Die Journalistin Ilse Galfert bringt es später in einer gründlichen Analyse meines Theaterschaffens auf den Punkt:

*THEATER DER ZEIT, Nr. 7/1971*
*Rolf Ludwig, dem die Bühne bei Goldoni etwas zum Herumturnen war (und gerne noch ist; gelegentlich), hat einen Charakterspieler aus sich gemacht. Eine Metamorphose, die für einen Mann seines Temperaments ihre Tücken hat, Anfälle von Ungezügeltsein können vorkommen.*

Und ich versuche zu erklären:
*Bei Gewohntem bleibend, pumpt man sich aus. Die Zuschauer, immer noch darin befördert, von einem bestimmten Schauspieler Bestimmtes zu erwarten, hätten was davon, wenn man sie bewußt Entwicklungsbrüche erleben ließe ... Jede Figur hat einen anderen Rhythmus in der Bewegung. Den muß man finden. Und es reizt mich, gegen mein persönliches Temperament anzuspielen. Dabei kann ich an mir Fehler beobachten. Man kann sich dann auch besser vom Partner absetzen, ohne daß es zu einem Effekt wird ... Fortschritte müssen behauptet werden.*

Das klingt furchtbar theoretisch, sicherlich hab ich es auch ganz anders gesagt. Die Wissenschaftlerin übersetzt es in ihre Fachsprache. Fest steht: mit dem Sganarelle im »Don Juan« bin ich dem ewigen Komiker entwichen. Das heißt nicht, daß nun nicht mehr über mich gelacht werden darf.

Im zweiten Akt müssen Juan und Sganarelle ins Wasser fallen. »Benno«, sage ich, »ich denke mir da was aus. Die Requisite soll mir was basteln.« In beide Seitentaschen meines Rockes stopfe ich Wasserbehälter, solche Gummikissen. Insgesamt vielleicht fünf, sechs Liter.

Von da führen Schläuche bis oben ins Kostüm, ich brauche nur zu drücken, dann spritzt das Wasser. Ich stürze ins Wasser, komme naß heraus. Don Juan sagt: »Sganarelle, ein kühles Bad ist gut für das Gehirn! Und erfrischt. Aber wir müssen weiter.« Da mache ich Prrrscht! Zwei Liter Wasser sprühen aus mir.

»Herr«, flehe ich, »bestraft oder schlagt mich. Ich bedarf nach dieser Wasserschlacht eines kleinen Schläfchens.« Der sagt: »Warum? Wir wollen weiterziehen.« Da drücke ich wieder los. Prrrscht! Wieder ein paar Liter. Das geht eine Weile so. Ich bin eine wandelnde Fontäne. Die Leute im Zuschauerraum lachen sich scheckig.

So reiht sich Einfall an Einfall. Ein Feuerwerk. Schon das Kostüm vom Reimar Baur. Das war aus Papier zurechtgeschnitten. Nun verträgt das ja keine Feuchtigkeit und löst sich nach und nach auf, denn der lag ja auch mit im Wasser. Man denke sich, der Grandseigneur, der Frauenverführer, in totaler Auflösung, selbst die Perücke muß dran glauben. Das ist alles fabelhaft präpariert. Mein Gott, sieht der aus! Der Held! Und jede Menge lustiger Nebenrollen. Der eifersüchtige Jürgen Hensch, als Bruder der Donna Elvira, oder Hans Lucke, der den Komtur, diese Statue, spielt und aussieht wie ein Zementgolem.

Ein Mordsspaß, aber auch differenziert. Nochmal THEATER DER ZEIT über den Sganarelle:

*Ich hätte nie gedacht, daß eine Theaterfigur so liebenswert und so lächerlich gleichzeitig gemacht werden kann: so sympathisch in ihren Handicaps und gleichzeitig so brutal bewertbar in ihnen. Rolf Ludwig hat für die Rolle seinen sonstigen Einfallsüberschwang auf Stahlstichgenauigkeit umgestellt …*

## DIE WEIGEL INTERVENIERT …

Wolfgang Heinz demissioniert am Deutschen Theater. Auf Beschluß der Parteioberen wird aus Rostock ein Genosse geschickt, Hanns Anselm Perten. Ich kann diese Entscheidung – gelinde gesagt – nicht nachvollziehen. Besson will schon lange ein eigenes Theater haben, er ist ja am DT noch als Regisseur engagiert. Es wäre eine Gelegenheit gewesen! Aber man gibt ihm die baulich und künstlerisch heruntergewirtschaftete Volksbühne. Soll er sich daran die Zähne ausbeißen?

Esche geht mit, die Karusseit, sie ist ja inzwischen mit Benno verheiratet, und ich folgen ihm auch.

Als erstes inszeniert Besson dort Brechts »Der gute Mensch von Sezuan«, die Geschichte von dem Freudenmädchen Shen Te, das sich von einem Geldgeschenk einen kleinen Teeladen erwirbt. Als »Engel der Vorstädte« verteilt sie Güte und Schälchen voll Reis, bewahrt einen stellungslosen Postflieger vor dem Selbstmord, liebt ihn, bis ihre eigene Güte sie an den Rand des Abgrundes und in eine andere Identität treibt. Eine Glanzrolle für Ursula Karusseit. Wer ist noch dabei? Wilfried Ortmann, Klaus Mertens, Wolfgang Greese, Hans Teuscher, die mir so liebe, kluge und warmherzige Freundin Marianne Wünscher, Günter Junghans …

Ich spiele den Yang Sun, und ich spiele ihn gern, diesen beißwütigen Flieger ohne Flugzeug. Besson holt mich endgültig aus dem Klischee des Nur-Komikers heraus. Er kennt mich sehr gut, weiß, daß ich Regie nicht leiden kann, die mir das Stück erklärt. Ich will, daß man mir hilft, die Situation zu lösen, in der ich als Bühnenfigur stehe. Ich will begreifen, was ich spiele. Es muß durch meinen kleinen Kopf hindurch. Der Sun ist eine Herausforderung.

Sie loben mich. Hellmuth Karasek in der ZEIT vom 1. Mai 1970:

*Wenn, als Parabel in der Parabel, von der Umwandlung des Fliegers zu einem nützlichen Glied der menschlichen Gesellschaft »berichtet« wurde, so führte das Rolf Ludwig als eine Zirkusnummer von einem Mann vor, der endlich begreifen gelernt hat, daß ihm sein Egoismus in dem Augenblick nicht mehr verübelt wird, da er sich in das Wirtschaftssystem der Tabakfabrik einpaßt. Ludwig zeigte, mit wie wenigen Strichen sich die Biographie solcher Männer zeichnen läßt, die es vom Tellerwäscher zum angesehenen Selfmademan bringen.*

Ernst Schumacher in der BERLINER ZEITUNG:

*Rolf Ludwig ist durch die Maske, die ihm ein etwas ruppiges, verbiestertes Aussehen gibt, nicht nur angehalten, sondern gehalten, den stellungslosen Flieger Yang Sun, in den sich Shen Te verliebt, streng, diszipliniert, hochnäsig, weil unglücklich, gleichsam von eisernem Egoismus, zu geben. Das »Lied vom Sankt Nimmerleinstag«, dem Tag, an dem die Welt von unten nach oben gekehrt sein wird, ist wohl selten so verzweifelt und gleichzeitig herausfordernd vorgetragen worden wie durch*

*Ludwig. Der Falke, der nicht fliegen darf, hat wohl kaum eine stärkere gestische Gestaltung gefunden als in dieser Inszenierung.*

Helene Weigel sitzt in der Vorstellung. Anschließend nimmt sie sich Benno beiseite und flüstert ihm etwas. Es betrifft mich. Sie redet Besson ein, mich doch lieber den Wang spielen zu lassen, das sei doch die viel passendere Rolle für mich. Auch mir versucht sie, diesen Wasserträger schmackhaft zu machen. »Du bist der Wang, Buberl, du bist der Wang, nicht der Flieger.« Zunächst verstehe ich gar nichts. Ich liebe die Figur des Fliegers, ich will den Wang nicht. Bis mir ein Seifensieder aufgeht. Na klar, im Berliner Ensemble hat doch ihr Schwiegersohn, der Ekke Schall, den Sun gespielt. Da duldet sie wohl keinen anderen Himmelsstürmer neben ihm. Es wird eine echte Intervention der alten Dame, mit dem gesamten Clan im Rücken und dem überirdischen Willen des Stückeschreibers. Der Meister und Helene.

Besson beugt sich nicht ungern, denn in manchen Szenen hatte ich – so flüstern es mir Kollegen – seiner Frau, der Uschi Karusseit glatt die Show gestohlen. Als Willi Narloch, der Wang-Darsteller stirbt, ist die Sache klar. Winfried Glatzeder, ein junger dynamischer Nachwuchstyp, bekommt meinen Flieger. Ich bin enttäuscht. Der Falke, der nicht fliegen darf … Ich kann mir die wunderbaren Zeitungskritiken hinter den Spiegel stecken. Wie hatte Michael Stone, mein Vernehmungsoffizier aus dem britischen Kriegsgefangenenlager, der mir einst den Stempel »unverbesserlicher Nazi« aufdrückte, in CHRIST UND WELT vom 1. Mai 1970 geschrieben:

*Als Yang Sun hat auch Rolf Ludwig wieder eine seiner Begabung angemessene Rolle. Wenn er am Ende des gescheiterten Hochzeitsfestes das »Lied vom Sankt Nimmerleinstag« singt, kreist er wie ein Geier, dem die Beute entronnen ist, um die leergewordenen Bänke mit wundem Spott in der Stimme. Zum Prokuristen des Herrn Shui Ta avanciert, treibt er aus angenehmer Höhe die Arbeiter in den feuchten Fabrikräumen rücksichtslos an und reißt die Arme in die Luft zum Zeichen, daß er nun wieder fliegt. Die Darstellung dauert dreieinhalb Stunden, man wurde nicht müde, hinzuschauen. Besson brauchte einen Erfolg. Er hat ihn.*

Doch dieser Erfolg reicht Besson nicht aus. Er plant den großen Coup …

ACH, FLÄSCHLEIN, DU MEIN FLÄSCHLEIN!

Eines Tages sagt er zu mir etwas, was mich sofort brennend interessiert. »Was meinst du, Rolf, ob wir die Volksbühne noch mal richtig hochkriegen?« Na klar, da bin ich doch dabei!

Zunächst wird das Theater umgebaut. Die Zuschauer rücken näher an die Bühne. Es wird alles holzvertäfelt, die Akustik verbessert. Wir haben als Probebühne zunächst die Milastraße, ein altes Kino an der Schönhauser Allee.

Benno sagt: »Ich hab da was, das könnte so was wie der ›Diener‹ werden. Hast du Lust?« Und ob! »Molière hat da ein kleines Stück geschrieben. Es heißt ›Arzt wider Willen‹. Wollen wir das zusammen übersetzen?« – »Benno, ich bin doch kein Übersetzer. Und mein Französisch – mon dieu!« – »Na gut«, sagt er, »dann nehme ich Heiner Müller.«

Auf der Probebühne tun wir uns schwer. Irgendwie lastet der Rucksack des Erfolgszwanges wie Blei auf uns. Es muß das große Ding werden! Dann ist endlich die Volksbühne umgebaut. Und jetzt fängt es an zu blitzen und zu krachen. Mal küßt er mich. »Das war genial!« Mal pfeift er mich zusammen. »Schluß, Schluß, aus, Probenende!« Es wimmelt von Wortspielen und Wortwitzen. Die Flasche ist mein wichtigstes Requisit. Sie ersetzt mir die ungeliebte Arbeit, vertreibt mir die Langeweile. Ich handhabe sie virtuos wie ein Jongleur.

Fängt der Morgen fröhlich an
trink ich, was ich kriegen kann
Roten Wein, weißen Wein
jeder will getrunken sein.
Meine kleine Hure, du,
wie ich dich liebe immerzu,

trinke aus dir meinen Wein,
süffig und rein,
Flasche, du,
glu, glu, glu …
lalala …

Ich spiele aus tiefstem Herzen. Das ist meine Rolle.

*NEUE ZEIT vom 5. Januar 1971*
*Besson macht daraus eine triumphale Rückkehr des Hanswursts auf das Theater. Mit hohem Kunstverstand betreibt er Possenreißerei … Allen voran der virtuose Rolf Ludwig als Sganarelle, grotesk, schnauzbärtig, albern bis zum Exzeß, hemmungslos närrisch, unterschwellig raffiniert, ein Blödian mit Genie, der mit umwerfendem Geschick in die Arztrolle hineinwächst, aufgeblasen, wichtigtuerisch, salbadernd, Gelehrtendünkel karikierend, Lumpenkerl und Lebenskünstler, Pechvogel und Glückskind, knüppelschwingend und angstschlotternd, tölpelhaft und von sich selbst zutiefst überzeugt.*

*FRANKFURTER RUNDSCHAU vom 6. Januar 1971*
*Sganarelle wird zur reinen Lustspielfigur, und so spielt Rolf Ludwig ihn denn auch: als Harlekin im Flattergewand, als Clown mit roter Nase, der über seine eigenen Witze lacht. Kichernd und mit unanständigem Mundgeräusch ahmt er die Gesten des Klistierens nach, wobei er, komisch lüsterne Blicke auf die verschiedenen Weibspersonen werfend, freilich etwas anderes meint.*

Und die Besetzung! Carmen-Maja Antoni als Martine, meine Frau, die es so schwer mit mir hat. »Hätt ich ihn niemals getroffen, hätt' ihn mein Schoß nicht gekannt!« Neben anderen Klaus Mertens, Angelica Domröse, Armin Mueller-Stahl, Hans-Joachim Hanisch, Harry Hindemith. Und die herrliche, prallbusige Ursula Karusseit als Amme Jacqueline. Regieanweisung für mich: »Erotische Appetite beim Greifen nach der Brust der Amme.«

Commedia dell'arte pur. Die opulenten handbemalten

Kostüme und schwelgerischen Bühnenprospekte stammen vom großartigen Maler Harald Metzkes. Wir sind wandelnde Gemälde.

*FRANKFURTER ALLGEMEINE vom 4. Januar 1971*
*Der Jubel über die auf vollen Schwank-Touren laufenden und mit doppelter Lungenkraft singenden Schauspieler Rolf Ludwig, Carmen-Maja Antoni, Angelica Domröse, Ursula Karusseit ist gewaltig. So ist ein Planziel bereits zu Jahresanfang erreicht: die Bürger des neuen Wohngebiets um den Alexanderplatz ans Theater zu gewöhnen und der riesigen Volksbühne zu Stammgästen zu verhelfen.*

Die Berliner müssen nicht »ans Theater gewöhnt« werden. Hier irrt die FAZ gewaltig. Das Berliner Theaterpublikum ist mündig, und durchaus nicht nur auf Jux aus. Und dieser Molière ist eben nicht bloß ein Spaßvogel, sondern auch ein zeitkritischer Satiriker.

*BERLINER ZEITUNG vom 5. Januar 1971*
*Da kommt also Rolf Ludwig als versoffener Holzhacker Sganarelle auf die Bühne getorkelt. Auf dem Kopf hat er eine schwarze Zipfelmütze, seine Backen leuchten rot, ein martialischer schwarzer Faschingsschnurrbart verunziert ihn, weist ihn als Spaßmacher aus … Manchmal hat er eine spinnrige Größe, die ihn zu einem direkten Verwandten des Eulenspiegel und des Schweyk macht.*

## ICH SAUF' MICH UM DEN NATIONALPREIS

Mit »Avantgarde«, einem Stück von Valentin Katajew, sollen wir in Leipzig gastieren. Die Regie hatte Fritz Marquardt. Ich spiele den Kommunisten Majorow, eine völlig ernste Rolle. Mein direkter Partner ist Hilmar Thate, der immer gern ein bißchen größer sein wollte.

Die Bühnenarbeiter murren. Die Zeit zum Einrichten ist zu kurz, sie haben ohnehin einen Riesenhaufen Überstunden auf dem Buckel. Sie wollen nicht nachts nach Leipzig fahren.

Ich habe schon immer ein gutes Verhältnis zur Technik gehabt, ohne die läuft eben nischt. Ich erkläre mich mit ihnen solidarisch.

Aber irgendwie – vielleicht durch eine fette Sonderprämie – werden die Bühnenarbeiter, Beleuchter, Techniker dann doch noch »überzeugt«. Wir fahren alle in Bussen gen Süden. Ich habe meinen Flachmann bei mir …

Die Probe für »Avantgarde« soll beginnen. Die Arbeiter – die eigentliche Avantgarde des Sozialismus – grollen. Sie treten in eine Art Bummelstreik. Ich bin schon etwas angeteert, neige umso mehr zur Fraternisierung. »Die Jungs sollen ihr Recht bekommen!« fordere ich lautstark. Egalité … Egal. Ich nehme noch ein paar Schlucke. Dann frage ich einen ortskundigen Leipziger Bühnenarbeiter, wie man das Theater unauffällig verlassen könne. Er zeigt mir den Weg über Gestänge und Leitern … Kein Bühnenpförtner. Ich stehe im Freien. Auf in die nächste Kneipe, dann in die nächste …

Ich lande im Hotel Astoria, schräg gegenüber von dem Kaufhaus Stullenbüchse. Nachmittags, um viere. Das Restaurant ist leer. Nur in einer Ecke sitzen zwei Damen beim Schälchen Heeßen. Wenn ich was intus habe, steigt meine Kontaktfreudigkeit. Ich lasse mich also an ihren Tisch fallen und lade sie zu einem Schnäpschen oder Likörchen ein. Die erkennen mich und sagen nicht Nein.

Dann lasse ich Dampf ab. Ich schimpfe wie ein Rohrspatz auf den Sozialismus und dessen Auswüchse. »Am Arsch können die mich und kreuzweise. Allet Schorf! Keene Ahnung, aber ins Theater rinquatschen!« Die beiden meckern seltsamerweise überhaupt nicht, sie gucken mich nachdenklich an. »Se sind wohl geene Leipzigerinnen?« frage ich. »O doch«, sagt die eine, »ich bin die Kulturreferentin des Oberbürgermeisters! Die Sache wird Folgen haben, Herr Ludwig.« Die andere ist eine Funktionärin beim FDGB.

Dieter Klein, der stellvertretende Intendant, spürt mich im »Astoria« auf, irgendwie schleppt er mich gemeinsam mit einem Kraftfahrer zum Theater. Ich bin blau wie ein Amtmann. Sie pumpen mich mit Pervetin voll, einem Aufputschmittel, und mit einem Liter Kaffee. Ich lalle Harry Hindemith etwas von meiner »Astoria«-Bekanntschaft vor. Der sagt: »Det is der sechste, um den de dich jesoffen hast!« Er meint den Nationalpreis. Recht hat er, und auch nicht. Drei Jahre später geben sie mir den doch – allerdings nur Zweiter Klasse. Strafe muß sein!

Es ist nicht meine stärkste Vorstellung. Ich spiele sehr nachdenklich, betone jedes Wort. Warum soll im Kommunismus immer gebrüllt werden? Meine Stärke liegt heute in den leisen Tönen. Ich mache end- und bedeutungslose Pausen, in denen ich nach dem Text rudere. Schwimmfest. Mir dröhnt der Schädel, wenn Günter Junghans als Signalgast Lawrik rumschreit. Ich extemporiere: »Warum brüllst du so? Ich verstehe dich sehr gut, auch wenn du flüsterst.« Die anderen verzweifeln, sie lauern auf Stichworte ... Die Kritik findet die Aufführung hervorragend, nur der Darsteller Rolf Ludwig als Majorow war »etwas sehr leise«.

Ich bekomme den weißichwievielten Verweis. Mir ist es unangenehm, die Kollegen in eine so blöde Situation gebracht zu haben. Im Prinzip aber juckt es mich nicht. Mein Quartal ist mal wieder angebrochen. Das Flaschenteufelchen löst meinen Schutzengel ab ...

## DER GLÜCKLICHE WILL ICH NICHT SEIN!

Im Dezember 1969 war die Premiere von Alexander Ostrowskis »Wald«. Eine Inszenierung des Regiegespanns Manfred Karge/Matthias Langhoff. Ich übernehme darin von Hilmar Thate die Rolle des Tragöden Gennadi, des Moralisten, der sich an Hamlet, Lear und Karl Moor mißt. Thate ist zurück zum Berliner Ensemble gegangen. Mein Partner ist Hans Teuscher, als Komiker Arkadi, als der Glückliche. Eine Dialektik nach meinem Geschmack, eine Charakterrolle für mich. Das Stück steht noch auf dem Spielplan der Volksbühne, da bekomme ich einen Anruf von Harry Buckwitz, dem Intendanten des Zürcher Schauspielhauses. Karge/Langhoff sollen den »Wald« dort mit Gisela Uhlen als Gutsbesitzerin Raissa Pawlowna in Szene setzen. Protagonist in Zürich ist zu jener Zeit

Hans-Dieter Zeidler. Ich sage zu Buckwitz: »Jederzeit gastiere ich, wenn ich meine Rolle – den Tragöden spielen kann, den Unglücklichen.« – »Nein«, sagt Buckwitz, »für Sie ist der Arkadi vorgesehen.« Ich lehne ab. »Der Glückliche will ich nicht sein!« Buckwitz schluckt. Da sagt einer NEIN zum Zürcher Schauspielhaus. Aber er denkt sich was. Er lädt mich zur Premiere ein, »auf Kosten des Hauses«. Ich soll schon zwei Tage vorher zur Hauptprobe kommen und sehen, was ich da in den Wind geschlagen habe! Mein Chef, Benno Besson, gibt mir Urlaub. »Na, selbstverständlich.« Ich kaufe für Buckwitz als Geschenk so ein paar Berliner Keramiktöppe mit Zille-Motiven. Was soll man aus Ostberlin nach Zürich sonst mitnehmen? Und dann fliege ich in die Schweiz.

»Gehen Sie rauf zur Kasse, und sagen Sie einfach nur Ihren Namen«, empfängt man mich. »Sie wohnen im Hotel dort unten am See.« Und dann erhalte ich einen Haufen Schwyzer Fränkli. Auch im Hotel war alles vorbereitet. »Herr Ludwig aus Berlin? Zimmer 18, im ersten Stock.« Und auf einem Kärtchen, das ich mitbekomme, steht der Zimmerpreis. Oi! Der ist aber hoch. Sofort erwacht meine schlummernde kriminelle Energie, ein rotes Lämpchen geht an. Das hatte ich doch schon mal? Ich steige runter zur Rezeption. »Ich möchte den Geschäftsführer sprechen.« – »Wir haben nur einen Herren Direktor.« – »Umso besser.« Der kommt und fragt: »Oh, haben Sie eine Beschwerde?« – »Ja«, sage ich. »Ich komme aus Ostberlin, Sie wissen, die Sache mit der Mauer, wo der Wind drüber weht. Ihr Zimmer hier ist phantastisch – nur ziemlich teuer! Das ist sehr schade, denn ich werde hier sowieso kaum zum Schlafen kommen. Können wir nicht folgendes machen: Sie rufen, sagen wir mal, das Hospiz an, bestellen mir dort ein Zimmer. Herrn Buckwitz müssen wir das ja nicht mitteilen. Und dann zahlen Sie mir den Preis für Ihr – wirklich wunderbares – Zimmer mit Seeblick aus. Selbstverständlich sollen Sie davon auch einen Gewinn haben.« Er tut es! Ich habe plötzlich viel Geld in der Tasche. Valuta!

Ich gehe zur Hauptprobe und bin total beruhigt. Der Zeidler ist nicht besonders gut. Er stellt sich aus, kommt auf die

Bühne und posiert wie ein Pfau. Seht her! Hier bin ich! Euer Hans-Dieter! Nee, nee, das ist dieses Scheiß-Protagonisten-Theater. Ein guter Schauspieler soll kein Plakat vor sich hertragen, wo drauf steht: »Ich bin gut!« Er soll gut spielen. Der kluge Zuschauer mag diese Eitelkeiten nicht. Der gibt keinen Vorschuß. Der will gewonnen werden, erobert. Ich hab den Eindruck, der Zeidler versteht meinen Gennadi gar nicht, diesen Gebrochenen, Erniedrigten, der sich dennoch das edlere Menschsein bewahrt …

Ich bummele durch Zürich. Zwei Tage Urlaub auf Kosten des Schauspielhauses. Ich bin ein Glückspilz. Als erstes schaue ich mir die Glasmalereien von Chagall in der Kirche an. Nachmittags fällt das Licht durch die Fenster, Wahnsinnsfarben! Dann pilgere ich in die Altstadt. Eine Kneipe an der anderen, Bordelle.

Ich gehe wie Blindekuh einfach in ein Glasbiergeschäft hinein. Dunkles Holz. Ein Rondell. Barhocker mit Rückenlehnen. Ich setze mich an einen Tisch, bestelle eine Tulpe. Das Bier zischt. Schräg rüber sitzt in der Ecke eine »Zürcher Zeitung«, das heißt, hinter dem Blatt muß ein Mann stecken, denn unter der Tischplatte sieht man Hosenbeine und Schuhe. Der Zeitungsmann bestellt einen Kaffee. Ich denke, mich rührt der Schlag, erstarre. Diese Stimme! Das kann nicht sein! Dann senkt sich die Zeitung. Er ist es tatsächlich. René Deltgen. Mein Jugendschwarm. Der Draufgänger aus »Kautschuk« und dem »Kongo-Expreß«. »Die drei Codonas« und »Der Tiger von Eschnapur«!

Ich glaube, ich werd verrückt. Der sitzt an meinem Nebentisch. Er hat einen ganz weißen Bart. Ich bestelle noch ein Bier und glotze den richtig unverschämt an, so, wie ich es mir verbitten würde. Aber ich bin von den Socken. Dann halte ich es doch nicht aus, gehe rüber zu ihm, es sprudelt aus mir heraus: »Entschuldigen Sie, Herr Deltgen. Aber ich muß Sie ansprechen. Mein Name ist Ludwig, ich bin Schauspieler an der Volksbühne in Berlin, in Ostberlin. Sie waren das Ideal meiner Jugend, als ich noch Pimpf war in Dresden. Erinnern Sie sich? Für den Film ›Das große Spiel‹ haben Sie im Ostra-

Gehege gespielt, mit Heinz Engelmann im Tor. Und es mußte dauernd unterbrochen werden, damit Sie auch mal den Ball kriegten. Sie haben dann ein wunderbares Tor geschossen.« – Deltgen sagt: »So setzen Sie sich doch. Trinken Sie'n Bier?« – »Sie müssen mir keines spendieren.« – »Ich will Sie aber einladen.« Und dann reden wir noch eine gute Stunde. Er hat eine Lesung in Zürich, lädt mich ein. Ich pfeife auf die Zürcher »Wald«-Premiere.

Am nächsten Tag sitze ich im »Pfau«. Ich kenne die Restauration aus Erzählungen von Wolfgang Heinz, Wolfgang Langhoff und Leonhard Steckel, es war sozusagen ihr Exil.

Die Tür geht auf, herein kommt meine Schauspierlerkollegin Renate Richter. Ich sage: »Was is'n nu los?« – »Na, der Manfred inszeniert doch hier ›Sezuan‹«. Manfred Wekwerth ist ihr Ehemann. »Was? Wo?« – »Na, auf der Bühler Höhe oben! Komm zur Probe mit.« Natürlich mache ich das, mir liegt der Flieger Sun noch schwer im Magen. Auf der Bühler Höhe lege ich einen Blumenstrauß auf das Grab vom Georg Büchner, wirklich ein richtiges kleines Hundegrab.

Wekwerth probt mit Helmut Lohner die Rolle des Fliegers. Ich schleiche mich ganz leise rein. Aber Lohner unterbricht sofort ungehalten. »Moment, wer ist denn da?« Ich sage: »Der Rolf, der Flieger aus Berlin.« – »Der Ludwig?« – »Ja, der Ludwig.« – »Dann probe ich nicht weiter. Das belastet mich nervlich. Aber da wir gerade die Weltmeisterschaft im Skilauf haben, mache ich eine Sportreportage.« Und dann legt der los. »Der Schranzl-Karl liegt vorn, der Schranzl-Karl hat die Goldmedaille. Gold! Gold! Gold!« Wir biegen uns vor Lachen. Für heute ist die Probe zu Ende. So lerne ich Lohner kennen, und es entwickelt sich eine jahrelange Bekanntschaft. Wir laufen uns immer wieder mal über den Weg. Er gastiert Mitte der Achtziger mit einem Arthur-Schnitzler-Stück und dem Wiener Burgtheater bei uns im Deutschen, ich sehe ihn ab 1990 jedes Jahr zu den Salzburger Festpielen im »König Ludwig«, einem Hotel neben dem Bauernhof der Pferdezüchter-Familie Ziller, wo ich Logis nehme. Dann trinken wir einige Maß und philosophieren. »Rolf, wenn i dir sog, i sogs dir, wenn wir Alten die Sach nicht in die Händ' nehmen, geht dös Theata kaputt.« – »Wieso?« – »Die Jungen können's net, können's net. Die hob'ns net. I sehs doch. Unbegabt bis in die Fingerspitzen. Wir müssen dös Theata rettn.« Und dann retten wir es bis zum frühen Morgen.

## DAS GEBET IN OSLO

Mit einem Brecht-Programm gastieren wir in Skandinavien. Oslo, Helsinki, Stockholm – eine Tournee. Angelica Domröse, Hildegard Alex, Werner Tietze, Günter Junghans und ich.Wir sind einschlägig vorgewarnt und gut ausgerüstet. Noch auf dem Flughafen haben wir unsere Vorräte ergänzt. Wodka, Korn, Weinbrand.

Zunächst also Oslo. Wir wohnen im Christlichen Hospiz, aus ökonomischen – keineswegs ideellen – Gründen sind die »Kulturbotschafter« des Sozialismus im westlichen Ausland vornehmlich in christlichen Beherbergungsstätten untergebracht. Henry Krtschil, unser musikalischer Begleiter, schnappt sich seinen Schlüssel und verschwindet. Auch Junghans schleppt seinen Koffer aufs Zimmer. Ich denke nach. Was wird sein? Wir werden auftreten, dann noch mit norwegischen Kollegen beieinandersitzen, 'ne Kleinigkeit trinken und dann vielleicht stinkbesoffen – Nein, ich muß prophylaktisch wirken. Ich setze eine Leichenrednermiene auf und sage also zu dem Bruder an der Rezeption: »Ich habe noch eine Bitte.« – »Ja?« – »Ich möchte in Ihrem Haus gern beten.« – »Aber naturligtvis.« Sie haben einen kleinen Gebetsverschlag mit einem winzigen Altar und einer brennenden Kerze. Ich ziehe den Vorhang zu. Wie lange dauert ein Gebet? Zu beichten habe ich ja noch nichts. Ich komme wieder heraus. »Ich danke Ihnen, guter Mann.« Das hat der sich natürlich sofort gemerkt. Wahrscheinlich bin ich der erste Deutsche, der diesen Raum in Anspruch genommen hat.

Der Brecht-Abend wird ein toller Erfolg. Norwegische Kollegen feiern mit uns, naturligtvis. Wir haben ein bißchen »Stoff« mitgebracht, die auch, obwohl es mit dem Alkohol in Norwegen sehr kompliziert ist. Zauberhafte Frauen sitzen neben uns, mit langen blonden Haaren, lauter Liv Ullmanns und Wenke Myhres. Gegen vier Uhr früh sind unsere Zungen schwer, die Gläser leer. Wir ziehen mit den Norwegerinnen Richtung Hospiz. Ich habe noch zwei Flaschen im Koffer. Krtschil sagt: »Wir kommen nicht an dem Zerberus vorbei. Bis hierher und nicht weiter.« – »Moment, Moment«, entgegne ich. »Das geht seinen Gang! Ich spreche mal mit dem Mann an der Rezeption, und ihr schleicht vorbei. Nehmt die Köppe runter!«

Der Mann vom Nachmittag ist noch im Dienst. Ich falte schon mal die Hände. »Es war ein wunderbarer Abend«, sage ich. »Beten Sie mit mir?« Nun kann der ja schlecht sagen: »Nej!« Er begleitet mich in das Kabuff, derweil eilen meine Kollegen und die Mädels vorbei. Ich erzähl dem Portier noch etwas von Berlin und äußere bloß noch den Wunsch, meinen gottlosen Freunden oben den christlichen Glauben etwas näher zu bringen.

Dann schwebe ich die Treppe hoch, und der Mann guckt freundlich hinterher.

Am nächsten Morgen verpenne ich, gründlich. Wir aber müssen weiter nach Helsinki. Das Telefon klingelt. Junghans alarmiert mich: »Wo bleibst du denn!? Wir fahren ab!« Ach, du Heiliger. An der Wand hängt ein Kreuz. Ich werfe meine Klamotten in den Koffer, springe in die Sachen, flitze in den Speisesaal. Ich muß doch was essen. Die Alex sagt: »Bist du verrückt, du kannst doch jetzt nicht noch frühstücken!« Der Kaffee kommt. Ich will ja nur einen kleinen Schluck, da tippt mir ein Finger auf die Schulter. Es ist der Portier. »Sie haben vergessen zu beten.« Er führt mich in die Kammer. Wir falten die Hände. Ich murmele etwas Unverständliches. Der stellt eine Orgel an. Ich schlage ein Kreuz. Dann renne ich einfach weg. »Beten Sie für mich!« Ich springe in den Bus, der schon anrollt. »Deinetwegen versäumen wir noch das Flugzeug«, sagt Junghans. Ich erwidere gefaßt: »Amen!«

DIE VERLOBTE

Herbert Jhering produziert bei der volkseigenen Firma Amiga eine Schallplatte mit Tilla Durieux. Die große Dame des Schauspiels, bürgerlich Ottilie Godeffroy, die schon 1903 bei Max Reinhardt debutierte! Es ist für mich schon eine hohe

*Die »Verlobte« Tilla Durieux, 1966*

Ehre – nicht bloß dahingesagt – auf der Rille sozusagen den »Moderator« zu machen. Damals nannte man es noch Gesprächspartner. Eine Vorbesprechung findet im Berliner Künstlerclub MÖWE statt. Die Durieux ist 86 Jahre alt, sehr charmant, quicklebendig, witzig und durstig. Letzteres bin ich ebenfalls. Zwischen uns funkt die Sympathie auf den ersten Blick. Nach vielerlei Schnurren und viel Sekt erklärt sie mich zu ihrem Verlobten. »Ich war schon mehrmals verheiratet«, sagt sie, »aber verlobt war ich noch nie.« Das will sie nun endlich nachhholen, und mich hat sie erwählt. Ich bin ihre Kragenweite. Jhering ist der Zeuge der Zeremonie. Wir haben einen weiteren Grund zum Trinken, einen Grund zum Weitertrinken. Besiegelt wird der Verlobungsakt auf einem Foto meiner Braut. Ich genieße fortan Sonderrechte: Ich darf – sooft sie in Berlin spielt, zum Beispiel am Hebbel- oder Schloßpark-Theater – ihre Garderobe aufsuchen, was sie jedem anderen versagt. Der Altersunterschied von über vierzig Jahren tut unserer wahren Liebe keinen Abbruch. Einen Verlobungsring schenke ich ihr nicht. Leider. Vielleicht hätte sie sich mit dem 1967 von ihr gestifteten Durieux-Schmuck revanchiert, der ähnlich dem Iffland-Ring für außerordentliche Leistungen an eine Schauspielerin verliehen wird. Dafür wäre ich doch gern in meine erste »Rock-Rolle« gestiegen.

## ICH BIN KEIN VERFÜHRER!

Liebesszenen sind mir ein Greuel. Bettszenen verursachen mir Alpdrücken. Egon Günther schickt mir ein Filmdrehbuch. Es trägt den Titel »Der Dritte«. Dieser Dritte ist Kollege Hrdlitschka. Ich kann es aussprechen: Hrr-dll-itsch-ka. Die Fabel ist einfach, meine Rolle wortkarg. Das gefällt mir. Aber da ist dieser Kuß im Wald. Nee, ich bin kein Schmuser, bisher bin ich um Filmküsse weitestgehend herumgekommen. Aber dort im Gesträuch muß es sein. Meine Partnerin ist Jutta Hoffmann, hübsch, jung, kumpelhaft-sympathisch. Wieso tue ich mich mit dem Kuß so schwer?

Hrdlitschka ist ein Durchschnittsmensch, geschieden, Wochenendbergsteiger. Ausgerechnet ihn pickt sich diese Margit Fließer, herangewachsen im Diakonissinnenheim, konvertiert zur FDJ, zwei Väter für zwei Kinder und schließlich Mathematikerin, aus der Menge der Männer heraus. Hrdlitschka weiß nicht, wie ihm geschieht, er wird gekapert. Das liegt mir.

Ich tippe auf die rechte Seite des Drehbuches, dorthin, wo der Text steht und sage zu Günther: »Laß uns da bitte recht viel improvisieren!« Und er sagt Ja. Das Ding spielt sich weg. Nur diesen blöden Kuß unterm Baum, den bringe ich nicht. Später auf der Kinoleinwand sieht die Szene aus wie eine Einstellung aus 'nem UFA-Film. Jutta verdreht die Augen, ich knicke die Dame an – und schon wirkt es überzogen. Da küßt einer, der mal im Film gesehen hat, wie einer küßt. Nee, ich lerne es nicht …

… Mit Renate Richter habe ich später in der »Unheiligen Sophia«, einem Fernsehfilm, sogar eine Szene im Bett. Schon am Morgen vor den Dreharbeiten wache ich angstschweißgebadet auf: Ich muß mit der in die Federn! Eine Strapaze. Sie sagt: »Stell dich nicht so an!« Ich bin linkisch, eckig, für meine Begriffe lächerlich …

Im »Dritten« finden wir einen Dreh, um die Sache zu entschärfen und von meiner Ungeschicklichkeit in puncto Schäferstündchen abzulenken. Es biegt nämlich ein Geher um die Ecke, so ein arschwackelnder Leistungssportler, dem ich mich in ausladendem Hüftschwung anschließen kann. Wir lachen uns kaputt. Der Kuß ist vergessen.

Meine Zurückhaltung, die mir im Drehbuch vorgeschrieben ist, teilt das weibliche Kinopublikum in zwei Hälften. Die einen sagen: farblos, nichtssagend, Trottel. Die anderen: Gott sei Dank, kein Schönling, kein Draufgänger. Der »Dritte« bewegt die Gemüter. Wir schreiben 1972, und es ist auch in der DDR beileibe nicht selbstverständlich, daß sich die Frau emanzipiert ihren Lebenspartner erobert.

## JUNGFER, SIE GEFÄLLT MIR!

So ist das immer. Bist du mit einem Film im Gespräch, kommen sofort neue Angebote. Schneeballeffekt. Günter Reisch, ein DEFA-Regisseur, ruft an. »Ich werde Kleists ›Zerbrochenen Krug‹ verfilmen. Du sollst den Adam spielen.« – »Was?!« Ich denke sofort an Emil Jannings. – »Nein, ich will weg von dem Klischee vom Dicken mit der Glatze. Machste das nun oder was?«

– »Na klar!« Ich lese das Stück noch einmal, mache mir Gedanken, welche Figur der Dorfrichter mit mir werden kann. Es vergehen zwei, drei Wochen. Das Telefon klingelt. Reisch druckst herum. Ich frage ahnungsvoll: »Die haben das Drehbuch nicht abgenommen, was? Wieder so 'ne Scheiße? Darfste nicht drehen? Mensch, und ich hab mich gefreut wie ein Kind!« – »Nein, nein«, sagt er. »Da ist was anderes. Hast du gehört, daß der Kieling in die DDR übergewechselt ist?« – »Ach was, der Wolfgang Kieling?« Ich habe keine Nachrichten gehört. Mir fällt unsere erste Begegnung in der Volksbühnen-Kantine ein, als der Gipsgolem seine Frau Gisela Uhlen vom »Tollen Tag« abgeholt hatte. Nur Augen und Mund. »Würdest du dem Kieling den Dorfrichter Adam überlassen? Du spielst dann den Licht, den Schreiber.« Ich schlucke. Was soll ich sagen? Kieling ist ein grandioser Schauspieler, ein Plus für diesen Film, fürs DEFA-Renommee. Ohne Zweifel. »Gut«, sage ich schweren Herzens. »Immerhin wird der Licht ja beim Happyend Nachfolger des Dorfrichters. Vielleicht kann ich dann in der Fortsetzung groß rauskommen«, flachse ich etwas bitter. Günter Reisch ist enorm erleichtert, die Sache ist ihm unangenehm. »Wo ist denn der Kieling jetzt?« frage ich. – »Er wohnt im Johannishof.« – »Gut, dann übergebe ich ihm sozusagen selbst den Adam.«

Ich bändige meine Mähne, trug damals so eine Sturmtolle, wechsle das Hemd, fahre am späten Nachmittag zur Friedrichstraße. Die Dame am Empfang des Hotels sagt arrogant: »Sie brauchen gar nicht weiterzureden, Herr Ludwig. Der Herr Kieling will niemand empfangen.« – »Moment«, sage ich. »Sie rufen ihn jetzt an und sagen, Rolf Ludwig möchte Herrn Kieling mal ohne Gips sehen. Es ist nicht unwichtig für uns beide.« Ein paar Minuten später klopfe ich an die Tür im ersten Stock. »Herein!« Es ist irgendwie gespenstisch. Die Vorhänge sind zugezogen. Kieling lagert, mit einem seidenen Morgenmantel bekleidet, in einem Sessel am Tischchen. Auf dem steht eine Riesenschüssel mit Sonnenblumenkernen, deren Schalen er fast mechanisch abpult. Während unseres ganzen Gesprächs fummeln seine Finger unentwegt in den

Kernen herum, kaut er und spuckt auch schon mal eine schwarze Schale aus. Die Stimme schleppt, die Augen sind starr. Wie abwesend. Steht der unter Drogen? »Wolfgang, der Reisch hat mich angerufen. Hat er dir das schon gesagt?« – »Ja, hat er. Das ist doll von dir, Rolf.« – »Quatsch, du bist einfach besser. Du mußt ihn spielen. Ich mach den Licht und setze mich seitenverkehrt aufs Pferd. Okay?« – »Freut mich, freut mich«, sagt er in einer Tour. Der ist auf einem anderen Planeten …

Ich lasse mir einen Termin beim DEFA-Chef Professor Wilkening geben. »Es geht darum: Ich hatte mich sehr gefreut, den Adam spielen zu dürfen.« – »Aber Sie sind doch zurückgetreten?« – »Ja, ja, deshalb bin ich hier. Ich hätte gern dieselbe Gage wie Herr Kieling.« Ich denke, der Wilkening kippt vom Stuhl, er ist ganz entgeistert. »Aber, aber …« Dann nickt er entwaffnet. »In Ordnung.« Da war ich innerhalb von fünf Minuten hochgerutscht, fast verdoppelt das Geld. Höchstgage.

Das Strohdach für meine Hütte in Stoben ist finanziert.

Die Dreharbeiten finden in und bei Görlitz statt. Wir wohnen in einem Hotel, sind am Abend angereist. Kielings Zimmer ist neben dem meinen, wir wollen was essen und natürlich auch was trinken. Er hat prima Laune, summt einen Titel, der gerade ungeheuer Mode ist: »Mein Herz macht babadabadam …« In dem Moment kommt Monika Gabriel, die »Jungfer«, also die weibliche Hauptrolle, auf dem Gang vorbei. Sie gucken sich an. Wolfgang bleibt das »Dabadabadam« im Hals stecken … Es ist passiert, es hat geklickt. Wie im Film. Ich spüre es sofort. Das war der erste Blick.

Am nächsten Morgen öffne ich meine Zimmertür ziemlich früh, um zur Maske zu gehen. Da macht es »Au!« Ich habe der Monika die Klinke in den Rücken gestoßen, sie kommt gerade aus Kielings Hotelzimmer und lächelt ein bißchen verlegen. Ich entschuldige mich. Wir bleiben ein paar Wochen in Görlitz. Monika geht jetzt auch am hellichten Tage in Kielings Zimmer ein und aus.

Es ist herrliches Wetter. Ilse und Andreas sind gekommen.

Der Junge reitet mit mir hoch zu Roß, interessiert sich für die Filmtechnik. Es ist alles aufregend für ihn. Meine Frau hört mir den Text ab. Wir tummeln uns mit dem Drehstab irgendwo vor der Stadt. Wiesen, weite Felder. Das Korn reift. Ein alter VW-Käfer kommt angeknattert, ihm entsteigt Armin Mueller-Stahl, Minchen. Da wird mir blitzartig klar, was ich bisher gar nicht bedacht habe. Minchen lebt ja mit der Gabriel zusammen! Nun hat er die traurige Rolle des Don Quichotte, und er fordert den Wolfgang Kieling, nee, nicht auf Pistolen, sondern zu einem klärenden Gespräch in der Drehpause. Wir sitzen alle am Feldrain. Hinter den wogenden Kornhalmen bewegen sich die Oberkörper von Minchen, der später ein Hollywood-Star sein wird und es noch nicht ahnt, und dem im Westen schon so populären Kieling. Gegen die Liebe führt kein Weg nach Conacry. Armin steigt wieder in seinen Käfer und fährt ab. Ich bin traurig, so richtig hab ich Trennungen nie verstanden. Die Gabriel hat übrigens bis zu Kielings Tod zu ihm gehalten, ist seine vertrauteste Freundin geblieben, auch nachdem sie längst richterlich geschieden waren.

## OTHELLO – SCHNEEWEISSCHEN UND RABENSCHWARZ

Ich weiß gar nicht, weshalb ich jetzt auf »Othello« komme? Spielzeit 1972/73. Der Besetzungsplan hängt aus. Regie führt wieder das Duo Karge/Langhoff. Ich reibe mir die Augen. Da steht wirklich: Othello – Rolf Ludwig. Sind die verrückt geworden?! Desdemona – Katharina Thalbach. Die ist doch noch ein halbes Kind. Ich bin 47. Ich bin doch kein Kinderschänder! Was haben die sich dabei gedacht?

Natürlich haben Karge und Langhoff eine Regiekonzeption. Für sie ist der Othello, Shakespeares General in Diensten Venedigs, eine Art häßlicher Vogel, ein Fremdkörper, der als Farbiger in die heile Welt der Weißen einbricht. Und sie besetzen die Rolle mit mir, weil sie mir die Beweglichkeit dieses Tieres zutrauen, nicht etwa, weil ich mal Jagdflieger war. Ich bin total verkleidet, zugenäht – alles schwarz. Eine Mütze mit Federn, schwarze Lederhandschuhe, schwarzes Kostüm und – das Allerschlimmste! – eine schwarze Vollmaske aus Leder. Es sind ein paar Löcher für die Augen, den Mund hineingeschnitten. Man hat mich meines Gesichts beraubt! Wie soll ich da spielen, ohne Mimik!? Dazu die Desdemona, zart, ganz in Weiß. Schneeweißchen und Rabenschwarz. Ein neues Märchen. Ich bin nicht glücklich.

Bei der Generalprobe überschreie ich mich. Mein Hals ist zu, kein Ton kommt raus. In der Charité verpassen sie mir eine Spritze in den Schlund …

Da entsinne ich mich eines Pferdekur-Mittels, das mir in einer ähnlichen Situation mal sehr geholfen hat. Damals war ich nach einer Vorstellung am Schiffbauerdamm-Theater fürchterlich in der »Kleinen Melodie« versackt, kam weit nach Mitternacht zu Hause an. Mein Nachsuff-Gewissen schlug ausnahmsweise schon verfrüht. Ich dachte also, wirste Ilse-Pit nicht verärgern mit deinem Alkoholdunst, ging ins Bad, um mich frisch zu machen. Zähne geputzt, noch ein paar Tropfen Mundwasser, schön gegurgelt – da zerriß es mir fast den Rachen!! Ich röhrte wie ein feuerspeiender Drache. Dem Ersticken nah! Auf dem Etikett des Fläschchens stand: Pitralon. Das war ein exzellentes Rasierwasser zum scharfen Nachwaschen. VEB Bitterfeld oder so. Für das Beste am Mann! Ich soff Wasser nach wie eine Kuh, hatte gar nicht gewußt, daß ich so eine Menge nichtalkoholischer Flüssigkeit überhaupt runterkriege.

Aus meinem Mund roch es jetzt herb und duftig männlich, aber kein Ton kam mehr heraus. Mit Ilse verständigte ich mich per Zettel. Ich schwieg, konnte nichts Hochprozentiges trinken. Herrliche Tage für meine Frau. Professor Schulz van Treek von der Charité ist begeistert, nicht von der Sache mit dem Pitralon, nein, ich habe eine wunderbare, lehrbuchreife Nasenscheidenverengung oder so was. Er wetzt schon die Messer, so etwas Feines zum Operieren. »Haben Sie denn überhaupt jemals durch die Nase atmen können?« fragt er erstaunt. »Ja, ich habe bisher eigentlich geatmet«, schreibe ich wahrheitsgemäß auf. Theaterspielen kann ich vorerst nicht.

Sie schicken mich zur Kur nach Elend in den Harz. Und eben da finde ich mein Allheilmittel – Schierker Feuerstein. Nach einer halben Flasche finde ich meine Sprache wieder.

Bei »Othello« greife ich auf diese Medizin zurück. Es klappt auch mit Mampe. Wir spielen die Premiere. Ich fühle mich nicht wohl in meiner Haut, aber das Publikum ist nicht mal unwirsch. Sie werfen auch nicht mit Tomaten, keine Buh-Rufe. Ich atme ein bißchen auf. Das Schreckliche kommt erst danach. In der Kantine brüllt mein bester Freund Dieter Franke mich an: »Bist du wahnsinnig! Du Arschloch! Haste nich soviel Selbstkritik, um zu wissen – so wat kannste nich spielen!? Du Pfeife! Lude! Goldoni kannste, Molière, von mir aus ooch die Russen – aber doch nich Shakespeare! Schäm dich! Wenn de det noch weiter machst, kündige ick dir die Freundschaft.« Das ist hart. Ich gehe in mich.

Katharina Thalbach rettet mich aus der Bredouille. Sie kriegt ein Kind. Bis in den achten Monat hinein spielt sie noch mit. Wenn ich mich zum Schluß der allbekannten Mordszene über sie beuge, muß ich mich abstützen. Zwischen den Zähnen zische ich: »Gehts so oder tuts weh?« – »Ja, es jeht«, zischt sie zurück. Und dann bringe ich sie um, dieses großäugige, schauspielerisch begnadete Mädchen, das inzwischen eine gefragte Regisseurin geworden ist. Fast zwanzig Jahre später aber steht sie bei den Filmfestspielen in Berlin wieder vor mir – die blutjunge Desdemona von 1972. Ist so was möglich? Es ist Anna, Katharinas Tochter, über die ich trotz meiner rasenden Eifersucht auf der Bühne schützend meine Hand gehalten habe. Der Mohr von Venedig hat seine Schuldigkeit getan …

## MOHAMMED ALI, MEIN AFGHANE UND KATHARINA

Ilse hatte mich echt überrascht, im ersten Augenblick wußte ich nicht, ob es eine freudige Botschaft war oder nicht. Immerhin ging ich stramm auf die Fuffzig zu, sie war auch nicht gerade im gebärfreudigsten Alter mehr – nun aber schwanger. Im Grunde hatte sie ja recht. Das Tanzen war vorbei. Der

Junge schon vierzehn. Ich gewöhnte mich an den Gedanken, nochmal Vater zu werden.

März 1974. Die Nacht der Nächte. Mohammed Ali boxt. Der Kampf ist für drei oder vier Uhr nachts europäischer Zeit angesetzt. Ich habe mir den Wecker gestellt und Bier in den Kühlschrank geladen. Um zwei Uhr weckt mich Ilse: »Du, es ist soweit!« Ich gucke auf die Uhr, will mich wieder umdrehen. »Fängt doch erst um dreie an!« Dann fahre ich blitzschnell hoch, fliege in die Sachen. Mir bricht der Schweiß aus. So war es bei Andreas auch. »Stütz dich ab«, sage ich wie zu einer Schwerkranken. »Daß du bloß nicht hinfällst.« Ich rase mit dem Wartburg über den Leninplatz, obwohl das Krankenhaus Friedrichshain bloß zehn Minuten zu Fuß entfernt liegt.

In der Klinik nehmen sie mir meine Frau ab, ja, ich habe das Gefühl, sie wird mir weggenommen. Die Glastür klappt zu, und ich stehe da wie eine Nappsülze, wie Otto Flasche. Ich trolle mich. Achso, natürlich, beinahe habe ich vergessen, daß im Auto noch Kucki lauert, unser schwarzer Afghane. Der muß bestimmt mal für Hunde, also werde ich mit ihm noch einen kleinen Spaziergang durch den Park machen. Wir laufen also nachts um halb drei über dunkle Wege. Urplötzlich reißt sich Kucki los, die Kette ist durch, ich hab bloß noch die obere Leine in der Hand. Kucki ist ein kräftiger Bursche.

Ich laufe also schreiend, bläkend, pfeifend durch den Hain. Ein Volkspolizist kommt. »Was brüllen Sie hier nachts herum?« – »Entschuldigen Sie vielmals, ich muß brüllen. Ich habe meinen Hund verloren. Haben Sie vielleicht einen Schatten …« Der guckt komisch. »Ich meine, haben Sie irgendwo ’n schwarzen Schatten gesehen, der hat nämlich schwarzes Fell und ist unheimlich schnell. Ein Windhund sozusagen, Herr Oberwachtmeister.« Ich habe den Mann rasch befördert, damit er die Ernsthaftigkeit des Hundelosrisses erfaßt. Der Polizist hat natürlich nichts gesehen, wahrscheinlich hat er wieder Parksünder aufgeschrieben – also Falschparker, nicht Leute, die im Park sündigen. Die sind im März sowieso seltener. Der Wachtmeister ermahnt mich, nächtlich nicht die

Ruhe zu stören und entfernt sich. Ich bleibe zurück und bin gespalten. Zwei Seelen wohnen, ach, in meiner … Kucki, der schwarze Afghane, und Ali, der schwarze Boxer. Soll ich suchen oder sehen?

Ali siegt in dieser Runde. Ich eile im Laufschritt über den Leninplatz, jetzt Platz der Vereinten Nationen, rin in den Fahrstuhl, ran an den Kühlschrank, dann an den Fernseher. Gott sei Dank, es hat noch nicht angefangen. Mohammed Ali macht noch immer seine grimmigen Drohgebärden, womit er die ganze Welt einschüchtert. Erste Runde. Zweite Runde … Der Kampf dauert noch länger. Aber ich stehe zwischendurch immer wieder auf dem Balkon. Ich habe Kucki seinem Schicksal überlassen! Ich bin ein Rabenherrchen! Ich gucke. Auf dem Platz steht einsam Goliath Lenin, von dem wir alle gelernt, gelernt und nochmals gelernt und nischt begriffen haben, diese Riesenplastik, dieser Klopper. Aber was ist das? Ein schwarzer Fleck bewegt sich über die Kreuzung, immer an den Ampeln, so, wie wir immer die Fahrbahn überqueren. Kucki! Mein Kucki!

Die nächste Runde mit Ali beginnt. Ach, scheiß drauf. Mein Kucki! Rin in den Fahrstuhl. Vor der Haustür sitzt er, fix und fertig, dem Infarkt nahe. Und er guckt mich an, wie eben nur ein Hund gucken kann. Er hat ein schlechtes Gewissen. Er hat mich gesucht, ich habe auch ein schlechtes Gewissen. Er schleppt sich mit letzter Kraft in die Wohnung, schläft gleich im Korridor ein.

Das Telefon klingelt. Das Kind ist da! 27. März. Welttheatertag! Sie sagen mir nicht, ob Junge oder Mädchen. Ich soll am nächsten Vormittag kommen. Meine Frau hat mich gebeten. »Rolf, wie auch immer, was es auch immer wird. Trink nicht.« So was kann ich doch nicht versprechen. Geraderüber ist ein Café. Dort frühstücke ich, trinke ein Bier und ein, zwei Schnäpse …

»Hast ja doch!« empfängt mich Ilse mit diesem bekannten Zitronenmund. »Nur 'n paar auf det Kleene.« Es ist ein Mädchen. Katharina. Die große Katharina, eine Kurtisane. Stark soll sie werden, klug, gewitzt. Darauf wird man ja wohl noch einen heben dürfen. Ich erzähle Ilse von Kucki und Ali. Sie muß erst lachen, wird dann aber nachdenklich. Wir vergleichen die Zeiten. Kucki muß sich wirklich in dem Moment losgerissen haben, als das Kind geboren wurde. Wir sind den Weg gelaufen, der an der Geburtsklinik von Professor Mosler entlangführt. Hat Kucki Ilses Schrei gehört oder den ersten von Katharina?

Wir sind in Sorge. Katharina spricht nicht. Ich erzähle ihr abends selbst erfundene Gute-Nacht-Geschichten vom Affen Bimbo und der Kuh Emma. Sie merkt sich alles, tippt bei Fragen auf die entsprechenden Zeichnungen im Bilderbuch. Aber sie sagt nichts. Dann endlich – sie ist schon fast drei Jahre alt – sagt Katharina ihr erstes Wort. Wir sind im Tierpark vor dem Gehege der Affen, und unsere Kleine sagt: »Bimbo.«

## WIE ICH MICH WEGOPTIMIERTE

»Horizonte« heißt das Stück des Arbeiterdichters, der hieß Wunderlich oder so. Es geht über meinen Horizont. Ich verstehe nicht im Geringsten, was ich da spielen soll, warum Benno Besson an diesem Ding einen Narren gefressen hat. Unentwegt wird laut Text irgendetwas »wegoptimiert« – der Wald und die Bäume, einige Menschen. Und das nicht etwa satirisch, sondern todernst.

Nach einigen Proben habe ich es satt, gründlich. Außerdem ist mein Quartal mal wieder um, ich will trinken. Ich merke es, habe Appetit. Ich sage zu Benno: »Ich hab jetzt die Schnauze voll.« – »Kannst du nicht abstrakt denken!?« – »*Nein*, ich kann nicht abstrakt denken, ich bin ein Volksschüler. Und überhaupt könnt ihr mich am Arsch lecken, ich optimiere mich jetzt weg – und zwar in die Kantine! Dort kann man gern mit mir reden, aber um Himmelswillen nicht mehr über dieses Stück!« Und weg bin ich. Es kommt keiner, um mit mir zu reden. Sie proben weiter. Ich gieße mich voll, systematisch. Die letzte Zeit hat mir nach meinem Empfinden keine echte Rolle mehr gebracht. Karge und Langhoff inszenierten Heiner Müllers »Die Schlacht. Szenen aus

Deutschland«. Da spiele ich irgendein Rad an einem Traktor, ich fühle mich wie das fünfte. SS-Mann Nummer Zwo und der Mann in der »Kleinbürgerhochzeit«.

»Hör auf zu schrein,
Denk an den Führer: lieber tot als rot.
Das Schönste im Leben ist der Heldentod.
Gleich bist du hinüber. Ich komme nach.
Mein Führer. Er ist es. Mir werden die Knie schwach.
Wo ist mein Revolver. – Ich weiß, wie ichs mach.
Wo ein Ende war, wird ein Anfang sein.
Der Starke ist am mächtigsten allein.«

Nee, ich bin nicht zufrieden mit den Rollen. Ich hab mich eingetrunken. Der Wirt schreibt an. Noch'n Bier. Allmählich wird die Welt wieder rosiger, ich vergesse alles – auch den Leutnant Ekdal, als der ich abends in Ibsens »Wildente« auf der Bühne stehen muß. Ich vergesse überhaupt die ganze »Wildente«, die ganze Volksbühne. Inzwischen rollen die Kollegen für die Vorstellung an, sie trinken noch'n Kaffee, beobachten mich. Einer muß wohl den Regisseuren Bescheid gesagt haben. Manfred Karge erscheint, hinter ihm sein langer Schatten, der Matthias Langhoff. Sie nehmen mich in Augenschein, und beiden hängt sich der Unterkiefer aus. Sie drehen sich wortlos um und entschwinden.

Um neunzehn Uhr soll die »Wildente« losfliegen. Kurz vor sechs kommt Dieter Klein, der Verwaltungsdirektor, der Parteimann in der Theaterleitung, dem Besson aber treu ergeben. Ein ruhiger, besonnener Mensch. Ich kann ihn eigentlich ganz gut leiden. Seine kleinen Augen, die wie bei Raubtieren ganz dicht beieinanderstehen, ziehen sich noch mehr zusammen, und er sagt nur ganz leise: »Du spielst heute nicht.« Er kann das bestimmen, er hat Abendregie. Seine Verantwortung. »Ho,ho«, bäume ich mich auf. »Das willst du mir sagen? Du? Ick werde doch wohl so'nen ollen Mann in der ›Wildente‹ noch geben dürfen!« – »Nein, du spielst heute nicht.« – »Ick warne dich.« Und auch zu den anderen Kollegen, die den Dialog gespannt verfolgen. »Ihr hört es. Ich erkläre mich bereit, die Vorstellung zu spielen. Ich gehe sowieso am Stock, auf den kann ich mich stützen. Den Text von Ibsen habe ich tadellos drauf.« Dann kommen Karge und Langhoff zurück. »Rolf, du spielst nicht!« – »Na gut«, sage ich, »dann jeh ick jetzt nach Hause!« Ich stehe auf.

Natürlich gehe ich nicht. Ich schleiche mich durch den Keller, da ist so eine Art Kanal für die Heizung, ein besonderer Gang. Von dort gelangt man ins Foyer, direkt zum Kassenraum. Und noch zwanzig Minuten bis zum Vorstellungsbeginn. Die Halle ist gut gefüllt. Das brauche ich jetzt – Publikum. »Meine Damen und Herren!« setze ich an. »Hier spricht zu Ihnen ein Schauspieler der Volksbühne, der heute abend den Großvater in der ›Wildente‹ spielen will. Aber man läßt ihn nicht. Die Leitung des Hauses hat befunden, ich sei nicht fähig zu artikulieren. Sie erleben, wie gut ich es kann.« Einige Leute lachen, wollen klatschen. Sie denken, es gehört schon zur Aufführung. Möglich ist ja alles, wo zu jener Zeit schon Mode ist, Romeo und Julia auf dem Damenklo oder Hamlet in einer Stanzerei zu spielen. Ich fahre giftig fort: »Geben Sie Ihre Karten zurück. Sie werden keinen schönen Abend haben, wenn – wie ich erfuhr – der Kollege Straßburger meine Rolle einliest. Das ist doch nicht Ibsen, ich gebe als Großvater der Sache doch erst den letzten Schliff, Pep und Drive, wenn Sie verstehen.« Jetzt lachen die wirklich, manche gucken irritiert. Dann führt man mich weg. Ich hätte wohl noch stundenlang weitergeredet, wahrscheinlich neue Mitglieder für die von mir gegründete Schelmenpartei gewonnen, die bisher nur aus mir und den Brüdern Langhoff besteht. Doch man »optimiert« mich in ein Taxi, ich leiste nur noch unerheblichen Widerstand, denn mein nächstes Ziel ist klar: Niquet-Klause, zum Eulenspiegelstammtisch …

Nicht nur ich bin voll, auch das Maß ist es. Dreizehn strenge Verweise habe ich hinter mir, ein paar Geldstrafen – alles wegen des Teufels Alkohol. Die Volksbühne und ich scheiden voneinander, im gegenseitigen Einvernehmen mit einem Aufhebungsvertrag. Ich bin frei – aber nicht froh.

LILLI IN WEIMAR

Egon Günther will »Lotte in Weimar« verfilmen. Wie will er in diesen fast handlungslosen Roman Thomas Manns eine Fabel hineinbringen? »Spielst du mir den Kellner Mager?« fragt er mich. Ich witzele: »Wenn du den Theo Lingen nicht als Diener kriegst, wer sollte denn sonst einen dienstbaren Geist spielen als ich?« Günther sagt: »Den Lingen hab ich nicht, aber meine Lotte wird die Lilli Palmer.« – »Ja, ja«, grinse ich, »und den Goethe spielt Paul Newman.« – »Nee, im Ernst, die Palmer hat zugesagt, was heißt zugesagt, sie hat sich beworben.« Ich falle fast vom Stuhl. Ich werde an der Seite dieses Hollywoodstars spielen, dieser intelligenten, charmanten, bewundernswerten Frau?! ...

In Babelsberg richtet man für den Weltstar die Garderobe her. Üblicherweise haben die Kabäuschen gerade Platz für einen Schminktisch, ein schmales Spind, ein Sofa und ein Eckchen mit einem Waschbecken. Für die Palmer werden drei Garderoben zusammengelegt, man baut ein komplettes Bad ein; dazu ein Arbeitszimmer mit einer Liege und einen Schminkraum. Ich klopfe, sie bittet mich herein, sitzt gerade über einem Manuskript. Es sind ihre Lebenserinnerungen »Dicke Lilli, gutes Kind«, die sie ins Deutsche übersetzt.

»Mein Name ist Rolf Ludwig.« – »Wie heißen Sie?« – »Rolf Ludwig.« – »Rolf? So hieß mein erster Verlobter.« Pause. »Sie spielen also den Mager. Nehmen Sie doch Platz. Sie sind noch recht jung, was?« – »Ja und nein. Sie wird niemand nach Ihrem Alter fragen, Sie sind eine so schöne Frau. Jeder, der Ihnen gegenübersitzt, wird sagen, das ist die Lotte. Ich bin so froh, mit ihnen spielen zu dürfen.« – »Na, na«, sagt sie, »warten Sie's ab. Wir werden uns schon noch kennenlernen.« – »Ich ziehe mich jetzt zurück. Habe meinen ersten Drehtag und einen Haufen Text. Sie müssen ja heute nur etwas mit dem Kopf wackeln, aber ich muß 'ne Menge reden. Ich bin ein schwacher Lerner.« Da lacht sie: »Hauen Sie ab, lernen Sie!«

Dann drehen wir an den Originalschauplätzen in Weimar, Frauenplan, Goethehaus. Wunderbare Kulisse ... Ich sitze im Hotel »Elephant« und speise zu Nach-Mittag: Sauerbraten

*Als Kellner Mager in »Lotte in Weimar«*

mit Thüringer Klößen. Dazu gehört natürlich nicht nur als Verdauungshilfe ein eisgekühlter Korn, Nordhäuser Doppelkorn.

Den Rest des Tages bin ich drehfrei, fahre weiter Korn ein. Carlos Thompson, der Ehemann von Lilli Palmer, ein Argentinier, Schauspieler und Buchautor, in Deutschland bekannt aus dem Kurt-Hoffmann-Film »Das Wirtshaus im Spessart«, betritt das Restaurant. Er wirkt niedergeschlagen, ernst. »Ich komme gerade vom Ettersberg, aus Buchenwald«, sagt er nachdenklich. »Das hat mich sehr ergriffen, sehr bedrückt.«

Ich verstehe ihn gut, hatte ähnliche Empfindungen beim Besuch dieser KZ-Gedenkstätte. »Darf ich mich zu Ihnen setzen?« – »Aber selbstverständlich. Wenn Sie mögen, wechseln wir das Thema. Ich lade Sie zu einem Nordhäuser Korn ein«, sage ich etwas pietätlos, aber ich will ihn aufmuntern. So trinken wir uns ein, reden über Filme – er spricht perfekt deutsch – und über Churchill, über den er sein jüngstes Buch geschrieben hat. Dann kommt Lilli. Sie ist etwas abgespannt von den Dreharbeiten und leicht ungehalten. »Ludwig, was machen Sie mit meinem Mann!« Sie zeigt auf die Flasche Doppelkorn, die wir inzwischen auf dem Tisch haben. Thompson sagt: »Das ist Nordhäuser, Liebling. So was gibt's nicht mal in Hollywood.« – »Dann will ich auch mal kosten, Carlos.« Sie nimmt ein Schlückchen, noch eins. »Der ist ja prachtvoll!« So kommen noch einige Körner zusammen. Unsere Zungen werden lockerer. Immer wieder sagt sie, daß ich sie an ihren Verlobten Rolf erinnere, ob im Guten oder Schlechten, verschweigt sie diskret. Dann gibt es noch ein paar Anekdoten, die Lilli Palmer gerade in ihrer Autobiographie verarbeitet hat. Ein amüsanter Abend. An einem der Nebentische sitzt Martin Hellberg mit seiner Familie und guckt eifersüchtig zu uns herüber. Was gäbe er darum, mit Lilli Palmer an einem Tisch gesehen zu werden!

Wir werden immer fröhlicher. Die Lotte, sagt die Palmer, hätte sie auch auf den Malediven gespielt, wenn der Roman dort verfilmt worden wäre. So sehr habe sie auf diese Rolle gebrannt. Sie *ist* die Lotte. Doch trotzdem wird der Film keine Personality-Show für die Palmer.

Den Goethe spielt Martin Hellberg. Die »Fanfare«, der Mann mit der Megastimme, der Megaphonstimme. Egon Günther konnte keinen Besseren für diese Rolle finden, es besteht eine frappierende Ähnlichkeit zu dem Dichterfürsten. Sitzt Hellberg morgens in Maske, rätselt man. »Isses noch Hellberg, oder isses Goethe.« Nach mehreren Drehtagen weiß es auch Hellberg selbst nicht mehr. Das ist etwa so wie das Verhältnis zwischen Otto Gebühr und dem Alten Fritz. Eine Superbesetzung auch in den anderen Rollen: Jutta Hoffmann, Monika Lennartz, Katharina Thalbach, Hilmar Baumann als Goethes Sohn August, Norbert Christian. Dieter Mann spielt einen der Sekretäre Goethes, von denen der Geheime Rat ja mehrere verbrauchte. Hellbergs Gattin Trude, eine Wagnerianerin von Figur, die ihren Schauspieler-Mann sehr, sehr ernst nimmt, begleitet ihn auf Schritt und Tritt und trägt immer Buchausgaben von Goethe und Thomas Mann unterm Arm.

Die Kameraleute richten ein, da macht Hellberg plötzlich eine seiner unnachahmlichen Goetheschen Gesten. »Mäuschen«, sagt er entsetzt zu Trude, »meine Augen sind verrutscht.« Der Sekretär Dieter Mann prustet los. Frau Hellberg erklärt mit gesetztem Ernst, daß ihr Gatte Kontaktlinsen trage, Haftschalen. »Wie weit können die denn um Himmelswillen rutschen?« fragt Dieter Mann, ein Grinsen unterdrückend. »Naja«, sagt sie, »ganz schön weit nach außen.« Da sagt Goethes Sekretär völlig unbotmäßig: »Wie gut, da kann der doch innen den Text ablesen!«

Die Dreharbeiten sind ausgesprochen lustig für uns. Es gibt herrliche Reibereien zwischen Egon Günther und Martin Hellberg, weil hier ja zwei Regisseure aufeinandertreffen. Bei solchen Gelegenheiten verzieht sich die Palmer rasch in ihre Garderobe. Sie will sich nicht einmischen, arbeitet sehr diszipliniert, schaut sich intensiv und sehr selbstkritisch die Musterstreifen an, sagt zu mir: »Ludwig, das war gestern sehr gelungen. Sie müssen sich zwischendurch die Muster ansehen, in Amerika geht das gar nicht anders. Man kann sich doch sonst nicht korrigieren.« Ich mag das nicht, kann mich selbst auf der Leinwand nicht beurteilen. Es würde mich nervös machen, so sehe ich den Film frühestens beim Rohschnitt.

*DIE UNION vom 13. August 1975*
*In Egon Günthers diskutierenswerter Adaption von Thomas Manns »Lotte in Weimar« spielte er (Rolf Ludwig – G. St.)*

*mit nachgerade kabarettistischer Brillanz den sächsischen Kellner Mager, dem es mit seinem letzten Rollensatz vorbehalten bleibt, den Ausruf »Es ist buchenswert!« zum geflügelten Wort für viele Rezensenten dieses anregenden DEFA-Films werden zu lassen.*

*EULENSPIEGEL, Nr.33/1975*
*... Doch zurück nach Weimar, zurück zu Lotte und Goethe, zu Kellner Mager und Adele Schopenhauer, zurück zu Egon Günther, dem es gelungen ist, Thomas Mann treu zu bleiben und Lachsalven im Parkett auszulösen. Ein solches, zudem unerwartetes Resultat verdient gefeiert zu werden.*

Eine weitere Hellberg-Schnurre kann ich mir einfach nicht verkneifen, was meiner Sympathie für diesen Schauspielbesessenen keinen Abbruch tut. Mit »Lotte« hat sie nur den Tatort gemeinsam – Weimar. Wieder der »Elephant«, wieder ich beim Nordhäuser. Wieder geht die Tür auf und herein tritt der Vertreter der Bundesrepublik Deutschland in der Deutschen Demokratischen Republik, Klaus Bölling. Er schaut sich um, wählt sich einen Tisch, blättert in der Karte. In einer Nische hilft soeben Martin Hellberg-Goethe seiner Trude in den Mantel, seine beiden achtjährigen Zwillingstöchter streben schon dem Ausgang zu. Da erblickt Hellberg den Klaus Bölling. Ach, er würde ja so gern, aber nun ist er ja schon im Gehen begriffen, kann sich schlecht den Mantel wieder ausziehen. Er zögert. Dann Vortritt. Er läßt seiner Frau den Vortritt beim Verlassen des Lokals. Na, denke ich, da kommt noch was. Ich kenne doch meinen Hellberg.

Und richtig. Die Tür öffnet sich wieder, und – trippel-trappel, trippel-trappel – kommen die Zwillinge wieder herein, sie gehen schnurstracks auf Bölling zu, reichen Zettel hinüber und bitten um ein Autogramm. Regie: Hellberg. Gleich darauf stürzt die Wagnerianerin herein, sagt vorwurfsvoll zu den Kindern: »Aber ich hab euch doch gesagt, ihr sollt nicht ...!« Sie entschuldigt sich wortreich beim bundesdeutschen Vertreter. »Es sind eben Kinder, Herr Bölling.« In diesem Moment erscheint ER – Goethe! Ein Auftritt! ER schreitet heran, sagt knapp und dröhnend: »Sie gestatten, Hellberg. Sie hier, Herr Bölling? Ich wünsche Ihnen schöne Tage in Weimar.« Bölling ist Diplomat. Er gibt das Autogramm, unterhält sich höflich mit Hellberg, der ihm völlig fremd ist. Nach drei Minuten höre ich schon das Wort »Weltfriedenspreisträger«. Dann geht es um Lotte und Goethe. Und nun das Glück, ihm zu begegnen! ER sagt wirklich knatternd: »Dieses Glück. Das ist zuviel für mich!« Bölling sieht ihn zweifelnd an. Will der ihn veräppeln? Und alles auf einen Meter Entfernung. Es fehlen bloß noch Tränen. Dann läßt sich Hellberg nieder. Bölling ist zum Zuhören verdammt und ergibt sich seinem Schicksal. Schließlich ist der Geheime Rat als Minister im Range höher …

ABER DAS GEFÜHL IST NICHT SCHLECHT …

Ich bin 1976 mein eigener Herr. Statt des Spielplans diktieren nun Aufnahmeleiter von Film und Fernsehen meinen Terminkalender. Ich filme viel. Allmählich nimmt mein Fischerhäuschen in Stoben auf Usedom Gestalt an. Eine Filmgage für das Strohdach, eine für die Fenster, eine für die Garage … Wir sind häufig mit dem Baby an der See.

Mir fehlt das Theater. Da meldet sich Vera Oelschlegel bei meiner Frau zum Tee an. Sie kennen sich von früher, von Gastspielreisen der Staatsoper mit den »Sieben Todsünden der Kleinbürger«. Die Frauen plaudern, dann rückt Vera mit der Sprache heraus. »Weißt du, Rolf, ich will dir eine Rolle anbieten.« Ich habe gehört, daß sie im Palast der Republik so eine kleine Bühne hat, das TiP. Wie sie es geschafft hat, erfuhr ich durch Kollegentratsch. Es gibt ja noch keine Boulevardpresse. Und dann heiratet sie den Konrad Naumann, den Berliner Parteichef, wirklich, was ihr auch nicht mehr Freunde einbringt. »Laß mal hören«, sage ich. »Dürenmatt«, sagt sie. »Ja«, sage ich, »unbesehen.« Sie will den »Meteor« rausbringen. Der Schriftsteller Schwitter war eine Glanzrolle vom Leonhard Steckel in Zürich, ein Video hat sie dabei.

Ich schau es mir an, will es ganz schnell vergessen, denn der ist wirklich umwerfend. Ich bin viel zu jung. Aber es reizt mich enorm.

Ein paar Tage vor der Premiere sagt Vera: »Der Dürrenmatt kommt nach Berlin mit seiner Tochter, er will die Premiere sehen.« Da kriege ich natürlich ungeheures Lampenfieber. Die ersten Sätze sind, wie immer, zu laut, dann finde ich meinen Rhythmus. Es wird ein Riesenerfolg. Nach Schluß schwenkt das Scheinwerferlicht auf Dürrenmatt, der steht, verbeugt sich und zeigt zur Bühne hoch. Premierenfeier. Ich sitze neben dem wortgewaltigen Dramatiker, diesem im wahrsten Sinne des Wortes gewichtigen Mann. Er spricht dieses so melodische Schwyzerdütsch, schenkt mir ein Buch und schreibt hinein: »Dem total, total verrückten Rolf Ludwig.« Wir trinken Rotwein und unterhalten uns – nee, nicht über Literatur , sondern über Frauen, die nach meiner Meinung in seinen Stücken ziemlich schlecht wegkommen. Er sagt zu mir: »Also, mit den Frauen ist es so. Ganz einfach, Ludwig. An und für sich ist die Sache ganz lächerlich, nur das Gefühl – das isch nicht schlecht!«

Ich gastiere dann noch mal am TiP. Thomas Langhoff inszeniert in Co-Produktion mit dem Deutschen Theater dort 1982 Bulgakows »Verschwörung der Heuchler«. Ich spiele diesmal den »Vater« selbst, nicht nur seine Kinder. Ich bin der Molière in seiner Liebesbeziehung zu einem jungen Mädchen. Meine Frau ist Inge Keller, eine Schauspielerin, die ich sehr verehre, für meine Begriffe eine grande dame des deutschen Theaters. Und die von mir inzwischen schon stark vermißten Kollegen vom DT sind auch dabei. Reimar Johannes Baur, Klaus Piontek. Herwart Grosse ist mein Diener, diesmal bin ich der Patron, und er muß mit den Holzpantinen klappern. Nach seinem Tod übernimmt ein hochbegabter junger Schauspieler diese Greisenrolle – Michael Pan. Mit den »Heuchlern« fahren wir nach Wien, erstmals bin ich mit einem noch nicht so renommierten Theater unterwegs.

*DIE PRESSE vom 31. Mai 1983*
*Umgekehrt fanden das Komödiantische und Menschliche ihren Raum und ihre herrlichen Darsteller. Wie Rolf Ludwig als Molière …*
*Am stärksten gelangen Langhoff die intimen Szenen: Wenn im Hause Molière Trübsal und Eifersucht, Langmut und Raserei aufkommen, sind »Kasperln« am Werk, die mehr verteidigen als die eigene hübsche Profession.*

Im TiP gab es ja keine Guckkastenbühne. Wir spielen wie in einer Arena, rundherum Zuschauer. Das Theater an der Wien bot diese Möglichkeit nicht, da machten wir aus der Not eine Tugend und stellten die gesamte Hinterbühne mit Kerzen voll. Ein Lichtermeer. Wir waren beeindruckt, auch die Zuschauer, die Presse weniger.

*WIENER ZEITUNG vom 31. Mai 1983*
*Rolf Ludwig, ein Molière sogar mit Porträtähnlichkeit hat ebensolches Format wie der souveräne Klaus Piontek (Ludwig XIV.), fabelhaft auch Gerhard Lau (d'Orsini) und Dieter Mann (Erzbischof), ein überragendes Männerquartett, um welches das Theater zu beneiden ist … Ein wenig seltsam wirkt das Dekor: mit riesigen Kerzenagglomerationen im Hintergrund wird zumeist nur – und das bei großteils zu drei Vierteln geschlossenem »Eisernen« – auf der Vorderbühne gespielt, und fast alle Auf- und Abtritte erfolgen vom Zuschauerraum aus. Obwohl der Szenenwechsel rasch geht, wirkt all das irgendwie unprofessionell.*

RIGAER BALSAM HEILT MEINE SEHNSUCHT

Ich brauche das Theaterensemble. Bühnenstaub, Garderobenluft. Ein Angebot des DDR-Fernsehen, in die dortige Schauspielertruppe einzusteigen, lehne ich ab. Ich lese sehnsuchtsvoll alle Premierenberichte der Volksbühne und des Deutschen Theaters. Nach Bessons Weggang ist das Haus am Luxemburgplatz kaum noch der Aufmerksamkeit wert, es geht bergab. Im Deutschen hingegen läuft noch immer der »Drache«. Zigmal umbesetzt. Rolf Hoppe hat abgelehnt: »Ich kopier doch nicht den Ludwig!!!« Peter Aust spielt den »Drachen«. Dann kommt aus Karl-Marx-Stadt ein Kollege Linke, der macht mich nach – grandios, täuschend echt. Die brauchen mich wohl gar nicht mehr?

1976 verweigern die DDR-Behörden dem Liedermacher Wolf Biermann, mit dem ich befreundet bin, die Wiedereinreise. Ausgebürgert. Ich bin empört und unterschreibe einen Protestbrief gegen diese Maßnahme. Noch in der Nacht gegen zwei Uhr sucht mich ein Herr mit Klappkarte auf, er will mich umstimmen. Ich sage: »Hören Sie, wenn ich etwas unterschreibe, dann habe ich mir das auch gründlich durchgelesen.« Wir diskutieren, ich gewinne – glaube ich – nach Punkten, und sie setzen mich trotzdem k.o. Von nun an schweigt das Telefon. Keine Filme mehr, kein Fernsehen. Ich liege total auf Eis. Sie sind bereit, mir den Möbelwagen zu schicken wie anderen auch. Manche Kollegen ziehen gen Westen davon. Ich packe meine Sachen nicht, nun gerade nicht. Aus Daffke!

Ich setze mich in Stoben an den Schmollensee und angle. Meinem Sohn habe ich vor zwei Jahren zur Jugendweihe ein großes Geschenk versprochen. Jetzt ist Zeit, dieses Versprechen einzulösen. Von Heringsdorf buche ich einen Flug nach Schönefeld. Andreas freut sich, und umso mehr, als wir gar nicht nach Berlin hineinfahren, sondern bloß umsteigen – in eine Maschine nach Leningrad. Wir wohnen in einem teuren Hotel, vor dem irgendwo dieser Panzerkreuzer »Aurora« liegt. Dann streifen wir durch die Stadt: Ermitage, der Newski, die Isaakkathedrale, Mittagskanone, mit dem Tragflächenboot zu den witzigen Wasserspielen nach Peterhof, in der Oper »Pique Dame«. Grandiose Stimmen. Andreas ist vollgestopft mit Eindrücken und mit diesen berühmten Keksbonbons, diesen Mischkis. Der fällt ins Bett.

Ich hab noch ’n paar Rubelchen übrig und will die rollen lassen, unten im Restaurant. Da stolpere ich nahezu über Gerhard Wolfram, den Intendanten des Deutschen Theaters. Der hat irgendwelche Gespräche an der Newa, und seine Frau, eine Pianistin, begleitet ihn. Sie sieht leicht bläßlich-spitz im

Gesicht aus und fühlt sich nicht. Der Magen! Na, da weiß doch der Rolli eine wunderbare Medizin. Schierker Feuerstein ist in Leningrad nicht greifbar, aber Rishski Balsam, Rigaer Balsam. Ein dickflüssiger, schwarzer, klebriger Kräuterlikör, der aussieht wie Teer und auch so ähnlich schmeckt. Als »Arzt wider Willen« erkläre ich also der Frau Wolfram die Wirkungsweise dieser Magentropfen und dosiere großzügig. Es wirkt. Die beiden sind keine geübten Trinker, wir sind ziemlich schnell voll wie die Ritter und Burgfrauen. Mit Mühe erkenne ich noch meinen Sohn.

Am nächsten Morgen brülle ich wie ein Ziegenjunges nach Milch. Andreas führt mich behutsam über eine Newabrücke. Er hat sich gemerkt, wo man Milch verkaufte. Zwei, drei Liter trinke ich hintereinander. Wahnsinn! Der Junge guckt mich seltsam an. Ich erkläre weitschweifig, daß ich Alkohol nicht vertrage, und die Milch absorbiere die alkoholische Gärung, woraus eine Aktiviering der Milchdrüsen entstehe oder so was ähnliches. Andreas tippt sich an die Stirn. »Blau warste!« sagt er. Erst am nächsten Tag sind die Wolframs wieder lebendig. Am Hotelbufett sagt er zu mir: »Wir machen einen Vertrag. Du mußt wieder ans Deutsche!«

Da bin ich wieder und übernehme sofort den »Drachen«. Die gewohnte Garderobenluft. Bühnenstaub. Manche Kollegen sagen: »Schön, daß du wieder da bist.« Manche sagen nichts. Kabale und Liebe. Wenn man am Theater keine Feinde hat, dann ist es kein richtiges Theater!

## SOLANGE ICH NOCH VERNEHMLICH BESTELLEN KANN …

Das nächste halbe Dutzend Jahre bringt mir eine Vielzahl unterschiedlicher Rollen, extrem unterschiedlich. Ich bin der Kommissar Sportsmann in Dario Fo's »Zufälliger Tod eines Anarchisten« mit Otto Mellies, der Jutta Wachowiak und Reimar Johannes Baur als Verrücktem. Dieter Manns Inszenierung. Zu einer der Proben kommt der Autor selbst. Es hält ihn nicht im Klappsessel, er springt zu uns auf die Bühne und spielt eine Szene vor, da merken wir, daß er nicht nur ein glänzender Komödienschreiber ist, sondern auch ein wunderbarer Schauspieler. Eine herrliche Klamotte. Was konnten die Leute da lachen! Fast zehn Jahre läuft das Stück.

Dazu immer wieder meine Borchert-Abende.

*WOCHENPOST, Nr. 30/1985*
*Ganz auf sich gestellt, ohne Maske, seine Spiellust vergessend, offenbart sich der Mensch Rolf Ludwig, wenn er sich im Wolfgang-Borchert-Abend zum Sprecher seiner Generation macht, Auskunft gibt über eine im Krieg mißbrauchte Jugend als Mahnung und Warnung, daß sich ein solches nie wiederholt.*

Drei Tschechow-Einakter.

*BERLINER ZEITUNG vom 27. Juli 1985*
*1979 hatte Ludwig im Deutschen Theater eine Sternstunde, als er zusammen mit Peter Reusse Einakter von Tschechow spielte. Im »Schwanengesang« war er der altgewordene Komiker, der fürchtet, »sein Gesicht verloren zu haben«, das er 45 Jahre lang »in dieses schwarze Loch« Publikum geworfen hat. Um vor dem Souffleur zu zeigen, was noch in ihm steckt, spielt er nochmals Szenen aus »Othello«, »Lear«, »Godunow«.*

Der Octavio in »Die Piccolomini«. Regie: Friedo Solter. Eine Mammutaufführung. Ich spiele es nicht besonders gern.

Dann der Riesenjux: Ein Volksliederabend. Ich singe »Es blies ein Jäger wohl in sein Horn«. Es macht uns Spaß. Schlag auf Schlag. Der Tubal im »Kaufmann von Venedig«.

Dann 1985 »Der Blaue Boll«. Als Gast inszeniert Rolf Winkelgrund vom Maxim-Gorki-Theater. Das ist die Wiederentdeckung Barlachs als Dramatiker. Das Schwierige ist, daß ich trocken bleiben muß, um so besoffen zu sein, wie es die Rolle vorschreibt. Eine herrliche Trinkerszene, in der alle wegbrechen und ich allein eisern dastehe, um noch eine Flasche Rotspon zu verlangen. »Solange ich vernehmlich bestellen kann, wird nich uffjehört!«

*DER MORGEN vom 27. Juli 1985*
*Im »Blauen Boll« von Ernst Barlach spielt Ludwig den Gutsbesitzer Prunkhorst. Mit weiten Gebärden, mit einer den ganzen Raum füllenden trunkenen Großartigkeit, dazu aber mit hintersinnigem Witz, plötzlicher Stille und Gefaßtheit, die wieder zu berserkerhaftem Temperament ausbrechen, gestaltet er einen Prall-Lebenslustigen, der sich mit sinnlicher Gier ins Dasein förmlich hineinkrallt. Was Ludwig auch spielt, ob im Volksliederabend oder in seinem Tschechowprogramm, immer triumphiert eine Gescheitheit, die um Wirkungen weiß und Wirkungen glänzend beherrscht.*

*SONNTAG, Nr. 35/1985*
*Rolf Winkelgrund holt die Geschichte vom Blauen Boll, der scheinbar so sicher und breitbeinig im Leben steht, und durch die Begegnung mit der verrückten Grete aus der Bahn oder besser: auf die Bahn gebracht wird, mit sicherer Hand aus dem Nebel allzu wütiger Spintisiererei … Rolf Ludwig als Vetter Prunkhorst mit großer, alkoholbeschwingter Attitüde, der Feind jeder »Veränderung«.*

Bei einem Gastspiel mit dem »Blauen Boll« in Bochum sieht mich Andrea Breth, später Chefin der Schaubühne Berlin. Vorher war sie am Wiener Burgtheater und erinnert sich 1990 nach dem Mauerfall meiner Darstellung des Otto Prunkhorst. Wir treffen uns in Berlin, und sie schlägt mir vor, im »Ende vom Anfang« von Sean O'Casey zu gastieren. Ich spiele den Darry Berrill. Ich bin nicht gut, obwohl mich mal wieder alle loben. Nur Bruno Ganz sagt: »Weißte, in dem Stück, das ewige ›Mensch!‹, das ist so abwertend. Das machste nicht gut.« Standing ovations in Wien, aber ich bin nicht zufrieden. Im »Blauen Boll« aber fühle ich mich wohl, hier lebe ich mich aus und nehme das Kritikerlob voll an.

*WOCHENPOST, Nr. 30/1985*
*In Ernst Barlachs »Der blaue Boll« fand ich den Komödianten wieder, und doch ist Rolf Ludwig hier ein anderer. Ver-*

*letzlich in seiner euphorischen Weinseligkeit, großspurig, wenn er auf Kosten seines Vetters das Teuerste bestellt, und verunsichert, wenn er die Ehe der Bolls retten will, an der Boll-Gattin vorbeiredet, schwadroniert und jongliert, sich schließlich seinem eigenen, zukunftslosen Schicksal überläßt.*

ILSE

Drei Tage vor dem Weihnachtsfest 1981 feiern wir Silberhochzeit. Ilse-Pit und ich. Sie hat's nicht leicht mit mir, sie hat ein so ganz anderes Sentiment. Wie oft wartet sie nachts auf mich, ist enttäuscht, wenn ich wieder gesoffen habe. Sie stellt die Ballettschuhe vor ihre Tür oben im Atelier, wenn sie mit mir nichts zu tun haben will. Manchmal stehen sie tagelang dort. Dann wieder sind wir glücklich in Stoben, am Strand. Unser Zusammenleben ist wie das Meer, mal ganz ruhig, mal kräuselts sich, mal gibt's haushohe Wellen.

Aber an eine Trennung denken wir nie.

Wir gehen zum 25. Ehejubiläum ganz feudal essen, dann kommt Weihnachten mit fettem Braten. Irgendwie muß ihr das alles auf den Magen geschlagen sein, sie hat auf nichts Appetit. Ilse tut das mit einer Handbewegung ab, ist ja hart im Nehmen. Beim Tanzen hat sie ihre blutenden Zehen auch »weggesteckt« und weiter zäh trainiert, in dem härtesten Beruf der Welt. Jetzt kümmert sie sich um Katharina, nimmt Klavierunterricht, liest viel, schon fast krankhaft viel, besonders Thomas Mann. Immer wieder den »Zauberberg«. Ahnt sie etwas?

Die Phasen der Appetitlosigkeit werden häufiger, viel gegessen hat sie nie. Nun will sie Knäckebrot. Das gibt's natürlich gerade nicht, man muß danach rumrennen. Ende 1984 bricht die Krankheit aus. Nach einer Routineuntersuchung bekommt sie eine Karte vom Gesundheitsamt. »Bitte sofort melden!« Eine Freundin von uns ist Ärztin, sie nimmt Ilse in ihre Obhut: das Untersuchungsergebnis ist wie ein schwerer Keulenschlag. Bauchspeicheldrüsenkrebs. In der Charité wird sie operiert. Es ist zu spät. Der Arzt sagt zu mir: »Ihre Frau wird bald sterben.« Die Metastasen haben sich schon in ihrem Körper verbreitet. Die ärztliche Kunst ist am Ende. Sie geben ihr noch ein halbes Jahr, vielleicht auch etwas länger. Ich kann es nicht fassen.

Ilse redet sich eine Gelbsucht ein, ich bestärke sie. Sie soll nicht an Krebs glauben. Immer häufiger liegt sie im Krankenhaus, auch in der Frauenklinik im Friedrichshain. Der Professor Mosler sagt zu mir: »Treiben Sie Pampelmusen auf. Ihre Frau braucht Vitamine.« Die erste Bekannte, die mir nach diesem Gespräch über den Weg läuft, ist die Schriftstellerin Monika Maron, Tochter vom ehemaligen Innenminister, die mal unsere Nachbarin in Pankow war. Ihr erzähle ich das von den Pampelmusen. Am nächsten Tag steht Monika vor meiner Tür mit einem ganzen Sack voller gelber Früchte. Sie hat sie wohl in Wandlitz besorgt. So kriegen auch noch die anderen Kranken von der Frauenstation etwas ab.

Im Deutschen Theater proben wir unter der Regie von Kurt Böwe das Programm »Berliner Lieder«. Ich singe am Vormittag den Gassenhauer vom »Zickenschulze aus Bernau«, der sich die vierte Frau genommen hat, und sitze am Nachmittag an Ilses Bett. Es ist schwer, jetzt Komödiant zu sein, geht nur mit ungeheurer Disziplin. Silvester ist Premiere. Die Leute klatschen sich die Finger wund, lachen immer wieder. »Ach, war det da jemütlich, ha'm wir uns amüsiert ...« Mir ist zum Heulen. Bloß nicht an Ilse denken! »Wenn sich Zickenschulze wieda scheiden läßt, Kindakins, denn jibt's noch mal so'n schönet Fest!« Endlich ist die Vorstellung vorbei. Die Kollegen schminken sich ab, die Premierenfeier wird für sie gleichzeitig der Rutsch ins Neue Jahr. 1987.

Ilse liegt schon unter Morphium. Nein, sie hat keine Schmerzen, aber es ist unerträglich, dieses einstige Energiebündel, diese früher so bildschöne Frau, diese starke Persönlichkeit dahinsiechen zu sehen. Der Tod am 6. Januar ist eine Erlösung für sie ...

Für mich beginnt eine Hölle. Wie eine Maschine drehe ich den Karl-May-Film »Das Buschgespenst« ab, ich funktioniere. Katharina ist erst zwölf. Wie soll ich sie erziehen, für sie da sein? In meinem Beruf? Ich sitze in einer Fünf-Zimmer-

*Das Ensemble des Berliner Liederabends (1986) am Deutschen Theater mit den Schauspielern (v.l.n.r.) Kurt Böwe, Günter Sonnenberg, Elsa Grube-Deister, Jutta Wachowiak, Rolf Ludwig, Reimar Johannes Baur und den Musikern*

Wohnung, gucke mir die Wände an, alles erinnert an Ilse. Ich kriege Schuldgefühle. Habe ich die Zeit unseres Zusammenlebens überhaupt richtig genutzt? Habe ich ihr zuviel Sorgen bereitet mit meiner Sauferei, mit dem quirligen Leben? Hat das ihre Krankheit beschleunigt? Ich verfalle in tiefe Depressionen, schaffe mir eine totale Abschottung von der Außenwelt.

Andreas, mein Sohn, hat inzwischen geheiratet. Er nimmt Katharina zu sich, bis sie achtzehn wird. Ich tausche meine Wohnung gegen zwei im Nikolaiviertel. Eine bekommt Andreas, ich ziehe wieder in ein Atelier mit Treppe zum oberen Raum. Da drinnen hocke ich auf dem Sofa, gucke mir im Fernsehen Fußballspiele an und ernähre mich fast ausschließlich von Eis. Ich rauche fünfzig Zigaretten am Tag, trinke keinen Tropfen Alkohol. Im Theater spiele ich mechanisch meine

Vorstellungen, den Juden in »Transit Europa«, den Orgelspieler in »Die echten Sedemunds«, den Mr. Mulleady in »Die Geisel«.

Als Gast habe ich in der Spielzeit 1986/1987 die Titelrolle von Bulgakows »Meister und Margarita« an der Volksbühne übernommen. Heinz Czechowski hat eine Bühnenversion geschrieben. Es ist ein ernster Stoff, ein nachdenklicher, in grotesken Verfremdungen, finsteren Phantasien aus einer zerrissenen Zeit im nachrevolutionären Moskau ...

## ABGESCHOTTET

Die Thematik kommt meiner Selbstisolation entgegen. Ich spreche mit niemandem von den Kollegen, nach einer Weile will auch kaum jemand von den Kollegen mehr mit mir sprechen. Ich bin nur noch ein Wesen, ein unsoziales.

Volker Ludwig, der Sohn meines väterlichen Freundes Eckart Hachfeld, meines »Elimar«, und Chef des Berliner Grips Theaters, dem ich in all den Jahren nun wieder so ein Freund geworden bin, kümmert sich rührend um mich. Er sagt: »Du mußt zum Psychologen, zum Neurologen, Rolf. Du kannst so nicht leben.« Und er hat Geduld, kommt immer wieder, auch wenn ich ihn rausekele. Er ist der zweite, den ich als echten und sehr nahen Freund, erwähnen möchte. Eigentlich heißt er auch Eckart Hachfeld, wegen der Namensgleichheit mit seinem Vater hat er sich das Pseudonym zugelegt, dessen Gleichheit mit meinem Namen wiederum nicht ohne Bedeutung ist. Aber er schafft es auch nicht, mich auf die Ledercouch eines Irrenarztes bringen, nicht mit Sanftheit, nicht mit Härte.

Ich sitze weiter allein in meiner Stube, monatelang, jahrelang. Lese nichts, kaufe mechanisch irgendwas ein. Die Umzugskisten stehen unausgepackt herum, die Regale sind ohne Bücher. Ich will wohl durch den freiwilligen Alkoholentzug für irgendetwas Abbitte leisten an Ilse, an Katharina, an Andreas oder wasweißich. Andererseits schlaucht mich der Entzug auch. Ich verloddere, putze keine Schuhe mehr, wasche meine Klamotten nicht. Katharina kommt häufig vorbei. Ihre Anwesenheit dulde ich. Sonntags gehe ich zur Familie meines Sohnes hinüber, sie kochen für mich. Ich esse kaum etwas. Immer nur Eis. Pfundweise. Zeitweise denke ich: »Das hat doch alles gar keinen Sinn!« Wo ist mein Schutzengel? Bin ich noch das Sonntagskind, der Diener zweier Herren, der Drache, der Sganarelle, der miserable Othello? Es ist mir gleich. Mein Herz ist kalt. Wozu noch leben? Ja, auch daran denke ich. Gott sei Dank bin ich zu feige für eine Überdosis Schlaftabletten.

Die Wende 1989 zieht an mir vorüber, ich nehme die Bilder vom Fall der Mauer ohne Erregung zur Kenntnis. »Na und?« Was geht es mich an, was da draußen geschieht? Jubelnde Leute ziehen an der Rathausstraße unter meinem Balkon vorbei in Richtung Brandenburger Tor. Freiheit? Ich werde nicht frei von meinen Bedrückungen, bin eingekapselt in ein Schneckenhaus.

## DER TREPPENSTURZ INS LEBEN

Eines Nachts wache ich mal wieder aus schweren Alpträumen, habe Durst. Ich taumle schlaftrunken die Treppe zur Küche hinunter, verfehle eine Stufe und fliege krachend hinunter, schlage mit dem Gesicht auf einem Absatz auf, blute wie ein abgestochenes Schwein. Ein Bein hat sich in dem Geländer verhakelt. Der rote Fleck auf den Stufen wird immer größer. Ich liege eine Weile auf dem Fußboden, dann krauche ich die Treppe hinauf, schleppe mich zu meiner Liege und schlafe ein ... Der Mann, der mich am nächsten Morgen aus dem Spiegel im Bad ansieht, bin ich nicht. Er hat ein völlig verschwollenes Gesicht, Platzwunden an der Stirn, ein gebrochenes Nasenbein. Quasimodo. Ich kann nicht gerade stehen, die Rippen sind angeknackst. Was ist heute auf dem Spielplan? »Die Geisel« von Brendan Behan. Da bin ich drin. Ich muß die Vorstellung absagen, schießt es mir durch den Kopf. Ich will gerade den Hörer abnehmen, da läutet das Telefon.

Es ist Thomas Langhoff, mein Intendant. Ich sage gleich: »Ich bin die Treppe runtergeflogen. Ich sehe aus wie ...«

Langhoff unterbricht mich, er hat nicht zugehört: »Du hör mal, heute abend, das ist ganz besonders wichtig. Der Peymann vom Burgtheater sitzt drinne. Also, ganz wichtig!« Ich sage nichts mehr.

Ich spiele die Vorstellung, den Mr. Mulleady, den Referendar. Kaum zu beschreiben, wie ich mich auf der Bühne bewege, gekrümmt, gebogen, um die Rippen zu schonen. Die Maskenbildnerin hat sich alle Mühe gegeben, mein Gesicht ist total deformiert. Die Nase hängt schief. Sämtliche Mimik ist hinter Schwellungen verborgen ... Langhoff kommt in die Garderobe und sagt: »Peymann hat dich gelobt. Er meinte, er habe noch nie einen Schauspieler gesehen, der eine so extreme Körperhaltung so lange durchziehen kann. Du warst wirklich gut.« Dann guckt er mich an und fragt: »Wie siehst du denn eigentlich aus? Ist was passiert?« Da muß ich sogar ein bißchen lachen.

Ich schleiche nach Hause, kühle meine Wunden, und betrachte mein Spiegelbild genauer. Fast vier Jahre sind seit Ilses Tod vergangen. »Wann hast du eigentlich das letzte Bier getrunken?« blitzt es mir urplötzlich durch den Kopf. Und irgendwie läßt mich der Gedanke nicht mehr los. Am nächsten Abend bin ich spielfrei. Da ziehe ich mir ein sauberes Hemd an, und gehe runter durch die Gäßchen im Nikolaiviertel.

Ich fange im »Paddenwirt« an, ziehe dann zu »Mutter Hoppe« um. Das Bier zischt, mein Hirn wird pflaumenweich. Ich schlafe traumlos, und am nächsten Morgen beginne ich, die Umzugskisten auszupacken – zuerst die Schallplatten. Ich wundere mich – ich ertrage wieder eine halbe Stunde Klassik. Ich hab mich am eigenen Schopf aus dem zähen Sumpf der Depressionen gezogen. Ich bin ein Komödiant.

Im Januar 1990 sitze ich mal wieder bei »Mutter Hoppe«. Am Nebentisch feiert eine fröhliche Gesellschaft, da höre ich unverfälschten Mutterlaut. Meine Elbe! Eine quirlige, blonde Frau führt das Wort, sie ist fröhlich, lacht laut und sächselt ungeniert. Sie lädt mich ein, an dem Spaß der Runde teilzuhaben. Gisela Meuschke, gebürtige Dresdenerin, Jahrgang 47, gelernte Verkäuferin für Herrenoberbekleidung, lange Jahre Programmgestalterin am Palast der Republik und anderen Kulturstätten, eine Tochter … Sie ist geschieden, hat ihren zweiten Mann vor einigen Jahren durch einen Unfall verloren. Sie sagt: »Ich weiß genau, wie einem bei solchem Verlust zumute ist. Daß ein Mensch lange trauern muß, bevor er sich wieder zutraut zu leben, sich zu binden.« Aber das erfahre ich von ihr erst in den folgenden Monaten. An jenem Januarabend bezaubert mich vor allem die Fröhlichkeit Giselas, nach meinem Eremitendasein eine Botschaft aus einer anderen Welt …

Im Juli 1990, an meinem 65. Geburtstag, heiraten Gisela und ich im Schloß Mirabell in Salzburg. Wir sind ein buntes Hochzeits-Völkchen. Die Leute schütteln ihre Köpfe. Der Regieassistent mimt einen verrückten überseeischen Fotografen, scheucht uns vor der Kamera hin und her, bis der Standesbeamte bestimmt: »Der Amerikaner kommt nicht in den Saal!«

Trauzeugen sind Ulrich Mühe und Thomas Langhoff, Brautjungfern die Schauspielerinnen Anne Bennent und Susanne Lothar. Die beiden spielen in Franz Grillparzers Stück »Die Jüdin von Toledo« meine Töchter, ich bin der Jude Isaak. Es ist unter Langhoffs Regie eine Aufführung anläßlich der Salzburger Festspiele. Charles Brauer ist noch dabei, Uwe Bohm, Sybille Canonica als Eleonore von England. Zwei Jahre wird das Stück zu den Festspielen erfolgreich laufen, 1993 kommt dann auch noch der »Coriolan« hinzu. Drei Jahre gastiere ich also in Salzburg. Vorerst aber stecken wir noch mitten in den Proben für die »Jüdin«. Thomas Langhoff hat einen überaus großzügigen Tag. Er sagt nach der Hochzeitszeremonie zu mir: »Du hast heute probenfrei!«

Gewöhnlich wohnen wir in einer kleinen Wohnung auf dem Bauernhof der Familie Ziller in der Moosstraße. Für heute aber habe ich im benachbarten »König Ludwig«, einem Gourmet-Gasthof, eine Suite bestellt. Am nächsten Morgen reisen Hochzeitsgäste an, aus Berlin unsere Freunde Claus Schulz, der ehemalige Meistertänzer der Staatsoper, und sein Lebensgefährte Theo Korte. Und zu unserer Überraschung kommen auch Dieter Hildebrandt und seine Frau Renate Küster aus München herüber. Den Kabarettisten kenne ich näher, seit ich mal – noch vor dem Mauerfall – in Westberlin beim SFB zur Aufzeichnung des »Scheibenwischers« war. Da gaben sie mir einen Paß, damit ich meine Zähne reparieren lassen konnte. Eine Westberliner Dentistin hatte nämlich anläßlich irgendeiner Party mein Gebiß bemängelt und ihre Dienste angeboten. Ich hockte also ganz außerhalb des Kameraschusses, damit ich nicht noch mal in einem Abendschaubericht auftauchte. So ein Blödsinn hatte mir Jahre zuvor Ärger mit der Staatsmacht und ein Verbot für die Mitwirkung am Film »Momo« eingebracht. Anschließend landeten Hildebrandt und ich in seinem Hotel, ich bekam ein Zimmer. Da lernte ich den Frankfurter Kabarettisten Mathias Belz vom Fronttheater kennen. Wir schwatzten bis in den Morgen, und ich weiß nur noch einen Vierzeiler aus dieser Nacht:

Partisan und Parmesan,
wo sind sie geblieben.
Parmesan und Partisan,
alles ist zerrieben.

Seither halten Dieter und ich Freundschaft und treffen uns, so oft er in Berlin ist – und ich keine Vorstellung oder Drehtermine habe …

Der erste Ehemorgen also in Salzburg, mit Sektfrühstück in herrlichstem Sonnenschein. Über unseren Köpfen knattern kleine Cesnas vom nahen Flugplatz über die Alpen fort in Richtung Innsbruck. Meine Seele ist weit. Ich habe alles. Gute Freunde, azurblauen Himmel, interessante Rollen, gutes Bier, Flugzeuge und – meine Gisela. Was soll mir passieren? Wir ahnen nichts … Ich bin glücklich.

## ICH MACHE ’NE FLIEGE

Wir sind oben in Stoben, in der Hütte, der Fischer und sine Fru. Und wie diese zwei tragen auch wir schon mal einen Kleinkrieg aus. Wir sind eben ein Ehepaar, und temperamentvoll dazu. Gisela verschwindet wütend im Haus. Es war banal, ich weiß den Grund heute schon gar nicht mehr.

Getrunken hatte ich natürlich was, sehr wahrscheinlich ein Glas zuviel. Jedenfalls erinnere ich mich an Oberstleutnant Grapenthin. Der war früher Pilotenausbilder in Peenemünde, ein Pfundskerl. Jetzt ist er ganz zivil und Mitinhaber einer kleinen Fluggesellschaft in Heringsdorf auf Usedom. Da fahre ich öfter mal hin, sehe zu, wie die kleinen Maschinen starten und landen, komme eben von der Fliegerei nicht weg.

Na warte, Gisela, denke ich, leicht benebelt. Grapenthin ist sofort bereit, wir fliegen mit einer Cesna im Morgengrauen los. Richtung Berlin-Schönefeld. Wir kreisen noch ein bißchen über Königs Wusterhausen, dann landet die kleene Hummel auf der riesigen Piste. Mit dem Taxi fahre ich in die Stadt und nehme einen kräftigen Frühschoppen. Dann rufe ich Gisela an. »Wenn man mit mir rummeckert, mache ich 'ne Fliege!« sage ich stolz. Gisela ist fix und fertig. »Mensch, ich bin den ganzen Morgen hier herumgelaufen! Ich dachte, du bist beim Angeln oder Schwimmen ertrunken! Ich habe mir Sorgen gemacht, bist du verrückt!? Du bleeder Kerl!« Dann weint sie, vor Wut und vor Erleichterung, daß mir nichts passiert ist. Ich werfe den Hörer auf, rufe ein Taxi, rase zum Bahnhof, kriege den Zug nach Anklam. Nochmal Taxi. Dann bin ich wieder in Stoben. Versöhnung. Nee, so einfach ist das mit dem Zusammenraufen nicht. Mit Gewalt klappt bei mir nichts, nicht auf der Bühne, nicht in der Ehe. Ruhe und Geduld.

## HAST DU IHN GESEHEN?

1990 bietet mir Egon Günther, der nach zwölf Jahren Arbeit und Leben im Westen in den »neuen« alten Osten zurückgekehrt ist, die Hauptrolle in dem Film »Stein« an. Es soll einer der letzten DEFA-Filme werden. Die Story fasziniert mich, berührt mich. Mein Herz ist ja längst nicht mehr kalt. Gisela hat überschäumende Lebensenergie, sie gibt mir Kraft. Natürlich, warum sollte ich das verschweigen, tut sie auch der Eitelkeit eines alten Knaben gut. Ich bin wieder voller Tatendrang. Nee, das ist noch nicht alles gewesen!

Also, Stein. Die Geschichte eines alternden Schauspielers, der 1968, nach dem Einmarsch der Russen in Prag, mitten aus einer »Lear«-Probe heraus endgültig die Bühne verließ. Fortan spielt er den Verrückten, lebt in einer Villa bei Berlin, schreibt ein Buch, das er niemandem zeigt, und nimmt junge Aussteiger auf. Er durchlebt die Wende dann sehr real, als er während der Polizeiaktionen 1989 im Stasikeller das geliebte Mädchen Sara sucht. Er will aber auch nicht als Dissident ausgestellt werden, zieht sich in römische Katakomben zurück. Mit seinem Land stirbt auch der Schauspieler Stein. Ein zutiefst philosophischer Film, ein Requiem auf verlorene Perspektiven, ein Lied auf die Selbstbewahrung in einer kontrollierten Gesellschaft.

Wir drehen auch in Rom. Ich fahre in einer blumengeschmückten offenen Kutsche durch die Stadt. Eine Vision. Die Römer schauen neugierig. Wer ist denn dieser Schauspieler da, in dem dicken Wintermantel? Ein Weltstar? Nie gesehen! Auch die Straßenmädchen, die in unmittelbarer Nähe des Drehortes ihre Standplätze am Autostrich haben, sind interessiert. Sie machen eindeutige Gesten und bieten uns ihre Pausenversorgung an, zum verbilligten Tarif. Auch sie wollen beitragen zur großen Wende in Deutschland und schütteln den Kopf, als wir aus Zeitmangel freundlich ablehnen.

1991 ist der Film abgedreht. In Italien erhalte ich für die Darstellung des Stein den Fellini-Preis, in Deutschland ist der Streifen kaum zu sehen. Die Verleiher wollen mit einem derartigen »Schwergewicht« kein Risiko eingehen ... Die neue Zeit des allmächtigen Gottes Kommerz.

Am 2. Mai 1993 ist Premiere für Hauptmanns »Der Biberpelz«, wieder eine Regiearbeit Thomas Langhoffs. Dieses Mal aber sehr mutig. Das heißt nicht: gewagt, sondern das ganze Gegenteil. Er ist mutig genug, eine richtige Geschichte ohne manieristische Schnörkel und billige Effekte auf die Bühne zu bringen. Konsequent wird erzählt, mit Anfang und Schluß. Es macht uns Riesenspaß und den Zuschauern auch! Eine glänzende Premiere! Ein Dauerbrenner für die Kammerspiele. Eine Glanzleistung von Dieter Mann als Wehrhahn, allein schon der klemmige Gang von dem. Auch die Wachowiak.

*BERLINER ZEITUNG, 4. Mai 1993*
*In der Inszenierung von Thomas Langhoff spielt Jutta Wachowiak die Mutter Wolffen. Hat sie Herz auf der Schnauze, zeigt sie auch Haare auf den Zähnen. Im Umriß der Wilddiebin und Pelzmauserin wird eine Mutter Courage sichtbar … Der Amtsvorsteher Wehrhahn ist in der Darstellung durch Dieter Mann wie einer Karikatur auf den kleinjunkerlichen preußischen Beamten im »Simplizissimus« entstiegen.*

*DER KURIER, 4. Mai 1993*
*Größtes Qualitätsmerkmal der Aufführung ist Langhoffs Liebe zu den Menschen und zu seinen Schauspielern. Wunderschöne Details werden ausgemalt … Hingehen und genießen!*

Ich bin der Amtsdiener Mitteldorf, 'n Haufen Kinder daheim, ewig angesoffen. Keine große Rolle, ich habe nur wenig Zeit, auf der Bühne wirklich präsent zu werden. Das ist die Schwierigkeit des »Mit«-Spielers. Außerdem spiele ich noch in Hugo von Hofmannsthals »Turm« den Anton, habe mit dem »Kleinen Prinzen« eine Saint-Exupéry-Matinee hinter mir.

Wir gehen in die Theaterferien 1993 und fahren rauf nach Usedom. Endlich ausspannen, angeln am Schmollensee, lesen, lesen, lesen … Der Crash kommt in der Nacht zum 23. August. Ganz plötzlich. In einer Ruhephase. Das sei typisch, wird man mir später sagen. Es schmerzt in der Brust, ich ringe nach Luft. Ein Infarkt an der Herzvorderwand. Gisela läuft zu den Nachbarn, wir haben ja kein Telefon. Ich sacke ab. Es ist ganz leicht um mich plötzlich, ich liege wie in Watte. Über mir erstreckt sich ein Sternenhimmel. Kein Schmerz. Sollte Sterben so schön sein …?

Sie fahren mich mit Blaulicht in das Krankenhaus von Wolgast. Zwei Tage bin ich bewußtlos. Als ich endlich erwache, sitzt Gisela an meinem Bett. »Da bist du ja«, sage ich, als sei sie so lange fort gewesen. Und den Arzt frage ich: »Warum hat man mich in einem Leiterwagen ins Krankenhaus gebracht? Weshalb wurden mir Schuhe und Strümpfe ausgezogen?« Offenbar hat es mich fürchterlich gefroren. Sonst aber weiß ich nichts mehr, und auch Curt Bois müßte ich enttäuschen, der mich noch ein Jahr zuvor im Restaurant des Hotels Unter den Linden näselnd gefragt hat: »Rolf, du bist doch Flieger. Hast du ihn gesehen?« Er, der glühendste Atheist, den ich kannte. Was hat ihn umgetrieben, so kurz vor seinem Tod? »Hast du ihn gesehen?« – »Ja«, habe ich gesagt, »ja, ich habe ihn gesehen.« – »Du hast ihn wirklich gesehen? Wie sieht er aus?« – »Er hat grundgütige Augen.« – »Gütige Augen? Du hast ihn wirklich gesehen?« – »Ja, aber er hat mir mit dem Finger gedroht.«

Nein, nein, Curt, ich war IHM im August 93 so nah, aber ich hab ihn nicht gesehen. Nur am Nachmittag vor dem Zusammenbruch am Stobener Fuchsberg, da hab ich zum Himmel hinaufgeblickt, und aus den Wolken formte sich das Gesicht meines toten Freundes Dieter Franke. Abergläubisch bin ich nicht mehr als jeder Schauspieler.

## NOCH IMMER NICHT DURCH DIESE TÜR

Ich bin nun ein Rekonvaleszent. Ein Haufen Auflagen sind zu befolgen. Rauchen passé. Alkohol passé. Ich halte mich nicht an ärztliche Anweisungen, nur wenn diese Anfälle von Atemnot kommen. Und sie kommen immer öfter. Langsam, sehr langsam begreife ich, daß ich wohl sehr krank sein muß. Habe ich mich nicht schon jahrzehntelang gewundert, daß ich noch lebe?

… Pfitze wird 70. Günter Pfitzmann. Der Doktor vom Bülowbogen, der Serienberliner von Dienst. Es ist schon 'ne Ewigkeit her – so um 1952 rum. Da sitzen wir zwei im Café Nord in der Schönhauser Allee und haben uns mit unseren Gürteln am Tresen festgeschnallt, damit wir nicht vom Barhocker fallen. Es ist unbequem, aber wir halten eisern aus – bei Pfeffi und Bier. Oder wir ziehen in die »Ewige Lampe«, da taucht auch der Wolfgang Gruner immer auf. Eine dolle Zeit! Na, 'n Telegramm werde ich dem Pfitze zum Geburtstag schicken …

Da läuft mir in einer Kneipe der Schauspieler Ingolf Gorges über den Weg. Der hat mir mal bei »Trümmerkutte«, einer Stampe in der Oderberger Straße, finsterster Prenzlauer Berg, das Leben gerettet. Das war 'ne Kaschemme! Kriminelle, Stinkbesoffene. Auf dem Fußboden Sägespäne, falls denen mal was aus dem Gesicht fiel. Ich konnte wohl wieder mal meine vorlaute Klappe nicht halten, taperte mit kornweichen Knien zum Klo. Da folgten mir zwei Kerle, die sich irgendwie auf den Schlips getreten fühlten, und der eine haute mir ohne Vorwarnung ein Ding in die Schnauze, daß ich über dem Klobecken zusammensackte. In dem Moment kam der Gorges rein. Es machte bloß Peng – Peng, da lagen die zwei vierschrötigen Möbelpackertypen auf den Fliesen wie satte Säuglinge. Gorges, der war mal Boxer, wusch sich kurz die Hände, dann sind wir wieder rausgegangen in die Schankstube, der griff seine Gitarre, und ich sang dazu frivole Liedchen. Ich blutete ein bißchen, na gut ... Jetzt treffe ich ihn und seine Frau also. Wir kommen vom Hundertsten ins Tausendste. Ich sage beiläufig: »Ich will dem Pfitzmann gratulieren, habe keine Adresse.« Frau Gorges sagt: »Die feiern morgen im Landhaus Bott am Hagener Platz.« Im Grunewald.

Am nächsten Morgen habe ich noch einen leichten Duselkopp. Ich frage Gisela: »Wollen wir nicht doch hingehen, zu Pfitze?« – »Gut.« Wir kaufen ein Riesenbukett. Taxi. Zu elf Uhr war eingeladen. Pfitze freut sich ehrlich: »Mensch, du olles Rübenschwein!« Dann reden wir über Herzkrankheiten, Atemnot und Bypässe, wie es eben würdige Herren tun. Sein Sohn arbeitet als Arzt im Herzzentrum am Wedding. Günter will mal sehen, ob sich's schneller machen läßt. Noch in der selben Stunde nimmt er mich beiseite. »Du kannst am 19. April kommen. Die operieren dich.«

Inzwischen rollt die gesamte Prominenz aus der Fernsehproduktion an. Dieter Thomas Heck, der Serienproduzent Rademann, die »Traumschiff«-Besatzung, dazu Heinz Drache, Wolfgang Gruner, Karl Dall, Carola Hoehn, die ich in meiner Jugend sagenhaft verehrte. Noch heute eine schöne Dame. Der Musiker und Komponist Günter Fischer und ich sind die einzigen Ossis. Die Leute von den Fernsehsendern rennen immer mit den Kameras rum, zeigen auf uns und fragen: »Wer sind denn die?« Natürlich waren sie noch nie im Deutschen Theater in Ostberlin. Da kommt eine Frau und sagt: »Herr Ludwig, wissen Sie, daß der Herbert da ist?« – »Welcher Herbert?« – »Na, der Ballmann!« – »Nee, wo ist der denn?« – »Bleiben Sie hier, das gibt ein Wiedersehen!« Das letzte Mal hab ich ihn in den fünfziger Jahren gesehen. Damals »erfand« er den Pionierpark in der Wuhlheide und kümmerte sich um junge Sozialisten.

Ballmann will mich vom Fleck weg für eine Serie. Ich bin vorsichtig. Bisher habe ich alles abgelehnt, was aus dieser Ecke kam. Für die Darstellung eines Bahnhofspenners hat man mir eine Gage geboten, die mich ein paar Jahre ernährt hätte. Ich werde mich nicht unter Niveau verkaufen, will kein Fernsehserien-Star werden ...

Auch Brigitte Grothum ist auf der Party. Man redet von der »Jedermann«-Aufführung in der Gedächtniskirche. Sie hat das inszeniert. Gruner spielt den Teufel, die Schlagersängerin Dunja Rajter ist mit dabei, die Mira, Ezard Haußmann gibt den Jedermann. Ich halte nichts davon, die Salzburger Festspiele an die Spree zu verlegen. Mit Wolfgang Völz rede ich ein Weilchen, dann nimmt mich Rolf Ulrich in Beschlag, der Chef der »Stachelschweine«. Den kenne ich seit 44 Jahren. Er klagt über sein Alter. »Det funktioniert allet nich mehr so. Ooch det, woran de jetzt denkst. Aber vor allem de Oogen.« Und dann fügt er hinzu: »Du bist der wirklich eenzije Mensch hier. Du bist ’n Mensch jeblieben.« Dann gießt er sich noch einen ein. Diese Sache scheint bei Ulrich also noch ganz gut zu funktionieren.

Dann kommt ein untersetzter Herr mit einer charmanten Dame auf mich zu, mustert mich und sagt mit böhmisch-bayerischem Dialekt: »So, Sie sind das also.« Ich frage: »Bitte?« – »Na, dann wollen wir doch mal sehen, was?« – »Was wollen wir sehen?« Gisela stößt mich in die Rippen. »Rolf, das ist der Professor Hetzer, der Chef des Herzzentrums Berlin.« Der sagt: »Passen Sie mal auf, wann kommen

Sie?« – »Am 19.« – »Das geht nicht, ich fliege nach Amerika. Sie müssen vorbereitet werden. Könnten Sie am 18.? Ich will das selbst machen.« Besiegelt und gebügelt. Kurzer Prozeß. Ich bin baff, halte meine Kaffeetasse fest. Der muß einen guten Eindruck von mir gekriegt haben. Kein Alkohol, kein Nikotin in meinen Händen. Der kennt ja mein gestriges, abendliches Vorleben nicht …

NOCHMAL DAVONGEKOMMEN

Drei Bypässe legt mir Professor Roland Hetzer. Die Operation verläuft normal. Wir atmen auf. Dann aber, drei Wochen später, setzt sich eine eitrige Infektion im Brustkorb fest, die Lunge ist angegriffen. Wahnsinnige Schmerzen. Vier Stunden Notoperation! An den Zeitungskiosken schreit es aus der Schlagzeile des »Berliner Kuriers«: Berliner TV-Star kämpft mit dem Tod!

Ich liege auf der Intensivstation, muß künstlich beatmet werden. Tagelang steht es auf der Kippe. Zweiundfünfzig Pfund habe ich abgenommen. Haut und Knochen. Doch ich wache wieder auf. Gisela ist da, hält meine Hand. Ich sage schwach: »Noch immer nicht durch diese Tür …«

Noch mal davongekommen.

Ich gebe meinen neuen Einstand mit einer Joseph-Roth-Lesung.

*BERLINER ZEITUNG, 29. Oktober 1994*

*Der alte Drache hat sich nach langer Krankheit auf seiner Bühne zurückgemeldet. Gesundheitlich fühlt er sich »wunderbar«. Die Vier-Stunden-Operation am Herzen und die Komplikationen der Intensivstation sind überstanden. Ludwig zieht ein Farbfoto aus der Brieftasche, es zeigt eine abgemagerte, zerschnittene Altmännerbrust. Ludwig ist ein wunderbarer Schauspieler, der seinen inneren Monolog nicht anhalten kann. In den Kneipen kleiner Leute in Kreuzberg und Prenzlauer Berg eröffnete sich ihm im Suff regelmäßig die wohltuende, doch niederwerfende Erkenntnis, daß andere Leute auch sehr interessante innere Monologe haben. »Das*

*Publikum hat mich vierzig Jahre lang geliebt, selbst dann, wenn ich mal volltrunken auf der Bühne stand.«*

*STERN, Nr. 3/1995*
*Nach schwerer Krankheit steht der Berliner Schauspieler Rolf Ludwig wieder auf der Bühne des Deutschen Theaters – gealtert, aber innerlich jung geblieben. Er ist einer von denen, die nur den Brettern, nicht dem Fernsehen ihre Popularität verdanken ... Vor dem Altar der Kirche von Benz auf Uedom steht ein greisenhafter Mann, dürr, leicht gebeugt. Durch die Windjacke zeichnen sich die Schulterblätter ab. Rolf Ludwig liest Texte aus dem Heimkehrer-Drama »Draußen vor der Tür« von Wolfgang Borchert. Gedanken vom Ende und vom Anfang sind ein Teil dieses Schauspielers geworden ... Rolf Ludwigs Stimme straft den Eindruck des Greisenhaften Lügen. Die Stimme klingt hell, und immer schwingt ein Quentchen Ironie mit ...*

Noch mal davongekommen.

Ich sehe alles intensiver, freundlicher. Die Blumen duften stärker, das Gras ist grüner, die Ruhe stiller. Ich bin gelassener geworden, lese in Büchern jede Zeile bis zum Ende.

Ich triumphiere, den Tod besiegt zu haben, habe mich in das Leben neu verliebt. Ich genieße jeden Tag, an dem ich schmerzfrei bin und atmen kann. Und die beste Therapie ist allemal das Theaterspielen. Aber immer häufiger denke ich Wolfgang Borcherts Laternentraum:

»Wenn ich tot bin,
möchte ich immerhin so eine Laterne sein,
und die müßte nachts vor deiner Türe sein,
und den fahlen Abend überstrahlen ...«

## AUS DEM BÜHNENSCHAFFEN ROLF LUDWIGS

1953 Don Ramirez in »Die fromme Marta«, Regie: Kurt Jung-Alsen, Theater am Schiffbauerdamm
1954 Gremio in »Der Widerspenstigen Zähmung«, Regie: Franz Kutschera, Theater am Schiffbauerdamm
1955 Truffaldino in »Diener zweier Herren«, Regie: Otto Tausig, Volksbühne Berlin
1956 Puck in »Ein Sommernachtstraum«, Regie: Fritz Wisten, Volksbühne Berlin
1957 Figaro in »Der Tolle Tag«, Regie: Kurt Jung-Alsen
1958 Mosca in »Volpone«, Regie: Otto Tausig, Volksbühne Berlin
1959 Hauptmann in »Der Hauptmann von Köln«, Regie: Otto Tausig, Volksbühne Berlin
1964 Kalchas in »Die schöne Helena«, Regie: Benno Besson, Deutsches Theater Berlin
1965 Drache in »Der Drache«, Regie: Benno Besson, Deutsches Theater Berlin
1965 Bayard in »Zwischenfall in Vichy«, Regie: Wolfgang Heinz, Deutsches Theater Berlin
1966 Claudio in »Maß für Maß«, Regie: Adolf Dresen, Deutsches Theater Berlin
1966 Derwisch in »Nathan der Weise«, Regie: Friedo Solter, Deutsches Theater Berlin
1967 August Hirsch in »Ein Lorbaß«, Regie: Benno Besson, Deutsches Theater Berlin
1968 Sganarelle in »Don Juan«, Regie: Benno Besson, Deutsches Theater Berlin
1969 Schauspieler Gennadi in »Der Wald«, Regie: Karge/Langhoff, Volksbühne Berlin
1970 Flieger Sun und Wasserverkäufer Wang in »Der gute Mensch von Sezuan«, Regie: Benno Besson, Volksbühne Berlin
1970 Sganarelle in »Der Arzt wider Willen«, Regie: Benno Besson, Volksbühne Berlin
1972 Othello in »Othello«, Regie: Karge/Langhoff, Volksbühne Berlin
1973 Ekdal in »Die Wildente«, Regie: Karge/Langhoff, Volksbühne Berlin
1975 mehrere Rollen in »Die Schlacht«, Regie: Karge/Langhoff, Volksbühne Berlin
1976 Wolfgang-Borchert-Abend, Deutsches Theater Berlin
1978 Kommissar Sportsmann in »Zufälliger Tod eines Anarchisten«, Regie: Dieter Mann, Deutsches Theater Berlin

1979 Octavio Piccolomini in »Wallenstein«, Regie: Friedo Solter, Deutsches Theater Berlin
1980 Ein Maurer in »Senecas Tod«, Regie: Cox Habbema, Deutsches Theater Berlin
1985 Tubal in »Der Kaufmann von Venedig«, Regie: Thomas Langhoff, Deutsches Theater Berlin
1985 Prunkhorst in »Der blaue Boll«, Regie: Rolf Winkelgrund, Deutsches Theater Berlin
1985 Xaver Maria Oberkofler in »Winterschlacht«, Regie: Alexander Lang, Deutsches Theater Berlin
1986 Meister in »Meister und Margarita«, Regie: Siegfried Höchst, Volksbühne Berlin
1986 Berliner Lieder-Programm, Regie: Kurt Böwe, Deutsches Theater Berlin
1988 Jude in »Transit Europa«, Regie: Friedo Solter, Deutsches Theater Berlin
1989 Mr. Mulleady in »Die Geisel«, Regie: Thomas Langhoff, Deutsches Theater Berlin
1990 Isaak in »Die Jüdin von Toledo«, Regie: Thomas Langhoff, Salzburger Festspiele, Salzburg
1991 Darry Berril in »Ende vom Anfang«, Regie: Andrea Breth, Burgtheater Wien
1992 Anton in »Der Turm«, Regie: Thomas Langhoff, Deutsches Theater Berlin
1993 Mitteldorf in »Der Biberpelz«, Regie: Thomas Langhoff, Deutsches Theater Berlin
1995 Professor Siletzky in »Noch ist Polen nicht verloren«, Regie: Ulrike Jackwerth, Renaissance-Theater Berlin

Rolf Ludwig spielte in ca. 50 KINOFILMEN, darunter in:

1952 »Sein großer Sieg«
1956 »Drei Mädchen im Endspiel«
1956 »Der Hauptmann von Köln«
1956 »Thomas Müntzer«
1956 »Der Richter von Zalamea«
1959 »Das Feuerzeug«
1960 »Hochmut kommt vor dem Knall«
1961 »Der Fall Gleiwitz«
1961 »Der Mann mit dem Objektiv«
1968 »Abschied«
1969 »Seine Hoheit – Genosse Prinz«
1969 »Jungfer, Sie gefällt mir«

1972 »Der Dritte«
1973 »Paul und Paula«
1975 »Lotte in Weimar«
1975 »Eine Pyramide für mich«
1977 »Wer reißt denn gleich vorm Teufel aus?«
1978 »Ich zwinge dich zu leben«
1980 »Die Verlobte«
1983 »Moritz in der Litfaßsäule«
1987 »Das Schulgespenst«
1991 »Stein«

## Einige FERNSEHPRODUKTIONEN:

»Die Schauspielerin«
»Die Zwillinge«
»Verflucht und geliebt«
»Süßer Vogel Jugend«
»Kleiner Mann, was nun?«
»Der Streit um den Sergeanten Grischa«
»Die Rache des Kapitän Mitchell«
»Das Buschgespenst«
»Hommage an Hölderlin«
»Lenz«

INHALTSVERZEICHNIS